Info Verlag · **Sport in Karlsruhe**

Veröffentlichungen
des Karlsruher Stadtarchivs

Herausgegeben von
Ernst Otto Bräunche,
Anke Mührenberg,
Peter Pretsch,
Volker Steck

SPORT

IN KARLSRUHE

VON DEN ANFÄNGEN BIS HEUTE

Herausgegeben vom Stadtarchiv Karlsruhe
durch Ernst Otto Bräunche und Volker Steck

Mit Beiträgen von
Ernst Otto Bräunche · Katja Förster
Manfred Koch · Rebekka Menges · Anke Mührenberg
Peter Pretsch · Carola von Roth · Svenja Schmidt
Jürgen Schuhladen-Krämer · Volker Steck · Mathias Tröndle

Info Verlag

Wir danken:
Stadtwerke Karlsruhe
Sparkasse Karlsruhe
EnBW Energie Baden-Württemberg AG
Privatbrauerei Hoepfner
INIT AG

Herausgegeben vom Stadtarchiv Karlsruhe
durch Ernst Otto Bräunche und Volker Steck

Veröffentlichungen des Karlsruher Stadtarchivs,
Band 28

Redaktionsteam: Ernst Otto Bräunche, Katja Schmalholz, Volker Steck

Gestaltung und Layout: Thomas Lindemann
Satz & Mitarbeit: Stefanie Burgey, Sabrina Dudenhöffer, Stephan Rüth
Druck: Engelhardt & Bauer, Karlsruhe

Bibliografische Information Der Deutschen Bibliothek
Die Deutsche Bibliothek verzeichnet diese Publikation in der
Deutschen Nationalbibliografie; detaillierte bibliografische Daten
sind im Internet über http://dnb.ddb.de abrufbar.

ISBN 3-88190-440-9

Inhalt

Geleitwort

Den Sport kann man zu Recht als größte Volksbewegung in Deutschland bezeichnen. Immer mehr Menschen sind sportlich aktiv, nutzen ihre Freizeit für Spaß, Fitness und Geselligkeit. Im Jahr 2003 waren 33,8 Millionen Erwachsene beim Sport im Verein oder im Betrieb sportlich aktiv, betätigten sich im Fitnessstudio oder joggten und walkten. Sportlichkeit gilt in unserer Gesellschaft als hoher Wert, und nicht zuletzt ist Sport heute das Medienereignis Nummer eins.

Sport ist auch in unserer Stadt wichtiger Bestandteil des alltäglichen Lebens. Karlsruhe ist aber eine Sportstadt, die nicht nur in der Gegenwart sportlich viel zu bieten hat, sondern auch in der Vergangenheit ganz herausragende Sportereignisse vorweisen kann. Bei den World Games etwa, den Weltspielen nichtolympischer Sportarten, war Karlsruhe im Jahre 1989 im Blickpunkt der internationalen Sportwelt. Die Europahalle ist jedes Jahr Austragungsort vielfältigster internationaler sportlicher Highlights. In einigen Bereichen hatte die Fächerstadt auch eine Vorbildfunktion. Dies gilt vor allem, aber nicht nur, für den Fußball.

So war die Fußballweltmeisterschaft in diesem Jahr letztlich der Anlass, dass sich das Stadtarchiv mit der vorliegenden Publikation „Sport in Karlsruhe" und das Stadtmuseum mit der gleichnamigen Ausstellung im Prinz-Max-Palais des Themas annehmen. Tatsächlich gehört Karlsruhe zu den Hochburgen des Fußballs

in Deutschland, wofür heute in erster Linie der Karlsruher Sportclub, der KSC, steht. Aber auch dessen Vorläufer FC Phönix Karlsruhe, der 1909 Deutscher Fußballmeister war, oder der erste Karlsruher Fußballverein KFV, der 1910 den Titel nach Karlsruhe holte, haben Fußballgeschichte geschrieben – bis heute hat keine andere Stadt in zwei aufeinander folgenden Jahren mit zwei verschiedenen Klubs die Deutsche Fußballmeisterschaft geholt.

So früh wie in kaum einer anderen süddeutschen Stadt entstanden in Karlsruhe Fußballvereine. Diese Anfänge sind verbunden mit dem Engländerplatz an der Moltkestraße und dem europäischen Fußballpionier Walther Bensemann, dem Mann, der den Fußball nach Deutschland brachte. Nicht vergessen sind auch die jüdischen Sportler, die nach der nationalsozialistischen Machtübernahme im Zuge der Gleichschaltung sofort aus den Sportvereinen ausgeschlossen wurden. Einigen, wie dem Fußballnationalspieler Gottfried Fuchs oder dem Mühlburger Mittelfeldspieler Sigi Hess, gelang noch die Flucht. Der Nationalspieler Julius Hirsch, der zu den besten deutschen Fußballern vor dem Ersten Weltkrieg gehörte, schaffte dies nicht. Die Nazis ermordeten ihn 1943 in Auschwitz.

Die Sportstadt Karlsruhe hat aber über den Fußball hinaus auch in zahlreichen weiteren Bereichen außergewöhnliche Leistungen vorzuweisen. Obwohl die Disziplinen der Leichtathletik zu den ältesten Sportarten gehören und schon im griechischen Olympia ausgeübt wurden, begann die Geschichte der Leichtathletik in Karlsruhe erst kurz vor der Wende zum 20. Jahrhundert. Der Fußball Club Frankonia veranstaltete 1899 lokale Olympische Spiele und legte damit den Grundstein einer Erfolgsgeschichte. Namen wie Heinz Fütterer, Carl Kaufmann, Siegfried König, Karl-Heinz Klotz und Lothar Knörzer stehen für Weltklasseleistungen im Sprint, die in Karlsruhe geborene Lina Radke-Batschauer ragte im 800-m-Lauf heraus, Karl Wolf im Hammerwerfen.

Nicht zuletzt ist Karlsruhe als Geburtsort des Freiherrn von Drais, des Erfinders des Fahrrads, auch eine Stadt des Radsports. Zurecht wies die mit dem Land Baden-Württemberg geschaltete Anzeigenkampagne zum Etappenziel der Tour de France 2005 in Karlsruhe darauf hin, dass nach jahrzehntelanger Irrfahrt durch Frankreich, das Fahrrad endlich in sein Geburtsland zurückgekommen sei.

Boxen, Handball, Ringtennis und Reiten, Rudern, Schwimmen und Tennis sind weitere Schwerpunkte. Wie wichtig der Sport war und auch ist, wird bei der Lektüre deutlich. Vielfach stehen zwar sportliche Spitzenleistungen im Vordergrund, die natürlich den Blick auf Karlsruhe lenken und das Image der Stadt mitprägen. Deutlich wird aber auch, dass der Sport vom ehrenamtlichen Engagement in den Vereinen lebt, das die Seele des Sports ist.

Die Stadt Karlsruhe hat sich schon früh im 20. Jahrhundert des Sports angenommen, die Vereinsaktivitäten nach Kräften unterstützt und so mancher Sorge um einen geeigneten Sportplatz abgeholfen. Rund die Hälfte der 200 Karlsruher Sportvereine sind heute Besitzer ihrer Sportflächen. Sie sind Herr ihrer Fußballfelder, Sport- und Tennishallen. Dank der Unterstützung der Stadt Karlsruhe können die Sportvereine diese Aufgabe auch gut meistern. Die städtische Sportförderung greift den Sportvereinen sowohl bei der laufenden Unterhaltung ihrer Sportstätten wie auch bei der Realisierung ihrer Projekte finanziell unter die Arme.

Wenn die Stadt Karlsruhe nun eine Geschichte des Sports in Karlsruhe herausgibt, so ist auch dies ein Beitrag, den Sport zu fördern – wer seine Geschichte kennt, weiß die Gegenwart zu verstehen und die Zukunft zu meistern. Deshalb hoffe ich sehr, dass wir auch in Zukunft ein vielfältiges sportliches Vereinsleben haben und dass sich die Bürger und Bürgerinnen als Aktive und als ehrenamtliche Helfer in unseren Vereinen engagieren.

Ich danke allen Autorinnen und Autoren für ihre Beiträge und wünsche dem Buch eine interessierte Leserschaft und eine gute Resonanz.

HEINZ FENRICH
OBERBÜRGERMEISTER

Grußwort

Das Bewusstsein der großen Bedeutung von Sport für die Gesundheit, die Lebensqualität und das soziale Zusammenleben hat sich in Karlsruhe seit Beginn des 20. Jahrhunderts intensiv entwickelt. Dabei wurde der Sport in der Badenmetropole schon früh von der Stadt finanziell wie auch immateriell gefördert. Dazu gehört auch die vorliegende Dokumentation der Sportgeschichte unserer Stadt. Sie blickt zurück auf die Anfänge des Turnens und Sports in Karlsruhe und zeigt die Entwicklung zu einer attraktiven Sportstadt mit sportbegeisterten Bürgerinnen und Bürgern.

Der Stellenwert des Sports wird sich in Zukunft noch steigern. Daraus folgt auch ein zunehmender Anspruch an die Sport- und Bewegungsangebote in der Stadt. Eine gute Kooperation der Stadt mit den Sportvereinen ist die Basis für ein gesundes Fundament des Sports, um die Herausforderungen der Zukunft zu meistern. Ein weiterer wichtiger Aspekt der Sportentwicklung liegt in der Stärkung sozialer Beziehungen durch Spiel, Spaß und Sport sowie der Integration von Minderheiten in einen Verbund, der Selbstwertgefühl und Lebensqualität durch gemeinsame sportliche Aktivitäten auch im Sinne von Gewaltprävention erhöht.

Sportvereine sind der „soziale Kitt" der Gesellschaft. Die Gesellschaft ist rasanten Umbrüchen unterworfen. Den Sportvereinen kommt deshalb zusätzlich zu ihrer Bedeutung für den Sport die Aufgabe zu, den sozialen Zusammenhalt zu stärken und neue Bindungen zu schaffen. Auf diese Art fördert die Solidargemeinschaft auch die Persönlichkeitsentwicklung des Einzelnen und die demokratische Kultur in der Gemeinschaft.

Wir haben in Karlsruhe die Rahmenbedingungen geschaffen, damit die Sportbegeisterten selbst aktiv werden können oder als Zuschauer hochrangige Sportereignisse erleben dürfen. Dazu gehört die kommunale Sportförderung, die zur Erhaltung und Steigerung der Lebensqualität und der Entwicklung der Vereinsstrukturen in unserer Stadt beiträgt. Wir nehmen die Selbständigkeit des Sports sehr ernst. Rund die Hälfte der Karlsruher Sportvereine sind Besitzer ihrer Sportflächen. Die städtische Sportförderung greift den Sportvereinen sowohl bei der laufenden Unterhaltung ihrer Sportstätten wie auch bei der Realisierung ihrer Projekte finanziell unter die Arme. Dank dieser Unterstützung durch die Stadt können die Sportvereine auch in Zukunft ihre Aufgaben meistern.

Damit hat die Stadt Karlsruhe dem Sport eine solide Basis geschaffen, auf der sich die Vereine entfalten und engagiert arbeiten können. Über diese Sachmittel hinaus kann der Sport in Karlsruhe aber auch bei inhaltlichen Fragen mit der Unterstützung der Stadt rechnen. Gemeinsam mit dem organisierten Sport entwickelt die kommunale Sportverwaltung

Konzepte, die den Freizeit- und Breitensport in Karlsruhe fördern und die allgemeine Qualität der sportlichen Betreuung erhöhen. Dazu trägt auch die Kooperation mit dem Institut für Sport und Sportwissenschaft der Universität Karlsruhe bei, um aktuelle Sportthemen aufzuarbeiten und wissenschaftlich zu begleiten.

Karlsruhe hat ein hohes Potential an engagierten Menschen, die wertvolle persönliche Zeit, ihre Fähigkeiten und ihr Können in zukunftsorientierte Projekte einbringen und sich im Sport und anderen gesellschaftlich wichtigen Lebensbereichen einsetzen. Auf sie kann die Stadt bauen und sie kann mit ihnen rechnen. Durch sie sind unsere Sportvereine lebendig. Sie prägen das positive Profil des Sports in Karlsruhe.

So kann Karlsruhe mit der vorliegenden Dokumentation zurück blicken und gleichzeitig zuversichtlich in eine Sportzukunft schauen, die eine Geschlechter und Generationen übergreifende Atmosphäre der Bewegungsfreude in unserer Stadt weiterentwickeln kann.

HARALD DENECKEN
BÜRGERMEISTER

ERNST OTTO BRÄUNCHE

Einleitung

Im Deutschen Sportbund (DSB) mit seinen 90 Mitgliedsorganisationen sind heute rund 27 Millionen Menschen in 90.000 Turn- und Sportvereinen organisiert. Der Verband wirbt damit, dass er die größte Personenvereinigung Deutschlands sei. Tatsächlich ist der Sport heute ein Kulturphänomen, das das Leben durch eine Vielfalt an Erscheinungsformen prägt. Betrieben wird der Sport als Leistungssport und Breitensport.[1] Was nun alles als Sport anzusehen ist, bleibt in den einschlägigen Publikationen weitgehend offen und wird auch vom DSB nicht näher umrissen, es gibt bis heute keine allgemein gültige Definition des Sports. Ein neuer Definitionsversuch des Hamburger Sportwissenschaftlers Claus Tiedemann sieht den Sport als ein kulturelles Tätigkeitsfeld, „in dem Menschen sich freiwillig in eine wirkliche oder auch nur vorgestellte Beziehung zu anderen Menschen begeben mit der bewußten Absicht, ihre Fähigkeiten und Fertigkeiten insbesondere im Gebiet der Bewegungskunst zu entwickeln und sich mit diesen anderen Menschen nach selbstgesetzten oder übernommenen Regeln zu vergleichen, ohne sie oder sich selbst schädigen zu wollen.“[2] Legt man diese Definition zugrunde, dürfte sich eine Geschichte des Karlsruher Sports kaum weiter zurück orientieren als bis in die erste Hälfte des 19. Jahrhunderts, denn sie trifft auf die Ritterspiele, die Jagd und den Tanz als Beispiele für Körperertüchtigung und Unter-

haltung bei Hofe natürlich nur sehr bedingt zu. Diese höfischen Formen früher sportähnlicher Betätigungen waren in der Region Karlsruhe erst nach der Verlegung der Residenz der protestantischen Linie der Markgrafen von Baden von Pforzheim nach Durlach im Jahr 1565 anzutreffen. Auch die 1601 gegründete Durlacher Schützengesellschaft war genau wie die 1721 folgende Karlsruher Schützengesellschaft kein Sportverein im späteren Sinne, sondern diente der stadtbürgerlichen Selbstverteidigung und der Sicherung der öffentlichen Ordnung. Die Volksbelustigungen des 17. Jahrhunderts in Durlach und nach der Verlegung der Residenz 1718 in Karlsruhe zählen ebenfalls noch nicht zu den sportlichen Aktivitäten im späteren Sinne. Sie werden aber in der Geschichte des Sports in Karlsruhe unter der Überschrift „Zur Vorgeschichte des Sports" vorgestellt, d. h., dass der hier verwendete Sportbegriff über die Sportarten hinaus geht, die sich im 18. Jahrhundert in England ausbildeten und die zu den heute bekannten Sportarten in dem von Tiedemann definierten Rahmen führten.[3]

Die englischen Leibesübungen und Spiele standen in enger Verbindung „mit Wetten und Wettkämpfen, mit Leistungs- und Rekordstreben".[4] Die vornehmen Herren (gentlemen) treiben in England Sport, während die volkstümlichen Spiele (games) dem Volke vorbehalten waren. Zum Sport zählte man Laufen,

Schwimmen, Boxen, Pferdesport, Cricket und Rudern, später auch Fußball. In der Mitte des 19. Jahrhunderts begann man, sich um gleiche und vergleichbare Bedingungen zu kümmern und Regeln zu vereinbaren, Voraussetzung dafür, dass die Sportarten in andere Länder exportiert werden konnten. Auch die ersten Sportclubs entstanden in England – der Marylebone Cricket Club wurde bereits 1787 gegründet. In der zweiten Hälfte des 19. Jahrhunderts folgten nationale Sportvereinigungen, so etwa 1863 die Football Association, 1880 die Amateur Athletic Association, 1890 die National Amateur Rowing Association.[5] Dass der Sport zuerst in England Fuß fasste, wird mit gutem Grund mit der früheren Industrialisierung des Landes begründet. Diese wiederum war u. a. durch die größere Durchlässigkeit zwischen den Ständen befördert worden und setzte deshalb früher als in den Ländern des Kontinents ein.

In Karlsruhe kam – wie auf dem europäischen Festland und in anderen deutschen Städten – die Industrialisierung mit einer deutlichen Verspätung gegenüber England. Vor 1850 entstanden nur vereinzelt Betriebe, aus denen später dann Großunternehmen werden sollten, z. B. die Maschinenfabrik Martiensen & Keßler, die 1842 die erste badische Lokomotive baute und bis 1930 als Maschinenbaugesellschaft weit über Karlsruhe hinaus bekannt war. Die frühen Industriebetriebe Karlsruhes hatten das Erscheinungsbild der Residenz und ihrer Gesellschaft aber nur allmählich verändert. Die eigentliche Ansiedlung von Industrien und damit der Wandel der Stadt setzte erst in den 60er Jahren des 19. Jahrhunderts ein. Mit der Hochindustrialisierung nach der Reichsgründung 1871 wurde auch die badische Residenzstadt von deren gesellschaftlicher und wirtschaftlicher Dynamik erfasst. Im Zeichen des Bevölkerungswachstums, der Urbanisierung und der Industrialisierung erlebte die Stadt im 19. Jahrhundert

eine zweite tief greifende Veränderung der äußeren und inneren Verhältnisse. Die Bevölkerung wuchs auch in Karlsruhe explosionsartig, die Stadt wurde 1901 mit 100.000 Einwohnern Großstadt.

Die meisten der Karlsruher Sportvereine entstanden deshalb nicht zufällig erst im letzten Viertel des 19. Jahrhunderts. Nur die Turnvereine und Schützenvereine, die aber auch im 19. Jahrhundert noch nicht als Sportvereine im engeren Sinne zu sehen waren, sondern eher unter dem Aspekt der konservativen bürgerlichen Sorge um die Aufrechterhaltung der Ordnung oder der demokratischen Forderung nach Bürgerbewaffnung, sind älter. Am 16. Januar 1846 wurde der Allgemeine Turnverein gegründet, dessen Statuten auch ein schichtenübergreifendes, das ganze Volk umfassendes Programm formulierten und sich an alle Stände und jeden Gesitteten „von unbescholtenem Rufe" wandten. Tatsächlich war der Turnverein ein demokratischer Verein, der die Männer der neuen unterbürgerlichen Schichten und die Anhänger der demokratischen Ideen anzog. Manche Turner waren zugleich Mitglied im Demokratischen Verein oder im Arbeiterverein. So trat der Verein 1848 auch dem Hanauer Turnerbund bei, der ausgesprochen demokratische Ziele hatte, für die Staatsform der Republik eintrat und seine Mitglieder zur Bewaffnung aufrief. Deshalb spaltete sich im Jahr 1848 der Karlsruher Turnverein ab, der als regierungstreuer Verein nach der Niederschlagung der Revolution auch nicht wie der Allgemeine Turnverein aufgelöst wurde.

Nach mancherlei Zusammenschlüssen und Abspaltungen bestanden zu dann Beginn des 20. Jahrhunderts drei große Turnvereine, der Männerturnverein, die Turngemeinde und die Turngesellschaft. 1911 gab es darüber hinaus sechs der Freien Turnerschaft angehörende Vereine, einen in der Kernstadt, fünf in den Vororten. Damit hatte sich in Karlsruhe auch der Arbeitersport etabliert, der seit den 1890er Jahren in Absetzung vom bürgerlichen Sport entstanden war.

Mit den Turnvereinen ging in den 1860er Jahren die neu entstehende Sportbewegung einher, die immer neue Vereinsgründungen hervorbrachte. Das aus England übernommene Streben, in Konkurrenz mit anderen Sportlern zu treten und regelmäßige Wettkämpfe und Leistungsvergleiche auszutragen, führte auch in Karlsruhe zu neuen Vereinsgründungen, wobei die Ruderer die ersten außerhalb der Turnvereine waren, die einen eigenen langlebigeren Sportverein gründeten.

Die ersten Ruderer kamen aus dem ältesten Turnverein, der Turngemeinde (KTV 1846), sie gründeten im März 1879 den Ruderverein Salamander. Die nächsten waren die Radler, die in der Geburtsstadt des Fahrraderfinders Freiherr von Drais den Karlsruher Bicycle-Club von 1882 ins Leben riefen, dem der Radfahrerverein Karlsruhe von 1887 folgte. Nach der Umstellung vom Hoch- auf das Niederrad noch vor der Jahrhundertwende setzte ein regelrechter Radfahrerboom ein, bis zum Ersten Weltkrieg entstanden 14 weitere Radfahrervereine. Reitsport wurde in der Garnisonstadt lange Zeit nur vom Militär betrieben. Der 1885 gegründete Karlsruher Reiterverein war zunächst noch ein ausschließlich von Militärs betriebener Verein.

Den höchsten Zulauf vor dem Ersten Weltkrieg hatte aber der Fußball, in dessen Frühzeit Karlsruhe neben Berlin eine herausragende Rolle spielte. Der Fußballpionier Walther Bensemann gründete 1889 als Gymnasiast mit einigen Gleichgesinnten den International Football-Club Karlsruhe, der auf dem Engländerplatz spielte, dem Geburtsort des Karlsruher Fußballs. Bensemann war auch maßgeblich an der Gründung des Karlsruher Fußballvereins (KFV) im Jahr 1891 beteiligt. Mit acht Süddeutschen Meisterschaften und einer Deutschen Meisterschaft im Jahr 1910 war der KFV

nach der Jahrhundertwende die Mannschaft der Stunde. Ein Jahr vor dem KFV war bereits der 1894 gegründete FC Phönix Karlsruhe Deutscher Meister geworden – bis heute hat keine andere Stadt in zwei aufeinander folgenden Jahren mit zwei verschiedenen Klubs die Deutsche Fußballmeisterschaft geholt. Beim KFV spielten auch die beiden einzigen jüdischen deutschen Fußballnationalspieler Gottfried Fuchs und Julius Hirsch, die zu den besten Stürmern ihrer Zeit gehörten. Beide wurden nach der nationalsozialistischen Machtergreifung verfolgt, Fuchs konnte fliehen, Hirsch wurde 1943 in Auschwitz ermordet. Bis zur Jahrhundertwende entstanden zahlreiche weitere Fußballvereine, von denen heute nur noch der in erster Linie von Arbeitern 1895 gegründete FC Frankonia in der ESG Frankonia existiert. Ansonsten war der Fußball noch ein weitgehend bürgerlicher Sport.

Fußballvereine veranstalteten auch die ersten Leichtathletikveranstaltungen in Karlsruhe. Der FC Frankonia lud 1899 zum ersten Leichtathletikwettkampf im deutschen Südwesten ein, der in Anwesenheit von Großherzog Friedrich I. und Prinz Max von Baden stattfand und der als Nationale Olympische Spiele angekündigt wurde. Der KFV veranstaltete erstmals 1906 aus Anlass der Feiern der großherzoglichen Familie – gefeiert wurde der 80. Geburtstag des Großherzogs Friedrich I., die Goldene Hochzeit des Regentenpaares und die Silberne Hochzeit des Kronprinzen und der Kronprinzessin von Schweden – Internationale Olympische Spiele, die in den folgenden Jahren bis 1913 regelmäßig im neuen KFV-Stadion an der verlängerten Hardtstraße durchgeführt wurden. Der KFV stand seit dem Jahr 1904 unter dem Protektorat des Prinzen Max von Baden, der regelmäßig Fußballspiele des KFV besuchte – der Fußball und damit der Sport war hoffähig geworden. Dies schlug sich auch in der Presseberichterstattung über den Sport nieder, die nun in Karlsruher Tageszeitungen ihren festen Platz bekam. Auch in den Selbstdarstellungen der Stadt gingen nun einzelne Kapitel auf den Sport ein, die jährlich erscheinenden Chroniken berichteten über die herausragenden Sportereignisse.[6]

Erst relativ spät entstand in Karlsruhe der erste Schwimmverein, der Schwimmverein Neptun im Jahre 1899.

Der Erste Weltkrieg bremste insgesamt den Aufwärtstrend aller Sportvereine, deren aktive Mitglieder zum größeren Teil eingezogen wurden, Sportplätze wurden in Kriegsgärten umgewandelt. Auch der zum Stadtjubiläum 1915 projektierte Bau eines Großstadions auf den Wiesen östlich der Ettlingerstraße konnte nicht verwirklicht werden, ein fest geplanter Kongress für Volks- und Jugendspiele musste ausfallen. Trotz der Kriegsereignisse wurde der Sportbetrieb aber weitgehend aufrecht erhalten, häufig übernahmen Frauen und Jugendliche bei Veranstaltungen die Programmteile, die früher den Männern vorbehalten waren.

Nach dem Kriege erlebten die Karlsruher Sportvereine einen wahren Boom, die Mitglieder- und Zuschauerzahlen stiegen an, Sport wurde nun zu einer Massenveranstaltung. Die Stadt kümmerte sich um geeignete Sportplätze und plante im Zuge des Generalbebauungsplans von 1926 gar einen halbkreisförmig um das Schloss angelegten Sportpark Hardtwald, der allerdings wegen der beginnenden Weltwirtschaftskrise nicht realisiert wurde. Umgesetzt wurde aber das Rheinstrandbad Rappenwört, bis heute ein beliebtes Ausflugsziel für Freizeitschwimmer. Rappenwört ist auch der Geburtsort des Ringtennis, einer neuen Sportart, die der Karlsruher Baubürgermeister und Initiator des Generalbebauungsplans Hermann Schneider in Karlsruhe und Deutschland etablierte.

Weitere Sportarten wie das Tennisspiel, dessen Anfänge in Karlsruhe bis vor den Ersten Weltkrieg zurückgehen, der Kanusport, bis zum Ersten Weltkrieg individuell betrieben und erst

ab 1922 in Vereinen organisiert, das Handballspiel, das in den 1920er Jahren in Karlsruhe begann, oder die Leichtathletik, die in derselben Zeit ihre ersten überregionalen Erfolge für Karlsruhe erzielte, waren hinzugekommen bzw. konnten erste Erfolge aufweisen. So holte die ehemalige KFV-Leichtathletin Lina Batschauer über die 800 m bei den Olympischen Spielen in Amsterdam eine Goldmedaille, die Schwerathleten des I. Athletik Sportclub Germania Sportfreunde gehörten zwischen 1923 und 1928 zu den deutschen Spitzenkräften. Die „Rundgewichtsriege" dieses Vereins errang gar über 20 Jahre lang die badisch-pfälzischen Meisterschaften, 1927 sogar die Deutsche Meisterschaft. Athleten der Germania und des Kraftsportvereins Durlach, das damals noch nicht zu Karlsruhe gehörte, waren auch bei Europameisterschaften erfolgreich. Auch die Karlsruher Schwimmer waren schon vor dem Ersten Weltkrieg erfolgreich und knüpften daran in der Weimarer Republik an.

Andere Sportarten wie das Boxen oder das Hockeyspiel fristeten eher noch ein kümmerliches Dasein. Das Spektrum der Vereine wurde durch die katholischen Vereinsgründungen der Deutschen Jugendkraft (DJK) und die Arbeitersportvereine erweitert. Die 1919 gegründeten Sportdachverbände spiegelten diese Entwicklung wider, der Stadtausschuss für Leibesübungen und Jugendpflege umfasste die bürgerlichen Sportvereine, das Arbeitersportkartell die der Arbeiterbewegung.

Letztere wurden im Dritten Reich von den neuen Machthabern verboten und aufgelöst, das Vereinsvermögen beschlagnahmt, die anderen Sportvereine gleichgeschaltet im Sinne der NS-Ideologie. Die verbliebenen Vereine hatten nach wie vor großen Zuspruch, Karlsruhe galt Mitte der 1930er Jahre als sportfreudigste Großstadt in Deutschland bezogen auf die Einwohnerzahl, wozu 70 Sportvereine mit 17.834 Mitgliedern beitrugen. Fußball rangierte mit 23 Vereinen vor den Turnern mit 16 und den Handballern mit 14. Einige Sportarten waren aber auch noch gar nicht in Karlsruhe vertreten, so z. B. Rugby, Eissport, Rollschuhsport, Segeln, Motorjachtsport, Golf, Bob- und Schlittensport.

Der Zweite Weltkrieg traf die Vereine noch härter als der Erste, wieder waren viele Mitglieder eingezogen, wieder fielen zahlreiche Sportler. Diesmal gab es aber auch etliche zerstörte Sportstätten. Darüber hinaus mussten sich die im Dritten Reich gleichgeschalteten und in das NS-System eingebundenen Sportvereine neu organisieren und auf eine demokratische Basis stellen. Wieweit die Sportvereine sich auf das neue Regime eingelassen haben, welche Motive dazu geführt haben und ob es widerständiges Verhalten gegeben hat, kann auf der derzeitigen Quellenbasis nicht im Detail belegt werden. Es ist aber kein Beispiel bekannt, dass sich Karlsruher Sportvereine oder Sportfunktionäre gegen den Ausschluss von Juden aus ihren Vereinen gewehrt oder verfolgten jüdischen Sportlern geholfen haben.

Nach der Wieder- bzw. Neugründung der Sportvereine war 1946 die Gruppe der Turnvereine nach wie vor stärkste Fraktion gefolgt von Fußball, Handball, Ski, Schwimmsport und Leichtathletik. In den 1950er Jahren knüpfte mit dem 1952 aus der Fusion des VfB Mühlburg und des FC Phönix entstandene Karlsruher Sportclub (KSC) an die große Fußballtradition an und errang zwei deutsche Pokalsiege und eine Deutsche Vizemeisterschaft. Nach wechselvollem Abschneiden in der 1963 gegründeten Fußballbundesliga setzte der KSC in den 90er Jahren zu einem weiteren Höhenflug an, als ihm spektakuläre Erfolge im UEFA-CUP gelangen.

Herausragende Ergebnisse der Karlsruher Leichtathleten Heinz Fütterer, Carl Kaufmann, Karl-Heinz Klotz (Neureut), Lothar Knörzer, Siegfried König und Karl Wolf ließen Karlsruhe in den 1950er und 1960er Jahren zu einer Hochburg der Leichtathletik werden. Ihre

Erfolge errangen sie u. a. in dem 1955 eingeweihten neuen Wildparkstadion, mit dem Karlsruhe endlich sein Großstadion erhielt. „Karlsruhe ist im Vergleich zu seiner Größe und Finanzkraft die sportliche Metropole des Landes", soll ein Stuttgarter Besucher des Internationalen Leichtathletikfestes am 17. Juli 1955 im neuen Wildparkstadion geäußert haben. Auch die Stuttgarter Zeitung lobte den Neubau, der „nach übereinstimmendem Urteil bei der inoffiziellen Einweihung am Sonntag seine Bewährungsprobe bestanden" habe. Gelobt wurde auch das Tullabad, das ebenfalls zu dieser Zeit eröffnet wurde. Karlsruhe verfügte damit zehn Jahre nach Kriegsende über zwei herausragende Sportstätten. Erfolge waren auch im Handball zu verzeichnen vor allem in den 1970er Jahren, die mit dem Namen TSV Rintheim verbunden sind, im Tennis mit dem TC Rüppurr und seinem prominenten Spieler Jürgen Faßbender, im Boxen mit dem KSC, im Kanusport mit den Rheinbrüdern und dem amtierenden Bundestrainer Detlef Hofmann, der mehrfacher Deutscher Meister, Weltmeister und Olympiasieger in verschiedenen Disziplinen war, und im Basketball mit der BG Karlsruhe, die 1993 aus den Basketballabteilungen des FC Südstern 06 Karlsruhe und der Post Südstadt Karlsruhe (PSK) entstanden ist. Seit der Saison 2000/2001 spielte die BG Karlsruhe in der Spitzengruppe der 2. Basketball-Bundesliga und stieg in der Saison 2002/2003 in die erste Liga auf. Basketball und einige andere in jüngster Zeit erfolgreiche Sportarten sind im Rahmen dieser Publikation aus Platzgründen nicht mit einem eigenen Artikel bedacht. Neben vier chronologischen Überblicksartikeln haben wir uns auf die Sportarten beschränkt, die eine lange Tradition in Karlsruhe haben und herausragende Leistungen zeigten. Diese Sportarten werden in 14 Spezialkapiteln von B wie Boxen bis T wie Turnen vorgestellt.

Von der Vielzahl der aktuell über 220 Karlsruher Sportvereine werden auch nur vergleichsweise wenige ausführlicher vorgestellt, manche auch gar nicht erwähnt, obwohl für eine ganze Reihe Vereinschroniken vorhanden sind. Eine ausführliche Berücksichtigung aller Vereine kann und will diese Publikation aber auch nicht leisten, sie zeigt Entwicklungslinien und Schwerpunkte der Karlsruher Sportgeschichte auf. Deshalb fehlen auch Tabellen und Spielergebnisse, wie sie etwa in Vereinschroniken als Standard erwartet werden, weitgehend.

D. h. aber nicht, dass die uns zur Verfügung gestellten Unterlagen und persönlichen Auskünfte verloren gehen werden, denn diese werden ausführlich dokumentiert im „Archiv des Karlsruher Sports", dessen Ziel die Sicherung der vorhandenen historischen Vereinsunterlagen und der Aufbau einer Datenbank zur Geschichte der Sportvereine ist. Alle, die ihren Verein in dieser Publikation vermissen, sind auf diese, zunächst im Stadtmuseum vom 1. Juni bis zum 3. September 2006 während der Ausstellung „Sport in Karlsruhe", danach im Stadtarchiv einsehbare Datenbank verwiesen. Wünschenswert wäre, dass sich im Laufe der Ausstellung auch die Vereine beteiligen, die bisher von unserem Angebot noch keinen Gebrauch gemacht haben. Eine Internetversion ist nach Abschluss der Recherchen vorgesehen. Für die technische Umsetzung ist der Hochschule für Gestaltung zu danken, namentlich Professor Jürgen Enge.

Diese Veröffentlichung des Stadtarchivs ist Teil des Projekts „Sport in Karlsruhe", das außerdem das erwähnte Sportarchiv sowie eine gleichnamige Ausstellung im Stadtmuseum im Prinz-Max-Palais umfasst. Zum Gelingen haben viele beigetragen und tragen noch dazu bei. Der Dank gilt unseren Sponsoren ebenso wie den vielen Vereinen, bei denen wir Unterstützung fanden. Namentlich zu nennen sind die Vereine, die dem Stadtarchiv ihre Archivalien anvertrauen, wie der KTV, die ESG Frankonia und der Karlsruher Sportverein Rintheim-Waldstadt, aber auch denen, die uns ihre Dokumente und Bilder zur digitalen Archivierung überlassen haben wie der ASV Durlach 02, der Karlsruher Ruderverein Wiking 1879, der VfB Knielingen und viele andere. Unterstützt haben uns auch der Sportdezernent Harald Denecken, der Leiter des Schul- und Sportamts Wolfgang Vetter, sowie die Herren Lothar Gall und Ulrich Karl vom Schul- und Sportamt, die u. a. Kontakte zu den Vereinen hergestellt haben.

Der Dank gilt vor allem auch den Autorinnen und Autoren dieses Bandes sowie dem Team des Instituts für Stadtgeschichte, ohne dessen besonderen Einsatz ein Projekt dieser Größenordnung in dem vorgegebenen Zeitrahmen nicht zu bewältigen gewesen wäre. Dr. Volker Steck hat die Redaktion der Buchbeiträge übernommen, Katja Schmalholz die Bildredaktion, Dr. Anke Mührenberg die Öffentlichkeitsarbeit. Ulrike Deistung und Angelika Sauer haben Korrektur gelesen. Dr. Michael Gimber hat mit Klaus Dunkel und Monika Haschka die verwaltungstechnischen Arbeiten erledigt, Klaus Meinzer hat die Transportarbeiten übernommen, Uta Bolch und Dagmar Weigand die Digitalisierung der Bilder. Im Stadtmuseum waren Dr. Peter Pretsch, Sigrun Bertram und Rebekka Menges für die Ausstellung zuständig, die der Graphiker des Instituts für Stadtgeschichte Herbert Kaes in ebenso bewährter Weise wie das Plakat und die Werbemittel gestaltet hat. Der Ausstellungstechniker Joachim Jablonski hat die Ausstellung aufgebaut. Carola von Roth, Dagmar Weigand und Nadine Weingärtner sind für das noch nicht abgeschlossene Archiv des Karlsruher Sports zuständig, wofür der Stiftung Kulturgut Baden-Württemberg, den Arbeitsförderungsbetrieben der Stadt Karlsruhe, Ursula Bercher und der Sportjugendvereinshilfe e. V., Michael Dannenmaier, zu danken ist, die das Archiv des Karlsruher Sports unterstützen. Thorsten Fels hat die Chroniken für die Datenbank bearbeitet.

PETER PRETSCH

Zur Vorgeschichte und zu den Anfängen des Karlsruher Sports bis zum Kaiserreich

Die Entwicklung seit dem Spätmittelalter

Ritterspiele, Jagd und Tanz –
Körperertüchtigung und Unterhaltung bei Hofe

In der sportgeschichtlichen Literatur werden als frühe Formen der Körperertüchtigung die Ritterturniere bei Hofe beschrieben. „Kein Fest ohne ritterliches Turnier! – und dies auch noch während der Renaissance, als ihm schon längst durch den Verfall des Rittertums und durch die Entwicklung der Feuerwaffen die soziale und militärische Grundlage entzogen war, als ihm als Wehrertüchtigungsübung für den Kampf Mann gegen Mann fast keinerlei Bedeutung mehr zukam." Die Ritterturniere wurden vielmehr „zu theatralisch inszenierten symbolischen Veranstaltungen, auf denen sich die Hofgesellschaft zeigte und dem Herrscher huldigte. Diese Hoffeste bestanden nicht mehr nur aus dem Turnier selbst, sondern auch aus einer Reihe anderer Programmpunkte, z. B. der Jagd, darüber hinaus Theateraufführungen, Vorführungen von Gauklern und Hofnarren, Musik und nicht zuletzt aus Tänzen".[1]

In der Region Karlsruhe sind derartige Veranstaltungen erst seit dem frühen 17. Jahrhundert rund vierzig Jahre nach der Verlegung der Residenz von Pforzheim nach Durlach überliefert. Ohne eine entsprechende Hofhaltung waren sie vorher in Durlach wohl auch nicht möglich. Außerdem ist die Teilnahme des Markgrafen Georg Friedrich von Baden mit einem Tross aus Spielleuten, Trompetern und berittenen Soldaten an der Hochzeit des Herzogs Johann Friedrich von Württemberg in Stuttgart von dem Gmündner Maler Balthasar Küchler in einem großen Kupferstichwerk festgehalten worden. Danach wurde die Hochzeit im Jahre 1609 unter anderem mit Ritterspielen wie Ringrennen und Fußturnieren begangen, an denen der badische Markgraf und seine Gefolgsleute selbst teilnahmen.

Aufzug der Reiterei des Markgrafen Georg Friedrich von Baden-Durlach zum Ringrennen in Stuttgart, Kupferstich von Balthasar Küchler 1611.

„Ebenfalls beim Hochzeitsfest 1609 hielt man zum ersten Mal auch ein Karusellrennen ab, eine Art Gruppenverfolgungsjagd im Kreis herum, bei der es galt, Mitglieder der gegnerischen Parteien, hier Römer, Indianer, Türken und Mohren darstellend, mit Hilfe von Tonkugeln zu treffen."[2] Markgraf Georg Friedrich nahm auch am sogenannten Balkenrennen teil, bei dem die Kontrahenten durch eine Holzschranke getrennt waren und sich darüber bekämpfen mussten. „Das Fußturnier konnte noch am ehesten als Vorbereitung auf den kriegerischen Ernstfall aufgefasst werden, ... Allerdings verstand man darunter keineswegs eine Geschicklichkeitsübung; nicht das Erlernen von Ausweich- und Abwehrtaktiken stand im Mittelpunkt, sondern das unbewegliche, 'mannhafte' Ertragen von Stößen und Schlägen."[3]

Die Jagdleidenschaft der badischen Landesherren ist ebenfalls schon relativ früh dokumentiert. So ließ Markgraf Ernst die in Durlach vorhandene mittelalterliche Tiefburg von 1515 bis 1553 zu einem Jagdschloss umbauen, bevor sein Sohn Karl II. von Baden-Durlach anlässlich der Verlegung der Residenz im Jahre 1565 das Schloss abermals zu seinem repräsentativen Herrschaftsgebäude ausbauen ließ. Schon ein Jahr später beklagten sich die Durlacher in einem Beschwerdebrief über die ihnen auferlegten Jagdfronen, zu denen sie 24 Pferde für die Jägerwagen und ebenso viele für die Heimführung des erlegten Wildes und dazu noch 30 oder 40 Hundeführer stellen mussten.[4]

Mitte des 17. Jahrhunderts wurden am Schlossgarten der Karlsburg ein Marstall, eine Reitbahn und ein Ballhaus angelegt. Ob das Ballhaus dem Adel für Ballspiele gedient hat oder eher für Tanzveranstaltungen, Theater- und Ballettaufführungen, kann nicht mehr eindeutig geklärt werden. Ursprünglich waren derartige Bauten nämlich tatsächlich in ihrer namengebenden Funktion errichtet worden,

so vor allem in Frankreich, wo von der Adelsgesellschaft seit dem 17. Jahrhundert das „jeu de paume" gepflegt wurde, ein Vorläufer von Squash und Tennis unserer Tage. Tatsächlich findet sich in einem der Wiederaufbaupläne des Baumeisters Thomas Levèbvre zur Karlsburg von 1694 die Bezeichnung „Jeu de paulme" für das Ballhaus, was für die frühere Nutzung des Gebäudes als Sportstätte sprechen würde.[5] Der Ball wurde ursprünglich nur mit der Hand (lat.: palma) geschlagen, bevor mit Darmsaiten bezogene Schläger aufkamen. Das Ballspiel war außerdem in der Renaissancezeit sehr beliebt. Ballhäuser in ihrer ursprünglichen Funktion gab es seit dem frühen 17. Jahrhundert auch in Stuttgart, Tübingen, Mannheim, Heidelberg und Sulzburg, der ehemaligen Residenz der Markgrafen von Baden.[6]

Auch die Reit- oder Rennbahn der Karlsburg wurde für Sportaktivitäten im Rahmen von Festveranstaltungen genutzt, wie z.B. zur Hochzeit des Markgrafen Friedrich Magnus mit der Prinzessin Auguste Marie von Holstein-Gottorp 1670, die fünf Tage lang gefeiert wurde:

„Am Nachmittag des 4. Juli vergnügten sich die jüngeren Prinzen und eine größere Anzahl der Kavaliere auf der Rennbahn des Schlosses mit allerlei Exercitien zu Pferde, wobei die übrige Hochzeitsgesellschaft die Zuschauer abgab. Auch wurden ein Ringrennen und ein Kopfrennen veranstaltet. Bei beiden Rennen galt es, in voller Karriere einen an einer Schnur herabhängenden Ring, beziehungsweise einen auf einem Pfosten aufgestellten Kopf mit der Lanze oder dem Degen zu treffen. Im Ringrennen blieb ein württembergischer Kavalier Sieger, ... Das zweitbeste Treffen hatte ein Herr von Ulm, das drittbeste Erbprinz Friedrich Magnus. Beim Kopfrennen ging Prinz Karl Friedrich von Baden-Durlach, der neunzehnjährige Vetter des Erbprinzen, als Sieger hervor".[7]

Ringrennen an der Ritterakademie in Tübingen Anfang des 17. Jahrhunderts.

Schon der Vater von Friedrich Magnus hatte sich bei Herzog Eberhard III. von Württemberg für die Wiedereinführung adeliger Leibesübungen eingesetzt, die nach dem Dreißigjährigen Krieg in Vergessenheit geraten waren, und in einem langen Bericht die Ritterspiele geschildert, wie sie am Württemberger Hof im frühen 17. Jahrhundert üblich gewesen waren. Nun wurden sie, wenn auch sicherlich wesentlich bescheidener als in Stuttgart, auch in Durlach abgehalten.[8]

In der Karlsburg selbst gab es seit dem 17. Jahrhundert einen Tanzsaal, in dem die überlieferten Ballett-, Opern- und Singspielaufführungen stattgefunden haben könnten, die im August 1666 mit dem Tanz-Spiel „Glück und Tugend" anlässlich des Besuchs von Markgraf Albrecht von Brandenburg und seiner Gemahlin ihren Anfang nahmen. Von der Hofhaltung in Baden-Baden weiß man, dass in derartige

Aufführungen auch die Hofgesellschaft einbezogen war und für ihren korrekten Ablauf ein Tanzmeister zu sorgen hatte. In Durlach wird als Tanzmeister ein Monsieur de Champ genannt. „Das Tanzen gewann in der höfischen Gesellschaft deshalb so stark an Bedeutung, weil es von den am Hofe lebenden Menschen, den Höflingen, als eine Möglichkeit angesehen wurde, sich in einem besonders günstigen Licht zu zeigen. Aber das wollte gelernt sein, zumal eine Fülle sehr verschiedener Tänze gepflegt wurde. Der Tanzlehrer wurde zu einer unverzichtbaren Institution am Hofe; denn ihm war es zu verdanken, bzw. er hatte es auszubaden, wenn die gewünschte Präsentation auf dem glatten Parkett gelang oder misslang". Bis zur Zerstörung Durlachs und der Karlsburg 1689 im Pfälzischen Erbfolgekrieg fanden noch einige Ballett- und Tanzaufführungen statt, so etwa auch 1670 anlässlich der Vermählung von Markgraf Friedrich Magnus und zu dessen Geburtstag im gleichen Jahr.[9]

Nach dem teilweisen Wiederaufbau der Karlsburg in Durlach nach der Zerstörung im Pfälzischen Erbfolgekrieg 1689 wollte der Sohn und Nachfolger von Friedrich Magnus diese Tradition wieder aufleben lassen. Schon kurz nach der Regierungsübernahme engagierte Markgraf Karl Wilhelm zahlreiche Sängerinnen und Sänger sowie Instrumentalisten. Am 2. Januar 1715 wurde der Tanzmeister Marc Antoine Missoly angestellt, der „zwölf Singerinnen in die Perfection des Tantzens zu bringen" hatte. Außerdem ließ der Stadtgründer von Karlsruhe noch in seiner alten Residenz Durlach zum ersten Mal Karnevalsfeierlichkeiten veranstalten, bei denen nicht nur die

Höfischer Maskenball des 18. Jahrhunderts, zeitgenössische Darstellung.

Adelsgesellschaft sondern auch die Durlacher Honoratioren zum Tanz eingeladen wurden.[10]

Auch in seiner neuen Residenz Karlsruhe setzte Karl Wilhelm diese Art der Hofhaltung fort, hatte er doch im Ostflügel des neuen Schlosses eine Oper und einen „Ballsaal" unterbringen lassen. Unter dem Enkel des Stadtgründers, Markgraf Karl Friedrich, fanden weiter Tanzveranstaltungen in der mittleren Schlossgartenorangerie statt, die nach dem Bericht der Schauspielerin Karoline Schulze-

Kummerfeld durchaus Körpereinsatz verlangten: „Gleich nach Neujahr gingen die maskierten Bälle bei Hof an, wo jeder unentgeltlich zugelassen wurde. ... Nun kam der 28. Januar 1762, der Namenstag des Fürsten wurde gefeiert. Schon um vier Uhr ging die Komödie an. Ich hatte im Prolog zu tun. ... 8 Uhr war alles aus, ich eilte nach Hause, kleidete mich ganz um und fuhr nach dem Schlosse, wo ich um 9 Uhr schon dastand und mit Leib und Seele tanzte. Wie die Uhr 1 war, trat ich zur Markgräfin und wollte mich beurlauben. 'Schon fort wollen Sie ?' 'Ja, Ihro Durchlaucht! Morgen muß ich reisen.' – 'Bei meiner Ungnade, wo Sie eher fortgehen wie ich.' Voll Ehrfurcht neigte ich mich, küsste ihre Hand und tanzte lustig fort. Tanzte bis 3 Uhr, und da hatte ich keine Sohlen mehr unter den Schuhen."[11]

Heute sind die Vorführungen der Tanzgarden der Karlsruher Karnevalsgesellschaften eine Reminiszenz an die Tanzveranstaltungen und Maskenbälle bei Hofe, und der Gardetanz hat sich bei regionalen und nationalen Meisterschaftsturnieren zum Leistungssport entwickelt.

Einen unmittelbaren Einfluss auf die Stadtentwicklung von Karlsruhe nahm die Jagdleidenschaft des Stadtgründers. So durften die nördlichen durch den Wald führenden Alleen des Karlsruher Stadtsterns nicht bebaut werden, da sie als Schneisen für die fürstliche Jagdgesellschaft dienten. In der Forschung nimmt man sogar an, dass die Karlsruher Stadtplanung auf den im 17. Jahrhundert propagierten Jagdsternen basiert, die mit ihrem von einem Jagdhaus ausgehenden radial angelegten Wegenetz die Jagd erleichtern sollten.[12]

Auch die Gründungslegende von Karlsruhe, die berichtet, dass Markgraf Karl Wilhelm, von der Jagd ermüdet, im Schlaf der Strahlenkranz seiner neuen Residenz erschien, spielt darauf an. Tatsächlich konnte die Jagd Anfang des 18. Jahrhunderts noch eine schweißtrei-

Die Gründungslegende: Der jagdmüde Markgraf schaut im Traum die Fächerstadt, Gemälde Mitte des 19. Jahrhunderts.

bende Angelegenheit sein, wie etwa der zeitgenössischen Schilderung einer Parforcejagd zu entnehmen ist: „Es ist dieselbe eine lustige und angenehme Jagd vor diejenigen so gerne reiten, den Laut der Hunde hören wollen, und das Blasen ästhimieren, als worin die eigentliche Jagd besteht, dass hierzu ein geschicktes und scharffes Reiten gehöret. ... Der Her kann nebenher mitreiten; dabey er dennoch den angenehmen und wohlklingenden Laut derer Hunde, Jäger und des Jagdhorns hören und vernehmen kann. Wie es dann eine besonders schöne Musik ist, und mancher Liebhaber dieselbe dem Klange des besten Glocken-Spiels vorziehet; wenn man in Betrachung ziehet, daß auf einmal und bey einander 50, 60, 100 und auch wol noch mehr Hunde jagen, da einer einen hellen, der andere einen groben, einer einen hohen, ein anderer einen tieffen Laut von sich giebt, auch sowol zusammenstimmen, als ob nach der Music der Discant, Tenor, Alt und Baß, miteinander anstimmen, dessen Anmuth durch derer Jäger zuruffen, Juchen und Blasen noch mehr vermehret wird. Zugleich ist es auch eine gute Leibes-Bewegung, da sich sowol nach gethaner Jagd ein guter Appetit zum Essen findet, als auch das Geblüt in flüchtigen Circulation kommet."[13]

Zum Erlegen des Wildes verwendete man im 18. Jahrhundert bereits das Jagdgewehr, bei dem es sich beim hohen Adel um eine mit Jagdszenen und Elfenbeinschnitzereien verzierte Radschlossbüchse handeln konnte. So waren bei der höfischen Jagd unterschiedliche Fertigkeiten gefragt, die in späteren Jahrhunderten die Grundlage zur sportlichen Betätigung im Verein legen sollten, nämlich Schießen, Reiten und Hundesport.

„Volksbelustigungen" – Vorformen des Sports

Da viele Menschen schon in der spätmittelalterlichen Stadt auf engem Raum zusammenlebten, haben sich hier viele Verhaltensformen der Kommunikation herausgebildet. Es entstand dabei auch eine Vielfalt an Bewegungsspielen.

Kinder und Jugendliche vergnügten sich in den Gassen oder vor den Stadttoren bei Lauf-, Hüpf- und Geschicklichkeitsspielen oder betrieben mit Eifer Ball- und Kugelspiele. Ebenso waren Schwimmen, Eislaufen und Schlittenfahren beliebte Vergnügungen.[14] In der Region Karlsruhe sind wenig Nachrichten über derlei Aktivitäten aus dieser Zeit überliefert. Zweifellos haben sie hier aber ebenso stattgefunden. Oft wurden das hemmungslose Treiben der Jugendlichen und der Bewegungsdrang der Kinder aber als Belästigung empfunden oder auch vor Müßiggang der Bürger gewarnt. Darüber geben uns die Rathausakten der alten Residenzstadt Durlach Auskunft. So wurde 1652 eine Aufsichtsperson zu Tänzen anlässlich von Hochzeiten aus dem Rat bestimmt, „damit es ehrbar zugehe". Die Durlacher Bürgermeisterrechnungen von 1670 und 1671 enthalten Einträge über Geldstrafen wegen verbotenen Kegelspiels während der Abendpredigt. 1786 musste der Engelwirt seine im Garten errichtete Kegelbahn wieder abbauen, da ihm Hasardspiel und Spielen während des sonntäglichen Gottesdienstes vorgeworfen wurde.

Schließlich wurde 1787 vom Durlacher Bürgermeisteramt „den Eltern angelegentlichst ans Herz gelegt, und sie wohlmeinend erinnert, ihre Kinder in guter Zucht vom schädlichen Laufen, aber zumahlen außer der Stadt, anzuhalten. ... Ebenso wird auch das der Kinder Gesundheit schädliche und gefährliche Baaden und das Gänshüten und alle dergleichen unordentliche, unregelmäßige, von denen Eltern den Kindern gebende Beschäftigung bey empfindlicher Strafe verboten."[15]

In diesem Klima war es für Kinder und Jugendliche aber auch für Erwachsene sicherlich nicht einfach, sich in Spiel und Bewegung zu üben. Eine Ausnahme boten Feste, wie etwa die Kirchweih oder Jubiläen des badischen Herrscherhauses, die zumeist mit Volksbelustigungen aufwarteten. Das Abhalten der Kirchweih in Durlach ist erstmals im Jahre 1612 überliefert. Sie wurde meist mit einem Schützenfest verbunden, im 18. Jahrhundert sind Tänze überliefert, im frühen 19. Jahrhundert auch Geschicklichkeitsübungen wie Baumklettern.[16]

Ähnliche Festaktivitäten fanden mittlerweile auch in der neuen Residenz Karlsruhe statt. 1838 wurde vom Badischen Landwirtschaftlichen Verein auf dem dortigen Exerzierplatz das Zentralfest der badischen Landwirte veranstaltet, die sich mit Festumzügen und ihren Produkten zur Schau stellten. Daneben gab es Pferderennen und Volksbelustigungen wie Scheibenschießen, Tanz, Baumklettern und Hahnenschlag vor einem zahlreichen Publikum unter Beteiligung des Großherzogs.[17]

Ein Volksfest mit ähnlichen Angeboten wurde 1853 auf dem Schlossplatz anlässlich der Wiedereröffnung des Hoftheaters, das 1847 bei einem Brandunglück zerstört worden war, veranstaltet. Dieses Fest war der Vorbote der bis 1872 hier regelmäßig abgehaltenen Karlsruher Messe und hatte nun endgültig den Charakter eines Jahrmarkts angenommen. Sackhüpfen, Wurst- und Eimerstechen, Balancieren auf dem Zitterbalken, der Mehlkastengang, der Holzschuhlauf und anderes mehr

„Volksbelustigungen" anlässlich der Silberhochzeit des badischen Großherzogspaars und zur Vermählung des schwedischen Kronprinzen Gustav Adolf mit der badischen Prinzessin Viktoria 1881.

1. Triumphbogen. 2. Ball der Landestrachten im Bürgerverein. 3. Kletterbaum. 4. Letzter Preis. 5. Hauensteiner Hellebardier. 6. Petersthaler Miliz. 7. Mehlkaſtengang. 8. Sackhüpfen. 9. „Feſttaſchentücher, Feſtmedaillen gefällig?" 10. „Kaufe Sie den ‚Papa‘ un ‚Mamagei‘!"

Die Hochzeitsfeierlichkeiten in Karlsruhe: Volksbelustigungen. Originalzeichnung von Fritz Reiß.

gehörten nun zu den Geschicklichkeitsspielen, die von der Bevölkerung eifrig wahrgenommen wurden. Eine gute Vorstellung von derlei Aktivitäten gibt auch die Illustration der Volksbelustigungen, die anlässlich der Feierlichkeiten zur Doppelhochzeit der großherzoglichen Familie im Jahre 1881 in Karlsruhe abgehalten wurden. An diesem Beispiel wird deutlich, dass sich diese zum Teil schon seit dem Mittelalter praktizierten Volksspiele auf den Jahrmärkten noch lange gehalten haben, als vereinsmäßig organisierte Sportaktivitäten schon bekannt waren. In ländlichen Regionen werden sie manchmal heute noch veranstaltet.[18]

Schon seit dem frühen 19. Jahrhundert wird in Karlsruhe auch das Eislaufen betrieben, aus dem sich später der Eiskunstlauf entwickelt hat. „Die zum Zweck der Eisgewinnung alljährlich überflutete Schießwiese vor dem Ettlinger Tor bot für dieses Vergnügen allen Schichten die geeignete Unterlage. Aufgekommen war das damals ganz Deutschland erfassende Schlittschuhfieber, der Nation der Dichter und Denker angemessen, durch ein Gedicht, die Eisode von Klopstock.

Selbst Geheimrat Goethe soll sie noch aufs Eis geführt haben. Ob sich die Karlsruher nun professionell gaben und die vom Handelshaus Ettlinger & Wormser angebotenen 'glatten und gravierten Schlittschuhe' unterspannten, auf Schuhsohlen dahinschlitterten oder gar mit pferdebespannten Schlitten übers Eis fuhren, der Spaß war umsonst, und so konnten ihn alle Stände ohne Ausnahme geniessen“.[19] Auch die Konstruktion der Laufmaschine, dem Vorläufer des Fahrrads, durch den Freiherrn von Drais wurde damals auf das Eislaufen zurückgeführt. So schreibt das Badwochenblatt der Stadt Baden-Baden am 29. Juli 1817: „Die Hauptidee der Erfindung ist von dem Schlittschuhfahren genommen und besteht in dem einfachen Gedanken, einen Sitz auf Rädern mit den Füßen auf dem Boden fortzustoßen“.[20]

Eine alte Illustration zeigt, dass in Karlsruhe auch noch am Ende des 19. Jahrhunderts nach der Erbauung der Festhalle am Festplatz eine Eisfläche für die Bevölkerung angelegt wurde. In dieser Zeit begannen sich die Schlittschuhläufer vereinsmäßig zu organisieren.[21]

Von der Wehrertüchtigung zum bürgerlichen Verein – die Schützengesellschaften

Bis zum 16. Jahrhundert waren Kriege mit kurzfristig aus der Bevölkerung ausgehobenen Soldaten oder mit Söldnerheeren geführt worden. Erst einige Jahre vor Ausbruch des Dreißigjährigen Krieges bemühte man sich in den deutschen Ländern um die Aufstellung eines stehenden Heeres. In Baden wurden diese Bemühungen durch die Verwüstungen der Kriege im 17. Jahrhundert wieder zunichte gemacht, die „Ausgaben für das Militärwesen sanken auf das absolut notwendige“ ab. Noch bei der Vereinigung der beiden badischen Markgrafschaften im Jahre 1771 konnte Markgraf Karl Friedrich lediglich über eine Haustruppe von 740 Mann aus beiden Landesteilen verfügen.[22]

Nicht verwunderlich ist es daher, dass die badischen Landesherren an der freiwilligen Wehrertüchtigung ihrer Landeskinder interessiert waren. Bereits im Mittelalter gab es Schützenfeste, die der Bevölkerung einen hohen Anreiz zur Teilnahme boten, da attraktive Preise ausgesetzt waren. Vielerorts entstanden Schützengesellschaften mit dem Zweck, sich im Gebrauch von Schusswaffen zu üben und Wettschießen zu veranstalten. „Ein Pferd mit prachtvoller Samtdecke, Sattel nebst Zaumzeug galt lange Zeit als das 'Best'. Dies entsprach etwa dem Geldwert von 25 Gulden. Auch ein 'verdeckter Ochs' (Ochse mit aufgelegter Schutz- oder Zierdecke) galt als respektabler Gewinn, da so ein Tier immerhin 5 bis

Schlittschuhläufer auf der Schießwiese vor der Westfassade der Festhalle.
Widmungsblatt an eine Eisläuferin aus dem Jahr 1883.

10 Gulden kostete. ... Eine Armbrust, eine Büchse, Zinnbecher, Barchentstoffe, Hosen, Gürtel und vieles mehr stellten die Gewinne dar, die bei geringeren Schießveranstaltungen als Preise winkten". Seit dem 16. Jahrhundert wurden solche Sachpreise aber oftmals durch Geldpreise ersetzt.[23]

Nach der Knielinger Dorfsage fand bereits im Jahre 1566 in Knielingen unter der Ägide von Markgraf Karl II. ein Schützenfest statt, bei dem es zu einer blutigen Mordtat gekommen sein soll. Fünf großformatige im 19. Jahrhundert entstandene Gemälde schildern noch heute in der Sängerhalle Knielingen die Ereignisse, deren Wahrheitsgehalt allerdings bezweifelt werden darf, da sie nirgends durch Archivquellen belegt sind. Immerhin veranschaulicht eines der naiven Gemälde, wie man sich ein solches Schützenfest im Spätmittelalter vorstellen kann.[24] Archivalisch belegt ist 1576 ein großes Schützenfest in Straßburg, an dem auch Durlacher teilnahmen. Im Jahre 1590 ist dann das erste Mal eine derartige Veranstaltung in Durlach selbst überliefert. Es handelte sich um ein Armbrustschießen, an dem auch die markgräfliche Familie teilnahm. Den ersten Preis im Wert von 20 Talern errang der Pforzheimer Hans Schuler, den zweiten im Wert von fünf Talern der Durlacher Jacob Keller. Markgraf Ernst Friedrich selbst gewann den vierten Preis mit 3 Gulden und 30 Kreuzern. Insgesamt hatten an der Veranstaltung elf Mitglieder des Hofes, siebzehn Bürger aus Amt und Stadt Durlach, neun aus Amt und Stadt Pforzheim sowie drei aus Bruchsal und vier aus Ettlingen teilgenommen.[25]

Elf Jahre später wollte Markgraf Ernst Friedrich diese Aktivitäten mit der von ihm erlassenen Schützenordnung straffer organisieren, „Damit Aber die Mißguetierer und Schützen Ihre wehren desto besser und zierlicher zu gebrauchen und im Fahl der noth sich damit

rechtschaffen zu wehren wissen". Es ging dem Landesherrn 1601 also in erster Linie darum, eine schlagkräftige Truppe aufzubauen, die er im Notfall einsetzen konnte, sowie die Waffentechnik des Luntengewehrs einzuüben. Die Schützenkompanie, wie sie zunächst genannt wurde, war nach der markgräflichen Ordnung wie eine militärische Einheit mit Schützen- und Rottenmeistern hierarchisch durchorganisiert. Die Armbrust war als Kriegswaffe zu dieser Zeit bereits ein Auslaufmodell. Zwar hatte man den Bogen der Armbrust schon im 15. Jahrhundert aus Stahl geschmiedet und erreichte damit eine enorme Durchschlagskraft, doch die Feuerwaffen begannen sich immer mehr durchzusetzen.

„Solange noch mit dem Luntengewehr auf dem Schießstand geschossen wurde, behielt vorsichtshalber der Schützenschreiber oder Warner die brennende Lunte in Verwahrung, bis der Schütze seine Waffe zum Schuß anlegte; erst dann durfte der 'Zündstrick' in den gespannten Hahn eingeklemmt werden. Mit der Büchse wurde in jener Zeit immer nur stehend zur Scheibe geschossen. Wie bei der Armbrust durfte auch bei der Büchse der Kolben nicht unter den Arm geklemmt werden."[26] Eine gute Vorstellung vom Schießbetrieb der damaligen Zeit gibt eine Illustration auf der Schützenordnung der Stadt Pforzheim von 1551, die damals noch Residenz von Baden war.

Die Durlacher Schützenwiese, erstmals ebenfalls 1551 in einer Bürgermeisterrechnung erwähnt, und das Schießhaus befanden sich nördlich des Blumentors. Das Schießhaus wurde bis in das 18. Jahrhundert immer wieder renoviert, wofür Stadt und Amt Durlach aufkommen mussten, da es mehrfach abbrannte. Trotz der widrigen Umstände im 17. Jahrhundert mit langen Kriegszeiten wurde die Durlacher Schützenkompanie vom Landesherrn am Leben erhalten. So fand nach dem Dreißigjährigen Krieg fast jeden Sommer ein Freischießen am Schießhaus statt. Die Schützenkompanie erhielt feste jährliche finanzielle Zuwendungen von der herrschaftlichen Amtskellerei und von Amt und Stadt Durlach. Diese wurden erst 1761 als ein „ohnnützer Gebrauch" durch einen markgräflichen Erlass eingestellt. Um 1780 soll die alte Schützenkompanie endgültig eingegangen sein. Der Versuch des Durlacher Ratskonsulenten Mezger, die Schützengesellschaft als private Vereinigung fortzuführen, ein frühes Beispiel für Emanzipationsbestrebungen in der Durlacher Bürgerschaft, hatte immer mit finanziellen Schwierigkeiten zu kämpfen, was vor allem die Erhaltung des Schießhauses und der Schießanlagen betraf. Immerhin beteiligten sich die Durlacher Honoratioren noch an mehreren Schützenfesten. 1812 wurde aber auch diese Gesellschaft aufgelöst und

das baufällig gewordene Schießhaus 1825 abgerissen.

Der Niedergang der Durlacher Schützengesellschaft hatte einerseits damit zu tun, dass seit dem späten 18. Jahrhundert das badische Militärwesen neu organisiert wurde und die Stadtschützen dadurch überflüssig geworden waren. Zum anderen war die Residenz 1717 nach Karlsruhe verlegt worden. Markgraf Karl Wilhelm hatte hier 1721 eine neue Schützenkompanie ins Leben gerufen, die mit den gleichen Privilegien ausgestattet wurde wie die Durlacher. Noch in demselben Jahr bewilligte er außerdem die Überlassung des Schießplatzes auf den Gottesauer Wiesen und das Baumaterial zur Erbauung eines Schießhauses, in dem eine Wirtschaft betrieben werden durfte, sowie „völlige Steuerfreiheit" für die Karlsruher Schützenkompanie.

Armbrust- und Gewehrschießen um zwei gedeckte Ochsen.
Illustration auf der Schützenordnung von Pforzheim aus dem Jahre 1551.

An der heutigen Rüppurrer und der Schützenstraße entstand neben dem Schützenhaus auch Karlsruhes erste Kegelbahn. Als Sportart hat sich Kegeln allerdings erst Ende des 19. Jahrhunderts durchgesetzt und wird heute von mehreren Karlsruher Vereinen angeboten.[27]

Der massiven Förderung der Karlsruher Schützenkompanie durch die Obrigkeit stand wie erwähnt der Niedergang der Durlacher gegenüber. In der Entwicklung der Schützengesellschaft in der neuen Residenz von der paramilitärischen Vereinigung zum bürgerlichen Verein ist im Gegensatz zur Durlacher daher fast kein Bruch zu erkennen. Sie wurde stets vom Landesherrn unterstützt und verstand sich selbst als Stütze der Monarchie. Mehrfach wurde das Schützenhaus an der Rüppurrer Straße mit Unterstützung des regierenden Fürsten und der Stadt Karlsruhe neu erbaut bzw. renoviert, zuletzt 1846. In diesem Jahr löste sich allerdings die Gesellschaft aus der Verankerung am Hofe und in der Stadtverwaltung, indem ihr alle Grundstücke und Immobilien auf dem Schützengelände verkauft wurden. Die Schützengesellschaft war nun endgültig ein eigenständiger Verein, was sich allerdings nicht auf ihre fortdauernde Loyalität zur Monarchie auswirkte.

Noch zu Zeiten der Französichen Revolution war folgender Aufruf von den Karlsruher Schützen verbreitet worden: „Da bei dermaliger Zeit jeder rechtschaffene Mann, der Gott, seinen Fürsten und sein Vaterland liebt, gern zu den Waffen greift, um einem Feinde Einhalt zu thun, der mit einer beispiellosen, Länder- und menschenverderblichen Wuth den Krieg führt und überall die Greuel der Gesetzlosigkeit und Irrglauben hinträgt, überall die fürchterlichsten Spuren einer unheilbaren Verwüstung zurücklässt, so will sich die Schützengesellschaft zu dieser Landesverteidigung organisieren und bilden und hat sich zum Zeichen dieser patriotischen Absicht über die Beschaffung einer Uniform geeinigt.“[28]

Seit Sommer 1804 benutzte sogar das badische Militär den Schießstand der Schützen-

Schützenstände und Schützenhaus an der Rüppurrer- und Schützenstraße, Lithographie von 1846.

Gruppe der Karlsruher Schützengesellschaft mit Fahne von 1846. Das Foto entstand 1881.
Sitzend zweiter von links Oberschützenmeister Adolf Römhildt.

gesellschaft, da nach Aussage des Generalmajors von Bohlen „ein anderer schicklicher
Platz zum Exerzieren im Scharfschießen nicht
vorhanden" sei. Auch in der badischen Revolution von 1848/49 stand die Karlsruher
Schützengesellschaft auf der Seite der Regie-
rungstreuen.

Sie bildete aus insgesamt 416 Mitgliedern
das Scharfschützenkorps der Karlsruher Bürgerwehr. Nach der Vereinschronik verteidig-
ten in der Nacht vom 13. auf den 14. Mai 1849
zwei Kompanien Scharfschützen mit 160
Mann das Karlsruher Zeughaus mit dem Waf-
fendepot vor den aus Rastatt anrückenden
aufständischen Soldaten erfolgreich und be-
wahrten damit, wie es dort heißt, „die Stadt

vor Anarchie und Plünderung". Von der Nähe
der Karlsruher Schützengesellschaft zum regierenden Herrscherhaus zeugen auch die zumindest in Abbildungen überlieferten Schützenscheiben, die leider heute verschollen sind. So
stiftete Markgraf Karl Friedrich 1795 und 1796
zwei mit Eichenlaubkränzen verzierte Schützenscheiben, von denen die eine mit dem
hochfliegenden Adler geschmückt war, der
heute noch das Wahrzeichen der Karlsruher
Gesellschaft ist. 1838 beteiligte sich Großherzog Leopold an einem Schießen zum Landwirtschaftlichen Zentralfest und stiftete aus diesem
Anlass ebenfalls eine Schützenscheibe. Mehrere kostbare Preise für Schützenfeste stiftete
sein Nachfolger Großherzog Friedrich I.

Entwicklung der Leibesübungen vom Vormärz bis zum Kaiserreich

Die Schützen – Honoratiorenvereine, Hilfsmilizen oder Revolutionstruppen

Baden hatte 1818 als eines der ersten deutschen Länder eine Verfassung erhalten, nach der ein Parlament als Interessenvertretung des Volkes geschaffen wurde, doch blieben die Partizipationsmöglichkeiten der Bevölkerung an der politischen Willensbildung relativ gering. So hatten nur 17 % der dafür in Frage kommenden Einwohner Badens das Recht, Abgeordnete in dieses Parlament zu wählen, da die sogenannten Schutzbürger, Hintersassen, Gewerbegehilfen, das Gesinde und Bedienstete vom Stimmrecht ausgeschlossen worden waren. Außerdem durften die Frauen noch nicht wählen. So ist es leicht nachzuvollziehen, dass sich die genannten Personengruppen Vereinen zuwandten, die eine Interessenvertretung für sie zu werden versprachen. Sie dienten mit ihren Vereinsfesten und -umzügen sozusagen als Sprachrohr für diejenigen, die sich über das Wahlrecht nicht politisch äußern durften. So erlebte auch Durlach in den 1840er Jahren „eine Blütezeit von Vereinsgründungen". Dazu gehörte auch die 1847 neu entstandene Schützengesellschaft Durlach. Zwar hatte der überzeugte Anhänger der Monarchie und Gründer der ersten freiwilligen Feuerwehr Deutschlands Christian Hengst diese Vereinigung mitgegründet, doch scheinen die Aktivitäten der Mitglieder in den Revolutionsjahren 1848/49 nicht in seinem Sinne verlaufen zu sein. Zunächst sah das Gründungscomité zwar wie eine Versammlung Durlacher Honoratioren aus. Unter diesen waren neben Stadtbaumeister Hengst und dem Bürgermeister Karl Wahrer auch die Gemeinderäte Bürck und Korn. Im Mai 1848 traten der Scharfschützenkompanie 67 Mitglieder bei, die als Abteilung der Durlacher Bürgerwehr einverleibt wurden. Der Kaufmann Gescheider wurde Hauptmann dieses Fähnleins und während der Revolution 1849 in den Gemeinderat gewählt. Im Gegensatz zur Karlsruher war die Durlacher Bürgerwehr aber keine staatskonforme Einrichtung. Sie war auf Betreiben des Durlacher Bürgervereins als Freischar zur Erreichung demokratischer Ziele gegründet worden. Wie alle Vereine, die nicht auf Seiten der Monarchie gestanden hatten, wurde sie daher nach der Niederschlagung der Revolution durch preußische Truppen aufgelöst und entwaffnet. Auch 36 Schützen lieferten ihre Büchsen ab.[29]

Spätestens 1857 müssen entweder die Waffen an die Schützengesellschaft zurückgegeben oder neu beschafft worden sein, da nach der Inschrift auf einer Schützenscheibe in diesem Jahr wieder ein Schützenfest stattfand. Seit der Neugründung des Durlacher Vereins haben sich im übrigen eine ganze Reihe von Durlacher Schützenscheiben erhalten, die nun im Pfinzgaumuseum ausgestellt sind und vom Selbstbewusstsein des Durlacher Bürgertums zeugen. So wurden diese Trophäen immer von Mitgliedern des Vereins gestiftet, die sich dort auch namentlich verewigten. Der Wirt Karl Weisz stiftete 1869 eine Schützenscheibe, die sein Gasthaus Zum Amalienbad zeigt, das gleichzeitig auch das Vereinsheim der Durlacher Schützengesellschaft war. Auf den sogenannten Plattwiesen hinter dem Gasthaus waren die Schießstände untergebracht. Die Darstellung zeigt in der Mitte eine junge Frau in dörflicher Tracht mit einem Kränzchen in der Hand und unterhalb die Aufschrift: „Dem wackern Schützen der gewinnt dies Kränzchen belohn ich mit dem ersten Tänzchen". Der Turmberg im Hintergrund macht die Stadt Durlach als Ort des Geschehens deutlich. Das Amalienbad musste um die Wende des vorigen Jahrhunderts der Erweiterung der Maschinenfabrik Gritzner weichen. Die Durlacher Schützen erwarben daher das Gelände auf dem Turmberg und errichteten im Jahre 1903 dort das Schützenhaus mit den neuen Schießständen. Hier residieren sie noch heute, wenn auch im Verlauf der letzten Jahrzehnte zahlreiche Renovierungsarbeiten, Anbauten und Modernisierungen das Bild der Anlage stark verändert haben.[30]

Im Gegensatz zur Durlacher wurde die Karlsruher Schützengesellschaft nach den Ereignissen von 1848/49 nicht aufgelöst, hatte sie sich doch als Abteilung der Bürgerwehr für den Fortbestand des alten Systems eingesetzt und beispielsweise die Flucht des Großherzogs abgeschirmt. Ihr Wirken in dieser Zeit schildert der Vereinschronist Ferdinand Haag: „Die Schützen waren verpflichtet, beim ersten Alarmsignal sich schnellstens in voller Ausrüstung im Rathause einzufinden. Eine Abtheilung davon war ständig dort und eine andere in das Zeughaus detachiert zum Schutz der dort lagernden Waffen und Munition."[31]

Durlacher Schützenscheibe, gestiftet von Carl Weisz 1869.

Beim Zeughaus kam es dann zu den weiter oben geschilderten Ereignissen. Nach der Rückkehr des Großherzogs wurde die Bürgerwehr für ihre Treue geehrt und damit auch die Schützengesellschaft, die ja das IV. Banner der Bürgerwehr gestellt hatte.

Friedrich I. übernahm das Protektorat über den Verein 1852 von seinem Vater und förderte die vaterländischen Tendenzen weiter. 1861 traten die Karlsruher, aber auch die Durlacher Schützengesellschaft dem neu gegründeten Deutschen Schützenbund bei, der nun ganz eindeutig patriotische Ziele verfolgte. Dies konnte man dessen Satzungen entnehmen, die diese schilderten, nämlich: „Die Verbrüderung aller deutschen Stämme. Die Vervollkommnung in der Kunst des Schießens. Die Hebung der Wehrfähigkeit des deutschen Volkes."

Gleichzeitig wurde eine neue Schießordnung verlautbart, nach der sich die Mitgliedsvereine zu richten hatten. Als einheitliche Waffe wurde der sogenannte Feldstutzen eingeführt, ein in Amerika entwickeltes Hinterladergewehr, das die alten Vorderladergewehre ablösen sollte. Die Änderung der Waffentechnik bewirkte auch eine Verlängerung der Reichweite, so dass vom Deutschen Schützenbund neue Entfernungen für das Wettschießen eingeführt wurden. Der Platz der Schießanlage der Karlsruher Schützengesellschaft an der Rüppurrer Straße reichte dafür nicht mehr aus, so dass man nach einem neuen Standort suchen musste. Da das erste deutsche Bundesschießen in Frankfurt am Main aber unmittelbar bevorstand, übten die Karlsruher Schützen mit den neuen Gewehren zunächst mit Erlaubnis des Badischen Kriegsministeriums auf dem Schießplatz des Jägerbataillons beim Exerzierplatz im Hardtwald (heute Gelände des alten Flugplatzes an der Erzbergerstraße).

Das Bundesschießen in Frankfurt, an dem über 10.000 Schützen nicht nur aus den deutschen Staaten, sondern auch aus der Schweiz und aus Österreich teilnahmen, stand bezeichnenderweise unter dem Motto „Deutschland, Deutschland über alles".

1862 wurde der Badische Landesschützenverein gegründet. Dieser richtete im darauffolgenden Jahr in Mannheim ein Landesschießen aus, bei dem die Karlsruher Schützen 34 Preise gewannen. Der hiesige Verein suchte nun fieberhaft nach einer geeigneten Schießstätte, um einmal selbst eine solch hochkarätige Veranstaltung ausrichten zu können.

Erst 1865 erreichte der damalige Schützenmeister Freiherr von Cornberg in Verhandlungen mit der Stadtverwaltung, dass dem Verein ein geeignetes Gelände an der damaligen Mühlburger Allee ganz in der Nähe der ehemaligen Karlsruher Richtstätte zur Verfügung gestellt wurde (der heutige Standort der Gutenbergschule).

Die Fertigstellung der Bauten dauerte jedoch noch bis 1867, als die Schützengesellschaft mit Unterstützung des Großherzogs und der Stadtverwaltung das II. Badische Landesschießen mit enormem Aufwand durchführte. Neben Schießhalle, Festhalle und Schützenhaus hatte man auf dem neuen Gelände auch einen „Gabentempel" errichten lassen, in dem die gestifteten Ehrenpreise und Ehrengaben ausgestellt waren. Zu diesen zählte etwa ein Ehrenpokal mit Sinnbildern der Jagd im Wert von 1.000 Gulden, den der Großherzog als ersten Preis für die Standfestscheibe „Baden" gestiftet hatte. Zudem wurden 12.000 Stück Festgulden in der Großherzoglichen Münze geprägt. Die Stadt Karlsruhe gab 1.000 Gulden in bar und einen mit kunstvollen Schnitzereien versehenen Waffenschrank im Wert von 350 Gulden an die Schützengesellschaft. Auch befreundete Vereine, Brauereien sowie die Handels- und die Bäckergenossenschaft machten kostbare Geschenke. Die enorme Unterstützung dieses Vereins durch staatliche und städtische Behörden und die gesellschaftlichen Kräfte hatte eindeutig politische Ursachen, die

Vereinsbauten der Karlsruher Schützengesellschaft am heutigen Gutenbergplatz um 1867.

sicher noch in die Zeit der revolutionären Umsturzversuche zurückreichen, als die Schützengesellschaft das gefährdete Regime der Monarchie stützte.

Tatsächlich griff die Stadtverwaltung in der Phase der preußisch-österreichischen Auseinandersetzung von 1866 auf die paramilitärische Funktion des Vereins zurück. Insgesamt 223 Schützen versahen nun wieder Ordnungs- und Wachdienst, als badische Truppen der Garnison Karlsruhe ins Feld ausgerückt waren, um Österreich im Kampf gegen Preußen zu unterstützen.

Turnen – in Schule und Verein

Hatte die politische Entwicklung schon auf die Schützengesellschaften Einfluss genommen, so ist die Entstehung der ersten Turnvereine in Deutschland mit dem Ruf nach der deutschen Einheit und den seit der Französischen Revolution erhobenen demokratischen Forderungen eng verknüpft. Triebfeder war dabei außerdem die napoleonische Fremdherrschaft über den Süden und die Mitte Europas. So appellierte schon der Begründer der Turnbewegung Friedrich Ludwig Jahn in mitreißenden Schriften und Reden an das Nationalbewusstsein der Deutschen und rief zum Befreiungskampf gegen die Fremdherrschaft auf.

Jahn eröffnete 1811 angeblich den ersten deutschen Turnplatz auf der Hasenheide in Berlin und veröffentlichte 1816 sein Werk über die „Deutsche Turnkunst". „Da auf der Hasenheide öffentlich geturnt wurde, entwickelte sich der Platz rasch zum Publikumsmagneten. Geschickt nutzt Jahn die Popularität der Hasenheide für seine Ziele und führte öffentlichkeitswirksame Inszenierungen ein. Die akustischen und visuellen Präsentationen, die hier auf dem Turnplatz anlässlich des ersten Jahrestages der Leipziger Völkerschlacht (18. Okto-

ber 1813) dargeboten wurden, wirkten ausgesprochen suggestiv: Auf dem Kletterturm leuchtete ein Signalfeuer. Die Turner stimmten einen patriotischen Gesang an, als auf dem Platz selber ein weiteres Feuer mit hochauflodernder Flamme entzündet wurde. Ein Wettlauf wurde veranstaltet und schließlich tags darauf ein Schauturnen veranstaltet. Ungefähr 10.000 Zuschauer sollen sich jedes Jahr zu diesen Feiern eingefunden haben."[32]

Für seine Turnübungen griff Jahn allerdings auf ältere Vorbilder zurück, die mit seinem politischen Impetus nichts zu tun hatten. So hatte der Thüringer Pädagoge Johann Christoph Friedrich GutsMuths an seiner Erziehungsanstalt in Schnepfenthal Turnunterricht eingeführt, der sich an den Grundsätzen der Philanthropen seit Jean Jacques Rousseau orientierte, wonach die Entfremdung des Menschen von der Natur durch Spiel und durch Bewegung bekämpft werden sollte. GutsMuths brachte bereits 1793 sein Lehrbuch „Gymnastik für die Jugend" heraus, in dem er die Leibesübungen im Einzelnen beschrieb. Dazu gehörten: Springen, Laufen, Werfen, Ringen, Klettern, Balancieren, Tanzen, Schwimmen, aber auch Geräte- oder Gerüstturnen mit Stangen, Strickleitern und Seilen. Direkt neben der Schule in Schnepfenthal entstand ein Turnplatz nach den Vorgaben von GutsMuths, der sicherlich älter war als der Jahnsche in Berlin, aber eben nicht so viel Aufsehen erregte. Die Schrift von GutsMuths verbreitete sich dagegen rasch auch an den Schulbibliotheken, so dass Jahn, der als Hilfslehrer am Plamanschen Institut in Berlin angestellt war, unmittelbar davon beeinflusst wurde. Er verband seine Turnbewegung aber mit den politischen Forderungen nach der „Beteiligung des Volkes am Geschick der zu einigenden deutschen Nation durch eine Verfassung und die Verbriefung staatsbürgerlicher Rechte."[33] Ein Höhepunkt der Nationalbewegung war das

Wartburgfest 1817, an dem sich zahlreiche Burschenschaftler, aber auch viele Turner beteiligten. Mit der Nationalbewegung einher ging die Kritik an der nach den Napoleonischen Kriegen auf dem Wiener Kongress 1813/14 mit dem Deutschen Bund geschaffenen Neuordnung der politischen Verhältnisse, die die Unabhängigkeit der Nationalstaaten und die Herrschaft der Landesfürsten gestärkt hatte. Metternich untermauerte diese Neuordnung 1819 noch einmal mit den Karlsbader Beschlüssen, die jegliche Kritik aus national oder liberal gesinnten Kreisen mit der Einführung der Zensur von Zeitungen, Zeitschriften und Büchern, dem Verbot der Burschenschaften und der Beseitigung der Autonomie der Universitäten im Keim ersticken sollten. Zu den Verboten Metternichs gehörte auch die sogenannte Turnsperre, die dem Treiben der politisch motivierten Turnvereine ein Ende bereiten sollte. Sie war eine Reaktion auf die Ermordung des in Mannheim lebenden Schriftstellers und russischen Staatsrats August von Kotzebue durch den Turner und Burschenschaftler Karl Ludwig Sand.[34]

Nun wurde nur noch an Gymnasien Turnen als Unterrichtsfach betrieben, soweit sich das dort überhaupt schon durchgesetzt hatte. In Baden erklärte das Oberschulamt das Knabenturnen am Gymnasium aber erst 1846 für verbindlich. Mittlerweile war die Turnsperre wieder aufgehoben worden. So entstanden auch die ersten Turnvereine wieder. Das Karlsruher Gymnasium hatte sich für den Sportunterricht um 1840 einen Turnplatz im Sallenwäldchen (heute Stadtgarten) eingerichtet. Der Karlsruher Turnplatz war offensichtlich mit Kletter- und Turngerüsten ausgerüstet wie sie GutsMuths und Jahn in ihren Schriften beschrieben hatten. Dies ist auf dem Karlsruher Würfelspiel zu erkennen, das um 1840 von Doerings Spielwarenfabrik herausgegeben wurde. Auch der 1846 gegründete Allgemeine

Turnverein von Karlsruhe trainierte „unter den uralten Eichen im Sallenwäldchen", es ist zu vermuten, dass man den selben Platz benutzte wie das Gymnasium und sich die Gerätschaften teilte, wie dies auch einer späteren Vereinbarung zu entnehmen ist.[35]

Die Gründung des Turnvereins fand in Karlsruhe von Anfang an eine hohe Resonanz. Der am 16. Januar von sieben Turnratsmitgliedern ins Leben gerufene Verein hatte im Sommer 1846 bereits 160 und im darauf folgenden Jahr 457 Mitglieder. Die rasante Mitgliederentwicklung erklärt sich teilweise aus den Statuten des Vereins, nach denen „die Beförderung des Turnens unter allen Ständen" zum Ziel erklärt wurde. „Das gemeinschaftliche Turnen, unabhängig von Militär und Gendarmerie, zog auch die Männer der neuen unterbürgerlichen Schichten und die Anhänger der demokratischen Ideen an." Darunter waren auch viele „verheiratete Männer, meist Post- und Eisenbahnverwandte". Tatsächlich war auf dem Gelände der Maschinenfabrik Kessler in unmittelbarer Nähe des Bahnhofs eine Turnhütte für die Winterübungen errichtet worden, und so nimmt es nicht wunder, dass die dort beschäftigten Arbeiter und Angestellten sich dem neuen Verein zuwandten. In einer Annonce der Karlsruher Zeitung machte der Turnverein zudem am 1. Dezember 1846 auf seine Aktivitäten aufmerksam:

„Das Turnen in der neuen, sehr geräumigen und zweckmäßig eingerichteten Turnhalle, hinter der Kessler'schen Fabrik, hat begonnen, und wird den Winter hindurch an den bestimmten Turntagen Dienstag, Donnerstag und Samstags, Abends von 7–8 ½ Uhr, bei guter Beleuchtung regelmäßig fortgesetzt. Für ein in diesem Monat zu gebendes Schauturnen sind einige Vorübungen und Besprechung nöthig: die Turner werden daher ersucht, sich an obigen Turntagen recht zahlreich einzufinden."[36]

Turnplatz im Sallenwäldchen (heute Stadtgarten). Ausschnitt aus dem von Doerings Spielwarenfabrik herausgegebenen Karlsruher Würfelspiel, um 1840.

Unter dem Eindruck eines Brandes im Hardtwald im Juli 1846, „bei dessen Bewältigung der Mangel einer geschulten Mannschaft lebhaft empfunden wurde, erbot sich der Turnverein, sich künftig am Löschen zu beteiligen." Er bildete eine eigene Feuerwehrmannschaft, die zwei Spritzen von der Stadt erhielt. Auch die von Christian Hengst gegründete freiwillige Feuerwehr Durlach hatte zahlreiche Mitglieder des dortigen Turnvereins, der sich am 5. November 1846 konstituiert hatte, in ihren Reihen. Beim Karlsruher Theaterbrand vom 28. Februar 1847, dem 65 Zuschauer zum Opfer fielen, sollte sich die Durlacher Mannschaft außerordentlich bewähren. Sie verhinderte mit den neuen Metzschen Feuerspritzen ein Übergreifen der Flammen auf die benachbar-

ten Gebäude. Unter dem Eindruck dieser Katastrophe gründete sich im März 1847 die freiwillige Feuerwehr Karlsruhe, der sofort 160 Mitglieder des Allgemeinen Turnvereins beitraten. Gern griff man bei der Feuerwehr wieder auf die Turner zurück, die aufgrund ihrer Kletterübungen auf den Turngerüsten bei Bränden sehr gut mit den Feuerleitern zurechtkamen.

Im Juli 1847 erhielt der Allgemeine Turnverein eine „von den zarten Händen unserer schönen Karlsruherinnen" gefertigte Fahne. Auf Turnfahrten erreichte man Ortschaften wie Wolfartsweier und veranstaltete Schauturnen, die von Gesang begleitet waren. Damen waren als Zuschauer eingeladen. Kindern wurde unentgeltlich Turnunterricht erteilt.[37]

„Rettungsmannschaft" der Karlsruher Feuerwehr, Lithographie von 1848.

Unter den namentlich genannten sieben Mitgliedern des Karlsruher Turnrats sowie zwei Ersatzleuten waren drei „Polytechniker", zwei Architekten und drei dem Ingenieurwesen nahestehende Personen aufgeführt. Die Vermutung liegt nahe, dass sich dem neuen Verein auch viele Studenten und Mitglieder der späteren Technischen Hochschule zugewandt hatten. Tatsächlich soll es bereits im Jahre 1833 einen Polytechnischen Turnverein gegeben haben, der sicherlich nicht lange Bestand hatte, da über ihn nichts weiter bekannt ist und er in der Zeit der Turnsperre eigentlich illegal gewesen war. So war bei dem Allgemeinen Turnverein wahrscheinlich durch die Mitgliedschaft der Polytechniker und der Eisenbahner doch ein gewisses fortschrittliches Element impliziert, das sonst in der eher konservativ geprägten Bürgerschaft wenig vertreten war.

Immerhin trat der Verein 1848 dem Hanauer Turnerbund bei, der ausgesprochen demokratische Ziele hatte, für die Staatsform der Republik eintrat und seine Mitglieder zur Bewaffnung aufrief. „Die zahlreichen Zusammenkünfte deuteten auf eine verstärkte politische Aktivität, die sich gemäß der Forderung nach allgemeiner Volksbewaffnung auch in Waffenübungen niederschlug. Als diese durch das Bürgerwehrgesetz vom 1. April 1848 verboten wurde, beschlagnahmte die Polizei die dabei verwendeten Sensen." Schließlich wandten sich Karlsruher Turner mit einem Schreiben an das Frankfurter Vorparlament, „um sich für die Einführung der Republik einzusetzen" und ihre „tatkräftige Mitwirkung zu versprechen."[38]

Darüber kam es allerdings zur Spaltung des Allgemeinen Turnvereins, da etwa hundert Mitglieder austraten, die mit der politischen Ausrichtung nicht einverstanden waren und darauf ihren eigenen Verein gründeten, der sich nun Karlsruher Turnverein nannte und seinen Turnplatz im damals noch unbebauten sogenannten Süßen Winkel hinter dem Rathaus hatte. Ähnlich, was die politische Richtung anging, verhielt sich der Durlacher Turnverein. Dessen Vorsitzender, der Arzt Jacob Reinhardt, wurde als einer der „Hauptwühler" der Revolution bezeichnet, der die Bevölkerung mit aufrührerischen Reden aufwiegelte. Der Turnverein trat der demokratisch gesinnten Durlacher Bürgerwehr bei, die 1849 angeblich unter einer roten Fahne marschierte. Der Durlacher Verein wurde ebenso wie der Karlsruher Allgemeine Turnverein nach der Niederschlagung der Revolution aufgelöst.[39]

Der kleinere Karlsruher Turnverein blieb bestehen, da er sich aus den politischen Wirrnissen herausgehalten hatte, er war neben dem Turnverein in Heidelberg der einzige, der die Reaktion der Monarchie in Baden überleben sollte. Trotzdem hatte er eine gewisse Stagnation zu überwinden, bis mit dem Regierungsantritt von Friedrich I. von Baden wieder liberalere Zeiten anbrachen. 1860 gründeten sich die Turnvereine von Mannheim, Bretten, Pforzheim, Renchen, Kehl, Offenburg, Lahr und Freiburg neu. In Coburg fand zudem ein allgemeines deutsches Turn- und Jugendfest statt, an dem etwa hundert Turnvereine teilnahmen und das für einen erneuten Aufschwung der Turnbewegung sorgte. So wurde Ende des Jahres 1860 auf Initiative des Karlsruher Turnvereins der Oberrheinische Turnerbund gegründet, der im darauffolgenden Jahr ein Turnfest in der badischen Residenz veranstaltete.

Diese Aktivitäten veranlassten auch in Durlach einige Bürger, den 1849 verbotenen Turnverein wiederzugründen, in Mühlburg wurde 1861 ebenso ein Turnverein ins Leben gerufen. Sogar auf eine Wiederbewaffnung in den Turnvereinen wurde Wert gelegt, wie ein 1862 auf dem Turntag in Pforzheim gefasster Beschluss verdeutlicht:

„Waffenübungen sind in allen Vereinen als Gerätschaft dringend zu empfehlen. Von den Turngemeinden sollen Verbindungen mit den Schützenvereinen angeknüpft werden, um den Turnern die Gelegenheit zu Schießübungen auf den Schießplätzen und zur Übung und Handhabung des Gewehrs zu verschaffen, insbesondere, wo es verboten ist, Übungen mit den Waffen auf dem Turnplatz vorzunehmen. Durch Rede und Schrift soll jede Gelegenheit für die Durchführung dieser Grundsätze ergriffen werden." Diese Intentionen stießen allerdings bei den Behörden auf wenig Gegenliebe, „da das Vorhandensein bewaffneter und vollständig militärisch organisierter selbstständiger Vereine, welche der Staatsregierung nicht unbedingt zur Verfügung stehen, als nicht vereinbar mit der Staatsführung erscheint."[40]

Ein anderer Gedanke des Oberrheinischen Turnerbunds, nämlich den Turnunterricht in den Schulen zu fördern, wurde dagegen bereitwillig aufgenommen. Allerdings standen noch nicht genügend ausgebildete Turnlehrer zur Verfügung.

Alfred Maul und die badische
Turnlehrerbildungsanstalt

Zwar hatte die badische Staatsregierung schon 1846 die Einführung des Schulturnens für verbindlich erklärt. Den Turnunterricht am Gymnasium mussten aber Lehrer ableisten, die sonst ganz andere Fächer lehrten, oder er war Offizieren übertragen worden, wie dem Turnlehrer des badischen Armeekorps Karl Euler oder dem Militärschwimmmeister Alexander Millot. An den Volksschulen hatte sich der Turnunterricht überhaupt noch nicht durchgesetzt.

Mit der Gründung einer badischen Turnlehrerbildungsanstalt wollte man hier Abhilfe schaffen. Zu dem Projekt hatte der Großherzog bereits 1864 seine Zustimmung gegeben. Für die Turnlehrerausbildung sollte eine Zentralturnhalle gebaut werden, die seit 1868 neben dem neuen Lehrerseminar (heute Pädagogische Hochschule) an der Bismarckstraße entstand. Der Architekt Heinrich Lang plante das Gebäude. Es war „45 m lang, 48 m breit, 12 m hoch und mit neuesten Turngerüsten und -geräten ausgestattet." Wohnungen für den Direktor und den Hausmeister waren in den beiden Seitenpavillons untergebracht. Außerdem gab es einen Hörsaal im Obergeschoss und einen Turnplatz auf dem Freigelände im Norden, zu dem man aus dem Innern der Halle gelangte.[41]

Zum Direktor der neuen Turnlehrerbildungsanstalt wurde am 1. April 1869 Alfred Maul berufen, der als Lehrer für Rechnen, geometrisches Zeichnen, Geographie und Turnen am Realgymnasium in Basel seit 1856 durch seine erfolgreiche Unterrichtstätigkeit, seine turnpädagogischen Publikationen und seine organisatorischen Fähigkeiten auf sich aufmerksam gemacht hatte. Maul war in Darmstadt aufgewachsen und studierte hier an der höheren Gewerbeschule Mathematik und Naturwissenschaften; 1846 trat er dem dortigen Turnverein bei. 1848 lernte er dort Adolf Spiess kennen, der vom hessischen Minister von Gagern mit dem Aufbau des Schulturnens in den hessischen Schulen beauftragt worden war. Spiess, der als Lehrer in der Schweiz tätig gewesen war, hatte dort Jungen und Mädchen in Leibesübungen und Gymnastik unterrichtet und seine Erfahrungen in seiner „Lehre für die Turnkunst" verarbeitet. 1846 brachte er zudem ein „Turnbuch für Schulen" heraus. Maul wurde in Darmstadt sein Schüler, was u. a. dazu führte, dass er später in Karlsruhe auch das Mädchenturnen propagierte.[42]

Spiess hatte allerdings Knaben- und Mädchenturnen unterschieden und für das weibliche Turnen lediglich Übungen im Laufen,

Einweihung des Alfred-Maul-Denkmals am 11. April 1911, im Hintergrund die Turnlehrerbildungsanstalt (Zentralturnhalle) an der Bismarckstraße.

Hüpfen und Drehen sowie rhythmische Bewegung mit Gesang empfohlen. Das Turnen mit Geräten sollte sich für Mädchen im Schulturnen erst gegen Ende des 19. Jahrhunderts durchsetzen. Frauenabteilungen bei den Turnvereinen wurden ebenfalls erst an der Wende zum 20. Jahrhundert eingerichtet.

Die gerade begonnene Ausbildung in der Turnlehrerbildungsanstalt musste im Juli 1870 wegen des Deutsch-Französischen Krieges wieder eingestellt werden. Alfred Maul wurde in dieser Zeit Verwalter des Lazaretts für verwundete Soldaten, das man in der Zentralturnhalle eingerichtet hatte. Ganz nutzlos war diese Unterbrechung für die Anstalt aber nicht. Wegen der schlechten Heizbarkeit der Halle erhielt sie eine stabilere und besser isolierte Dachkonstruktion, wodurch sie ganzjährig auch für den Turnunterricht genutzt werden konnte.

Ab Sommer 1871 wurden dann regelmäßig Turnlehrerkurse veranstaltet und zwar für die Volkschullehrer im Frühjahr mit drei Wochen und für die Lehrer höherer Schulen mit anfangs sechs und später vier Wochen. Daneben musste Maul den Turnunterricht an auswärtigen Schulen inspizieren und Turnunterricht für verschiedene höhere Schulen in Karlsruhe erteilen. So blieb die Zentralturnhalle bis zur Erbauung des Realgymnasiums in der Englerstraße (heute Ludwig-Erhard-Schule) 1877 das einzige zu diesem Zweck erbaute Gebäude in Karlsruhe. Seitdem setzte es sich aber immer mehr durch, in neu zu errichtenden Schulgebäuden auch Turnhallen vorzusehen, etwa auch in der Höheren Töchterschule in der Sophienstraße (heute Fichte-Gymnasium), die 1878 eröffnet wurde. Erste Volksschulen mit einer Turnhalle entstanden in dieser Zeit in der Garten- und in der Schützenstraße. Dort wurden Jungen und Mädchen gleichermaßen in Leibesübungen unterrichtet.[43]

Beim Knabenturnen standen für Maul Ordnungs- und Freiübungen sowie Übungen am Reck, Barren und Pferd im Vordergrund. „Mehr und mehr, am meisten in der neuesten Zeit hat man nach dem Muster von Spiessens 'Turnbuch für Schulen' und aufgrund der gesammelten Unterrichtserfahrungen eine methodische Vertheilung des Turnstoffes auf verschiedene Altersstufen, einen Lehrgang für das Turnen der Knaben wie der Mädchen aufzustellen ...", schreibt er 1876 in seiner „Anleitung für den Unterricht im Knabenturnen". Für das Mädchenturnen empfahl Maul ähnliche Übungen wie Spiess, ergänzte sie aber für die über Neunjährigen schon durch Übungen an Geräten, wie waagrechten Leitern, Schaukelringen und Schwingseil.

Mädchenturnen war aber damals noch keineswegs gesellschaftlich voll akzeptiert, wie eine Schülerin Mauls überliefert hat: „Als er die Segnungen der körperlichen Erziehung auch den Mädchen zuteil werden lassen wollte, musste er sich anfänglich gefallen lassen, dass die Schülerinnen in Anwesenheit der Mütter turnten; ja es war den Eltern sogar anheimgegeben, ob sie ihre Töchter am Turnunterricht teilnehmen lassen wollten; Ansicht der Landesmutter und vieler anderer Mütter war, dass ein anständiges Mädchen den Fuß niemals höher als 20 cm vom Boden hebt."[44]

Bei Jahresabschlussfeiern der Schulen oder zu vaterländischen Gedenktagen wie Geburtstagen des Kaisers oder des Großherzogs wurden die Ergebnisse dieser Bemühungen der Öffentlichkeit vorgeführt. Die Feiern „gestalteten sich meistens nach dem gleichen Muster und bestanden aus musikalischen Darbietungen der Schülerkapelle und eines gemischten Schülerchores, Gedichtvorträgen, Tanzreigen und Vorführungen turnerischer Leistungen." Einen Höhepunkt der patriotisch und monarchistisch geprägten Schulfeierlichkeiten bildete das Fest zum 25jährigen Regierungsjubiläum des Kaisers am 16. Juni 1913 auf dem Engländerplatz, das mit Freiübungen der Knaben und Mädchen der Volksschule, Stabübungen der Schülerinnen der Höheren Mädchenschulen und Keulenübungen der Schüler der Höheren Knabenschulen und der Seminaristen begangen wurde.[45]

Schon bei seinem Amtsantritt als Direktor der Turnlehrerbildungsanstalt hatte Maul den Vorsitz des Karlsruher Turnvereins übernommen. Nicht zuletzt seinem Einfluss wird es zu verdanken sein, dass man dort um die Jahrhundertwende eine Damenabteilung gründete. Von 1887 bis 1894 bekleidete Maul das Amt des Vorsitzenden der Deutschen Turnerschaft, was zeigt, welches Ansehen er auch reichsweit mittlerweile besaß. Von 1876 bis 1902 leitete er mehrere badische und oberrheinische Turnlehrerversammlungen, um das badische Schulturnsystem weiterzuentwickeln und sich mit der Spiel- und Sportbewegung auseinanderzusetzen. Als Maul am 12. Oktober 1907 in Karlsruhe fast achtzigjährig starb, wollte man die Erinnerung an ihn wach halten. Noch im gleichen Monat riefen die Vorsitzenden der Deutschen Turnerschaft, des Badischen und des Deutschen Turnlehrervereins dazu auf, ihm ein Denkmal zu errichten und wandten sich damit an sämtliche badischen Städte mit der Bitte um Spenden zur Finanzierung des Vorhabens. Später sammelte man auch außerhalb Badens, so spendeten zahlreiche Turnvereine im ganzen Deutschen Reich für das Denkmal, aber auch der Großherzog, die Stadt Karlsruhe und Königin Viktoria von Schweden leisteten einen namhaften Beitrag. Schließlich wurde der Bildhauer Friedrich Moest, der ein Nachbar Mauls gewesen war und schon zahlreiche andere Bildhauerarbeiten in der Residenz übernommen hatte, wie etwa das Bismarck-

Stabübungen von Schülerinnen der Karlsruher Volksschule in der Kaiserzeit.

Denkmal, mit dem Entwurf beauftragt. Am 11. April 1911 konnte das Denkmal vor großem Publikum eingeweiht werden. Der Großherzog war zugegen, Oberbürgermeister Siegrist nahm mit einer Abordnung des Stadtrats teil, ebenso zahlreiche Turnvereine und studentische Verbindungen. Der eidgenössische Turnverein, der holländische Turnverband und sogar der Nordamerikanische Turnerbund hatten Kränze geschickt, womit die internationale Bedeutung des im Denkmal Dargestellten unterstrichen wurde. Als Standort hatte man den Platz vor dem Hauptportal der Turnlehrerbildungsanstalt gewählt. Ein drei Meter hoher Sockel trug die Bronzebüste Mauls. Die beiden Seitenreliefs am Sockel zeigten einen speerwerfenden Jüngling und ein reifenschwingendes Mädchen.

Alle Bronzeteile des Denkmals wurden im Zweiten Weltkrieg für Kriegszwecke eingeschmolzen, der Sockel verschwand während der Nachkriegszeit, obwohl man sich in den fünfziger Jahren Gedanken gemacht hatte, das Denkmal wieder herzustellen.

Die Turnlehrerbildungsanstalt, an der Maul so lange gewirkt hatte, wurde durch Bomben zerstört. An ihrer Stelle befindet sich heute das Gebäude der Fakultät für Wirtschaftswissenschaften der Hochschule für Technik und Wirtschaft. 1994 brachte man dort eine Gedenktafel für Alfred Maul an. Seit 1995 würdigt der Badische Turnerbund verdienstvolle ehrenamtliche Mitarbeit durch die Verleihung der Alfred-Maul-Plakette. Bereits 1928 hatte das Badische Ministerium des Kultus und Unterrichts anlässlich des hundertsten Ge-

burtstags von Alfred Maul eine Gedächtnis-
medaille gestiftet, die noch heute vom Oberschulamt Karlsruhe an Schülerinnen und an
Schüler verliehen wird, die das Abitur mit
hervorragenden Leistungen im Sport bestanden haben.[46]

Der Konflikt zwischen Turnen und Sport

Schon kurz nach der Mitte des 19. Jahrhunderts war Kritik am Turnen laut geworden, wie
es etwa Adolf Spiess propagiert hatte. Der
Heidelberger Literatur- und Geschichtsprofes-
sor Georg Gottfried Gervinus kritisierte 1862
in einer Denkschrift für den Großherzog die
„fast ganz mechanische und herdenmäßige
Abrichtung" und empfahl den Besuch einer
Kommission in England: „Die englische Jugend turnt nicht. Aber sie erhält durch ihre
Laufspiele, ihr Ballschlagen, ihr Boxen und
andere derartige Bräuche eine ganz andere
Übung und Willenskraft, der freien Bewegung,
der Geistesgegenwart, der persönlichen Selbst-
ständigkeit ...".[47] Durch die Persönlichkeit
Alfred Mauls, der ein Anhänger des Spiess-
schen Turnens war, blieb diese Kritik zunächst
unberücksichtigt, aber gegen Ende des 19.
Jahrhunderts mehrten sich die Stimmen, die
den Turnunterricht reformieren wollten, und
auch die Turnvereine, die sich zunächst vehement dagegen wehrten, kamen in den Sog der
Sport- und Spielebewegung, die vor allem
unter der Jugend an Boden gewann.

Kennzeichnend für diesen Konflikt ist eine
Episode, die aus den Anfängen des Fußballspiels in Karlsruhe überliefert ist. Die Jugendlichen der Karlsruher Turnvereine interessierten sich sehr wohl für diesen Sport und stellten
den Antrag zur Gründung eigener Fußballabteilungen innerhalb der Vereine, was aber
abgelehnt wurde. Der Spieltrieb der Karlsruher
Turner war aber dadurch nicht aufzuhalten,

wie ein Zeitgenosse berichtet: „An einem
schönen Sonntag Vormittag spielten wir Schüler aus den verschiedenen Schulen auf dem
Engländerplatz.

Plötzlich kamen zehn bis zwölf junge Turner in langen, weißen Hosen und in fröhlichster Stimmung von der nahen Zentralturnhalle her mit einem Ball angesprungen und
begannen nach Herzenslust herumzukicken.
Sie hatten ersichtlich noch nie einen Ball
unter den Füßen gehabt ... Aber schon nach
einigen Wochen hatten sie die Fußballkunst
schon einigermaßen erfasst. Sie gründeten
einen Club und nannten ihn Phönix."[48] Der
FC Phönix ist einer der Vorgängervereine des
KSC und wurde 1894 gegründet. Tatsächlich
verloren die Turnvereine damals durch solche
Abspaltungen Mitglieder. Erst nach dem Ersten Weltkrieg öffneten sie sich der Sport- und
Spielebewegung, indem sie eigene Abteilungen innerhalb ihrer Vereine zuließen und
diesem Trend dadurch etwas entgegenwirken
konnten.

Der Widerstand gegen den englischen, als
fremdländisch empfundenen Sport wurde von
Vereinsvorständen und Turnlehrern folgendermaßen begründet: Durch die Herausstellung
eines Siegers bei Wettkämpfen ginge Gemein-
schaftssinn und Kameradschaft verloren. Beim
Sport müsse man zu sehr die Ellenbogen gebrauchen, deshalb schien er ungeeignet zu
sein, die Jugend in einem nationalen Geist zu
erziehen. Die Turner waren „für das Laufen an
der frischen Luft, aber gegen sportlichen Wettlauf und den Langstreckenlauf, sie waren für
das Weitspringen, aber gegen den Weitsprung
mit Absprung von einem Sprungbalken; sie
waren für das Hochspringen, aber gegen die
Hochsprunglatte."[49]

Früher als in den Vereinen wurde Sport im
Turnunterricht an den Schulen durchgesetzt.
Hierzu gab es schon im letzten Viertel des 19.
Jahrhunderts Bestrebungen, als beispielsweise

Knabenturnen am Barren der Karlsruher Volksschule in der Kaiserzeit.

kritisiert wurde, dass „das Übergewicht der geistigen vor der körperlichen Bildung als auch die falsche Art der gegenwärtigen Leibesübungen dem Verfall der körperlichen Verfassung und Gesundheit der Menschen nicht entgegenwirken könnten." Sportliche Aktivitäten wurden vor allem unter dem Gesichtspunkt der Erhaltung der Volksgesundheit und der Wehrertüchtigung gesehen. So ergriff schon 1882 der preußische Minister von Gossler die Initiative für die Reform des Turnunterrichts. Zwar lobte er die Einführung des Turnunterrichts an inzwischen allen Schulen, doch setzte er sich für „Turnen im Freien" und die Wiederbelebung der Turnplätze ein. Dabei konnte sich Gossler auch auf Jahn berufen, der die sogenannten Turnspiele ausdrücklich erlaubt hatte. „In ihnen lebt ein geselliger freudiger, lebensfrischer Wettkampf. Hier paart sich Arbeit mit Lust und Ernst mit Jubel. Da lernt die Jugend von klein auf, gleiches Recht und Gesetz mit anderen zu halten."[50]

Später setzte sich sogar Kaiser Wilhelm II. selbst an die Spitze der Spielebewegung, mit der der gesundheitliche Verfall der Jugend bekämpft werden sollte und machte dabei seine Intentionen besonders deutlich. Vor der Reichsschulkonferenz des Jahres 1890 sagte er: „Bedenken Sie, was uns für ein Nachwuchs für die Landesverteidigung erwächst. Ich suche nach Soldaten, wir wollen eine kräftige Generation haben, die auch als geistige Führer und Beamte dem Vaterland dienen." Diese Intentionen machte sich auch der ein Jahr später gegründete Zentralausschuss für Volks- und Jugendspiele zu eigen, der künftig großen Einfluss auf Turnlehrer, Verbände und Vereine ausüben sollte. „Auch der verknöchertste Turnlehrer musste sich damit auseinandersetzen, dass die Jugend nun auch Fußballspielen, Radfahren, Boxen, Wettschwimmen usw. betreiben wollte und sogar von höchster Stelle dazu ermutigt wurde, von Lehrern und Turnlehrern, Schulpolitikern, Gesundheitsexperten sowie Offizieren der Armee, die bekanntlich in der wilhelminischen Kaiserzeit mit Abstand das höchste gesellschaftliche Ansehen genossen."[51]

In Baden sah man die Entwicklung etwas differenzierter. So trat der Mannheimer Stadtschulrat Joseph Anton Sickinger, der seit 1883 bei Maul hospitiert hatte, bei der Frage von „Turnen oder Spiel" von Anfang an für „Turnen und Spiel" ein, „damit die positiven Auswirkungen auf Körper und Geist allen Schülern zu Gute kommen". 1908 wurde dann ein obligatorischer Spielnachmittag zusätzlich zum Turnunterricht im Großherzogtum Baden eingeführt. Dazu sollte nach geeigneten Spiel- und Turnplätzen im Freien Ausschau gehalten werden.[52] In Karlsruhe stand dafür lange der Turnplatz hinter der Zentralturnhalle zur Verfügung, der nicht nur von den Schulen, sondern auch vom Karlsruher Turnverein genutzt werden konnte, der seinen Turnplatz im Sallenwäldchen mittlerweile aufgegeben hatte. Neue Sportstätten im Freien entstanden erst an der Wende zum 20. Jahrhundert.

JÜRGEN SCHUHLADEN-KRÄMER

Gründerjahre des Sports –
Die Kaiserzeit (1871–1918)

Karlsruhe war bei Gründung des Deutschen Reiches 1871 mit seinen rund 36.000 Einwohnern – von der sich ausbreitenden Südstadt abgesehen – nur wenig über den von Friedrich Weinbrenner vergrößerten Umriss hinausgewachsen. In den folgenden kaum mehr als 40 Jahren bis zum Ersten Weltkrieg stieg die Einwohnerzahl um 100.000 auf fast 135.000. In diesen vier Jahrzehnten war die Stadt nicht nur von einer mittleren, beschaulichen Residenzstadt zu einer Groß- und Industriestadt gewachsen, sondern das gesamte städtische und öffentliche Leben hatte sich grundlegend gewandelt. Die Stadt war nicht mehr die Gemeinschaft derjenigen, die das Bürgerrecht besaßen, sondern eine Einwohnergemeinde, in der alle Bewohner den formal gleichen rechtlichen Status innehatten. Innerhalb der kurzen Zeit zwischen Reichsgründung und 1900 hatte die Stadtverwaltung nicht zuletzt durch hohe Steuereinnahmen ein weitreichendes Infrastrukturnetz zur Daseinsvorsorge geschaffen: Wasserversorgung, Kanalisation, Gesundheitswesen, Fürsorgepolitik und Elektrizität. Mit dem Namen Bismarck verbunden, in der Denkstruktur jedoch keineswegs auf ihn beschränkt, verbreitete sich ein Sozialsystem, das den aufkommenden „vierten Stand", die Arbeiter, in den Staat integrieren sollte. Die Reichsverfassung mit dem allgemeinen und gleichen (Männer-)Wahlrecht brachte eine größere politische Teilhabe; Massenparteien und -bewegungen wie die Gewerkschaften entstanden.

Seit Beginn der liberalen Regierungsphase in den 1860er Jahren hatte das Vereinswesen eine ungeheure Ausdehnung erfahren, jede Liebhaberei fand sich in einem Verein zusammen. Außer den Karlsruher Traditionsvereinen der „besseren Gesellschaft" wie Eintracht und Museum gab es nun immer mehr gesellige Vereine, soziale, konfessionelle, politische Vereine und Freizeitvereine. Zwar spöttelten schon die Zeitgenossen über die „Vereinsmeierei", doch bedeutete der selbstbestimmte Eintritt in einen selbstverwalteten Verein für die Menschen auch ein Stück Befreiung aus meist unfreiwillig bestimmten Lebensverhältnissen.[1]

1871 gab es in Karlsruhe mit der Turngemeinde von 1846, den polytechnischen Turnern (der späteren Technischen Hochschule) und der Schützengesellschaft nur drei Vereine auf dem „sportlichen" Feld, von kurzzeitigen konkurrierenden Abspaltungen der Turngemeinde abgesehen. Bis zum Ersten Weltkrieg hatte sich die Turn- und Sportbewegung in 67 Vereine ausgeweitet und aufgefächert.[2]

Ein Teil der Turn- und Sportvereine war infolge der Eingemeindungen hinzugekommen. Mühlburg brachte als neuer Karlsruher Stadtteil 1886 den Turnverein Mühlburg von 1861 und den Radfahrerverein ein. Mit den neuen Stadtteilen des Jahres 1907, Beiertheim

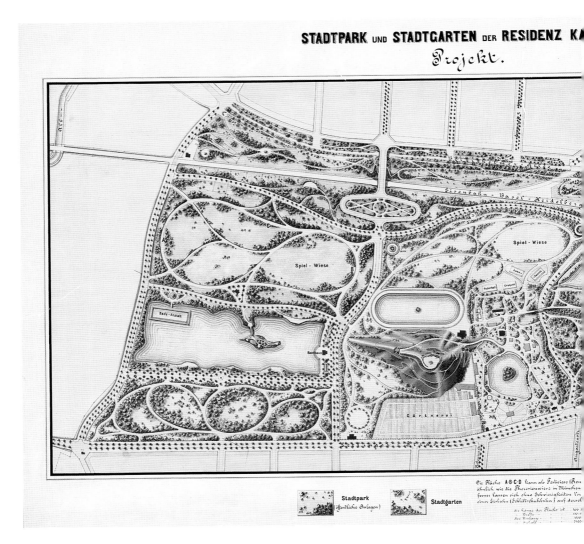

(Turnverein Beiertheim, Radfahrer-Gesellschaft Lätytia), Rüppurr (Turnverein Rüppurr von 1874, Radfahrerklub Einigkeit von 1897, Freie Turnerschaft Rüppurr von 1906, Fußballgesellschaft 1904) und Rintheim (Turnverein Rintheim von 1896, Radfahrerklub Germania, Turnerbund Rintheim, Arbeiterradfahrverein „Solidarität", Fußballklub Nordstern) waren weitere Vereine hinzugekommen. Den Reigen vor dem Ersten Weltkrieg beendeten Grünwinkel 1909 mit dem Turnverein Grünwinkel und der Schützengesellschaft sowie zuletzt Daxlanden im Jahr 1910 (Turnverein Daxlanden von 1896 und Schützenbund Daxlanden). Danach entstanden weitere stadtteilbezogene Vereine. Diese Vermehrung war nicht zuerst der Zunahme der Einwohnerzahl und den neuen Stadtteilen geschuldet, sondern dem sich verbreitenden Körper- und Gesundheitsbewusstsein und der um sich greifenden Begeisterung an etwas Neuem, dem „Sport", der bis dahin in Deutschland nicht bekannt war.

HE.

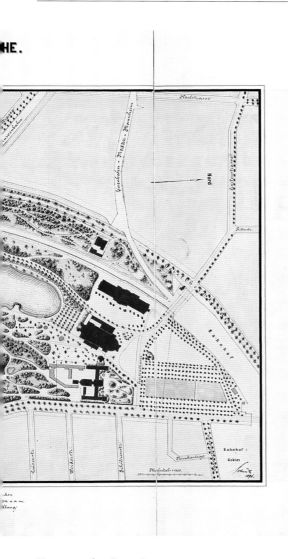

Der erste Karlsruher Freizeit- und „Sportpark" Ende des 19. Jahrhunderts. Im Sallenwäldchen wurde anfangs geturnt, um den Schwanensee gab es eine städtische Radrennbahn, auf dem großen Lautersee trainierten die Rudervereine, auf der Spielwiese trug man Ballspiele aus, daneben waren Felder für Tennis, Kricket und Federballspiel geplant. Die Wiese wurde winters geflutet und als Eislaufbahn benutzt, rechts unten das Vierordtbad noch ohne Hallenbad, daneben die alte Festhalle (heute Neubau Schwarzwaldhalle).

leonischen Hegemonie und der Zeitströmung der Romantik entstanden, so hatte sich in England im 19. Jahrhundert eine ganz andere nationale Tradition entwickelt: „sports" – vom altfranzösischen „se desporter" – sich zerstreuen, vergnügen. Adelige und bürgerliche Tugenden verbanden sich in der Projektion des „Gentleman", dem die „middle-" und „upperclass" nacheiferten. Sport unterschied sich erheblich vom Turnen. Das Turnen orientierte sich an der gemeinschaftlichen Leistung, während beim Sport, abgeleitet von einem liberalen individuellen Erfolgsdenken, die Einzelleistung im Vordergrund stand. Dahingegen war die (Turn) Riege das Maß der Dinge, in der der Einzelne zum Gelingen der Gemeinschaftsleistung beitrug. Klassenloses Kollektivdenken war mit dem Turnen aber keineswegs verbunden, die soziale Hierarchie blieb bewahrt.

War die Turnerei im Vormärz und während der Revolution staatlicherseits im Verdacht demokratischer Bestrebungen gestanden, so änderte sich das seit den Wiederzulassungen in den 1850er Jahren und seit der liberalen Neuen Ära in den 1860er Jahren. Das Turnen, das seinen Anfang als Opposition gegen fürstliche Autokratie genommen hatte, wurde zur staatstragenden Institution. Die Turnvereine der Deutschen Turnerschaft waren kaiser- und staatstreu, sie richteten sich vollständig nationalistisch-konservativ aus. Die Spitzen von Staat und Stadt stimmten mit dem „edlen deutschen Turnen" und den das Vaterland verherrlichenden Bekenntnissen der Turnver-

Turnen oder Sport? – ein grundlegender Streit

Das Turnen war in Deutschland originär durch die Philanthropen um Christian Gotthilf Salzmann (1744–1811) sowie Johann Christoph Friedrich GutsMuths (1759–1839) begründet und durch „Turnvater" Friedrich Ludwig Jahn (1778–1852) volkstümlich verbreitet worden. War in Deutschland nach 1800 das Turnen unter den besonderen Bedingungen der napo-

eine überein, wie überhaupt beide Ebenen auch personell deckungsgleich waren. Die prächtig inszenierten Jubelfeiern zu Jubiläen, die Gau- und Landes-Turnfeste boten für staatliche Repräsentanten wie für Turn-Funktionäre üppig Gelegenheit, ihre Wertvorstellungen zum „deutschen Turnen" mit dem wilhelminischen Pathos zu vereinen. Vaterländische Feiern wie die Geburtstage des Kaisers und des Großherzogs oder der Sedan-Tag wurden mit den Spalieren der staatstragenden Vereine geschmückt, wobei den Turnern eine grundlegende Rolle zugedacht war. Turnfeste glichen vaterländischen Feiern.

Turnen hieß Stählen von Körper und Geist im Sinne des deutschen Vaterlandes. Das verkörperte die Deutsche Turnerschaft seit 1868, der größte nationale und konservative Turn-Verband, dem nahezu alle Turnvereine angehörten.

Die turnerische Ausbildung bereitete soldatische Tugenden wie Gehorsam und Disziplin vor, kein Wunder, dass sie beim Militär sehr beliebt war. Exakte Ausformung, stramme Haltung und gemeinschaftliches Einüben, Disziplin und Ordnung war Prinzip. Zackiges, eckiges und ernstes Antreten bestimmten die Ausführungen, fließende Bewegungen blieben allenfalls den um 1900 entstehenden Damenriegen vorbehalten. „Als Ziel des Turnens galt

die äußerste Erschöpfung der Übungsmöglichkeiten und in der Darstellung war es der größte Triumph, wenn z. B. bei den Freiübungen eine Bewegungsreihe nach dem Takt der Musik, in scharfem ‚Ruck und Zuck', von allen Übenden in peinlichster Übereinstimmung ausgeführt werden konnte. ... Es war eine Bewegungsschule, die zwar ganz vortreffliche Schauwirkungen erzielte, aber weit entfernt war von lebensvoller Körpererziehung", erkannte man später selbstkritisch beim MTV.[3]

Um die Jahrhundertwende 1900 sahen die Beteiligten einen grundsätzlichen Unterschied zwischen Turnen und Sport, wurde doch eine regelrechte Kontroverse darum geführt. Turnen galt seinen Verfechtern als eine Form von

Karlsruher Geschäfte werben mit englischer Sportmode und -ausrüstung, Werbeanzeigen aus dem Jahr 1909.

Motivwagen der Karlsruher Rudervereine auf dem Karlsruher Festzug anlässlich des 70. Geburtstages von Großherzog Friedrich I. auf dem Marktplatz vor der temporären Festarchitektur der Badenia, 1896.

Erziehung, als vaterländische Sache. Dabei waren die Sportler keineswegs „unpatriotisch", gar demokratisch, ausgerichtet. Die ersten Sportler waren häufig vom Turnen her gekommen, sie hatten eine ähnliche Sozialisation und entstammten der gleichen Trägerschicht, dem überwiegend nationalliberal gesinnten Bürgertum. Anstelle der Gemeinschaftsleistung stellte der Sport jedoch die individuelle Leistung heraus, den Triumph des Einzelnen über einen Anderen im „fairen" Wettkampf. Der Wettkampf, das Messen von Leistungen, der Sieg, neue Rekorde, waren konstituierend für den Sport. Die Wettkampfregeln der Turner orientierten sich nicht am Rekord, sondern an der Gesamtleistung der Turngemeinschaft oder Riege. Der junge Karlsruher Fußballverein (KFV) hatte binnen kurzer Zeit 100 junge Fußballer, die begeistert gegen Mannschaften der süddeutschen Fußball-Union wie Baden-

Baden und Straßburg antraten. Als 1893 der interne Vorschlag angenommen wurde, keine Wettspiele mehr auszutragen, verließen bis auf drei Spieler alle den Verein und schlossen sich lieber den neu gegründeten Karlsruher Kickers unter Vorsitz von Walther Bensemann an.[4] Sport war ohne Wettkampf undenkbar.

Höchstleistungen erforderten Spezialisierung. Zum universellen Turnverein kamen nun zahlreiche neue hochspezialisierte Sportvereine hinzu. Sport hieß, „fair play" in den Wettkämpfen zu beachten, ein kompliziertes Regelwerk einzuhalten. Zugleich betonte der Sport den Spaßcharakter und das Spiel, das Partnerspiel (Tennis) oder das Mannschaftsspiel (Fußball). Der Wettkampf gegeneinander erhielt ein zivilisatorisches Regelwerk. Hier drückten sich treffender als beim Turnen die zunehmend gefragteren Tugenden der Wettbewerbsgesellschaft aus. Der moderne Sport war nicht zuletzt

51

auch Ergebnis der von der Industrialisierung gesetzten Rahmenbedingungen: der Großstadt mit ihren begrenzten Bewegungsmöglichkeiten, der scharfen Trennung zwischen Arbeit und Freizeit, dem exakten Leistungsmessen in Minuten und Sekunden, bewegungsarmen und ungesunden Arbeitsbedingungen und schließlich der sozialen Trennung und dem Klassenbewusstsein von Bürgertum und von Arbeiterschaft.[5]

Sport war prinzipiell international orientiert. Die Renaissance des griechischen Olympia als Sportveranstaltung im Jahr 1896 unter vollkommen anderen Bedingungen als in der Antike war das Ergebnis der weltweiten Ausbreitung des Sports. Nebenbei, die teilnehmenden deutschen Turner, obwohl von der Deutschen Turnerschaft beargwöhnt, waren sehr erfolgreich in Athen 1896. Walther Bensemann (1873-1934), der Pionier des Fußballs, Sohn einer jüdischen Bankiersfamilie, war ein durch und durch kosmopolitischer Bürger. Im Jahre 1889 gründete er den ersten Fußballclub in Karlsruhe, den International Footballclub, der gleichzeitig auch der erste Fußballverein in Süddeutschland war. Sein Name war Bensemanns Programm, er trat für Völkerverständigung ein und sah den Sport, insbesondere internationale Fußballbegegnungen, als Mittel hierzu an.

Turnen und Sport waren keine Gegensätze, die die grundlegenden sozialen und politischen Konflikte der Zeit widerspiegelten, sondern ein Konflikt zwischen „traditionellem" und „modernem" bürgerlichen Verständnis. Dr. Ferdinand Goetz (1826–1915), Vorstand der Deutschen Turnerschaft, meinte: „Radelt, rudert, schwimmt, spielt, lauft, so viel ihr wollt, kein Turnführer hat etwas dagegen, aber tut es im Jahnschen Turnergeiste und lasst es nicht zum Sport werden!"[6]

Das Leistungsprinzip brachte als Konsequenz den Leistungssport hervor. Aus dem Aufzeichnen von Leistungen – „records" – hervorgegangen, nicht zuletzt als verlässliche Grundlage zum Wetten, kam es zum Streben nach Rekorden: Schneller – höher – weiter. Der Vorstand der Karlsruher Turngesellschaft, Paul Schmidt, verwahrte sich „gegenüber den überhand nehmenden Sportvereinen" und rief 1904 dagegen die Vereinigung Vereinigte Karlsruher Turnvereine zur „Veranstaltung gemeinsamer großer Schauturnen" auf, „von der Ansicht ausgehend, dass auf die verwöhnten Städter nur die Gesamtheit der Massen wirken könne."[7] Die Turnvereine vereinbarten untereinander, künftig bei Veranstaltungen in der Stadt die turnerischen Vorführungen gemeinsam auszuführen.

Turnen oder Sport, das spiegelte auch einen Generationskonflikt wider. Die Jungen aus Schulen und Hochschule begeisterten sich an der freieren sportlichen Bewegung und am Spiel, Turnübungen exerzierten die Älteren gleichmäßiger und mit Nachdruck. Der Karlsruher Männerturnverein (MTV) hatte in seiner Anfangszeit sogar in den Statuten 1881 festgelegt, dass Mitglied nur sein könne, wer das 25. Lebensjahr erreicht hatte. Als sich das sogar beim Turnen als unhaltbar erwies, wurden Jüngere als „Gäste" aufgenommen, und schließlich fiel die Regel ganz weg.[8]

Dem Drängen vieler junger Mitglieder zu sportlicher Betätigung trugen die Turnvereine durch Bildung eigener Sportabteilungen Rechnung, die sich auch im Namen widerspiegelten. Aus dem traditionellen Turnverein wurde der „TuS" oder „TSV" – Turn- und Sportverein – wie beispielsweise der Turn- und Sportverein 1874 Rüppurr. Wo sich Mitglieder mit ihrem Interesse nicht durchsetzen konnten, beispielsweise war bei den Turnvereinen das Fußballspiel als „undeutsches Spiel" noch lange verpönt, gründeten sie ihren eigenen Sportverein. Weil fußballbegeisterte Turner der Turngemeinde (KTV) von ihrem Vorstand abgewie-

Haupt- und Residenzstadt Karlsruhe.

Feier des 25jährigen Regierungsjubiläums
Seiner Majestät des Kaisers.

ORDNUNG
für die
gemeinsame Feier der Schulen der Stadt
Montag, den 16. Juni 1913, vormittags 9 Uhr,
auf dem „Engländer-Platz" an der Moltke-Strasse.

1. Aufmarsch der Mitwirkenden.

2. Freiübungen der Knaben der Volksschule.
   Leitung: Turninspektor Stehlin.

3. Freiübungen der Mädchen der Volksschule.
   Leitung: Turninspektor Stehlin.

4. Stabübungen der Schülerinnen der Höh. Mädchenschulen.
   Leitung: Oberturnlehrer Leonhardt.

5. Schülerchor der Knaben und Mädchen der Volksschule:
   Deutsche Hymne von Ed. Sabbath.
   Leitung: Hauptlehrer Lechner.

6. Keulenübungen der Schüler der Höheren Knabenschulen
   und der Seminaristen.
   Leitung: Oberturnlehrer Leonhardt.

7. Ansprache:
   Seminardirektor Stultz.

8. Allgemeines Lied: „Deutschland, Deutschland über Alles"
   mit Begleitung der Schülerkapelle.
   Leitung: Hauptlehrer Wölfle.

Verbindung von Schülerturnen und kaiserlicher Jubelfeier
1913, mit Teilnahme der großherzoglichen Familie.

sen wurden, verließen sie den Turnverein und
gründeten 1894 den Fußballverein Phönix,
einen der Vorläufer des KSC. Der Männerturnverein rief 1896 eine Spielriege ins Leben, in
der die Jungen Schlagball, Faustball, Tamburin
und anderen Bewegungsspielen nachgehen
konnten. Dazu wurde ihnen auf dem großen
Exerzierplatz eine Fläche überlassen.[9] Ähnlich,
aber vermutlich schon zu spät, 1908, reagierte
die Turngemeinde, als sie ebenfalls eine „Spielriege" für Bewegungsspiele auf dem Rasen
einrichtete. Vom Athletenverein Germania
spalteten sich 1909 über die Sportfrage die
Sportfreunde Germania ab, die Wiedervereinigung gelang nach dem Ersten Weltkrieg.[10]

Die Turner verwendeten vor allem ein
Symbol: das Turnerkreuz. Wie schon von Jahn
propagiert, beschränkte sich die Turnkleidung
auf das einfache, helle Leinen. Ein Sportverein
dagegen war ohne Vereinsfarben undenkbar,
galt es doch, sich vom Wettkampfgegner zu
unterscheiden und eine eigene unverwechsel-
bare Identität zu demonstrieren. Auch die
ebenso einfache wie praktische Turnerklei-
dung war für einen Sportverein untragbar, jede
Sportart brachte ihren eigenen Dress hervor.
Gesellschaftliche Konventionen wurden allmählich geschliffen; bloßes Knie und Bein –
bei den Männern – musste erst einmal akzeptiert werden. Die Turnerinnen legten nach
enormen Widerständen um 1900 ihr „Turnkleid", den fußfreien Rock mit seinen Litzen
und der Bluse gegen die Hose ab, nachdem die
Sportlerinnen schon längst freiere Bewegungsmöglichkeiten erreicht hatten.

Altes Standesbewusstsein behielt man noch
eine Zeit lang bei, auch wenn es der sportlichen Bewegung entgegenstand. „Die Spieler
müssen ein vorschriftsmäßiges Sportshemd,
dunkle Hosen, schwarze Krawatte und schwarzen Gürtel tragen", hielten 1898 die Statuten
des Karlsruher Fußballklubs „Frankonia" für
ein „Match" unmissverständlich fest.[11] Die
Krawatte, das unbedingte Kleidungsannex der
aufstiegswilligen kaufmännischen Angestellten, hier wurde es sogar in den Sport adaptiert.
Die soziale Zusammensetzung spiegelte sich im
Dress wider.

Wem gehört der Sport?
Bürgerliche und Arbeiter-Vereine
und weitere Trennungen

Die Fabriken und Büroabteilungen hatten die
Lebensbedingungen des größten Teils der Be-
völkerung grundlegend geändert. Der einzelne
Mensch funktionierte mehr und mehr wie das

Rädchen in einem Getriebe, Fabrik- und Kontorordnungen regelten die strenge Arbeitsdisziplin der arbeitsteiligen Lebenswelt. Alte Standes- und Zunftverbindungen hatten sich aufgelöst, neue freiwillige Verbindungen traten an die Stelle. Neben der Arbeitszeit grenzte sich die freie Zeit der abhängig beschäftigten Arbeiter und Angestellten nun akzentuierter ab. Freizeit war notwendige Voraussetzung zur regelmäßigen Sportausübung. Der Karlsruher Fußballverein spielte in seiner Anfangszeit grundsätzlich nur werktags, wodurch es sowohl an Vereinsmitgliedern wie an geeigneten Gegnern fehlte, weshalb er eine Zeit lang ein reiner Gymnasiastenclub war.[12] Die Auseinandersetzung um die Begrenzung des Arbeitstages seit Beginn der organisierten Arbeiterbewegung war ein Konflikt um gesellschaftliche Teilhabe. Angesichts der Länge des Arbeitstages von mindestens zehn bis zwölf Stunden vor dem Ersten Weltkrieg blieb sportliche Betätigung wesentlich einer Minderheit von Angehörigen des Bürgertums vorbehalten. Erst die Durchsetzung des 8-Stundentages mit der Revolution von 1918 machte den Sport endgültig zu einem Massenphänomen. Der Sportjournalist Hans Heiling beschrieb 1919 deutlich, „welche Vorteile der freie Spätnachmittag dem Sport gebracht hat. Und da ist zuerst das Erziehungsmittel zum guten Resultat, das Training, zu erwähnen, dessen tägliches Pensum früher in kargen Abendstunden durchgepeitscht wurde, ohne dass auf eine systematische Einzelausbildung Wert gelegt werden konnte. Die Hauptbedingung für die harte und eiserne Übungszeit im Wettkampf ist Regelmäßigkeit, sei es regelmäßige Erholung, regelmäßiger Schlaf oder Regelmäßigkeit der täglichen Übung. Früher konnte dieser Regelmäßigkeit nur huldigen, denen Freizeit genug neben dem Hauptberuf gegeben war. […] Jetzt bleibt eine viel größere Menge täglicher Zeit zum Training […] Erfassung größerer Massen für die Sporti-

dee, regelmäßiges Training, Durchbildung weiter Volksschichten, das sind in der Hauptsache die Angelpunkte des freien Nachmittags."[13]

Seit den 1890er Jahren begann in Deutschland die Trennung des „Arbeitersports" vom „bürgerlichen Sport", nachdem sich die politisch organisierte Arbeiterschaft mit Ferdinand Lassalle und August Bebel bereits seit 1865 und 1875 eigenständig und unabhängig vom Liberalismus entwickelt hatte. Handwerker und Arbeiter hatten sich von Beginn an in den Turnvereinen der Deutschen Turnerschaft zusammengefunden. Deren nationalliberale Vertreter wie beispielsweise auch Turner-

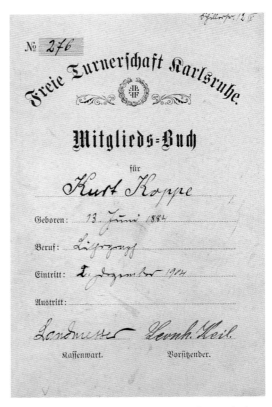

Mitgliedsbuch des Arbeiterturnvereins Freie Turnerschaft Karlsruhe für Kurt Koppe, 1904.

schafts-Vorsitzender und Reichstagsmitglied Ferdinand Goetz hatten in der Zeit des Sozialistengesetzes mit zu seinen schärfsten Befürwortern gehört.

Das Grundgesetz der Deutschen Turnerschaft hieß „Förderung des deutschen Turnwesens als eines Mittels zur körperlichen und sittlichen Kräftigung, sowie Pflege deutschen Volksbewusstseins und vaterländischer Gesinnung. Alle politischen Parteibestrebungen sind ausgeschlossen."[14] Die nationalkonservative Grundausrichtung und „Vaterlandsbegeisterung" war offensichtlich ein Axiom, so dass diese als Grundprinzip, aber nicht als politisch galt. Wenige Jahre nach dem Fall des Sozialistengesetzes gründete sich 1893 in Gera der Arbeiter-Turnerbund im Gegensatz zur Deutschen Turnerschaft. In der Frontstellung gegenüber dem Sport unterschied man sich kaum vom bürgerlichen Turnen, so dass daneben andere Arbeiter-Sportverbände entstanden. Die eigenständige Gründung eines Arbeiterturnvereins geschah in Abgrenzung zum bürgerlichen Verein. Die ersten Ableger der Arbeiterturnbewegung in Südwestdeutschland gab es in 1896 in Mannheim und 1897 in Stuttgart. Weitere Gründungen wie die in Karlsruhe wurden nun planmäßig vorangetrieben. Am 17. Oktober 1897 verbanden Funktionäre des Arbeiterturnerbundes eine Organisationssitzung in Karlsruhe mit einer öffentlichen Turnerversammlung. Der Aufruf zur Bildung eines Arbeiterturnvereines zeigte aber nur mangelhafte Resonanz. Der Versuch, in den gerade wieder einmal aktuellen Auseinandersetzungen innerhalb der Turngemeinde (KTV) einen Kern für einen neuen Arbeiterverein zu gewinnen, war ebenfalls nicht erfolgreich, nur rund zwei Dutzend waren zum Wechsel bereit. Der Stuttgarter und spätere Vorsitzende des Arbeiter-Turnerbundes Karl Frey unternahm einen zweiten Anlauf mit einem Brief an das Gewerkschaftskartell und

Aufrufen sowohl im sozialdemokratischen Volksfreund wie im Badischen Landesboten. Diesmal gelang die Konstituierung der Freien Turnerschaft Karlsruhe am 1. Mai 1898 mit 39 Turnern. Als Vereins- und Turnlokal nahm man die Brauerei Zahn (später Grüner Berg in der Kaiserstraße 33), aus der der Hinauswurf nach 14 Tagen erfolgte, weil der Wirt mit Militärverbot bedroht wurde. Soldaten durch die Militärverwaltung ein Lokal zu verbieten, in dem Sozialdemokraten verkehrten und agitierten, war ein übliches Drohmittel, denn der Wirt musste um seinen Umsatz fürchten. Das Vereinslokal fand sich schließlich im Kalnbach'schen Saal. Das Gesuch um Überlassung einer städtischen Schulturnhalle wie für andere Turnvereine, wurde von der Stadt abschlägig beschieden, mit dem Argument, der Arbeiterturnerbund sei politisch und die Arbeiterturner würden keine Zusage zur Teilnahme an „patriotischen Feiern" geben. Ab 1901 durfte dann doch in der Turnhalle der Gutenbergschule geübt werden. Als Vereinszweck hatte die Freie Turnerschaft Karlsruhe festgelegt, „das Turnwesen zu fördern und möglichst weiten Kreisen zugänglich zu machen". "Weite Kreise" war hier als Gegensatz zu den bürgerlichen Turnvereinen gemeint, wo die Arbeiter, so ihre klassenbewusste Auffassung, durch „feine", „bessere" und „gute Verdiener" vertrieben oder ausgegrenzt worden waren.[15]

Neben den Arbeiterturnern entstanden auf Reichsebene zwei andere konkurrierende Turnerbewegungen, der slawische Sokol, der seinen Anfang in Österreich-Ungarn im tschechischen Landesteil genommen hatte und Nachahmung in den polnischen Landesteilen Preußens fand, sowie die jüdische Turnbewegung. Trotz politischer Gleichberechtigung war im letzten Drittel des 19. Jahrhunderts eine antisemitische Bewegung entstanden. Ebenso wie in den Burschenschaften war auch in einigen allgemeinen Turnvereinen der An-

Damenabteilung der Freien Turnerschaft Karlsruhe, um 1905.

tisemitismus wirksam. Der „Arierparagraph" („Mitglieder können nur Deutsche arischer Abkunft sein") schloss in einigen Turnvereinen definitiv Juden aus. Deren Zahl war in Deutschland im Unterschied zu Österreich-Ungarn gering – 1906 waren es insgesamt 13 völkische Turnvereine im Deutschen Reich –, da die Deutsche Turnerschaft solche Vereine ausschloss.[16] Die Antwort auf den sich ausbreitenden Antisemitismus gab die zionistische Bewegung um Theodor Herzl. Im Wien der Zeit des radikalen antisemitischen Bürgermeisters Karl Lueger hatte sich 1897 der erste jüdische Turnverein gebildet. Auf dem zweiten Zionistischen Kongress in Basel 1898 riefen Max Nordau und Max Mandelstamm zur organisatorischen Eigenständigkeit jüdischer Turnvereine auf, die den antisemitischen Zerrbildern ein neues Judenbild entgegen stellen sollten. Nordau prägte dafür den Begriff des „Muskeljudentums". 1898 gründete sich in

Berlin mit dem Bar Kochba der erste jüdische Turnverein in Deutschland, um beim Turnen die „national-jüdische Gesinnung unter seinen Mitgliedern" zu fördern. 1903 erfolgte die Gründung der Jüdischen Turnerschaft als Pendant zur Deutschen Turnerschaft, der sich zunächst 11 Vereine mit ca. 1.000 Mitgliedern anschlossen. In Karlsruhe hatte sich im selben Jahr der jüdische Turnclub Karlsruhe unter Vorsitz des Kaufmanns Baruch Wormser und des Fabrikanten Heinrich Hirsch gegründet, der TCK 03. Jüdische Sportvereine wurden keine gegründet, dazu hätten vermutlich genügend Beitrittswillige gefehlt; aufgrund des internationalen Verständnisses der Sportfreunde machte das auch keinen Sinn. Karlsruhe befand sich damit unter den ersten Städten in Deutschland mit einem eigenen jüdischen Turnverein. Seine Übungsstunden hielt er im Turnsaal der Realschule (heute Kant-Gymnasium) ab. Während der nationalsozialistischen

Männer- und Zöglingsabteilung der Freien Turnerschaft Karlsruhe vor ihrer Turnhalle der Gutenberg-Schule, 1907.

Verfolgung bot er zusammen mit dem später gegründeten Hakoah die einzige Möglichkeit zu sportlicher Betätigung für Juden, als 1933 alle jüdischen Mitglieder von Sportvereinen infolge des „Arierparagraphen" die Karlsruher Sportvereine verlassen mussten.[17]

Die Sportarten und ihre Anfänge

Die sich seit den 1860er Jahren ausbreitende Turn- und die neu entstehende Sportbewegung brachten immer neue Vereinsgründungen hervor. Sportvereine gingen nicht selten aus informellen, geselligen Gruppen hervor, die Sport zunächst als Freizeitvergnügen ausgeübt hatten. Das Streben, in Konkurrenz mit anderen Sportlern zu treten, regelmäßige Wettkämpfe und Leistungsvergleiche auszutragen, benötigte die Vereinsorganisation. In Karlsruhe waren die Ruderer die ersten, die sich au-

ßerhalb der Turnvereine in einem eigenen Sportverein zusammenfanden, wenn man vom Schachklub (Karlsruher Schachfreunde 1853), der sich auf das Gründungsjahr 1853 beruft, jedoch mehrfache Neukonstitutionen durchmachte, sowie vom saisonalen und kurzlebigen Schlittschuhklub zwischen 1875 und 1878 absieht. Dabei kamen die Ruderer aus dem ältesten Turnverein, der Turngemeinde (KTV 1846). 1882 folgten die Radler, begeistert von dem neuen Fortbewegungsmittel, mit dem Karlsruher Bicycle-Club von 1882, dem der Radfahrerverein Karlsruhe von 1887 folgte. Das Hochrad mit der dazu erforderlichen steifen Körperhaltung hatte Ähnlichkeiten mit dem Herrenreiten. Es war eine sehr teure Bewegungsmaschine, so dass der Beginn des Radsports eine exklusive Angelegenheit war. Das änderte sich, als sich das Niederrad noch vor 1900 durchsetzte. Radfahrvereine schossen nun wie Pilze aus dem Boden. Sie sollten die

14 Turnvereine in der Stadt vor dem Ersten Weltkrieg mit 16 an der Zahl noch übertreffen. Den Radlern folgten schließlich die Athleten mit ihrem ersten Athletenklub „Germania" von 1887 (Karlsruher Sportvereinigung Germania 1887). 1895 organisierte er einen „ersten deutschen Athletenwettstreit" der Vereine des Deutschen Athletenverbands. Neben dem obligatorischen Stemmen, Ringen und Steinstoßen wurde dieser dreitägige Wettkampf mit einem festlichen Ball in der Festhalle begangen.[18]

Eine Sonderrolle nahm der Reitsport ein, der in der Garnisonstadt seinen Ausgang und lange Zeit einzigen Ausübenden im Militär hatte. Die bisher schon übliche Reitschaustellung der Offiziere wandelte sich mit der Bildung des rein militärischen Karlsruher Reitervereins seit 1885 zu einer sportlichen Veranstaltung. 1885 richtete er auf dem Exerzierplatz (Alter Flugplatz) sein erstes Pferderennen anlässlich des Kaisermanövers im Beisein Wilhelm I. aus.[19] Die Veranstaltung wurde zur Tradition, der sich später auch ein Jagdrennen anschloss. Die nun zweimal im Jahr stattfindenden Veranstaltungen führte der Reiterverein auf dem seit 1901 von der Landesdomäne gepachteten Gelände bei Klein-Rüppurr aus (Teil des Areals vom FC Südstern und Postsportverein an der Ettlinger Allee). Das Militär stand dem allgemeinen Turnen und Sport sehr aufgeschlossen gegenüber und unterstützte es sogar, da es den militärischen Wert der Körperertüchtigung für die Jugendlichen und jungen Männer hoch schätzte. Diese Umsetzung erfolgte insbesondere unter dem Einfluss des 1891 in Preußen von Emil von Schenckendorff gegründeten Zentralausschusses zur Förderung der Volks- und Jugendspiele. Er sollte die Ausbreitung turnerischer und spielerischer Aktivitäten auf ganz Deutschland fördern, um durch Wettkämpfe, Sport und Spiel die „Volkskraft" zu erhöhen. Es ging sowohl um die Ar-

beitskraft als auch, und wichtiger noch, um die Wehrkraft.[20] Bei Wettkämpfen und Schauveranstaltungen gehörten Uniformen zum Bild. Aus der Karlsruher Garnison beteiligten sich eigene Militärmannschaften an den allgemeinen Wettkämpfen und Sportfesten. „Zahlreiche hohe Offiziere", ließ der KFV das Publikum wissen, „sprechen sich über die Erfolge, welche mit dem Fußballspiel beim Heer erzielt wurden, in lobenswerter Weise aus, besonders auch des Umstandes wegen, weil der Soldat mit Lust und Liebe Fußball spielt, also hier das angenehme mit dem nützlichen in Verbindung tritt. Überhaupt standen die Militärbehörden dem Rasenspiel seit seiner Einführung stets sympathisch gegenüber, und ihre Bereitwilligkeit, mit welcher die Kommandanturen – so besonders auch in Karlsruhe – den Vereinen die Exerzierplätze zur Verfügung stellten und dies auch heute noch tun, wird bei der Fußballjugend stets in dankbarer Erinnerung bleiben."[21]

Der bereits vor dem Ersten Weltkrieg am meisten begeisternde Sport war der Fußball. Walther Bensemann hatte 1889 die erste Spielgruppe gegründet, andere folgten. Sie gaben sich teils Namen bestehender Studentenverbindungen wie Suevia, Alemannia, Teutonica, Franconia u.ä., ein Zeichen ihrer Herkunft aus der Schul- und Studentenjugend. Nur aus wenigen dieser Spielvereinigungen ging ein stabiler Verein hervor. Die seit 1891 bestehende Franconia (ESG-Frankonia) vollzog diesen Schritt 1895, nachdem man den Anschluss an den Fußballklub Fidelitas abgelehnt hatte, mit der Gründung des Fußballklub Franconia.[22] Spielgruppen und Vereine entstanden und erloschen ebenso schnell wieder. Auch der 1891 gegründete Karlsruher Fußballverein (KFV) nahm hier seinen Anfang, der traditionsreiche Verein musste 2004 aufgelöst werden. Erst relativ spät und 13 Jahre nach Gründung des Deutschen Schwimmverbandes (DSV) ent-

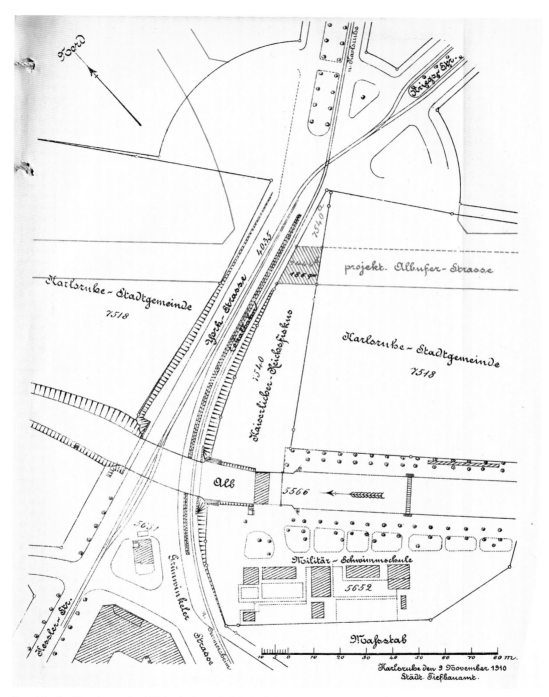

Grundriss der Situation an der Militärschwimmschule beim Kühlen Krug, 1910. Der 1911/12 gegründete Karlsruher Eislauf- und Tennisverein erhielt ein Gelände an der Alb westlich der Yorckstraße (heute Kriegsstraße).

stand in Karlsruhe der erste Schwimmverein, der Schwimmverein Neptun im Jahre 1899.

Diese Trendsetter bereiteten den Boden für nachahmende und konkurrierende Sportvereine. Die Zahl der Turn-, Ruder-, Rad- und Fußballvereine wurde geradezu unübersichtlich. Neue Vereine gingen aus alten hervor, fusionierten oder erloschen mangels Aktiver wieder. Die Ursachen konnten im Einzelnen ganz unterschiedlich sein. Streitigkeiten, Eitelkeiten, Vereinsmeierei und Generationenkonflikte waren ebenso wie soziale und mit dem Beginn der Arbeiterbewegung auch politische Gründe Anlass zu Neu- oder Gegengründungen.

Das Fechten, beim Militär und sonst bei mensurenschlagenden studentischen Korporationen geübt, hatte einige Freunde in Karlsruhe. Vermutlich waren im Fechtclub Hermunduria von 1893 zahlreiche Akademiker aktiv. Die Turngemeinde (KTV 1846) hatte seit 1887 eine eigene Fechtriege.

Einige neue Sportarten wurden nur von ganz kleinen Gruppen von Liebhabern ausgeübt. Wie viele Sportarten, hatte das Skifahren jahrhundertealte Vorläufer, hier bei den skandinavischen Ureinwohnern, doch erst im 19. Jahrhundert wurde ein sportliches Vergnügen daraus. Nachdem der Polarforscher Fridtjof Nansen Grönland 1888 auf Skiern durchquert hatte und sein Reisebericht „Auf Schneeschuhen durch Grönland" zum Bestseller wurde, löste er in Deutschland einen wahren Ski-Boom aus. Anfang der 1890er Jahre entstehen die ersten Ski-Clubs in München und im Schwarzwald. 1893 schon hatte die Begeisterung Karlsruhe erreicht und zur Gründung einer Ortsgruppe des Skiclubs Schwarzwald (Skiclub Karlsruhe) geführt. Die Ski-Liebhaber mussten mobil sein, in die Alpen oder den Schwarzwald fahren. 1895 entstand der Erste Karlsruher Billardklub, nachdem sich dieses Spiel im 18. Jahrhundert beim Adel großer

Beliebtheit erfreute und von der bürgerlichen Geselligkeitskultur übernommen wurde. In Karlsruhe gab es schon vor 1900 zahlreiche Billard-Cafés. Das Kegeln war eine noch ältere, beliebte Freizeitbetätigung gewesen. Die Schützengesellschaft verfügte auf ihrem Gelände beim späteren Gutenbergplatz über einen eigenen Kegelpavillon[23], auch der Ruderklub Salamander hatte eine Kegelbahn in seinem Bootshaus.[24] Zahlreiche Gastwirtschaften mit Kegelbahnen befriedigten die Nachfrage informeller Kegelrunden. Der erste eingetragene Kegelverein in Karlsruhe scheint allerdings erst der Kegelklub „Häfele" von 1910 gewesen zu sein, der im selben Lokal Westendhalle in der Kaiserallee 25 mit seiner passenden Kegelbahn wie der I. Mühlburger Kegelklub, (erstmals 1915 nachgewiesen) spielte. Der I. Karlsruher Faustballklub, gegründet 1907, war nur eine kurzfristige Erscheinung, vermutlich weil das Bedürfnis zu diesem Sport durchaus auch in den Turn- und in den Athletikvereinen befriedigt wurde. Um 1900 etablierte sich die Leichtathletik, jedoch ohne dass dazu spezielle Vereine entstanden. Das schon lange ausgeübte Laufen, Springen und Werfen wurden nicht zuletzt auch durch die einheitlichen Wettkampfregeln der 1898 gegründeten Deutschen Sportbehörde für Athletik, der Vorläuferin des Deutschen Leichtathletikverbandes, zu neuen sportlichen Dis-

Arbeiterturnfest der Freien Turnerschaft Karlsruhe.

Anfangs genügten zwei Pfosten mit Latte, Fußballplatz des Fußballvereins Knielingen 1905 (VfB 05 Knielingen), um 1910.

ziplinen. Die Verbreitung der olympischen Idee seit 1896 und die Wiederentdeckung „griechischer" Disziplinen ging einher mit Leichtathletik-Wettkämpfen in vielen Städten, oft unter der Ankündigung Olympischer Spiele. Der KFV führte 1906 Internationale Olympischen Spiele u. a. mit Laufwettbewerben, Weitsprung, Diskuswerfen, Dreisprung, Steinstoßen und sogar Fußballweitwerfen durch.[25] Auch der Fußball-Club Frankonia gehörte zu den Wegbereitern, und sogar der Schwerathletenclub „Germania" stellte sich auf die neue Entwicklung ein. „Wir müssen der veränderten Richtung im Athletiksport Rechnung tragen", schrieb er an den Stadtrat, „und uns mehr der Leichtathletik widmen." Deswegen bat er auch um Überlassung eines geeigneten Außensportgeländes.[26]

Nachdem sich ein erster Schlittschuhverein in den 1870er Jahren nicht etablieren konnte, und auch um 1894 der Eislaufverein unter Emil Steigert (zuvor Vorstand vom Schachklub) nicht lange Bestand hatte, dauerte es lange bis zu einem neuen Anlauf, diesmal unter ganz anderen Voraussetzungen, denn

der Eiskunstlauf hatte mittlerweile zahlreiche Bewunderer. 1910 kam der Zoologe und Privatdozent Gilbert Fuchs nach Karlsruhe, der Gewinner der ersten Weltmeisterschaft im Eiskunstlauf im Jahre 1896 in St. Petersburg. Er gründete im Sommer 1911 den Karlsruher Eislauf-Verein, der in der folgenden warmen Jahreszeit das Tennisspiel pflegte. Durch Satzungsänderung 1913 wurde aus dem Verein der Karlsruher Eislauf- und Tennisverein. Die höhere Gesellschaft Karlsruhes, Hofräte, Fabrikanten, Ärzte oder Rechtsanwälte, traf sich in diesem damals exklusiven Club, dessen Protektorat Prinz Max von Baden übernommen hatte. Für 1915, im Zusammenhang mit den Aktivitäten zum 200-jährigen Stadtjubiläum, war die Austragung der Deutschen Eislaufmeisterschaft geplant, die allerdings kriegsbedingt nicht stattfinden konnte.[27] An der Hochschule bildete sich ein akademischer Lawn-Tennis-Club. Da das Tennis auf dem Rasen gepflegt wurde, war es nicht weit, dass dort auch das Hockey-Spiel Anklang fand.[28]

Die rasche industrielle Entwicklung und die gesellschaftlichen Veränderungen stellten alte Gewohnheiten in Frage. Lebensweltliche Reformbestrebungen, weibliche Emanzipationsansprüche und Lebensreformansätze für „gesunde Ernährung" und Antialkoholismus entstanden, und obwohl sie andere Ansatzpunkte hatten, machte sich ihr neues Körper- und Gesundheitsbild bemerkbar. Bodenlange Röcke und Korsetts für Frauen taugten eindeutig nicht zum Radfahren, Tennis oder Gymnastik. Der Verein für Frauenkleidung propagierte aber nicht nur gesündere Bekleidung, sondern hielt auch eigens Turnstunden für Frauen und Kinder sowie Kurse „für Gesundheits- und Schönheitsturnen" ab, die Frei-, Ring- und Barrenturnen umfassten.[29] Der – allerdings nur kurzlebige – Sportklub Vegetarier organisierte 1908 das erste sportliche Wettgehen über 100 Kilometer. Neben elf Vegetariern gingen 13 „Fleischverzehrer" an den Start, einer der Letzteren gewann.[30]

Als das Fahrrad um 1900 zum Massenvehikel geworden war, richtete sich das Interesse der anfangs noch überschaubaren Gruppe vermögender Automobilisten auf den Motorsport. 1905, nur zwei Jahre nach der Gründung des ersten deutschen Automobilclubs in Stuttgart, wurde in Karlsruhe der Badische Automobil-Klub gegründet. Er richtete Tourenfahrten aus und ging später im Allgemeinen Deutschen Automobil-Club (ADAC) auf.

Eine andere technische Neuerung setzte ebenfalls sportlichen Ehrgeiz frei. Der Überflug des ersten Luftschiffes 1909 wurde von einer unübersehbaren Menschenmenge vor dem Schloss begleitet. Die Karlsruher Zeitung berichtete am 25. September 1909 über die bevorstehende Gründung einer Ortsgruppe des Deutschen Luftflottenvereins, 600 Bürger sollen ihr Interesse bekundet haben. Das Gründungskomitee tagte unter dem Vorsitz von Oberbürgermeister Karl Siegrist. Es ging dabei um die Protegierung der beginnenden Luftschifffahrt, nicht um sportliche Ambitionen,

dazu taugten Zeppeline sowieso nicht. Im September 1910 konstituierte sich der Badische Luftschiffahrt-Verein, der sich kurz darauf in Karlsruher Luftschiffahrt-Verein umbenannte. Im Vorstand des 1912 76 Mitglieder zählenden Vereins[31] befanden sich Offiziere, eine Zeit lang auch Professor Wilhelm Paulcke von der Technischen Hochschule, der Initiator des Hochschulsports und der Sportanlagen auf dem Campus der TH Karlsruhe. Der Verein veranstaltete Schauflüge in Verbindung mit Militärkonzerten, offensichtlich wahre Publikumsmagnete, zugleich auch ein Stelldichein von Hof, Militär und höherer Gesellschaft. Seit 1910 führte der Flugpionier Paul Senge Übungsflüge mit selbstgebauten Flugapparaten auf dem Karlsruher Exerzierplatz (Flugplatz) und dem Forchheimer Exerzierplatz durch. Die Prinz-Heinrich-Flüge, eigentlich Zuverlässigkeitsprüfungen aus der Anfangszeit der Flugzeuge, wurden seit 1910 jährlich durchgeführt und zogen Menschenmassen an. Der Verein selbst schaffte als einziges Fluggerät vor dem Ersten Weltkrieg einen Freiballon, „Karlsruhe", an. Die eigentliche flugsportliche Aktivität begann erst nach 1918, als sich wegen der Bestimmungen des Versailler Vertrags zum Militär-Flugverbot zunächst der Segelflug etablierte. Der Flugsportverein 1910 Karlsruhe hat seinen Ursprung im Karlsruher Luftschiffahrt-Verein genommen.[32]

Massenveranstaltungen vor dem Ersten Weltkrieg waren Radrennen und Fußballspiele. 1908 zog es 4.000 Zuschauer zu einem Wettkampf mit auswärtigen Fahrern zur Radrennbahn, zum Länderspiel Deutschland (genauer: süddeutsche Fußballer-Auswahl) gegen die Schweiz kamen 1909 5.000 auf den Sportplatz des KFV. Die Schaufliegerei, die aus dem Kunstflug hervorging, erfreute mit einer Kombination aus technisch-sportlichem Können und hohem Risiko gleichfalls ein großes sensationshungriges Publikum.

Nach dem Spiel, einer (unten Mitte) ist noch „vorschriftsmäßig" nach den Statuten gekleidet, mit Krawatte.
FC Frankonia, 1901.

Eine besondere Stellung nahmen die Touristen- und Wandervereine ein. Körperliche Betätigung war mit dem Wandern zweifellos verbunden, das Streben nach Rekorden jedoch weniger. Sportlicher Ehrgeiz konnte allenfalls beim Bergsteigen entfaltet werden. Trotzdem wurde die Wanderbewegung von Beginn an zum sportlichen Bereich gezählt. Sie war etwas spezifisch Deutsches. Hier verband sich bürgerliches Bildungsstreben mit einer Heimatverbundenheit, die sich entwickelte, als die Veränderungen durch die Industrialisierung einen Verlust von Natur spürbar machte.

Vereine entstanden nun, die sich der nahen und fernen Mittel- und Hochgebirge des „deutschen Vaterlandes" annahmen, indem sie dort Wanderwege, Aussichtstürme oder auch Hütten anlegten und damit Pionierarbeit bei der touristischen Erschließung leisteten. Der Deutsche Alpenverein wurde 1869 in München als „bildungsbürgerlicher Bergsteigerverein"[33] ge-

gründet, 1870 schon entstand eine Sektion in Karlsruhe, an deren Gründung der Schriftsteller Joseph Victor von Scheffel und der Ingenieur Robert Gerwig maßgeblich beteiligt waren. Ihr gehörten fast ausschließlich höhere Beamte an, das Betätigungsfeld richtete sich praktischerweise zunächst vor allem auf den näheren Schwarzwald, Alpentouren waren exklusives Vergnügen einiger Weniger. 1896 setzte der Verein mit der Fidelitas-Hütte in den Tiroler Alpen einen lange gehegten Plan um. Noch zuvor, 1864, war der badische Schwarzwaldverein in Freiburg unter dem Namen Badischer Verein von Industriellen und Gastwirten mit dem Zweck, „den Schwarzwald besser bekannt zu machen", ins Leben gerufen worden. Aber erst 1887 entstand die Ortsgruppe Karlsruhe, gleichwohl der Verein einen geradezu staatstragenden Charakter hatte, war doch die Mitgliedschaft der höheren Staatsbeamten nahezu obligatorisch.

Landsmannschaftliche Verbindungen von Zugezogenen in die rasch wachsende Stadt, Wanderfreudigkeit und die Erreichbarkeit per Eisenbahn waren wohl die Gründe für das Aufkommen weiterer Vereine: So entstanden Ortsgruppen zweier Odenwaldliebhabervereine, der Odenwaldverein (seit 1900 nachweisbar) und der Odenwald-Klub (seit 1903), schließlich Ortsgruppen des Pfälzerwald-Vereins (seit 1911) und des Schwäbischen Albvereins (seit 1909).

In Gegensatz zu den bürgerlichen Wandervereinen, zu denen seit 1901 auch der Wandervogel der bündischen Jugendbewegung zählte (seit 1910 mit eigener Ortsgruppe in Karlsruhe), organisierte sich die sozialdemokratische Arbeiterbewegung bei den Naturfreunden. 1895 in Wien gegründet, entstand der erste Verein 1905 in München, die Ortsgruppe Karlsruhe wurde 1909 ins Leben gerufen. Sie legte sich 1912 als erste in Baden ein eigenes Haus zu, im Schwarzwald im Schwarzenbachtal (durch die Anlage des Stausees 1922 in den Fluten des Sees versunken).

Die „Sportsmen" waren nicht einseitig, Mehrfachmitgliedschaften in verschiedenen Sportvereinen waren nicht ungewöhnlich. Bei einigen überschnitten sich sogar Funktionen in verschiedenen Vereinen. Der Architekt Gottfried Zinser findet sich als Vorstand beim Ruderverein Salamander, ebenso beim Athletenclub Germania und auch beim I. Mühlburger Kegelklub. Die Söhne Gottfried Zinser jun. und Julius waren aktive Ruderer, Julius dazu ein noch begeisterter und bekannter Fußballspieler. Kaufmann Hans Bennewitz war sowohl im Vorstand der Germania als später auch in dem des Schwimmvereins Poseidon.

Frauenriege des KTV in ihrem Turnkleid, vor 1914.

Nicht nur Sieg und Leistung – Innenansichten

Die bürgerlichen Männer sahen die kraft- und körperbetonten Sportarten als männliche Domäne an, Wettkampf galt ihnen als unweiblich. Frauen hatten sich gemäß diesem Verständnis auf die Disziplinen zu beschränken, bei denen mehr die Ästhetik im Vordergrund stand: Tennis, Eiskunstlauf und Schwimmen war geduldet, ja erwünscht. Dies ermöglichte auch die Begegnung der Geschlechter jenseits bisher üblicher Konventionen. Die Bedeutung beispielsweise des Tennisspiels für die Eheanbahnung erkannten die Zeitgenossen durchaus. Da man sich hier in der eigenen sozialen Schicht bewegte, wurde dies geduldet.

Auch ohne Wettkämpfe gab es für Frauen öffentliche Auftritte, seitdem sie in den Vereinen mitwirkten. Es war der Männerturnverein, der schon 1897 als erster Turnverein eine „Damenriege" eingerichtet hatte, 1901 kam eine Mädchenabteilung dazu.[34] Die Freie Turnerschaft folgte 1899, ab dem darauffolgenden Jahr auch die anderen Turnvereine. Zu den festen turnerischen Übungen trat nun die neuere Gymnastik hinzu. Im Schwimmverein Poseidon waren im Jahr 1911 fast ein Viertel der Mitglieder Frauen, in einigen Turnvereinen sah das Verhältnis ähnlich aus. Durch den Verein Frauenbildungsreform wurde 1893 in Karlsruhe das erste humanistische Mädchengymnasium in Deutschland eröffnet. Der Wert eigenständiger Frauenbildung und gar Berufsfähigkeit, falls die Frau nicht durch die Ehe „versorgt" wurde, begann sich durchzusetzen. Da war es selbstverständlich, dass junge Frauen aus dem Bürgertum diese emanzipatorischen Ansprüche auch im Sport einforderten, bzw. durch seine Ausübung sichtbar machten.

Nicht nur um Turnen und Sport an sich ging es in den Vereinen, vielmehr, wie die Statuten der Turngemeinde (KTV 1846) 1884

ausdrückten: um „Vornahme turnerischer Übungen und geselliges Zusammensein bei bürgerlichem Gemeinsinn".[35] Sinnstiftende Freizeitgestaltung, Geselligkeit und Festlichkeit spielten neben dem besonderen Vereinszweck eine ganz besondere Rolle. „Herren-Abende" und der Familien-Tag, Ausflüge und traditionelle Feste wie beispielsweise Stiftungsfest, Winter- oder Sommerfeste schufen den Vereinszusammenhalt. Wer etwas auf sich hielt, veranstaltete auch jährlich einen Ball. Eingeübte Deklamationen und Theateraufführungen waren beliebt und die Turngemeinde rief 1894 sogar eine Sängerriege ins Leben. Wer wollte, konnte so fast vollständig im Vereinsleben aufgehen.

Die Mitgliedschaft in einem Verein korrespondierte meist mit dem erreichten oder angestrebten gesellschaftlichen Status, fanden sich doch zumeist Angehörige der gleichen sozialen Schicht im jeweiligen Verein zusammen. Sie konnte aber auch zu weiterem Prestigegewinn beitragen, so dass durchaus Herren „der besseren Gesellschaft" beitraten, häufig jedoch nur als passives Mitglied.

Aber auch der Gesundheitsgedanke spielte früh eine Rolle, die Turnvereine richteten aufgrund ihrer anderen Altersstruktur früher als die Sportvereine „Alte-Herren-Riegen" ein, die jenseits von Turndarbietungen der „Fitness" dienten.

Zum Wettkampf gehörte der Ehrenpreis als direkter Ansporn für die Aktiven und dem Publikum zur Veranschaulichung. Kränze, Kristallbecher, silberne und blecherne Pokale, Statuen, Schalen usw., die auch nach dem zeitgenössischen Geschmack in der Gestaltung bisweilen geschmacklos ausfielen. Es ging jedoch um die symbolische Ehre. Die unübersehbare Anzahl von Wettkämpfen machte es notwendig, Stifter für diese Ehrenpreise zu finden. Deshalb wurde die Stadt immer wieder um Stiftung von Preisen angegangen. Dem

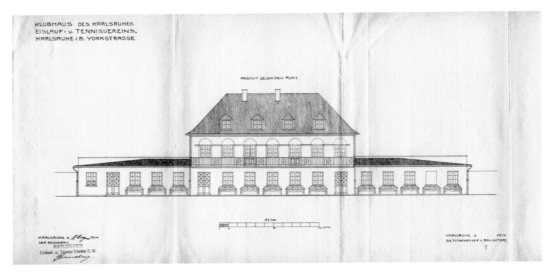

KLUBHAUS DES KARLSRUHER
EISLAUF- u. TENNISVEREINS,
KARLSRUHE I.B. YORKSTRASSE

ANSICHT GEGEN DEN PLATZ

Karlsruher Eislauf- und Tennisverein vor dem Ersten Weltkrieg. Wegen offener Baufluchtfragen nicht ausgeführter Plan für ein repräsentatives Vereinsheim vom Architektenbüro Curjel & Moser, 1914.

wollte sie sich nicht entziehen, die Beteiligung wurde aber in der Regel auf 25 Mark begrenzt. Ausnahmen waren besondere Anlässe wie 1910, als die Stadtverwaltung anlässlich der silbernen Hochzeit des Großherzogspaares einen Goldpokal als Wanderpokal für den Rheinhafenmeister unter den Rudervereinen stiftete.[36] Die großherzogliche Familie selbst war Stifter mehrerer Preise und damit einer der wichtigsten Sportmäzene in der Stadt. Die größte Sportbegeisterung zeigte Prinz Max von Baden, hatte er doch offiziell das Protektorat über den KFV, den Luftschifffahrt-Verein und den KETV. Außerdem übernahm er die Schirmherrschaft über zahlreiche Wettkämpfe.

Nur wenige glückliche, das heißt vermögendere und angesehenere Vereine besaßen vor 1918 eine eigene Sportstätte mit Vereinsheim, die meisten unter ihnen waren immer noch auf Wirtshaussäle angewiesen. Hier fanden die regelmäßigen Vereinsabende und das gesellige Beisammensein statt. Eine durchaus nicht unwichtige Symbiose, denn mit der Bereitstellung von Räumen für die regelmäßig

stattfindenden Versammlungen, für Feste und Feiern und die allwöchentlichen Trainingsabende machte ein tüchtiger Wirt, der seine Räumlichkeiten gleich mehreren Sportvereinen, anderen Gesellschaften und Stammtischen zur Verfügung stellte, seinen Umsatz. Die unterschiedliche Vereinskultur drückte sich auch im Vereinslokal, dem „standesgemäßen" Haus, aus. Die gutsituierten Herren vom Ruderverein Sturmvogel trafen sich im besseren Lokal Palmengarten in der Herrenstraße 34a, die Arbeiter der Freien Turnerschaft oder vom Radfahrverein „Solidarität" in der Gambrinushalle in der Erbprinzenstraße 30. Es gab regelrechte „Sportlerkneipen", in denen mehrere Vereine zu ihrem allwöchentlichen Vereinsabend – inklusive Biertrinken – einkehrten.

Zwischen öffentlicher Daseinsvorsorge und privatem Eifer – erste Sportanlagen

Als die Stadt beim konsequenten Ausbau der Infrastruktur moderner Daseinsvorsorge bereits

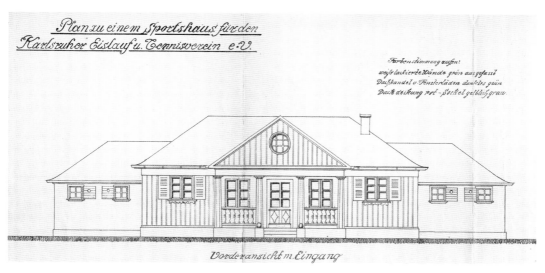

Karlsruher Eislauf- und Tennisverein nach dem Ersten Weltkrieg. Bescheidenerer Plan für das Vereinsheim, 1921.

ein Hauptaugenmerk auf Gesundheit und Hygiene legte, dachte sie noch gar nicht an die Förderung des Sportes. Städtische Turn- und Sporteinrichtungen waren unbekannt. Der Turnunterricht vor allem an den höheren Schulen gab den Anstoß zur Errichtung der Turnlehrerbildungseinrichtung und 1869 zum Bau der Zentralturnhalle neben dem Lehrerseminar in der Bismarckstraße (heute Areal der Pädagogischen Hochschule).[37] (Vgl. den Beitrag von Pretsch, S. 40-44) Erst mit der Verordnung von 1876, wonach der Turnunterricht an allen Volksschulen des Landes obligatorisch wurde und die Gemeinden verpflichtet waren, dafür die nötigen Turnplätze und Einrichtungen zu schaffen, erhielt jeder Schulneubau eine Turnhalle.[38] Für Mädchen wurde Schulturnen erst seit 1906 obligatorisch, die Knaben sollten vorher schon zwei Stunden in der Woche turnen, was nicht immer eingehalten werden konnte. „Für die Erziehung der Schuljugend zu leiblicher Geschicklichkeit und Gewandtheit, zur Gewöhnung an gute Körperhaltung [...], erscheint die gegebene

Turnzeit nach den seitherigen Erfahrungen im ganzen ausreichend, wenigstens bei nicht ganz ungeschickten Lehrkräften." Das Realgymnasium (heute Ludwig-Erhard-Schule) hatte 1877 eine großzügige 405 m² große Turnhalle erhalten, die sich mit den 648 m² der Zentralturnhalle vergleichen konnte, die Volksschule in der Leopoldschule hatte mit ihrer 1889 errichteten Turnhalle den kleinsten Turnsaal (79 m²). Eingerichtet waren sie standardmäßig mit Reck, Barren, Spring- und Klettergeräten.[39] Damit standen den zahlreichen Turnvereinen gegen Miete passende Übungsräume zur Verfügung, eigene Turnhallen besaß keiner.

„Das Baden, im Freien sowohl wie in Wannen, ist längst schon eine beliebte Gewohnheit der Bevölkerung von Karlsruhe", erkannten die Stadtväter schon früh und schufen entsprechende Badeeinrichtungen. Sie waren mehr unter dem Gesundheitsaspekt angelegt und hatten Wasserkureinrichtungen, wie sie das Publikum seit Beginn des 19. Jahrhunderts bevorzugte. Seit 1826 gab es an der Alb beim Kühlen Krug die von Friedrich Arnold errich-

Die 1826 von Friedrich Arnold beim Kühlen Krug errichtete Militär-Schwimmanstalt.
Schwimmzeugnis für den Soldaten Adolph Schmieder, 1868.

tete Militär-Schwimmschule mit Gebäuden, Badekabinetten und einem gestautem Bassin im Flüsschen. Sie war abends dem männlichen Publikum gegen Eintrittsbillett zugänglich und die Karlsruher konnten dort, unterrichtet von Unteroffizieren, sogar das Schwimmen erlernen. Daneben war das Baden an weiteren Plätzen an der Alb, getrennt nach Geschlechtern, polizeilich erlaubt und mit dem beliebten Ausflugsziel Stephanienbad und der privaten Badeanstalt von Emma Gimpel bei Mühlburg existierten weitere Schwimmplätze.

Unmittelbar nachdem die Stadt im Jahre 1862 durch die städtische Maxau-Bahn mit dem Rhein verbunden worden war, wurde eine städtische Badeanstalt bei der Eisenbahn-Schiffsbrücke (etwas oberhalb der heutigen Eisenbahnbrücke) mit der stattlichen Summe von über 50.000 Mark errichtet und von einem Pächter betrieben. Die ursprünglich hölzerne Anlage wurde 1879 durch eine eiserne ersetzt. Sie bestand aus zwei Bassins für Schwimmer und Nichtschwimmer, nebst Sprungbrettern und Kabinetten auf einer etwa 115 Meter langen und 16 Meter breiten Pontonanlage im Rheinstrom. „Da bei dem raschen Laufe des Wassers es nur wenigen sehr kräftigen Schwimmern gelingt, mit Anwendung aller Kraft einige Meter gegen den Strom aufzuschwimmen," enthielt das Bassin eine Auffangvorrichtung. Unmittelbar neben der städtischen Badeeinrichtung gab es in Maxau zwei kleinere private Badeanstalten, das so genannte Wellenbad und das von Ehmann. Das als fehlend empfundene Damenschwimmbad wurde dann 1877 im alten Rheinhafen Maxau errichtet, wo es keine Strömung gab. Die Stadt war sich bewusst, dass Maxau wegen der hohen Fahrtkosten mit der Eisenbahn kein „allgemeines Volksbad" war und machte sich Gedanken darüber. „Mit der wachsenden Einsicht, welche Vorteile dem Körper durch häufiges Gebrauchen erfrischender Bäder erwachsen, wird wohl einmal der Versuch, den Rhein im Sommer auch der unbemittelten arbeitenden Klasse als Badewasser zugänglich zu machen, Aussicht auf Erfolg haben," wurde resümiert, „zunächst musste die Lösung noch daran scheitern, dass gerade in jener Klasse der Bevölkerung, welcher eine solche Anstalt zu dienen bezweckt, das Verlangen nach Bädern noch nicht in dem Maasstabe gewachsen ist, dass durch Massentransporte, [...] so billige Fahrpreise geboten werden könnten, um ohne große Zuschüsse aus öffentlichen Kassen die Transportkosten zu decken."[40]

Deshalb errichtete die Stadt 1882 unmittelbar neben der Militärschwimmanstalt eine weitere Badeeinrichtung, die aber wegen Einspruch des Militärs gegen dieses „Freibad" 1888 geschlossen werden musste. Ersatz fand sich für einige Jahre am Großen See südlich des Lauterbergs, der für dessen Erdaushub bis 1892 erst entstanden war. Er musste aber zur Anlage des neuen Hauptbahnhofes wieder zugeschüttet werden.[41] Auch das Stephanienbad verlor aus diesem Grund vor 1914 sein Schwimmbassin in der Alb. 1913 legte die Stadt in Daxlanden im Federbach im Gewann Weidfeld je eine Männer- und eine Frauenbadeanstalt an. Sie bestand gerade einmal aus zwei winzigen Bassins mit maximal 1 Meter Wassertiefe. 1916 wurde vom Tiefbauamt bereits beklagt, dass sie

„vernachlässigt" sei und „künftig besser unterhalten werden" möge. Große Nachfrage von Badefreunden bestand nicht, das Männerbad wurde bald offiziell geschlossen, das „Mädchenbad" 1925 der Sozialistischen Arbeiterjugend der SPD unentgeltlich überlassen, mit der Auflage es instand zu setzen und auch Nichtmitgliedern zu gewissen Zeiten zugänglich zu machen.[42] Die Freibäder dienten nicht nur dem Schwimmen und dem „Licht- und Sonnenbaden", sondern man erhielt dort auch Kaltwasserbehandlungen wie die „Sturzbäder". Sonnen- und Freibaden wurde mehr unter dem Kur- und Gesundheitsgedanken betrachtet, als unter sportlichen Aspekten. Das spätere erste städtische Hallenbad, das 1869–1871 erbaute Vierordtbad, war zuerst ganz als luxuriöses Kur- und Rekreationsbad errichtet worden. Brause- und Wannenbäder waren ein Angebot zur Körperhygiene angesichts fehlender Bäder in den Wohnungen; das gleiche Bedürfnis bedienten etwa ein Dutzend privater Badanstalten.[43] 1887/88 errichtete der Dekormaler Karl August Lepper als Unternehmer mit dem Friedrichsbad im rückwärtigen Areal der Kaiserstraße 136 (heute Teil des Passagehofes) ein zweites „vornehmes Badehaus großen Stiles" und „Gesundbrunnen für Jung und Alt" mit Kureinrichtungen. Es war zugleich auch das erste Bad mit Schwimmhalle in Karlsruhe, Schwimmkurse für Erwachsene und Kinder gehörten zum Angebot.[44] Erst 1898–1900 wurde an das Vierordtbad ein Hallenschwimmbad angebaut. Sein Architekt, der badische Oberbauinspektor Josef Durm, setzte damit einen lange gültigen Maßstab für den Bau von Hallenschwimmbädern.[45] Damit wurde aus dem Luxus-Kurbad ein Volksbad. Der gerade gegründete Schwimmverein „Poseidon" ließ die Männer im Vierordtbad, die Damen im Friedrichsbad üben.

Weil das Albwasser den Militärs in seiner Qualität nicht mehr zum Baden geeignet erschien, wurde das Militär-Schwimmbad 1905 geschlossen und von der Stadt im Zuge der Planungen für ein ganz neu anzulegendes Freibad erworben. Die Pläne für diese neue Badeanstalt verzögerten sich aber. 1921 wurde das ehemalige Militärbad dem Karlsruher Schwimmverein von 1899 überlassen und bis zu seiner Zerstörung 1944 von ihm betrieben.[46] Stadt wie Garnison hatten Interesse an einer „Vermehrung der Bade- und Schwimmgelegenheiten", so dass seit 1911 Pläne zur Einrichtung eines neuen Freibades nebst Luft- und Sonnenbad beim Städtischen Elektrizitätswerk am Rheinhafen als gemeinsame zivile und militärische Einrichtung ausgearbeitet wurden.

Militärische Interessen dürften vermutlich ausschlaggebend gewesen sein, dass das 1914 begonnne Rheinhafenbad noch während des Krieges fertig gestellt wurde.[47]

Der seit 1872 neu angelegte Stadtgarten mit dem daneben liegenden neuen Messplatz auf der Schießwiese zwischen Stadtgarten und Beiertheimer Wäldchen hatte sich nicht nur zu einem Promenaden- und Freizeit-, sondern auch zu einem richtiggehenden „Sportpark" entwickelt, eine allerdings erst später für die Wildpark-Anlagen aufgekommene Bezeichnung. Die Turner hatten dort schon vor 1848 im Sallenwäldchen ihre Turnanlage; nach dem Bau der Zentralturnhalle nutzte die Karlsruher

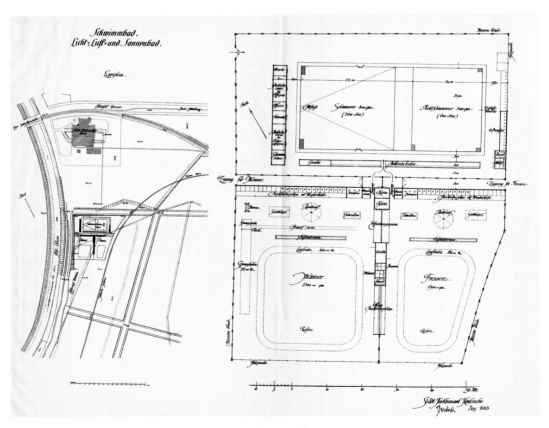

Ursprünglicher Plan des städtischen Rheinhafenbades mit Sporteinrichtungen als gemeinsames Freibad für Bürger und Militär, 1913.

Turngemeinde dann aber das Außengelände daneben. Die Turngesellschaft wiederum betätigte sich beim Beiertheimer Wäldchen. Seit 1890 bestand im Stadtgarten um den Schwanensee die Radrennbahn, Schau- und Wettfahrten der Hochradfahrer hatte es schon zuvor in der Parkanlage gegeben. Die Stadt richtete auf dem Stadtgartensee mit angrenzendem Messplatz eine Eislauffläche zum Volksvergnügen her. Dabei konnte es zur Konkurrenz zwischen städtischen und privaten Initiativen kommen. Der Karlsruher Eislauf- und Tennisverein hatte auf seinem eigenen Gelände im Winter 1913/14 ebenfalls eine Eislaufbahn mit rund 4.500 m² eingerichtet, auf der sich das Publikum gegen Entgelt amüsieren konnte. Der Verein verkündete angesichts der Auseinandersetzung um das bis dahin herrschende Eisbahn-Monopol der Stadt stolz, dass seine Eisbahn 33 Tage nutzbar war, die städtische Anlage dagegen nur an 20 Tagen.[48]

Insbesondere die Rasensportvereine benötigten großzügig Gelände. Vor dem Ersten Weltkrieg gab es gerade einmal ein halbes Dutzend Vereinssportplätze. Sportveranstaltungen fanden auf dem Messplatz und vom Militär erlaubt auf dem kleinen (Engländerplatz) und großen Exerzierplatz (Alter Flugplatz) statt. Stadt und Staat waren gefragt, wenn es darum ging, größere Flächen zu verpachten, denn Fußballvereine benötigten rund 20.000 m². Der Fußballklub Mühlburg hatte an der Honsellstraße (Feuerwache West) ein großes passendes Gelände von der Seldeneckschen Verwaltung gepachtet. Der Fußballklub Phönix besaß vor seiner späteren Anlage im Wildpark bereits ein Vereinsgelände mit Clubhaus und Tennisplätzen an der Rheintalbahn auf Neureuter Gemarkung. Der KFV hatte seit 1904 ein Gelände im Gewann Mittlerer See, an der verlängerten Moltkestraße (Hardtstraße) gegenüber der Telegraphenkaserne gepachtet und darauf ein ansehnliches Clubhaus

mitsamt Turn- und Tenniseinrichtungen angelegt.[49] Der FC Alemannia hatte seinen Sportplatz beim Rüppurrer Schloss. Im Jahre 1908 schaffte dies auch der FC Franconia als letzter der Traditionsvereine, nachdem er mit 19 Landwirten einzelne Pachtverträge für eine Wiese an der Rintheimer Straße abschließen konnte.[50]

Führende Positionen in lokalen Sportvereinen und Berufstätigkeit verbanden sich bisweilen produktiv. Architekt Gottfried Zinser sen. vom Athletenclub „Germania" und dem Ruderverein „Salamander" führte dessen Bootshaus aus und war 1909 ebenso für die ersten, dann aber veränderten Pläne des Clubhauses und der Tribüne des KFV verantwortlich.[51]

Eine Tribüne ließ auch der Reiterverein alljährlich für seine Rennen neu errichten, 1909 erhielt er die Genehmigung zum Bau eines repräsentativen ständigen Bauwerks, das nach dem Vereinsende wegen der Entmilitarisierung nach 1919 ziviler Nutzung zugute kam.[52]

Der Eislauf- und Tennisverein hatte 1913 an der Alb beim Kühlen Krug ein rund 18.000 m² großes Gelände von der Stadt gepachtet und darauf zunächst etwa 12 Tennisplätze angelegt. Zusammen mit dem „Salamander", dem „Sturmvogel" und dem KFV gehörte dieser Verein zu denjenigen, die sich ein repräsentatives, großzügiges Vereinshaus leisten konnten. Die dazu vom renommierten Architekturbüro Curjel & Moser 1914 erstellten Pläne konnten jedoch nicht umgesetzt werden, weil die Bauflucht an der zum Kühlen Krug verlängerten Yorckstraße noch nicht endgültig festgelegt war. Nach dem Krieg mussten dann wesentlich bescheidenere Pläne umgesetzt werden.[53]

Der Erste Weltkrieg unterbrach den ersten Höhenflug des Sports. Die Aktiven waren durchgängig Männer im wehrfähigen Alter.

Die Sportvereine mussten ihre Aktivität nahezu einstellen, konnten mangels Mitgliedsbeiträgen die fällige Pacht für das Vereinsgelände nicht zahlen, und die Stadt nutzte so manches Vereinsgelände sinnvollerweise zur Anlage von Kriegsgemüsegärten.

Einige Mitgliedszahlen von Turn- und Sportvereinen vor dem Ersten Weltkrieg: [54]

Arbeiterradverein, 1912: 324
Freie Turner, 1913: 350
Karlsruher Eislauf- und Tennisverein, 1913: 56
Karlsruher Fußballverein, 1911: 382
Karlsruher Luftschifffahrtverein, 1914: 102
Männerturnverein, 1911: 759
Ruderclub „Alemannia", 1914: 239
Ruderclub „Sturmvogel", 1913: 208
Schützengesellschaft, 1912: 324
Schwarzwaldverein, 1906: 1.336
Schwimmverein „Poseidon", 1913: 500
Touristenverein Naturfreunde, 1913: 304
Turngemeinde (Südstadt), 1911: 479
Turngemeinde (KTV), 1913: 641

ERNST OTTO BRÄUNCHE

Sport in Karlsruhe 1914 – 1945

Sport im Ersten Weltkrieg

Der Erste Weltkrieg war in der Geschichte der Stadt Karlsruhe ein bedeutender Einschnitt. Die Entwicklung zu einer modernen Großstadt mit einer fast vollständig ausgebauten Leistungsverwaltung und namhaften Industriebetrieben mit Schwerpunkt in der Metallverarbeitung und dem Maschinenbau wurde abrupt unterbrochen. Auch die im Kaiserreich begonnene kontinuierliche Aufwärtsentwicklung der Karlsruher Sportvereine fand ein vorläufiges jähes Ende. Fest geplante Verbesserungen der sportlichen Infrastruktur im 200-jährigen Jubiläumsjahr der Stadt 1915 konnten ebenfalls nicht realisiert werden. Die auf den Wiesen östlich der Ettlingerstraße vorgesehene neue große Anlage für Leibesübungen mit einer Tribünenanlage wurde ebenso wenig verwirklicht wie die Absicht, im Hardtwald neue Sportplätze zu schaffen.[1] Auch der geplante große Kongress für Volks- und Jugendspiele musste ausfallen.

Der Krieg beeinträchtigte gerade die Sportvereine in hohem Maße, da ihre jungen Mitglieder nun zum größten Teil zum Kriegsdienst eingezogen wurden. Die Chronik des Jahres 1914 berichtet zwar noch auf rund acht Seiten über die sportlichen Ereignisse des Jahres, vermerkt aber bei den Fußballvereinen, dass es keiner Erklärung bedürfe, dass in der zweiten

Jahreshälfte keine Spiele mehr stattgefunden hätten.[2] Der Karlsruher Fußballverein (KFV) bat schon am 25. September 1914 um Stundung der Rückzahlung eines von der Stadt erhaltenen Darlehens, da seine Mitglieder zum größten Teil „im Felde ... oder in militärischer Ausbildung begriffen" seien und keine Mitgliedsbeiträge zahlen könnten. Der Vorgang wiederholte sich im folgenden Jahr, als man um Stundung für die Dauer des Krieges nachsuchte.[3] Anderen Vereinen erging es ähnlich. Der Männerturnverein berichtete auf seiner Jahreshauptversammlung am 10. April 1915, dass das Turnen nach Kriegsbeginn monatelang still gelegen habe. Rund 200 Mitglieder waren ins Feld gerückt, 1916 stieg diese Zahl auf 242 von 689 Mitgliedern.[4] Die Karlsruher Turngemeinde 1846 meldete 263 Turner, die Freie Turnerschaft 280, die als Soldaten im Einsatz waren. Der letztgenannte Verein beklagte darüber hinaus, dass fünf Mitglieder in Gefangenschaft geraten waren und ein Soldat vermisst wurde.[5] Die Schützengesellschaft musste ebenfalls auf fast ein Drittel der Mitglieder verzichten, von 326 waren 98 eingezogen worden, ein Vereinsmitglied war in einem Lazarett an den Folgen seiner Verwundung gestorben. Der Schwimmclub Poseidon hatte 148 Mitglieder abstellen müssen.

Dennoch kam das Vereinsleben im Laufe des Jahres 1915, als sich abzeichnete, dass der

Krieg nicht in wenigen Monaten zu Ende sein würde, allmählich wieder in Gang. So beteiligte sich Poseidon allein an 16 Schwimmwettkämpfen. Gefragt waren jetzt vor allem auch die weiblichen Vereinsmitglieder. Der Männerturnverein veranstaltete z. B. am 12. Dezember 1915 eine Vorführung seiner Frauenabteilung, am 18. März 1917 bestritten wiederum die Damenabteilung mit den Jungmann- und den Mädchen- und Knabenabteilungen ein Schauturnen.[6] Der Vereinsvorsitzende Josef Baumann verkündete in seiner Ansprache auch stolz, dass 65 Vereinsmitglieder inzwischen das Eiserne Kreuz 2. Klasse erhalten hätten, fünf sogar das 1. Klasse. 29 Männer waren aber bis zum Zeitpunkt des Schauturnens auch schon gefallen.

Häufig standen die Veranstaltungen auch inhaltlich unter dem Eindruck des Krieges, die Karlsruher Turngemeinde 1846 bot z. B. am 3. März 1915 einen „Vaterländischen Familienabend" an, ein Wohltätigkeitsschwimmen des Poseidon wurde durch das Absingen von „vaterländischen Liedern" unterbrochen. Der Männerturnverein hatte rund 1.500 Mark seines Vermögens für „Liebesgaben" verwendet.[7] Am 22. Juni 1917 wurden die „Endkämpfe im Wehrturnen der Badischen Jugendwehr" auf dem Karlsruher Exerzierplatz mit rund 80 Teilnehmern ausgetragen. Bereits um 7.30 Uhr morgens besuchte der Großherzog die Veranstaltung, begleitet von militärischer und gesellschaftlicher Prominenz. Seine Rede nach dem Fünfkampf endete mit einem Hoch auf den Kaiser, dem sich der Vertrauensmann der Badischen Jugendwehr Generalleutnant von Trochenhausen mit einem dreifachen Hurra anschloss. Großherzog Friedrich II. hatte auch die Notwendigkeit betont, dass die Jugend zuhause ihren Körper übe und den Willen stärke.[8] Der Zusammenhang zwischen sportlichen Übungen und dem militärischen Einsatz wird hier mehr als deutlich.

Kriegsgärten

Mit einem weiteren Problem hatten die Sportvereine zu kämpfen. Die zunehmende Nahrungsmittelknappheit zwang dazu, alles verfügbare Gelände für den Anbau von Lebensmitteln auszunutzen. Infolgedessen wurden viele Sportplätze in Gartenland umgewandelt.[9] Schon im zweiten Kriegsjahr war rings um die Stadt ein Gürtel von Anbauflächen entstanden, auf denen in „Kriegsgärten" vor allem Gemüse angebaut wurde. Sportvereine wie die Karlsruher Fußballklubs Phönix und Frankonia oder die Freie Turnerschaft mussten ihr Sportgelände zur Verfügung stellen.[10]

Trotz der fehlenden Spielplätze kam mit zunehmender Dauer des Krieges wieder ein Spielbetrieb in Gang. 1916 wurde eine Fußballmeisterschaft des Gaues Mittelbaden ausgetragen, die die beiden aus Karlsruhe kommenden Deutschen Fußballmeister Phönix und KFV am 4. Juni in einem Entscheidungsspiel unter sich ausmachten: Phönix gewann 3:2, und auch im folgenden Jahr setzte sich dieser mit 12 gewonnenen, drei unentschiedenen und nur einem verlorenen Spiel durch. 1917 entstand ein „Kriegsausschuss zur Hebung und Förderung des Rasensports", dem Phönix-Alemannia, der KFV, Mühlburg, Beiertheim, die Frankonia, Konkordia und Südstern angehörten. Ziel dieses Zusammenschlusses war die Überwindung der kriegsbedingten Schwierigkeiten und die Sicherstellung, dass „die zahlreichen Sportleute, wenn sie einst aus den Schützengräben zurückkehren, ihre Sportstätten zur freien Betätigung erhalten wiederfinden."[11]

Für einzelne Spiele schlossen sich die Vereine auch zusammen, so besiegte eine Stadtauswahl am 9. September 1917 die „Maschinen-Gewehr-Abteilung Darmstadt" mit 4:0. Selbst im fünften Kriegsjahr 1918 gab es so viele Spiele, dass die Chronik des Jahres wegen deren Fülle auf die Berichterstattung in den Tageszeitungen verweisen musste.

Sport in der Weimarer Republik

Die Entwicklung des Sports war durch den Ersten Weltkrieg also deutlich gebremst, aber nicht ganz unterbrochen worden. Die vorhandenen Vereinsstrukturen waren weitgehend erhalten geblieben, so dass die aus dem Krieg zurückkehrenden Soldaten gleich wieder in ihren alten Vereinen aktiv werden konnten.

Sport in Karlsruhe –
eine Bestandsaufnahme aus dem Jahr 1926

Dass diese Vereinsstrukturen trotz des Krieges tatsächlich erhalten geblieben waren und ausgebaut werden konnten, zeigt eine Momentaufnahme des Vorsitzenden des Stadtausschusses für Leibesübungen und Jugendpflege Professor Oskar Ballweg im Jahr 1926 in einem Beitrag über „Karlsruhe als Pflegestätte von Turnen und Sport."[12] „Wer hätte sich wohl zu Beginn unseres Jahrhunderts den gewaltigen Aufschwung träumen lassen, den die Leibesübungen seitdem genommen haben. Besonders nach dem Kriege sind sie zu einer wahren Volksbewegung geworden, die aus dem heutigen Kulturleben gar nicht mehr weggedacht werden können. So sieht auch die badische Landeshauptstadt ein turn- und sportfreudiges Geschlecht heranwachsen, das sich zum grünen Rasen, auf Flüssen und Seen, auf sonnigen Höhen, auf den weißen Fluren der Schneefelder unwiderstehlich hingezogen fühlt." Als ein Vertreter einer spezifischen bürgerlichen und deutschnationalen Sportidee zeigt sich Ballweg, wenn er fortfährt: „Dieser Siegeszug, ein klarer Beweis der unversiegbaren Kraft unseres durch Blutverlust und Hungerelend geschwäch-

ten Volkskörpers gegenüber den schädlichen Einflüssen unserer modernen Zeit. Wie überall, so strömten auch hier Angehörige aller Schichten der Bevölkerung, allen voran die Jugend, zu den Turn- und Sportvereinen, die sich die systematische Erziehung unseres Volkes von früher Jugend bis ins spätere Mannesalter zum Ziel gesetzt haben, um dadurch unser Volk wieder auf die Höhe der Leistungsfähigkeit zu führen, die es instand setzt, sich wirtschaftlich und kulturell zu behaupten."

Ballweg geht dann auf die einzelnen hier in Karlsruhe schwerpunktmäßig betriebenen Sportarten ein. Die Turner, vor allem den Karlsruher Turnverein 1846 oder den Karlsruher Männerturnverein, lobt Ballweg dafür, dass sie „viele Hunderte von Turnern und Turnerinnen unter sachkundiger Leitung nicht nur körperlich gefördert, sondern auch in eine zielsichere Charakter- und Willensschule genommen" haben.[13] Obwohl die Vereine nicht Höchstleistungen zum Ziel hätten, habe es immer wieder hervorragende Einzelleistungen der Karlsruher Turner und Turnerinnen gegeben. Zu Beginn der Weimarer Republik waren im Adressbuch 1920 14 Vereine aufgeführt, die eindeutig als Turnvereine zu identifizieren sind. Darüber hinaus hatte auch der Arbeiterbildungsverein Turnveranstaltungen in seinem Programm.

Als die inzwischen am weitesten verbreitete Sportart nennt Ballweg den Fußball. Neben den beiden Karlsruher Großvereinen, die beide einmal die Deutsche Fußballmeisterschaft errungen hatten, dem Karlsruher Fußballverein (KFV) und dem FC Phönix, waren im Laufe der Jahre weitere Vereine gegründet worden, „die sich mit großem Eifer diesem Sport widmen, der auch durch die hohen erzieherischen Werte des Gemeinschaftskampfes als wichtiger Erziehungsfaktor anzusprechen ist. Zahlreiche Wettkämpfe mit inländischen und ausländischen Mannschaften zeugen von dem regen Spielbetrieb der Karlsruher Fußball-vereine."[14] 1920 gab es zehn Fußballklubs, die untermauerten, dass Karlsruhe nach wie vor eine Fußballstadt war. Auch der Leichtathletik oder dem olympischen „Sport, der die ältesten und ursprünglichsten Körperübungen des Laufens, Springens und Werfen umfaßt" widmete Ballweg eine Passage. Leichtathletik betrieben vor allem die Turnvereine als „Ergänzungssport". Aber auch die Fußballvereine wie der KFV und Phönix besaßen eigene Leichtathletikabteilungen. Die 3 x 1.000-m-Staffel und die 4 x 100-m-Damenstaffel des KFV sowie die 4 x 100-m-Staffel von Phönix waren über Karlsruhe hinaus bekannt. Die letztgenannte Staffel hatte 1925 als Süddeutscher Meister den Deutschen Meister sowie die Deutsche Olympiastaffel in einem Rennen besiegt.

Die Leichtathletikvereine unterhielten häufig auch Handballabteilungen.

Schwerathletik betrieben neben dem Athletiksportclub der Athletik-Sportverein Siegfried, die Deutsche Eiche Karlsruhe-Daxlanden und der I. Athletik Sportclub „Germania Sportfreunde", der zwischen 1923 und 1928 zu den deutschen Spitzenvereinen gehörte. Die „Rundgewichtsriege" errang gar über 20 Jahre lang die badisch-pfälzischen Meisterschaften, 1927 sogar die Deutsche Meisterschaft.[15] Athlethen der Germania und des Kraftsportvereins Durlach, das damals noch nicht zu Karlsruhe gehörte, schnitten auch bei Europameisterschaften erfolgreich ab.[16]

Die Nähe zum Rhein und den Bau des Rheinhafens sah Ballweg als Motor der Rudersportvereine, die auch nach dem Weltkrieg weiterhin mit kriegsbedingten Problemen zu kämpfen hatten. Die Rudervereine, 1920 gab es neben dem Rheinklub Alemannia den Karlsruher Ruderverein, zu dem sich die Ruderklubs Salamander und Sturmvogel zusammengeschlossen hatten, waren durch die Besetzung des Rheinhafens in den Jahren 1923/24 massiv betroffen, da die französische Besatzungsmacht alle sportlichen Aktivitäten im Hafengebiet verbot.

Schwimmer fanden ein gutes Umfeld vor im ältesten süddeutschen Hallenschwimmbad, dem Friedrichsbad, und dem Vereinsbad des Karlsruher Schwimmvereins am Kühlen Krug, das über eine 100-m-Bahn verfügte. Diese führte „Schwimmer aus allen Gauen Deutschlands" nach Karlsruhe, „um mit den auf beachtenswerter Höhe stehenden Karlsruher Schwimmern in Wettstreit zu treten."[17] Darüber hinaus nennt Ballweg das Tennisspiel, den Reitsport, das Eislaufen und den Skisport. Für die Radler habe man im Hardtwald Radfahrwege angelegt. Diese Vereine führten aber nicht nur Wanderfahrten durch, sondern boten auch „Reigenfahren" und Radballspiel an.

Ballweg hob in seinem Beitrag aber auch hervor, dass Karlsruhe bezüglich der zur Verfügung stehenden Spielplatzfläche „mit an erster Stelle der deutschen Städte" stehe, und hoffte, dass die Stadtverwaltung die bestehenden, mehrheitlich nicht mehr den sportlich-hygienischen Anforderungen entsprechenden Sportstätten „mit vorausschauendem Blick" durch neue Stätten ersetzen werde, „die mit Recht auf den Ehrennamen Kulturstätten Anspruch erheben können." In der Tat gab es in der Stadt rund 748.000 m² Spiel- und Sportanlagen, von denen rund 500.000 den eindeutig als Sportvereine zu identifizierenden Vereinen gehörten.[18] Insgesamt bestätigt dieser Überblick über die Karlsruher Sportlandschaft Charakteristika der Entwicklung des Sports in der Weimarer Republik, die der Vielfalt und des allgemeinen Aufschwungs der Sportvereine.[19]

Sportdachverbände

Oskar Ballweg war einer der maßgeblichen Karlsruher Sportfunktionäre in der Weimarer

Republik als Vorsitzender des am 2. März 1919 gegründeten Stadtausschusses für Leibesübungen und Jugendpflege. Dieser war einer von zwei Karlsruher Dachorganisationen, in denen sich die Sportvereine nach dem Krieg organisierten. Kurz danach entstand am 25. März 1919 das Arbeitersportkartell. Beide zusammen hatten einschließlich der Vereine und Verbände der Jugendbewegung 1926 rund 30.000 Mitglieder, d. h. ein Fünftel der Bevölkerung war Mitglied in einem der zahlreichen Sportvereine, die auch in Karlsruhe in ein bürgerliches und ein der Arbeiterbewegung zuzurechnendes Lager aufgeteilt waren.[20] Beide Dachverbände waren in der städtischen Sportkommission vertreten, der 1923 außerdem vier Stadträte und ein Vertreter der TH angehörten.[21] Anfang 1927 wurde der Turninspektor der Karlsruher Volksschulen, der Hauptlehrer Otto Landhäußer, Geschäftsführer der Sportkommission. Landhäußer war, bevor er 1926 Turninspektor wurde, bei der Landesturnanstalt tätig. Er ist auch ein Beispiel für die Kontinuität von Funktionärskarrieren über drei Gesellschaftssysteme – Weimarer Republik – Drittes Reich – Bundesrepublik, denn er war bis in die Nachkriegszeit einer der entscheidenden Karlsruher Sportfunktionäre (siehe unten).

Vorbereitungen zur Gründung des Arbeitersportkartells waren bereits vor dem Ersten Weltkrieg getroffen worden, an die man nun im März 1919 anknüpfte. Gegen Ende der Weimarer Republik umfasste das Arbeitersportkartell, das seit 1930 als Stadtausschuss für Arbeitersport und Jugendpflege firmierte, 45 Vereine, die in die Arbeitersportkartelle Karlsruhe mit 18, Daxlanden mit acht, Mühlburg/Grünwinkel mit neun, Rüppurr mit fünf und Beiertheim/Bulach mit fünf Vereinen untergliedert waren.

Analog zur parteipolitischen Spaltung der Arbeiterbewegung versuchte die KPD auch in Karlsruhe eigene Sportorganisationen zu schaffen, nachdem der Versuch, Einfluss in die vorhandenen Arbeitersportvereinen zu gewinnen, weitgehend gescheitert war. Im Mai 1929 wurde die Interessengemeinschaft zur Wiederherstellung der Einheit im Arbeitersport gegründet, die ein Jahr später Kampfgemeinschaft für Rote Sporteinheit hieß. 1931 zählte der Unterbezirk Karlsruhe zu den erfolgreicheren, wozu auch ein im Juli 1931 eingeweihter eigener Sportplatz beitrug.[22]

Während im Arbeitersportkartell die der politischen Arbeiterbewegung nahe stehenden Vereine zusammengeschlossen waren, sammelten sich im Stadtausschuss die bürgerlichen Sportvereine. Der erste Vorsitzende Dr. Oskar Ballweg, eine der maßgeblichen Personen, die unmittelbar nach Kriegsende den Stadtausschuss begründet hatten, gab den Vorsitz 1927 aus beruflichen Gründen ab.[23] Ziel der Organisation war die Interessenvertretung der Sportvereine gegenüber der Stadt und dem Staat. Ein Berichterstatter des Badischen Beobachters, der Karlsruher Zentrumszeitung, hob anlässlich des zehnjährigen Jubiläums der Sportorganisation 1929 hervor, dass es ein Verdienst des Stadtausschusses sei, wenn Stadt und Staat zu der Überzeugung gekommen seien, dass sie für den Sport Mittel im höchstmöglichen Maße zu Verfügung stellen müssten.[24] Dem Stadtausschuss gehörten 1929 60 Sportvereine an, 17 Fußball- und Leichtathletik- sowie 13 Turnvereine, neun Wassersportvereine, zwei Kraftsportvereine, drei Wander-Wintersportvereine, sechs Radfahrvereine, sechs Schützenvereine, drei Reitervereine und ein Keglerverein.[25] Im folgenden Jahr kamen je ein Radsport-, ein Fußball-, ein Reiterverein und zwei Wandervereine hinzu, so dass rund 60 % der Karlsruher Vereine im Stadtausschuss, rund 40 % im Arbeitersportkartell organisiert waren.[26] Beide Verbände waren auch in dem am 2. Dezember 1926 eingerichteten städtischen Ausschuss für Leibesübungen vertreten, dem zehn ehrenamtliche Mitglieder, darunter mindestens vier Stadträte, angehörten.[27]

Neben den Arbeitersportvereinen und den bürgerlichen Sportvereinen gab es auch konfessionell geprägte Sportvereine. Ein katholisches Vereinswesen ist ebenso festzustellen wie eine Reihe jüdischer Vereine, die größten der Turnclub TCK 03 und der Sportclub Hakoah. Angeboten wurden Boxen, Fußball, Handball, Leichtathletik, Ringen, Tischtennis, Turnen und Kegeln.[28] Der TCK hatte seinen Sportplatz an der Hertzstraße, seine Mitglieder waren häufig auch Mitglieder im Centralverein jüdischen Glaubens sowie des Reichsbundes jüdischer Frontsoldaten. Der kleinere Sportclub Hakoah (hebr. Stärke) war ein zionistisch ausgerichteter Verein, der seinen Fußballplatz an der Beiertheimer Allee hatte.[29]

Sportstätten

Die Versorgung mit Sportplätzen war eine der größten Probleme unmittelbar nach Kriegsende. Noch im November 1918 wandte sich deshalb der Süddeutsche Fußball-Verband an die Stadt mit der Frage, ob angesichts der nun wieder zur Verfügung stehenden Arbeitskräfte die Arbeiten an den Spiel- und Sportplätzen beschleunigt wieder aufgenommen werden könnten.[30] Tatsächlich musste die Stadt sich damit auseinandersetzen, dass zu wenige Sportplätze zur Verfügung standen, gerade einmal noch zwölf Sportplätze mit 151.400 m². Doch schon ein Jahr später hatte die Stadt diese Fläche mehr als verdoppelt (zehn Fußballplätze, sieben Turnvereinsplätze und fünf neu geschaffene Plätze).[31] (siehe Abb. S. 80/81) Die Vorkriegssportplätze konnten allerdings wegen der anhaltenden Versorgungskrise nur zu einem Teil wieder hergestellt werden. Der bereits

vor 1914 projektierte Bau eines Großstadions war angesichts der leeren städtischen Kassen nun erst recht nicht zu realisieren.

Welch hohen Stellenwert man seitens der Stadt aber dem Sport nach wie vor beimaß, zeigt die Zustimmung des Stadtrats schon am 18. März 1919 zu einem umfangreichen Programm zur Herstellung von Sportplätzen.[32] Es umfasste die folgenden Punkte: Die Stadt kaufte die Zuschauertribüne des Karlsruher Reitervereins, der nach dem Krieg „keine Möglichkeit der Betätigung für sich sieht"[33] und errichtete davor einen Sportplatz, der an den in der Südstadt beheimateten Südstern 1906 vermietet wurde. Zudem erhielt die Stadt vom Forstamt Karlsruhe-Hardt Gelände an der Linkenheimer Allee, das sie zu einem größeren Teil an die Freie Turnerschaft weitergab, die 1917 ihren im nordöstlichen Teil der Fautenbruchwiesen in der Nähe des Rangierbahnhofs gelegenen alten Platz für landwirtschaftliche Zwecke hatte zur Verfügung stellen müssen.[34] Der Verein übernahm die Kosten der Herstellung des Platzes selbst. Den verbliebenen kleineren Teil dieses Geländes erhielten wenig später Schulen und der Fußballverein Hertha als Untermieter. Der Fußballclub Concordia, der sein 1913 gepachtetes, gegenüber der Telegraphenkaserne gelegenes Gelände im Krieg für militärische Zwecke zur Verfügung hatte stellen müssen, erhielt den Platz zurück und darüber hinaus von der Stadt die für einen Sportplatz erforderlichen Einrichtungen.

Der Platz des Vereins für Bewegungsspiele Südstadt beim Wasserwerk in den Bruchwiesen, der im Krieg ebenfalls zum Gemüseanbau gedient hatte, bekam eine Umzäunung. Der Beiertheimer Fußballverein, dessen Platz am Weiherwald gekündigt worden war, wurde ebenfalls im Gewann Bruchwiesen mit einem ca. 30.000 m² großen Platz entschädigt. Der Fußballverein Grünwinkel erhielt ein von der Sinner AG durch die Stadt im Tausch gepachtetes Gelände an der Durmersheimer Straße unter dem Vorbehalt, dass dieses auch der Turnverein Grünwinkel und der Katholische Jugendverein Grünwinkel mitbenutzen durften. Damit waren 22 Fußball- und Turnplätze vorhanden. Die Stadt sah die Versorgung der einzelnen Stadtteile mit Sportplätzen im Rahmen ihrer Fürsorgepflicht als abgeschlossen an, wobei sie natürlich von der Nutzung der Plätze durch mehrere Vereine ausging.

Analog zu der Regelung, die mit den Rintheimer Vereinen Nordstern, Turnverein Karlsruhe-Rintheim und Turnerbund Karlsruhe-Rintheim zu Beginn des Jahres für Gelände im östlichen Hardtwald getroffen worden war,[35] übernahm die Stadt in der Regel die Herstellungskosten, die von den Vereinen bei einer Verzinsung von 4,5 % in zehn Jahren zurück zu zahlen waren.

Obwohl die Stadtverwaltung gehofft hatte, dass diese Beschlüsse „die Fürsorge der Stadt für die Schaffung von Sportplätzen zu einem vorläufigen Abschluß" bringe, gab es bereits im September 1919 erneuten Handlungsbedarf. Der Verein für Bewegungsspiele Karlsruhe, der seit 1911 in der Nachbarschaft des großen KFV gegenüber der Telegraphenkaserne einen Sportplatz mit einem Sporthäuschen betrieb, beantragte „infolge des erfreulichen Aufschwungs, den die Pflege der Leibesübungen seit dem Kriegsende allenthalben genommen hat, einen Zuschuss in Höhen von 8000 Mark zur Instandsetzung des Platzes und seiner Anlagen"[36], den er auch erhielt.

Auch die Frankonia erhielt Unterstützung. Der Klub hatte im Krieg seinen Platz im Gewann Ochsenweide bei Rintheim abgeben müssen und suchte nun einen Ersatz, den er mit einem Teil des Messplatzes bekam. Zur Herstellung bewilligte die Stadt einen Zuschuss von 10.000 Mark mit der Auflage, dass der Platz zu Messezeiten dafür zur Verfügung stehen müsse.[37] Auf eine Anfrage des Badi-schen Landesausschusses für Leibesübungen und Jugendpflege teilte die Stadt am 8. Januar 1920 mit, dass sie bereits fünf Plätze habe herstellen bzw. renovieren lassen.[38] Darüber hinaus seien weitere Projekte in Planung, deren Realisierung weitere rund 40.000 Mark erfordere: der Platz des Karlsruher Turnvereins (KTV) an der Linkenheimer Allee und der Platz für den Südstern auf den Rennwiesen in Rüppurr, wo auch der Fußballklub Beiertheim eine Bleibe finden sollte.

Der für die Sportförderung zuständige Karlsruher Bürgermeister Erich Kleinschmidt veröffentlichte 1920 auf Wunsch des Karlsruher Fußballpioniers und Herausgebers des „Kicker" Walther Bensemann einen Artikel über „Kommunalpolitik und Sport", in dem er für das Karlsruher Modell der Lastenverteilung warb. Die Stadt stellte die hergerichteten Plätze zur Verfügung, der Verein sorgte für die Unterhaltung des Platzes, trug die Zinsen und tilgte in kleinen Raten die der Stadt entstandenen Kosten. Die Vereine forderte er zum Zusammenschluss auf. Die großen Fußballvereine seien finanziell stark genug, als Erstpächter aufzutreten, der dann Teile des Geländes weiterverpachten oder eine Mitnutzung mit einem kleineren Verein vereinbaren könne. Darüber hinaus empfahl er, sich eine Lobby zu verschaffen, denn „nur wenn in den städtischen Kollegien Männer und Frauen vorhanden sind, die von Sport und Turnen Bescheid wissen und in lebendiger Verbindung mit den Vereinen stehen, bildet sich eine Wechselwirkung heraus, die dauernd für ein fruchtbares Zusammenarbeiten sorgt."[39]

Im Oktober 1920 gab es trotz der intensiven Bemühungen der Stadt noch eine Warteliste von acht Klubs, die auf neues Gelände hofften: die Fußballklubs Phönix, Viktoria, Olympia, Hertha und Mühlburg, der Männerturnverein, der Karlsruher Turnverein 1846 und der Turnklub Mühlburg.

Sportplätze 1919.

Der Fußballclub Phönix konnte schließlich einen Platz von der staatlichen Forstverwaltung im Fasanengarten mit 5,38 ha langfristig pachten, auf dem der Verein schon in den letzten Jahren gespielt hatte. Dort errichtete Phönix dann auch sein neues Stadion. Mit diesem Maßnahmenpaket waren die größten Engpässe zunächst einmal behoben. Ende 1928 gab es in der Stadt 39 Sportplätze auf 7.097 ha (1913 23 auf 2.757), 15 Turnplätze auf 1.339 ha und 31 Turnhallen mit einer Fläche von 90,2 ha (1913 26 mit einer Fläche von 74,8 ha). Das Land stellte etwas mehr als ein Drittel der für sportliche Zwecke genutzten Fläche zur Verfügung.[40]

Schwierige Sportplatzsuche:
das Beispiel Spielvereinigung Olympia Hertha

Beispielhaft zeigen die beiden kleinen Fußballvereine Hertha und Olympia, wie schwierig sich die Platzsuche aber im Einzelfall gestalten konnte und mit welch bescheidener Infrastruktur in den 1920er Jahren Fußball gespielt wurde. Der Fußballclub Hertha, der nach dem Ersten Weltkrieg zunächst noch auf dem Schmiederplatz spielte, hoffte wie viele andere Vereine zunächst auf einen Platz, der ihm allein zur Verfügung stand. Zur Debatte stand im Oktober 1920 noch der große Exerzierplatz, der später als Flugplatz benutzt werden sollte.[41] Hertha fand schließlich eine Bleibe auf dem Sportgelände der Freien Turnerschaft. Der Fußballclub Olympia bekam die Genehmigung, einen der Sportplätze an der Grabener Allee im Hardtwald in Untermiete mitzubenutzen, wenn dieser nicht von der Humboldtschule belegt war.[42] Im Herbst 1923 erbot sich der Verein, eine Hütte auf dem Gelände zu errichten, da eine von der Stadt zur Verfügung gestellte Messbude inzwischen völlig unbrauchbar geworden war. Das städtische Hochbauamt

bezifferte den Schaden auf 496 Milliarden Reichsmark – die Inflation war Ende Oktober 1923 auf ihrem Höhepunkt angelangt. Interesse an einem Platz an der Grabener Allee bekundeten – unterstützt vom Stadtausschuss für Leibesübungen und Jugendpflege – auch der Fußballklub Hertha und der Box-Sport-Verein. Den Zuschlag bekamen schließlich der Box-Sport-Verein, der Bezirksverband katholischer Jungmänner- und Gesellenvereine und der Katholische Jugendverein Karlsruhe Süd. Da der Box-Sport-Verein seinen Pachtvertrag kündigen musste, weil der Verein „einen erheblichen Mitgliederrückgang" zu verzeichnen hatte, und auch der Katholische Jugendverein von dem Vertrag zurücktrat, wurde neuer Pächter der nicht von den Schulen genutzten Fläche der Bezirksverband katholischer Jungmänner- und Gesellenvereine.[43] Die Stadt trat daraufhin aus dem Pachtverhältnis gegenüber dem Domänenärar aus, so dass die Caritas als Träger des Bezirksverbands neuer Pächter wurde. Da dadurch der verbleibende Platz für die Kant-Oberrealschule und die Humboldtschule zu klein geworden war, wurde die Verlegung des Sportplatzes der Kant-Oberrealschule ganz an die Linkenheimer Allee in die Nachbarschaft der Freien Turnerschaft erwogen. Dem dort spielenden Fußballklub Hertha wurde das Mietverhältnis gekündigt, zumal der Platz „verhältnismäßig wenig benutzt" werde, „was auch schon aus dem Zustand des Platzes hervorgeht". Hertha war mit dem Vorschlag einverstanden, wie der Fußballverein Olympia in Untermiete auf dem Platz der Humboldtschule an der Grabener Allee zu spielen. Der Fußballclub Olympia, der inzwischen einen ausrangierten Eisenbahnwaggon auf das Gelände hatte schaffen lassen und diesen als Umkleide- und Geräteraum benutzte, installierte auf dem Platz zwei feste Fußballtore. Deshalb unterstützte das städtische Tiefbauamt auch den Vorschlag, den Olympiaplatz in einen guten

Zustand zu versetzen und auf dem Nachbarfeld einen zweiten Spielplatz mit Laufbahn für die jüngeren Schüler anzulegen. Die Humboldt-schule sollte den Eisenbahnwaggon der Olympia mitbenutzen, für die Kant-Oberrealschule ein zweiter Waggon aufgestellt werden. Außerdem wurde für die Nutzer des Platzes eine Abortanlage gefordert. Das Domänenärar stimmte dem zu mit der Auflage, dass der Waggon einen zum Wald passenden Anstrich bekäme und seine ursprüngliche Zweckbestimmung

nicht mehr zu erkennen sei. Im folgenden Jahr kam es dann zur Fusion zwischen den Fußball-clubs Olympia und Hertha zur Spielvereinigung Olympia Hertha, die bis heute das Gelände nutzt – 1937 hatte die SA vergeblich versucht, das gesamte Gelände zu ihrer Verfügung übertragen zu bekommen.[44] Beide Vereine verfügten nach einer Stichprobe der städtischen Sportkommission im Juli 1926 über einen festen Stamm von Aktiven, bei Olympia wurden in einer Woche 36 Personen gezählt,

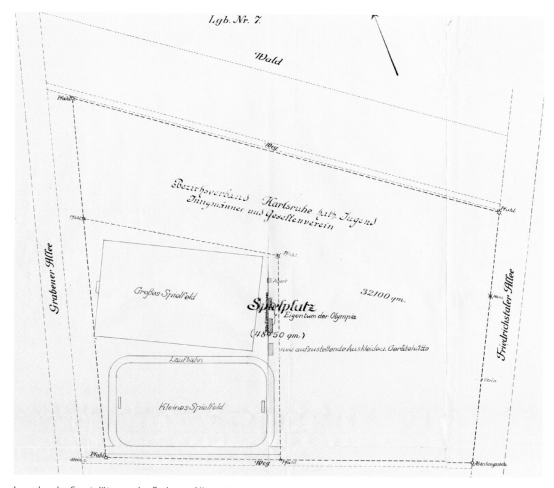

Lageplan der Sportplätze an der Grabener Allee 1927.

die sich auf dem Sportplatz betätigten, bei Hertha waren es immerhin 80, womit Hertha der aktivste der untersuchten 16 Vereine war.[45]

Vereinsförderung durch die Stadt

Gerade die kleineren Vereine waren auf eine kontinuierliche Unterstützung angewiesen. In Karlsruhe war seit 1923 ein variabler Betrag für die Unterstützung der Vereine fest im Haushalt eingestellt.[46] Damit unterschied sich Karlsruhe offensichtlich von der Praxis in vielen anderen deutschen Städten, die eine Sportförderung in ihren Haushalten kaum verankert hatten.[47] In der Inflationszeit, die 1923 ihren Höhe- und Endpunkt hatte, gerieten aber manche Vereine dennoch in Schwierigkeiten. Der Süddeutsche Verband für Leichtathletik wandte sich deshalb am 25. Januar mit einem Rundschreiben an die Länder und Kommunen mit der Bitte, angesichts der „Not der gegenwärtigen Zeit" den Vereinen entgegen zu kommen, „um nicht unersetzliche, in jahrzehntelanger Gemeinarbeit geschaffene Werte vernichten zu lassen, die schließlich doch durch öffentliche Einrichtungen ersetzt werden müssten. Insbesondere bitten wir, der Veräußerung der bestehenden Spiel- und Sportplätze nach Möglichkeit entgegenzutreten und die Anlage neuer Plätze, die den Vereinen aus eigenen Mitteln nicht mehr möglich ist, weitgehend zu fördern."[48] Die Stadt stellte dazu Mitte 1923 fest, dass die Pachtzinsen sowieso äußerst gering seien und man eine Erhöhung bislang nicht ins Auge gefasst habe, „weil die Vereine sich durchweg in einer schwierigen Lage befinden und ihnen die äußerst geringe Bemessung des Pachtzinses das Durchkommen erleichterte." Tatsächlich waren die Pachtzinsen so niedrig, dass die Stadt im September feststellen musste, dass die weitere Erhebung teurer war als ein vollständiger Verzicht. Die

städtische Sportkommission beschäftigte sich aber dennoch mit dem Thema, und nach der Einführung der Rentenmark am 23. November 1923 legte man eine gestaffelte Miete fest, die sich nach der Leistungsfähigkeit der Vereine richtete. So konnten Vereine, die nur Einnahmen aus Mitgliedsbeiträgen hatten, eine Reduzierung der Pacht um die Hälfte beantragen, Vereine, die überwiegend aus Jugendlichen bestanden, um drei Viertel. Die Neuregelung führte aber dennoch zu Einsprüchen. Auch das badische Kultusministerium sah sich zu einem Schreiben zugunsten der Vereine veranlasst, in dem es darauf hinwies, dass die Vereine einen wesentlichen Beitrag zur Volksgesundheit leisteten. „Insbesondere gilt es, die stark um sich greifende Tuberkulose wirksam zu bekämpfen. Dies kann nur dadurch geschehen, dass möglichst vielen die fast kostenlose Durchführung des Turn- und Sportbetriebs im Freien ermöglicht wird." Deshalb bat man um eine Absenkung der Pacht, da die Stadt an anderer Stelle, „insbesondere beim Betrieb ihrer Krankenhäuser ganz erhebliche Einsparungen machen" könne.[49] Die Pachtverträge wurden daraufhin überarbeitet und in den folgenden Wochen neu abgeschlossen. Auch für die Benutzung von Turnhallen wurden Richtlinien aufgestellt, nach denen Vereine diese in der Regel mietfrei in den Zeiten benutzen konnten, in denen die Schulen diese nicht belegten. Heiz- und Stromkosten sowie die Kosten für den Hausmeister mussten allerdings ersetzt werden. Die Hallenschwimmbäder konnten die Vereine zum städtischen Selbstkostenpreis mieten.

Eine Umfrage des Deutschen Städtetages unter den deutschen Großstädten, zu welchen Bedingungen Sportplätze vergeben werden, ergab, dass die Bandbreite von einer kostenfreien Vergabe (u. a. Braunschweig, Bremen, Chemnitz, Dresden, Duisburg, Gelsenkirchen, Halle, Oberhausen) über geringe Gebühren

(u. a. Karlsruhe, Saarbrücken) bis zu einer genauen Staffelung (u. a. Essen, Köln) reichte. Andere (z. B. Aachen, Kassel) gaben an, dass die Gebühr im Einzelfall festgelegt werde.[50]

Im Haushaltsjahr 1928 wandte man z. B. 96.950 Mark für die Leibesübungen und Jugendpflege auf, 31.300 für Barzuschüsse, 6.600 Mark für die Herrichtung von Schul- und Kinderspielplätzen, die Restsumme wurde als Einnahmeausfälle für die Überlassung städtischer Einrichtungen verbucht. Von den Barzuschüssen erhielten die beiden Sportverbände, der Stadtausschuss für Leibesübungen und das Arbeitersportkartell, 20.000 Mark, die diese selbständig weiterverwenden durften. Die restlichen Beträge erhielten Vereine auf Antrag für die Beschaffung von Sportgeräten, zum Ausbau der Sportstätten und für Veranstaltungen.[51] Der Stadtausschuss bekam darüber hinaus 5.000 Mark zu Darlehenszwecken, die aber schon bald vergeben waren, so dass auf seine Vermittlung bis zum November 1925 weitere 48.000 Mark als Darlehen der Sparkasse an Vereine vergeben wurden. Die Sparkasse war herangezogen worden, weil die früher für solche Zwecke zur Verfügung stehenden Stiftungsmittel der Inflation zum Opfer gefallen waren.[52]

Großstadion

Die Sorge für neue Sportplätze blieb ein Thema der Stadtpolitik. So musste die Stadt dem Fußballclub Konkordia und dem Verein für Bewegungsspiele am 16. April 1926 die Spielplätze an der Hardtstraße kündigen, da es nicht gelungen war, für den KFV anderweitige Erweiterungsflächen zu bekommen.[53] Auch die Planung eines großen städtischen Stadions verlor man nicht aus den Augen. Im März 1924 stimmte der Stadtrat grundsätzlich dem Bau einer modernen Sportstätte zu, die eine

„Radrennbahn, Schwimmbecken, Fußball- und Tennisplätze, Turnplätze, Laufstrecken, etc." umfassen sollte.[54] Das Gartenamt und das Tiefbauamt erhielten von Oberbürgermeister Julius Finter den Auftrag, entsprechende Planungen zu beginnen. Wegen der Finanzierung wollte man Kontakt mit den Sportverbänden aufnehmen. Gleichzeitig unterstützte man aber den Bau eines Hochschulstadions durch die Übernahme der Kosten für die erforderlichen „Erdarbeiten (Aushub und Planierung des Spielfelds, Aushub und Fertigstellung der Lauf- und Aschenbahn, Aufwurf der Umwallung für die Zuschauerplätze, Ansäen der Spielfelder mit Grassamen)" in Höhe von 48.000 Mark als Geschenk der Stadt zum 100-jährigen Jubiläum der Fridericiana. Die Hochschule hatte sich nach dem Krieg einen unmittelbar an das Hochschulgelände angrenzenden Platz im Fasanengarten gesichert und dort mit Hilfe der Stadt (siehe oben) provisorische Anlagen errichtet. Einer der Initiatoren der Hochschulsportanlage war der Karlsruher Geologe und Mineraloge Wilhelm Paulcke, Vorsitzender des Akademischen Ausschusses für Leibesübungen.[55] Paulcke war vor dem Ersten Weltkrieg eine der treibenden Kräfte bei der Gründung des Deutschen und des Mitteleuropäischen Skiverbandes im Jahr 1905. Er hatte im Ersten Weltkrieg ein „Schneeschuhbataillon" geleitet, war für die Ausbildung der Gebirgsjäger zuständig und kam als schwer Kriegsbeschädigter zurück. Von 1906 bis 1935 lehrte er als Professor für Geologie und Mineralogie an der Karlsruher TH. Er gilt als einer der Väter der Lawinenforschung und Initiator des Hochschulsports und der Hochschulsportanlage in Karlsruhe. Paulcke hatte deshalb auch die Einführung des Eintrags von sportlichen Betätigungen in alle Zeugnisse der Studierenden an der TH begrüßt. Den Sportplatz sah er als den Platz an, auf dem „organisatorische Anlagen, Führereigenschaften" entwickelt würden.

Wilhelm Paulcke (1873–1949).

Raum für Diskus- und Speerwurf und eine 100 Meter-Laufbahn unter schönen Bäumen. Ferner Plätze für Stein- und Kugelstoßen sowie Faustball und Geräteturnen."[58] Der große Platz war in den Maßen 100 x 65 m angelegt und mit einer 7,5 m breiten 400-Meter-Laufbahn umgeben. Auf dem Wall fanden 8.000 Zuschauer Platz, die Tribüne bot 1.200 Sitzplätze. In dem Tribünengebäude war auch eine Turnhalle untergebracht. Südlich dieser Anlage waren von zwölf vorgesehenen Tennisplätzen acht bereits in Betrieb, die im Winter in Eislauf- und Eishockeyplätze umgewandelt werden konnten.

Zur Eröffnung fanden nach dem offiziellen Einweihungsakt, bei dem für die Stadt Oberbürgermeister Finter sprach, Leichtathletikwettkämpfe, ein Faustballspiel und ein Fußballspiel statt.[59]

Der Sportpark Hardtwald

Zu diesem Zeitpunkt war die Sportplatzfrage bereits im größeren Rahmen erneut aufgeworfen worden und zwar im Zuge der Diskussion über den von der Stadt vorgelegten Generalbebauungsplan. Im Vorfeld hatten der Stadtausschuss für Leibesübungen und Jugendpflege und das Arbeitersportkartell am 1. Januar 1926 eine gemeinsame Protestdemonstration wegen des „verhängnisvollen Mangels an geeigneten Uebungsstätten" veranstaltet und eine einstimmig verabschiedete Resolution verfasst, dass man von allen maßgeblichen staatlichen Stellen erwarte, „dass sie in der für die Turn- u. Sportgemeinde Karlsruhe das Kernproblem darstellenden Uebungsstättenfrage die bis jetzt bestehenden Bedenken zurückzustellen wissen, um nach Beseitigung aller Hindernisse in rechtlicher und tatsächlicher Beziehung mit der Stadtverwaltung Karlsruhe die gemeinsame Initiative zur erfolgreichen Lösung des Sport-

Auf dem Sportplatz werde eine Erziehungsarbeit geleistet „zum größten Nutzen für Hochschule, Industrie, Gemeinde und Staat und alle langfristig vorausdenkenden, sachlich und zielbewusst schöpferisch arbeitenden, verantwortlichen Männer haben die ernste Pflicht, an dieser Arbeit mit allen Kräften mitzuschaffen zum Wohle für Heimat und Vaterland."[56]

Am 13. Juli 1927 wurde das Hochschulstadion eingeweiht, obwohl noch einige Teile fehlten. Die von Hermann Alker entworfene Tribüne, deren freitragendes Dach erst 1930 fertig wurde, zählt zu den bemerkenswerten Bauten dieser Zeit.[57] Zu der Anlage gehörten ein „Fußball-Uebungsplatz = Hockeyplatz, ein Leichtathletikplatz mit Sprunganlagen, sowie

Hochschulstadion, Foto 1935.

Turnhalle im Tribünenbau des Hochschulstadions, Foto 1935.

Sportplätze 1927.

Tabelle zu S. 88f. Übersicht über die bestehenden Spiel- und Sportplätze in Karlsruhe nach dem Stand vom Mai 1927

Platz Nr.	Bezeichnung des Zwecks bezw. des Inhabers der Plätze	Größe m²
1	*°Karlsruher Turnverein 1846	9.662
2	*Karlsruher Fußballverein	25.921
3	*Verein für Bewegungsspiele Karlsruhe	21.147
4	*Karlsruher Fußballverein	27.167
5	Kinderspielplatz Binsenschlauch-Siedlung	2.473
6	°Bad. Polizei Gruppe III	17.600
7	°Deutsche Jugendkraft	8.855
8	°Helmholtz-Oberrealschule	8.300
9	°Gymnasium	11.500
10	°F.-Kl.Hertha	18.700
11	°Freie Turnerschaft	24.000
12	*Engländerplatz	12.540
13	°Evang.Jugend- und Wohlfahrtsdienst Karlsruhe	9.697
14	°Humboldtschule	8.360
15	°Kant-Oberrealschule	7.990
16	°Bezirksverb.Khe., Kath.Jug., Jungm.- u. Ges.-Ver.	23.200
17	°Verein christl. junger Männer ..	14.590
18	Athletik-Sport-Klub, Germania-Sportfreunde .	7.500
19	Fußball-Klub Phönix-Alemannia.	50.000
20	°Karlsruher Männer-Turn-Verein	20.000
21	*F.-Kl.Nordstern K.-Rintheim	11.240
22	*Turnerbund K.-Rintheim	7.734
23	*Turnverein K.-Rintheim	5.200
24	Freie Turnerschaft Hagsfeld	
25	*Hochschulkampfstätten	60.000
26	*F.-Kl.Frankonia	16.000
27	Kinderspielplatz bei der Sternbergstraße	380
28	*Kinderspielplatz Fasanenplatz	168
29	*Kinderspielplatz Lutherplatz	735
30	*Kinderspielplatz Stephanplatz	1.240
31	°Kinderspielplatz verl. Hans-Sachs-Straße	1.060
32	*Kinderspielplatz Lessingplatz-Kriegsstraße	200
33	*Kinderspielplatz Sonntagplatz	490
34	*Kinderspielplatz Sallenwäldchen .	459
35	*Kinderspielplatz Beiertheimer Allee	589
36	°Kinderspielplatz Beiertheim bei der Kirche	940
37	Turnerbund K.-Beiertheim	8.300

Platz Nr.	Bezeichnung des Zwecks bezw. des Inhabers der Plätze	Größe qm
38	°Turnverein K.-Beiertheim	5.500
39	°Beiertheimer Fußballverein	45.280
40	*Arbeiter-Bildungsverein Karlsruhe	10.680
41	*Katholischer Jungmänner-Verein K.-Beiertheim	8.350
42	*Arbeiter-Ges.- u. Sportverein Freiheit K.-Beiertheim	9.650
43	*Verein für Bewegungs-Spiele Südstadt 1896	14.760
44	°F.-Kl. Südstern 1906	19.000
45	°Arbeiter-Turn-Verein Rüppurr	9.364
46	°Arbeiter-Sportverein Karlsruhe Süd	10.000
47	*Fußball-Ges. K.-Rüppurr	14.400
48	Kinderspielplatz Lützowplatz Rüppurr	1.980
49	Gutenbergschule	11.100
50	Lessingschule.	9.150
51	Kinderspielplatz Albanlagen östl. Yorckstraße	180
52	Karlsruher Schwimmverein	10.600
53	*°Karlsruher Eislauf- und Tennisverein	17.000
54	Kinderspielplatz Bannwald westl. Yorckstraße	120
55	Kinderspielplatz Fliederplatz	1.920
56	°Arbeiter-Schützenverein Karlsruhe	2.780
57	*°F.-Kl. Mühlburg	12.944
58	°Turnverein Mühlburg	10.500
59	Kinderspielplatz Gagfah-Siedlung	1.670
60	°Fußballverein Grünwinkel	10.000
61	°Kinderspielplatz Grünwinkel bei der Zeppelinstr.	2.570
62	Fußballverein Daxlanden	34.300
63	*Freie Turnerschaft Daxlanden	9.440
64	*Turngemeinde K.-Daxlanden	9.450
65	*Kath. Jugendverein	10.860
		747.485

Gesamtfläche der Spiel- und Sportanlagen 748.000 m²●°
Davon reine Spielflächen rund 374.000 m²
oder pro Kopf der Bevölkerung 2,5 m² reine Spielfläche

Anm.: * Platz bestand schon 1919 als Spiel- bzw. Sportplatz.
° Platz liegt in Gelände, das nach dem Gen.-Beb.-Plan anderen Zwecken zugeführt werden muß.
●° Davon im Hardtwald gelegen 268.000 m².

platzprojekts im Hardtwald zu ergreifen."[60]
1925 standen den Schulen und Vereinen innerhalb der Gemarkung Karlsruhe 435.960 m^2
zur Verfügung, die größten Plätze bespielten
der Beiertheimer Fußballverein (45.280 m^2),
die Technische Hochschule (27.950 m^2), der
Naturheilverein (27.432 m^2) und der KFV
(27.167 m^2). Außerhalb der Stadtgemarkung
standen weitere 253.993 m^2 zur Verfügung,
davon hatte Phönix mit 50.000 m^2 den größten
Platz gepachtet.[61]

Baubürgermeister Hermann Schneider[62]
legte im Jahr 1926 mit dem Generalbebauungsplan einen Planentwurf mit einer umfangreichen Ermittlung der damaligen Verhältnisse im Wohnungs- und Verkehrswesen sowie
der wirtschaftlichen Rahmenbedingungen vor.
Die räumliche Entwicklung Karlsruhes und
seiner Nachbargemeinden wurde in diesem
Plan für die nächsten 50 Jahre vorgedacht.
Eine knappe Passage widmete sich auch den
Sportplätzen, wobei man zunächst hervorhob,
dass bereits viel für die Bereitstellung von
Sportplätzen getan worden sei. Insgesamt waren rund 2,6 % (= 43,6 ha) der Gemarkungsfläche mit Sportplätzen bebaut.[63] Viele Sportplätze waren an ihren derzeitigen Standorten
aber nur Provisorien, da die Flächen bald für
andere Zwecke gebraucht würden. Es sei aber
notwendig, „Sport und Spiel für alle Zeiten
unlösbar in den Stadtorganismus einzufügen".[64]

Die Veröffentlichung des Plans ging mit
einer vom 24. September bis 3. Oktober in der
Festhalle präsentierten Ausstellung einher.[65]
In den folgenden Wochen setzte nun eine
intensive Diskussion über die dort zusammengestellten Vorschläge ein, ergänzende Vorträge
griffen Teilaspekte des Plans auf, darunter auch
den Sportpark im Hardtwald. Am 25. Februar
1927 sprachen allein sieben Referenten auf
Einladung des Mittelbadischen Architekten-
und Ingenieurvereins und des Bundes deut-

Hermann Schneider (1881–1963).

scher Architekten im Hörsaal des chemischen
Instituts, darunter auch der Professor an der
TH Heinrich Dörr[66] über den Parkring und die
Sportanlagen im Hardtwald. Dörr gab sich als
Gegner der Sportanlagen im Hardtwald zu
erkennen, da er massive Einschnitte in den
Hardtwald selbst und auch in die Parkanlagen
des Schlossgartens befürchtete, wenn durch
diesen der „Massenverkehr"[67] der Besucher der
Sportanlagen gelenkt werde. Damit provozierte er sofort den Widerspruch des Baubürgermeisters Hermann Schneider. Die Stadt sehe
den Generalbebauungsplan als Diskussionsgrundlage an, man habe aber dennoch konkret

schon einige Projekte wie das Rheinstrandbad Rappenwört und den Parkring zur Erschließung der geplanten Sportplätze in die Wege geleitet.[68] Die Gegner befürchteten dagegen in erster Linie zu starke Eingriffe in den Grünbereich des Hardtwalds, Geheimrat Prof. Ludwig Klein[69] sah gar den Botanischen Garten gefährdet. Die Wogen gingen offensichtlich hoch und Bürgermeister Schneider verhinderte eine von den Sportparkgegnern vorgeschlagene Abstimmung nur mit dem Hinweis, dass die Entscheidung darüber nicht Angelegenheit einer Versammlung, sondern der gewählten Vertreter der Bürgerschaft sei. Außerdem wolle die Stadt nur die bereits im Hardtwald bestehenden Sportanlagen in ein harmonisches Gesamtensemble einbinden. Der Plan sehe zudem auch weiterhin dezentrale Sportanlagen in den Stadtteilen vor. Unterstützung fand Schneider bei dem Architekten Hans Detlev Rösiger.[70] Rösiger war wenig später am Bau der Dammerstocksiedlung beteiligt und galt als ein moderner Architekt und Stadtplaner. Schützenhilfe bekam Schneider aber auch von sportlicher Seite. Vertreter des Stadtausschusses für Leibesübungen, des KTV und des KFV sahen die städtische „Fürsorge für schöne Uebungsplätze von Vereinen, Schulen, aber auch der durch die beiden Genannten nicht erfassten übrigen Bevölkerung" als „die wichtigste und vordringlichste Aufgabe".[71] Besonders vordringlich sei ein neues Großstadion, da die Spielstätten des KFV an der Hardtstraße und von Phönix im hinter dem Schloss im Hardtwald gelegenen Wildpark auf die Dauer nicht ausreichen würden.

Angesichts dieser lebhaften Diskussion und weil im Generalbebauungsplan nur wenige konkrete Aussagen über den Sportpark zu finden waren, veröffentlichte die Stadt Mitte des Jahres 1927 eine ergänzende Broschüre „Spiel und Sport im Generalbebauungsplan. Der Sportpark Hardtwald". Dort präzisierte man,

dass man an die Anlage von sechs großen, zwölf mittleren und zehn kleineren „rings vom Wald umschlossenen Spielplätzen" dachte, die den organischen Abschluss des Stadtkerns nach Norden bilden sollten, „ein städtebauliches Glanzstück von seltener Geschlossenheit, ein Geschenk schon des ersten Karlsruher Stadtplans, eine köstliche Frucht, die uns heute heranreift."[72] (Abb. S. 94/95) Grundsätzlich sollte der Hardtwald „für die Volksgesundheit" erhalten werden, und deshalb liege die Betonung auch auf der Silbe „park": „Es ist ganz ausgeschlossen, dass innerhalb des Sportparks Hardtwald Spielfelder nach Zahl, Ausmaß und Ausstattung in einer Weise angelegt werden dürften, die den Parkcharakter der Anlage auch nur entfernt zu verwischen geeignet wäre."[73] Daher durften die Spielfelder die Größe von 70 x 105 m nicht überschreiten, keinerlei Bretterzäune angebracht und Plätze für maximal 3.000 Zuschauer ohne herkömmliche Tribünenbauten angeboten werden. Mit blumigen Worten versuchte man auch die Bedenken zu zerstreuen, dass im Hardtwald ein „Tumultgürtel" entstehe. Mit dieser Planung bewegte sich die Stadt im übrigen ganz in der Richtung der kurz zuvor um die Jahrhundertwende entstandenen Volksparkbewegung, die auf die konsequente Umsetzung formaler geometrischer Gestaltungsprinzipien setzte.[74]

Auch mit dem einzigen konkreten Gegenvorschlag des schon an der Diskussion über den Generalbebauungsplan beteiligten Architekten Rösiger setzte man sich intensiv auseinander. Dieser hatte eine in der Schlossachse liegende Großsportanlage angeregt, u. a. um nicht so stark in den Hardtwald einzugreifen, die Versorgungseinrichtungen an einen Ort zu konzentrieren und städtebaulich die Mittelachse der Stadt über das Schloss hinaus nach Norden zu betonen. Die Verfasser der städtischen Denkschrift maßen diesen Argumenten dagegen weniger Bedeutung zu und lehnten den Vorschlag Rösigers, ein Großstadion nach Kölner (Müngersdorfer Stadion 1923) oder Frankfurter (Waldstadion 1925) Vorbild zu bauen, – zumindest an dieser Stelle – ab, zumal die Gefahr bestehe, dass ein solches Stadion weniger dem Sportbetrieb der heranwachsenden Jugend diene als vielmehr „der Abhaltung von Wettkämpfen vor einer nach Zehntausenden zählenden, zum Teil mehr sensationshungrigen als sportlichen Geist pflegenden Zuschauermasse".[75] Dennoch hielt man den Vorschlag Rösigers an anderer Stelle für durchaus diskussionswürdig, da es Karlsruhe tatsächlich an einer solchen Anlage fehlte, die zur Abhaltung großer Wettkämpfe geeignet war und die von den großen Sportvereinen immer wieder gefordert worden war. Denn selbst die beiden

größten Fußballplätze, die des KFV an der Hardtstraße oder von Phönix im Hardtwald im nordöstlich vom Schloss gelegenen Wildpark, reichten für solche Großveranstaltungen nicht aus. Andere Städte wie die erwähnten Köln und Frankfurt, aber auch Nürnberg oder Gelsenkirchen waren mit neuen Stadien in den 20er Jahren vorangegangen, die Städte, deren Vereine in den folgenden Jahren auch für Furore im Fußball sorgten. Karlsruhe hielt ein städtisches Engagement aber auch aus einem anderen Gesichtspunkt für erforderlich. So würde der Druck von den Vereinen genommen, hohe Einnahmen erzielen zu müssen, wodurch der allenthalben festzustellenden Tendenz der großen Vereine vom Amateursport zum Profifußball Einhalt geboten werde.

Sportplatz des KFV an der Hertzstraße, Spiel Baden gegen Saarland, 1920er Jahre.

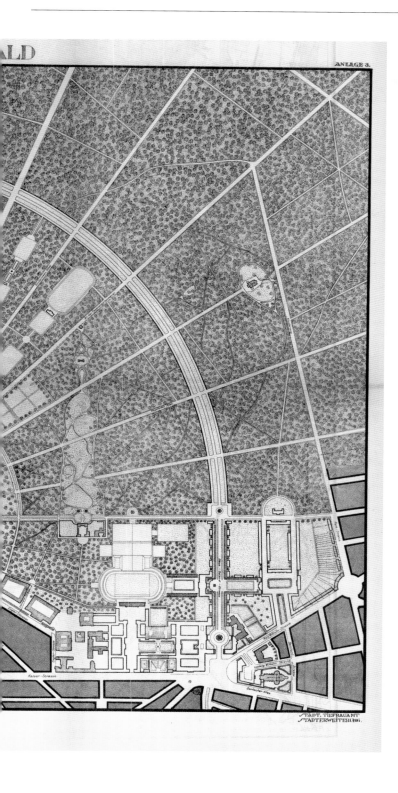

Sportpark Hardtwald.

Da es aber keine konkreten Ansätze für den Bau eines solchen Großstadions in Karlsruhe gab, setzte man die Hoffnungen auf das im Aufbau befindliche Hochschulstadion.

Auch eine Automobilrennbahn nördlich des Parkrings war geplant.[76] Eine Radrennbahn war angedacht, aber nicht im Hardtwald, sondern nördlich der Durlacher Allee und östlich der Blankenlocher Bahnlinie, wo es allerdings kein städtisches Gelände gab.[77]

Mit der Realisierung des Sportparks sollte nach den Vorstellungen der Stadt angesichts des Mangels an geeigneten Sportplätzen möglichst rasch begonnen werden. Der Textteil schloss zuversichtlich: „So darf man mit Recht erwarten, daß dieses große und einzigartige Werk der Volksgesundheit und Volkserziehung in sehr absehbarer Zeit schon der Verwirklichung entgegenreifen wird zum Segen der Karlsruher Bevölkerung, zur Stärkung des Ansehens der Stadt nach außen und zur Festigung ihrer Stellung im Wettstreit der deutschen Städte."[78]

Wichtige Weichen waren in der Tat schon gestellt, die Hochschule hatte im Februar 1925 signalisiert, dass sie mit den Planungen des Wald- bzw. Parkrings einverstanden war, der vom Durlacher Tor ausgehen sollte und damit mögliche Erweiterungsflächen der Hochschule berührte. Auch vom badischen Finanzministerium hatte man eine grundsätzliche Zustimmung zu den Planungen bekommen und bereits am 23. Dezember 1926 eine Vereinbarung über den Baubeginn des Parkringes im Zuge von Notstandsarbeiten erreicht. Anfang 1927 hatte auch der Bürgerausschuss zugestimmt. Der 3,4 km lange und 8,50 m breite Waldring sollte von jugendlichen Notstandsarbeitern "unter der Führung erzieherisch bewährter Männer" gebaut werden. Da nicht mit einem Absinken der Erwerbslosigkeit zu rechnen war, ging die Stadt davon aus, dass auch weitere Teile des Sportparks auf diese Weise

hergestellt werden würden und man voraussichtlich im Winter 1927/28 mit der Anlage der ersten Spielfelder beginnen könne.[79] Mit dem Bau des Parkrings begann man tatsächlich in diesem Jahr.

Irritationen gab es allerdings bald wegen des Sportparks, da 1928 eine Denkschrift des Leiters der Forstabteilung des Finanzministeriums Karl Philipp publik wurde, in der sich der Verfasser gegen das Projekt aussprach. Das Gelände im Hardtwald sei das wertvollste Baugelände im Stadtbereich und „dürfe in Zeiten finanzieller Schwierigkeiten auf keinen Fall zur Errichtung von Luxusanlagen verwendet werden."[80] Der staatliche Forstverwalter ging sogar noch weiter und bezeichnete den Sportpark insgesamt als „Mißgriff" und die Anlage der Ringstraße als „gefährliches Experiment". „Glücklicherweise sei nach und nach auch in weiteren Kreisen eine gewisse Ernüchterung eingetreten, und die Erkenntnis habe Platz gegriffen, dass der übertriebene Sport mit die Schuld trage, dass bei der Jugend Lerneifer und Bildung zurückgehen, die Sitten verrohen und das Familienleben der Auflösung verfällt. Auch die immer wieder vorkommenden künstlich aufgeputschten Massenversammlungen Sportbegeisterter könnten auf die Forstverwaltung keinen Eindruck machen."

Dies blieb natürlich nicht ohne Gegenreaktion. Der Turnlehrer Karl Feuchter, Mitglied der städtischen Sportkommission, wies auf die vorliegenden Genehmigungen des damaligen Finanzministers Heinrich Köhler und die seines Nachfolgers Dr. Josef Schmitt hin. Den Vorschlag, die Sportplätze auf den Neureuter Exerzierplatz zu verlegen, lehnte er als völlig indiskutabel ab. Die Alternative Wohnungsbau gegen Sportplatzbau sah Karl Feuchter ebenfalls nicht und zitierte den Kölner Oberbürgermeister Konrad Adenauer: „Der Sport ist der Arzt am Krankenlager des deutschen Volkes".[81]

Auch die Stadt reagierte. Oberbürgermeister Finter und Baubürgermeister Schneider sprachen am 14. Januar 1929 im Finanzministerium vor und erfuhren, dass Schmitt die Denkschrift bereits an den Verfasser zurückverwiesen habe mit der Auflage, die unsachlichen Passagen herauszunehmen und eine neue Denkschrift vorzulegen. Er werde im Landtag feststellen, dass die Denkschrift amtlich nicht existiere. Darüber hinaus bekräftigte Schmitt, dass er den Generalbebauungsplan und speziell den Plan des Sportparks Hardtwald als wegweisend anerkenne. Er erklärte sich auch damit einverstanden, dass sofort ein Sektor des Sportparks für die Erstellung von Spielplätzen für die Karlsruher Schulen in Angriff genommen werde. Außerdem versprach er, überprüfen zu lassen, ob die Stadt tatsächlich für den bereits fertig gestellten Waldring eine unverhältnismäßig hohe Pacht zahlen müsse.[82]

Die Planungen für diesen ersten Sportsektor begannen sofort. Am 25. Januar 1929 tagte die kleine Sportkommission und beschloss drei Spielplätze, einen für eine große Schule mit möglichst großen Abmessungen für das Fußballspiel, einer Laufbahn, einer Sprunggrube und Platz für sonstige Leichtathletik, einen mittleren, bei dem man auf eine große Laufbahn verzichten könne, dafür aber eine 100-Meter-Laufbahn für zwingend erforderlich hielt, und einen kleinen nur aus einem Spielfeld bestehenden Platz anzulegen. Alle drei Plätze sollten Unterkunftsräume mit Toilette und Waschmöglichkeiten erhalten, wünschenswert sei eine Wärterwohnung.[83] Bereits im Februar lagen ein Plan und eine Kostenaufstellung vor. Die Anlage sollte im westlichen Teil des Sportparks im zweiten Sportsektor zwischen der Knielinger Allee und der Dunkel Allee entstehen, den großen Platz sollte der KTV erhalten, die beiden anderen die Karlsruher Schulen. Im dort zu errichtenden „Sporthaus" waren zwei große Umkleidekabinen, vier

Toiletten, eine kleine Küche mit Speisekammer, ein Speiseraum mit Milchausgabe und zwei Zimmer vorgesehen. Die Planungen und Kostenermittlungen durch das städtische Tiefbauamt wurden bis zum Frühjahr 1932 weitergeführt, brachen dann aber ab, ohne dass dafür in den Akten ein Grund zu ermitteln wäre. Vermutlich wurden die Pläne wegen der katastrophalen städtischen Finanzsituation nicht weitergeführt und im nächsten Jahr von den neuen Machthabern auch nicht wieder aufgegriffen.

Rappenwört

Baubürgermeister Hermann Schneider war auch die treibende Kraft beim Bau des Rheinstrandbads Rappenwört und der dortigen Städtischen Vogelwarte, mit deren Bauten die Stadt erstmals „das Neue Bauen als Baustil etabliert hatte."[84] Bereits im Jahr 1924 hatte Schneider eine Planung für ein Strandbad auf der Rheininsel Rappenwört angeordnet, da man das Bedürfnis vieler Karlsruher registriert hatte, im nahe gelegenen Rhein „wild" zu baden: „Für Bilder jedenfalls, wie sie bisher beim wilden Baden am Rhein und an der Alb an der Tagesordnung sind, ist auf dem Rappenwört kein Platz. Hier sollen Eltern ihre heranwachsenden Söhne und Töchter ruhigen Herzens hinführen dürfen, anstatt ihnen das Baden im Freien zu verbieten und doch befürchten zu müssen, daß heimlich erst recht geschieht, was durch Verbot verhütet werden soll."[85]

Mit der Anlage entstand ein Volkspark, der bereits zur Eröffnung am 20. Juli 1929 Tausende von Besuchern anlockte. Damit war ein Ziel der Planer bereits erreicht, die auf der Rheininsel Rappenwört ein Strandhotel, ein Café mit Tanzestrade, Sportplätze und eine dem Schulbetrieb und der Allgemeinheit zugängliche Vogelwarte für die Nutzung durch breite Be-

Karlsruhe, Rheinstrandbad Rappenwört vom Flugzeug aus.

Blick auf das Rheinstrandbad Rappenwört, Postkarte 1937.

völkerungsschichten gebaut hatten. „Familien des verarmten Mittelstandes, der Arbeiter und kleinen Beamten, die das Geld zu einer noch so bescheidenen Sommererholung in einem auswärtigen Kurort nicht aufzubringen vermögen, haben auf Rappenwört alles das, was von einer Gelegenheit zur Erfrischung der Gesundheit billigerweise erwartet werden kann." [86] Kurz nach der Einweihung lockte eine Ruderregatta zahlreiche Besucher an den Rhein.

Auch gegen den Bau des Rheinstrandbades waren Bedenken vorgebracht worden, die von der Befürchtung einer drohenden Verschandelung bis zu grundsätzlichen Bedenken gegen die Freiluftbäder reichten. Vor allem die rechten Parteien hatten sich im Bürgerausschuss gegen das Projekt ausgesprochen. Die Stadt musste sich auch gegen Kritiker wehren, die Rappenwört als ein Beispiel für die mangelnde Fähigkeit der Stadt nannten, in Krisenzeiten Maß halten zu können. Oberbürgermeister Finter wies diese auch von der Reichsregierung unter Reichskanzler Brüning erhobenen Vorwürfe in seiner Haushaltsrede 1931 entschieden zurück und bekannte sich zur Verpflichtung der Stadt, mit solchen Maßnahmen der Arbeitslosigkeit gegenzusteuern.

Mit dem Rheinstrandbad Rappenwört war das städtische Angebot an Schwimmbädern deutlich erweitert worden. Es gab das 1915 zum Stadtjubiläum errichtete Rheinhafenbad, die Badeanstalt im Rhein bei Maxau, das Sonnen-, Luft- und Heilbad des Naturheilvereins am Dammerstock an der Alb und die ehema-

Ruderregatta „Rund um die Rheininsel und das Strandbad Rappenwört", 22. September 1929.

lige Militärschwimmschule beim Kühlen Krug. Das Rheinstrandbad wurde für den Karlsruher Sport nicht nur als Schwimmbad für die breite Bevölkerung, sondern auch als Geburtsort des Deutschen Ringtennis bekannt (siehe Beitrag von Carola von Roth, S. 304 ff.) Initiator war Mitte der 1920er Jahre wiederum Hermann Schneider, der das Schiffsspiel Deck-Tennis von einer Seereise nach New York mit nach Deutschland mitgebracht hatte. Am 5./6. September 1931 fand deshalb folgerichtig auch die erste deutsche Ringtennismeisterschaft in Rappenwört statt. Aber auch für andere Sportarten hatte das Rheinstrandbad Platz, wie z. B. das Rhönrad.

Am Ende der Weimarer Republik verfügte Karlsruhe über eine ausgeprägte Sportvereins-landschaft, das Adressbuch des Jahres 1933 verzeichnet 28 Fußball- und Athletikvereine, 16 Wassersportvereine, 14 Turnvereine, sieben Schützenvereine, drei Reitvereine, zwei Skivereine und einen Tennisverein. An der TH gab es außerdem zwei weitere studentische Sportvereine.[87] Mit dem Rheinstrandbad war ein modernes Naherholungsgebiet mit vielen Sportmöglichkeiten entstanden, mit dem Bau des Parkrings ein erster Schritt zur Erschließung von weiteren Sportanlagen im Hardtwald getan.

Sommer im Rheinstrandbad Rappenwört
mit Blick auf Ringtennisspieler, Foto 1935.

Rhönradfahren im Rheinstrandbad Rappenwört,
Foto 1935.

Sport im Dritten Reich

Karlsruhe sportfreudigste Großstadt

„Karlsruhe die sportfreudigste Großstadt" lautete die Schlagzeile eines Artikels in der NS-Gauzeitung „Der Führer" vom 27. Dezember 1937. Eine Bestandserhebung des Reichsbundes für Leibesübungen habe ergeben, dass Karlsruhe unter den 53 Großstädten des Deutschen Reiches diesen Titel vor Mainz und Stuttgart errungen habe. Demnach gab es 70 Sportvereine mit 17.834 Mitgliedern, was 11 % der Bevölkerung entsprach. Nach Geschlechtern aufgeteilt waren von den männlichen Einwohnern Karlsruhes 30,5 % in einem Sportverein, bei den Frauen lag dieser Prozentsatz allerdings deutlich niedriger.[88] Die meisten Vereine konnte der Fußball mit 23, gefolgt von den Turnern mit 16 und den Handballern mit 14 aufweisen. Die höchsten Mitgliederzahlen hatten die Turnvereine mit 2.811 vor den Wanderklubs mit 2.347 und den Fußballklubs mit 2.298 Mitgliedern. Während das Fußballspiel noch reine Männersache war, lag der Frauenanteil bei den Turnvereinen fast so hoch wie der Männeranteil. Auch im Skilauf und bei den Leichtathletikvereinen gab es einen relativ hohen Frauenanteil.

Mitgliederstärkste Vereine waren der Post-Sportverein mit 1.752 vor dem Reichsbahn-Turn- und Sportverein mit 1.440 und dem KTV 1846 mit 1.015 Mitgliedern. Die größten Fußballvereine waren nicht überraschend die beiden Spitzenklubs Phönix mit 680 und KFV mit 617 Mitgliedern. Einige Sportarten waren aber auch gar nicht in Karlsruhe vertreten, der Artikel nennt Rugby, Eissport, Rollschuhsport, Segeln, Motorjachtsport, Golf, Bob- und der Schlittensport. Schwach vertreten waren Hockey – die einzige Mannschaft hatte gerade mal elf Mitglieder – Tischtennis, Billard, Boxen und Jiu-Jitsu, obwohl das Sportamt der

Sportvereine in Karlsruhe 1937 [90]

Vereine	Vereine	Mitglieder männliche	Mitglieder weibliche	Mitglieder Insgesamt
Geräteturnen	16	1489	1322	2811
Fußball	23	2298	/	2298
Leichtathletik	13	529	241	770
Handball	14	435	108	543
Schwimmen	5	274	84	358
Gewichtheben	3	50	/	50
Ringen	2	34	/	34
Jiujitsu	1	10	/	10
Boxen	1	39	/	39
Fechten	2	25	26	51
Hockey	1	11	/	11
Tennis	7	72	73	145
Rudern	3	200	26	226
Kanusport	9	411	64	475
Skilauf	9	882	437	1319
Bergsteigen	1	506	76	582
Wandern	5	2347	427	2774
Radfahren	8	241	19	260
Kegeln	3	269	22	291
Schießen	10	803	14	817
Tischtennis	1	8	/	8
Amateurbillard	1	13	/	13

NS-Gemeinschaft „Kraft durch Freude" gezielt für seine Box- und Jiu-Jitsukurse warb.[89] Andere im Karlsruher Adressbuch zu findende Sportarten, die nicht dem Reichsbund für Leibesübungen angehörten, waren dagegen gar nicht aufgeführt wie etwa die Reitervereine oder die Schachklubs.

Gleichschaltung der Sportvereine

Nicht mehr in dieser Auflistung zu finden waren die Vereine, die der SPD bzw. der KPD nahe gestanden hatten. Bereits am 3. April 1933 hatten die Nationalsozialisten aufgrund der Reichstagsbrandverordnung alle so genannten marxistischen Turn-, Sport- und Kulturvereine aufgelöst und deren Vermögen beschlagnahmt. Zu den betroffenen Vereinen gehörten „u. a. der Arbeiterturn- und Sportklub, der Touristenverein ‚Die Naturfreunde‘, der Arbeiterathletenbund, der Arbeiterkeglerbund, der Arbeiterschachklub, der Arbeitersängerbund, die Internationale Arbeiterhilfe, die Rote Hilfe, die Arbeiterwohlfahrt, der Arbeiter-Radiobund, der Arbeitersamariterbund, der Arbeiter-Rad- und Kraftfahrerbund Solidarität, die Kampfgemeinschaft für Rote Sporteinheit, der Internationale Bund der Opfer des Krieges und der Arbeit und der Bund der Freunde der Sowjetunion."[91] Gleichzeitig wurde auch das Arbeitersportkartell, seit 1930 Stadtausschuss für Arbeitersport und Jugendpflege, aufgelöst. Die Jugendorganisationen der Arbeitersportvereine wurden in die HJ eingegliedert.[92] Die Freie Turnerschaft verlor sofort ihren Platz an der Linkenheimer Landstraße, der nach dem aus Liedolsheim stammenden NSDAP-Reichstagsabgeordneten und badischen Sportkommissar in Robert-Roth-Platz umbenannt wurde.[93] Der für das marxistische Vermögen in Baden zuständige Treuhänder konnte für den Platz aber keinen neuen Pächter finden, woraufhin die Stadt im September 1936 den Vertrag kündigte. Trotz unklarer Rechtslage wurde der Platz an den „Deutschen Volkssport" weiterverpachtet, der wiederum einen kleineren Teil an die NS-Volkswohlfahrt, die dort im Sommer 1935 bereits das NDV Waldheim neu eröffnet hatte, und zur zeitweisen Nutzung an die Fußballclubs FC West und FC Concordia verpachtet hatte.[94] HJ, SA und SS benutzten den Platz ebenfalls gelegentlich. Nachdem sich Partei und Regierungsstellen eingeschaltet hatten, sollte schließlich die Stadt den Platz und die Gebäude der Freien Turnerschaft ankaufen, um einen Teil des Platzes an die NS-Wohlfahrt weiterzugeben. Dieser Plan kam ins Stocken, als die

SS im Juni 1937 mitteilte, dass man gedenke, den Platz zu einer Großsportanlage zu nutzen. Bis 1939 gab es insgesamt sechs verschiedene Bewerber für den Platz der Freien Turnerschaft, die aber alle nicht zum Zuge kamen. Ende 1941 skizzierte das gerade gegründete städtische Sportamt die Lage: „Eigentümer des Platzes ist die Domäne, Eigentümer der Gebäude ist das Innenministerium. Mit der Stadt besteht ein Pachtvertrag, außerdem mit der Volkswohlfahrt. Da sich aber niemand weiter um den Platz kümmert, ist er vollständig verwahrlost und wird nur von wenigen Schulen benutzt und dies nur an wenigen Tagen."[95] Erst im Juni 1942 erhielt die Polizei das alleinige Nutzungsrecht an dem Platz, das Bismarck-Gymnasium durfte die Anlage mit Ausnahme des Hauptplatzes an vier Nachmittagen in der Woche mitnutzen.

Neben den Vereinen der Arbeiterbewegung gerieten auch die jüdischen Vereine ins Visier der neuen Machthaber. TCK 03 und Hakoah durften zunächst allerdings noch weiter bestehen. Im Frühjahr 1935 verhängten die NS-Machthaber aber eine Aufnahmesperre. 1937 verloren beide Vereine ihre Sportplätze, aufgelöst wurden sie im folgenden Jahr 1938.[96] Jüdische Sportler waren von den Repressalien und dem Terror der Nationalsozialisten unabhängig von ihren Verdiensten ebenfalls betroffen. Wie viele jüdische Mitglieder aus den weiter bestehenden Sportvereinen ausgeschlossen wurden, kann nicht ermittelt werden. Manche, wie z. B. der Fußballnationalspieler Julius Hirsch, einer der besten Spieler seiner Zeit, kamen dem Ausschluss allerdings zuvor. Hirsch trat aus dem KFV aus – er wurde von den Nationalsozialisten 1943 in Auschwitz ermordet. (vgl. den Beitrag von Ernst Otto Bräunche, S. 186 ff.)

Sport im Dienst der Partei

Obwohl Adolf Hitler in „Mein Kampf" sich ausführlich mit der Erziehung einer neuen Jugend und deren körperlicher Ertüchtigung befasst hatte, existierte kein Konzept für den Sport, als die Nationalsozialisten nach der sogenannten Machtergreifung sich sofort auch mit diesem Bereich befassten.[97] Ein Blick in die Jahreschroniken der Karlsruher Adressbücher 1933 bis 1939 und die Tageszeitungen zeigt aber, dass es jährlich eine Reihe sportlicher Großveranstaltungen gab, die die Nationalsozialisten in ihrem Sinne inszenierten, zu denen auch die große Saar-Turn- und Sportkundgebung am 10. Juni 1934 oder der Leichtathletik-Länderkampf Deutschland – Schweiz (Hochschulstadion) am 22. August 1937 gehörten.

Wie die Nationalsozialisten diese Veranstaltungen im Sinne ihrer Ideologie umfunktionierten, soll das Beispiel der Berichterstattung über das Reichsbund-Gaufest für Leibesübungen vom 21. bis 29. Juli 1935 im Parteiorgan „Der Führer" belegen. Zwei Tage vor dem Sportfest wurde die Bevölkerung aufgerufen, „durch Schmückung und Beflaggung ihrer Gebäude Zeugnis abzulegen von ihrer Verbundenheit mit Turnen und Sport."[98] Am Vorabend fand dann ein Fackelzug durch Karlsruhe statt, an dem sich alle Karlsruher Sportvereine beteiligen mussten. Der Zug endete auf dem Festplatz, wo der Karlsruher Beauftragte des Reichsbundes Otto Landhäußer die Grüße des Reichssportführers überbrachte: „Mit unserem Fackelzug haben wir der Karlsruher Bevölkerung gezeigt, daß es heute nur noch eine große Sportbewegung gibt, deren hohe Aufgaben wir kennen." Nach ihm betonte der Führer des Hauptausschusses Eichler, dass keiner mehr Sport um seiner selbst willen treibe. „Wir tun es um unseres Volkes willen, es gilt, nun für unser Volk alles einzusetzen."[99] In der folgen-

den Woche wurde täglich mit derselben Tendenz über das Gaufest berichtet: Die Teilnehmer seien nicht nur gekommen, „um durch das Spiel der Muskeln neue Höchstleistungen körperlicher Art zu bieten, sondern alle mit dem Ziel, den Willen und Geist zur Volksgemeinschaft auch in der Sportgemeinschaft zu beweisen." Diese Ablehnung des individuellen sportlichen Leistungsstrebens ist durchaus typisch für die NS-Ideologie.[100] Deshalb hob man sich auch ab von den vergangenen Zeiten, in denen „Zwietracht und Neid herrschten, wie sie in dem Gewirr der politischen Parteien kaum schlimmer gezeigt wurden."[101] Das Abschlussfest fand am 29. Juli statt: „Unter Anwesenheit des Reichssportführers von Tschammer und Osten traten am Sonntagmorgen die Festteilnehmer zum Bekenntniszug der 20.000 an, nachdem noch mehrere Extrazüge von auswärts in die Landeshauptstadt vollbesetzt eingelaufen waren. In zwei mächtigen Marschsäulen, angeführt durch die Fahnen, die zum Teil schon an Alter und Tradition reich sind, zogen die vereinigten Turner und Sportler, Turnerinnen und Sportlerinnen durch die Straßen der Stadt."[102] So oder ähnlich lauteten die Presseberichte über sportliche Großereignisse, aber auch kleine Veranstaltungen wurden im Sinne der NS-Ideologie umfunktioniert. Es passt zum Gesamtbild, dass die Karlsruher und die Gäste des Turnfestes am 25. Juli 1935 unter der Schlagzeile „Karlsruher Bäder judenfrei" lesen konnten, dass im Rheinstrandbad Rappenwört zwei Tage zuvor „spontan" Schilder angebracht worden waren, dass Juden unerwünscht seien. „Da zu befürchten war, dass trotzdem einige Juden unter Mißachtung dieses Plakates auch weiterhin den Versuch machen sollten, im Rheinstrandbad sich zu ergehen und dadurch die Gefahr heraufbeschworen würde, dass die gerechte Empörung des deutschstämmigen Publikums sich Luft machen würde, hat der Oberbürgermeister der

Stadt Karlsruhe aus Gründen der öffentlichen Sicherheit den Juden das Betreten sämtlicher städtischer Badeanstalten verboten."[103]

Schauplatz vieler Großveranstaltungen war das Hochschulstadion. 1934 wurde das Hochschulstadion mit seinen Nebenplätzen von den neuen NS-Machthabern als „Großaufmarschplatz" verwendet. Ein Jahr später räumte ein Vertrag zwischen der Stadt und der TH der Stadt ein Mitbenutzungsrecht für „die Durchführung von Aufmärschen und Kundgebungen" ein. Festgehalten wurde ausdrücklich, dass diese Mitnutzung von Stadt, Staat und Gauleitung beschlossen worden war.[104] Als Hitler am 12. März 1936 vor der so genannten Reichstagswahl in Karlsruhe sprach, stand das Zelt für 60.000 Sitzplätze auf dem Hochschulgelände beim Stadion. Der Direktor des 1931

gegründeten Instituts für Leibesübungen, August Twele, hielt später fest, dass er beim Besuch Hitlers diesem nahe gebracht habe, dass die Sportanlagen schleunigst wieder zur Vorbereitung auf Olympia benötigt würden. Tatsächlich blieb das Stadion von weiteren Partei-Großveranstaltungen verschont, diente der Partei aber weiterhin als Aufmarschplatz für kleinere Veranstaltungen. Im September 1937 teilte die Stadt mit, dass das Hochschulstadion nicht mehr als Aufmarschplatz benötigt werde, da diese Funktion der Festplatz übernehme. Bis 1942 konnte die sportliche Ausbildung beibehalten werden.[105]

Nach Hitlers Auftritt wurde wieder die Frage des Stadionausbaus aufgegriffen. Ende 1936 vergab die Stadt Planungsaufträge für eine abschlagbare Tribüne, die mit 16.000 Mark

Saarkundgebung am 10. Juni 1934, Sportveranstaltung im Phönix-Stadion.

Jungvolk und Hitlerjugend am 1. Mai 1937 im Hochschulstadion.

Länderkampf Deutschland–Schweiz am 22. August 1937, die Schweizer Mannschaft wird im Hochschulstadion
mit dem Hitlergruß begrüßt.

veranschlagt wurde, die von der Stadt übernommen wurden. Die Stadt hatte damit seit 1924 über 100.000 Mark zum Bau des Hochschulstadions beigetragen.

Stadtverwaltung

Die städtische Sportkommission, die Dachorganisation für Arbeitersportkartell und Stadtausschuss, wurde ebenfalls zerschlagen. Deren Funktionen gingen auf den Stadtausschuss für Leibesübungen und Jugendpflege unter Vorsitz des Gymnasialprofessors Karl Tyll über. Doch auch der Stadtausschuss für Leibesübungen und Jugendpflege wurde noch im ersten Jahr der nationalsozialistischen Herrschaft aufgelöst und durch einen Beirat für Fragen der Leibesübungen und Jugendpflege ersetzt. Turninspektor Landhäußer wurde Sportbeauftragter der Stadt Karlsruhe.[106] Die Geschäftsstelle wurde aufgelöst, die Büroeinrichtung verkauft und das Vermögen dem Winterhilfswerk zur Verfügung gestellt.[107] Die beabsichtigte Gründung einer neuen Organisation durch den Reichsbund für Leibesübungen verzögerte sich dagegen.

Am 23. Oktober 1937 beschwerte sich die Deutsche Arbeitsfront (DAF) NS Gemeinschaft Kraft durch Freude bei Turninspektor Landhäußer, dass er an seiner Türe die Bezeichnung „Sportamt" angebracht habe. „Die Bezeichnung – Sportamt – ist nur für Dienststellen der Partei gebräuchlich sowie im Reichsministerium. ... Wie in anderen Städten wäre die Bezeichnung 'Stadtamt für Leibesübungen' angebracht."[108] Die DAF selbst hatte 1934 in Karlsruhe ein Sportamt gegründet.[109]

Die Stadt sprach nun alle Belange der Turn- und Sportvereine und der Jugendorganisationen mit dem Bezirksbeauftragten des Reichssportführers bzw. mit der Ortsführung der HJ direkt ab.[110] Es dauerte noch über ein Jahr, bis

am 1. Februar 1935 auf Anordnung des Reichssportführers eine Ortsgruppe des deutschen Reichsbundes für Leibesübungen gegründet wurde. Diese distanzierte sich sofort davon, eine Fortsetzung des Stadtausschusses zu sein, da man nicht der Stadt, sondern allein dem Reichssportführer unterstehe. Als Hauptaufgabe sah man an, „die Interessen des deutschen Sports gegenüber den örtlichen Behörden zu vertreten, den bewussten und planmäßigen Kräfteeinsatz der geschlossenen Turn- und Sportgemeinde eines Ortes für Volk und Staat herbeizuführen und an den Aufgaben der körperlichen Erziehung des Volkes und insbesondere der Jugend mitzuarbeiten."[111] Deutlich wurde aber auch in Karlsruhe, dass die bevorstehenden Olympischen Spiele in Berlin die Gründung forciert hatten. „Wie notwendig gerade bei uns die Gründung einer Ortsgruppe der d.R.f.L. ist, ging am besten aus der längeren Aussprache über die Olympiabewerbung hervor, die eben in Ermangelung einer Spitzenorganisation nicht so durchgeführt werden konnte wie es wünschenswert gewesen wäre"[112], berichtet das NS-Parteiorgan „Der Führer". Der Artikel schloss ganz im Sinne der NS-Bewegung, die sich als dynamisch und zupackend darzustellen pflegte, mit einem Seitenhieb gegen alten Zustände: „Die zielbewußte und klare Durchführung der Gründung, die ob ihrer Kürze sich weit von den endlosen Debatten-Versammlungen früherer Zusammenkünfte der Turn- und Sportbewegung abhob, berechtigt zu der Hoffnung, daß mit der Gründung der Ortsgruppe eine Einrichtung geschaffen wurde, die ihrer großen, vom Reichssportführer gestellten Aufgabe gerecht wird." Als besonders vorteilhaft sah der Ortsgruppenführer des Reichsbundes Erich Merk an, dass eine große Zahl der Gaufachamtsleiter der Ortsgruppe als Ausschussmitglieder angehörte. Außerdem wurde der für den Sport zuständige Bürgermeister Hermann Fribolin als städti-

Sportfest des Reichsbundes für Leibesübungen 1935.

scher Vertreter in den Ausschuss berufen.[113] Als Merk kurze Zeit später eine auswärtige Stelle antrat, übernahm der städtische Turninspektor Otto Landhäuser als Vertrauensmann der Stadt zunächst vorläufig, dann auf Dauer dieses Amt.

Die städtischen Aufwendungen für den Sport blieben im Dritten Reich konstant bei ca. 55.000 Mark, bis 1937 wurden sie im Verwaltungsbericht unter „Leibesübungen und Jugendpflege" aufgeführt, seit 1938 unter „Jugend-" bzw. „Volksertüchtigung".[114]

Es häuften sich auch die Klagen der Sportvereine, dass ihre Plätze zunehmend von den Schulen, aber auch von SA, SS, HJ und BDM benutzt würden.[115] Dennoch ließ das Landesplanungsamt 1936 prüfen, ob nicht zu viele Sportplätze vorhanden seien. Die daraufhin angefertigte Zusammenstellung belegt, dass 52 Sportplätze vorhanden waren, die zum größten Teil, nämlich 40, in der Zeit der Weimarer Republik entstanden waren. Nur fünf waren nach 1933 fertig gestellt worden.

Insgesamt aber blieb es bei dem durch das Neben- und Gegeneinander von Partei und Dienststellen des Staats bedingten für den NS-Staat typischen Kompetenzenwirrwarr.[116]

Am 5. November 1941 schuf die Stadt schließlich ein städtisches Sportamt. Der 1940 zur Wehrmacht einberufene Otto Landhäuser schilderte daraufhin in einem Brief an den mit der vertretungsweisen Leitung des Sportamts beauftragten Verwaltungsdirektor Adolf Supper seine Sicht der Dinge: „Wenn ich so den Kampf in den letzten Jahren überblicke, zwischen Sportvereinen und H.J., zwischen Vereinen und S.A. und S.S., zwischen K.d.F., Vereinen und H.J. und Schule usw. so ist eines klar; die Verbindung zwischen Altem und Neuem, zwischen früheren Vereinen und Parteiorganisationen ist m. E. auf die Dauer so wie bisher nicht befriedigend."[117] In Karlsruhe und Baden seien viele Gegensätze durch persönli-

che Beziehungen und Freundschaften überbrückt worden, „aber zu einem klaren Aufbau des deutschen Sports mit der grandiosen Zielsetzung des Nationalsozialismus konnte und kann es in dieser Form nicht kommen." Folgerichtig begrüßte Landhäuser auch die Errichtung eines Sportamts. Ganz im Sinne der NS-Ideologie sah Landhäuser auch die Rolle des Sports als Vorbereiter des Kriegsdienstes: „Früher waren wir stolz, dass alle Sportler hervorragende Soldaten wurden. Heute können wir stolz sein, dass durch die Tätigkeit der Parteiorganisationen das ganze Volk zum Sportvolk geworden ist."

Auch von der Idee der Volksgemeinschaft war Landhäuser so überzeugt, dass er die Rolle der Sportvereine in der alten Form in Frage stellte. „Der Sportverein wird vielleicht in Zukunft nur die Vereinigung aus einem gemeinsamen Sportleben herausgewachsener Leistungssportler sein und damit eine organische Fortsetzung der Arbeit der Dorfgemeinschaft bilden." Folgerichtig sah er es auf Karlsruher Verhältnisse bezogen auch als unmöglich an, dass Zusammenlegungen von Sportplätzen an Vereinsegoismen scheiterten und sprach dabei konkret den KFV und den VfB Mühlburg an, denn: „Es geht ja nicht um das Wohl der zahlenden Vereinsmitglieder, sondern um das Wohl des ganzen Volkes." Den Sport insgesamt wollte Landhäuser unter die Leitung der Partei stellen, wobei er eine klare Trennung der einzelnen Belange „in Schule, H.J. und B.d.M., in Wehrsport und Leistungssport" voraussah. Das städtische Sportamt hatte in diesem System die Aufgabe, die Sporthallen und -plätze zur Verfügung zu stellen und deren Belegung zu organisieren. Darüber hinaus sollte das Sportamt Plätze für Eis- und Rollschuhlauf schaffen, eine Großhalle für Turnen, Boxen, Ringen und andere Sportarten bauen und sportliche Großveranstaltungen organisieren. Personell wollte Landhäuser die von ihm wahrgenommenen Aufgaben des Turninspektors beim Stadtschulamt, des Sportbeauftragen der Stadt und des Kreisführers des NS Reichsbunds für Leibesübungen getrennt sehen. Obwohl das Schreiben zahlreiche Belege für eine Nähe zum Nationalsozialismus enthält, ist es ganz gegen die Gepflogenheiten der Zeit nicht mit einem „Heil Hitler" oder „mit deutschen Gruß" unterzeichnet. Landhäußer war auch nach dem Krieg weiter als Sportfunktionär tätig, u. a. als Vorsitzender des Badischen Turnerbundes Nord von 1956 bis 1962, dessen Ehrenvorsitz er danach erhielt. Die Stadt Karlsruhe würdigte seine Verdienste 1968 mit dem Ehrenteller der Stadt.[118]

Zu den ersten Aufgaben des Sportamts gehörte die Entschuldung der Sportvereine, die in den Jahren 1925 bis 1930 von der Möglichkeit Gebrauch gemacht hatten, einen günstigen Kredit bei der Städtischen Sparkasse aufzunehmen. Den Vereinen wurden die ausstehenden Zahlungen ganz gestrichen, wenn sie bereits mehr als ein Drittel getilgt hatten, den anderen wurden erhebliche Nachlässe gewährt, wovon alle betroffenen Vereine Gebrauch machten. Am 7. Januar 1943 konnte die Sparkasse Oberbürgermeister Hüssy mitteilen, dass alle Kredite zurückgezahlt seien.[119]

Sport im Krieg

Einige Sportvereine waren bereits von der Remilitarisierung des Rheinlandes im Jahr 1936 betroffen, mit der das nationalsozialistische Deutschland einen weiteren Schritt auf einen neuen Weltkrieg hin tat. Am 4. Dezember 1936 kündigte das Forstamt Karlsruhe-Hardt der Stadt den Pachtvertrag für die Sportplätze im Hardtwald, die vom Turnverein Rintheim und dem FC Nordstern Rintheim genutzt wurden, da das Gelände für den Neubau der Kaserne der Panzerabwehrabteilung gebraucht wur-

de.[120] Die Vereine wehrten sich zwar gegen die kurzfristige Kündigung – der Turnverein wies z. B. ausdrücklich darauf hin, dass die NSDAP-Ortsgruppe Rintheim dem Verein seine volle Unterstützung zugesagt habe, „da unsere Angelegenheit für die Pflege der Leibesübungen, wie sie unser Führer von allen Volksgenossen fordert, von größter Wichtigkeit für den Vorort Rintheim ist."[121] Die Plätze mussten aber, wie angesichts der Priorität der nationalsozialistischen Aufrüstungspolitik nicht anders zu erwarten, geräumt werden. Die Wehrkreisverwaltung sicherte immerhin 7.000 Mark zu, damit die Stadt die Vereine entschädigen und neue Plätze zur Verfügung stellen konnte. Ersatz wurde an der Büchiger Allee gefunden, wo ein vorhandener Spielplatz erweitert werden konnte. Am 12. Mai 1938 konnten die neuen Sportplätze übergeben werden.

Kurz vor Kriegsbeginn wurde im Juni 1939 wieder einmal über die Notwendigkeit eines größeren Stadions beraten. Da ein Neubau nicht zu realisieren sei, kämen nur ein Ausbau des Phönixstadions im Wildpark oder des Hochschulstadions in Frage. Favorisiert wurde der Ausbau des Phönixstadions, was aber angesichts des Beginns des Zweiten Weltkrieges hinfällig wurde.[122] Als sich 1940 abzeichnete, dass Karlsruhe seine Gauhauptstadtfunktion an Straßburg verlieren würde, stellte die Stadt die Maßnahmen zusammen, die erforderlich waren, um diesen Verlust auszugleichen. Genannt wurden in dieser Auflistung auch die Sportanlagen, die verbessert werden müssten, außerdem fehle ein Reitturnierplatz.[123] 1942 verfügte das Reichinnenministerium aber offiziell, dass während des Krieges keine neuen Sportstätten mehr errichtet und auch keine Planungen für die Zeit nach dem Kriege vorgenommen werden durften.[124]

Nach dem Kriegsbeginn waren die Nationalsozialisten bemüht, zu demonstrieren, dass der Alltag wie bisher weitergehe. Bereits am

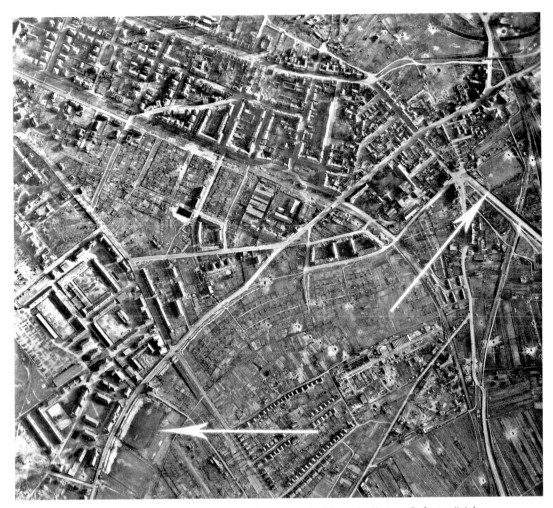

Das amerikanische Luftbild vom 14. März 1945 zeigt die Sportplätze des KFV an der Hertzstraße (unten links) und des VfB Mühlburg an der Honsellstraße (oben rechts), die beide von Bomben getroffen wurden.

1. November 1939 betonte Oberbürgermeister Oskar Hüssy anlässlich des ersten Hallenhandballturniers in der städtischen Festhalle: „Karlsruhe ist die Stadt, die der Front am nächsten liegt. Aber es kann uns nicht hindern, unsere so beliebten Sportveranstaltungen durchzuführen. Wenn auch wie heute der Kanonendonner vom Westwall zu uns herüber dröhnt, wollen wir unsere Pflicht tun im Dienste der deutschen Leibeserziehung." Dass den Leibesübungen gerade während des Krieges besondere Bedeutung zukam hatte das Reichsinnenministerium bereits im Juni 1940 verkündet, denn: „Während des Krieges bilden sie ein wichtiges Mittel zur Erhaltung der Widerstandskraft der Nation."[125] Bis 1942 folgten vier weitere Hallenhandballturniere dieser Art.

Außerdem fanden bis 1942 die Deutschen Meisterschaften im Geräteturnen (1./2. Februar 1941), die ersten deutschen J-Keglermeisterschaften (Mai 1941), das Reichsbundpokalspiel zwischen dem Niederrhein und Baden (9. November 1941), das Städtefußballspiel Karlsruhe – Straßburg (26. Dezember 1941), ein Eishockeyturnier auf dem gefrorenen Stadtgartensee (18. Januar 1942), ein großes Basketballturnier (19. April 1942), das 4. Schloßplatzrennen (10. Mai 1942) und das Internationale Berufsfahrerrennen zum Gedächtnis an den Freiherrn von Drais (15. Mai 1942) statt.

Im Jahr 1942 widmete die vom Städtischen Verkehrsamt herausgegebene Karlsruher Monatsschau, die seit Kriegsbeginn vor allem auch die im Feld stehenden Karlsruher Soldaten über die Vorgänge in ihrer Stadt informieren wollte, einen Artikel dem Sport in Karlsruhe. Auch dieser vom Geiste der NS-Ideologie getragene Artikel betonte, „daß körperliche Gesundheit und kämpferische Erziehung mit der Steigerung der Willens- und Entschlußkraft des ganzen Volkskörpers im Wechselspiel stehen und damit eine natürliche Grundlage für eine organische Volksgemeinschaft bilden."[126] Dass die 71 Vereine, die sich mit Leibesübungen befassten, auch während des Krieges den Sportbetrieb aufrecht erhielten, sah man als einen Beitrag zur Erfüllung der Vorgaben des Reichssportführers: „gilt es doch im Sinne des Führers durch die Leibesübungen ein starkes, gesundes, frohes und freies deutsches Volk mit schaffen zu helfen." Erwähnt wurde aber auch, dass schon etliche Karlsruher Sportler gefallen waren, darunter der Spitzenturner Hans Balz vom KTV 46, der Skiläufer Otto Körner vom Kanuclub Rheinbrüder, der Dreispringer Hermann Koch vom MTV, der 10.000-m-Läufer Alois Wirth und der Mittelstreckenläufer Karl Maria Zeiss vom KFV.

Die Stadt hatte auch auf die kriegsbedingte schwierige Situation der Vereine Rücksicht genommen und ihnen seit 1939 ein Viertel, seit 1940 die Hälfte der Pacht für ihre Sport-

anlagen erlassen.[127] Die Lage wurde aber natürlich mit zunehmender Kriegsdauer und vor allem nach den seit 1941 verstärkt einsetzenden Luftangriffen auf Karlsruhe schwieriger. Die Bomben trafen auch Sportanlagen, schon bei einem der Angriffe in der Nacht vom 29. auf den 30. September 1940 zerstörten Sprengbomben die Umzäunung des Sportplatzes vom TV Daxlanden[128]. Am 3. September 1942 wurden Anlagen des VfB Mühlburg an der Honsellstraße und mit ihnen das Vereinsarchiv zerstört.[129] Auf anderen Sportplätzen wie dem von Olympia Hertha im Hardtwald waren Militäranlagen eingerichtet worden, dort war eine Flakeinheit stationiert.

In den letzten Kriegsmonaten kam die Vereinstätigkeit dann weitgehend zum Erliegen. Der von dem nationalsozialistischen Deutschland begonnene Zweite Weltkrieg hatte mehr als 12.000 Menschen aus Karlsruhe das Leben gekostet, darunter zahlreiche Sportler und Sportlerinnen. Die rund zwölfjährige nationalsozialistische Terrorherrschaft hatte die Sportvereinslandschaft in Karlsruhe verändert und schwer geschädigt. Sport und Sportveranstaltungen waren im Sinne der NS-Ideologie umfunktioniert worden. Inwieweit die noch vorhandenen Vereine und überlebenden Vereinsmitglieder und -funktionäre Basis für den Aufbau einer funktionierenden demokratischen Vereinsstruktur waren, sollte sich in der Nachkriegszeit zeigen.

VOLKER STECK

Sport in Karlsruhe 1945 bis heute

Die Vereine

Ein Neubeginn?

Der deutsche Sport stand 1945 im doppelten Sinne vor Ruinen. Zum einen waren viele Sportstätten mehr oder weniger beschädigt bzw. zerstört, andere wurden in der Notzeit landwirtschaftlich genutzt. Von den 27 Turnhallen der Vorkriegszeit existierten noch fünf. Zahlreiche Vereinsmitglieder waren tot oder verletzt, es fehlte an Sportausrüstung und an Lebensmitteln. Zwei Zeitungsmeldungen aus dem Jahr 1947 verdeutlichen die Situation: Am 13. April richtete der KTV 1846 die Badischen Waldlaufmeisterschaften aus. In der Ankündigung wies der Verein darauf hin, dass gegen Abgabe von 50 Gramm Brotmarken den Teilnehmern eine Suppe verabreicht werde. Löffel waren mitzubringen. Und der 2. Verbandstag Radsport in Mannheim beschloss am 23. März 1947, künftig auf der Bahn nur noch 60 km und auf der Straße 130 km als längste Rennen durchzuführen, „um den heutigen Kalorienmengen gerecht zu werden".[1]

Zum anderen war der Sport zwangsweise in das nationalsozialistische System überführt worden und musste sich nun neu orientieren. Es stellte sich die Frage, wie sich der Sport organisieren sollte, konkret, ob dies auf der Basis der alten Vereine geschehen sollte oder ob besser neue Strukturen geschaffen werden mussten.

Am 10. September 1945 war der Landesbezirk Baden als Vereinigung der zwei Landeskommissariatsbezirke Mannheim und Karlsruhe gebildet worden.[2] Die Zuständigkeit für den Sport im amerikanisch besetzten Landesbezirk lag bei der „Education & Religious Affairs Branch", für die Kontrolle der Jugend- und Sportvereine war der Jugend- und Sportoffizier Raymond A. Grossman verantwortlich. Am 30. September 1945 trafen sich führende Karlsruher Sportvertreter unter Vorsitz von Bürgermeister Berthold Riedinger, um über die Zukunft des Sports in Karlsruhe zu sprechen. Ziel war die Bildung einheitlicher Sportstrukturen auf demokratischer Grundlage. So sollte die Aufspaltung in konfessionelle, bürgerliche und Arbeiter-Sportvereine vermieden werden, wie sie in der Weimarer Republik vorgeherrscht hatte. Bürgermeister Riedinger, ein Kommunist, wollte ganz mit der Vergangenheit brechen. Er sprach sich für eine Neueinteilung der Stadt in 14 Sportbezirke aus, die alten Vereinsstrukturen sollten aufgelöst werden. Dabei stieß er auf heftigen Widerstand der bürgerlichen Vereine, die an der Weiterführung ihrer bisherigen Arbeit interessiert waren. Wer diese Diskussion dominierte, wurde schon im Oktober 1945 klar, als Franz Müller, ein Vertreter der bürgerlichen Vereine, zum offiziellen Sportbeauftragten der Stadt Karlsruhe ernannt wurde. Franz Müller arbeitete dann in den nächsten Monaten selbst an der Wiedergründung des KTV 1846, dessen Vorsitzender er seit 1942 gewesen war. Am 30. November konnte er auf der ersten Hauptversammlung des KTV in der Nachkriegszeit einen Zeitplan für den Aufbau des Vereins vorstellen. Zu den vergangenen zwölf Jahren äußerte er sich zwar kurz: „Die blendenden Lichter der 12 Jahre waren Irrlichter. Unser Volk muß aus diesem Chaos einen Weg finden, der uns wieder festhält in Not und Sturm". Eine weitergehende Auseinandersetzung mit der Vergangenheit stand aber nicht auf der Agenda, denn Müller versicherte, „daß jeder der Parteimitglied war, in unserem Verein bleiben kann ...".[3]

Der Sport wurde von den Amerikanern als wichtiges Hilfsmittel gesehen, die orientierungslosen deutschen Jugendlichen zur Demokratie zu erziehen, indem er Werte wie Fairness und Toleranz vermittelte. Am 7. November 1945 wurde das Kreisjugendkomitee Karlsruhe mit den drei Abteilungen Erziehungsfragen, Berufsausbildung und Sport gegründet. Zum Vorsitzenden der Abteilung Sport wurde Franz Müller ernannt. Seine Aufgabe war es, den Sportbetrieb nach den Vorgaben der Militärregierung zu organisieren sowie dringend benötigtes Material wie Sportkleidung und -geräte zu beschaffen. Wie die Amerikaner sah er als Hauptaufgabe des Sports die Heranführung der Jugend an demokratische Werte: „Was soll unsere Sportjugend? Sie soll in dem Strom der geistigen und seelischen Erneuerung der ge-

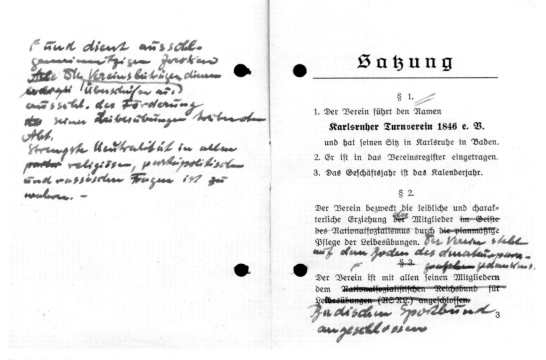

Die Umformulierung der Satzung des KTV 1846 aus der Zeit des Nationalsozialismus in der Nachkriegszeit spiegelt gleichzeitig den Neuanfang und die Kontinuität in den Vereinen nach dem Zusammenbruch des Dritten Reichs wider.

samten Jugend rüstig mitschwimmen. ... Die sportliche Erziehung der heranwachsenden Jugend auf der Grundlage einer anständigen menschlichen Gesinnung ist eine so große Aufgabe, dass alles andere zunächst zurückzutreten hat."[4]

Am 1. Dezember 1945 kamen auf Einladung von Franz Müller Vertreter der Sportvereine des Kreises Karlsruhe zusammen. Themen waren die Neuorganisation des Sports, die Zulassung neuer Vereine, und die Finanzierung des Jugend- und Sportausschusses über Spiele und Sportveranstaltungen. Das Kreisjugendkomitee nahm u.a. auch Anträge zur Gründung von Sportvereinen entgegen, genehmigte diese vorläufig, bewertete und leitete sie zur endgültigen Genehmigung an die Militärregierung weiter.

Diese Entwicklung wurde kurz durch die Kontrollratsdirektive 23 des Alliierten Kontrollrats vom 17. Dezember 1945 unterbrochen: Ihr zufolge hatten alle Sportorganisationen, die vor der Kapitulation bestanden, sofort ihre Aktivitäten einzustellen und sich bis zum 1. Januar 1946 aufzulösen. Dann mussten sie ihre Neuzulassung beantragen. Die bereits neu gegründeten Vereine mussten bis 1. September 1946 einen Antrag auf Weiterführung einreichen. Um zumindest bei den höheren Vereinsfunktionären einen Neuanfang nach dem Dritten Reich zu machen, waren allen Zulassungsanträgen Entnazifizierungsunterlagen über den Vorstand beizulegen. Auch die Kassen- und Mitgliedsbücher mussten jederzeit für die Militärregierung zur Kontrolle bereit liegen.

Im März 1946 war bei verschiedenen Vereinen der Betrieb wieder soweit angelaufen, dass sie gemeinsam eine große Turn- und Sportschau im Karlsuher Konzerthaus veranstalten konnten.[5]

Die Entwicklung der Karlsruher Sportvereine in den Anfangsjahren

Anfang 1947 finden sich unter den 30 nordbadischen Turn- und Sportvereinen mit über 500 Mitgliedern neun Vereine aus Karlsruhe.[6] Der größte von ihnen und gleichzeitig der größte nordbadische Verein war der Karlsruher Turnverein 46 mit 1.484 Mitgliedern (1946: 784). An zweiter und dritter Stelle lagen in Karlsruhe zwei Vereine, die bereits 1933 durch die Nationalsozialisten aufgelöst worden waren, sich nun aber erfolgreich wieder gegründet hatten:

(2) Naturfreunde Karlsruhe
916 Mgl. (1946: 476)

(3) Freie Spiel- und Sportvereinigung Karlsruhe
849 Mgl. (1946: 261)

(4) Männerturnverein Karlsruhe
743 Mgl. (1946: 648)

(5) TuS Karlsruhe-Beiertheim
677 Mgl. (1946: 388)

(6) FC Phönix Karlsruhe
650 Mgl. (1946: 637)

(7) ASV Karlsruhe-Durlach
614 Mgl. (1946: 129)

(8) Skiclub Karlsruhe
531 Mgl. (1946: 325)

(9) Karlsruher Fußballverein
516 Mgl. (1946: 505)

Insgesamt wuchsen die mitgliederstärksten Sportvereine in Karlsruhe von 1946 bis Anfang 1947 von 4.151 auf 6.980 Mitglieder, also um fast 70 %. Außer den genannten größten Vereinen verzeichnet das Karlsruher Adressbuch von 1947 folgende Sportvereine:

- Angler-Verein Karlsruhe e.V.
- Sportfischer-Vereinigung Karlsruhe-Daxlanden
- Box-Ring Knielingen
- Karlsruher Eislauf- und Tennisverein e.V.
- Allgemeiner Sportverein Karlsruhe-Hagsfeld
- Athletik-Sportverein Karlsruhe-Daxlanden
- Bulacher Fußballvereinigung 05 e.V.
- Fußball-Club „Frankonia" 1895 e.V.
- Fußball-Club Karlsruhe 1921
- F.C. Südstern 1906 Karlsruhe
- F.C. West 1932 e.V. Karlsruhe
- Fußballverein e.V. Daxlanden
- Karlsruher Athletengesellschaft 1897
- I. Kraftsportverein Durlach 1896
- Kraftsportverein Einigkeit e.V., Karlsruhe Mühlburg
- Rüppurrer Fußballgesellschaft 04
- Spielvereinigung 1910, Durlach-Aue
- Spielvereinigung Olympia-Hertha, Karlsruhe
- Sportvereinigung Germania Karlsruhe e.V. 1887
- V.f.B. 05 Knielingen
- Verein für Bewegungsspiele e.V., Karlsruhe-Mühlburg
- Verein für Bewegungsspiele, Südstadt
- Keglerverein Karlsruhe e.V.
- Rad- und Kraftfahrerverein Solidarität, Karlsruhe
- Radfahrerverein „Einigkeit", Rüppurr
- Radsportverein „Freiherr v. Drais" 1923
- Schachgesellschaft Karlsruhe
- Karlsruher Schachklub 1853
- Schachklub Durlach
- Schachklub Karlsruhe-Daxlanden
- Schachklub Knielingen
- Schachklub Mühlburg
- Schachklub „Turm"
- Ski-Zunft Durlach

- Freier Turn- und Sportverein 1904 e.V. Bulach
- Karlsruher Turnverein 1846 KTV
- Reichsbahn-Turn- und Sportverein
- Turn- und Sportverein Bulach
- Turn- und Sportverein 1889 Karlsruhe-Daxlanden
- Turn- und Sportverein 1862 Grünwinkel
- Turn- und Sportverein Karlsruhe-Rintheim
- Turn- und Sortverein 1874 Rüppurr
- Turn- und Sportverein Knielingen
- Turnerschaft Karlsruhe-Durlach 1846 e.V.
- Turnerschaft Mühlburg 1861
- Touristenverein „Die Naturfreunde" OG Karlsruhe-Durlach
- Deutscher Alpenverein, Zweig Karlsruhe
- Schwäbischer Albverein Karlsruhe
- Schwarzwald-Verein OG Karlsruhe
- Kanu-Club „Maxau"e.V., Karlsruhe
- Kanuclub „Rheinbrüder"
- Karlsruher Rheinklub Alemannia
- Karlsruher Ruderverein „Wiking" von 1879 e.V.
- Karlsruher Schwimmverein 1899 „Neptun"

Der Rückgang auf 63 Vereine gegenüber 94 im Jahr 1943 hat zwei Hauptgründe: Einige Vereine waren nach dem Krieg nicht mehr wiedergegründet worden, andere waren fusioniert. Zudem waren 1947 Vereinsgründungen in den Sportarten, die im weitesten Sinne Bezüge zu Wehrertüchtigung und Militär hatten, noch von den Besatzungsbehörden verboten (z. B. Fechten, Schießen, Flugsport).

Wiedergründungen und Neugründungen –
das Beispiel Durlach

Die meisten Vereinsgründungen in der Nachkriegszeit waren Wiedergründungen aufgelöster Vereine. Daneben versuchte man aber in Einzelfällen, mit der Neugründung von Gesamtvereinen für einzelne Orte einen neuen Anfang zu finden. Ein Beispiel ist der Allgemeine Sportverein Durlach, der am 8. September 1945 als Zusammenschluss des FC Germania, des VfR Durlach, des Schwimmvereins, des Wassersportvereins, der Turngemeinde und des Arbeitersportvereins gegründet wurde.[7] Ganz wollte man in dem jungen Verein auf die Tradition aber nicht verzichten und so wurde 1947 der Vereinsname um die Jahreszahl 1902 ergänzt, das Gründungsjahr des FC Germania, des ältesten im ASV aufgegangenen Vereins.

Allerdings blieb der ASV nicht der Alleinvertreter des Sports in Durlach. Da es Differenzen zwischen den Turnern und den Fußballern gab, gründete sich die Turnerschaft Karlsruhe-Durlach 1846, die sich noch an der Gründungsversammlung des ASV beteiligt hatte, als eigener Verein wieder. Auch der 1. Kraftsportverein Durlach beschloss im März 1946 einstimmig, nicht dem ASV beizutreten, sondern den Verein wieder zu gründen und damit selbstständig zu bleiben.[8] 1953 verließen die Schwimmer den ASV, da sie aufgrund der zunehmenden Dominanz des Fußballs und schwindender Schwimmerzahlen keine Zukunft im Gesamtverein mehr sahen, und gründeten den 1. Durlacher Schwimmverein 1906 wieder.[9] Auch in den folgenden Jahrzehnten entstanden in Durlach neue Sportvereine und der ASV wurde zeitweise zum reinen Fußballverein.[10] Der Fall ASV zeigt, dass das Konzept des Gesamtvereins mittelfristig nicht funktionierte, da zu unterschiedliche Interessen zusammengebunden wurden, die in der Folgezeit wieder auseinander strebten.

Betrachtet man die weitere Entwicklung, so zeigt sich, dass die „alten" Vereine ihre dominierende Stellung auch rein quantitativ beibehalten konnten. Von den 1967 bestehenden 98 Karlsruher Sportvereinen waren nur 26 nach 1945 neu gegründet worden.[11] In den meisten Fällen wurde also auf den Traditionen des Kaiserreichs und der Weimarer Republik aufgebaut.

Die Entwicklung der Mitgliedszahlen

Zum 1. Januar 1947 zählte der Badische Sportverband in Karlsruhe 61 angeschlossene Sportvereine mit 158 Sportabteilungen und 16.642 Mitgliedern. Ihre Zahl stieg zunächst langsam an, ab 1955 merklich schneller.[12] Diese Tendenz setzte sich bis 1980 fort (der gerundete Mitgliederzuwachs 1950–1960: 14.000, 1960–1970: 19.000, 1970–1980: 29.000). In den achtziger Jahren ging der Zuwachs stark zurück (1980–1990: 8.800). Bis 1993 wuchsen die Mitgliederzahlen noch langsam weiter auf den Höchststand von 95.661, danach sanken sie wieder. Von 1990 bis 2000 verloren die Sportvereine insgesamt 600 Mitglieder, von 2000 bis 2004 verringerte sich ihre Zahl nochmals von 90.801 auf 86.920. Im Jahre 2003 waren knapp 28 % der Karlsruher Mitglied in einem Sportverein.[13]

Hintergrund dieser negativen Entwicklung ist ein verändertes Sportverhalten, das sich in einer Hinwendung zum nicht vereinsgebundenen Freizeitsport und zu privaten Sportanbietern ausdrückt.

Die Entwicklung der Sportarten

1946 gab es in der Beliebtheit der Sportarten drei zahlenmäßig deutlich voneinander getrennte Gruppen: Über 3.000 Vereinsmitglieder turnten (3.686) oder spielten Fußball (3.033). Deutlich weniger, nämlich zwischen 1.200 bis 1.600 Vereinsmitglieder spielten Handball (1.549), wanderten (1.472), liefen Ski (1.383), schwammen (1.271), oder übten leichtathletische Disziplinen aus (1.242). Alle anderen Sportarten hatten unter 550 Aktive (von 20 Rollschuh-Sportlern bis zu 539 Tischtennis-Spielern).

Wie hat sich diese Reihenfolge bis 2004 verändert? Die beiden beliebtesten Sportarten, Fußball und Turnen, haben ihre Spitzenstellung behalten (16.986 bzw. 22.601), seit 1977 liegt Turnen deutlich vorne. Neu findet sich der Tennissport unter den beliebtesten Sportarten. Er erlebte seit 1969 einen starken Zulauf, hatte 1991 einen Höhepunkt mit über 13.000 Aktiven und belegt trotz des Verlustes von über einem Drittel der Mitglieder in den folgenden Jahren mit 7.830 Aktiven im Jahr 2004 den dritten Platz. Die Wanderer und Bergsteiger (6.247) nehmen den vierten Platz ein.

Deutlich weniger Aktive, aber immer noch über 2.000, betrieben Leichtathletik (3.037), Handball (2.525), Schießen (2.344), Volleyball (2.035) und Boxen (2.025). Die drei letztgenannten Sportarten haben also Schwimmen (1.805) und Skilauf (1.726) in der Gunst der Vereinssportler überholt.

Die größten Steigerungsraten erlebten die kleinen Sportarten, die in den Statistiken unter „Verschiedenes" laufen. Die Zahl ihrer Aktiven, die 1961 nur 161 betrug, vervielfachte sich nach der Mitte der sechziger Jahre. 1970 lag ihr Anteil bei über 2 %, 1990 bei etwa 10 %, 2004 bei 12 % aller Vereinsmitglieder. Ursache dieser Entwicklung ist das Aufkommen zahlreicher neuer Sportarten, auf die die Vereine mit neuen Abteilungen reagierten bzw. für die sich neue Vereine gründeten. Zu den seit den neunziger Jahren neu in den Vereinen betriebenen Sportarten zählen u.a. Aikido, American Football, Baseball, Boccia, Triathlon oder Skaten.

Frauen in den Vereinen

1946 waren Frauen in Sportvereinen stark unterrepräsentiert, sie stellten nur 27 % der Vereinsmitglieder. In den Sparten Fußball, Boxen, Hockey und Schwerathletik als typische Männersportarten waren sie überhaupt nicht vertreten, beim Turnen stellten sie hingegen die Mehrheit. Bis 2004 stieg der Frauenanteil unter den Vereinsmitgliedern auf 38 %. Außer im Bereich Turnen und Gymnastik stellten sie nun auch im Eis- und Rollsport sowie beim Reiten und Schwimmen die Mehrheit der Aktiven. Fußball und Boxen, Sportarten die 1946 noch nicht von Frauen ausgeübt wurden, hatten 2004 einen Frauenanteil um 10 % der Aktiven. Gerade in diesen Bereichen können Karlsruherinnen in der heutigen Zeit (wenn auch nicht als Mitglieder Karlsruher Sportvereine) mit internationalen Erfolgen aufwarten: Regina Halmich im Frauenboxen und Renate Lingor als Mitglied der Frauenfußball-Nationalmannschaft. Da der Frauenanteil im organisierten Sport (und hier besonders auf der Verbandsebene) insgesamt immer noch unterdurchschnittlich ist, versucht der Badische Sportbund nicht nur durch auf Frauen zugeschnittene Einzelmaßnahmen, sondern durch die Diskussion von Ideen des gender mainstreaming eine Basis zu schaffen, um die Vereine für Frauen attraktiver zu gestalten.[14]

Karlsruher Leistungssport

Mit dem Aufbau der lokalen und regionalen Sportstrukturen erlebte der Leistungssport in den Nachkriegsjahren einen Neubeginn. Der sich über mehrere Jahre hinziehende Wieder-

Erfolgreiche Karlsruher Sportler, darunter der Hammerwerfer Karl Wolf (4. v. l.) mit Bürgermeister Dr. Emil Gutenkunst (7. v. l.) bei der ersten Karlsruher Sportlerehrung 1950.

aufbau der nationalen Sportstrukturen und der Ausschluss deutscher Sportler von internationalen Wettbewerben bedeutete für die Karlsruher Sportler, dass sie erst nach einer längeren Wartezeit wieder die Chance bekamen, sich auf nationaler und internationaler Ebene mit anderen Sportlern zu messen.

Bereits 1938 bis 1940 hatte die Stadt Vorbereitungen getroffen, erfolgreichen Sportlern eine eigens dafür geschaffene städtische Medaille zu verleihen.[15] Der Krieg verhinderte jedoch die Ausführung dieser Pläne. Im November 1950 griff der Stadtrat das Thema Sportlerehrung wieder auf und beschloss, eine Ehrenmedaille für besondere sportliche Leistungen zu schaffen.[16] Sie wurde erstmals am 19. Dezember 1950 im Rahmen einer Sportlerehrung im Haus Solms verliehen (u.a. an 15 Karlsruher und Karlsruherinnen, die einen Deutschen Meistertitel errungen hatten).[17] Bis

1970 wurde die Goldene Medaille an ausgewählte Spitzensportler verliehen, die anderen ausgezeichneten Sportler erhielten Buchpräsente. Ab 1971 wurde eine neu gestaltete Sportmedaille „für hervorragende sportliche Leistungen" in Gold, Silber und Bronze vergeben. Nun erhielten Deutsche Meister sowie Erste bis Dritte bei Europa- und Weltmeisterschaften sowie bei Olympischen Spielen die Goldmedaille.[18] Für verdiente Funktionäre gab es die Medaille in Gold „für besondere Verdienste um den Sport", die 1973 z. B. auch an die Olympiamedaillen-Gewinnerin von 1928, Karoline Radke-Batschauer, verliehen wurde.

Die Tradition der Medaillenverleihungen an verdiente Sportler und Sportfunktionäre sowohl in olympischen wie nichtolympischen Sportarten wird bis heute fortgesetzt.

Neben den Erfolgen in den populäreren Sportarten wie Rudern, Kanusport, Leichtathletik oder Fußball (siehe in den entsprechenden Einzelkapiteln) kann Karlsruhe seit der Nachkriegszeit auf regelmäßige Erfolge seiner Ringtennisspieler und Rasenkraftsportler verweisen, die zahlreiche deutsche Meistertitel erringen konnten. Diese Erfolge finden allerdings wenig Resonanz in der Öffentlichkeit. Das geringe Interesse an diesen nichtolympischen Sportarten ist kein aktuelles Phänomen, sondern wurde schon in den fünfziger Jahren beklagt, so anlässlich der Rückkehr der Deutschen Mannschaftsmeister im Rasenkraftsport 1955: „Am vorvergangenen Sonntagabend hielt am Karlsruher Hauptbahnhof ein vollbesetzter Omnibus, es entstiegen ihm rund 20 junge Männer – auch einige „Mittlere" waren dabei – und traten – schwere Eisenkugeln schleppend – ihren Heimweg an ... Die Passanten nahmen kaum Notiz von den 20 Athleten, die sich da abschleppten, es war auch kein Mensch da, der es ihnen sagte, daß diese Männer aus Oßweil kamen, wo sie für Karlsruhe die achte Deutsche Nachkriegsmeisterschaft und die elfte Deutsche Mannschaftsmeisterschaft überhaupt gewannen ... Wie

genügsam sind doch die Schwerathleten; sie nehmen keinen Anstoß daran, daß sie nicht von der Stadtverwaltung, vom Sportbund, vom Fachverband und vom Verein glanzvoll empfangen werden."[19]

Darüber hinaus konnten auch weitere Disziplinen seit 1950 bemerkenswerte Erfolge erzielen: So errangen Karlsruher Motorsportler von 1950 bis 1953 drei Deutsche Meisterschaften und eine Europameisterschaft. Außerdem stellten Karlsruher Sportler bis Mitte der achtziger Jahre (Internationale) Deutsche Meister, Meisterinnen oder Mannschaftsmeister in Judo, in Karate, im Bowling, in den Standardtänzen oder im Turmspringen. Zahlreiche Erfolge auf der nationalen Ebene können auch die Gehörlosensportler im Tennis oder in leichtathletischen Disziplinen vorweisen.

Seit 1987 fördert die Stadt Karlsruhe verstärkt den Leistungssport im Rahmen einer Leistungssportkonzeption. Dieses Konzept wurde 1998 überarbeitet und zur Karlsruher Leistungssportkonzeption 2000 fortgeschrieben. Seit dem Jahr 2006 ist der Sportkreis Karlsruhe für die Weiterentwicklung des Konzeptes

Medaille der Stadt Karlsruhe für besondere sportliche Leistungen 2002.

Sportlerball 1991: Die Taucherin Simone Kraus vom Tauchsportclub Karlsruhe und der Kurzstreckenläufer Jochen Gamer vom Gehörlosen-Sportverein erhalten die Goldene Pyramide.

verantwortlich. Ziel ist es, den Sportlern und Sportlerinnen den Anschluss an den deutschen bzw. internationalen Spitzensport zu ermöglichen. Dies soll erreicht werden durch:

- Konzentrierung auf Sportarten, die den Anschluss in nächster Zukunft erreichen können, z. Zt. Basketball, Judo, Kanu, Leichtathletik, Schwimmen und Turnen.
- Einbindung aller an der Leistungssportförderung beteiligten Institutionen im Stadtgebiet und in der Region Karlsruhe, unter Berücksichtigung der Karlsruher Gegebenheiten.
- die Förderung der Bereiche Talentförderung, Leistungsstützpunkte, städtische Maß-

nahmen (finanzielle Förderung, Beteiligung an Personalkosten des Cheftrainers/-trainerin bzw. Koordinator/in).

Unterstützt wird der Leistungssport durch:

- das Otto-Hahn-Gymnasium (Sportprofil, Partnerschule des Olympiastützpunktes Rhein-Neckar). Das Gymnasium hat alle Voraussetzungen, um künftig als „Eliteschule des Sports" anerkannt zu werden.[20]
- durch ein Teil- und Vollzeitinternat
- durch Hilfen bei der Ausbildungs- sowie der Arbeitsplatzsuche
- durch die Bereitstellung der entsprechenden Sportstätten.[21]

In Karlsruhe finden auch national und international bedeutsame Sportveranstaltungen statt. Genannt seien das Internationale Hallenleichtathletik Meeting und der Baden-Marathon. Ergänzt werden diese Events durch überregionale Veranstaltungen, wie z. B. Spiele der Basketballbundesliga der Herren der BG Karlsruhe und durch die Fußballspiele des KSC. Ingesamt sind gegenwärtig 20 Karlsruher Mannschaften in den 1. und 2. Bundesligen der verschiedenen Sportarten vertreten.

Seit 1987 werden Karlsruher Leistungssportler im Rahmen des Sportlerballs mit der Goldenen Pyramide ausgezeichnet, die jährlich an eine Sportlerin, einen Sportler und eine Mannschaft verliehen wird. Der Ehrung geht eine Wahl durch Zeitungsleser voraus, die aus einer breiten Auswahl aus Leistungsträgern der gesamten Sportszene wählen können.

Die Ehrungen weisen auf die Schwerpunkte nationaler und internationaler Erfolge des Karlsruher Leistungssports seit 1986 hin:

Sportlerin des Jahres
– Angelika Förster, Karate (1987)
– Gabi Reha, Schwimmen (1988-1990)
– Simone Kraus, Tauchen (1991)
– Undine Kurth, Gehörlosen-Leicht-athletik (1992)
– Birgit Peter, Rudern (1993, 1994)
– Antje Drescher, Kanusport (1995)
– Regina Halmich, Boxen (1996, 1997, 1999, 2000, 2003)
– Birgit Roesch, Reitsport (1998)
– Heike Drechsler, Leichtathletik (2001)
– Chantal Simon, Kanusport (2002)
– Renate Lingor, Fußball (2004)
– Verena Jooß, Bahnradsport (2005)

Sportler des Jahres
– Detlef Hofmann, Kanusport (1987, 1989, 1992, 1996, 1997)
– Alexander Künzler, Boxen (1988)

– Michael Sternkopf, Fußball (1990)
– Jochen Gamer, Gehörlosen-Leichtathletik (1991)
– Mehmet Scholl, Fußball (1992)
– Sergej Kiriakow, Fußball (1993, 1994)
– Axel Schlönvogt, Bergsport (1995)
– Peter Fehrle, Gehörlosen-Leichtathletik (1998)
– Thomas Lauinger, Leichtathletik (1999)
– Rainer Krieg, Fußball (2000)
– Sven Ottke, Boxen (2001, 2003)
– Björn Goldschmidt, Kanusport (2004, 2005)

Mannschaft des Jahres
– Basketball-Damen des SSC Karlsruhe (1987)
– Judo-Mannschaft des Budo-Clubs Karlsruhe (1988)
– Fußballmannschaft des KSC (Profis) (1989, 1993-1995)
– Fußballmannschaft des KSC (Amateure) (1990)
– Fußballmannschaft des Gehörlosen-Sportvereins Karlsruhe (1991, 1994)
– „Golden Fifties" des TSC Astoria (1992)
– Tennismannschaft des Gehörlosen-Sportvereins (1995)
– Junioren-Weltmeisterinnen im Kanu-Vierer der Rheinbrüder Karlsruhe (1996)
– Europameister im Herren-Tennis-Doppel der Gehörlosen (1997)
– Basketballgemeinschaft Karlsruhe Post / Südstern (1998, 2000, 2003, 2004)
– Kunstturner des TSV Grötzingen (1999)
– Junioren-Europameisterinnen der Rheinbrüder Karlsruhe (2001)
– Junioren-Weltmeister und Deutsche Meister im Kanu der Rheinbrüder Karlsruhe (2002)
– Indiaca-Mannschaft des TSV Grünwinkel (2005)

121

Die Verbandsstrukturen

Der Aufbau des Badischen Sportverbandes /
Sportbundes

Auf der Ebene der Sportverbände war es nach
dem Zweiten Weltkrieg nicht ratsam, einfach
auf die Strukturen der Zeit vor 1933 zurück-
greifen, da die Ausbildung sich schroff gegenüber stehender politischer Lager in der Weimarer Republik auch den Sport durchdrungen
hatte und zu drei Lagern mit eigenen Strukturen geführt hatte. Damals standen die bürgerlichen, die konfessionellen und die Arbeiter-
sportverbände separiert neben- wenn nicht
gegeneinander. Zudem gab es ein Nebeneinander von Turn- und Sportbewegung. Letztendlich war es auch diese Geisteshaltung des
„Jeder für sich", die eine gemeinsame Abwehr
des Nationalsozialismus verhinderte und damit
in das Dritte Reich geführt hatte. Diese Men-
talität musste nun überwunden werden.

Beim Aufbau neuer Verbandsstrukturen
waren grundsätzliche Fragen zu klären. Einmal
hatte die zwangsweise Verstrickung des Sports
in das nationalsozialistische System vor Augen
geführt, dass eine Trennung von öffentlicher
Sportverwaltung und der Sportselbstverwal-
tung der Vereine eine Grundvoraussetzung des
Neuaufbaus war. Dies musste in den Strukturen
der Verbände zum Ausdruck kommen. Weiter
war zu klären, in welcher Form die Sportselbst-
verwaltung aufgebaut werden sollte, denn zwei
Modelle standen zur Wahl. Das Modell der
Kreissportbünde, die alle Sportvereine eines
Kreises zusammenführten oder das Modell der
Fachverbände, in denen sich jeweils alle Ver-
eine einer Sportart zusammenschlossen. Beide
Modelle sollten garantieren, dass die Weima-
rer Zustände der Abgrenzung endgültig der
Vergangenheit angehörten.

Am 28. Januar 1946 trafen sich die Aus-
schüsse der Kreisjugendkomitees, die mittler-

weile in ganz Nordbaden eingerichtet worden
waren. Der Sportausschuss beabsichtigte, einen nordbadischen Landesverband zu gründen. Dies war aber damals nicht machbar, da
Sportorganisationen über Kreisebene verboten
waren. Vorbereitungen wurden dennoch getroffen und Karlsruhe als Sitz festgelegt. Im
März 1946 erging eine amerikanische Dienst-
anweisung, mit der die Direktoren der Militär-
regierungen der Länder ermächtigt wurden,
Sportorganisationen für Gebiete bis einschließlich Landesgröße zuzulassen. Daraufhin
wurde am 13. März auf einer Arbeitstagung der
Kreissportbeauftragten in Karlsruhe die Gründung des Badischen Sportverbandes beschlossen. Dieser war in neun Sportkreise gegliedert,
die sich aus den Kreisjugendkomitees entwickelt hatten. Der dezentrale Aufbau machte
eine effektive Betreuung der Vereine vor Ort
möglich. Alle Turn- und Sportvereine Nord-
badens mussten dem Badischen Sportverband
beitreten. Innerhalb des BSV wurden Fachverbände geschaffen, die die Belange der einzelnen Sportarten wahrnahmen. Damit wurde
das Modell des Einheitsverbandes durchgesetzt, gleichzeitig aber die Interessen der einzelnen Sportarten gewahrt. Ein anderes Modell
setzte sich in Südbaden durch. Der 1949 gegründete Badische Sportbund (Süd) wurde auf
der Ebene der Fachverbände aufgebaut, eine
regionale Gliederung in Kreise gab es nicht.

Der erste Verbandstag des Badischen Sportverbandes wurde aus verschiedensten Gründen, u.a. wegen der Währungsreform, mehrfach verschoben und fand schließlich am 11.
September 1948 statt. Dabei benannte sich der
Verband in Badischer Sportbund um. Wie in
anderen gesellschaftlichen Bereichen brach
man auch beim Aufbau des BSV nicht mit dem
Personal des nationalsozialistischen Sportsys-
tems. So waren die beiden ersten Geschäftsführer des Verbandes, Rudolf Groth und
Robert Ehmann, auch schon für den National-

sozialistischen Reichsbund für Leibesübungen (NSRL) tätig gewesen.

Franz Müller

Der am 29. September 1896 geborene Franz Müller war in der Nachkriegszeit auf deutscher Seite die zentrale Person im Karlsruher und nordbadischen Sport. Als langjähriges Mitglied des KTV 1846 wurde er 1942 Vorsitzen-

Franz Müller, der erste Vorsitzende des Badischen Sportbundes.

der des Vereins (bis 1954). Trotz seiner exponierten Stellung konnte er einen Eintritt in die NSDAP vermeiden, da ihm ein eigenes Schuhgeschäft die finanzielle Unabhängigkeit sicherte. Nach Kriegsende errang er das Vertrauen der amerikanischen Dienststellen und wurde Vorsitzender der Abteilung Sport im Kreisjugendkomitee Karlsruhe. In dieser Funktion – wie in der des Sportbeauftragten des Stadt- und Landkreises Karlsruhe (ab Mitte Dezember 1945 Landessportbeauftragter für Nordbaden) – trieb er den Neuaufbau der Verbandsstrukturen voran. Mit der Gründung des Badischen Sportverbandes wurde er im März 1946 dessen Vorsitzender (bis 1960). Seit 1948 leitete er hauptberuflich die Toto-Hauptstelle in Karlsruhe. Als Stadtrat wurde er Mitglied des 1950 gegründeten städtischen Sportausschusses, später gehörte er ihm als Vertreter der Sportorganisationen an. Für seine ehrenamtliche Arbeit erhielt Franz Müller 1956 das Bundesverdienstkreuz erster Klasse.[22] Er starb am 17. Dezember 1963.

Der Wiederaufbau der Sportstrukturen und seine Finanzierung

Die Entwicklung des Sports in der Nachkriegszeit bis gegen Ende der 50er Jahre war vorrangig vom Neuaufbau der Vereins-, Verbands- und Sportstätteninfrastruktur geprägt. Eine wesentliche Hilfe bot dabei das Sport-Toto. Seit Oktober 1948 betrieb das Finanzministerium Nordwürttemberg-Baden die Staatliche Fußball-Toto-GmbH. Vereine, Fachverbände, Städte und Gemeinden erhielten Überschüsse aus der GmbH für Aufgaben im Sportbereich. Etwa 50 % davon bekam der Badische Sportbund, der die Hälfte dieser Summe an den Badischen Fußballverband weitergab. Dieser finanzierte so u.a. den Bau der Sportschule Schöneck. Die andere Hälfte verteilte der

Badische Sportbund an die anderen Fachverbände und vergab sie zum Bau von Sportstätten oder als spezielle Zuschüsse an Vereine. So konnten Großveranstaltungen, Sportschulen und Jugenderholungshäuser mitfinanziert oder die Versicherungsbeiträge gesenkt werden. Die Toto-Gelder wurden neben den Mitgliedsbeiträgen und den staatlichen Zuschüssen (insbesondere den kommunalen und Landeszuschüssen) zur dritten Säule für die Entwicklung des Sports seit 1948.

1958 führte in Baden-Württemberg das Zahlen-Lotto zwar zu einem Rückgang der Toto-Einnahmen, es finanzierte aber nun ebenfalls aus seinen Überschüssen den Sport. 1977 diente die Unterstützung des Freizeitsports als Argument zur Einführung des „Spiel 77" in Baden-Württemberg. Aus seinen Erträgen werden Sportstätten wie z. B. Freizeitsport-Modellanlagen, aber auch die Ausbildung und der Einsatz von Freizeitsportübungsleitern finanziert.[23]

Das städtische Sportamt

Im Dezember 1945 nahm ein städtisches „Sportamt" seine Arbeit auf. Auch wenn es als solches firmierte, war es kein Amt, denn die Sportangelegenheiten wurden vom Sozial- und Wohlfahrtsdezernat mit bearbeitet, ohne dass es eine eigene Stelle dafür gab.[24] Nach den Anweisungen der Militärregierung hatte es beratenden Charakter. Dem entsprechend beschränkte es seine Tätigkeit in den ersten Jahren auf die Beratung der Sportvereine und auf die Zuteilung von städtischem Gelände zur Errichtung von Sportplätzen.[25]

1950 versuchte der Badische Sportbund, die Einrichtung eines Sportamts anzuregen. Dies wurde mit Hinweis auf die schwierige finanzielle Lage der Stadt abgelehnt. Der Stadtrat genehmigte jedoch die Einsetzung eines

städtischen Sportausschusses, der das für Sportangelegenheiten zuständige Dezernat unterstützen sollte. Aufgaben eines Sportamtes wurden seit 1950 vom Sportausschuss übernommen: Neben der zentralen Aufgabe als Verbindungsglied zwischen Sportorganisationen und Stadtverwaltung wirkte er bei der Vergabe der städtischen Turn- und Sporthallen, bei größeren sportlichen Veranstaltungen, bei Sportlerehrungen, bei Baumaßnahmen und bei der Förderung der Leibesübungen an den Schulen mit. Der Sportausschuss bestand 1950 aus dem zuständigen Dezernenten, sechs Stadträten sowie drei Vertretern der Sportorganisationen. Geschäftsführer war Oberinspektor Döring von der städtischen Badverwaltung. Nach Bildung des Sportausschusses trat die Stadt Karlsruhe der Arbeitsgemeinschaft Deutscher Sportämter bei, ein Beleg dafür, dass der Sportausschuss als ehrenamtliche Version eines Sportamtes angesehen wurde.[26] Die Ausweitung der Aufgaben im Sportbereich, bedingt u. a. durch den Bau städtischer Sportstätten in den folgenden Jahren, führte 1955 schließlich zur Einrichtung eines Sportamtes. Leiter wurde Stadtamtsrat Karl Ziegler, der bereits in den Jahren zuvor für Sportangelegenheiten zuständig gewesen war.[27]

Die Aufgaben des Sportamtes haben sich in den letzten Jahrzehnten deutlich erweitert. Im Zentrum stehen die finanzielle Sportförderung und die Beratung in diesem Bereich, z. B. bei Neubau- und Sanierungsmaßnahmen oder bei der Unterhaltung und Pflege vereinseigener Sportstätten, aber auch bei Fahrtkostenzuschüssen und der Unterstützung von Veranstaltungen wie z. B. Kongressen.[28] Wichtigstes Ziel dieser Sportförderung ist es, möglichst allen Bevölkerungsschichten und Altersgruppen die Chance und den Anreiz zu aktiver sportlicher Betätigung zu ermöglichen.

Hinzu kommen die Verwaltung städtischer Sportstätten, die Mitarbeit an verschiedenen

Sportveranstaltungen sowie die Vorbereitung und Durchführung der jährlichen Sportler-ehrungen. Ein weiterer Schwerpunkt ist die Organisation zahlreicher Projekte in der gesamten Bandbreite von Sport für Kinder über integrative Jugendprojekte (siehe die Projektbeschreibungen weiter unten), Freizeitsport, Behindertensport bis zum Seniorensport.[29]

Die Sportentwicklungsplanung des Sportamtes basiert auf einer Sportarten- und Sportstättenanalyse der 13 Versorgungsbereiche, in die das Stadtgebiet aufgeteilt ist. Angesichts knapper öffentlicher Kassen ist die optimale Nutzung des Bestehenden die vorrangige Aufgabe. Dabei steht die Kooperation mit den Vereinen, aber auch den sonstigen Sportstättenbesitzern im Mittelpunkt, um die derzeit bestehenden Einrichtungen möglichst effizient zu nutzen.

Entwicklungen im Sport bis 1970

Auf dem Weg aus der Isolation –
Die Rückkehr in den internationalen Sport

Nach dem Zweiten Weltkrieg waren die deutschen Sportler aus dem internationalen Sportbetrieb ausgeschlossen. Zwar gab es regelmäßig Vorstöße von deutscher Seite, wieder in das internationale Sportgeschehen integriert zu werden, doch die Haltung der internationalen Verbände war ablehnend. So wurde im Mai 1948 ein Wiederaufnahmegesuch der deutschen Handballer in den Internationalen Handballverband abgelehnt mit dem Hinweis, man solle endlich von solchen Gesuchen absehen und warten, bis die Zeit für internationale Sportbeziehungen gekommen sei.[30]

Im September 1948 konnte der Präsident des Finnischen Olympischen Komitees den deutschen Sportlern eine mittelfristige Perspektive bieten, indem er ihnen die Teilnahme Deutschlands an den Olympischen Spielen 1952 in Helsinki in Aussicht stellte.[31]

Für den 10. Oktober 1948 vermittelte der amerikanische Sportoffizier Aksel G. Nielsen Fußballspiele deutscher gegen schweizerische Städtemannschaften, darunter ein Spiel Karlsruhe gegen Basel in Karlsruhe. Mit diesen Spielen nahm die Schweiz als erstes Land nach dem Zweiten Weltkrieg sportliche Beziehungen zu Deutschland auf und durchbrach damit ein Verbot des Weltfußballverbands FIFA. Nielsen erhielt dafür den Beinamen „Blockadebrecher".[32] Auf den Litfasssäulen in Karlsruhe wurde das Spiel als „Das Sportereignis des Jahres" angekündigt.[33]

Das Spiel in Karlsruhe fand auf dem KFV-Platz vor rund 25.000 Zuschauern statt. Seine Bedeutung war bereits im Vorfeld daran zu erkennen, dass die Schweizer Sportler vom Karlsruher Fußballausschuss an der Schweizer Grenze empfangen und auf ihrer Bahnfahrt nach Karlsruhe begleitet wurden. Die symbolische Bedeutung der Begegnung, die weit höher als die sportliche war (das Spiel endete 1:0 für Karlsruhe), beschrieb Willi Ernst einige Tage später in den BNN aus seinem persönlichem Erleben: „Als wir am Samstag am Schlagbaum der deutsch-schweizerischen Grenze standen und unsere Gäste erwarteten, beschlich uns ein vages Gefühl, eine gewisse Unsicherheit. Zu viel war geschehen in den rückliegenden Jahren, zu sehr der Deutsche als Mensch in der Welt diffamiert, um annehmen zu können, daß die normale Bindung von Mensch zu Mensch keine Unterbrechung erfahren habe. Wir dürfen sagen, daß die Überbrückung der Zeitspanne des Fremdgefühls von nicht längerer Dauer war, wie im Normalfall bei sich erstmals gegenüberstehenden Menschen. Der Kontakt war rasch hergestellt."[34]

Für die Schweizer Fußballer hatten die Veranstaltungen in Deutschland noch ein Nachspiel. Die beteiligten Organisationen

Badischer Turnverband   Karlsruhe, 12. 7. 50.
Karlsruhe Bismarckstr.51

    5075

        Die Kunstturner Paul Schöps und Ludwig Hümmler
    vom Karlsruher-Turnverein 1846, sind Angehörige der Badischen
    Landesriege und haben die Absicht die Weltmeisterschaften im
    Turnen , in BASEL, zu besuchen. Es wird gebeten ihnen beim Grenz-
    übertritt jegliche Unterstützung gewähren zu wollen.

        (Julius Ratzel)   (Otto Landhäuser)
        Landesjugendturnwart.   . Vorsitzender.

Grenzschein für eine Reise Karlsruher Turner zur Turn-WM 1950 in Basel.

wurden mit Geldstrafen belegt, die Spieler erhielten scharfe Verweise und ihnen wurden schärfste Sanktionen im Wiederholungsfall angedroht.[35]

Im folgenden Jahr waren es erneut die Schweizer, die Karlsruhe zu einem „internationalen" Wettbewerb verhalfen. Am 26. Juni 1949 nahm die Schweizer Olympiamannschaft der Kanuten an einer Regatta der Rheinbrüder teil, die damit zur ersten internationalen Kanu-Regatta im Nachkriegsdeutschland wurde. Unterstützend dürfte der Umstand gewirkt haben, dass der Vorsitzende des Kanuclubs Rheinbrüder, Guhl, selbst zweiter Vorsitzender des Karlsruher Schweizer-Vereins Helvetia war.[36]

Im Jugendbereich waren die Walther-Bensemann-Gedächtnisspiele ein früher Schritt zum internationalen Austausch.[37] 1934 starb im Schweizer Exil der deutsche Fußballpionier Walther Bensemann, der auch in Karlsruhe

entscheidende Anstöße zur Entwicklung des Fußballs geliefert hatte. Freunde des Verstorbenen organisierten erstmals 1937 in Genf ein Internationales Junioren-Fußballturnier zum Gedenken an Walther Bensemann. Bis 1950 nur in der Schweiz und Frankreich ausgetragen, konnte der KFV, zu dessen Gründungsmitgliedern Bensemann gehörte, das Turnier 1951 erstmals nach Karlsruhe holen. Zum ersten Mal nahmen in diesem Jahr auch deutsche Mannschaften am Turnier teil. In den folgenden Jahren wurden die Turniere unregelmäßig abwechselnd in Straßburg und Karlsruhe ausgetragen. 1962 wurde der Name des Turniers in „Walther Bensemann und Dr. Ivo Schricker Gedächtnisspiele" geändert, um den ebenfalls eng mit dem Karlsruher Fußball verbundenen langjährigen Generalsekretär der FIFA zu ehren. Mit dem FC Basel kam ab 1971 ein dritter regelmäßiger Ausrichter des Turniers hinzu. Allerdings litten die drei letzten

Der Karlsruher Turner Paul Schoeps am Barren beim Badischen Landesturnfest 1949 in Karlsruhe.

Turniere in Karlsruhe 1977, 1983 und 1991 unter einem geringen Zuschauerinteresse.

In den Nachkriegsjahren gab es noch einen ganz praktischen Grund, der die Aufnahme in internationale Organisationen behinderte: Die fehlende nationale Organisation des deutschen Sports, die als Ansprechpartner internationalen Verbänden gegenüber fungieren konnte. Zwar wurden schon 1948 Deutsche Meisterschaften in Leichtathletik, Schwimmen oder Rudern ausgetragen, aber erst im September 1949 wurde das Nationale Olympische Komitee gegründet, der Deutsche Sportbund 1950.[38] So blieb es noch ein mühsamer Weg bis ab 1953 – auch wegen der neu entstehenden Großsportstätten – in Karlsruhe regelmäßig internationale Sportveranstaltungen stattfanden.

Größere Sportveranstaltungen im regionalen Rahmen fanden freilich schon in den Jahren zuvor in Karlsruhe statt. 1947 wurde im Januar ein Wasserball-Turnier im Vierordtbad

und im Februar ein Hallenhandball-Turnier in der Durlacher Festhalle ausgetragen. Im März fanden sich 7.000 Zuschauer zu den Berufsboxkämpfen in der Markthalle ein, im Mai wurde ein Ringer-Großkampf in der Festhalle Durlach ausgerichtet, gefolgt von Wasserballspielen im Rheinstrandbad im Juli. Die Platzweihe des VfB Mühlburg zog im September 20.000 Zuschauer an.[39] Für 1948 war in Karlsruhe das erste Badische Landesturnen nach dem Krieg geplant. Die Währungsreform erzwang dann allerdings eine Verschiebung in das nächste Jahr. Eine weitere Komplikation bedeutete die Trennung Badens in zwei Besatzungszonen. Die südbadischen Turner konnten am Landesturnen nicht teilnehmen, da die französischen Besatzungsbehörden erst am Abend des ersten Wettbewerbstages ihre Zustimmung gaben.[40] Trotzdem fanden sich Ende Juli 1949 über 4.000 nordbadische Turner auf der Sportanlage des KTV 46 in Karlsruhe ein zu Wettbewer-

127

ben im Ringtennis, Faust- und Korbball und verschiedenen Mehrkampfwettbewerben.[41]

Sport, Freizeit und Gesundheit

Das sogenannte Wirtschaftswunder unterstützte nach Jahren des Mangels den Wiederaufbau der Sportstrukturen. Die erfolgreiche wirtschaftliche Entwicklung ließ die private Kaufkraft steigen. Seit den späten fünfziger Jahren herrschte Vollbeschäftigung. Gleichzeitig sank die tägliche Arbeitszeit und die Fünf-Tage-Woche wurde eingeführt. An diese sich rasch verändernden Verhältnisse musste sich auch der Sport anpassen, wollte er im expandierenden Freizeitbereich der in großen Teilen noch sportfernen Bevölkerung Fuß fassen.

Auf zwei Gebieten konnte sich die Sportbewegung positionieren. Einerseits wurde der Sport als Gegengewicht zur immer stärkeren Fixierung der Menschen auf das Arbeitsleben propagiert, zum anderen konnte man immer häufiger auftretenden Zivilisationskrankheiten entgegenwirken, indem man die nachlassende körperliche Betätigung im Berufsleben durch sportliche Betätigung in der Freizeit ausglich. 1955 sprach Willi Daume, der Präsident des Deutschen Sportbundes, von einer „Stillegung des ganzen Körpers" durch die moderne Lebensweise. Deshalb sollten „der 'Sportplatz um die Ecke', das Schwimmbad in der Nähe, der Erholungspark '10 Minuten ab' ... aktiv in Konkurrenz treten zu den Anpreisungen der überall etablierten Vergnügungsindustrie, zu dem ganzen zivilisatorischen Rummel ... einschließlich des Sportrummels."[42]

Die Bundesjugendspiele

Bereits in der Weimarer Republik hatte man Wege gesucht, Kinder und Jugendliche in einer breit angelegten Aktion an den Sport heranzuführen. Dazu wurden die Reichsjugendwett-

kämpfe eingeführt. Als nach dem Zweiten Weltkrieg ein Anstieg der Haltungsschäden und anderer gesundheitlicher Beeinträchtigungen bei Kindern und Jugendlichen beobachtet wurde, griff die Bundesregierung diese Idee wieder auf und initiierte in Zusammenarbeit mit den Ländern und den Sportverbänden die Bundesjugendspiele. Sie wurden 1951 erstmals durchgeführt. In Karlsruhe verzichtete man in diesem Jahr noch auf eine Beteiligung, da die Zeit zwischen Ankündigung und Durchführung zur Organisation der Spiele nicht mehr ausgereicht hätte.[43] Im folgenden Jahr wurden die Spiele dann vom Stadtausschuss für die Durchführung der Bundesjugendspiele ausgerichtet. Mit 7.468 Jungen und 5.454 Mädchen nahmen in Karlsruhe über 90 % der Schüler teil. 1953 wurden auf Kosten der Stadt Karlsruhe als zusätzlicher Anreiz zu den Siegerurkunden 3.000 Terracotta-Plaketten an die Sieger der Spiele verteilt.[44]

Es bestand also durchaus ein Bewusstein für die Chancen, die der Sport hatte, sich als gesundheitsfördernde Freizeitbetätigung gegen andere Anbieter von Freizeitangeboten durchzusetzen. Allerdings war in den folgenden Jahren innerhalb der Verbände und Vereine das Verständnis dafür zu entwickeln, dass auch hier Veränderungen angestoßen werden mussten, um die Menschen an die Sportvereine heranzuführen. 1956 rief die Deutsche Sportjugend (DSJ) in den sogenannten „Kaiserauer Beschlüssen" dazu auf, die Breitenarbeit gleich stark wie den Wettkampfbetrieb zu fördern.[45]

Der Zweite Weg

Zusammengefasst wurden diese Überlegungen auf der vom Deutschen Sportbund im November 1959 durchgeführten Arbeitstagung „Sport und Freizeit", die nach Wegen suchte, den Sport und die Sportvereine neu zu positionieren.[46] In ihrer Entschließung skizzierten die

Teilnehmer der Schwimmwettkämpfe der Bundesjugendspiele 1955 im Tullabad.

Tagungsteilnehmer das Arbeitsprogramm der folgenden Jahre: Sport sollte Teil einer sinnvollen Freizeitgestaltung sein, welche die Vereine durch eine entsprechende Gestaltung des Übungsbetriebs und den Sportstättenausbau fördern sollten. Neben den bisher bewährten Formen des Übungs-, Trainings- und Wettkampfbetriebes der Vereine und Verbände sollte ein „Zweiter Weg" aufgebaut werden, der dem Erholungs-, Spiel- und Sportbedürfnis breiterer Volksschichten entsprach.

Dementsprechend war ein Spiel- und Erholungsprogramm zu entwickeln für Nachmittage und Abende, für das Wochenende (vor allem Samstags), für Ferien und den Urlaub (Ferienspiele nicht nur in Großstädten, sondern auch in Kreisstädten und Landgemeinden).

Jede dieser zeitlichen Lösungen benötigte eine besondere Organisation je nach Neigung für bestimmte Übungsarten und Spiele (Nei-gungsgruppen) und je nach persönlicher Zusammengehörigkeit (Familien, Clubs, Freundschaftskreise).

Dafür war eine größere Zahl ehrenamtlicher Helfer und hauptamtlicher Kräfte notwendig. Ihre Ausbildung sollte nachdrücklich in Angriff genommen werden.[47]

Für die Funktionäre in den Vereinen bedeutete dies eine Abkehr von vielen Gewohnheiten. Das System der auf den Leistungssport ausgerichteten starren Übungs- und Spielpläne musste um offenere Formen für neue Zielgruppen erweitert werden. Das Ideal der reinen Ehrenamtlichkeit bei den Übungsleitern wurde zur Diskussion gestellt.

Auf Nachfrage des Deutschen Sportbundes nach städtisch organisierten Programmen antwortete die Karlsruher Stadtverwaltung, die praktische Durchführung von Programmen des „Zweiten Wegs" sei Sache des Sportbundes, der Verbände und der Vereine. Diese Haltung lag auf der Linie der bisherigen städtischen Sportpolitik, welche die Selbstverwaltung des Sports ins Zentrum stellte. Die Stadtverwaltung sah sich dabei als fördernde Kraft. In diesem Sinne wurden den Vereinen für die Jahre 1960/61 90.000 DM zusätzliche Mittel zum Ausbau von Sportanlagen zur Verfügung gestellt. Eine weitere Umfrage des Deutschen Sportbundes im Jahre 1962, jetzt unter den Vereinen, ergab, dass auch diese auf dem „Zweiten Weg" noch nicht sehr weit vorangekommen waren. Nur ein Verein konnte von Aktivitäten in dieser Richtung berichten. Als Gründe benannte die Kreisgeschäftsstelle des Badischen Sportbundes den Mangel an geschulten Kräften und an Übungsräumen. Letzterem versuchte die Stadt auch 1962 durch Sondermittel in Höhe von 167.000 DM für den Vereinssportstättenbau zu begegnen.

Ein knappes halbes Jahr später konnte die Stadt dem Städtetag den Neubau mehrerer Laufbahnen und Sprunganlagen durch städtische Sondermittel im Rahmen des Zweiten Wegs mitteilen.[48] Mittlerweile hatten fünf Vereine ihre Sportstätten Nichtvereinsmitgliedern geöffnet. Langsam begann sich auch in den Vereinen die Erkenntnis zu verbreiten, dass sie auf diese Weise neue Mitglieder gewinnen konnten. In größerem Maße konnte sich diese Öffnung aber erst in den siebziger Jahren durchsetzen.

Immerhin erkannte man in den Sportverbänden, dass hier Positionen besetzt werden mussten. Denn offene Angebote konnten durchaus auch von anderen Anbietern bis hin zu den Kommunen angeboten werden. Deshalb setzte der Verband auf ein von den Vereinen angebotenes offenes Kursangebot. Die städtischen Sportämter sollten dabei koordinatorisch helfen, indem sie durch verschiedene Werbemittel (Plakate, Broschüren) der Bevölkerung diese Kursangebote vermittelten.[49]

1966 verabschiedete der Deutsche Sportbund in Hamburg die Charta des deutschen Sports, die den Breitensport als gleichgewichtig förderwürdig mit dem Leistungs- und dem Schulsport einstufte.

Entwicklungen seit den siebziger Jahren

Seit den siebziger Jahren sind Differenzierung, Öffnung und Vernetzung zentrale Stichworte der Entwicklungen im Sport. Differenzierung fängt in den Vereinen selbst an, in denen sich neue Abteilungen entwickeln, zieht sich über neue (Trend)Sportarten hin zu zahlreichen speziellen Sportprogrammen für die unterschiedlichsten Zielgruppen (Trimm Dich, Gesundheitssport, Sport für Kinder und Alte etc.).

Trimm-Dich-Aktion

1970 startete der Deutsche Sportbund unter großem Marketingaufwand die Aktion „Trimm Dich durch Sport", um der Bevölkerung die

Das populäre Maskottchen Trimmy der Trimm-Dich-Aktion des DSB.

Der 1978 in Stupferich erröffnete Trimm-Dich-Pfad wurde nach einem Modell des Deutschen Sportbundes angelegt.

Vorteile des Sports aufzuzeigen. Anzeigenserien, Broschüren, Faltblätter und Aufkleber in Millionenauflagen und 350.00 Plakate sollten die Öffentlichkeit aufmerksam machen. In Karlsruhe unterstützte das Sport- und Hallenamt die Aktion, indem es in Ämtern und in Schulen plakatierte und Informationsmaterial an den Sportkreis weitergab.

Basis war ein offenes Sportverständnis, das unter dem Schlagwort „Sport für alle" nicht nur den Sport im Verein, sondern auch das individuelle Sporttreiben unter einfachsten Bedingungen umfasste. Jährlich wechselnde Themen sollten die unterschiedlichsten Interessen ansprechen (Lauf mal wieder, Trimm Dich am Wochenende, Trimmer machen eine gute Figur). Propagiert wurde der Sport im nahen Umfeld. Angeregt wurde die Einrichtung von Waldsportpfaden oder ständig bespielbaren Kleinspielfeldern. Zahlreiche Bürger erkannten durch die Aktion die vielfältigen Sportmöglichkeiten außerhalb der Vereine. Auch den Vereinen gelang es, durch entsprechende Angebote neue Mitglieder an sich zu binden.[50] In Karlsruhe wurden zur Förderung des Freizeitsports Wanderwege, Bolzplätze, Waldspielplätze für Kinder und Waldsportpfade mit Trimm-Dich-Strecken angelegt.

Einweihung des Bolzplatzes an der Tiengener Straße in Durlach 1997.

Offene Kurse

Die Öffnung der Sportangebote war schon seit Ende der fünfziger Jahre ein Stichwort für die Sportvereine, damals angestoßen durch den „Zweiten Weg", der nun langsam seine Wirkung zeigte. Das geeignete Mittel waren die in den sechziger Jahren propagierten Angebote für Gäste, die dem Verein nicht angehörten, wie z. B. Kurse. 1973 fand auf der Sportschule Schöneck das Forum „Jedermannsport" statt, das den Sport für diese Zielgruppe zum Inhalt hatte.[51] Noch herrschten Vorurteile wie „Trittbrettfahrer des Sports" gegen Nichtvereinsmitglieder, aber im gleichen Jahr begannen vier Sportvereine Sport „offen" anzubieten, 1975 waren es sechs Vereine. Die Stadt unterstützte die Entwicklung, indem sie die Vergütung für die Übungsleiter sowie die Kosten der Unfall- und Haftpflichtversicherung übernahm und die offenen Angebote bezuschusste.

Seit Mitte der 80er Jahre ging der sportliche Trend zu unterschiedlichen Fitnessprogrammen und Freizeitangeboten in Kursform (Judo, Karate, Stretching, Aerobic, Jazz Dance, Yoga, Autogenes Training, Krafttraining und Schwimmen). Mit diesen Kursen versuchen die Vereine gegen die vermehrte Konkurrenz durch institutionelle und kommerzielle Anbieter mitzuhalten. Etwa gleichzeitig begannen sie sich auch im Bereich Gesundheitssport zu engagieren.

Die quantitative Entwicklung der offenen Freizeitsport-Angebote der Vereine [52]

	1983	84-86	90/91	1993	1995	96/97	1998	99/00	01/02
Anzahl Angebote	54	135	191	206	228	218	278	170	259
Anzahl Vereine	20	26	32	31	31	33	33	22	36

Diese Entwicklung setzte sich in den folgenden Jahren verstärkt fort. Das offene Freizeitsportangebot von 47 Karlsruher Vereinen umfasst im Jahr 2006 mehr als 700 Kurse und Angebote. Neben allgemeinen Spaß- und Fitnessangeboten finden sich spezielle Angebote für Menschen mit Handicap und ältere und jüngere Zielgruppen (Fit ab 50 / Sporthits für Kids) sowie der bereits oben erwähnte Bereich Gesundheitssport.[53]

Gesundheitssport

Neben den Angeboten zu Fitness und Wellness entwickelte sich der Bereich des Gesundheitssports besonders stark. Etwa seit Mitte der achtziger Jahre bieten die Sportvereine Gesundheitssport an, die Zahl der Angebote nahm sehr rasch zu (1985: 8 Angebote, 2000: 125 Angebote). 1989 schlossen sich Karlsruher Sportvereine zur Vereinsinitiative Gesundheitssport zusammen, um im Stadtgebiet ein flächendeckendes Gesundheitssportangebot zu erstellen. Im Jahr 2006 bieten in diesem Rahmen 22 Sportvereine 176 Kurse im Jahr an, die sich auf die Bereiche Entspannung, Funktionelle Gymnastik, Herz-Kreislauf-Training und Unterstützung von Reha-Maßnahmen verteilen.[54]

Neben den Sportvereinen bieten auch die Krankenkassen, kommerzielle Anbieter und die Volkshochschule Gesundheitssport an.

Sport in den Hallenbädern

1986 vermeldete Bürgermeister Norbert Vöhringer zunehmend attraktive Bäder. Neben baulichen Modernisierungen hatte man auch die Badeordnungen überarbeitet, die Bademützenpflicht und eingeschränkte Badezeiten wurden abgeschafft. Jedes Hallenbad konnte ein Kursangebot vorweisen.[55] Dieses wurde seitdem massiv ausgebaut. Im Bereich Schwimmen und Baden gehen die Kooperationen der Stadt über die mit den Vereinen hinaus. Stadt, Vereine, Volkshochschule, Universität und private Anbieter stellen das Kursangebot „Schwimm- und Badespaß in Karlsruhe" in den Karlsruher Hallenbädern zusammen. Die Bäderbetriebe der Stadt koordinieren das Angebot der in den städtischen, in den von Vereinen betriebenen und im Universitätsbad angebotenen Kurse für gesundheitsorientiertes Schwimmen sowie Schwimmkurse für Kinder und Erwachsene. Anbieter der über 180 Kurse (2006) sind Vereine, die Volkshochschule und private Sportanbieter.[56]

Sportbezogene Kinder- und Jugendarbeit – Prävention und Integration

Das dritte Charakteristikum im Sport der letzten Jahrzehnte ist die Vernetzung. Wurde oben bereits auf die Vernetzung der Vereine z. B. in der Vereinsinitiative Gesundheitssport hingewiesen, so geht dieser Prozess weit darüber hinaus. Vereine arbeiten mit öffentlichen Einrichtungen wie Ämtern und Schulen zusammen, aber auch mit Institutionen wie den Volkshochschulen und Krankenkassen. Städtische Ämter oder die Volkshochschule wiederum arbeiten auch mit privaten Anbietern zusammen. Dies ändert zwar nichts an der prinzipiellen Konkurrenzsituation zwischen Vereinen, Institutionen und Privatanbietern, ist aber häufig Voraussetzung gerade für Projekte, die über den Sport hinaus in die Bereiche Pädagogik und Sozialarbeit reichen. Im Bereich der Arbeit mit Kindern und Jugendlichen treffen sich die Interessen der Sportvereine mit denen der Gesellschaft an vielen Punkten. Durch frühe Kontakte zu potentiellen Vereinsmitgliedern investieren Vereine in ihre Zukunft, gleichzeitig erfüllen solche Projekte zentrale gesellschaftliche Aufgaben. Das reicht von der Gesundheitsförderung durch Bewegung bei Kindern über die Integration von jugendlichen Spätaussiedlern und Ausländern bis zu präventiven Programmen an sozialen Brennpunkten, die Jugendliche von der Straße holen. Wie sich diese Entwicklungen in Karlsruhe in konkreten Projekten manifestierten, soll die folgende Zusammenstellung, die bei weitem nicht vollständig ist, skizzieren:

Agenda-21-Projekt Kindergesundheit: Ziel des dreijährigen Agenda-21-Projekts „Kindergesundheit", an dem sich 13 Kindergärten und Kindertagesstätten mit rund 900 Kindern beteiligten, war es, den Anteil der übergewichtigen Kinder bei der Einschulung zu verringern. Die Mittel dazu waren die Förderung gesunder Ernährung und ausreichender Bewegung sowie nachhaltiger Alltagsmobilität. Finanziert durch Stadt und Krankenkassen fanden sich als zentrale Projektpartner das Umwelt- und das Schul- und Sportamt, die AG Jugendzahnpflege und die Fachfrauen für Ernährung zusammen. Weitere staatliche und städtische Stellen engagierten sich in der wissenschaftlichen Beratung und der Evaluation. Die zahlreichen Einzelmaßnahmen vor Ort – im Bereich Bewegung u. a. Spielstunden, Spiele im Wald oder Bewegungsgeschichten – wurden durch Fortbildung der Erzieherinnen und Information der Eltern ergänzt.

Als konkretes Ergebnis konnten bei der Abschlussuntersuchung 2003 ein um 2 % geringerer Anteil der Übergewichtigen festgestellt werden. Längerfristige Wirksamkeit kann das aus dem Projekt entwickelte Handbuch mit praktischen Arbeitshilfen entfalten.[57] Das Projekt bekam 2005 den 1. Förderpreis Gesundheit – Prävention von Übergewicht bei Kindern und Jugendlichen durch das Ministerium für Arbeit und Soziales Baden-Württemberg verliehen.

Kinder bewegen: 2004 wurde der Kindergarten St. Judas Thaddäus in Neureut auf Initiative der DOG Zweigstelle Region Karlsruhe in das Modellprojekt „Kinder bewegen" der Deutschen Olympischen Gesellschaft aufgenommen. In diesem Projekt kooperieren die DOG-Zweigstelle Region Karlsruhe, das Schul- und Sportamt, das Ernährungszentrum Mittlerer Oberrhein und das Institut für Sport und Sportwissenschaft der Universität Karlsruhe. Durch Bewegungsförderung sollen die Kinder möglichst früh für sportlich-spielerische Aktivitäten begeistert werden. Dazu dienten die Umgestaltung des Außenbereiches, um ganzjährige Bewegungsmöglichkeiten zu sichern, eine Kletterwand, zusätzliche Turnstunden und die Fortbildung der Erzieherinnen.[58]

Kindersportschulen: Als eine Möglichkeit, Kindern Sport ohne die Hürde eines Vereinseintritts nahezubringen, präsentieren sich die Kindersportschulen. 1988 wurde die erste Kindersportschule in Weingarten (Württ.) gegründet, bis heute ist ihre Zahl bundesweit auf etwa 80 angewachsen.

Unter der Leitung von hauptamtlichen Sportfachkräften mit abgeschlossenem Sportstudium oder ähnlicher Qualifikation werden Kinder zwischen fünf und zehn Jahren nach einem gemeinsamen Lehrplan mit pädagogisch ganzheitlichem Konzept unterrichtet. Besondere Berücksichtigung finden hier die gesundheitlichen Aspekte.[59] Die Kinder sollen ihre Bewegungserfahrungen sportartübergreifend vergrößern und ihre motorischen Grundfertigkeiten verbessern. Als erste Kindersportschule in Karlsruhe wurde im Jahre 1995 die Fair-Play-Kindersportschule des MTV Karlsruhe gegründet. Mittlerweile betreiben auch der SSC Sport- und Schwimmclub Karlsruhe sowie der PSK (Post Südstadt Karlsruhe) eigene Kindersportschulen.

Karlsruher Netzwerk – Gemeinsam aktiv: Zu den Veranstaltungen zum Europäischen Jahr Erziehung durch Sport 2004 fand sich das Karlsruher Netzwerk zusammen, dem heute die Karlsruher Sportvereine MTV Karlsruhe, Post Südstadt Karlsruhe (PSK), TSV Bulach, Rheinbrüder Karlsruhe und ASV Daxlanden sowie die Badische Sportjugend, Kreis Karlsruhe angehören. Unter dem Titel „Gemeinsam aktiv" bieten sie auch weiterhin unterschiedlichste Projekte für Kinder und Jugendliche an. Das Programm reicht von Sportangeboten mit bekannten Sportlern über Veranstaltungen zu Gesundheitsförderung und Gewaltprävention hin zu Kinder-Erlebnis-Freizeiten und Familienaktionstagen. Darüber hinaus werden Fortbildungen in Kindergärten und Schulen, Netzwerkgespräche und Runde Tische des Sports angeboten.[60]

Mobiles Sportbüro und „Sport auf der Straße": 1997 entwickelten Vertreter der Badischen Sportjugend, des Sport- und Bäderamtes, der Arbeitsförderungsbetriebe, des MTV Karlsruhe 1881, des „Sport-Punkt" Nordstadt und der Fairplay Kindersportschule gemeinsam die Projektidee des Mobilen Sportbüros, die 1998 umgesetzt wurde.[61] Ziel war es, mithilfe des Mediums Sport eine Antwort auf soziale Herausforderungen wie Jugendkriminalität, -gewalt und Drogenkonsum zu geben. Anfang des Jahres 2000 übernahm das Sportamt die Leitung des Projekts, das Kinder und Jugendliche zu einer sinnvollen sportbezogenen Freizeitgestaltung hinführen sollte. Dazu dienten stadtteilbezogene Jugendsportangebote und deren sportpädagogische Betreuung, aber auch Maßnahmen im drogenpräventiven Bereich (Anti-Drogen-Feste) und Kooperationen von Schulen und Vereinen an sozialen Brennpunkten. Aus diesem Projekt entwickelte sich das Projekt „Sport auf der Straße", das auf sozial benachteiligte und schwierige Jugendliche ausgerichtet ist. Im Rahmen des Projekts werden neue Skaterplätze, Bolzplätze und Basketballplätze gebaut, alte Plätze verbessert. Abendliche Basketball-Angebote, Spielfeste und Streetball-Turniere gehören zum Angebot wie Baseball, Paddeln, Klettern, Inline-Skating und andere Sportarten. Unter dem Titel Boxen gegen Gewalt (BogG) finden regelmäßig offene, kostenlose Boxkurse für 12- bis 18-Jährige statt. Ziele sind der Aggressionsabbau, das Einhalten von Regeln und der Aufbau des Selbstwertgefühls bei den Jugendlichen.[62] Zwölf Karlsruher Sportvereine sind aktiv am Projekt beteiligt, dessen Sportangebote kostenlos sind.

Integration durch Sport: Die Lage der jugendlichen Spätaussiedler ist besonders prekär. Fehlende Sprachkenntnisse nehmen ihnen berufliche Perspektiven, sie kapseln sich gegenüber der Restbevölkerung ab. Um sie aus dieser Isolation herauszubringen, wurde im

Jahr 2000 das Projekt „Integration durch Sport" vom Sportamt ins Leben gerufen. Mit Hilfe eines russisch sprechenden Sportlehrers werden unterschiedliche Sportarten angeboten, die das Freizeitangebot für die jugendlichen Spätaussiedler wesentlich erweitern und Kontakte zu den Sportvereinen schaffen. Eine Besonderheit ist die Einbeziehung der traditionellen russischen Sportart Gorodki, einer Mischung aus Eishockey, Kricket und Kegeln, für die in Oberreut 2001 die bundesweit erste Gorodki-Anlage gebaut wurde.[63] Im Dezember 2005 fand in Karlsruhe in Zusammenarbeit mit dem Stadtjugendausschuss sowie dem Sportzentrum Südwest das 1. Deutsche Winter-Gorodki-Turnier statt, in dessen Rahmen der Gorodki Sportverband Deutschland gegründet wurde.[64] Für 2006 ist die Austragung der Gorodki-Weltmeisterschaft in Karlsruhe geplant.

Sport wird auch heute noch in großen Teilen der Gesellschaft mit Vereinssport gleichgesetzt. Die Sportvereine mir ihren oft vielen Tausend Mitgliedern betreiben erfolgreich politische Lobby- und Pressearbeit und artikulieren so ihre Interessen in der Öffentlichkeit. Über die von Vereinen und Verbänden organisierten Wettbewerbe besetzen sie die Medien. Die großen Vereinssportanlagen in und um die Stadt dokumentieren die Bedeutung der Vereine.

Gleichzeitig belegt aber jeder aufmerksame Gang durch die Stadt oder die stadtnahe Natur, dass Sport heute noch viel mehr ist. Fitness-Studios, Tanzschulen oder private Bowling-Center stehen heute den Bürgern als Alternative zu den Vereinen zur Verfügung, um sich sportlich zu betätigen. Auf öffentlichen Bolzplätzen treffen sich regelmäßig private Gruppen zum Fußballspiel und auf den Wegen um die Stadt ist die große Zahl der Jogger, Nordic Walker oder Radfahrer nicht zu übersehen, die besonders am Wochenende unorganisiert ihren Sport betreiben.

Kommerzielle Sportanbieter

Eine der prägnantesten Entwicklungen im Sportangebot der letzten Jahrzehnte ist die starke Zunahme der kommerziellen Anbieter. Ihre Zahl erhöhte sich von 1987 bis 1995 von 49 auf 100, darunter 28 Fitnesscenter, 20 Tanzstudios und 17 Gymnastikstudios.[65] Anfang 2003 waren 109 kommerzielle Anbieter beim Schul- und Sportamt bekannt. Es dominierten Fitnesscenter (34) und Anbieter im Bereich Gymnastik/Ballett/Tanz (35). Weitere kommerzielle Angebote gab es in den Bereichen Tauchen (8), Tennis (8), Reiten (4), Kampfsport (3), Schwimmen (2), Squash (19) sowie Sonstige (15).[66]

Eine repräsentative Umfrage im Jahr 2000 ergab, dass etwa 32 % der Karlsruher dieses kommerzielle Angebot nutzen. Damit griffen mehr Karlsruher auf diese Angebote zurück als auf die der Vereine, die von nur rund 25 % der Befragten als Mitglieder und Nichtmitglieder genutzt wurden.[67]

Institutionelle Sportanbieter

Neben den kommerziellen Anbietern haben sich auf dem Sportmarkt eine Reihe institutioneller Anbieter etabliert, z. B. die Kirchen und Wohlfahrtsverbände, die Volkshochschule und die Anbieter aus dem Bereich der Gesundheitsvorsorge wie die Krankenkassen. Die Angebote reichen von Einzelangeboten der Kirchen bis zum breiten Angebot der Volkshochschule Karlsruhe. Um der wachsenden Konkurrenz der Volkshochschule zu den Sportvereinen Einhalt zu gebieten, wurde 1981

beschlossen, das Sportprogramm der Volkshochschule auf dem aktuellen Stand einzufrieren[68]. Dies konnte allerdings mittelfristig an
der Entwicklung nur wenig ändern. Das Kursangebot der Volkshochschule stieg von 99
Kursen im Jahr 1987[69] auf mehr als 180 Kurse
im Bereich Sport und Bewegung im Jahr 2006
an.

„Freie" Sportausübung

Ein großer Teil der sporttreibenden Bevölkerung bindet sich weder an Vereine noch an
andere Anbieter, sondern treibt in öffentlichen Anlagen in der Stadt oder in der stadtnahen Natur Sport. Einen Einblick in diesen
normalerweise kaum quantifizierbaren Bereich
gestattet eine Umfrage zum Sport- und Freizeitverhalten, die im Jahr 2000 in Karlsruhe
durchgeführt wurde.[70] Die Umfrage belegt, dass
für die sportliche Betätigung breiter Bevölke-
rungskreise die „freie" Sportausübung mittlerweile eine dominierende Rolle spielt. Im Vergleich zur freien Sportausübung erzielen die
Angebote von Vereinen und kommerziellen
Anbietern eine geringere Breitenwirkung.
Der Begriff „Sport" wurde in dieser Umfrage
allerdings sehr weit ausgelegt – auch diese
methodische Herangehensweise ist ein deutlicher Beleg für den Wechsel des Bedeutungs-
inhaltes des Sportbegriffs. Nach dieser Definition treiben 91% der Karlsruher Bevölkerung Sport. Die beliebtesten frei ausgeübten
Sportarten sind Spazierengehen (83 %), Radfahren (80 %), Schwimmen und Baden (79 %),
Wandern (über 50 %), Joggen (30 %), freies
Spiel im Park (23 %), unorganisiertes Fußballspielen (15 %) sowie Inline-Skating (15 %).
Darunter lagen Mountainbiking (12 %), unorganisiertes Tischtennis (11 %); Bergsteigen/
Klettern, Segeln und Surfen lagen jeweils
unter 10 %.

Großveranstaltungen im Breitensport

Auch wenn der „frei" ausgeübte Sport im
Alltag eine eher individuelle Angelegenheit
ist, die allein oder in kleinen, selbst organisierten Gruppen betrieben wird, so besteht doch
das Bedürfnis, sich auf Großveranstaltungen
mit Gleichgesinnten zu treffen und gemeinsam
Sport zu treiben. Sei es, um das Gemeinschafts-
gefühl zu erleben oder um seine Kräfte zu
messen. So erfreuen sich in den letzten Jahren
Großveranstaltungen für Freizeitsportler ständig wachsender Beliebtheit. Zwei Karlsruher
Beispiele sind der Baden-Marathon und die
Skatenites. Der Baden-Marathon, der unter
dem Signet des Veranstalters Marathon Karlsruhe e.V. vom Schul- und Sportamt organisiert
wird, bedient die Bandbreite vom Spitzensportler bis zum ambitionierten Hobbyläufer,
neben Marathon und Halbmarathon stehen
Walking und Nordic Walking auf dem Programm. Im Jahr 2005 nahmen über 8.000
Sportler an den Wettbewerben teil. Bei den
vom Stadtjugendausschuss durchgeführten
Skatenites besteht die Möglichkeit, auf Inline-
Skates gefahrlos auf den ansonsten dem Au-
toverkehr vorbehaltenen Straßen in der
Karlsruher Innenstadt zu fahren. 2005 wurde
dieses Angebot von insgesamt 32.000 Inline-
Skatern angenommen.[71]

Sport und Wirtschaft

Leere öffentliche Kassen und ein wachsendes
Programmangebot der Veranstalter führten in
den letzten Jahrzehnten zu einer engeren Zusammenarbeit der Sportvereine mit Partnern
aus der Privatwirtschaft, die sich als punktuel-
le oder langfristige Sponsoren zur Verfügung
stellten, da sie den Sport als attraktives Mar-
ketingmittel erkannt haben. Ihren Ausdruck
findet diese Entwicklung in den Namen der

Läufer beim Baden-Marathon im Jahr 2000.

unterstützten Projekte. Das Internationale Leichtathletik-Hallen-Meeting in der Europahalle wurde so zum LBBW-Meeting, dann zum BW-Bank-Meeting, der Basketball-Bundesligist BG Karlsruhe zeitweise zur BG Iceline.

Diese Zusammenarbeit kann bis hin zur Durchführung von Wettkämpfen an ungewohnten Orten führen und so dem Sport neue Möglichkeiten eröffnen: Seit 2003 findet im Hof der Hoepfner-Burg der gleichnamigen Brauerei unter dem Namen Hoepfner-Sport-Night ein internationales Stabhochsprung-Meeting statt, das jährlich über 1.000 Besucher anzieht.[72] Veranstalter ist die Leichtathletik-

Teilnehmer einer Skatenite im Jahr 2003.

gemeinschaft Karlsruhe, ein Zusammenschluss von momentan zwölf Vereinen mit der Zielsetzung, die Leichtathletik als Leistungssport im Kreis Karlsruhe zu stärken und zu popularisieren.

Sport als Wirtschafts- und Standortfaktor

Die Stadt Karlsruhe hat den Sport früh als Instrument des Stadtmarketings erkannt und eingesetzt. Bereits in den fünfziger Jahren warb die Stadt mit dem Begriff Sportstadt für sich und investierte in eine entsprechende Infrastruktur.

Wichtigster Imageträger im Sportbereich war in den siebziger bis neunziger Jahren der KSC, der als Erstligist in der Bundesliga den Namen Karlsruhe bundesweit bekannt machte. Die durchschnittlich 25.000 Besucher der Bundesliga-Spiele im Wildparkstadion waren zudem ein kalkulierbarer Wirtschaftsfaktor für Hotelgewerbe, Gastronomie und Einzelhandel.[73] Nach dem Abstieg des KSC wurde der Radsport wichtigstes Aushängeschild für das städtische Marketing im Sportbereich. Historischer Hintergrund ist die Erfindung des Laufrads durch den Karlsruher Karl Friedrich Drais von Sauerbronn im Jahr 1817. Zudem fahren nach einer Umfrage aus dem Jahr 2000 vier von fünf Karlsruhern selbst Rad. Seit 1996 konnten regelmäßig nationale Radsport-Events nach Karlsruhe gezogen werden: Von 1996 bis 2003 veranstaltete die Karlsruher Sportstätten-Betriebs-GmbH mit wechselnden Sponsoren jährlich ein Paarzeitfahren der Radprofis, das bis zu 200.000 Besucher anlockte, dann aber aus Kostengründen eingestellt wurde. 2004 fand in Karlsruhe als Tourauftakt das Einzelzeitfahren der Deutschland-Tour statt. 1987 gelang es dem Sportamt, die Tour de France nach Karlsruhe zu holen, im Jahr 2005 war Karlsruhe erneut Etappenort des Radrennens. 2006 wird die Stadt Zielort der Deutschland-Tour sein.

Sportstätten in Karlsruhe 1945 bis heute

„Glückliches Karlsruhe,
glückliche Karlsruher Sportler"

Dieses Fazit zog die Rhein-Neckar-Zeitung im Dezember 1953 am Ende eines Berichts über die Sportstadt Karlsruhe. Den Berichterstatter beeindruckte besonders das breit angelegte Programm zum Bau von Sportstätten. Die Schwarzwaldhalle war zu diesem Zeitpunkt frisch in Betrieb, das Wildparkstadion im Bau und das Tullabad beschlossene Sache. Treibende Kraft hinter diesen Anstrengungen war Oberbürgermeister Günther Klotz, dem in seiner Amtszeit der Aufbau eines breit angelegten Spiel- und Sportstättenprogramms von Kinderspielplätzen bis hin zu großen Sporthallen gelang. Mit diesen Großsportstätten, die durch den Bau des Fächerbads und der Europahalle Anfang der achtziger Jahre zeitgemäß ergänzt wurden, konnte Karlsruhe zahlreiche nationale und internationale Wettbewerbe in die Stadt ziehen. Ein Höhepunkt war die Austragung der dritten World Games in der Fächerstadt im Jahr 1989.

Am Anfang stand 1945 jedoch eine desolate Situation wie in vielen anderen deutschen Großstädten. Zahlreiche Sportstätten waren zerstört und Geld- sowie Materialmangel verzögerten die Instandsetzung der weniger zerstörten Einrichtungen. Hinzu kam, dass noch funktionsfähige Hallen und Bäder von den Besatzungstruppen für ihre Angehörigen beschlagnahmt wurden.

Das Ergebnis der Wiederaufbauarbeiten an den Sportstätten in den Nachkriegsjahren stellte sich 1949 wie folgt dar:

Oberbürgermeister Günther Klotz bei der Einweihung
des Wildparkstadions 1955.

In Karlsruhe gab es 40 Fuß- und Handballplätze, 1 Hockeyspielfeld sowie 20 Tennisplätze. Neben dem bereits bestehenden Hochschulstadion war 1946 ein Stadion des VfB Mühlburg mit 25.000 Plätzen, davon 1.000 Tribünenplätzen, gebaut worden. Außerdem besaß Karlsruhe fünf Großsportanlagen (jeweils mit über 30.000 m² Fläche und mehreren Spielfeldern), von denen zwei in den Jahren 1947/48 neu erbaut worden waren.[74]

In den folgenden Jahren wurde die Infrastruktur der Vereinssportstätten wie auch der Schulsportstätten weiter ausgebaut. Beide Entwicklungen waren eng miteinander verzahnt, da die Schulsportstätten auch von den Vereinen und ebenso die Vereinssportstätten auch von den Schulen genutzt wurden. 1951 konnte die Stadt Karlsruhe der Arbeitsgemeinschaft deutscher Sportämter mitteilen, dass es in Karlsruhe nun auch eine Rollschuhbahn, acht private Kegelbahnen sowie eine städtische Regattabahn im Rheinhafen gebe. Die Zahl der Turnhallen hatte sich gegenüber 1950 von 11 auf 15 erhöht,[75] 1953 auf 18. Allerdings war damit noch nicht der Vorkriegsstand von 27 Turnhallen erreicht.[76]

Die DOG und der Goldene Plan zum kommunalen Sportstättenbau

Am 27. Januar 1952 gründete sich die Karlsruher Ortsgruppe der im Jahr zuvor entstandenen Deutschen Olympischen Gesellschaft (DOG).[77] Ziele waren die Verbreitung des Olympischen Gedankens und die finanzielle Unterstützung des deutschen Olympia-Teams, das in diesem Jahr erstmals seit 16 Jahren wieder an den Spielen teilnehmen konnte. In den folgenden Jahren erweiterte die DOG die selbst gestellten Aufgaben in die aktuellen sportpolitischen Bereiche der Gesundheitsförderung durch Sport[78] sowie des kommunalen Sportstättenbaus.[79] Diese Überlegungen mündeten 1960 in den Goldenen Plan, der zusammen mit den kommunalen Spitzenverbänden entwickelt worden war. Das 1960 veröffentlichte Memorandum zum Goldenen Plan enthält Richtlinien für den Umfang der in den Städten und Gemeinden benötigten Erholungs-, Spiel- und Sportanlagen, Vorschläge zur Mitfinanzierung des Programms durch Bund und Länder und Empfehlungen zur Förderung der Leibeserziehung in den Schulen.[80]

Der Goldene Plan stand auch im Zentrum der 6. Bundestagung der DOG, die vom 2. bis 4. November 1961 in Karlsruhe stattfand. Eine Erhebung der Stadt Karlsruhe ergab, dass bereits 52 % der geforderten Kinderspielplatzfläche, 60 % der Turnhallenfläche und 81 % der Sportanlagenflächen vorhanden waren. Nachholbedarf bestand aber auch bei Schwimmhallen, bei Freibädern waren die Forderungen des Goldenen Plans übererfüllt.

Insgesamt lag der Finanzbedarf zur Erfüllung des Plans in Karlsruhe bei 35,9 Millionen Mark.[81]

Die Entwicklung des Sportstättenbaus in Karlsruhe

	1955	1959	1964	1970	1987	1995	2004
Groß- und Kleinspielfelder	60	76	85	82	254	308	418
Turn- und Sporthallen incl. Gymnastikräume	33	41	50	64	146	163	177
Tennisfelder	32	51	50	59	253	315	317
Reitsportplätze	2	4	5	2	9	11	12
Bootshäuser	10	12	11	13	k.A.	11	k.A.
Hallenbäder	2	2	2	2	9	11	12
Freibäder	4	4	4	4	6	6	6
Rollschuhbahnen			1	1	2	2	
Reithallen				1	3	7	7
Minigolfplätze				2	2	5	5
Schießstände				167	325	477	455
Kegelbahnen				22	44	71	27
Tennishallen				3	14	18	17
Rodelbahn					1	1	
Squashhallen					2	2	2
Eissporthallen					1	1	1
Trabrennbahnen						1	1
BMX-Fahrradbahnen						1	1
Badmintonhallen							1
Beachvolleyballanlagen							12
Bouleanlagen							10
Golfanlagen							1
Kletterhallen							3
Skateranlagen							10

Basis der Entwicklung war ein kontinuier-
licher und bis heute anhaltender Ausbau der
Infrastruktur von Sportplätzen und -hallen.
Deutlich ist in der Statistik der Einfluss der
Trendsportarten zu erkennen. Vorläufer war
der Tennisboom. Von 1970 bis 2004 hat sich
die Zahl der Tennisplätze und -hallen jeweils
mehr als verfünffacht. Seitdem die Erfolge
deutscher Tennisspieler ausbleiben, stagniert
die Entwicklung auf hohem Niveau. Die seit
den achtziger Jahren in regelmäßiger Folge
propagierten und auch gut angenommenen
weiteren Trendsportarten spiegeln sich – insbesondere in den letzten zehn Jahren – im Bau
entsprechender Sportstätten.

Das Karlsruher Modell

Die Politik der Stadt Karlsruhe war es von
Anfang an, den Bau von Sportstätten – abgesehen von Schulturnhallen/Bezirkssporthallen,
repräsentativen Großsportanlagen und den
Bädern – in der Verantwortung der Vereine zu
belassen und im Gegenzug deren Bauvorhaben
finanziell stark zu unterstützen. Die konsequente Umsetzung des Karlsruher Modells war
erfolgreich. Im Jahr 2003 besaßen die im Badischen Sportbund organisierten Vereine 118
vereinseigene Sportzentren sowie ein Hallenbad. Von diesen Sportzentren werden etwa 30
für den Schulsport genutzt.

Die Stadt Karlsruhe unterhielt 80 städtische
Sporthallen (Schulturnhallen/Bezirkssport-
hallen), 33 Freisportanlagen sowie ein Hallenbad in Schulen, dazu 105 städtische Bolz- und
Sportplätze sowie elf Hallen- und Freibäder.

Institutionelle und kommerzielle Anbieter
betrieben – soweit bekannt – 74 Sportzentren
und vier Hallenbäder.[82]

Großsportstätten und Großsportveranstaltungen

In den ersten Nachkriegsjahren wurden größere Sportveranstaltungen auf verschiedenen
Vereinsanlagen, im Hochschulstadion oder im
Vierordtbad durchgeführt, bis von 1952 bis
1955 in Karlsruhe mit der Schwarzwaldhalle,
dem Wildparkstadion und dem Tullabad eine
moderne Sportstätteninfrastruktur entstand.
Sie zog in den folgenden Jahren zahlreiche
Großsportereignisse nach Karlsruhe. Wichtige
Weiterentwicklungen dieser Infrastruktur waren der Bau des Fächerbades 1982, wo seitdem
die meisten Schwimmwettkämpfe ausgetragen
werden und der Bau der Europahalle, die die
Aufgaben der Schwarzwaldhalle im Sportbereich übernahm. Seit 2003 ergänzt die Multifunktionshalle dm-arena der Messe Karlsruhe
mit ihrer TV-gerechten Ausstattung das Angebot.

Schwarzwaldhalle

1952 gewann der Karlsruher Architekt Prof.
Erich Schelling den Ideenwettbewerb für die
Neugestaltung des Karlsruher Festplatzes. Im
Zentrum der Planungen stand der Neubau
einer Mehrzweckhalle, die 1953 nach den Plänen Schellings erbaut wurde und den Namen
Schwarzwaldhalle erhielt. Insbesondere ihre
Dachkonstruktion, eine freitragende Dachhaut
in der Form einer hängenden Schale, erregte
weltweit großes Aufsehen. Im Jahr 2000 wurde die Schwarzwaldhalle als Kulturdenkmal
von besonderer Bedeutung in das Landesdenk-
malbuch eingetragen.

Die Schwarzwaldhalle war das erste der drei
Projekte, die ab Mitte der fünfziger bis Anfang
der achtziger Jahre die Infrastruktur für Groß-
sportveranstaltungen in Karlsruhe bilden sollten. Im sportlichen Bereich war sie besonders

für Turnen, Boxen, Hallenhandball und Leichtathletik, aber auch für die gesellschaftlichen
Rahmenveranstaltungen geeignet.

In rascher Folge belegten von da an Groß-
sportveranstaltungen die Schwarzwaldhalle.
Allein 1954 fanden folgende Wettbewerbe
statt:

- Hallenhandball-Länderspiel
  Deutschland-Schweden
- Boxländerkampf
  Deutschland-Jugoslawien
- Deutsche Kunstturnmeisterschaften
- Europameisterschaften im Rollschuh-
  kunstlauf
- Internationales Hallenhandball-Turnier

Im Jahr darauf konnte neben der Deutschen
Hallenhandballmeisterschaft und dem gesellschaftlichen Rahmenprogramm der Deutschen

Turn- und Spielmeisterschaften auch die erste
Weltmeisterschaft nach Karlsruhe geholt werden. Mit der Weltmeisterschaft im Ringen
Griechisch-Römisch fand in der Karlsruher
Schwarzwaldhalle erstmals eine Ringer-Weltmeisterschaft in Deutschland statt. Sie war
gleichzeitig die erste Weltmeisterschaft überhaupt, die in Baden ausgetragen wurde. Vom
21.-24. April trafen sich über 160 Ringer aus
24 Nationen, darunter aus den drei deutschen
„Nationen" (Bundesrepublik, DDR und das
Saarland). Begleitet wurde die Weltmeisterschaft von einem Kongress des Internationalen
Amateur-Ringerverbandes auf der Sportschule
Schöneck. Auch medial wurde die Weltmeisterschaft zu einer Großveranstaltung. Über 150
Pressevertreter, darunter 50 aus dem Ausland,
akkreditierten sich, vier Radiosender waren
vor Ort und das Fernsehen übertrug eine „Eu-
rovisions"-Sendung in die Mehrzahl der betei-

Außenansicht der Schwarzwaldhalle kurz vor der Eröffnung 1953.

143

Die deutsche Mannschaft bei den Europameisterschaften im Rollschuhkunstlauf 1954 in der Schwarzwaldhalle.

Wettbewerb im Reigenfahren während der deutschen Hallen-Radsport-Meisterschaften der „Solidarität"
in der Schwarzwaldhalle 1959.

ligten Länder. Berichte der Wochenschauen wurden in über 3.600 Filmtheatern gezeigt.

Auch wenn sich die sportlichen Erfolge der westdeutschen Ringer in Grenzen hielten (eine Silber- und eine Bronzemedaille), so präsentierte sich der Sportstandort Karlsruhe bestens. 30.000 Besucher verfolgten die Wettkämpfe in der Schwarzwaldhalle, etwa 1.000 auswärtige Gäste kamen nach Karlsruhe – ein nicht unwesentlicher Wirtschaftsfaktor –, und der Verbandspräsident der Ringer, Roger Coulon, bezeichnete die Weltmeisterschaft als die bestorganisierte Veranstaltung der Nachkriegszeit.

Für den deutschen Sport war die Veranstaltung in Karlsruhe ein wichtiger Schritt auf dem mühsamen Weg aus der Isolation der Nachkriegszeit hin zu normalen Sportbeziehungen mit dem Ausland. So war noch 1950 ein Aufnahmeantrag der deutschen Ringer in den internationalen Verband IAWF abgelehnt worden.

Die sehr erfolgreich durchgeführte Ringer-Weltmeisterschaft (griechisch-römisch) 1955

veranlasste den Fachverband FILA, die nächste größere internationale Ringer-Veranstaltung in der Bundesrepublik, die Ringer-Europameisterschaft im Freistil 1966, erneut in die Fächerstadt zu vergeben. Die Veranstaltung begann mit einem Eklat, welcher durch die gespannten deutsch-deutschen Beziehungen ausgelöst wurde. Auf einer vorbereitenden Sitzung des Weltringerverbandes war beschlossen worden, dass beide deutsche Mannschaften gemeinsam unter der Olympiafahne (Schwarz-Rot-Gold mit den fünf Olympiaringen) starten sollten. Fünf Tage vor Beginn der Wettkämpfe forderte der Präsident des DDR-Verbandes jedoch, die deutschen Mannschaften sollten getrennt unter ihren jeweiligen Verbandsfahnen antreten. Als dies von der FILA abgelehnt wurde, reiste die DDR-Delegation ab. Von den acht Wettbewerben, an denen 120 Athleten aus 18 Ländern teilnahmen, gewann die UdSSR sechs, die Türkei zwei. Die Türken sorgten dann auch für eine ausverkaufte Schwarzwaldhalle, 3.000 der 4.500 Besucher am Finaltag waren Türken, ein sichtbares Zeichen für die

Erinnerungsplakette der Ringer-WM 1955 in der Schwarzwaldhalle.

Sportbegeisterung der seit 1961 als Gastarbeiter angeworbenen Türken.

Mit dem Bau der Europahalle 1983 verlor die Schwarzwaldhalle ihre Funktion als Sporthalle, sie wurde von da an nur noch ausnahmsweise für Sportveranstaltungen genutzt, z. B. für die World Games 1989.

Europahalle

1969 kamen im Gemeinderat Forderungen nach einer Großsporthalle auf. Das Projekt konnte 1976/77 nach Sicherung der Finanzierung in die konkrete Planungsphase treten. Drei Optionen standen zur Wahl. Eine Sporthalle beim Wildparkstadion mit dem Ziel, dort ein Großsportzentrum zu verwirklichen, eine Mehrzweckhalle auf dem Festplatz oder eine Sporthalle in der Günther-Klotz-Anlage mit den Komponenten Schul-, Vereins- und Veranstaltungssport. Der Wunsch nach der Nutzung für den Schulsport gab schließlich den Ausschlag für den Standort Günther-Klotz-Anlage, denn dort befanden sich sechs Schulen in unmittelbarer Nachbarschaft. So konnte eine Nutzung der 1983 eröffneten Halle von morgens bis in den Abend hinein erreicht werden. Die Zwischenbilanz nach den ersten fünf Betriebsjahren war eindrucksvoll[83]. Anstelle der vorgesehenen sechs Schulen nutzten 14 Schulen die Halle, 22 Karlsruher Vereine trainierten dort regelmäßig und verschiedene Fachverbände führten Lehrgänge durch. Zudem etablierte sich die Europahalle auch als Austragungsort internationaler Wettbewerbe. Volleyball-, Basketball- und Handball-Länderspiele, Europameisterschaften in Basketball, im Kunstturnen der Junioren oder im Kickboxen waren nur einige der Großveranstaltungen der ersten Jahre. Seit 1985 wird jährlich das Internationale Hallenleichtathletik-Meeting

Außenansicht der Europahalle 1989.

Wettbewerb im Tauziehen im Rahmen der World Games 1989.

– ab 2006 BW-Bank-Meeting – ausgetragen, das zu den besten IAAF- bzw. EAA-Meetings weltweit zählt. 2004 und 2005 wurde das Karlsruher Meeting weltbestes Hallen-Meeting im Ranking nach den erzielten sportlichen Leistungen (2005 ein Europarekord, sechs Weltjahresbestleistungen, vier Meeting- und vier nationale Rekorde).[84]

Vom 20. bis 30. Juli 1989 war die Europahalle zentraler Schauplatz der dritten World Games, der „Olympischen Spiele" der nichtolympischen Sportarten, die alle vier Jahre im Jahr nach den Olympischen Spielen stattfinden. In und um die Europahalle herum fanden Wettbewerbe in zwölf Disziplinen statt (Karate, Kunstrad, Netball, Radball, Rollkunstlauf, Taekwondo, Trampolin, Tumbling, Faustball, Petanque, Rollschnelllauf, Tauziehen). Sie wurden ergänzt durch Demonstrationen und Vorführungen zahlreicher anderer Sportarten.

Weitere Wettbewerbe wurden in der Schwarzwaldhalle (Korfball und Rollhockey), der Stadthalle (Bodybuilding und Kraftdreikampf), im Fächerbad (Flossen- und Rettungsschwimmen), in der Sportschule Schöneck (Feldbogen), im Rheinhafen Wörth (Wasserski) und in einem privaten Bowling-Center ausgetragen.[85] Eröffnet wurden die World Games von Juan Antonio Samaranch, dem Präsidenten des IOC, der das Patronat der Spiele übernommen hatte. Über 5.000 Sportler aus 60 Ländern nahmen an den Wettbewerben und Vorführungen teil, 2.000 ehrenamtliche Helfer unterstützten die Organisatoren und mit 250.000 Besuchern konnten sogar die Besucherzahlen der vorherigen Austragungsorte Santa Clara (USA) und London übertroffen werden.[86]

1994/95 erhielt die Europahalle einen dreigeschossigen Anbau, wodurch die Halle um ein Pressezentrum, verbesserte Gastronomieangebote und weitere Funktionsräume erweitert werden konnte. Die Haupthalle hat eine Gesamtnutzfläche von 2.200 m², für die Besucher stehen bis zu 9.000 Steh- und Sitzplätze bereit (bei kulturellen Veranstaltungen). Sportliche Höhepunkte in der Europahalle waren seitdem die Weltmeisterschaft der Standardtänze 1997, die Basketball-WM im folgenden Jahr oder der Box WM-Kampf 2000 des Lokalmatadors Sven Ottke.

Messe Karlsruhe

Seit dem Jahr 2003 steht mit der Multifunktionshalle dm-arena der Messe Karlsruhe ein weiterer Veranstaltungsort für Großsportereignisse zur Verfügung. 12.500 m² Hallenfäche bieten Platz für 10.000 Sitzplätze. Dank der TV-gerechten Infrastruktur konnte hier 2003 bis 2005 jährlich die Tanzsportveranstaltung ARD Masters-Gala unter der Beteiligung zahlreicher Welt- und Europameister durchgeführt

werden. 2004 und 2005 fanden WM-Kämpfe der Karlsruher Boxerin Regina Halmich in der dm-arena statt.

Hochschulstadion

Nach Kriegsende wurde das Hochschulstadion zuerst von den Franzosen, danach bis 13. Januar 1953 von amerikanischen Besatzungstruppen beschlagnahmt. Trotzdem konnte die Technische Hochschule das Stadion seit 1948 wieder mit benutzen. 1954 war es Austragungsort des Internationalen Leichtathletik-Sportfests des KTV. Auch in den folgenden Jahren waren die Verbindungen zwischen Hochschulsport, Stadt und Vereinen sehr eng. Außer der TH selbst nutzten zahlreiche Schulen und Vereine die Anlage zum Training, Sportfeste der DJK oder des Eichenkreuz fanden statt, das Sportabzeichen wurde hier abgenommen (1959: 1.500 Personen) und verschiedene Sportverbände hielten Kurzlehrgänge ab.[87] In

Das Hochschulstadion mit dem Tribünenbau 1959.

den sechziger Jahren verlor das Hochschulstadion seine Funktion als Sportstätte. Das Stadiongelände wurde überbaut, das Tribünengebäude dient heute studentischen Kulturgruppen als Veranstaltungsort.

Wildparkstadion

Mit der Fusion der Karlsruher Fußballvereine VfB Mühlburg und FC Phönix zu einem Großverein, dem Karlsruher Sport-Club, im Oktober 1952 war die Basis für den Bau eines großen Stadions in Karlsruhe gelegt. Der VfB brachte dabei eine sportlich erfolgreiche Mannschaft ein, der FC Phönix einen deutschen Meistertitel und sein Stadion im Wildpark, das zu einer Großsportanlage ausgebaut werden sollte.[88] Die Stadt trug im Wesentlichen die Finanzierung des Baus und vermietete das Stadion an den KSC. Im Frühjahr 1953 begann der Ausbau des Wildparkstadions, die Tribüne wurde nach Plänen von Prof. Erich Schelling erbaut, der selbst Mitglied des KSC war.[89] Mitte 1955 wurde das Stadion mit seinen Einrichtungen für Fußball und Leichtathletik fertiggestellt. Es fasste in seiner Grundausstattung 55.000 Zuschauer, von denen 5.300 auf überdachten Sitzplätzen Platz fanden. Durch Stahlrohrtribünen konnte die Zahl der Plätze auf 70.000 erweitert werden.[90]

Bereits im Eröffnungsjahr 1955 konnten im Stadion vier Großveranstaltungen durchgeführt werden: Am 17. Juli 1955 fand ein internationales Leichtathletiksportfest statt, bevor das Stadion am 7. August mit einem Spiel des KSC, des Deutschen Pokal-Meisters 1955, gegen Rot-Weiß Essen, den Deutschen Meister 1955, vor knapp 50.000 Zuschauern offiziell eingeweiht wurde. Die Deutschen Turn- und Spielmeisterschaften vom 9.-11. September 1955 brachten 1.800 Turner nach Karlsruhe, die meisten Wettbewerbe wurden im Wildparkstadion ausgetragen. Das eigentlich schon für die Eröffnung gewünschte Länderspiel konnte mit der Begegnung Deutschland-Norwegen im November ausgetragen werden, nachdem auf Wunsch des DFB die Zahl der Sitzplätze aufgestockt worden war.[91]

Bis heute fanden noch fünf weitere Länderspiele im Wildparkstadion statt – gegen die Schweiz, Zypern, Marokko, Albanien und Uruguay. Aus allen Spielen ging die deutsche Elf als Sieger hervor. 1956 konnte der KSC das Endspiel um den DFB-Pokal gegen den HSV im heimischen Wildparkstadion gewinnen.[92]

Die Modernisierungen im Stadion beschränkten sich bis Ende der achtziger Jahre auf kleinere Arbeiten. 1978 wurde eine neue Flutlichtanlage installiert und die Gegentribüne überdacht, 1986 zog eine elektronische Anzeigentafel in das Stadion ein. 1989 beschloss der Gemeinderat den Neubau der Haupttribüne, die zusammen mit einer neuen Ballsporthalle im Juni 1993 eröffnet werden konnte. Keine zwei Jahre später ging der KSC mit Plänen zum weiteren Ausbau des Stadions an die Öffentlichkeit. Das Exposé „Wildpark 2000" stellte u.a. Pläne zur vollständigen Überdachung mit dann 33.000 Sitzplätzen vor, da die Fußballverbände ab 1998 für internationale Wettbewerbe Stadien ausschließlich mit Sitzplätzen forderten. Anlass dazu waren Hoffnungen des KSC, Spiele der Fußball-Weltmeisterschaft 2006 nach Karlsruhe holen zu können. Zur Finanzierung wurden gewerblich genutzte Hochhäuser um das Stadion[93] oder die Ansiedelung eines Multiplexkinos vorgeschlagen.[94] Der Abstieg des KSC in die zweite Bundesliga 1998 und zwei Jahre später in die Regionalliga ließen die Ausbaupläne für das Stadion in den Hintergrund treten. Im Jahr 2005 ließen die geänderte Sicherheitslage, eine veraltete Gegentribüne und neue gesetzliche Vorgaben die Diskussion über einen Neu- oder Umbau des Stadions wieder auf-

Gesamtansicht des vollbesetzten Wildparkstadions bei seiner Eröffnung 1955.

Internationales Leichtathletikfest anlässlich der Einweihung des Wildparkstadions 1955 –
Christa Stupnik, die Siegerin des 100-m-Laufs der Frauen, mit ihrer Siegprämie, einer Stehlampe.

kommen. Im März 2006 fiel die Grundsatzentscheidung für einen Umbau des bestehenden Stadions zu einem reinen Fußballstadion.

Vierordtbad

Nach dem Zweiten Weltkrieg existierte in Karlsruhe nur noch ein Hallenbad, das Vierordtbad am Stadtgarten, nachdem das an der Kaiserstraße gelegene Friedrichsbad 1944 zerstört worden war. Das Vierordtbad wurde von 1871–73 nach Plänen von Josef Durm erbaut. Den Besuchern standen dort Wannenbäder, Dampf- und warme Luftbäder zur Verfügung. Für ein Schwimmbad sah man noch keinen Bedarf, die Alb und der Rhein wurden als Sommerbäder für ausreichend erachtet, Winterschwimmbäder hielt man für zu teuer.[95] Erst im Rahmen der Renovierung 1898/1900 erhielt das Vierordtbad ein Schwimmbecken von 28,7 auf 10,7 Meter.

Nach Kriegsende 1945 war das Bad zwar beschädigt, konnte aber mit Unterstützung der Besatzungstruppen rasch instandgesetzt werden. Dabei konnte auf Ersatzteile aus dem fast völlig zerstörten Friedrichsbad zurückgegriffen werden. Den Amerikanern blieb die Nutzung der Schwimmhalle zuerst allein vorbehalten, erst ab Januar 1946 teilten sie die Badezeiten hälftig mit der Zivilbevölkerung. Mitte 1946 nutzten bereits fünf Vereine das Vierordtbad für ihre wöchentlichen Übungsabende: Der KTV 1846, MTV, Schwimmverein Neptun, Freie Turnerschaft (früher Arbeiter-Wasser-Sport) und die Lebensrettungsgesellschaft.[96]

Innenansicht des Vierordtbads 1976.

Im Oktober 1946 konnte der KTV 1846 anlässlich seines 100jährigen Bestehens Wettbewerbe in verschiedenen Schwimmdisziplinen und im Wasserball veranstalten, an denen sich Mannschaften aus neun südwestdeutschen Städten beteiligten.[97]

Allerdings gab es in den ersten Nachkriegsjahren auch verschiedene Probleme. Aufgrund der großen Nachfrage musste die Badezeit auf 45 Minuten beschränkt werden. Die Materialknappheit verhinderte noch 1947 die Instandsetzung von Dächern, es fehlten Badehosen für den Verleih und Personalkleidung.[98] Trotz dieser Widrigkeiten stiegen die Besucherzahlen ständig an, von 248.870 (1946) über 339.014 (1950) auf 391.180 (1952). Auf diesem Niveau blieben die Zahlen bis 1955.[99]

Wie vor dem Krieg wurde den Schülern und Schülerinnen der Volks- und Oberschulen von zwölf und dreizehn Jahren kostenloser Schwimmunterricht angeboten. Genau 12,70 DM zahlte die Stadtkasse im Jahr 1949 pro Schüler für den 16stündigen Kurs, der mit einer Prüfung abschloss (Sprung vom 3-m-Brett, freies Schwimmen einer Bahn). Wer bestanden hatte, erhielt neben einer Urkunde 20 Freikarten für die städtischen Bäder.[100]

1984 positionierte sich das Vierordtbad als Fitness- und Erholungsbad mit Heißlufträumen, Dampfraum, Sauna, Massageraum und Solarium. Private Anbieter ergänzten das Angebot um medizinische Bäder und Unterwassermassagen.[101] Mit dem Umbau des Kurbades und der Sanierung der Schwimmhalle 1996 bis 2005 wurde dieses Konzept weiterentwickelt und mit Einrichtungen wie Vitarium, Tepidarium, Whirlpool, Vitalisbecken oder Meditationshof auf aktuellen Stand gebracht.[102]

Tullabad

Eine aus den steigenden Besucherzahlen des Vierordt-Bades resultierende Diskussion, ob man das Vierordtbad erweitern oder ein neues Schwimmbad bauen solle, wurde schließlich zugunsten des Neubaus entschieden. Bei der Standortwahl gaben wirtschaftliche Gründe den Ausschlag. Das neue Tullabad wurde neben das Vierordtbad gebaut, da hier die benachbarte Heizzentrale mitbenutzt werden konnte. Zudem sollte das Tullabad den Festplatz als ein Veranstaltungszentrum kultureller und sportlicher Veranstaltungen stärken.[103]

Als das neue Bad am 16. Juli 1955 eingeweiht wurde, war es eines der modernsten Sportbäder Europas: Das 2,10 m tiefe Sportbecken war für alle Schwimmsportarten geeignet, die Höheneinstellung des Sprungturms war hydraulisch regelbar – erstmals in einem deutschen Schwimmbad. Durch Unterwasserfenster konnten die Trainer die Bewegungen der Schwimmer analysieren. Die Tribünen boten Platz für 550 Zuschauer, für Presse, Funk und Fernsehen waren Arbeitsmöglichkeiten vorhanden.[104]

Bereits vor seiner offiziellen Einweihung beherbergte das Tullabad am 2. und 3. Juli die Deutschen Hochschulmeisterschaften im Schwimmen. Drei Monate später fand der erste internationale Wettbewerb, das Internationale Schwimmfest, unter Beteiligung von Frankreich und Ungarn statt, das als sportliche Erfolge einen europäischen, fünf ungarische und drei deutsche Rekorde erbrachte.[105]

Das Tullabad wurde von der Bevölkerung begeistert angenommen, bereits 1956 hatte es mehr Besucher als das Vierordtbad. Dabei verlor das Vierordtbad zwar einen Teil seiner Besucher, insgesamt fanden nun aber immer mehr Besucher den Weg in die beiden Bäder, 1958 bereits über 630.000, im Rekordjahr 1964 schließlich über 773.000 Besucher.

Das Tullabad 1955.

Das hochmoderne Bad war Austragungsort zahlreicher nationaler und auch internationaler Sportveranstaltungen, u. a.:

25./26.2.1956
Damen Schwimmländerwettkampf
Deutschland-Frankreich

22./23.3.1958
Deutsche Hallenmeisterschaften
im Schwimmen

8./9.4.1961
Deutsche Mannschaftsmeisterschaften
im Schwimmen

20./21.4.1963
Schwimmländerkampf Deutschland-Italien

27.10.1963
Wasserball-Länderspiel
Deutschland-Schweiz

15./16.5.1965
Deutsche Hallenmeisterschaften
im Schwimmen

2005 fand im Tulla-Bad zum 30. Mal das Frühjahrsmeeting süddeutscher Schwimmer statt.

Hallenbadbau seit den siebziger Jahren

In den Jahren 1974/75 erweiterte sich das Angebot an Hallenbädern in Karlsruhe deutlich. Im September 1974 eröffnete das Hallenbad Grötzingen, im Januar 1975 das Hallenbad Wettersbach, im Oktober das Weiherhofbad in Durlach. Hinzu kam durch die Eingemeindung Neureuts 1975 das dortige Hallenbad (nach der Generalsanierung 1985 Adolf-Ehrmann-Bad). Mit diesen vier Bädern hatten die in den entfernteren Stadtteilen lebenden Bürger nun einen wesentlich einfacheren Zugang zu den

153

Hallenbädern. Damit konnte der seit mehreren Jahren zu verzeichnende Rückgang der Besucherzahlen in den Hallenbädern gestoppt werden, 1976 erzielte man sogar fast wieder die Rekordzahlen der Jahre um 1965 (über 700.000 Besucher). Seitdem ist freilich ein stetiger Rückgang im Besuch der städtischen Hallenbäder zu verzeichnen (2004: 318.000).

Dieser Besucherrückgang in den städtischen Bädern konnte jedoch durch die von Vereinen direkt oder über eine gemeinnützige GmbH betriebenen Hallenbäder aufgefangen werden, die seit 1980 das städtische Angebot ergänzen.

Den Anfang machte 1980 der Sportverein Post Südstadt Karlsruhe, der das Oberwaldbad des Wohnstifts Karlsruhe in Rüppurr pachtete und es als öffentliches Hallenbad betreibt.

Zwischen den Stadtteilen Waldstadt, Hagsfeld und Rintheim liegt im Traugott-Bender-Sportpark das Fächerbad, getragen von einer gemeinnützigen GmbH, deren Gesellschafter mehrere Karlsruher Sportvereine (SSC Sport- und Schwimmclub Karlsruhe, KSV Rintheim-Waldstadt, Polizeisportverein Karlsruhe) sowie der Bürgerverein Waldstadt sind. Die Stadt Karlsruhe beteiligte sich an der Finanzierung und trägt zum Unterhalt bei.

Seit seiner Eröffnung im Jahr 1982 hat sich das Fächerbad zum Besuchermagneten entwickelt. 2004 hatte es mit mehr als 400.000 Besuchern mehr Besucher als alle städtischen Hallenbäder zusammmen. Einen nicht unwesentlichen Anteil an diesem Erfolg haben die ergänzenden Angebote wie Solarium, Saunabereich oder die Beachvolleyball-Anlage. Im Bereich des Spitzensports übernahm es die Veranstaltungen, die bisher im Tullabad stattfanden. 1983 und 1984 fanden Ländervergleichskämpfe, 1988 die Deutschen Schwimmmeisterschaften statt. Zu den World Games 1989 wurden die Wettbewerbe im Flossen- und Rettungsschwimmen ausgetragen.

Seit 1987 sind Pläne für den Bau eines großen Sport- und Freizeitbades in der Günther-Klotz-Anlage Teil des städtischen Bäderkonzepts.[106] 2004 wurde der Bau des Bades nahe der Europahalle vom Gemeinderat beschlossen. Geplant ist eine Wasserfläche von knapp 1.600 m^2 und zur Ausstattung werden ein Wildwasserfluss sowie ein Wellness- und ein Saunabereich gehören. Die Eröffnung des Freizeitbades wird zu einer Zentralisierung der Karlsruher Bäderlandschaft führen, da gleichzeitig das Tullabad sowie das Hallenbad Wettersbach geschlossen werden sollen und das Grötzinger Hallenbad nur noch Gruppen (Schüler, Vereine) zur Verfügung stehen soll, um die Finanzierung des neuen Bades zu sichern.

Freibäder in Karlsruhe

Zu Beginn des Sommers 1945 waren das Rheinhafenbad und das Freibad Durlach betriebsbereit. Beide Freibäder wurden jedoch von den Besatzungstruppen beschlagnahmt und standen 1945 Zivilisten nicht zur Verfügung. Erst 1946 begann in beiden Bädern der reguläre Badebetrieb für die Bevölkerung und der Schwimmunterricht für Schulklassen. Im Durlacher Freibad begannen die vereinigten Sportvereine Durlachs mit Übungsabenden, das Rheinhafenbad bot dem Schwimmverein Neptun Platz für seine Trainingsstunden.

Zusätzlich plante 1945 der französische Besatzungskommandant Pingault, drei Löschwasserbecken im Stadtgebiet als Bäder auch für die Bevölkerung zur Verfügung zu stellen. Die Arbeiten daran wurden aber nach dem Wechsel der Besatzung auf die Amerikaner eingestellt.

Das größte Karlsruher Freibad, das Rheinstrandbad Rappenwört, war während des Krieges stark in Mitleidenschaft gezogen worden. Sämtliche Tragkörper der Sprunggerüste und

Das Rheinstrandbad Rappenwört 1956.

Das Freibad Rüppurr 1953.

die 50-Meter-Schwimmbahn waren zerstört, vieles beschädigt, die gesamte Rasenfläche durch Schützengräben verwüstet und die Anbindung an die Straßenbahn unterbrochen. Die Instandsetzungsarbeiten dauerten bis August 1945, dann konnte das Bad durch die Bevölkerung genutzt werden.

Aus der Perspektive der in den Bädern Beschäftigten zog das Bäderamt 1947 folgendes Fazit zu den Problemen der Zeit: „... die zahlreichen Schwimmbäder mit dem anstrengenden Schwimmunterricht, sowie der Betrieb in den aussergewöhnlich stark besuchten Sommerbädern mit Rekordziffern, stellten an das Personal in Anbetracht der mangelhaften Ernährung und der langen Arbeitszeit erhebliche Anforderungen. Verkehr mit den Badegästen durch die allgemeine Nervosität gegenüber früher auch viel schwieriger."[107] Auch war das Baden nicht ganz ungefährlich. 1947 ertranken in Rappenwört neun, 1948 drei Badegäste.[108]

Das Rheinstrandbad Rappenwört war seit seiner Gründung 1929 nicht nur Schwimmbad, sondern eine Freizeitanlage mit verschiedenen Sportangeboten. Von Anfang an existierten Felder für Ringtennis (zeitweise bis zu 60 Felder), ein Sport der für Deutschland in Karlsruhe seinen Ausgang nahm. Die Tradition der 1929 erstmals ausgetragenen Ringtennisturniere wurde 1949 wieder aufgenommen[109] und bis heute mit den Pfingstturnieren im Rheinstrandbad fortgesetzt. Weitere Sportangebote im Rheinstrandbad sind ein Volleyball-, ein Fußball- und ein Basketballfeld sowie eine Minigolfanlage.

Nach dem Wiederaufbau der Infrastruktur (Straßenbahnanschluss in Rappenwört, Umkleidehalle im Rheinhafenbad) stiegen die Besucherzahlen beträchtlich an (1949: über 285.000 Besucher in den drei Freibädern). 1964 wurde im Freibad Rappenwört zusammen mit einem neuen 50-m-Becken ein Wellenbad eröffnet. Die Schließung des alten Hafenbe-

ckens wegen seiner schlechten Wasserqualität reduzierte die Wasserflächen trotz der neuen Becken deutlich, ein Missstand, der erst 1979 durch den Bau eines weiteren 50-m-Beckens teilweise ausgeglichen werden konnte. Das Rheinhafenbad wurde 1965 zu einem Warmwasserbad aufgerüstet und 1969/70 vollständig renoviert. Um Verwechslungen mit dem Rheinstrandbad auszuschließen, wurde das Rheinhafenbad 2005 in Sonnenbad umbenannt, einen Namen, den es bereits bei seiner Gründung 1915 trug.[110]

Anhaltende Probleme mit der Qualität des Wassers, das bis dahin der Pfinz entnommen wurde sowie Platzprobleme machten den Neubau des Durlacher Freibad nötig, das 1955 als Turmbergbad wieder eröffnet wurde.[111]

Heute unterhält die Stadt Karlsruhe noch zwei weitere Freibäder, das 1953 erbaute Rüppurrer Freibad und das des 1973 eingemeindeten Stadtteils Wolfartsweier. Wie die Hallenbäder leiden auch die Freibäder unter einem Besucherückgang. Gegenüber dem Zeitraum 1985–1994 verloren sie 1995–2004 etwa 20 % ihrer Besucher. Zusammen mit steigenden Unterhaltskosten, die durch Eintrittserhöhungen nicht ausgeglichen werden können, führt dies zu einer steigenden Belastung des städtischen Haushalts. In Zeiten knapper Haushaltsmittel verlangsamt dies notwendige Sanierungen und Neuinvestitionen.

Sportschule Schöneck

Mit dem raschen Wiederaufschwung des Fußballs nach dem Zweiten Weltkrieg sah man beim Badischen Fußballverband die Notwendigkeit, eine zentrale Aus- und Weiterbildungsstätte einzurichten. Anfangs wollte man die ehemalige Reichssportschule Wilhelmshöhe in Ettlingen dafür nutzen. Diese Pläne scheiterten allerdings daran, dass die Stadt Ettlingen die Sportschule zu einem Altersheim umgestaltete. So kaufte der Verband 1951 das Gut Schöneck auf dem Turmberg mit 50.000 m² Gelände und baute es in den folgenden Jahren zu einer modernen Sportschule aus, die im Juli 1953 eröffnet werden konnte. Personell schloss man an die Reichssportschule Wilhelmshöhe an, indem man den ehemals dort tätigen Hans Gruber – einen langjährigen Spieler des VfB Mühlburg – zum Leiter der Sportschule Schöneck ernannte.

In der Ausbildungstätigkeit wurden mehrere Zielgruppen anvisiert. Angesichts des raschen Wachstums der Vereine in der Nachkriegszeit war die Ausbildung von Jugendleitern und -betreuern sowie von Übungsleitern zentral wichtig. Den Spielern selbst wurden Lehrgänge für aktive Spieler und für Jugendliche angeboten, außerdem stand die Vorbereitung von Auswahlmannschaften auf dem Programm. Daneben organisierte man die Aus- und Weiterbildung von Schiedsrichtern und bot Fußball-Lehrgänge für Lehrer an.

Neben der Ausbildung stand der Erholungsaspekt im Vordergrund. Bei versehrten und sportverletzten Spielern sollte ein Aufenthalt die Genesung fördern, Vereinsmitglieder und Privatgäste konnten hier einen Erholungsurlaub verbringen.[112] Der starke Andrang von Tagesgästen, für die das Restaurant und die Aussichtsterrasse zu einem beliebten Ausflugsziel wurden, störte den Ausbildungsbetrieb allerdings so sehr, dass 1962 Sportschule und Restaurant für normale Tagesgäste geschlossen wurden.[113]

Die folgenden Jahrzehnte waren von einem stetigen Ausbau der Anlage geprägt, allein in den Jahren von 1984 bis 2000 wurden ca. 30 Millionen Mark investiert. Heute präsentiert sich die Sportschule als eine umfassende Sportanlage mit drei Sporthallen, drei Sportplätzen, Hallenbad, zwei Tennisplätzen, Fitnessraum, Ringer-Judoraum, Kegelbahn, Sauna,

Die Sportschule Schöneck 1956.

zwei Beachvolleyballplätzen und Finnenbahn. Die Bandbreite der angebotenen Sportstätten verweist darauf, dass mittlerweile Angebote zu anderen Sportarten prozentual die Angebote im Bereich Fußball deutlich übertreffen (65 % : 35 %). Die Schwerpunkte der Arbeit liegen heute auf der Aus- und Fortbildung von Übungsleitern, auf Seminaren für Führungskräfte und Trainingsaufenthalten von Mannschaften. Zudem ist die Sportschule Schöneck Leistungszentrum und Stützpunkt verschiedener Sportarten.

Die Zahl der Betten hat sich von 52 (1953) auf heute 172 erhöht, die jährliche Übernachtungszahl liegt bei etwa 35.000 Übernachtungen. Den international guten Ruf der Sportschule belegen die ausländischen unter den 566 Gruppen, die sich 2005 zu Veranstaltungen in der Sportschule einfanden, u.a. Fußballmannschaften aus Weißrussland, Frankreich, Schweden und Island sowie Handballmannschaften aus der Slowakei und Russland.[114]

SVENJA SCHMIDT

Boxsport in Karlsruhe

Die Anfänge –
Ein Kampf auf Leben und Tod

Der Faustkampf ist eine der ältesten Sportarten der Welt. Tempelgemälde der Sumerer und Ägypter erzählen von den Anfängen und von einem ersten Regelwerk, das lediglich Treffer am Kopf erlaubte. In der Antike wurde der Boxkampf olympisch und Sportförderung war bereits bei den Griechen groß geschrieben: Die Kämpfer erhielten Unterstützung von reichen Bürgern und kämpften um Preisgelder. Härter traf es da im Wortsinn die römischen Boxer. Als Gladiatoren kämpften sie um Leben und Tod. Vielleicht liegt hierin die Wurzel des negativen Images, das der Sportart seit Jahrhunderten anhaftet: der Sport der gebrochenen Nasenbeine, der blutunterlaufenen eingedrückten Augenhöhlen und vermuteter bleibender Hirnschädigungen.

In Deutschland bildeten sich ab 1912 die ersten Boxvereine. Im Verborgenen – die Sportart war offiziell verboten. Die erste inoffizielle Deutsche Meisterschaft im Schwergewicht fand aber schon 1911 statt. Die Szene wuchs im Untergrund, geboxt wurde vornehmlich in Hinterhöfen. Man stand dem Sport der Halbwelt, der Unangepassten, der Tagediebe und Banden skeptisch gegenüber. Anders im Ausland: In England, dem „Mutterland des Boxens", wurde 1720 die erste Boxschule gegrün-

det. Damit leistete James Figg (1684–1734), auch „Vater des Boxens" genannt, Pionierarbeit. Der Fechtmeister gewann den ersten britischen Meistertitel und konnte ihn bis 1734 mehrmals verteidigen. Jack Broughton (1704–1798) sorgte dann 1743 für ein erstes verbindliches Regelwerk, die „Broughton Rules", nach dem bis 1838 gekämpft wurde. Die „London Prize Ring Rules" lösten dieses erste Regelwerk ab. Seit 1867 wird nicht nur im Training, sondern auch im Wettkampf mit Handschuhen geboxt. Bei den Olympischen Spielen in St. Louis 1904 gehörte erstmals das Boxen zum Programm, seit 1920 ist es fester Teil der Spiele.

Offiziell machte man in Deutschland erst nach Ende des Ersten Weltkriegs mit dem Boxen Bekanntschaft. Aus britischer Gefangenschaft zurückkehrende Soldaten sorgten für die Verbreitung. In den Vereinen für Ringen, Athletik und Gewichtheben begann man nun auch offiziell in Deutschland zu boxen. Anders als in vielen anderen Sportarten entwickelte sich der Amateursport aus dem Profisport.

Die Regeln – Ein Kurzüberblick

Auch „die fairste Sportart der Welt" bedarf einiger Regeln[1] und Anhaltspunkte, die außerdem einen Unterschied zwischen Profi- und

Amateurkampf machen. Die aus dem Jahr 1867 stammenden „Queensberry Rules" sind bis heute die Grundlage des Boxregelwerks. Geboxt wird mit gepolsterten Boxhandschuhen, die ein Gewicht von acht Unzen[2], manchmal auch zehn, auf die Waage bringen müssen, sowie mit Mundschutz, einer angepassten Zahnschiene. Ausgetragen werden die Kämpfe in einem Boxring, nach Gewichtsklassen getrennt – der Gang auf die Waage ist vor jedem Duell Pflicht – und über eine vereinbarte Rundenzahl. Es gibt unterschiedliche Gewichtsklassen für Junioren, Frauen, Amateure und Profiboxer. Die Entscheidung fällt durch Punktwertung, Aufgabe oder Knockout. Letzterer ist erfolgt, wenn ein Boxer innerhalb von zehn Sekunden nach seinem Niederschlag nicht wieder auf die Beine kommt. Als Technischer K.o. wird der Abbruch eines Kampfes oder die Aufgabe eines Teilnehmers bezeichnet. Schläge sind auf alle Körperteile oberhalb der Gürtellinie gestattet.

Amateure boxen vier Runden à zwei Minuten, wobei die Anzahl der anerkannten Treffer entscheidend ist. Ein Amateurboxkampf ist rein äußerlich daran zu erkennen, dass mit Kopfschutz und T-Shirt geboxt wird. Zur besseren Lokalisierung der Treffer muss die Gürtellinie klar erkennbar sein.

Bei Profiwettkämpfen ist die Anzahl der Runden à drei Minuten frei wählbar. In der Regel sind es sechs bis zwölf. Drei Kampfrichter bewerten, wer in jeder Runde jeweils stärker gekämpft hat. Bei einem Kampf über die volle vereinbarte Rundenzahl entscheidet die Addition der Ergebnisse der einzelnen Runden.

Boomphasen

In der noch nicht einmal hundert Jahre währenden Geschichte des deutschen Boxsports lassen sich drei „Boomphasen" ausmachen.[3] In den Jahren der Inflation und Wirtschaftskrise, den Jahren zwischen den Weltkriegen, wurde Boxen zum Massensport. Max Schmeling feierte seine großen Erfolge.[4] Im Dezember 1920 schlossen sich die deutschen Amateurboxer in Berlin zum Deutschen Reichsverband für Amateurboxen zusammen. Die ersten Deutschen Meisterschaften wurden ausgetragen, was zur Steigerung der Popularität der Sportart beitrug. In diese erste Boomphase fiel die Gründung des Polizeisportvereins Karlsruhe (1922).

In den 50er Jahren fand dort Boxen Eingang in das Programm. Geboxt wurde ebenfalls bei der Karlsruher Athleten Gesellschaft, gegründet 1897, beim Kraftsportverein Einigkeit Mühlburg 1902 und beim 1. Karlsruher Boxsportverein 1922.

Bei den Olympischen Spielen 1936 in Berlin machten sich die Begeisterung sowie der Einsatz für die Sportart bemerkbar und bezahlt: zweimal Gold, zweimal Silber und dazu einmal Bronze für Deutschland. Das bislang beste Ergebnis einer deutschen Boxmannschaft bei Olympischen Spielen hat dabei den bitteren Beigeschmack der Instrumentalisierung durch den Nationalsozialismus. „Das boxsportliche Wollen marschiert und wird bald nationalsozialistisches Volksgut sein", hieß es in einer Theorie des Boxens.[5]

Der Zweite Weltkrieg setzte der Erfolgsgeschichte, wie in anderen Sportarten auch, ein jähes Ende. Doch bereits in den wirtschaftlich schlechten Zeiten der Nachkriegsjahre erholte sich das Boxen von diesem Tiefschlag, und eine neue Boomphase wurde eingeläutet. Gustav (Bubi) Scholz war das Gesicht der neuen Ära.

Die amerikanische Besatzungsmacht erlaubte in Karlsruhe bereits im März 1946 wieder die Ausübung des Boxsports. Über eine Boxabteilung verfügten unmittelbar nach dem

Boxkampf unter freiem Himmel in Rappenwört.

Krieg der Karlsruher Turnverein 1846 (KTV 46), der ASV und der KSV Durlach und der TuS Beiertheim sowie die Kraftsportvereinigung Mühlburg. Im Sommer 1946 wurde der Boxring 46 Karlsruhe-Knielingen gegründet. Auch die KSV Germania rief eine Boxabteilung ins Leben. In einer Zeit, die geprägt war von schwerer Arbeit und Wiederaufbau und in der es nach hartem Tagwerk an Ausgleich oder gar attraktiven Freizeitgestaltungsmöglichkeiten mangelte, hatten die Boxabteilungen regen Zulauf. In Karlsruhe lässt sich dies an der Teilnehmerzahl der Kreismeisterschaften 1948/49 ermessen. In der mit 67 kg begrenzten Weltergewichtsklasse traten 36 Boxer an, die teilweise an einem einzigen Wochenende mehr als fünf Wettkämpfe zu bestreiten hatten.

Die dritte Boomphase lässt sich Anfang der 90er Jahre ausmachen. Bestens trainierte und

geförderte Sportler aus der DDR traten nun für ein vereinigtes Deutschland an und weckten erneut die Begeisterung für die Sportart Boxen. Besonders Henry Maske wirkte hier als Integrationsfigur.[6] Der Einfluss auf das Karlsruher Boxleben war aber eher marginal.

Allgemein lässt die Fachliteratur zum Thema deutlich erkennen, dass sich besonders wirtschaftlich schlechte Zeiten förderlich auf den Boxsport auswirken.[7] Je rauer der Ton in der Alltagswelt, desto faszinierender der angeblich ehrliche Kampf ohne Waffen. Die tatsächlichen Gründe für die Boomphasen sind jedoch nicht auszumachen.

Als bedeutend für den Boxsport in Karlsruhe ist besonders die Zeit nach Ende des Zweiten Weltkriegs anzusehen. Die zahlreichen Vereins- und Boxabteilungsgründungen zeugen vom großen Interesse und gesteigerter Nachfrage in der Fächerstadt. Aus dieser Phase des Booms in Karlsruhe sind lediglich drei Vereine übrig geblieben, die bis heute das Boxen anbieten: der Karlsruher Sportclub Mühlburg-Phönix (KSC), der Boxring Knielingen und der Polizeisportverein Karlsruhe. Bereits im Jahr 1950 hatte der KTV 46 seine Boxriege aufgelöst, in der auch der spätere Karlsruher Oberbürgermeister Prof. Dr. Gerhard Seiler einige Kämpfe im Junior-Schwergewicht bestritten hatte.

Karlsruhes einziger Boxverein – Der Boxring 46 Karlsruhe-Knielingen

Zur Gründung des Boxrings Knielingen kam es durch die Initiative vom Boxsport begeisterter junger Männer, die diese Sportart beim Militär kennen gelernt hatten.[8] In Ermangelung eines eigenen Vereins mussten sie nach dem Krieg zunächst auf den KSV Einigkeit Mühlburg und den Karlsruher Turnverein 46 ausweichen. Die ersten Karlsruher Kreismeisterschaften, die im Knielinger Gasthaus Krone ausgetragen wurden, gaben dann den Ausschlag zur Gründung eines reinen Boxvereins, dessen Gründungsversammlung nach anfänglichen Schwierigkeiten – bei der Beschaffung von Sportgeräten half schließlich der Sportbeauftragte der Militärregierung der Stadt Karlsruhe, Charly Graf – am 22. September 1946 stattfand.

Ab 1950 bot der ehemalige Sportplatz des FV Knielingen in der Kirchau dem Verein die Möglichkeit, Wettkämpfe unter freiem Himmel auszutragen. Um ein regelmäßiges Training in geeigneter Stätte durchführen zu können, wurde 1953 in Eigenarbeit das erste Vereinsheim gebaut.

Der erste Mannschaftskampf wurde jedoch „auswärts", in Beiertheim, gegen den TuS Beiertheim ausgetragen und gewonnen. Bei den Kreismeisterschaften konnte der junge Verein

auf Anhieb sechs Kreismeistertitel einfahren. Zu erwähnen ist auch Herbert König, der Badischer Meister wurde. Bei den Badischen Mannschaftsmeisterschaften 1948/49 belegte der Boxring Knielingen mit seiner Staffel den 4. Platz unter zehn Mannschaften. In der badischen Abschlussrangliste 1948 rangierte der Fliegengewichtler Erich Blum, der ebenfalls Mitglied der Staffel war, auf Rang vier. Erfolgreichster Boxer in den 50er Jahren war Gerhard Wälde, der Badischer und Süddeutscher Meister wurde.

Am 8. Mai 1954 war der Boxring Knielingen Ausrichter des Länderkampfes Deutschland gegen Jugoslawien in der Schwarzwaldhalle, den Deutschland mit 13:7 gewann.

Den zu Höhenflügen ansetzenden hoffnungsvollen Verein stoppte der Baubeginn der Südtangente. Der Sportplatz wurde gekündigt,

Die Kombinationsauswahl der Vereine Boxring 46 Knielingen und Polizeisportverein Karlsruhe belegte bei den Badischen Mannschaftsmeisterschaften 1955/56 den 3. Platz.

Die Boxstaffel des Boxrings Knielingen 46 im Jahr 1971.

die Unsicherheit über die sportliche Zukunft lähmte das Vereinsgeschehen. Als im Jahr 1967 dann das Gasthaus Krone an der Saarlandstraße zum Verkauf stand, sah man die Möglichkeit an diesem Zustand etwas zu ändern. Das Gasthaus wurde gekauft, renoviert und für sportliche Aktivitäten hergerichtet. Dusch-, Wasch- und Unterkunftsräume entstanden in Eigenarbeit. Die bereits vorhandene Bühne wurde so hergerichtet, dass künftig Boxsport auf ihr betrieben werden konnte.

Von 1947 bis 1971 konnte der Boxring Knielingen 52 Kreis- und Gruppenmeisterschaften für sich entscheiden, 22 Badische und 37 zweite Badische Meisterschaften konnten erboxt werden und 33 Knielinger Boxer starteten in der Ländermannschaft. Bei der Jubi-

läums-Boxveranstaltung war am 5. Dezember 1971 der KSV Hessen-Kassel zu Gast in der Krone.

Im Rahmen des „Tag der Gladiatoren" am 4. September 2004 stellte der Boxring Knielingen vor der Postgalerie am Europaplatz Interessierten das Amateurboxen vor.

Die Polizei steigt in den Ring – Boxen beim Polizeisportverein Karlsruhe[9]

Als am 22. November 1922 der Polizeisportverein Karlsruhe gegründet wurde, stand diese Gründung nicht unter dem Vorzeichen, nun den Boxsport betreiben zu können. Im Vordergrund stand Elementareres: Mit Beunruhigung hatte man feststellen müssen, dass kaum ein Polizist zur damaligen Zeit schwimmen konnte. Um diesem Mangel abzuhelfen, entstanden zunächst zwei Vereine, einer für die kasernierten Einheiten und die Polizei- und Gendarmerieschule und einer für die Stadtpolizei. Als diese Aufspaltung der Polizei im Jahr 1925 aufgehoben wurde, wurden auch die beiden Vereine zum Polizeisportverein 1922 (PSV) verschmolzen.

Anfang der 50er Jahre trug man sich mit dem Gedanken, eine Boxabteilung einzurichten. Zuspruch fand dies bei den noch aktiven Athleten der aufgelösten Boxriegen des KTV 46 und der Germania Karlsruhe. Am Anfang fehlte es an notwendigen Geräten, und als Übungsraum diente ein kleines Zimmer in der Kantine der Polizeiunterkunft in der Grenadierkaserne. Kampfstärkster Boxer war in dieser Zeit der mehrfache Badische Meister Günther Feuchter. Besonders erfolgreich gestalteten sich die Kreismeisterschaften in Ettlingen 1951, als bei 17 PSV-Faustkämpfern neun Kreismeister, fünf zweite Plätze und drei dritte Plätze belegt werden konnten. In diesem Jahr zog die Boxabteilung in die Josthalle um. 1955 und 1959 fanden die Landespolizeimeisterschaften im Boxen in Karlsruhe statt.

1960 entwickelte sich die Trainingsgemeinschaft mit dem Christopherusheim, die vier Jahre Bestand hatte. Da es dem PSV nicht möglich war, eine eigene Mannschaft aufzubauen, kämpften die Athleten als Gastboxer für andere Vereine. Dies führte im Jahr 1964 zur Auflösung der PSV-Boxstaffel. Günther Feuchter wechselte zum KSC, und PSV-Boxer Wolfgang Stiller stieg nun für den Boxring Knielingen in den Ring. 1984 wurde Stiller Trainer der Boxabteilung der Karlsruher Athletengesellschaft, die sich 1990 auflöste. Die Verbindung zur Vereinsführung des PSV brach aber nie ab. So kam es, dass nach der Auf-

Boxer des Karlsruher Polizeisportvereins im Jahr 1951.

lösung der Boxabteilung der Athletengesellschaft Karlsruhe erneut eine Boxsportabteilung beim PSV entstand, der sich die vereinslosen Boxer anschlossen.

In der Abschlusstabelle der Nordbadischen Pokalrunde 2001 belegte der PSV mit 29 Punkten den geteilten 7. Platz. Zurzeit hat die Abteilung etwa 70 Mitglieder. Das Training der aktiven Wettkämpfer findet mit dem Chef-Trainer Tyson Gray und den Kämpfern des KSC zusammen statt. Freizeitsportler werden von Nachwuchstrainer Hasan Colak und Konditionstrainer Thomas Raupp trainiert. Außerdem tritt der PSV auch als Veranstalter von Turnieren auf.

Nicht nur auf dem Fußballplatz aktiv – Der KSC [10]

Abseits der aufgezeigten nationalen Boomphasen gründete auch der Karlsruher Sportclub Mühlburg Phönix 1894 (KSC) am 7. Dezember 1959 eine Boxabteilung. Fritz Müller, Leiter der Boxabteilung bis 1962 und ehemaliger Grün-Weiß Baden-Badener, und Erich Fehlberg sind hier als Verantwortliche zu nennen. Die Boxabteilung, die stets etwas im Schatten des Fußballs stand, ist bis zum heutigen Tag aktiv und konnte beachtenswerte Erfolge und konstant gute Leistungen verzeichnen. Trainiert wurde in der alten Hochschulsporthalle des damaligen Instituts für Leibesübungen an der Technischen Hochschule Karlsruhe. Doch nicht nur trainiert wurde an der Universität, eine nicht geringe Zahl an Studenten bildete die Grundlage, die zur Gründung der KSC-Boxstaffel führte. Vor Einrichtung der Boxstaffel hatten sich viele Karlsruher Boxer zum Grün-Weiß Baden-Baden hin orientiert, wegen der optimalen Trainingsbedingungen. Bereits am 21. Januar 1960 besiegte die KSC-Zehn in der Karlsruher

Stadthalle mit einem 13:7 Erfolg die Boxformation des 1. FC Kaiserslautern. Auch den zweiten Kampf gegen Boxe Ring Brescia gewann die KSC-Mannschaft mit 11:9.

1960 stieß Europameister Horst Rascher aus Ulm zu der Gruppe, die er allerdings 1962 bereits wieder verließ. In dieser Zeit wurde er Deutscher Meister. Dieser Titel war der erste deutsche Meistertitel für den KSC. Daraufhin übernahm Edgar Basel, Deutschlands erfolgreichster Boxamateur nach dem Krieg, das Training.

1962 wurde Heinz Birkle Leiter der Boxabteilung. In 169 Kämpfen errang er in seiner aktiven Zeit als Boxer 113 Siege und musste nur 31 Niederlagen einstecken. Der viermalige deutsche Studentenmeister wurde außerdem zweimal Badischer Vizemeister. Gemeinsam mit dem aus Weinheim stammenden Badischen Mittelgewichtsmeister Helmut Schwab hatte er bis 1991 auch die Trainingsleitung inne.

Im Jahr 1968 gewann die KSC-Mannschaft die inoffiziellen Badischen Meisterschaften, den Wilhelm-Beierlein-Gedächtnispreis. Diesen inoffiziellen Titel eines Badischen Mannschaftsmeisters hat die KSC-Boxstaffel bis heute inne. Lediglich im Jahr 2000 verlor sie ihn kurzzeitig an den Boxclub Singen, der als Organisator seinen Heimvorteil nutzen konnte. 1970 und 1972 wurde die KSC-Staffel deutscher Pokalsieger. Als absolutes Ausnahmetalent ist hier der US-Amerikaner Tyson Gray, der heute die KSC-Staffel trainiert, zu nennen. Der Federgewichtler erlernte beim KSC das Boxen und wurde von 1988 bis 2003 15 Mal Badischer Meister in Folge.

Heute hat die Boxabteilung etwa 1.200 Mitglieder. Trainiert wird im KSC-Boxgym, das sich in den Kellerräumen der Gutenberg-Schulsporthalle befindet.

Auch bei den Frauen zeigten sich erste Erfolge: Federgewicht Tasheena Bugar gewann

Birkle gegen Steiner von der SpVgg Ludwigsburg im April 1953.

im Jahr 2005 sowohl den badischen als auch den süddeutschen Meistertitel und belegte bei den Deutschen Meisterschaften den 3. Platz. Von 1961 bis 2005 erboxten sich die KSC-Boxer 156 badische Meistertitel und 18 deutsche Meistertitel. Maßgeblich zu diesem Ergebnis trugen unter anderem Athleten wie Horst Rascher, Roland Holzmann, Alexander Künzler und auch Sven Ottke mit zahlreichen Titelgewinnen bei.

Veranstaltungsorte und erstaunliche Zahlen

Nach dem Krieg diente zunächst das meist ausverkaufte Konzerthaus als Austragungsort für Wettkämpfe. Besonders der Karlsruher Turnverein nutzte es als Boxkampfstätte, auch wenn für jeden Kampf eigens ein Ring aufgebaut werden musste. Die Möglichkeit, eine Boxveranstaltung auszutragen, bot sich auch in der 1971 eröffneten Carl-Benz-Halle. In der Mühlburger Kultur- und Sporthalle stieg Regina Halmich am 2. Dezember 1995 gegen Anissa Zamarron in den Ring. Zum „Hotspot" des Boxsports entwickelte sich in Karlsruhe die 1983 fertig gestellte Europahalle. 1984 und 1986 fand hier der Intercup statt, ein Turnier des Deutschen Amateur Boxverbandes. Bei Europameisterschaften boxten dort unter anderem der Pforzheimer René Weller und Markus Bott. Im Jahr 2000 besiegte Sven Ottke in

165

Intercup 1984 in der Europahalle.

der Europahalle bei einer Profiboxgala am 3. Juni Tocker Pudwill. Mehrfach trat hingegen Regina Halmich ihren Gegnerinnen in der dm-Arena in der Neuen Messe gegenüber.

Einen Blick auf erstaunliche Zahlen zum Boxsport eröffnet das Statistische Jahrbuch der Stadt Karlsruhe. 1950, nicht einmal vier Jahre nach Gründung des Boxrings Knielingen, übten 77 Menschen in Karlsruhe den Boxsport aus.[11] In den 50er Jahren nahm ihre Zahl stetig zu. Die Gründung der Boxabteilung des PSV dürfte wohl mit ein Grund gewesen sein, weshalb bis zum Jahr 1960 ein Anstieg auf 124 Boxer zu verzeichnen war.[12] Das Statistische Jahrbuch 1970 zeigt eindrücklich die Schubkraft einer weiteren Boxabteilung – 1959 war der KSC im Boxsport aktiv geworden – und einen enormen Anstieg der in den nunmehr drei Vereinen organisierten Boxbegeisterten auf 840.[13] Auch 36 weibliche Mitglieder sind

verzeichnet. In den folgenden Jahrzehnten wuchs auch ihre Zahl sprunghaft mit einem vorläufigen Höchststand von 209 Sportlerinnen im Jahr 1990.[14] Das aktuelle Jahrbuch 2005 führt 2.025 Mitglieder in den drei Vereinen, darunter 182 Frauen, 46 unter 15-jährige Nachwuchsboxer und den Löwenanteil von 1.263 Mitgliedern in der Altersklasse 22 bis 60 Jahre.

Karlsruher Boxprofis

Mit dem Karlsruher Vereinsleben haben die beiden folgenden „Box-Promis" eigentlich nicht viel zu tun, Regina Halmich[15] boxte nie in einem Boxverein oder einer Boxabteilung der Fächerstadt und Sven Ottke[16] hatte seine ersten Gehversuche im Boxring längst gemacht, als er zum KSC stieß. Dennoch sollen sie als (Wahl-) Karlsruher und Aushängeschilder der hiesigen und der deutschen Boxszene Erwähnung finden:

Regina Halmich
Die am 22. November 1976 in Karlsruhe geborene Boxsportlerin begann als 12-Jährige zunächst mit Kickboxen und Karate beim Daxlander Karate Club. Mit 16 wechselte sie zum Boxen. Als Amateurboxerin wurde sie dreimal Deutsche Meisterin (1992, 1993 und 1994). Ihre Karriere als Profiboxerin startete sie 1994 und wurde Europameisterin im Super-Fliegengewicht. Halmich ist beim Hamburger Profiboxstall Universum unter Vertrag. Unter Trainer Jürgen Lutz wurde sie 1995 Boxweltmeisterin im Junior Fliegengewicht. 1998 wurde sie Doppelweltmeisterin im Fliegen- und im Superfliegengewicht. In 50 Profiboxkämpfen hat Halmich lediglich eine Niederlage hinnehmen müssen. Am 20. April 1995 verlor sie gegen die US-Amerikanerin Yvonne Trevino durch technischen K.o. Das umstrittene Unentschieden gegen Elena Reid (USA) sorgte dafür, dass Halmich im Jahr 2005 auf zehn Jahre als ungeschlagene Weltmeisterin zurückblicken kann.

Sven Ottke
34 Profikämpfe, die er alle gewinnen konnte, gehen auf das Konto des am 3. Juni 1967 in Berlin geborenen Boxers. Mit vierzehn Jahren begann er beim Spandauer BC Berlin mit dem Boxtraining. Elf Mal wurde Ottke, der auf Grund seines Kampfstiles „Phantom" genannt wurde, Deutscher Meister – zum ersten Mal mit nur 18 Jahren. 1992 stieß der mehrfache Deutsche Mittelgewichtsmeister und Europameister nach seinem Umzug nach Karlsruhe zum KSC. Neben drei Teilnahmen an Olympischen Spielen gewann er unter anderem Gold beim Weltcup in Bangkok 1994. 1997

startete der gelernte Stukkateur seine Profikarriere. Ab 1998 war er IBF Weltmeister im Supermittelgewicht. Als ungeschlagener Weltmeister beendete er 2004 seine Boxkarriere.

Karlsruher Olympiateilnehmer im Boxkampf

Horst Rascher
Rom 1960 (5. Platz), Bantamgewicht

Markus Bott
Los Angeles 1984 (Achtelfinale), Halbschwergewicht; Seoul 1988 (Achtelfinale)

Alexander Künzler
Los Angeles 1984 (5. Platz), Weltergewicht; Seoul 1988 (Achtelfinale)

Heinz Birkle
Montreal 1976 (Mannschaftsbetreuer); Los Angeles 1984 (Mannschaftsbetreuer); Seoul 1988 (Mannschaftsbetreuer; Mitglied der Jury des Weltverbandes AIBA)

Sven Ottke
Seoul 1988 (5. Platz); Barcelona 1992 (6. Platz); Atlanta 1996 (9. Platz)

Tyson Gray
Atlanta 1996 (Achtelfinale), Federgewicht

ERNST OTTO BRÄUNCHE

Fußballhochburg Karlsruhe

„Wer fragt, wo in Deutschland Fußball gespielt wird, dem wird der Eingeweihte immer in erster Linie den Namen der badischen Residenzstadt Karlsruhe nennen. Dieser Name bedeutet ein Programm im deutschen Fußballsport, ihn umgibt der Nimbus des Vollendeten, Erreichten, wenn er in Verbindung mit den fußballerischen Ereignissen gebracht wird."[1] Derart ins Schwärmen geriet ein Journalist der in München erscheinenden Illustrierten Sportzeitung nach dem Zwischenrundenspiel um die Deutsche Meisterschaft im Jahr 1910 zwischen dem amtierenden Meister FC Phönix Karlsruhe (1909) und dem künftigen Meister Karlsruher Fußballverein (KFV) am 1. Mai 1910 in Karlsruhe. Süddeutschland und hier speziell Karlsruhe kann tatsächlich gemeinsam mit Berlin „als Wiege des organisierten Fußballs in Deutschland bezeichnet werden".[2] Mit Walther Bensemann, dem späteren Begründer des „Kicker", brachte einer der großen deutschen Fußballpioniere den Fußball nach Karlsruhe. Bis heute hat keine andere Stadt in zwei aufeinander folgenden Jahren mit zwei verschiedenen Klubs die Deutsche Fußballmeisterschaft geholt. Karlsruhe ist damit in der Tat eine der Hochburgen seit der Frühzeit des Fußballs in Deutschland, deren Mannschaften vor allem zu Beginn des 20. Jahrhunderts, aber auch in den 1950er und 1990er Jahren für Furore sorgten.

Ursprünge des Fußballs

Ursprünglich kam der Fußball aus England. Dort hatten sich seit den 1820er Jahren ausgehend von den Public Schools Spiele mit dem Ball etabliert, bei denen zwei Mannschaften um einen Ball kämpften und diesen in ein gegnerisches Tor zu bugsieren versuchten. Die Public School von Rugby stand dabei für das nach ihr benannte Spiel, bei dem der Ball auch mit der Hand aufgenommen werden konnte und der Gegner mit dem Einsatz des ganzen Körpers fair „bekämpft" wurde. Die Public School von Eaton bevorzugte dagegen das körperlose Spiel, bei dem der Ball nicht mit der Hand berührt und überwiegend mit dem Fuß gespielt wurde. Die Anhänger dieser Richtung gründeten 1863 die Football Association, die Rugbyspieler folgten 1871 mit der Rugby-Union.[3]

In Deutschland waren die ersten Fußballclubs wie der Deutsche Fußball Verein Hannover 78 noch Rugbyvereine. Fußball gespielt wurde dagegen erstmals in Braunschweig, ohne dass dies zu einer Vereinsgründung geführt hätte. Der Lehrer Konrad Koch, der eigentlich ein überzeugter und ausgewiesener Turner war, richtete mit einem Kollegen am Braunschweiger Gymnasium Martino-Katherineum einen freiwilligen Spielnachmittag ein. Im Herbst 1874 etablierte sich rasch eine Schülergruppe,

Die Engländer-Kicker, Bild aus dem Nachlass Julius Hirsch, um 1890.

die nach englischem Vorbild Fußball spielte, wobei allerdings der Einsatz der Hände noch erlaubt war. Andere Schulen in Hamburg, Göttingen und Bremen folgten. Der Durchbruch war dies aber noch nicht. Noch gab es viele Vorbehalte im kaiserlichen Deutschland gegen das englische Spiel. Die Turner beobachteten das neue Treiben ebenfalls eher skeptisch, und auch das Rugbyspiel war ein ernsthafter Konkurrent. Erfolgreicher war der zweite Anlauf, wiederum vornehmlich mit Schülern, diesmal aber außerhalb des Schulbetriebs. Beteiligt waren häufig Engländer, die aus unterschiedlichen Gründen in Deutschland weilten. Der erste Fußballclub im engeren Sinne entstand in Frankfurt (BFC Frankfurt 1885). Der älteste noch bestehende deutsche Fußballverein ist der BFC Germania 1888, der am 15. April 1888 von drei Berliner Gymnasiasten gegründet wurde.[4] Ältere heute Fußball spielende Vereine wie der 1848 gegründete

VfL Bochum oder 1860 München waren noch reine Turnvereine und spielten erst später Fußball.

1889 folgte die erste Fußballvereinsgründung in Karlsruhe, die des Karlsruher International Footballclub, aus dem zwei Jahre später der Karlsruher Fußballverein (KFV) hervorging (siehe unten). Ein Zeitzeuge, der spätere Verbandsfunktionär und Regierungsdirektor Karl Geppert erinnerte sich später, dass in dieser Zeit die Fußballvereine in Karlsruhe „kamen und gingen wie die Pilze im Herbst."[5] Der damalige Fußballspieler (FC Alemannia), der schon mit Walther Bensemann in den Anfangsjahren des Karlsruher Fußballs spielte, zählte aus der Erinnerung nahezu 40 Namen von Karlsruher Fußballvereinen auf. Von denen hatten die meisten allerdings keinen allzu langen Bestand, denn: „Die ‚Klubs' kamen und gingen mit dem Besitz oder Verlust eines Balles." Doch mit diesen bescheidenen Anfängen begann eine bis heute anhaltende Fußballtradition in Karlsruhe. Der Motor war Walther Bensemann, „Der Mann, der den Fußball nach Deutschland brachte".[6]

Walther Bensemann und die Anfänge des Fußballs in Karlsruhe

Der am 13. Januar 1873 geborene Fußballpionier Walther Bensemann stammte aus einer vermögenden jüdischen Bankiersfamilie in Berlin. Erste Kontakte zum Fußballspiel erhielt Bensemann in der Schweiz, wohin ihn seine Eltern auf eine englische Privatschule schickten. In Montreux gründete er bereits im Jahr 1887 einen Fußballclub. Von dort kam er nach Karlsruhe und ging auf das Lyceum, das heutige Bismarck-Gymnasium. Hier gründete er zunächst den Karlsruher Footballclub, dann den KFV. Im Jahr 1890 gründete Bensemann auch den Straßburger FV, der 1899 und 1900 zweimal hintereinander die Süddeutsche Fußballmeisterschaft gewinnen sollte. Den KFV verließ Bensemann schon 1893 wieder, um die Karlsruher Kickers zu gründen (siehe unten). Auch an der Entstehung des ersten süddeutschen Fußballverbands, der Süddeutschen Fußball-Union, war Bensemann maßgeblich beteiligt. Der Verband löste sich 1895 wieder auf, da es in dieser Frühzeit des deutschen Fußballs noch nicht gelang, einen regelmäßigen Spielbetrieb aufzubauen. Die Vereine bewegten sich nach wie vor eher im lokalen Umfeld, regelmäßige Reisen zwischen Frankfurt, Karlsruhe, Stuttgart und München z. B. waren noch nicht zu finanzieren.[7] „Daß Fußballreisen damals abenteuerlichen Unternehmungen glichen, die voller Versuchungen waren, zumal für Schüler und Jugendliche, dafür gibt es einschlägige Quellen. Zum Beispiel fühlte sich der Karlsruher Gymnasiallehrer August Marx bereits 1894 zu mahnenden

Walther Bensemann (1873 – 1934) im Jahr 1896.

Worten über die Reisepraktiken der Schülerfußballvereine veranlasst, die in Karlsruhe seit Beginn der 1890er Jahre besonders zahlreich gegründet worden waren."[8] Ob Bensemann noch selbst bei August Marx Unterricht hatte, kann nur vermutet werden, begegnet ist er ihm auf jeden Fall, denn Marx setzte 1893 beim KFV durch, dass die Wettspiele zeitweise eingestellt wurden (siehe unten). Marx setzte sich auf jeden Fall sehr kritisch mit dem Fußball auseinander, vor allem mit den von älteren Schülern gegründeten Vereinen, da diese Beiträge erhöben, die für manche unerschwinglich seien und damit Schranken aufbauen würden. Außerdem sah er große Gefahren in den Wettbewerben mit anderen Mannschaften: „Wenn in England ... ein Student durchschnittlich die Summe von 900 Mark im Jahre für seine Spiele und Übungen verbraucht, so mag das nach dortigen Besitzverhältnissen und Lebensgewohnheiten ganz in Ordnung sein, wir aber wollen unsere Schüler, deren Eltern doch in sehr verschiedener Weise mit Glücksgütern gesegnet sind, zur Einfachheit erziehen." Da zudem die Spiele nicht ohne Wirtshausbesuch abgingen, sah Marx darin den „Keim zu den verschiedensten unerfreulichen Ausschreitungen". Speziell Bensemann hatte Marx wohl im Visier, als er vom Schaden sprach, den der „sportsmässige Betrieb in den Köpfen" anrichte: „Wenn die Wettspiele sich häufen, wenn jedes Spiel mit seinem großen Apparat von Vorbereitungen zu einer Haupt- und Staatsaktion aufgebauscht wird, so gewinnt die Sache eine Wichtigkeit, die sie nach ihrem wahren Wert niemals hat noch haben darf, die dagegen sehr geeignet ist, die jungen Köpfe gehörig zu verwirren.

... Und wenn vollends die Ergebnisse eines solchen Wettkampfes andern Tags in Zeitungsartikeln, abgefaßt in jenem unglaublichen geschmacklosen deutsch-englischen Jargon, ausposaunt werden, wenn dort der Sekundaner Müller oder der Tertianer Maier gedruckt lesen kann, welch ausgezeichnete Kraft die Welt an ihm besitze, wenn ein Wettspiel, bei dem schließlich zwei hiesige Vereine gegen einander kämpfen, unter dem bescheidenen Titel eines 'Kampfes um die Meisterschaft des Kontinents' in den Zeitungen angekündigt wird, dann ist eine an sich gute Sache zur reinen

Karikatur verzerrt und jeder, der es mit unserer Jugend gut meint, wird gegen das Eindringen eines renommistischen und unwahren Wesens Front machen."[9]

Dies widersprach den Ansichten Bensemanns, dessen Karlsruher Kicker sich zu dieser Zeit tatsächlich mit dem Titel des Meisters des Kontinents schmückten, diametral, denn ihm ging es immer um den Wettkampf über Stadt- und Ländergrenzen hinaus. Besondere Verdienste erwarb er sich deshalb auch bei der Etablierung des deutschen Fußballs auf internationalem Parkett. Auf sein Betreiben wurde erstmals ein deutsches Fußballteam nach Frankreich eingeladen. Die Mannschaft um Walther Bensemann gewann in Paris gegen den dortigen Meister White Rovers und eine Stadtauswahl. Dieses Engagement stieß nicht überall auf Gegenliebe. Vor allem im 1897 u. a. von den Karlsruher Vereinen KFV, Phönix und Karlsruher Fidelitas als Gegenreaktion auf Alleinvertretungsansprüche des in Berlin residierenden Deutschen Fußball- und Cricket-Bundes gegründeten Süddeutschen Fußballverband (SFV) gab es einflussreiche Stimmen, die den Fußball zunächst einmal als „deutsches Spiel" etablieren wollten.[10] Den Vorsitz im neuen Verband übernahm Friedrich Wilhelm Nohe, ein Freund Bensemanns, der in Karlsruhe ein englisches College betrieb, das er später nach Marxzell verlegte. Vizepräsident wurde Walther Bensemann selbst.[11]

Der Süddeutsche Fußballverband hätte auch fast das von Bensemann angestoßene erste Gastspiel der englischen Football Association auf dem Kontinent verhindert. Mit Unterstützung des Berliner Fußballverbandes und der finanziellen Absicherung durch Ivo Schricker, der ebenfalls zu den in Karlsruhe tätigen Fußballpionieren zählte und später FIFA Generalsekretär wurde, sowie durch die Bereitschaft einiger Karlsruher Fußballer entgegen dem Verbot des Verbandes zu spielen, kamen drei Spiele gegen die Engländer zustande. Die Karlsruher Spieler traten allerdings für den Spieltag kurzfristig aus ihrem Verein aus, um Sanktionen zu vermeiden.[12]

In den drei Spielen gab es zwar sehr deutliche Niederlagen bei einem Torverhältnis von 4:30, sie wurden aber auch eine Lehrstunde in Sachen Spielkultur und Taktik. Deshalb gelten sie heute als ein Wendepunkt in der deutschen Fußballgeschichte, da man nun begann, das englische Vorbild zu übernehmen. Das dritte Länderspiel mit je drei KFV-, Frankonia- und FV Straßburg- sowie zwei Berliner Spielern, fand in Karlsruhe statt, ohne dass dies in der Presse wahrgenommen wurde.[13]

Bensemann, dem man auch seine lockere Lebensweise vorhielt, machte in der Diskussion um dieses richtungsweisende Spiel klar, dass es ihm darum gehe, den „klaffenden Gegensatz der Stände zu mildern" und um „das Bemühen, die Begriffe der Freiheit, der Toleranz, der Gerechtigkeit im inneren Sportleben, des Nationalgefühls ohne chauvinistischen Beigeschmack dem Auslande gegenüber zu vertreten."[14] Wie kaum ein anderer in seiner Zeit erkannte er auch, „dass Fußball nicht nur eine Form von Leibesübung war, sondern das Zeug zu einem publikumsträchtigen und Identität stiftenden Volkssport hatte."[15] Diese Programmatik zieht sich durch das weitere Wirken Bensemanns. In Karlsruhe war Bensemann 1899 auch an der Gründung des allerdings nur kurzlebigen Karlsruher Fußballbundes mit den Vereinen KFV, Phönix, Frankonia, Germania, Alemannia, Victoria und Südstadt beteiligt.

Als Delegierter vertrat Bensemann Phönix Karlsruhe bei der Gründung des Deutschen Fußballbundes (DFB) am 28. Januar 1900 in Leipzig, ehe er nach England ging und dort bis zum Ersten Weltkrieg lebte und als Sprach- und Sportlehrer an der Birkenhead-School in Liverpool tätig war. Am Fußballgeschehen in Deutschland nahm Bensemann aber weiterhin

teil. So trat er 1907 in Karlsruhe vehement gegen die Abspaltung des Südens vom DFB ein, den der zeitweilige DFB-Präsident und amtierende Präsident des Süddeutschen Fußballverbands (SFV) Friedrich Wilhelm Nohe herbeiführen wollte. Bensemann war zwar mit Nohe befreundet, trat aber dennoch entschieden gegen dessen Pläne auf und setzte sich durch. Nach seiner Niederlage legte Nohe sein Amt nieder, das an den Pforzheimer Max Dettinger überging.[16]

1914 kehrte Bensemann nach Deutschland zurück, wo er seit 1920 die bis heute erscheinende Fußballfachzeitschrift Kicker herausgab, die er als „Symbol der Völker-Verständigung durch den Sport" sah.[17] Die Entwicklung des deutschen Fußballs verfolgte Bensemann immer mit kritischem Blick, so forderte er bereits 1919 die Abschaffung der autokratischen Strukturen des DFB und offene Wahlen des Bundesvorstands.[18]

1928 gründete Bensemann im Schloßhotel Karlsruhe den Club der Alten (CDA) mit verdienten Fußballpionieren aus verschiedenen Ländern, darunter auch Karl Geppert, Ivo Schricker und Friedrich Wilhelm Nohe. Der CDA entsprach Bensemanns internationalem Ansatz, er soll ihn kurz vor seinem Tode als seine wichtigste Sportgründung bezeichnet haben.[19]

1933 musste Bensemann vor den Nationalsozialisten in die Schweiz fliehen. Die Vereinnahmung des Sports durch die Nationalsozialisten und der Ausschluss jüdischer Spieler und Funktionäre muss für Bensemann, der mit Fußball immer „Völkerverständigung, Internationalität und Friedensidee" verbunden und eine politische Vereinnahmung des Fußballs immer abgelehnt hatte, ein schwerer Schlag gewesen sein. Die weiteren Exzesse und Verbrechen der Nationalsozialisten erlebte Bensemann allerdings nicht mehr – am 12. November 1934 starb er in Montreux, also in dem Ort,

Das Engländerplätzle, wie es in den 1890er Jahren ausgesehen haben soll.
Walther Bensemann erhielt das Bild von Egon Itta 1933 zu seinem 60. Geburtstag.

in dem er seinen ersten Fußballverein gegründet hatte.

Bensemanns Bedeutung für den Karlsruher Fußball kann kaum überschätzt werden, er erinnerte sich später: „Im September 1889 ließ ich aus der Schweiz einen Fußball kommen; der Ball wurde morgens vor der Schule aufgeblasen und in der 10-Uhr-Pause musste bereits ein Fenster des Gymnasiums daran glauben. Der im Schulhof wandelnde Professor du Jour ... hielt eine Karzerstrafe für angemessen, allein Direktor Wendt erklärte sich mit der Bezahlung des Fensters einverstanden und schickte uns auf den kleinen Exerzierplatz, Engländerplatz genannt. Hier hatten zwei Jahre zuvor einige Engländer sowie Gymnasiasten, zu denen auch Prinz Max von Baden gehörte, Rugby

gespielt; der Spielbetrieb war aber bald wieder eingeschlafen. Wenige Tage nach der Übersiedlung auf diesen Engländerplatz gründeten wir den 'Karlsruher Footballclub', der zuerst nur aus Pennälern bestand, dem aber in Kürze etwa 15 bis 20 Engländer beitraten."[20] 1937 fand in Erinnerung an den europäischen Fußballpionier erstmals ein internationales Junioren-Fußball-Turnier in Genf statt. In der Nachkriegszeit knüpfte man an diese Tradition an, 1951 fanden die Walther-Bensemann-Gedächtnisspiele erstmals in Deutschland auf dem KFV-Platz statt, 1963, 1966, 1972, 1977, 1983 und 1991 war Karlsruhe erneut Austragungsort des Turniers, das seit Ende der 1960er Jahre Walther Bensemann und Dr. Ivo Schricker Gedächtnis-Jugendturnier hieß.[21] Anlässlich des 100-jährigen Jubiläums des KFV im Jahr 1991 fand das 28. Turnier wieder in Karlsruhe statt. Danach wurde dieses Turnier allerdings eingestellt.[22]

Streit um den Engländerplatz

Der Engländerplatz ist der Platz, auf dem in Karlsruhe zum ersten Mal Fußball gespielt wurde. Er war von Großherzog Friedrich I. „der gesammten studierenden Jugend Karlsruhes als Spielplatz" überlassen worden.[23] Den Turm der Karlsruher Feuerwehr auf dem Engländerplatz nutzten die Vereine zunächst gemeinsam als Umkleideraum. Dennoch gab es Streit um den Platz. Der Karlsruher Fußballklub Phönix beschwerte sich z. B. am 13. März 1899 beim Bezirksamt, dass er am Vortag „den Engländerplatz zum Spielen beschlagnahmt und seine Goalstangen längst aufgestellt" hatte, „als der Fußballverein ‘Frankonia' sowie der ‘Fußballverein' [der KFV] (beide hier) zwecks Abhaltung eines Wettspiels anrückten und den Platz besetzten. Als die Spieler des ‘Phönix' hiergegen Widerspruch erhoben, rissen die Leute der ‘Frankonia' ohne weiteres die Goalstangen des ‘Phönix' heraus, wobei es beinahe zu Tätlichkeiten gekommen wäre. An Drohungen der Frankonia hat es wahrlich nicht gefehlt."[24] Phönix beharrte darauf, dass der Platz allen zur Verfügung stehe und dass der, der zuerst komme, auch spielen dürfe. Man spiele schon seit Jahren an Sonntagen auf dem Engländerplatz, weil die Spieler „nicht wie der meist aus Schülern bestehende Fußballverein an Werktagen keine Zeit haben." Dennoch, und obwohl sich dies tatsächlich so eingebürgert habe, betonte Phönix, dass man daraus nicht das Recht ableite, den Platz sonntags allein zu beanspruchen. „Letzteres kommt daher, daß der ‘Phönix' als zweitältester Verein der Residenz den Platz von jeher an Sonntagen in unbestrittener

Benutzung hatte und die später gegründeten Vereine sich andere Plätze suchten. An diesen Brauch, dem ‘Phönix' den Platz an Sonntagen zu überlassen, hat selbst der ‘Fußballverein', der Älteste der Art in Karlsruhe, der den Platz allerdings an Werktagen benutzt, bis jetzt, wenigstens sofern er keine Wettspiele abhalten wollte, nicht gerüttelt." Über die „gesellschaftliche Stellung" der Frankonia wolle man sich nicht auslassen, bitte aber das Bezirksamt um dessen Schutz. Der Vorstand der Frankonia wurde daraufhin vom Bezirksamt vorgeladen und diesem bei Androhung von Strafen bis hin zum Spielverbot auf dem Engländerplatz eine Wiederholung derartiger Vorkommnisse untersagt. Die Frankonia-Vertreter merkten ihrerseits an, dass auch Phönix den Platz schon unberechtigterweise genutzt habe. Dies wies Phönix wiederum zurück. Ebenso distanzierte man sich von der Behauptung, dass sich beide Klubs aus Mitgliedern derselben gesellschaftlichen Schicht zusammensetzten, denn: „Die Art und Weise, wie die Frankonia ihre Rechte zu wahren suchte, ist übrigens für ihre Mitglieder sehr bezeichnend. Erst im vergangenen Jahre hatten sich deren etwa 6 vor dem hiesigen Schöffengericht wegen Körperverletzung und Thätlichkeiten zu verantworten und es scheinen Schlägereien bei diesem Club an der Tagesordnung zu sein." Frankonia wurde ermahnt, die unrechtmäßige Belegung des Engländerplatzes in Zukunft zu unterlassen. Dieser verlor in den Folgejahren als Spielplatz an Bedeutung, da die Vereine eigene Plätze suchten. 1911 spielten dort noch die Fußballklubs Viktoria, Neu Oststadt und Hertha, genutzt wurde er auch von Karlsruher Schulen.

Die Zahl der Fußballvereine hatte sich zu diesem Zeitpunkt deutlich auf elf erhöht, von denen vier einen eigenen Platz bespielten. Der Fußballplatz des Phönix, des größten der Fußballvereine mit 196 Spielern, lag auf Neureuter Gemarkung an der Rheintalbahn, der des

Karlsruher Kickers, Meisterschaftsklub des Kontinents 1895. Stehend von links: König, Ernst Langer, Grenier, Roth, Strube, Moormann. Sitzend von links: Ivo Schricker, Erwin Schricker, Walther Bensemann, Hall, Fritz Langer.

Karlsruher Fußballvereins (130 Spieler) an der Hardtstraße. Frankonia (146 Spieler) spielte an der Rintheimerstraße, Alemannia beim Rüppurrer Schlösschen.[25]

An diesem Streit um den Engländerplatz waren die drei ältesten Karlsruher Fußballmannschaften beteiligt, die im Folgenden vorgestellt werden sollen.

Karlsruher Fußballverein (KFV)

Der Karlsruher Fußballverein war 1891 aus dem Karlsruher International Footballclub hervorgegangen. Der Initiator Walther Bensemann ging aber schon 1893 andere Wege, denn der inzwischen auf über 100 Mitglieder angewachsene KFV beschloss auf eine Initia-

tive des Lehramtskandidaten August Marx, der sich später auch programmatisch zum Fußball äußerte (siehe oben), keine Wettspiele mehr auszutragen und nur noch an Werktagen zu spielen.[26]

Daraufhin gründete Bensemann 1893 die Karlsruher Kickers, denen u. a. auch der spätere FIFA-Generalsekretär Ivo Schricker angehörte. Diese Mannschaft ging im ersten Jahr ihres Bestehens in 28 Spielen nur einmal nicht als Sieger vom Platz.

Mit Bensemann verließen fast alle Spieler den KFV.[27] Der Vereinswechsel war zu diesem Zeitpunkt noch problemlos möglich, Fußballvereine unterschieden sich hier zunächst noch von „bürgerlichen" Vereinen, die einen sehr viel höheren Bindungsgrad hatten. Es wird deshalb gelegentlich auch davon gesprochen,

Der Karlsruher Fußballverein (KFV) im Jahr 1898.

dass die frühen Fußballvereine eher „Fußball-
gesellschaften" waren, denen man sich für
einige Spiele anschloss, die man aber auch
ebenso schnell wieder verlassen konnte.[28] Der
KFV überstand die Krise – zeitweise hatte er
nur noch drei Spieler – und vereinigte sich
1894 mit dem International FC Karlsruhe.
Daraus entstand eine spielstarke Mannschaft,
die ihre lokalen Gegner mit Leichtigkeit – darunter auch die Abtrünnigen der Karlsruher
Kickers – schlug. Als aber der inzwischen mit
Ivo Schricker spielende Straßburger FV den
KFV im März 1897 deutlich mit 10:0 Toren
besiegte, begann eine neue Epoche. Die Spieler trainierten nun täglich und rangen Straßburg im Rückspiel sechs Wochen später ein
torloses Unentschieden ab. Damit begann der
Aufstieg der Mannschaft, die von 1900 bis
1905 fünfmal in Folge Süddeutscher Meister
wurde. In den Jahren 1901 bis 1905 blieb der
Verein gegen deutsche Mannschaften unge-

schlagen, nur die Fußballer der Universität
Oxford schlugen ihn im Jahr 1903 mit 3:1.

Die Süddeutsche Meisterschaft war nach
der Gründung des Verbandes Süddeutscher
Fußballvereine am 17. Oktober 1897 erstmals
1898 ausgespielt worden, der KFV unterlag
dem Freiburger FC 2:0 im Endspiel.[29]

Die ersten Verbandspräsidenten stellte
nicht zufällig der KFV mit Regierungsbaumeis-
ter Richard Drach und mit Friedrich-Wilhelm
Nohe, der dieses Amt rund zehn Jahre innehatte. Dies und dass der Verband am 17. Oktober 1897 in Karlsruhe gegründet wurde, war
dem Umstand zu verdanken, dass hier „wohl
zuallererst in süddeutschen Ländern systematisch Fußball gespielt wurde."[30] Am Ende der
Amtszeit Nohes, der 1904/05 auch Vorsitzender des DFB war, zählte der Verband rund 200
Vereine mit mehr als 10.000 Mitgliedern.[31]

In den Jahren 1909 bis 1912 wurde der
KFV, dessen Mitgliederzahl im Jahr 1908 auf

Prinz Max von Baden auf der neuen Zuschauertribüne im KFV-Stadion beim Spiel KFV gegen den Oxford-University-Association-Footballclub am 24. März 1907, das die Oxforder 3:1 gewannen. Anwesend war auch Staatsminister Frhr. von Dusch.

Prinz Max von Baden auf dem Weg ins KFV-Stadion vor dem Spiel gegen Newcastle United am 12. Mai 1907, das der KFV 0:7 verlor.

355 gestiegen war, vor dem Ersten Weltkrieg noch dreimal Süddeutscher Meister.[32] Erst im Jahr 1910 gewann der Verein, der zu Beginn des 20. Jahrhunderts das deutsche Spitzenteam war und zuvor wiederholt nur knapp diesen Titel verpasst hatte, die ersehnte Deutsche Meisterschaft. Zu den Kuriosa der deutschen Fußballgeschichte gehört dabei ohne Zweifel, dass die KFV-Verantwortlichen im Jahr der erstmals ausgespielten Deutschen Meisterschaft auf ein gefälschtes, angeblich von dem Deutschen Fußballbund in Leipzig abgesandtes, Telegramm hereinfielen, mit dem im Jahr 1903 ein Halbfinalspiel gegen Prag abgesagt wurde. Das Spiel wurde für Prag gewertet und nach Meinung vieler zeitgenössischer Experten verpasste mit dem KFV die damals spielstärkste deutsche Mannschaft den ersten Meistertitel. Auch im folgenden Jahr scheiterte der KFV, da er das erste Endrundenspiel

gegen Britannia Berlin mit 1:6 verlor – etliche Stammspieler des KFV hatten keinen Urlaub für die lange Reise nach Berlin bekommen. Da das Spiel aber entgegen der Regel nicht in einem neutralen Ort ausgetragen worden war, gab das DFB-Präsidium, inzwischen unter der Leitung des KFV-Vorsitzenden Friedrich Wilhelm Nohe, dem Protest des KFV statt und setzte die deutsche Meisterschaft in diesem Jahr aus.[33] Auch 1905 verpasste die „Mannschaft der Stunde"[34] die Deutsche Meisterschaft nur knapp, zuvor in allen Spielen ungeschlagen unterlag man im Endspiel Union 92 Berlin mit 2:0. So kam es auch, dass nicht der KFV, sondern eine andere Karlsruher Mannschaft im Jahr 1909 erstmals den deutschen Meistertitel in die badische Residenz holte.

Der KFV hatte sich inzwischen auch gesellschaftlich etabliert. Er stand seit 1904 unter dem Protektorat des Prinzen Max von

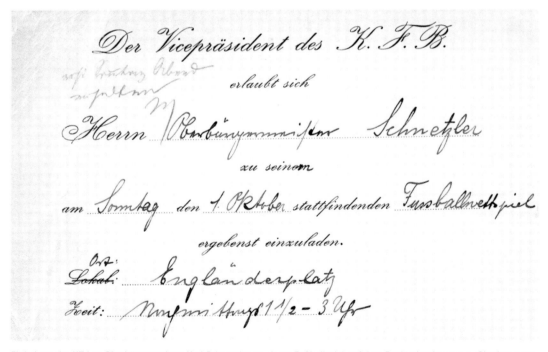

Einladung des KFV an Oberbürgermeister Karl Schnetzler zu einem Fußballspiel auf dem Engländerplatz am 1. Oktober 1899.

Baden, der zu den Rugbyspielern der ersten Stunde auf dem Engländerplatz gehört hatte und 1918 letzter Reichskanzler des Deutschen Kaiserreichs werden sollte. Dies mag neben der bürgerlichen Struktur des Vereins (siehe unten) dazu beigetragen haben, dass er in der Stadt als „eingebildeter" Verein gegolten haben soll.[35] Auch zur Stadt Karlsruhe waren engere Kontakte geknüpft worden. Seit Oktober 1899 erhielt die Stadt Einladungen zu Fußballspielen, die zunächst weiterhin auf dem Engländerplatz stattfanden. Außerdem veranstaltete der Verein regelmäßige Kommerses und Weihnachtsfeiern.[36]

Der Engländerplatz, der auch noch von etlichen anderen Vereinen genutzt wurde, erwies sich nun zunehmend als zu klein, zumal ausländische Fußballmannschaften auch zunehmende Zuschauerzahlen nach sich zogen. Am 22. Juni 1903 fragte deshalb der Student Ernst Roth, der 1905/06 den Vereinsvorsitz übernahm, bei Oberbürgermeister Karl Schnetzler an, ob er noch einmal zwei Herrn des KFV empfangen wolle, die ihm Pläne für einen neuen Sportplatz unterbreiten würden. Schnetzler antwortete am folgenden Tag, „dass ich die Herren Vertreter des Karlsruher Fußballvereins mit Vergnügen bereit bin zu treffen."[37] Das Anliegen des Vereins wurde ein Jahr später noch einmal durch ein Schreiben vom 7. April 1904 an den Stadtrat untermauert. Es gibt einen Einblick in die frühe Vereinsgeschichte und wird hier in Auszügen zitiert:

„Einem hohen Stadtrat der Stadt Karlsruhe erlaubt sich der Karlsruher Fußball-Verein (e.V.) diese Bitte untertänigst zu unterbreiten und folgendes zugleich als nähere Erläuterung vorauszuschicken.

Der Karlsruher Fußball-Verein steht unter dem Protektorat S[einer] Großh[erzoglichen] Hoheit, des Prinzen Maximilian von Baden und ist im Jahre 1891 von damaligen Schülern des hiesigen Gymnasiums gegründet.

In den ersten Jahres des Bestehens ausschließlich Schülerklub, mußte man bald, gezwungen durch den Umstand, daß die Schüler zum Teil das Abiturium bestanden, zum Teil die Anstalt verließen, um sich dem Studium oder auch dem Kaufmannstande zu widmen, dringend veranlaßt durch die freundschaftlichen Beziehungen, die man mit Sportvereinen anderer Städte unterhielt, die Umbildung in einen den eingetretenen Verhältnissen entsprechenden größeren Sportklub vornehmen. So setzt sich der heutige Verein zusammen aus Schülern der hiesigen höheren Lehranstalten, aus Kaufleuten, Bankbeamten, Studierenden, höheren und niederen Staatsbeamten und Ingenieuren, eingeteilt in Junioren und Senioren. Zu diesen ersteren nehmen wir die Schüler der Mittelschulen bis zur Unterprima. Ihnen wird unter guter Leitung Gelegenheit geboten, den Fußballsport seinen Regeln entsprechend richtig zu pflegen, um sie so zu tüchtigen Mitgliedern (Senioren) des Vereins heranzubilden, als welche sie dann erst auch an den anderen Veranstaltungen teilnehmen dürfen.

Vor einigen Jahren nun hatten wir uns darum bemüht, von einem hohen Stadtrat einen eigenen Platz zu bekommen, und wurde uns auch die damalige sog[enannte] ‚Schießwiese' jetziges Gelände zum Bahnhofneubau, zur Verfügung gestellt. Die letzterwähnte Tatsache ist der Grund, weshalb wir damals nicht zugriffen und uns vielmehr, da die Stadt damals kein anderes Feld hatte, unterstützt durch Rev. Herrn Hechler, den ehemaligen Erzieher unseres Erbgroßherzogs und des Prinzen Maximilian, an S. Königl[iche] Hoh[eit]., unseren Großherzog wandten, höchstdieselbe uns an das Domänenärar verwies. Als geeignetes Feld wurde uns hier das Feld innerhalb der Rennbahn des Karlsruher Reitervereins bezeichnet, bei dessen leitender Persönlichkeit wir auch vorstellig wurden, um aber wieder einsehen zu müssen, dass auch dieses Gelände für unsere Zwecke wenig zusagend ist, zumal wir natürlich keine Bretterumzäunung erstellen dürfen. In der im Laufe der Jahre gesammelten richtigen Erkenntnis, daß wir ohne eigenen Sportplatz trotz aller sportlichen Tüchtigkeit nicht in der Lage sind, für unser Spiel in hiesiger Stadt das Interesse zu gewinnen, das ihm unstreitig gebührt und das ihm auch in anderen großen Städten gezeigt wird, bitten wir untertänigst einen hohen Stadtrat, unser Gesuch nochmals gütigst berücksichtigen zu wollen."

Der Platz sollte 120x160 m umfassen, davon 120x80 m für das eigentliche Spielfeld mit Rasen, das von einer ein Meter hohen Barriere eingefasst werden sollte, „um das Eindringen des Publikums in das Spielfeld zu verhindern." Das gesamte Feld sollte ein zwei Meter hoher Bretterzaun umgeben, „um das Eindringen Unberufener zu vermeiden, das ganze von den umliegenden Gebäuden zu trennen und die Zahlung eines geringen Eintrittsgelds zu gestatten. ... In Deutschland, besonders in Süddeutschland, hat sich unser Sport die breitesten Schichten der Bevölkerung erobert, und hat hieran der Karlsruher Fußball-Verein in erster Linie den regsten Anteil. Vier Jahre in ununterbrochener Reihenfolge ist er Meister des Südens. Durch hervorragende Leistungen haben wir die Stadt Karlsruhe würdig im In- und Ausland vertreten, so in Österreich, der Schweiz, Frankreich, England, Belgien und Holland. Um hiervon nur die berühmtesten Wettspiele anzuführen, glauben wir uns gestatten zu dürfen, folgende Städte zu erwähnen: Berlin, Leipzig, Wiesbaden, Frankfurt, München und andere größere Plätze, ferner Prag, Wien, Graz, Zürich, Bern, Lausanne, Genf, Paris, London, Manchester, Lüttich, Amsterdam und Haag.

Auch jetzt bei Gelegenheit der Weltausstellung in St. Louis werden einige unserer Mitglieder vom Deutschen Reich aus Deutschlands Mannschaft in Amerika verstärken. Dem Wunsche all dieser obenerwähnten Vereine, Karlsruhe einen Besuch abzustatten, konnten wir bis jetzt nicht entsprechen, da wir keinen eigenen umzäunten Platz haben."

Wenige Tage später reichte der Verein eine Liste der Mitglieder nach, mit der die über die Vereinsstruktur gemachten Angaben bestätigt wurden (s. Tabelle rechts, S. 181). Die Mitglieder rekrutierten sich wie bei den meisten anderen deutschen Fußballvereinen in dieser Zeit aus Schülern, Studenten, Angestellten und Kaufleuten.[38] Stärkste Gruppe bei den Aktiven waren die Studenten, womit bestätigt wird, dass Technische Hochschulen die Entstehung und Existenz von Fußballvereinen gefördert haben.[39]

Zu den aktiven Mitgliedern gehörten auch noch Ivo Schricker, der inzwischen aber schon in Straßburg wohnte, und Fritz Langer, der Vereinsvorsitzende, einer der Mitbegründer des KFV.[40] Am 25. Mai 1904 stimmte der Karlsruher Stadtrat zu, dass der KFV ein ca. 20.000 m² Gelände im Gewann mittlerer See bekam. Dort entstand dann der Fußballplatz, auf dem deutsche Fußballgeschichte geschrieben wurde: „Auf diesem Platz spielte sich seit seiner Einweihung die große Glanzzeit des KFV ab, hier erlebte man internationale Spiele, von denen man im europäischen Fußball sprach. Es gab kaum eine Spitzenmannschaft aus der Zeit um die Jahrhundertwende aus den fußballbegeisterten Ländern Europas, die nicht auf dem Platz gegen den KFV angetreten wäre."[41] Der knapp 10.000 Zuschauer fassende Platz galt als richtungsweisend, er verfügte erstmals über aufgeschüttete Zuschauerränge, moderne Umkleidekabinen mit Duschen, für deren Bau der Verein ein zinsgünstiges Darlehen von der Stadt erhielt, und eine 1907 gebaute Zuschauertribüne.[42] Eingeweiht wurde der Platz gegen den FC Zürich, den der KFV

Mitgliederstruktur des KFV 1904

	Aktive	Passive	Ehrenmitglieder
Abiturient	1	1	
Aktuar		1	
Architekt	1	1	
Arzt	1		
Bäckermeister	2		
Bahnbeamter	2		
Bankbeamter	3	3	
Beamter			1
Betriebssekretär	1		
Buchhändler		1	
Finanzpraktikant	1		
Handwerker	1		
Ingenieur	1	5	
Kaufmann	6	11	1
Kunstgewerbeschüler	2		
Lehrer	1		2
Maler		1	
Militär	1	1	
Pfarrer			1
Postbeamter	1		
Professor			2
Schüler	6		
Student	16	12	
Techniker	4		
Zahntechniker	1		

vor 2.000 Zuschauern, darunter der neue Protektor des Vereins Prinz Max von Baden, mit 8:0 besiegte. 1909 fand hier erstmals ein offizielles Länderspiel in Karlsruhe gegen die Schweiz statt.

Der Platz verfügte zudem über eine Aschenbahn, so dass dort auch Leichtathletik betrieben werden konnte. Nicht zufällig berichtete die seit 1885 erscheinende Karlsruher Chronik in diesem Jahr erstmals über Fußball und hob die Anwesenheit des Prinzen Max von Baden hervor, der den von ihm gestifteten Pokal dem Spielwart des KFV Ivo Schricker überreichte.[43] Damit war der Fußball hoffähig geworden. Der KFV beteiligte sich 1906 auch an den Feierlichkeiten des großherzoglichen Hauses, das den 80. Geburtstag Großherzog Friedrichs I., die Goldene Hochzeit des Herrscherpaares und die Silberhochzeit des schwedischen Kronprinzenpaares feierte, mit den ersten Internationalen Olympischen Spielen in Karlsruhe. Im Jahr darauf fanden die Spiele erneut statt.[44] Auch in der Karlsruher Presse fand Fußball nun zunehmend eine größere Resonanz.[45]

Das Pech blieb dem Verein aber zunächst treu. 1906 verpasste man die Süddeutsche Meisterschaft trotz weiterhin starker Mannschaft, weil man vergessen hatte, einen neuen Spieler anzumelden.[46] In den folgenden drei Jahren verlor der Verein vorübergehend seine Spitzenstellung. Die Wende kam 1909, als der Verein mit der Verpflichtung des ersten englischen Trainers William J. Townley, der zuvor die europäische Spitzenmannschaft DFC Prag trainiert hatte, eine Vorreiterfunktion in Deutschland übernahm, die sich sofort auszahlte. Townley, in seiner aktiven Zeit Torhüter von Arsenal London, brachte den Spielern Technik, Taktik und das Flachpass-Spiel bei. „Nicht übersehen werden darf allerdings, dass Townley beim KFV Spielermaterial vorfand, das so vielversprechend wie nirgendwo sonst war. Akteure wie Gottfried Fuchs, Max Breunig, Fritz Förderer, Fritz Tscherter, Ernst Hollstein, Julius Hirsch und Hans Ruzek stellten das Gerüst der Nationalmannschaft und hatten den KFV zum ersten 'Dream-Team' im deutschen Fußball gemacht, das keinen Gegner fürchten musste."[47] Im Länderspiel gegen Holland am 24. März 1912 standen z. B. allein sechs KFV-Spieler auf dem Platz. Da außerdem Phönix Karlsruhe zwei Spieler stellte, könnte man tatsächlich von einer auf drei Positionen

verstärkten Karlsruher Stadtauswahl sprechen, die Zeitzeugenberichten zufolge ein überzeugendes Spiel gegen die spielstarke holländische Mannschaft ablieferte.[48]

Mit dieser mit Nationalspielern gespickten Mannschaft holte der KFV 1910 endlich die ersehnte Deutsche Meisterschaft und errang durch den 1:0 Sieg über Holstein Kiel am 15. Mai in Köln den größten Erfolg seiner Vereinsgeschichte. Im folgenden Jahr kam der Verein zwar wiederum ins Endspiel, wieder gegen Holstein Kiel, doch diesmal verlor man 1:0, nicht zuletzt weil sich Mittelstürmer Gottfried Fuchs früh verletzte. Nach der erneuten Süddeutschen Meisterschaft 1912 zeigte die Leistungskurve des KFV aber nach unten. Mit Julius Hirsch verließ einer der besten Stürmer den Verein, der linke Verteidiger Ernst Hollstein beendete wegen seines Studiums die aktive Laufbahn, Fritz Förderer brach sich 1913 das Bein und fiel lange Zeit aus.

Der Erste Weltkrieg bedeutete auch für den KFV einen tiefen Einschnitt. Die Aktiven waren zu einem großen Teil eingezogen. Von den Spielern der Meistermannschaft fielen der rechte Läufer Hans Ruzek am 8. November 1914, der Verteidiger Kurt Hüber am 17. August 1915, der Linksaußen Hermann Bosch am 16. Juli 1916 und der rechte Läufer Wilhelm Groß am 22. August 1917. Der Spielbetrieb in der Stadt wurde aber dennoch soweit möglich aufrecht erhalten (siehe Beitrag Bräunche, S. 73f.). Nach dem Krieg konnte der KFV wie die meisten anderen Vereine rasch wieder einen rasanten Anstieg der Mitgliederzahl feststellen. Viele Soldaten hatten während des Krieges weiter Fußball gespielt oder den Fußball dort kennen gelernt. Hinter der Front und in Gefechtspausen wurden Spiele organisiert, was von den Befehlshabern geduldet und vielfach sogar gefördert wurde.[49]

Im Jahr 1920 hatte der KFV rund 1.200 Mitglieder, darunter 300 Schüler: „Infolge

Die KFV-Meistermannschaft 1910. Oberer Reihe: Ruzek, Förderer, Bosch, Dell, Hüber, Breunig, Trainer Townley. Untere Reihe: Fuchs, Hollstein, Tscherter, Hirsch, Schwarze.

Rückkehr der meisten unserer Mitglieder nach Kriegsende und durch die immer grössere Ausbreitung des Fußballspiels und der Leichtathletik als Volkssport und der damit zusammenhängenden Vergrößerung der Sportvereine, ist der Karlsruher Fußball-Verein auf rund 1.200 Mitglieder angewachsen. Davon betätigten sich über 600, darunter allein 350 Junioren unter 17 Jahren, aktiv an der Ausübung des zur Körperpflege unbedingt notwendigen Sports".[50] Deshalb bat der Verein um ein größeres Gelände an der Hardtstraße. Dort spielten außer dem KFV die beiden Fußballvereine VfB Karlsruhe und Concordia Karlsruhe. Die Verhandlungen hatten aber erst 1926 Erfolg, als der KFV den Platz der Concordia und die Schulden dieses Vereins übernahm. Trotz zwei-

maliger Befassung im Stadtrat und mehrerer Vororttermine konnte mit dem VfB Karlsruhe keine Einigung erzielt werden, dessen Sportplatz zwischen dem alten KFV-Platz und dem neuen, von der Concordia übernommen, lag. Verhandlungen über eine Fusion beider Vereine waren gescheitert, da der VfB auf seiner Selbständigkeit beharrte. Vergeblich wies man darauf hin, dass der VfB gerade einmal ein Zehntel soviel Mitglieder wie der KFV habe. Erst 1939 erhielt der KFV auch diesen Platz, da der VfB Karlsruhe 1933 mit dem FC Mühlburg fusioniert hatte und auf dessen Platz an der Honsellstraße spielte (siehe unten).[51]

An alte fußballerische Stärke konnte der KFV ähnlich wie der FC Phönix nach dem Ersten Weltkrieg aber nicht mehr ganz anknüpfen. Der Verein hatte zwar nach wie vor einen guten Namen, der auch starke ausländische Mannschaften nach Karlsruhe zog, so am 8. Mai 1921 Mailand Enotria Gollardi, der mit vier italienischen Nationalspielern antrat. Trotz eines Boykottaufrufs der Siegermächte des Ersten Weltkriegs folgte mit Mailand erstmals nach dem Krieg wieder eine ausländische Mannschaft dem Beispiel der Mannschaften aus dem neutralen Ausland – der KFV war schon 1920 Gast des FC Basel, wo er 2:1 gewonnen hatte. Die Badische Presse hieß die Mailänder Mannschaft willkommen und betonte: „Wir müssen ja schließlich wieder mit unseren früheren Feinden leben und der Sport ist da wohl ein Faktor, der es uns ermöglicht, wieder mit diesen Ländern in Beziehung zu treten."[52] Das Spiel endete vor 6.000 Zuschauern 2:2 (Abb. S. 185). Das erste Fußballländerspiel hatte am 27. Juni 1920 gegen die Schweiz in Zürich trotz des Boykotts des westschweizerischen Regionalverbandes stattgefunden, das erste Länderspiel gegen einen ehemaligen „Feindstaat" folgte erst 1923 in Mailand gegen Italien.

Nach gutem Start kam 1923 der Rückschlag in den sportlichen Leistungen. Der KFV musste in der Kreisliga neu beginnen: „Mit dem aufsehenerregenden Siege, den er am 3. Januar 1926 gegen den Freiburger Fußballclub errang, erkämpfte sich der Verein die Meisterschaft der Bezirksliga."[53]

In der folgenden Spielzeit 1926/27 wurde der KFV hinter dem VfB Stuttgart Vizemeister von Baden-Württemberg, in den beiden folgenden Spielzeiten nach einer Änderung der Spielstruktur Badischer Meister. Nach einer Badischen Vizemeisterschaft 1929/30 gelang es noch zweimal die Badische Meisterschaft zu holen, ehe diese „dritte Glanzperiode" des Vereins – so die Darstellung in der Festschrift zum 90jährigen Vereinsjubiläum – mit der Vizemeisterschaft 1932/33 beendet war. Nach

einem erneuten Niedergang gelang 1938 zwar der Wiederaufstieg in die 1933 gegründete Gauliga, die damals höchste Spielklasse, ein neuer Höhenflug wurde aber auch daraus zuletzt wegen des Zweiten Weltkrieges nicht.

In der Nachkriegszeit spielte der Verein, der im Zweiten Weltkrieg um seine Existenz bangen musste und seinen Sportplatz durch Fliegerangriffe verlor, zunächst in der neu gegründeten Oberliga, stieg aber schon nach einem Jahr ab. 1951 gelang dem KFV mit dem Einzug in das Endspiel um die deutsche Amateurfußballmeisterschaft, das man mit 2:3 gegen 1860 Bremen verlor, ein letzter größerer Erfolg. In dieser Mannschaft spielte auch letztmals ein Nationalspieler. Der Stürmer Kurt Ehrmann durfte im folgenden Jahr im Spiel der Nationalmannschaft gegen Luxemburg auflaufen. Bis 1952 gehörten die publikumsträchtigen Lokalderbys mit dem FC Phönix zu den Höhepunkten im Karlsruher Fußballgeschehen. Von 1896 bis 1952 trafen die beiden Karlsruher Deutschen Meister 126 Mal aufeinander, der KFV gewann davon 57, der FC Phönix 37 Spiele.

In den Jahren 1961 bis 1965 holte man dreimal die Nordbadische Pokalmeisterschaft, 1973/74 die Nordbadische Amateurmeisterschaft. Trotz dieser, gemessen an den Erfolgen vergangener Tage bescheidenen Titel, blickte der Verein, der am 26. Oktober 1969 ein neues modernes Vereinsheim hatte einweihen können, mit berechtigtem Stolz 1981 und 1991 auf seine allerdings schon lang zurückliegende Erfolgsgeschichte zurück, die in umfangreichen Festschriften festgehalten wurde. Die Talfahrt war aber nicht mehr aufzuhalten. 2004/05 musste der Verein Konkurs anmelden. Damit hatte ein weiterer Meisterschaftsverein der ersten Stunde faktisch aufgehört zu existieren – bis Juni 2006 war die Streichung aus dem Vereinsregister noch nicht erfolgt. Ihm vorangegangen waren die beiden ersten deut-

KFV gegen Mailand am 8. Mai 1921, rechts in der KFV-Mannschaft mit Blumenstrauß Julius Hirsch. Das Spiel endete 2:2.

schen Meistermannschaften Union 92 Berlin, der 1992 nach dem Konkurs als SV Blau Weiß Berlin neu gegründet wurde, und der VfB Leipzig, der 2004 Konkurs anmelden musste. Mit dem KFV löste sich einer der großen deutschen Traditionsvereine und der älteste süddeutsche Fußballverein auf, der deutsche und Karlsruher Fußballgeschichte geschrieben hatte.

Die Nationalspieler des KFV

Aufgrund seiner herausragenden Leistungen stellte der KFV bis 1941 auch etliche Spieler für die Nationalmannschaft ab, deren Spiele seit 1908 in der Statistik aufgeführt werden. Der erste Karlsruher Nationalspieler war zugleich auch einer der erfolgreichsten.

Fritz Förderer
Fritz Förderer, der Rekordnationalspieler des KFV, spielte in den Jahren 1908 bis 1913 elfmal im Nationaltrikot und schoss zehn Tore.

Der am 5. Januar 1888 in Karlsruhe geborene rechte Außenstürmer bildete mit Fuchs und Hirsch das erfolgreichste Sturmtrio des KFV und der Nationalmannschaft vor dem Ersten Weltkrieg. Förderer, „Dribbelkönig und Schußkanone" zugleich, zog nach dem Ersten Weltkrieg nach Mitteldeutschland und spielte bei Halle 96. Als der KFV-Rekordnationalspieler 1952 erkrankte, hatte ein Hilferuf aus Halle mit der Bitte um Zusendung von Medikamenten und kräftigenden Lebensmitteln eine überwältigende Resonanz, was allerdings nicht verhindern konnte, dass Fritz Förderer am 6. Dezember 1952 in Weimar starb.[54]

Max Breunig
Mit neun Spielen in den Jahren 1910 bis 1913 folgte der am 12. November 1888 in Stein geborene Max Breunig, der Kapitän und Torschütze der Meistermannschaft des KFV, der sich auch erfolgreich als Leichtathlet betätigte. In der Nationalmannschaft schoss er allerdings nur ein Tor. Der wegen seines strammen

Torschusses gefürchtete offensive Mittelfeldspieler wuchs in Karlsruhe nahe dem Engländerplatz auf und schloss sich zunächst einer Jugendmannschaft des Phönix an, ehe er zum KFV wechselte, zu dessen erster Mannschaft er seit 1905 zählte. Im Jahr 1913 wechselte Breunig zum 1. FC Pforzheim. Nach dem Ersten Weltkrieg übernahm er im Jahr 1921 die Trainerstelle des KFV und führte den Verein zur Kreismeisterschaft, ehe er 1922 zum FC Basel ging. Auch während (1941–1943) und nach dem Zweiten Weltkrieg (1946–1948) übernahm Breunig noch einmal das Training der KFV-Oberligamannschaft. Als er am 4. Juli 1961 in Karlsruhe starb, würdigten ihn die Badischen Neuesten Nachrichten „als eine der markantesten Spielerpersönlichkeiten, die je auf dem grünen Rasen gewirkt hatten."[55]

Julius Hirsch
Der linke Innenstürmer des KFV Julius Hirsch brachte es auf 7 Länderspiele in den Jahren 1911 bis 1913. Der am 7. April 1892 in Achern geborene Sohn eines Karlsruher Tuchwarenkaufmanns trat noch als Schüler 1902 dem KFV bei, ehe er eine kaufmännische Lehre begann. 1909 spielte er in der ersten Mannschaft des KFV, an dessen erster Deutscher Meisterschaft im folgenden Jahr er maßgeblichen Anteil hatte. Ein Jahr später wurde er auch in die Nationalmannschaft berufen, für die er in seinem zweiten Länderspiel am 24. März 1912 gegen Holland vier Tore schoss. Hirsch spielte auch bei den Olympischen Spielen 1912 in Stockholm mit, allerdings nicht in dem Spiel gegen Russland, in dem sein Sturmpartner vom KFV Gottfried Fuchs lange Zeit unerreichte zehn Tore schoss. 1913 wechselte Hirsch aus beruflichen Gründen – er arbeitete für die Nürnberger Spielwarenfabrik Gebrüder Bing – nach Fürth zur dortigen Spielvereinigung, mit der er im Jahre 1914 noch einmal Deutscher Meister wurde. Vermutlich

verhinderte nur der Erste Weltkrieg weitere nationale und internationale Erfolge eines der besten deutschen Stürmer seiner Zeit. Im Ersten Weltkrieg Soldat bei einem bayerischen Landwehrregiment spielte Hirsch nach Kriegsende noch kurz bei der Spielvereinigung Fürth, ehe er 1919 zu seinem Stammverein KFV zurückkehrte, dort allerdings an seine Vorkriegserfolge nicht mehr anknüpfen konnte. 1923 beendete er seine aktive Laufbahn, war aber weiterhin als Trainer im Spielausschuss des KFV tätig. Zu dieser Zeit arbeitete er in der Firma seines Vaters, der Deutschen Signalflaggenfabrik. Nach dem Tode des Vaters übernahm er mit seinem Bruder Max die Firma, die sich nach dem Krieg auf den Vertrieb von Sportartikeln spezialisiert hatte und seit 1929 als Sigfa-Sport GmbH firmierte. Im Februar 1933 meldete sie vermutlich als Folge der Weltwirtschaftkrise Konkurs an. Nur wenig später musste Hirsch dann in der Presse lesen, dass sein Verein, der KFV, zu den Vereinen gehörte, die am 9. April 1933 versichert hat-

Platzwahl vor dem Endspiel um die Deutsche Meisterschaft am 31. Mai 1914 in Magdeburg, SpVgg Fürth gegen VFB Leipzig. (rechts Julius Hirsch)

Nr. 30. 4. Juli 1921
Erscheint Montags.

Süddeutscher

Illustrierter Sport

Verlag der Badischen Presse

Einzelpreis
1.— Mk.

Das berühmte Innentrio der Altmeister-Mannschaft des KFV.
Förderer   Fuchs   Hirsch

Titelblatt Süddeutscher Illustrierter Sport. Verlag der Badischen Presse vom 4. Juli 1921 mit dem KFV Innensturm der Meistermannschaft von 1910 Albert Förderer, Gottfried Fuchs und Julius Hirsch (von links).

ten, dass sie die Maßnahmen der neuen NS-Regierung „mit allen Kräften" mittragen würden, „insbesondere in der Frage der Entfernung der Juden aus den Sportvereinen."[56] Julius Hirsch stammte aus einer jüdischen Familie und kam einem Ausschluss aus dem Verein durch seinen Austritt zuvor. „Ich gehöre dem KFV seit dem Jahre 1902 an und habe demselben treu und ehrlich immer meine schwache Kraft zur Verfügung gestellt. Leider muß ich nun bewegten Herzens meinem lieben KFV den Austritt anzeigen."[57] Wie schwer Julius Hirsch dieser Austritt gefallen war und wie unverständlich ihm die antisemitischen Aktionen der neuen Machthaber waren, zeigen seine Hinweise auf seinen Einsatz im Ersten Weltkrieg, in dem sein Bruder gefallen war, und auf seine sportliche Erfolge. Der KFV antwortete ihm erst im August, dass nach Vereinsauffassung zu einem Austritt keine Veranlassung bestehe.

Sportlich versuchte Hirsch nach dem Vereinsaustritt als Trainer im Ausland zu arbeiten, was ihm aber nur für kurze Zeit im Elsass gelang. Deshalb schloss er sich in Karlsruhe dem Jüdischen Turnklub 03 an, mit dem er als Aktiver noch einmal eine Meisterschaft gewann. Beruflich hielt Hirsch sich als Vertreter für Bettwäsche und Stoffe, dann als Hilfsbuchhalter bei den Zellstoff- und Papierfabriken Ettlingen und Maxau bis zu deren Arisierung im Jahr 1938 über Wasser. Wohl nicht zuletzt wegen der ungeheuren psychischen Belastung erkrankte Hirsch Ende 1938 und bangte in einer psychiatrischen Klinik in Bar-Le-Duc in Lothringen um das Leben seiner Familie, als er von dem Novemberpogrom in Deutschland hörte. Um seine Familie, seine christliche Frau Ellen und zwei Kinder, zu schützen, ließ er sich nach seiner Rückkehr nach Deutschland von seiner Frau scheiden. Von der Deportation der Karlsruher Juden im Oktober 1940 nach Gurs in Südfrankreich blieb er noch verschont,

doch am 1. März 1943 wurde er mit elf anderen Karlsruher Juden nach Auschwitz deportiert und ermordet. Die Möglichkeit, in einem versiegelten Postwagen in die Schweiz zu fliehen, hatte er zuvor nicht genutzt, wohl in Unterschätzung der Gefahr, in der er schwebte.[58]

Gottfried Fuchs

Auch der Sturmpartner von Julius Hirsch und sechsmalige Nationalspieler Gottfried Fuchs war Jude, beide sind bis heute die einzigen deutschen Fußballnationalspieler jüdischen Glaubens. Gottfried Fuchs wurde am 3. Mai 1889 als Sohn des Kaufmanns Gustav Fuchs in Karlsruhe geboren. Seine Fußballkarriere begann er aber beim Düsseldorfer FC 1899, mit dem ihm 1907 die Meisterschaft von Nordrhein und Westdeutschland gelang. In der Meisterschaftsrunde scheiterte der Verein dann trotz eines Tores des Mittelstürmers Fuchs gegen Viktoria Hamburg. In Düsseldorf spielte er mit einigen englischen Spielern zusammen, von denen er Spieltechnik und die sprichwörtliche englische Fairness gelernt haben soll – so korrigierte er später einmal einen Schiedsrichter, der ihm einen unberechtigten Elfmeter zugesprochen hatte. Von Düsseldorf aus ging Fuchs wiederum aus beruflichen Gründen für ein Jahr nach England und wird wohl auch dort Fußball gespielt haben, obwohl er nach wie vor auch für den Düsseldorfer FC spielte. Gleichzeitig spielte Fuchs aber auch schon für den KFV, mit dem er im Jahr 1910 Deutscher Meister wurde. Legendär sind die zehn Tore, die Fuchs im Spiel gegen Russland am 1. Juli 1912 schoss. Dieser Rekord blieb lange unerreicht, und es dauerte auch bis 1930, bis der Dresdner Richard Hoffmann seine insgesamt 14 Länderspieltore übertraf. Nach dem Kriege, in dem er als Artillerieoffizier viermal verwundet wurde, spielte Fuchs noch kurze Zeit für den KFV, ehe er 1920 seine Karriere beendete.

Beruflich war Fuchs in den väterlichen Familienbetrieb eingestiegen, bis 1928 wird er im Karlsruher Adressbuch als Fabrikant und Mitinhaber der Holzhandlung Fuchs Söhne geführt. 1928 zieht die fünfköpfige Familie Fuchs nach Berlin, da ihnen Karlsruhe „zu provinziell" geworden sein soll. Der neue Wohnort, die „Villencolonie" Nikolasee, unterstreicht, dass es der Familie finanziell gut ging. Dem dortigen Tennisclub gehörte er bis 1935 an, als eine Satzungsänderung festlegte, dass Mitglieder nur noch Personen „arischer Abstammung" werden konnten. Im Jahr 1937 entschloss Fuchs sich zur Flucht, erst in die Schweiz, dann nach Frankreich, von wo aus die Familie mit der Mutter von Gottfried Fuchs kurz vor der französischen Niederlage über Großbritannien nach Kanada ausreiste. Fuchs, der in Kanada in der Textilbranche tätig war, kehrte nach dem Krieg einige Male wegen zu klärender Rechtsfragen nach Deutschland zurück, aber immer „mit sehr gemischten Gefühlen" wofür es viele Gründe gab, darunter den, dass seine einzige Schwester ermordet worden war. Auch den Kontakt zum KFV mied er in Erinnerung an das Schicksal seines Stürmerkollegen Julius Hirsch. Gottfried Fuchs starb am 25. Februar 1972 in Montreal-Westmont.[59]

Ernst Hollstein

Zur Meistermannschaft gehörte auch der sechsmalige Nationalspieler Ernst Hollstein, der am 9. Dezember 1886 als Sohn des Bürovorstehers Ferdinand Hollstein in Karlsruhe geboren wurde. Der für seine elegante Spielweise und seine Kopfballstärke bekannte linke Verteidiger kam vom Phönix zum KFV. Seinen sechs Länderspielen in den Jahren 1910 bis 1912 hätte er vermutlich weitere hinzugefügt, wenn er sich nicht mit 26 Jahren vom aktiven Sport zurückgezogen und dem Studium gewidmet hätte. Er starb am 9. August 1950.[60]

Hermann Bosch

Der Linksaußen der Meistermannschaft Hermann Bosch spielte 1912/13 fünfmal in der Nationalmannschaft. Der auch als Verteidiger einsetzbare Allrounder spielte in der Nationalelf als „Seitenläufer". Großes Spielverständnis und mustergültige Pässe zeichneten den am 10. März 1891 in Öhningen bei Konstanz geborenen Mittelfeldspieler aus. Der Erste Weltkrieg verhinderte auch bei ihm eine längere Karriere als Nationalspieler. Am 15. November 1916 starb er im Lazarett Kronstadt, wo er auch begraben wurde.[61]

Ludwig Damminger

Fünf Tore in drei Spielen schoss der Mittelstürmer Ludwig Damminger, der am 29. Oktober 1913 geboren wurde. Bereits mit 17 Jahren spielte er bei Bavaria Wörth in der Südpfalz, ehe er im Oktober 1934 zum KFV stieß. 1935 wurde zum Höhepunkt seiner Karriere, als er die Länderspiele gegen Belgien, Irland und Estland bestreiten durfte. Nach dem Zweiten Weltkrieg zeitweise noch als Fußballtrainer tätig, starb Damminger am 4. Februar 1981 in Jockgrim.[62]

Franz Immig

Der am 10. September 1918 geborene Franz Immig spielte zweimal im Jahr 1939 gegen Luxemburg und die Slowakei international. Der rechte Verteidiger kam vom SV Sonderheim 1937 zum KFV, für den er drei Jahre spielte. Im Alter von nur 37 Jahren verstarb er am 26. Dezember 1955.[63]

Wilhelm Gros

Nur einmal international spielte der rechte Läufer Wilhelm Gros. Der am 6. Juli 1892 in Karlsruhe als Sohn eines Wagnermeisters geborene hervorragende Techniker stand 1912 in der deutschen Vizemeistermannschaft des KFV und spielte in der verstärkten Karlsruher

Stadtauswahl in dem Länderspiel gegen Holland. Der Student wurde 1914 bei Kriegsbeginn eingezogen und starb am 22. August 1917 als Leutnant der Fliegerjagdstaffel 17 bei einem Luftkampf westlich von Brügge.[64]

Lorenz (Lora) Huber
Nur zu einem Länderspiel, 1932 gegen Ungarn, kam der kopfballstarke Verteidiger Lorenz (Lora) Huber, der am 24. Februar 1906 in Offenburg geboren wurde. Beim KFV spielte er seit 1925, war aber durch eine Meniskusverletzung zu einer längeren Spielpause gezwungen. Mit dem KFV gewann er in den 1920er und 1930er Jahren mehrere Badische und Baden-Württembergische Meisterschaften. Nach 1945 blieb er dem KFV treu verbunden. Er starb am 6. Oktober 1989 in Karlsruhe.

Kurt Ehrmann
Der einzige noch lebende Nationalspieler des KFV ist der am 7. Juni 1922 geborene Stürmer Kurt Ehrmann. Er spielte 1952 einmal in der Nationalelf gegen Luxemburg und dreimal in der Amateurnationalelf in demselben Jahr.

FC Phönix Karlsruhe

Der zweitälteste, zu Beginn des 20. Jahrhunderts noch bestehende Karlsruher Fußballverein, war der FC Phönix. Dieser verdankte seine Entstehung der Weigerung der Karlsruher Turngemeinde, eigene Fußballabteilungen zu gründen. Ein Phönixspieler der ersten Stunde Gerhard Benstz erinnerte sich später: „An einem schönen Sonntagvormittag spielten wir Schüler aus verschiedenen Schulen auf dem Engländerplatz. Plötzlich kamen zehn bis zwölf junge Turner in weißen langen Hosen und in fröhlichster Stimmung von der nahen Zentralturnhalle her mit einem Fußball angesprungen und begannen nach Herzenslust herumzuki-

cken. Sie hatten ersichtlich noch nie einen Ball unter den Füßen gehabt und benahmen sich in unseren Augen so ungeschickt, wie nur möglich. Wir lachten herzlich. Aber schon nach einigen Wochen hatten sie die Fußballkunst schon einigermaßen erfaßt. Sie gründeten einen Club und nannten ihn 'Phönix', denn er war sozusagen aus dem Nichts entstanden".[65] Die jungen Turner ahnten damals sicher nicht, dass sie den Grundstein für den bis heute erfolgreichsten Karlsruher Fußballverein legten. Die Anfänge waren allerdings noch bescheiden, von den sechs in den Jahren 1894/95 ausgetragenen Spielen wurden vier verloren, eines ging unentschieden aus und nur einmal verließ Phönix den Platz als Sieger. Die Mannschaft spielte zunächst auf der Körnerwiese in der heutigen Weststadt zwischen Weinbrenner-, Sofien-, Uhland- und Körnerstraße. 1896 sah die Bilanz schon besser aus, von fünf Spielen wurden vier gewonnen.

Im September dieses Jahres kam es in einer Generalversammlung auch zu einem klärenden Schnitt, der erste Mannschaftskapitän, ein Turner, verließ mit drei Mitspielern den Verein. Neuer Spielführer wurde Willi Müller, ein Chemiestudent, der aus Zürich nach Karlsruhe gekommen war. Die junge Mannschaft um den neuen Spielführer trug bald auch schon Spiele gegen auswärtige Mannschaften aus. Die Kosten für die Anreise nach Straßburg, Pforzheim oder Stuttgart mussten aus eigener Tasche getragen werden, wie Gerhard Benstz berichtet, der 1896 als Untersekundaner zur ersten Mannschaft des Phönix stieß. Die Mannschaft spielte inzwischen auf dem Engländerplatz, nachdem etliche Spieler des Bensemannclubs Karlsruher Kickers zu Phönix gewechselt waren. Anschaulich schildert Benstz die Spielbedingungen auf dem Engländerplatz: „Offizielle Spielzeit war der Sonntagnachmittag. Die Torstangen wurden im Hause Raible in der Bismarckstraße aufbewahrt und mußten jedes-

Die erste Mannschaft des FC Phönix um 1910.

mal vor dem Spiel dort geholt und nach dem Spiele zurückgebracht werden. 'Der' Ball – es gab nur einen – wurde von einem Spieler zu Hause gepflegt und notfalls auch geflickt."[66]

Mit dem neuen Spielführer war 1896 auch ein neuer Schriftführer bestimmt worden, Artur Beier, der neben seinen spielerischen Qualitäten als Mittelläufer auch durch Organisationstalent überzeugte. Beier beteiligte sich auch an der Gründung des Verbandes Süddeutscher Fußballvereine im Jahr 1897. In diesem Jahr begann erstmals ein geregelter Spielbetrieb. Von 21 Spielen gewann Phönix 15 und verlor fünf. Die Mannschaft spielte nun auch in eigens aus England beschafften Trikots: die schwarz-blau gefelderten Blusen kosteten 6,50 Mark, damals ein hoher Betrag für die jungen Spieler. Nachdem Phönix schon bald wieder aus dem Süddeutschen Fußballverband ausschied, reduzierte sich die Zahl der Spiele

wieder deutlich. Aus dieser Zeit ist eine Liste erhalten, die im Streit um den Engländerplatz (siehe oben) zur Untermauerung, dass sich die Mitgliedschaft der Phönix deutlich von der der Frankonia absetze, angefertigt wurde:

In der Zeit vom 1. Oktober 1898 bis 1. April 1899 haben dem Fußballklub 'Phönix' als Mitglieder angehört:[67]

1.	Studierende	3
2.	Kaufleute	11
3.	Bankbeamte	4
4.	Beamte der Versorgungs-Anstalt	2
5.	Beamte (subaltern)	7
6.	Maschinentechniker	1
7.	Bautechniker	2

8.	Musikdirigent	1
9.	Optiker	1
10.	Handwerker und Geschäfts-leute, die im Geschäft ihres Vaters tätig sind	4
11.	Andere Handwerker (Schlosser 1, Küchenchef 1, Lithograph 2, Hylograph 1)	5
12.	Schüler Oberrealschule und Gymnasium	11
13.	Städtische Kanzleibeamte	2
	Zusammen	54

Der Verein wies also eine für die Anfangs-zeit des Fußballs in Deutschland durchaus typische bürgerlich-mittelständische Zusammensetzung mit einem starken Schüleranteil, vielen Kaufleuten, Handwerkern und Beamten auf. Geringer als in anderen Vereinen, z. B. dem KFV, war nur der Anteil der Studenten. Arbeiter fehlten – wie bei den meisten Vereinen der Zeit – gänzlich.[68]

Neue Impulse gingen 1902 von der auf Betreiben von Franz Klotz gegründeten Jugendabteilung aus. Klotz, der durch eine Erbschaft über entsprechende Mittel verfügte, studierte am Staatstechnikum und band durch sein Engagement – er stiftete Bälle und finanzierte auch die erste Auslandsreise einer deutschen Juniorenmannschaft nach Straßburg – die Jugendlichen an den Verein. Damit legte er den Grundstein für die erste Deutsche Meisterschaft eines Karlsruher Vereins. Klotz war später als Ingenieur bei den Elektrizitätswerken in Freiburg tätig. Für Phönix sollte einer seiner drei Söhne in den 1950er Jahren noch einmal von entscheidender Bedeutung werden (siehe unten).

1904 stieß auch Artur Beier, der schon 1898 aus beruflichen Gründen zunächst nach Stuttgart gezogen war, wieder zur Mannschaft.

Beier wurde nun zum Garant des Erfolges, mit ihm begann ein Neuaufbau. Beier hatte zwei Jahre später auch entscheidenden Anteil daran, dass Phönix ein eigenes Stadion bekam. Nachdem der Engländerplatz zu klein geworden war, spielte Phönix seit 1905 sonntags auf dem großen Exerzierplatz in der Nähe der Schießstände. Doch auch dies konnte nur eine Übergangslösung sein. Artur Beier und Ferdinand Lang kauften deshalb auf eigene Rechnung auf Neureuter Gemarkung gegenüber dem Schützenhaus ein rund 18.000 m² großes Gelände, auf dem ein Fußballplatz, ein Tennisplatz sowie ein Klubhaus mit zwei Umkleideräumen und einem Wirtschaftsraum mit Küche entstanden. Im Eröffnungsspiel im September 1906 besiegte Phönix den Meister der Westschweiz, den FC La Chaux-de-Fonds, mit 4:1.[69] Mit diesem Platz war auch die Grundlage für die Erfolge der nächsten Jahre gelegt.

Der Verein hatte nun 150 Mitglieder, aus denen eine spielstarke Mannschaft entstand, die 1907 einen 4:0 Sieg über den ersten Deutschen Meister aus Süddeutschland, den FC Freiburg bejubeln durfte. 1909 setzte sich der Phönix dann in der Endrunde um die Süddeutsche Meisterschaft durch mit teilweise sehr deutlichen Ergebnissen, auswärts gewann man z. B. gegen Hanau 93 mit 8:0, zuhause triumphierte man gar mit 16:0 über den 1. FC Kaiserslautern. Auch in der Endrunde um die Deutsche Meisterschaft gelang gegen den FC Erfurt mit 9:1 ein Kantersieg. Im Endspiel in Breslau traf Phönix auf die Berliner Spitzenmannschaft Viktoria Berlin, die bereits zum dritten Mal im Endspiel stand und als Titelverteidiger antrat. Ein Spielbericht der Süddeutschen Sportzeitung vom 17. Juni 1909 bestätigt die deutliche spielerische Überlegenheit des Phönix: „Die Karlsruher zeigten ein großartiges Zusammenspiel, vollendete Ballbehandlung und oft große Schußsicherheit. Was waren das für flotte Angriffe von der

Gruß vom Sportplatz K. F. C. „Phönix", Karlsruhe, Postkarte um 1906. Die Karte ist adressiert an Herrn Fritz Reiser, Rechts-innenstürmer, Karlsruhe Waldhornstraße 3a. „Lieber Fritz, Sei froh, dass du das Wetter vermeiden konntest, das Spiel litt sehr darunter, wie du aus dem Resultat ersehen haben wirst. Hoffentlich gehst du schon wieder ins Geschäft. Bester Gruss Artur [Beier].

Stürmerreihe, an deren Flügel Oberle und Wegele für Tempo sorgten und in deren Mitte Noe, Leibold und Reiser den Zug nach dem Tore tatkräftig unterstützten. Schießen können alle fünf Stürmer, so dass die Torzahl auch hätte höher ausfallen können." [70] Phönix siegte 4:2, es trafen die Stürmer Noe (zweimal) und Leibold sowie Mannschaftskapitän Beier, der das wichtige 1:1 erzielte. Beier telegraphierte auch an den „verehrlichen Stadtrat der Haupt- und Residenzstadt Karlsruhe, dass der Phönix heute in Breslau gegen den vorjährigen Deutschen Meister, Fußballclub Viktoria Berlin, die Deutsche Fußballmeisterschaft errungen hat mit vier zu zwei Toren." [71]

Diesen Sieg feierte der Verein am 5. Juni im Kolosseum, wo Stadtrat Kölsch die Glückwünsche der Stadt und einen Lorbeerkranz

überbrachte. Oberbürgermeister Siegrist hatte zuvor schriftlich gratuliert und betont, dass dieser Sieg auch der Stadt „zur Ehre" gereiche, „die sich stolz der Kraft und Gewandtheit ihrer männlichen Jugend rühmen kann." Diese Deutsche Meisterschaft sowie die folgende des KFV steigerte die Akzeptanz des Fußballs noch einmal deutlich. Am 4. Mai 1910 spielte erstmals auch eine Karlsruher Militärmannschaft, die des Telegraphenbataillons, gegen die zweite Mannschaft des KFV. Der Fußball war auch in diesem Bereich gesellschaftsfähig geworden. [72]

Auch in diesem Jahr spielte Phönix eine wichtige Rolle bei der Entscheidung um die Süddeutsche Meisterschaft. In einem Zwischenrundenspiel am 1. Mai 1910 unterlag die Phönixelf dem Lokalrivalen KFV knapp mit

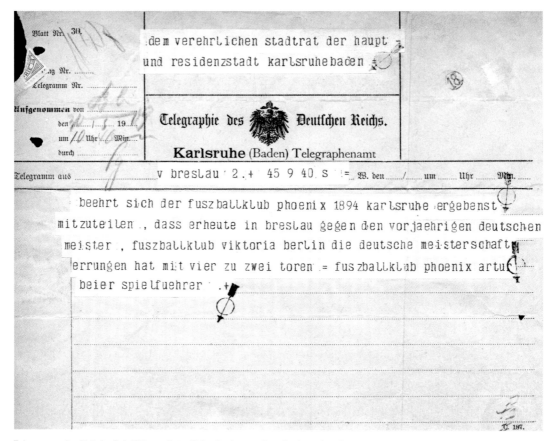

Telegramm des Phönix-Spielführers Artur Beier, in dem er dem Stadtrat den Sieg über Victoria Berlin mitteilt.

2:1 im KFV-Stadion an der Hertzstraße. Auf den neutralen Spielort hatte man im gegenseitigen Einvernehmen verzichtet, was aber zu Beschwerden seitens der Phönixspieler wegen eines zu schweren Balles führte. Die Vermutung, dass der listenreiche englische KFV-Trainer Townley den Ball und auch den von den Spielern geforderten Ersatzball mit zwei Blasen hatte ausstatten lassen, konnte allerdings nie bewiesen werden – der Schiedsrichter hatte beide Bälle für unverdächtig befunden.[73]

Das Spiel muss ein bis dahin nicht gekannter Höhepunkt der Spielkunst gewesen sein, der Journalisten wie den der eingangs zitierten Illustrierten Sportzeitung, aber auch die Zuschauer zu wahren Lobeshymnen veranlasste. Die Zeitschrift Fußball berichtete ebenfalls überschwänglich von einem „denkwürdigen" Spiel und lobte das „prachtvolle Stopp- und Pass-Spiel der KFV-Elf vor der Halbzeit", als der KFV 2:0 in Führung ging, und „das forcierte Drängen der Phönix-Elf, das seinen Lohn in einem Kopfstoß Beiers fand". Es reichte aber nur, nicht zuletzt wegen der guten Abwehrleistung des Nationalspielers Ernst Hollstein, zum Anschlusstor gegen die seit der 15. Minute nach der Verletzung des Linksaußens Trumpp nur noch mit zehn Mann spielenden KFVler.

194

Die einheimische Badische Presse sah das Spiel allerdings kritischer als die Fachzeitschriften und bemängelte, dass das Spiel „viel zu wünschen übrig" gelassen habe. „Nur wenige interessante Momente fielen für das Publikum ab, da die Überlegenheit zuerst vom K.F.V. und dann von Phönix zu stark hervortrat."[74] Auch das Publikum, mehr als 6.000 Zuschauer waren auf den KFV-Platz „aus ganz Süddeutschland" gekommen, „wohl die höchste Zahl von Zuschauern, die bisher in Deutschland einem Wettspiel beiwohnten"[75], bekam von der Badischen Presse ein schlechtes Urteil, denn: „Das Verhalten eines Teils des Publikums erregte überall größtes Mißfallen. Die Betreffenden versuchten durch Zwischenrufe und Gejohle den Schiedsrichter für ihre Partei einzunehmen und stellten sich dadurch kein

gutes sportliches Zeugnis aus." Auch hier war die auswärtige Fachpresse weniger kritisch, sondern lobte im Gegenteil das Engagement der Zuschauer: „Kopf an Kopf drängte es sich rings um den großangelegten prächtigen Sportplatz des KFV. Das Schöne an der Sache ist, dass die Zuschauer in Karlsruhe aus allen Bevölkerungsschichten sich zusammensetzen. Da sehen wir Soldaten mit ihren Mädels am Arm, dort Mitglieder des Fürstenhauses; auch alle Altersstufen sind vertreten, die Schuljugend und ergraute Männer. Alle verfolgen mit demselben lebhaften Interesse den Verlauf eines Spieles, und man kann da mit Recht sagen, daß arm und reich, jung und alt durch das Fußballspiel begeistert werden. Das will etwas heißen in einer Stadt, deren gesellschaftliches Leben als steif und spießbürgerlich bezeichnet

Spiel des FC Freiburg gegen FC Phönix in Freiburg 1905 auf dem dortigen Engländerplatz, benannt nach den ursprünglichen Benutzern dieses Platzes, dem englischen Militärinstitut in der Dreisamstraße. Der Gebäudekomplex im Hintergrund ist das Altersheim Kartause auf der Nordseite der Dreisam.

wird."[76] Die 6.000 Zuschauer des Jahres 1910 würden auf die heutige Einwohnerzahl Karlsruhes hochgerechnet eine Zuschauerzahl von ca. 12.600 bedeuten. Die Mobilisierung der Bevölkerung und die Begeisterung für Fußball war also noch nicht so hoch wie heute, doch muss man berücksichtigen, dass damals wohl weniger Zuschauer aus dem Umland kamen, die heute zum festen Besucherkreis des Karlsruher Sportclubs (KSC) zählen. Bestätigt wird aber die soziale Grenzen überschreitende Anziehungskraft des Fußballs.[77]

Nur wenige Tage nach diesem denkwürdigen Spiel spielte Phönix am 8. Mai auf dem eigenen Platz, dessen Zuschauerplätze durch das Aufschütten von zusätzlichen Zuschauerrängen verdoppelt worden waren, gegen die englische Profimannschaft Barnsley FC, in dem Bestreben „seine Spielweise zu vervollkommnen und auch den übrigen Karlsruher Vereinen Gelegenheit zu geben, ihr Spiel zu verbessern."[78] Es wurde tatsächlich eine Lehrstunde, die Profis gewannen trotz einer überragenden Leistung des Phönixtorwarts bei strömendem Regen mit 6:0.[79]

Die Phönixmannschaft hatte inzwischen ihren Leistungszenit überschritten, „O. Reiser und Oberle waren in auswärtige Stellungen gekommen; Leibold, Schweinshaut, Heger, Noe und Neumaier spielten nur noch gelegentlich, und Arthur Beier mußte dem Alter seinen Tribut zollen."[80] Trotz der Fusion mit dem FC Alemannia, der ebenfalls noch vor der Jahrhundertwende gegründet worden war, im Juli 1912 reichte es nach einem Leistungseinbruch 1912/13 nur zu einem vorletzten Platz in der Südkreisliga. Der FC Alemannia war 1897 gegründet worden und hatte zu Beginn des 20. Jahrhunderts eine spielstarke Mannschaft aufgebaut, in der u. a. die Gebrüder Geppert, Karl sogar als Spielführer, spielten und die 1910 den Goldenen Pokal der Stadt Mannheim gegen starke Konkurrenz gewann.

Der Verein besaß ein eigenes Fußballfeld in Rüppurr hinter dem Schloß, das Vereinlokal war das Cafe Nowack.[81]

Danach stabilisierte sich Phönix wieder, ohne an die alten Erfolge anknüpfen zu können. Finanzielle Probleme zwangen auch zur Aufgabe des Sportplatzes an der Rheintalbahn, auf dem Phönix im Jahre 1912 noch die westdeutschen Leichtathletikmeisterschaften ausgetragen hatte. Die Stadt spendete für einen Ehrenpreis 25 Mark, nachdem sie dies zwei Jahre zuvor noch abgelehnt hatte.[82] Der von dem Freiherrn v. Seldeneck Anfang 1914 gepachtete neue Platz an der Stösserstraße wurde aber wegen des Kriegsbeginns im August nicht mehr zum Spielbetrieb hergerichtet. Dennoch fanden hier Spiele der nicht eingezogenen Spieler statt, Verbandsspiele trug man seit 1915 aber auf dem Platz des FC Mühlburg an der Honsellstraße aus, später auf dem KFV-Platz. Die Spiele um die Gaumeisterschaft gewann man 1916 und 1917 jeweils vor dem alten Konkurrenten KFV.

Nach dem Krieg stellte sich für den Verein zunächst einmal die Frage nach einem geeigneten Spielplatz. Der Platz an der Stösserstraße wurde weiterhin zum Anbau von Gemüse verwandt, so dass man froh war, seit dem Sommer 1919 auf dem Platz der Hochschule im Fasanengarten spielen zu können, allerdings ohne an die Erfolge der Vorkriegszeit auch nur annähernd anknüpfen zu können. Immerhin war Phönix die erste deutsche Mannschaft, die nach dem Kriege im Frühjahr 1919 wieder ein Spiel im Ausland beim FC Nordstern Basel austrug.[83] Ein gut besuchtes Spiel gegen den 1. FC Nürnberg in Anwesenheit des badischen Finanzministers Heinrich Köhler soll dann den Ausschlag gegeben haben, dass Phönix vom Land den Platz im Wildpark pachtweise für 50 Jahre überlassen bekam, auf dem 1922/23 das erste Wildparkstadion zu einem großen Teil in Eigenarbeit entstand. Der linke Läufer der

FC Alemannia im Jahr 1910.

ersten Mannschaft Rudi Wachter berichtete: „Mit eigenen Kräften, in gemeinsamer Schipparbeit, an der auch der Vorsitzende Kipphan und der Kassierer Wagner teilnahmen, wurde ein Stadion erstellt, das schon seiner idealen Lage wegen zu den schönsten in Deutschland gerechnet werden kann."[84] Der Verein hatte nun ein neues Stadion, spielte aber nicht mehr in der obersten Klasse. Die Jahre 1924 bis 1932 waren sportlich Jahre des Misserfolgs. Erst 1934 gelang der Wiederaufstieg in die Gauliga vor allem Dank des Einsatzes des Vereinspräsidenten und ehemaligen Nationalrechtsaußen Prof. Karl Wegele. Aus der Gauliga stieg man zwei Jahre später aber schon wieder ab.[85] Bis zum Beginn des Zweiten Weltkrieges gelang Wegele aber die weitgehende finanzielle Sanierung des Vereins, der seit 1937 auch wieder in der Gauliga spielte. Im Zweiten Weltkrieg wurde der Spielbetrieb so gut es ging aufrecht erhalten, das Stadion blieb von Kriegsschäden weitgehend verschont, so dass dort nach dem Kriege sofort wieder gespielt werden konnte. Phönix spielte zunächst mit 15 anderen Mannschaften in der obersten Klasse, der Süddeutschen Oberliga, stieg aber schon 1947 in die

Landesliga ab. Als 1950 die Verbandsstruktur geändert und nur noch eine Spielgruppe auf der zweiten Ebene festgelegt wurde, war Phönix nicht dabei und musste in die dritte Liga, die Amateurliga absteigen. „Wir hatten damals nicht den Eindruck, daß das Schicksal eines Vereins wie des FC 'Phönix' die maßgeblichen Männer im Süddeutschen Fußballverband erheblich beschäftigte. Wir kämpften um eine vernünftigere Lösung, bildeten eine Interessengemeinschaft, aber sie konnte das Unrecht nicht abwenden.", erinnert sich später der Altinternationale und langjährige Vereinspräsident Karl Wegele.[86] Dem Verein blieb letztlich nur die Fusion mit dem VfB Mühlburg, wollte er wieder erfolgreich an alte Zeiten anknüpfen (siehe unten)

Die Nationalspieler des Phönix

Der Autor der Festschrift zum 60-jährigen Jubiläum des KSC Karl Wegele war auch der erfolgreichste Nationalspieler des Phönix. Der am 27. September 1887 in Karlsruhe als Sohn eines Kaufmanns geborene Karl Wegele galt als einer der besten Rechtsaußen seiner Zeit, dessen zielgenaue Flanken gefürchtet waren. Der Student der Mathematik und der Chemie spielte seit 1903 für Phönix und war Mitglied der Meistermannschaft von 1909. Ein Jahr später spielte er zum ersten Mal in der Nationalmannschaft gegen die Schweiz. Er gehörte auch zu den Karlsruher Spielern, die gegen Holland ein 5:5 herausholten. Sein letztes und fünfzehntes Länderspiel war auch das letzte vor dem Ersten Weltkrieg. Wegele schoss am 5. April 1914 den Ausgleich gegen Holland, eines von drei Länderspieltoren, dem vermutlich noch weitere hätten folgen können, wenn der Krieg dies nicht verhindert hätte. Aber auch so trug er wesentlich zum Rufe der Stadt Karlsruhe als Fußballhochburg bei und er blieb bis in die 1990er Jahre Karlsruher Rekordnationalspieler.

Nach dem Ersten Weltkrieg spielte er noch einige Jahre für Phönix und stand 1922 neben Sepp Herberger, der damals sein erstes Spiel für Süddeutschland machte, auf dem KFV-Platz in der Siegerelf über Norddeutschland. In den 1930er Jahren war er als Trainer und Vorsitzender für Phönix tätig und half dem Klub entscheidend aus der Krise. Karl Wegele, der als Lehrer am Kantgymnasium den Professorentitel führen durfte, starb am 14. November 1960 in Karlsruhe.[87]

Emil Oberle

Auf fünf Länderspiele in den Jahren 1909 und 1912 brachte es der Linksaußen der Meistermannschaft Emil Oberle. Der am 16. November 1887 als Sohn eines Schlossers in Karlsruhe geborene Stürmer spielte seit 1907 in der ersten Phönixmannschaft. Mit seinem Außenstürmerkollegen Karl Wegele bildete er das gefürchtetste Außenstürmerduo seiner Zeit. 1912 beendete der ausgebildete Bankkaufmann seine Fußballlaufbahn und ging nach Istanbul. In der Türkei blieb er von einer kur-

zen Unterbrechung nach dem Ersten Weltkrieg abgesehen bis zu seinem Tode. Er leitete dort eine Bank. Regelmäßig kam er aber nach Karlsruhe zu Besuch. Als er bei seinem letzten Aufenthalt in Karlsruhe im Jahr 1955 bereits ein Haus in Baden-Baden gekauft hatte, in dem er seinen Lebensabend verbringen wollte, erkrankte er und verstarb am 25. Dezember in einem Karlsruher Krankenhaus. Ein kurzer Nachruf würdigte ihn als herausragenden Fußballspieler und „Aristokraten im wahrsten Sinne des Wortes. Seine edle Gesinnung, sein bescheidenes Wesen, verbunden mit hoher Intelligenz, sicherten ihm nicht nur auf dem Fußballfeld, sondern auch im Berufsleben eine große Karriere."[88]

Robert Neumeier

Auf drei Länderspiele kam der am 14. April 1885 als Sohn eines Kaufmanns geborene Robert Neumaier in den Jahren 1909 bis 1912. Neumaier spielte als linker Verteidiger in der Meistermannschaft. Er starb am 22. März 1959.

Otto Reiser

Ein Länderspiel absolvierte der halbrechte Stürmer Otto Reiser, der am 24. Dezember 1884 als Sohn eines Hofküchendieners in Karlsruhe geboren wurde. Sein einziges Länderspiel absolvierte er 1911 gegen Belgien.

FC Frankonia

Als dritter Verein aus der Frühzeit des Karlsruher Fußballs soll in einem Kurzporträt der FC Frankonia vorgestellt werden, der bis heute besteht. Waren an der Gründung der beiden großen Karlsruher Vereine KFV und Phönix vor allem Schüler des Gymnasiums und Studenten beteiligt, so rekrutierte sich der FC Frankonia aus einer anderen gesellschaftlichen

Schicht. Der Zeitzeuge und Verfasser einer kurzen Vereinsgeschichte Albert Ette hielt 1930 dazu fest, dass das Fußballspiel zunächst „nur von Schülern der höheren Schulen gespielt" wurde, dass es aber auf Dauer nicht ausbleiben konnte, „dass sich auch die Volksschüler dafür begeisterten; aber dieses Spiel war doch mit allerhand Unkosten verbunden und war für Volksschüler doch wesentlich schwieriger wie für jene, die zumindest über Taschengeld verfügten, während die Volksschüler nicht einmal das besaßen ... Aber der Wille zur Tat war ausschlaggebend. Es wurde 5fer um 5fer gesammelt, bis die Ausrüstungen beisammen waren, und so begannen um das Jahr 1892 herum auch die Volksschüler mit dem neuen Gesellschaftsspiel, dem Fußball ... So primitiv die Kunst des Fußballs und der Leitung war, so war auch die Ausrüstung, weil Kickstiefel und Sportausrüstung nicht für jeden reichte, wurde bei Halbzeit, zum Ausgleich gewechselt."[89] War der Zusammenschluss unter dem Namen „Frankonia" – damals häufig anzutreffender Vereinsname – zunächst nur sehr locker, wohl eher eine Fußballgesellschaft, so festigten sich die Strukturen am 18. Dezember 1895, als sich im Gasthaus Zum Mohren einige der Spieler zusammenfanden und darüber berieten, ob sie sich dem kurz zuvor entstandenen Verein Fidelitas anschließen oder einen eigenen Verein unter dem bisherigen Namen gründen sollten. Man entschloss sich zu letzterem, so dass der Verein heute nach dem KSC der zweitälteste Fußballverein der Stadt ist. 1897 gehörte Frankonia auch zu den Gründungsmitgliedern des Verbandes Süddeutscher Fußballvereine. Zu Walther Bensemann gab es ebenfalls enge Kontakte. Er gehörte um die Jahrhundertwende dem Verein als Mitglied an, und auch Karl Geppert spielte gelegentlich als Gastspieler bei der Frankonia. Ob er 1898 die Spiele gegen den späteren Deutschen Meister Viktoria Berlin und den Straßburger Footballclub oder die Reise nach Prag am 16. Mai 1901 vermittelte, kann nur vermutet werden.[90] Von dieser Auslandsreise gibt es einen Bericht, der anschaulich die Schwierigkeiten und Strapazen einer solchen Reise schildert:

„Das Fahrgeld für die Reise nach Prag mußte beschafft werden, da man die Unkosten erst in Prag vergütet bekam. Man mußte bedenken, dass es sich um Spieler zwischen 16 und 20 handelte und die meisten noch in der Lehre waren. Ältere kapitalkräftigere Mitglieder, die das Geld vorstrecken konnten, waren nicht vorhanden. Nur durch den Opferwillen der jungen Spieler und dem guten Kameradschaftsgeist der Mannschaft war es zu verdanken, daß das Unmögliche möglich gemacht werden konnte. Am 14.5.1901 war es soweit, daß die Mannschaft die Fahrt nach Prag antreten konnte. Die Eisenbahn war zu damaliger Zeit noch nicht so fortschrittlich wie heute und in nicht allzu schneller Fahrt über Stuttgart, München, Salzburg, Wien nach Prag. ... Man war 1 ½ Tage unterwegs, hatte die Nacht teils schlafend, oder erzählend um die Ohren geschlagen, als man in Wien ankam."

Nach einstündiger Pause ging es weiter nach Prag, wo man nach zwei Stunden Fahrt freundlich von den Prager Gastgebern empfangen wurde. Nach der 1:0 Führung der Frankonia musste man aber bald die Prager Überlegenheit anerkennen, die noch hoch mit 9:1 gewannen, womit der Zeitzeuge die Mannschaft „unter Wert" geschlagen sah.[91] Ein anderer Zeitzeuge berichtet, dass auf dem Rückweg bei der Zwischenstation in Nürnberg Spieler des dortigen 1. FC Nürnberg am Bahnsteig gestanden hätten und die Frankoniaspieler mit Schinken und Brot versorgt hätten.[92] Eine weitere Passage des Berichts von 1901 befasst sich mit der Sportplatzsuche. Frankonia hatte zunächst wie der große FC Phönix auf der Körnerwiese in der Weststadt gespielt, ehe

FC Frankonia am 4. Dezember 1898 vor dem Spiel gegen den FV Straßburg.

er auf den Engländerplatz wechselte und auch hier wieder auf den FC Phönix traf, mit dem es zum Streit kam (siehe oben). Die in diesem Zusammenhang vom Phönixvorstand geäußerten Vermutungen über die Zusammensetzung der Frankonia 1899 bestätigen, dass die Vereinsmitglieder eher dem Arbeitermilieu zuzurechnen waren. Dies wurde auch im Zusammenhang mit der Platzsuche der Frankonia nach der Jahrhundertwende untermauert, als ein KFV-Mitglied eine schon fast sichere Zusage des Domänenärars auf einen Platz im Fasanengarten mit der Äußerung hintertrieben haben soll, dass sich im Verein „unsaubere Elemente befinden würden (Sozialisten)." Karl Geppert erinnerte sich 1953, dass immer, wenn Walther Bensemann zu diesem „ausgesprochenen Arbeiterclub kam – was öfters geschah –

dann war Hochbetrieb im Cafe May."[93] Arbeiterfußballclubs entstanden andernorts z. T. sehr viel später.[94] Dies hinderte die Frankonia aber nicht, guten Fußball zu spielen. 1903/04 gehörte die Mannschaft zu den Spitzenklubs in Süddeutschland. Nach zwei Unentschieden gewann man gegen den KFV in einem Entscheidungsspiel mit 4:3, gegen das der KFV wegen eines Formfehlers aber Einspruch erhob und Recht bekam – ein Frankonia-Spieler, der kurzfristig für einen verhinderten Mitspieler eingesprungen war, stand nicht auf den Spielberichtsbogen. Das Wiederholungsspiel gewann der KFV und wurde damit Süddeutscher Meister.[95] Diese Niederlage bedeutete einen Einschnitt, denn der größere Teil der Spieler verließ den Verein und wechselte zur Konkurrenz.

Die Spielplatzproblematik löste man 1909, als der Verein mit 19 Rintheimer Landwirten einen Pachtvertrag abschloss und Gelände an der Rintheimerstraße auf 10 Jahre pachtete. Am 9. Dezember 1909 wurde das neue Vereinsheim eingeweiht. Im folgenden Jahr spielte der FC Zürich zur Platzeinweihung und gewann mit 5:0. Dieses Gelände musste Frankonia aber im Ersten Weltkrieg abtreten, da es wegen der Lebensmittelknappheit zum Anbau von Gemüse benötigt wurde, 1916 wurde deshalb der Spielbetrieb eingestellt, 28 Mitglieder fielen im Laufe des Krieges. Auch nach dem Krieg bekam der Verein das Gelände nicht zurück, sondern spielte zunächst bei Germania Durlach, dann auf einer Ecke des Messplatzes. Die Mitglieder waren zu diesem Zeitpunkt zum größten Teil Arbeiter aus der Ost- und der Altstadt.[96]

In der Weimarer Republik spielte die Mannschaft nur 1921/22 in der höchsten badischen Liga, aus der sie nach einer Umstellung der Spielebenen 1922 absteigen musste. 1934 verlor der Verein erneut viele Mitglieder, als er nach der Neustrukturierung des Fußballs trotz eines guten Tabellenplatzes absteigen musste. Trotz seiner Nähe zur organisierten Arbeiterschaft wurde der Verein von den Nationalsozialisten nicht aufgelöst. Nach dem Zweiten Weltkrieg, in dem 26 Vereinsmitglieder fielen, spielte man wieder auf dem Messplatz. Die Stadt kündigte 1958 den Vertrag und drängte den FC Frankonia zu Fusionsverhandlungen. Verhandlungen mit dem KFV, dem FC 21 und Olympia Hertha scheiterten, doch schließlich kam es zur Fusion mit der ESG Karlsruhe, die zu diesem Zeitpunkt mehr als 1.300 Mitglieder hatte, während Frankonia nur etwas mehr als 200 in den neuen Verein ESG Frankonia einbringen konnte.[97]

Heute hat der Verein rund 1.300 Mitglieder, die Fußballmannschaften der ESG Frankonia Karlsruhe spielen mit der ersten Mannschaft in der Kreisklasse B, Staffel 2, mit der zweiten in der Kreisklasse C, Staffel 4.

VfB Mühlburg

In die Anfangszeit des Karlsruher Fußballs muss man auch zurückblicken, wenn man die Geschichte des VfB Mühlburg, des zunächst dominierenden Karlsruher Vereins nach dem Zweiten Weltkrieg, erforschen will. Mühlburg nimmt in der Karlsruher Fußballgeschichte eine besondere Rolle ein, hier wurde schon früh Fußball gespielt, der Fußballpionier Karl Geppert führte den Mühlburger Erfolg u. a. darauf zurück, dass „dort die Jugend mit Fußballschuhen zur Welt kommt."[98]

Der VfB entstand 1933 als Fusion des VfB Karlsruhe und des FC Mühlburg 1905, der wiederum aus dem 1. FV Sport Mühlburg 1895 hervorgegangen war. Über den FV Mühlburg ist wenig bekannt, das Vereinsarchiv brannte im Zweiten Weltkrieg aus. Die Mühlburger Jugend, darunter die Gründer des 1. FV Mühlburg Karl Roth und Max Lehmann, sollen auf dem Lindenplatz vor der Karl-Friedrich-Gedächtniskirche gespielt haben, ehe sie auf einen Platz auf dem Seldeneckschen Feld zwischen Kalliwoda- und Philippstraße umzogen. Dort spielte auch der 1. FV Mühlburg, der sich nach zehn Jahren auflöste, als die jüngeren Vereinsmitglieder im Streit aus dem Verein ausschieden und den FC Mühlburg gründeten. Die älteren FV-Mitglieder wurden zu einem Teil zum Militär eingezogen, ein Teil zog als Handwerksgeselle auf Wanderschaft. Nach ihrer Rückkehr fanden sie nur noch den FC vor, dem sie sich dann ebenfalls anschlossen. Ob und wann der FC Victoria Mühlburg zum FC Mühlburg stieß und wann dieser Klub gegründet wurde, kann nicht nachgewiesen werden. Die KSC-Festschrift spricht 1954 einmal davon, dass er als 1892 gegründeter

Verein 1905 dazustieß, an anderer Stelle wird 1919 mit dem Gründungsjahr 1907 angegeben.[99]

Vermutlich trifft die letztgenannte Variante zu, da Viktoria Mühlburg nach dem Ersten Weltkrieg unter den Mannschaften genannt wird, die noch auf Platzsuche waren.[100]

FC Mühlburg
Der FC Mühlburg konnte im Jahr 1908 einen neuen Fußballplatz auf einem Grundstück an der Honsellstraße anlegen, das er von der Seldeneckschen Verwaltung pachtweise überlassen bekommen hatte. Als die Stadt feststellte, dass rund ein Viertel des Platzes auf einem städtischem Grundstück lag, das wohl irrtümlich für Seldeneckschen Besitz gehalten worden war, stimmte sie zu, dass der FC Mühlburg dieses Gelände weiter nutzen durfte.[101]

Im Ersten Weltkrieg wurde der Spielbetrieb bis 1916 eingestellt und auch danach nur eingeschränkt mit Jugendlichen, die der Vereinsmitbegründer Alban Weßbecker zusammengetrommelt hatte, wieder aufgenommen. Nach dem Krieg gelang dem Verein, der fast ein Viertel seiner zum Kriegsdienst eingezogenen Mitglieder verloren hatte und 47 Tote zu beklagen hatte, der Gewinn der Karlsruher Stadtmeisterschaft, die ausgespielt wurde, da der regionale Spielbetrieb nur allmählich wieder in Gang kam.[102] Im September 1919 teilte man dies auch stolz der Stadt mit: „Unser Verein, FC Mühlburg e.V., ist z. Zt. führender Verein von Karlsruhe und Umgebung und bedarf dringend eines neuen Sportplatzes, weil die jetzige Sportplatzanlage in keiner Weise den heutigen Anforderungen entspricht, da wir grössere Zuschauermengen nicht aufnehmen können und auch Raum zur Errichtung geeigneter Sitzplätze nicht vorhanden ist."[103] Zu diesem Zeitpunkt hatte der Verein rund 500 Mitglieder. Der Bitte des Vereins, einen Platz

Die dritte Mannschaft des FC Mühlburg vermutlich auf dem Sportplatz an der Honsellstraße, 1920er Jahre.

hinter der Gaststätte Hansa zu bekommen, wurde aber nicht entsprochen, obwohl der Verein mehrfach darauf hinwies, dass die Sportplatzfrage für den Verein und für ganz Mühlburg „die ernsteste und wichtigste Frage" sei und dass der Sport das Mittel sei, „das unser Volk am ehesten zur Gesundung führt".[104] Das Gelände hinter der Hansa wurde weiterhin für Kleingärten genutzt und nicht freigegeben. Der FC Mühlburg blieb also an der Honsellstraße, wo allerdings bald neues Ungemach drohte. Nach der Besetzung des Rheinhafens durch französische Truppen am 3. März 1923 untersagte der französische Kommandant alle Spiele, so dass der FC Mühlburg über ein Jahr auf fremden Plätzen spielen musste. Dies belastete den Verein auch finanziell bis an die Grenzen, da man den Gastgebern 20 % der Einnahmen überlassen musste. Zu diesem Zeitpunkt war der FC Mühlburg die einzige Karlsruher Mannschaft in der Bezirksliga nach dem Abstieg der beiden Altmeister KFV und Phönix. Er folgte aber beiden in die Kreisliga nach dem Spieljahr 1924/25 trotz der Verpflichtung des österreichischen Trainers Toni Cargnelli. Die Ursachen des Abstieges wurden einmal in dem Fehlen eines eigenen Platzes bis weit ins Jahr 1924 hinein gesehen, aber auch in dem Scheitern des Versuches des Trainers, junge Spieler in die Mannschaft einzubauen.[105] Der Verein blieb zweitklassig bis 1931, als der Wiederaufstieg gelang. Der FC Mühlburg spielte immer noch an der Honsellstraße, trotz mehrfacher Versuche, einen anderen Platz zu bekommen. Man hatte sogar Interesse an einem der Plätze im projektierten Sportpark Hardtwald geäußert, obwohl dieser vom Einzugsgebiet Mühlburg recht weit entfernt gewesen wäre.

Die 1931 erreichte Erstklassigkeit des Vereins stand 1933 auf dem Spiel, als die Spielklassen neu strukturiert wurden. Im Schreiben an das Amtsgericht, das den Zusammenschluss mitteilte, wird aber deutlich formuliert, dass der DFB Berlin die Fusion beider Vereine „und die Gleichschaltung des neuen Vereins gefordert" habe.[106] Obwohl punktgleich mit dem VfB Karlsruhe hätte Mühlburg in die zweite Liga absteigen müssen wegen des schlechteren Torverhältnisses. In dieser Situation kam es zur Fusion mit dem VfB Karlsruhe, der wegen eigener finanzieller Schwierigkeiten diese Fusion ebenfalls begrüßte. Der neue Verein hieß VfB Mühlburg.

VfB Karlsruhe

Der VfB Karlsruhe war im Jahr 1911 aus einer Fusion der beiden Vereine FC Germania 1898, der ein Jahr zuvor mit dem FC Union fusioniert hatte, und FC Weststadt 1902 hervorgegangen. Die Vorgängervereine des VfB kamen alle aus der Weststadt, die Germania wurde am 7. Januar 1898 im Gasthaus Stadt Dresden an der Ecke Goethe-/Körnerstraße gegründet, der FC Weststadt entstand vier Jahre später im Lokal Zum Deutschen Kaiser. Der FC Union soll seinen Ursprung in der Lessingstraße gehabt haben, wo sich junge Leute im Freien zusammenfanden und den Verein im Jahr 1905 gründeten. Vereinslokal war später der Trompeter von Säckingen. Diese gemeinsame Herkunft und auch die gemeinsame Suche nach einem Fußballplatz erleichterten die Fusion im Jahr 1911. Der neue Verein spielte in den Farben schwarz-gold-grün zunächst noch auf dem Exerzierplatz. Die Torstangen wurden im nahe gelegenen Evangelischen Vereinshaus in der Blücherstraße aufbewahrt, da der Platz ja tagsüber in der Woche vom Militär genutzt wurde. Nach der Nutzung des Platzes mussten die Torpfostenlöcher wieder sorgfältig zugeschüttet werden, worüber die eigentlichen Platzinhaber wachten, da sie ansonsten Unfälle fürchteten. Aus dieser Zeit stammt auch die Anekdote, dass ein Spieler des VfB, der seinen Militärdienst beim Infanterieregiment 109 ableistete, während eines Spiels vom Feld flüchtete und sich im Wald versteckte, als er seinen Spieß nahen sah, der von fußballerischen Aktivitäten seiner Soldaten gar nichts hielt. So spielte der VfB nur mit zehn Mann, bis der Spieß seine Runde fortsetzte. Bald darauf erhielt der Verein dann aber einen eigenen Platz neben dem ruhmreichen KFV an der Hertzstraße. Der Platz und später auch ein Clubhaus wurden mit eigenen Kräften hergestellt.[107]

Einen besonderen Erfolg konnte der Verein noch vor dem Ersten Weltkrieg verbuchen, als er, obwohl nur der B-Klasse zugehörig, die Karlsruher Spielrunde um den Großherzogspreis gewann. Nach dem Krieg spielte der VfB zunächst in derselben Klasse wie die beiden Karlsruher Erfolgsmannschaften KFV und Phönix, nachdem er sich gegen die Frankonia und Germania Durlach in den Qualifikationsspielen für die Kreisliga durchgesetzt hatte, die er aber bald wieder verlassen musste. Dauer-

hafter Erfolg stellte sich erst Ende der 1920er Jahre ein, als der Verein sich in der Bezirksliga etablierte und 1933 mit dem dritten Platz seinen besten Tabellenplatz eroberte. Diesen Erfolg brachte er in die Fusion mit dem FC Mühlburg zum VfB Mühlburg ein, der dadurch die Spielberechtigung in der neuen Gauliga erhielt.[108] Die insgesamt 16 Gauligen waren von den neuen Machthabern geschaffen worden und lösten die alten Verbandsstrukturen ab. Da nur eine begrenzte Zahl von Plätzen zur Verfügung stand kam es häufig zu Fusionen, die aber selten so erfolgreich waren wie der VfB Mühlburg.[109]

VfB Mühlburg
Die Fusion des VfB Karlsruhe mit dem FC Mühlburg verlief reibungslos und in gegenseitiger Übereinstimmung, obwohl sie letztlich unter Druck zustande kam: „Der Deutsche Fußballbund Berlin hat die Verschmelzung der beiden Vereine FC Mühlburg und Verein für

FC Weststadt 1902.

KFV gegen VfB Karlsruhe 1931.

Bewegungsspiele Karlsruhe gewünscht und die Gleichschaltung des neuen Vereins gefordert.", hieß es in dem Schreiben des Vereins an das Amtsgericht vom 28. September 1933, in dem der Verein die Auflösung des VfB Karlsruhe und die Umbenennung des FC Mühlburg in VfB Mühlburg mitteilte.[110] Im Zuge der Gleichschaltung mussten zwei verdiente jüdische Mitglieder des FC Mühlburg den Verein verlassen, der Vereinsarzt Dr. Fritz Weile und der Mittelfeldspieler Sigi Hess. Weile, ein angesehener Mühlburger Arzt, stand dem FC Mühlburg seit den 1920er Jahren als Vereinsarzt zur Verfügung. Ein Zeitzeuge schreibt in der Festschrift des KSC im Jahr 1954 über Weile: „Dem FC Mühlburg, dem Club der einfachen Leute, war eine solche ehrenamtliche Mitarbeit von ärztl. Seite noch nie zuteil geworden.

Dieser wahre Menschenfreund und Kamerad mußte nun 1933 abtreten auf höheren Befehl. Solange er noch in Deutschland weilte, kam er nach wie vor zu den Spielen des FCM; es war aber traurig und beschämend zugleich, wie dieser aktive Mann geknickt und zur Untätigkeit verdammt in irgendeiner Ecke des Sportplatzes stand, nicht allein, denn es gab genug aufrechte Männer, die sich seiner auch unter den neuen Verhältnissen nicht schämten."[111] Weile gelang 1939 über England die Flucht in die USA, wo er eine neue Praxis aufmachte. Auch Sigi Hess konnte 1938 in die USA flüchten.

Die neu formierte Mannschaft spielte mit Erfolg in der Gauliga, nach dem Abstieg von Phönix 1936 und dem KFV 1937 war der VfB Mühlburg die einzige Karlsruher Mannschaft in der damals höchsten Spielklasse. Gespielt wurde zu dieser Zeit nach wie vor im Stadion an der Honsellstraße, der Verein besaß aber auch noch den alten Platz des VfB Karlsruhe an der Hardtstraße, auf den der ebenfalls unter beengten Platzverhältnissen leidende KFV hoffte. Obwohl der VfB grundsätzlich bereit war, diesen Platz abzugeben, weigerte man sich beharrlich, da die Stadt keine Erweiterungsfläche an der Honsellstraße anbot. Man wies auch darauf hin, dass beim Heimspiel gegen den FC Pforzheim in der Saison 1937/38 nahezu 7.000 Zuschauer gekommen seien und „dass für die vielen auswärtigen Besucher unserer Spiele (bei dem oben erwähnten Spiel waren allein 3.000 Pforzheimer anwesend) das Aussehen und der Zustand der Sportplätze auch gleichzeitig die Visitenkarte der Heimatstadt des Vereins ist."[112] Nachdem die Stadt sich bereit erklärte, dem Verein die schon 1919 einmal gewünschte Fläche hinter der Gaststätte Hansa zur Verfügung zu stellen, wandte sich der VfB im Juni 1939 noch einmal an Oberbürgermeister Hüssy mit der Bitte, den Verein bei der Anlage eines Nebenplatzes auf diesem Gelände und einer Erweiterung der Hauptstadions um eine Tribüne zu unterstützen. Erneut wies man darauf hin, dass der VfB von den Fußballvereinen zwar der erfolgreichste der letzten Jahre sei, aber im Gegensatz zum KFV und Phönix kein ausreichend großes Stadion besitze. Die Antwort auf dieses Schreiben blieb aus; am 3. Juni 1940 wurde nur lapidar in den Akten vermerkt, dass während des Krieges die Angelegenheit ruhe und erst nach Kriegsende wieder aufgegriffen werde.

Bei Kriegsbeginn 1939 konnte der VfB aber trotz der offenen Sportplatzfrage auf eine positive sportliche Bilanz zurückblicken, es war gelungen die Klasse gegen starke Konkurrenz zu erhalten und eine Vielzahl neuer junger Spieler auszubilden.[113] Während des Krieges war der Verein wie alle anderen Karlsruher

Sportvereine von den Einberufungen seiner Mitglieder betroffen und musste wiederholt um den Erlass der Platzmieten bitten, wobei man auf die Verdienste des Vereins so z. B. am 17. Februar 1941 hinwies: „Wir erfüllen im Interesse unseres geliebten Vaterlandes unsere heiligste Pflicht. Wir schaffen für die Jugend für das kommende Geschlecht. Wir, die wir im Sinne unseres Führers an der Ertüchtigung unserer Jugend arbeiten, opfern viele ungezählte Stunden in ehrenamtlicher Arbeit."

Am 3. September 1942 wurde der Sportplatz bei einem Nachtangriff englischer Bomber völlig zerstört.[114] Versuche, den Platz u. a. durch den Einsatz von russischen Zwangsarbeitern und Kriegsgefangenen wieder bespielbar zu machen, scheiterten.[115] Der VfB musste auf den noch intakten Plätzen anderer Vereine spielen, mit Erfolg. Der Spielbetrieb wurde aufrechterhalten, oft durch den Einsatz von Gastspielern. Die während des Kriegs ausgespielte badische Kriegsmeisterschaft konnte der VfB als „ewiger Zweiter" zwar nicht erringen, 1944 holte er aber den badischen Pokal nach Siegen über VfR Mannheim, FC Waldhof, FC Freiburg und eine Karlsruher Militärmannschaft. In dieser Militärmannschaft spielte auch der Nationalspieler Ernst Otto Willimowski mit, der vor dem Krieg bereits 25 Spiele in der polnischen Nationalmannschaft absolviert hatte und diesen 1941/42 acht für Deutschland folgen ließ.[116] Wie andere Vereine auch sandte der VfB „Berichte aus der Heimat" an die Soldaten des Vereins, von denen 65 fielen.

Nach dem Krieg begann man schon im August wieder mit der Umzäunung des Sportgeländes. Nach Klärung der Verpachtung zusätzlichen Geländes erstellte bis 1947 der VfB „ohne jede Hilfe und auch ohne Unterstützung der Stadt nur aus eigenen aufgebrachten Mitteln"[117] ein neues Stadion. Das erste Spiel nach dem Krieg fand schon am 2. September 1945

Luftaufnahme des ehemaligen Stadions des VfB Mühlburg nach dem Umzug in das Wildparkstadion. Das VfB-Stadion wurde von der Turnerschaft Mühlburg weitergenutzt, Foto 1955.

gegen den KFV statt, dem weitere gegen Phönix und den FV Knielingen folgten. Obwohl der VfB in der Vorkriegszeit die dominierende Karlsruher Fußballmannschaft gewesen war, startete die neue Oberliga ohne den Verein, vertreten waren stattdessen die Altmeister KFV und Phönix. Die alten Kräfteverhältnisse waren aber bald wieder hergestellt. Trotz des Verlustes von fast einer kompletten Mannschaft im Krieg – zehn Spieler fanden den Tod – gewann der VfB die Meisterschaft der Landesliga Mittelbaden und setzte sich auch gegen den nordbadischen Meister ASV Feudenheim im Aufstiegsspiel durch. Gleichzeitig stiegen KFV und Phönix ab. Zum Eröffnungsspiel der neuen Oberligasaison gegen Kickers Stuttgart am 13. September 1947 war der Platz an der Honsellstraße fertig geworden. Der VfB muss-

te bis zum Schluss um den Klassenerhalt bangen, zumal die SpVgg. Fürth gegen ein verlorenes Spiel in Mühlburg am 13. Juni 1948 Protest eingelegt hatte. Sogar der Fürther Oberbürgermeister Hans Bornkessel wurde tätig und beschwerte sich bei seinem Karlsruher Amtskollegen Friedrich Töpper über die „offensichtlich wohl vorbereitete feindliche Aktion gegen einen sportlichen Rivalen, die mit rein brachialen Mitteln sich durchzusetzen versuchte und sich auf Sphären erstreckte, die völlig außerhalb des Sportlichen liegen."[118] Oberbürgermeister Töpper bemerkte dazu zunächst, dass er das Ganze für eine Angelegenheit der beteiligten Vereine halte, die sich für eine Behandlung durch die Oberbürgermeister nicht eigne, stellte aber dennoch richtig, dass es nicht zu den von seinem Fürther Kollegen beschriebenen Exzessen gekommen sei. Der VfB Mühlburg schickte seinerseits eine siebenseitige Stellungnahme mit 14 Anlagen an die Süddeutsche Fußballliga in Stuttgart, bei der die Fürther Protest eingelegt hatten. Das Spiel war tatsächlich in einer aufgeheizten Atmosphäre verlaufen, die zu Handgreiflichkeiten geführt hatte, an der offensichtlich beide Lager beteiligt waren. Der Spielverlauf hatte wohl ein Übriges getan – drei verletzte Spieler, darunter zwei Fürther, Zuschauer auf dem Platz und eine dramatische zweite Halbzeit, in der Mühlburg die 2:0 Pausenführung der Fürther in ein 3:2 umwandelte, wodurch der Klassenerhalt des VfB gesichert und der Abstieg der Fürther besiegelt war. In Karlsruhe und sicher auch in Fürth sprach man noch Jahre später von diesem Spiel.

Der Verein, der zu diesem Zeitpunkt 1.100 Mitglieder hatte, setzte seinen sportlichen Höhenflug fort, denn der Protest der Fürther wurde abgewiesen. Am 22. Dezember 1948 gratulierte OB Töpper zu den letzten erfolgreichen Spielen – 5:0 gegen VfR Mannheim, 4:0 gegen 1. FC Nürnberg – und lud Mannschaft und Vorstand ins Haus Solms ein: „Die Stadtverwaltung verfolgt den Verlauf der Fußballwettkämpfe mit größtem Interesse, ist doch Ihr Verein z. Zt. der einzige Vertreter der Karlsruher Vereine in der höchsten Spielklasse und hat damit gleichzeitig auch die Fortführung der alten Fußballtradition unserer Stadt übernommen."[119] Die Saison schloss der VfB auf einem sicheren neunten Tabellenplatz ab. Maßgeblich an diesen Erfolgen beteiligt war der Trainer Robert „Boba" Kraft, der dem Verein seit über 20 Jahren verbunden war und das Training seit 1927 leitete. Der 1894 in Karlsruhe geborene Kraft war eigentlich ein KFVer, der sich bereits 1907 dem Verein angeschlossen hatte und seit 1913 in der ersten Mannschaft spielte. Nach dem Krieg setzte er seine Spielerlaufbahn beim KFV fort, bis ein

schwerer Sportunfall seine Karriere im Jahr 1923 beendete. In den 1950er und 1960er Jahren war er auch zweimal Trainer des KFV, den er beim verlorenen Endspiel um die Deutsche Amateurmeisterschaft betreute und mit dem er im Jahre 1962 Badischer Pokalmeister wurde.[120]

Inzwischen war seit dem Spieljahr 1948/49 das Vertragsspielerstatut eingeführt worden, mit dem die gegenseitigen Verpflichtungen von Verein und Spieler festgelegt wurden. Damit waren die süddeutschen Oberligavereine dem inzwischen wiedergegründeten DFB zuvorgekommen, der ein Berufsspielerkonzept erarbeiten lassen wollte. Der Vertragsspieler, der kein Arbeitnehmer war, erhielt keine Bezahlung im eigentlichen Sinne, sondern eine Entschädigung, womit der befürchtete Verlust der Gemeinnützigkeit der Vereine verhindert worden war. Vereinswechsel waren nun nur noch gegen Zahlung einer Ablösesumme möglich, da ein Wechsel ohne Zustimmung des abgebenden Vereins eine 18-monatige Sperre nach sich zog. Das süddeutsche Beispiel wurde auch von den anderen Oberligen übernommen.[121] 1951 hatte der VfB auf dieser Basis die Vorjahreself noch einmal verstärken können durch den Zugang von Heinz Trenkel vom HSV, Horst Butz von Kickers Offenbach, der 1952 als erster deutscher Spieler nach Italien wechselte, und Josef Schäfer vom SV Kuppenheim. In seiner letzten Oberligasaison 1951 belegte der VfB Mühlburg mit dieser spielstarken Mannschaft einen dritten Platz vor dem VfB Stuttgart und untermauerte damit seine herausragende Position im Karlsruher Fußball der Nachkriegszeit.

Ungelöst war aber nach wie vor die Stadionfrage. 1949 war auf Vereinskosten eine neue Stahlkonstruktionstribüne für 1.200 Zuschauer aufgestellt worden. Trotz eines spürbaren Zuschauerrückgangs nach der Währungsreform war das Interesse an den Spielen des VfB nach wie vor groß. Ein neues Clubhaus war auch wieder vorhanden. Ein Nachteil konnte aber am vorhandenen Spielort nicht behoben werden, es gab keinen zweiten Spielplatz für den Karlsruher Großverein, der 1948 zehn aktive Fußball-, zwei Handball- und zwei Tischtennismannschaften hatte. Ein Antrag vom August 1948 an die Stadt, dem Verein die Sinner-Eiswiese an der Alb nördlich der Franz-Abt-Straße zu überlassen, wurde abgelehnt, da das Gelände als Schafweide verpachtet war.[122] Auch zwei Jahre später war noch keine Lösung gefunden. Das städtische Tiefbauamt schlug deshalb am 9. November vor, eine grundsätzliche Lösung des Problems unter Einbeziehung aller Interessenten ins Auge zu fassen: „Wäre nicht zu erwägen, irgendwo, etwa im Hardtwald ein städt. Großspielfeld zu bauen, oder etwa das Stadion des VfB Mühlburg als allgemeines Stadion herzustellen und für repräsentative Spiele auch anderen Vereinen zur Verfügung zu stellen?"[123]

Dies löste eine intensive Debatte aus, in der u. a. auch eine Fusion des KFV und des VfB Mühlburg vorgeschlagen, angesichts der erheblichen Widerstände in beiden Vereinen aber nicht weiter verfolgt wurde. Auch ein neuer Sportplatz in der Litzelau beim Rheinhafen, den die Stadtverwaltung lange favorisierte, wurde ebenso wieder verworfen wie ein Stadion hinter den Sportanlagen des KFV.

In dieser Situation verlor der VfB überraschend seinen Vereinsvorsitzenden Felix Rittberger, der im Alter von nur 44 Jahren am 26. Juni 1952 an den Folgen einer Operation starb. Rittberger war seit 1923 beim damaligen FC Mühlburg aktiv und nach 1948 als Vereinspräsident maßgeblich am Aufstieg des Vereins beteiligt.[124] Nachfolger wurde der 2. Vorsitzende Heinz v. d. Heydt, der zugleich einen Vorschlag der Stadt aufgriff, den VfB Mühlburg mit dem FC Phönix zu fusionieren. Der FC Phönix würde in den neuen Verein sein Wild-

parkstadion einbringen, dessen Ausbau die Stadt zusagte. In einer gut besuchten Mitgliederversammlung am 25. September 1952 in der Stadthalle unterlagen die Fusionsbefürworter allerdings noch knapp, obwohl Oberbürgermeister Günther Klotz sich ins Zeug legte und für die Fusion warb: „Nutzt die Gunst der Zeit! Was in der Sekunde ausgeschlagen wird, kann keine Ewigkeit mehr zurückbringen!"[125] Bei der Abstimmung fehlten zur erforderlichen Zweidrittelmehrheit ganze 33 Stimmen von 722 anwesenden Mitgliedern. Der Vereinsvorstand trat daraufhin sofort von seinem Amt zurück, war aber bereit, es bis zur nächsten außerordentlichen Generalversammlung kommissarisch weiterzuführen. Die Zeit bis zur sofort einberufenen Generalversammlung wurde genutzt. Am 16. Oktober stimmte die bis dahin mit 927 Mitgliedern bestbesuchte Generalversammlung des Vereins bei nur noch vier Gegenstimmen der Fusion zu. Der FC Phönix hatte dies bereits im ersten Anlauf getan. Wenn die KSC-Festschrift von 1954 von einem vereinshistorischen Tag spricht, hat sie ohne Zweifel recht, denn ohne die Fusion wäre die Zukunft beider Vereine ungewiss gewesen. Der FC Phönix war sportlich nicht konkurrenzfähig, sein Stadion im Wildpark renovierungsbedürftig. Der VfB Mühlburg spielte zwar im Reigen der großen deutschen Vereine vorne mit und schlug sich auf internationalem Parkett bei Freundschaftsspielen durchaus achtbar, doch war eine Lösung der Sportplatzproblematik nicht in Sicht. So war die Fusion die nahe liegende Lösung, wozu der Karlsruher Oberbürgermeister Klotz maßgeblich beigetragen hatte. Wie sein Vater Franz Klotz zu Beginn des Jahrhunderts (siehe oben) für Phönix, so stellte fünfzig Jahre später der Sohn die Weichen für den KSC auf Erfolg. Klotz gratulierte dem neuen Verein zu dem erfolgreichen Zusammenschluss und hob gegen die Kritiker, die einen Traditionsverlust beider Vereine befürchteten, hervor, dass vielmehr beide Traditionen addiert würden und so dem KSC „bereits mit seiner Gründung Ansehen und sportliche Wertschätzung" verliehen. Der „wertvollste Gewinn des Zusammenschlusses ist zweifellos die nunmehr mögliche Lösung der Sportplatzfrage."[126] Der neue Verein hatte mehr als 2.000 Mitglieder, deren Zahl bis 1955 auf 3.646 anstieg.[127]

Der Karlsruher Sportclub (KSC)

Mit dem Bau des Stadions wurde sofort begonnen. Nach Plänen von Prof. Erich Schelling, selbst Vereinsmitglied, entstand am Platz des alten Phönixstadions das neue Wildparkstadion. Die Zuschauerränge wurden mit Kriegsschutt aufgefüllt. Das Eröffnungsspiel trug der KSC, der am 21. Mai 1955 zum ersten Mal Deutscher Pokalsieger geworden war, am 7. August vor 35.000 Zuschauern gegen Rot-Weiß Essen, den frischgebackenen Deutschen Meister, aus. Ausverkauft war das Stadion dann erstmals am 16. November beim Länderspiel Deutschland-Norwegen, als 50.000 Zuschauer den 2:0 Sieg des amtierenden Fußballweltmeisters bejubelten. Im nächsten Jahr erhielt das Stadion auch eine Flutlichtanlage.

Das alte Phönix-Stadion Anfang der 50er Jahre.

Im Jahr des Stadionbezugs verfügte der KSC über eine spielstarke Mannschaft. In den beiden ersten Spielzeiten hatte der Verein noch an die Platzierungen des VfB Mühlburg mit einem vierten (1953) und einem fünften Platz (1954) in der Oberliga Süd angeknüpft. Die Mannschaft war aber systematisch verstärkt worden, Spieler wie Walter Baureis (1953), Siegfried Geesmann (1954) und Anton Kohn (1954) gehörten zu der Elf, die Schalke 04 am 21. Mai 1955 in Braunschweig mit 3:2 schlug. Zeitgenössischen Pressestimmen zufolge soll das Endspiel „zweier technisch hochwertiger Mannschaften, wie man sie nicht allzu oft im Bundesgebiet antreffen wird" ... „ein Musterbeispiel schönen Fußballs" gewesen sein.[128] In der Liga schloss der KSC wiederum als fünfter ab.

Für die nächste Saison konnte der KSC den Linksaußen Bernie Termath verpflichten, der bereits mit Rot-Weiß Essen Deutscher Meister geworden war und der bereits siebenmal für Deutschland gespielt hatte. Mit ihm startete der KSC in seine erfolgreichste Saison 1955/56, in der er Süddeutscher Meister, Deutscher Vizemeister (4:2 für Borussia Dortmund) und Deutscher Pokalsieger (3:1 gegen Hamburger SV) wurde.

In den folgenden Jahren legte der KSC den Grundstock dafür, dass er 1963 zu den Gründungsmitgliedern der neuen Fußballbundesliga gehörte: 1956/57 dritter Platz, 1957/58 Süddeutscher Meister, 1958/59 neunter Platz, 1959/1960 Süddeutscher Meister, 1960/61 dritter Platz, 1961/62 neunter Platz, 1962/63 fünfter Platz in der Oberliga Süd. In den beiden Meisterjahren scheiterte der Verein in den Gruppenspielen um die Deutsche Meisterschaft jeweils als Gruppenzweiter nur knapp. Der KSC war deshalb schließlich trotz der zuletzt weniger guten Tabellenplätze letztlich unumstritten, als die Namen der noch offen stehenden sieben Vereine bekannt gegeben

Empfang der siegreichen KSC-Mannschaft nach der Deutschen Pokalmeisterschaft 1955 auf dem Bahnhofplatz.

wurden.[129] Am Erfolg beteiligt waren auch der am 11. September 1939 geborene neunmalige Nationalspieler Günter Hermann, der von 1958 bis 1963 und dann noch einmal 1967/68 für den KSC spielte, und der 43malige Nationalspieler Horst Szymaniak, der von 1959 bis zu seinem Wechsel nach Italien 1961 das KSC-Trikot trug.

In der Bundesliga tat sich der KSC allerdings schwer. Nach einem 13. Platz in der ersten Saison 1963/64 wäre der Abstieg im folgenden Jahr als Vorletzter besiegelt gewesen, wenn nicht Hertha BSC wegen unzulässiger Zahlungen zum Zwangsabstieg verurteilt worden wäre. Die Liga wurde nach massivem Druck aus Berlin, das mit Hinweis auf den Sonderstatus der Stadt mitten im DDR-Gebiet durchsetzte, dass Tasmania Berlin den Platz der Hertha einnehmen durfte, und zur Vermeidung von Protesten der beiden Absteiger KSC

und Schalke 04 schließlich auf 18 Vereine erweitert.[130] Auch der KSC war im Zusammenhang mit Ablösesummen ins Gerede gekommen und zunächst vom DFB zu einer Geldstrafe und vier Punkten Abzug verurteilt worden, die den Abstieg schon in der ersten Bundesligasaison bedeutet hätten. Schalke 04 hatte für den KSC-Nationalspieler Günter Hermann zwar nur die erlaubten 50.000 Mark bezahlt, aber für den Ersatzspieler Hans Georg Lambert dieselbe Summe überwiesen. Obwohl die Absicht auf der Hand lag, wurde das DFB-Urteil später aufgehoben, und der KSC schaffte den Klassenerhalt gerade noch.

Der Abstieg war dann in der Saison 1967/68, die der KSC als Letzter abschloss, nicht mehr zu vermeiden. Die sportliche Talfahrt zog vereinsinterne Querelen nach sich. Nach der Entlassung des erfolglosen Trainers Georg Gawliczek und einem kurzen Intermezzo des

Präsident Roland Schmider (2. von rechts) mit Spielern der Bundesligamannschaft des KSC, links Trainer Carl Heinz Rühl, der spätere Manager in der Erfolgsphase des KSC (1986–1994), in der Mitte mit der Nummer 10 Winfried Schäfer, der spätere Erfolgstrainer des KSC (1987–1998).

nordbadischen Verbandstrainers Herbert Widmayer übernahm der Altinternationale Bernie Termath, der 1961 seine Spielerkarriere beendet hatte, das Training, konnte aber den Abstieg nicht mehr verhindern. Zum ersten Mal nach der Fusion 1952 spielte der KSC nicht mehr in der obersten deutschen Fußballliga.

In der Regionalliga Süd nahm der KSC nach dem Abstieg zwar gleich wieder eine Spitzenposition ein und spielte auch in den folgenden Jahren meistens in der Spitzengruppe mit. Der Wiederaufstieg gelang aber erst 1975 nach der Meisterschaft in der im Jahr zuvor gegründeten Zweiten Bundesliga Süd, in der sich der KSC aber nur ein Jahr halten konnte. Der Ruf einer Fahrstuhlmannschaft begann sich aufzubauen, denn nach dem erneuten Wiederaufstieg im Jahr 1980 folgte der Abstieg zwei Jahre später. Dem prompten

Wiederaufstieg 1984 folgte der ebenso prompte Abstieg. Die Wende kam mit der Verpflichtung des ehemaligen KSC-Spielers Winfried Schäfer (1975–1977) als Trainer im Jahr 1986. Mit Schäfer kam der Erfolg zurück, die Mannschaft stieg auf und blieb bis 1998 in der Ersten Bundesliga. Nachdem der Klassenerhalt im ersten Jahr nach dem Wiederaufstieg nur knapp mit einem Vorsprung von einem Punkt vor Waldhof Mannheim gesichert wurde, arbeitete sich die Mannschaft in den folgenden Jahren bis auf Platz sechs im Jahr 1993 vor, der zur Teilnahme am UEFA-CUP berechtigte. 1991 begann der Bau einer neuen mit 6.300 Sitzplätzen ausgestatteten Haupttribüne, die am 5. Juni 1993 eingeweiht werden konnte.

Nach dem PSV Eindhoven besiegte der KSC in der zweiten Runde nach einem 1:3 im Hinspiel den FC Valencia im heimischen

Wildparkstadion mit 7:0 und schrieb damit ein Stück Fußballgeschichte. Nach Siegen über Boavista Porto und Girondins Bordeaux scheiterte der Verein wie so oft an einem vermeintlich schwächeren Gegner im Halbfinale an Austria Salzburg nach zwei Unentschieden (0:0 und 1:1). Aufgrund des von Salzburg geschossenen Auswärtstores kam Salzburg weiter. In den Folgejahren nahm der KSC noch zweimal (1996/97 und 1997/98) am UEFA-CUP teil und erreichte 1996 das DFB-Pokalfinale, in dem er am bereits als Absteiger feststehenden 1. FC Kaiserslautern mit 0:1 scheiterte. 1998 stand der Verein noch einmal im UEFA-CUP und schied in der dritten Runde gegen Spartak Moskau aus.

Die Mannschaft hatte trotz etlicher Abgänge prominenter Spieler in den 1990er Jahren – Michael Sternkopf 1990, Oliver Kreuzer 1991, Mehmet Scholl 1992, Oliver Kahn 1994, Torsten Fink 1997, Michael Tarnat 1997 (alle zu Bayern München) – immer auf einem Niveau gespielt, das die Mannschaft zum ersten Drittel der Bundesliga gehören ließ. Die Abgänge waren fast immer gleichwertig oder besser ersetzt worden. So gehörten auch etliche Nationalspieler oder Spieler, die später zu Nationalspielern wurden, zu den Neuzugängen des KSC, ein Indiz der Attraktivität des Vereins:

Thomas Häßler (1994–1998 beim KSC), Deutschland 101 Länderspiele, Guido Buchwald (1998/99), Deutschland 76 Länderspiele, Jens Nowotny (1991–1996), Deutschland 45 Länderspiele, Wolfgang Rolff (1992–1994), Deutschland 37 Länderspiele, Sergej Kirjakow (1992–1998), Russland 36 Länderspiele, Slaven Bilic (1993–1996), Kroatien 7 Länderspiele, Burkhard Reich (1992–1999), Deutschland 6 Länderspiele für die DDR, Dirk Schuster (1992–1997), Deutschland 4 Länderspiele für die DDR und 3 Länderspiele für die BRD, Valeri Smarow (1991–1994), Russland 3 Länderspiele, David Régis (1997/98), USA 3 Länderspiele, Adrian Knup (1994–1996), Schweiz 3 Länderspiele, Heiko Bonan (1991–1995), Deutschland, 2 Länderspiele für die DDR und Gunther Schepens, Belgien.[131]

Obwohl die Mannschaft des KSC auch in der Saison 1997/98 noch mit prominenten Spielern besetzt war, stieg die Mannschaft ab. Die Verletzung des Nationalspielers und Spielmachers Thomas Häßler mag ebenso eine Rolle gespielt haben wie die vereinsinternen Querelen zwischen dem langjährigen Vereinspräsidenten Roland Schmieder, der den Verein seit 1974 durch Höhen und Tiefen geführt hatte, und dem Verwaltungsratsvorsitzenden Wernfried Feix.[132] Auch die Trennung von Trainer Winfried Schäfer und die Verpflichtung von Jörg Berger halfen nicht. Der KSC musste in die Zweite Liga, wo er als „reichster" Absteiger antrat. Der Reichtum war allerdings schnell verspielt, katastrophale Fehleinkäufe (für einen Millionenbetrag wurde z. B. der ehemalige spanische Nationalspieler Raphael Martin-Vasquez verpflichtet, der sich als völliger Fehleinkauf erwies), ein Fehlstart par exellence mit drei Auftaktniederlagen in Folge sowie die vermutlich zu späte Entlassung Bergers ließen den KSC am Ende nur knapp den Wiederaufstieg verfehlen.

In der folgenden Saison erreichte der KSC die sportliche Talsohle. Die neu formierte Mannschaft fasste von Beginn der Saison an nie richtig Fuß und stieg sang- und klanglos als Tabellenletzter ab. Nach einer 1:2 Heimniederlage und einem neunten Tabellenplatz wurde Trainer Rainer Ulrich entlassen, Interimstrainer Guido Buchwald vom heutigen Nationaltrainer Joachim Löw abgelöst, der die Mannschaft auf dem 13. Platz übernahm und sie nach dem 27. Spieltag auf dem letzten Platz liegend an Mario Pezzaiuoli übergab. Nach dem 34. Spieltag hatte die Mannschaft trotz 15 Toren von Torjäger Rainer Krieg gerade

UEFA-CUP-Spiel des KSC gegen Valencia am 3. November 1993. Edgar Schmitt nach seinem Treffer zum 1:0, dem er noch drei weitere Tore folgen ließ.

einmal fünf Spiele gewonnen und stieg erstmals in die dritte Liga ab.

Der Verein stieg zwar direkt wieder auf, stand aber wirtschaftlich vor dem Ruin, da es dem neuen Vorstand unter Dr. Detlef Dietrich (2000–2002) nicht gelang, die Finanzen zu konsolidieren.[133] Nur der ehemalige Oberbürgermeister von Karlsruhe, Prof. Dr. Gerhard Seiler, konnte die Insolvenz des Vereins verhindern. Unter Seilers Nachfolger Hubert H. Raase und dem Vize-Präsidenten Rainer Schütterle, der als Ex-KSC-Profi 1993 zum legendären 7:0-Sieg über Valencia das vierte Tor beigesteuert hatte, sowie dem Manager Rolf Dohmen, der von 1980 bis 1982 ebenfalls 59 Spiele für den KSC absolviert hatte, wurde der KSC weiter saniert. Spielte der KSC nach dem

Wiederaufstieg in die 2. Liga in den Spielrunden 2001 bis 2005 immer bis zum Schluss gegen den Abstieg, so war die junge Mannschaft 1996 bis zum letzten Spieltag noch mit dabei im Rennen um die Aufstiegsplätze und verpasste den Aufstieg nur knapp. In der aktuellen Mannschaft stehen auch wieder etliche ehemalige KSC-Nachwuchsspieler – Ergebnis einer nach wie vor erfolgreichen Nachwuchsarbeit. Die Amateure schafften nach dem Aufstieg in die Regionalliga mit dem ehemaligen KSC-Torjäger Rainer Krieg als Trainer den Klassenerhalt. Der Aufstieg in die Bundesliga bleibt auch in der kommenden Saison das Ziel, um an die Glanzzeiten des Vereins und seiner Vorläufer zu Beginn des 20. Jahrhunderts, in den 1950er und den 1990er Jahren anzuknüpfen. Ab der Spielzeit 2008/2009 soll dies in einem neuen und modernen Wildparkstadion nach Vorbild der Duisburger Arena Wedau geschehen. Bauen kann der KSC dabei auf die Unterstützung der Fans, die dem Verein auch in der Regionalliga treu blieben. So kommen heute zu Spitzenspielen der zweiten Liga je nach Tabellenplatz des KSC wieder über 25.000 Zuschauer. Ob dieser Zuschauerzuspruch auch als „Ausdruck regionaler Identitätspflege"[134] in Abgrenzung zum tatsächlich oder vermeintlich im Bundesland Baden-Württemberg dominierenden Württemberg zu sehen ist, kann vermutet, aber ohne detailliertere Untersuchungen nicht behauptet werden. Zumindest reduziert sich die Erklärung der Zuschauerresonanz des KSC trotz des regelmäßigen Absingens des Badnerliedes nicht darauf. Die gewachsenen Traditionen einer Fußballstadt, die der KSC seit 1952 in sich integrieren konnte, und Vereinsbindungen, die sich von den Vorgängern des KSC auf diesen über Generationen hinweg übertragen haben, mögen hier ebenfalls eine zentrale Rolle spielen, ohne dass auch dies im Detail empirisch nachgewiesen werden kann.

Die Karlsruher Fußballlandschaft 2006 im Überblick

Der KSC ist nach wie vor unbestritten das Flaggschiff des Karlsruher Fußballs. Mit ihm wird die große Karlsruher Fußballtradition aufrechterhalten. Die beiden KSC-Mannschaften vertreten die Stadt in der zweit- und dritthöchsten Spielklasse. Die Frauenmannschaft des KSC spielt seit 2004 in der neugegründeten zweiten Liga und hat im Jahr 2006 den Abstieg nur knapp vermieden. Die zweite KSC-Frauenmannschaft spielt in der Oberliga, aus der sie 2006 absteigt. Die deutsche Nationalspielerin Renate Lingor spielte als Jugend-

liche von 1983 bis 1989 beim KSC, ehe sie zu SC Klinge Seckach wechselte.

Daneben gibt es aber eine Reihe weiterer Fußballklubs, die dazu beitragen, dass in Karlsruhe eine breite Basis für den Fußballspitzensport vorhanden ist.

Aus der Oberliga stieg der ASV Durlach, der auf den 1902 gegründeten FC Germania Durlach zurückgeht und 1945 aus dem Zusammenschluss Durlacher Sportvereine entstanden war, nach nur einem Jahr 2006 wieder ab.

Der FC Neureut vertritt Karlsruhe in der Verbandsliga. Der FC Neureut entstand 1913 als Zusammenschluss des 1908 gegründeten Neureuter Fußballvereins FC Alemannia und der ein Jahr später entstandenen Hertha Teutschneureut zum FC Hertha-Alemannia Teutschneureut, aus dem nach dem Ersten Weltkrieg der FC 08 Neureut wurde.

In der Landesliga Mittelbaden spielen die 1925 gegründete SpVgg. Durlach-Aue, deren Vorläufer bis 1910 (Abteilung des TV Durlach, 1912 FC Aue) zurückgehen, und der 1904 gegründete VfB Grötzingen.

13 Karlsruher Mannschaften spielen in der Kreisliga Karlsruhe, in der Staffel 1 sind dies FC Südstern Karlsruhe, FC Espanol Karlsruhe, FG Rüppurr 04, FSSV Karlsruhe, FSV Alemannia Rüppurr, FV Daxlanden, Post/Südstadt Karlsruhe, SG Siemens Karlsruhe, SVK Beiertheim und der VfB Knielingen,[135] in der Kreisliga Karlsruhe, Staffel 2 die DJK Durlach. Die Vereine der konfessionell ausgerichteten Deutschen Jugendkraft entstanden auch in Karlsruhe nach der Gründung des Dachverbandes am 16./17. September 1920 in Würzburg. Der Sport wurde von den DJK-Vereinen ausdrücklich in den christlich-katholischen Kontext miteinbezogen.[136] In Karlsruhe bestehen derzeit fünf DJK-Vereine, die alle zwischen 1919 und 1925 gegründet wurden.

Der heute in der Kreisliga spielende FV Daxlanden ist der Heimatverein des deutschen

Die Gründungsmannschaft des FC Südstern 1. Mai 1906. Der von Schulabgängern gegründete Verein nannte sich zunächst FC Venus, nahm aber schon im folgenden Jahr den heutigen Namen an.

FV Germania Knielingen. Der VfB geht auf die 1905 gegründete Germania Knielingen und die eine Jahr später entstandene Victoria Knielingen zurück. Nach der Fusion zum Knielinger Fußballverein 05 im Jahr 1909 spielte er bis 1933 unter diesem Namen. 1933 stieß der 1926 gegründete Arbeiterfußballverein hinzu, der Verein hieß fortan VfB Knielingen.

Beiertheimer Fußballverein 1898. Der SVK Beiertheim geht u. a. auf diesen Verein zurück.

Nationalspielers August Klingler. Mit 18 Jahren spielte der am 24. Februar 1918 in Bietigheim geborene Stürmer zum ersten Mal in der ersten Mannschaft des FV Daxlanden. Nur der Zweite Weltkrieg verhinderte eine große Fußballkarriere des torgefährlichen Technikers. 1942 spielte er zwar fünfmal für Deutschland und schoss sechs Tore, doch 1944 fiel der Daxlander am 23. November an der Ostfront.[137] Auch einige KSC-Spieler wie der Mittelstürmer der 1950er Jahre Heinz Beck oder der Verteidiger Max Schwall kamen vom FV Daxlanden.

In den zwei Staffeln der Kreisklasse A spielen acht Vereine – ASV Hagsfeld, DJK Daxlanden, FC West Karlsruhe, Karlsruher Sportverein, SpVgg. Germania Karlsruhe – sowie die zweiten Mannschaften der SVK Beiertheim, SpVgg. Durlach-Aue und des VfB Grötzingen, ASV Grünwettersbach, Bulacher Sport-Club und die SG Stupferich.

In der Kreisklasse B, Staffel 1 spielen außer den zweiten Mannschaften von FC Espanol, FC Neureut, FC Südstern und FV Daxlanden die ersten Mannschaften von DJK Mühlburg, DJK Karlsruhe Ost, FC Germania Neureut, FC 21 Karlsruhe, Olympia Hertha Karlsruhe, Schwarz-Weiß Mühlburg und Türkischer SV, in der Kreisklasse B, Staffel 2 neben ASV Durlach II, ASV Wolfartsweier, ESG Frankonia Karlsruhe (drittältester Karlsruher Fußballverein), FV Grünwinkel, GSK Karlsruhe, SV N.K. Croatia Karlsruhe, SZ Südwest Hardeck/Oberreut und der TSV Palmbach, in der Staffel 3 die zweiten Mannschaften von FG Rüppurr 04, FSV Alemannia Rüppurr und Post/Südstadt Karlsruhe.

In den vier Staffeln der Kreisklasse C spielen die zweiten Mannschaften von ASV Grünwettersbach, ASV Hagsfeld, ASV Wolfartsweier, Bulacher Sport-Club, DJK Daxlanden, DJK Durlach, DJK Karlsruhe Ost, DJK Mühlburg, DJK Rüppurr, FC 21 Karlsruhe, ESG Frankonia, FC Germania Neureut, FC West, FSSV Karlsruhe, FV Grünwinkel, FV Fortuna Kirchfeld, GSK Karlsruhe, Karlsruher Sportverein, Olympia Hertha, Schwarz-Weiß Mühlburg, SC Wettersbach, SpVgg. Germania, SV Hohenwettersbach, SV Nordwest, SG Stupferich, SZ Südwest Hardeck/Oberreut, TSV Palmbach und VfB Knielingen, die Mannschaften von DJK Rüppurr, FC Hellas 04 Karlsruhe und SV Nordwest Karlsruhe sowie die dritte Mannschaft von SV Nordwest Karlsruhe.[138]

In Karlsruhe spielen heute demnach rund 80 Mannschaften von der Zweiten Liga bis zur Kreisliga. Sie tragen dazu bei, dass Karlsruhe als Fußballhochburg an alte Traditionen anknüpft. Von der Vielzahl der vor 1900 in der Kernstadt gegründeten Vereine sind heute nur noch der KSC und die ESG Frankonia aktiv, in den später eingemeindeten Vororten blickt der SVK Beiertheim 1894/98 auf eine ähnlich lange Geschichte zurück. Bis 1914 entstanden aber eine Reihe neuer und heute noch existierender Vereine, die das Angebot für die wachsende Zahl von Fußballinteressierten erweiterten – zwei Deutsche Meisterschaften mit zwei verschiedenen Vereinen aus einer Stadt – Phönix und KFV – sind bis heute unerreicht. Nach dem Einschnitt des Ersten Weltkrieges wuchsen die bestehenden Vereine rasch wieder an und übertrafen bald die Vorkriegsmitgliederzahlen deutlich, neue kamen hinzu. 1927 gab es zwar bedeutend weniger Fußballvereine als heute, mit 17 waren es aber ebenso viel wie in den deutlich größeren Städten Mannheim und Stuttgart.[139] Karlsruhe besaß zu diesem Zeitpunkt zwar immer noch einen guten Ruf als Fußballstadt, aber an die Hochzeit vor dem Ersten Weltkrieg hatte man nicht wieder anschließen können. Erst der VfB Mühlburg machte sich seit 1933 und verstärkt in der Nachkriegszeit daran, wieder eine deutsche Spitzenmannschaft zu werden.

Die Fusion mit dem ersten aus Karlsruhe kommenden Deutschen Meister FC Phönix zum KSC erwies sich als Glücksfall. Der viertälteste deutsche Profifußballverein KSC spielte bis auf eine Saison immer in einer der beiden höchsten deutschen Spielklassen. Mitte der 1950er Jahre holte er 1955 und 1956 den Deutschen Pokal und verpasste das Double im Endspiel um die Deutsche Meisterschaft nur knapp. In den 1990er Jahren klopfte der KSC erneut an die Tür zur deutschen Spitzenklasse und sorgte auf europäischer Ebene für Furore. Der Traditionsverein mit einer auch in der – wenn auch kurzen – Regionalligazeit treuen Anhängerschaft zählt auch heute noch zu den guten Adressen in Deutschland.

MATHIAS TRÖNDLE

Der Geniestreich hatte in der Fächerstadt Premiere
Entstehung und Entwicklung des Handballs in Karlsruhe

Handball hatte in Karlsruhe von der Zeit der Weimarer Republik bis in die 90er Jahre des vorigen Jahrhunderts hinein einen hohen Stellenwert im sportlichen Geschehen, fand großen Zulauf und feierte weithin anerkannte Erfolge. Das Spiel, das sonst in Deutschland eher „auf dem flachen Lande" außerhalb der Großstädte seine größte Verbreitung fand, hatte in der früheren badischen Hauptstadt von Beginn an einen festen Platz. Die Rolle des „Schrittmachers" übernahmen allerdings zunächst Vereine in damals noch selbstständigen Gemeinden am Rande der Stadt oder in bereits zu Beginn des vorigen Jahrhunderts eingemeindeten Stadtteilen. Vor dem Zweiten Weltkrieg zählte mit der Turnerschaft Beiertheim ein Verein aus der Fächerstadt zur deutschen Spitzenklasse. Im 1907 zu Karlsruhe gekommenen Stadtteil an der Alb stand auch eine „Wiege des badischen Handballs". Der

Ballsicherheit, wie hier 1949 im Spiel des VfB Mühlburg gegen den TV Malsch, war Trumpf beim Spiel auf dem Großfeld.

TV Beiertheim, Vorläufer der Turnerschaft, hatte bereits 1920 Handball im Angebot und errang auch bald darauf den badischen Meistertitel.[1] Handball wurde damals im Freien auf dem Großfeld gespielt, verlagerte sich dann aber entsprechend der internationalen Entwicklungen ab den 50er und 60er Jahren zunehmend in die Halle. Am raschen Aufschwung des Hallenhandballs in Karlsruhe hatte ebenfalls die Turnerschaft Beiertheim erheblichen Anteil. Sie richtete unter ihrem Vorsitzenden Robert Ehmann, dem langjährigen Geschäftsführer des Badischen Sportbunds, in den 50er und 60er Jahren zahlreiche Turniere aus, die nationalen und internationalen Spitzenhandball in die vollbesetzte Schwarzwaldhalle brachten. Und die war auch Schauplatz der Uraufführung des weltbekannten Kempa-Tricks. Bei einem Länderspiel gegen Schweden präsentierte der Göppinger Bernhard Kempa im März 1954 dort erstmals mit den Mitspielern im deutschen Nationaltrikot seinen bis heute weltweit millionenfach kopierten handballerischen Geniestreich zum Torerfolg.[2] In der Schwarzwaldhalle feierte später auch der Karlsruher Bundesligist TSV Rintheim, der sich Mitte der 70er Jahre kurzzeitig gar zur dritten Kraft im deutschen Handball aufschwang, seine größten Erfolge.[3]

Und auch die Handballerinnen aus der Fächerstadt setzten weit über die badischen Grenzen hinaus deutliche Akzente. Vor und nach dem Zweiten Weltkrieg waren dies die Damenteams von Phönix Karlsruhe (Vorläufer des KSC) und des KTV, später die Damen des Post-SV Karlsruhe, die 1975/76 für eine Spielzeit der Bundesliga angehörten. Doch in jüngerer Zeit setzte der Handball in Karlsruhe nicht mehr zum ganz großen Wurf an. Spätestens seit dem Abstieg des TSV Rintheim aus der Zweiten Bundesliga Mitte der 90er Jahre sind die „großen Tage" (vorerst) Vergangenheit.

Trotz sportlicher Talfahrt nach wie vor beliebtes Mannschaftsspiel

Die erste Geige im badischen Handball spielt seit einiger Zeit einige Kilometer nördlich vor den Toren der Stadt. Die HSG Kronau/Östringen aus dem Landkreis Bruchsal mischt derzeit gehörig im Konzert der Großen in der Bundesrepublik mit und zieht zu ihren Heimspielen in der Ersten Bundesliga regelmäßig Tausende begeisterter Fans in die Mannheimer SAP-Arena, darunter auch zahlreiche Karlsruher Handballfreunde. In der Fächerstadt selbst geht es seit einigen Jahren sportlich ein gutes Stück bescheidener zu, der Handball fliegt einige Etagen tiefer über das Parkett. Mit dem TV Knielingen, der Ende der 90er Jahre für zwei Spielzeiten den Sprung in die Regionalliga schaffte, dem Traditionsverein Rintheim, der inzwischen in einer Spielgemeinschaft mit dem TSV Weingarten und dem VfB Grötzingen am Wettbewerb teilnimmt, der Turnerschaft Durlach und der TG Neureut gingen in der Saison 2005/2006 gerade vier Teams aus der Fächerstadt in Baden- und Landesliga, den beiden Spielklassen oberhalb der Kreisebene, auf Jagd um Tore und Punkte. Bei den Frauen ergibt sich ein ähnliches Bild: Da sind derzeit die TG Neureut und die Turnerschaft Mühlburg sowie der TV Knielingen und Post Südstadt Karlsruhe ebenfalls als Baden- und Landesligisten „Karlsruhes Beste". Auf der Landkarte des Spitzenhandballs ist Karlsruhe gegenwärtig zwar ein weißer Fleck, doch im sportlichen Alltag hat das Passen und Werfen mit dem runden Leder nach wie vor einen hohen Stellenwert. Handball ist nach Fußball – wenn auch mit deutlichem Abstand – immer noch das Mannschaftsspiel mit dem meisten Zuspruch. So waren Ende des Jahres 2004 in der Fächerstadt 2.525 Mitglieder in 15 Vereinen als Handballer gemeldet (Fußball: 16.968 Mitglieder), gefolgt von Volleyball mit

2.035 und Basketball mit 1.405 Mitgliedern.[4] Zu kämpfen hat der Handball um seine Position schon, er bekam noch deutlicher als andere Sportarten in den vergangenen Jahren den durch die Veränderungen der Freizeit und des Freizeitverhaltens verursachten Schwund an Mitgliedern zu verspüren. Allein in den letzten zehn Jahren verlor der Karlsruher Handball über 800 Mitglieder aller Generationen[5], mehrere Vereine wie der KTV, die FSSV Karlsruhe oder VT Hagsfeld meldeten sich vom Wettbewerb ab oder gingen wie der Polizeisportverein (mit SSC Karlsruhe) oder der TSV Rintheim Spielgemeinschaften ein.

Das war in früheren Zeiten anders: Um den Zweiten Weltkrieg herum war Handball Breiten- und Massensport, fast sämtliche Turn- und Sportvereine hatten ihn im Angebot. „Handball wurde überall gespielt und war fast dabei, dem Fußball den Rang abzulaufen", erinnert sich der frühere Oberbürgermeister Prof. Dr. Gerhard Seiler, der selbst als „bulliger Mittelstürmer" für den KFV und den KTV das Leder warf.[6] Auch sein Amtsnachfolger hat eine

sportliche Vergangenheit als Handballer. Heinz Fenrich spielte in den 60er und 70er Jahren für den Polizeisportverein, der Bundestagabgeordnete Ingo Wellenreuther Anfang der 80er für den MTV.

Als das runde Leder über das Großfeld flog

Bis Mitte der 90er Jahre frönten zumeist ältere Herren auf dem Gelände der Turnerschaft Durlach alljährlich im Sommer einem Ausflüglern der jüngeren Generation, die am Sportplatz im Naherholungsgebiet „Untere Hub" vorbei kamen, zumeist etwas seltsam erscheinenden Spiel. Bei diesem standen sich zwei Mannschaften aus jeweils elf Akteuren gegenüber, die nach einem für den unbedarften Betrachter nicht sofort nachvollziehbaren Regelmix aus verschiedenen Sportarten den Ball prellten, passten und aufs Gehäuse warfen. Größe des Felds und der Tore sowie Zahl und Aufgaben der Spieler erinnerten stark an Fuß-

Das neue Spiel fand rasch breite Resonanz. Geworfen und geprellt wurde auf vielen Plätzen der Fächerstadt, die oft eher Wiesen oder Äckern glichen.

ball, die Aufteilung des Platzes in Abwehr-, Mittel- und Angriffsdrittel an Hockey, der Bewegungsablauf des Treibens selbst an den heutigen Hallenhandball.[7] Die Oldies verschiedener Karlsruher Vereine und aus der Umgebung spielten Großfeldhandball. Sie kamen alle Jahre wieder auf der „Unteren Hub" zum Turnier zusammen, um sich sportlich zu messen und gemeinsam die Erinnerung an das „untergegangene" Spiel wach zu halten.

Bis heute veranstalten noch die TG Neureut, der TV Knielingen und der TSV Rintheim solche „Revival-Turniere" auf dem Großfeld. Die Teilnehmer lassen dabei in Momentaufnahmen die großen Zeiten eines Spiels wieder auferstehen, das Akteure, Schiedsrichter und Zuschauer oft auch vor gewaltige Herausforderungen stellte. Denn im Freien wurde nicht nur im Sommer Handball gespielt, sondern das ganze Jahr über, bei Wind und Wetter, bei Eis und Schnee.

Feldhandball schrieb Jahrzehnte lang auch in Karlsruhe ein gutes Stück Sportgeschichte und kann jede Menge heute kurios anmutende Geschichten erzählen. Wie etwa die des Spiels in der Meisterschaftsrunde der Badischen Verbandsliga im Winter 1950 zwischen dem VfB Mühlburg und St. Leon, in dem Schnee und Wind die Partie entschieden. Der Schnee bedeckte damals knöchelhoch den Platz im Stadion des VfB Mühlburg an der Honsellstraße. An ein Prellen des nassen und schweren Balles war nicht zu denken, dazu pfiff der Eiswind, was das Zeug hielt. Die Bedingungen, unter denen heute keine Begegnung stattfinden würde, begünstigten zunächst die Gäste. Sie konnten in der ersten Halbzeit mit dem Wind im Rücken spielen und so sechs Tore erzielen. Die Mühlburger hatten hingegen Mühe, das Leder überhaupt aus ihrer Hälfte herauszubekommen, ein Tor gelang ihnen natürlich nicht. In der zweiten Hälfte das umgekehrte Spiel: St. Leon blies jetzt der Gegenwind ins Gesicht, Torausbeute null. Dafür war Mühlburg am Drücker, doch die erste Halbzeit hatte Kraft gekostet und so langte es nur zu vier Einschüssen ins gegnerische Gehäuse.[8]

Die Resonanz auf Feldhandball war beim Karlsruher Publikum enorm. So pilgerten etwa weit über 20.000 Fans am 12. Oktober 1956 ins Wildparkstadion und feierten den 24:18-Sieg der deutschen Nationalelf um den Göppinger Kempa gegen Österreich. Und bereits wenige Monate zuvor war in der neu errichteten Arena im Wildpark die Eröffnung der zweiten Frauen-Weltmeisterschaft im Feldhandball vor mehr als 5.000 Zuschauern über die Bühne gegangen. Ein Tor beim damaligen 5:2-Erfolg der deutschen Auswahl über die Vertretung Jugoslawiens erzielte die Karlsruherin Trudel Künzler (KTV 1846) bei ihrer Premiere im Nationaltrikot.[9]

Der „kleine Bruder des Fußballs"
startete schnell seinen Siegeszug

„Mit seltener Lebensenergie hat sich das Handballspiel in der kurzen Zeit seines Bestehens Anerkennung und Gefolgschaft weiter Volkskreise erkämpft. Handball ist heute das Spiel der breiten Masse geworden, da zu seiner Ausführung und Erlernung die geringsten Schwierigkeiten in Bezug auf Anschaffung von Spielkleidung und Beherrschung der technischen Fertigkeiten bestehen. Der für Spieler als auch Zuschauer klar übersichtliche Spielgedanke tat ein Übriges, um den Reiz desselben zu erhöhen. Einen weiteren Vorteil besitzt das Spiel auch in seiner Verwendbarkeit für alle Alters- und Geschlechtsgruppen", brachte der Berliner Sportlehrer Carl Schelenz bereits 1926 die wesentlichen Vorzüge auf den Punkt, die dem Handball innerhalb kurzer Zeit zum Durchbruch verhalfen.[10]

Der Turnverein Beiertheim gehörte zu den Pionieren des badischen Handballs.
Die Aufnahme zeigt die Mannschaft nach dem Gewinn der Badischen Meisterschaft 1923.

Schelenz selbst gilt als der „Vater des Hand-balls". Er gab dem vom Berliner Frauenturn-wart Max Heiser 1915 ausschließlich für Frau-en bestimmten Turnspiel Torball, das dieser 1917 weiter entwickelte und Handball nannte, im Frühjahr 1919 neue Regeln. Mit diesen wurde die weiche Heiser-Variante zu einem körperbetonten, auch für Männer und Jugend-liche attraktiven Kampfspiel, das Zweikämpfe und das Prellen des Balles erlaubte – und es auch mit dem Fußball aufnehmen konnte. Und von dem kopierte Schelenz ohnehin so Einiges wie Spielfeld, Mannschaftsgröße, taktische Aufstellung oder Schiedsrichter.[11]

Der Berliner Lehrer, Trainer und Spieler war aber nicht nur Gründervater und Pionier des Handballs, sondern auch ein „Missionar". So lehrte er in seinen Kursen des Deutschen Reichsausschusses für Leibesübungen Handball nach den neuen Regeln für Frauen und Män-ner, reiste darüber hinaus als „Wandersportleh-rer" durch ganz Deutschland und ins benach-barte Ausland. Mit dem Segen der Funktionäre, die das Kampfspiel zum einen auch als ideales ziviles Betätigungsfeld für die Heimkehrer des Ersten Weltkriegs betrachteten, zum anderen mit der „deutschen Erfindung" dem populären „englischen Fußball" ein nationales Gegenge-wicht entgegen setzen wollten.[12]

Und als dann im Jahre 1921 die beiden Spitzenorganisationen Deutsche Turnerschaft und Deutsche Sportbehörde für Leichtathletik allen ihren Landes- und Kreisverbänden die Aufnahme des Handballs in ihr Programm empfahlen, verbreitete sich die junge Sportart bereits in den ersten Jahren der Weimarer Republik in Windeseile.[13] Handball wurde bald an Universitäten und Schulen des ganzen Landes gelehrt, bei Polizei und Reichswehr gespielt und galt für das Turnen wie für alle Sparten des Sports als willkommene Ergänzung und Belebung.

*Im Phönix-Stadion stand
die Wiege des Karlsruher Frauenhandballs*

In Karlsruhe war der Handball 1921 schon angekommen: Bereits 1920 nahm der Turnverein Beiertheim Handball in seine Spielabteilung auf und errang drei Jahre später die erstmals ausgespielte Badische Meisterschaft.[14] Zwei Jahre später gewann der Karlsruher FV, der Deutsche Fußballmeister des Jahres 1910/1911, den Titel des Badischen Handballmeisters.[15] Zu den Pionieren des Handballs in Baden gehörten auch die TG Neureut, der Karlsruher Turnverein von 1846 (KTV), der Turnerbund Durlach und der TV Rintheim, die allesamt bis 1923 die neue Sportart eingeführt hatten.[16] Und in diesem Jahr hatte sich der Dorfverein TG Neureut sogar bis ins Endspiel um die Süddeutsche Meisterschaft in Stuttgart geworfen, unterlag dort allerdings gegen Friesenheim. Handball boomte in der Fächerstadt und ihrer Umgebung: Bis Ende des Jahrzehnts hatten zahlreiche weitere Vereine wie der TV Bulach, der TV Grünwinkel, der TV Grötzingen, der TV Durlach, die Turner-

Die Frauen des FC Phönix dominierten seit 1925 den Karlsruher Frauenhandball und konnten nach 1947 auch die Dominanz des VfR Mannheim auf badischer Ebene brechen. Die Aufnahme entstand 1948.

schaft Mühlburg, der TV Rüppurr oder der Turnerbund Aue das neue Spiel in ihr Programm aufgenommen.

Der Siegeszug des Handballs blieb keineswegs auf die Turnvereine beschränkt. Auch die Leichtathletik machte sich für die Sportart stark. Sie sah in ihr ein ideales Betätigungsfeld für ihre Athleten während der kalten Jahreszeit, wenn der sonstige Trainings- und Wettkampfbetrieb ruhte. So hatte etwa Phönix Karlsruhe bereits 1925 das Spiel im Programm. Und dort standen von Anfang an die Frauen im Vordergrund. Als nach dem Ersten Weltkrieg Handball im deutschen Süden Fuß fasste, griffen die damaligen Leichtathletinnen des Phönix sofort zum Ball. Die Wiege des Karlsruher Frauenhandballs, sie stand im früheren Phönix-Stadion beim Hochschulgelände.[17]

*Als Kicker den Verein verließen
kamen die Handballer aufs Feld*

Der Handball hatte bis 1934, als die Nationalsozialisten im Zuge ihrer Gleichschaltungspolitik den Sport zentralistisch nach dem Führerprinzip neu strukturierten, keine eigene Interessenvertretung. Das neue Spiel war Zankapfel zwischen den verschiedenen Turn- und Sportverbänden, die auch die krassen gesellschaftlichen, religiösen und politischen Unterschiede der Weimarer Republik widerspiegelten. Paradoxerweise profitierte der Handball jedoch von dieser Zerrissenheit. Im Deutschen Reichsausschuss für Leibesübungen, der den bürgerlichen Sport bündelte, war er im Programm gleich zweier Verbände. Die Deutsche Sport-Behörde (DSB) wie die traditionsreiche Deutsche Turnerschaft (DT), die vor allem die „nationale Komponente" des neuen Spiels in den Vordergrund stellte, führten jeweils eigene Wettbewerbe und Meisterschaftsrunden im Handball durch.[18]

Und als 1923 die DT ihre Mitglieder, die teilweise in beiden Verbänden aktiv waren, aufforderte, sich entweder für den Sport- oder den Turnverein zu entscheiden, ging der Handball im Gegensatz zum Turnen selbst als Sieger aus der so genannten „reinlichen Scheidung" hervor. So war etwa in unserer Region die Aufnahme des Handballs in die Spielabteilung des TV Durlach (der 1934 mit dem TB Durlach unter dem Namen Turnerschaft Durlach fusionierte) im Jahre 1925 eine direkte Folge des reichsweiten Ukas der DT. Nach diesem hatte sich nämlich die 1910 gegründete Fußballabteilung vom TV Durlach getrennt und im kurz zuvor eingemeindeten Nachbarstadtteil die Spielvereinigung Durlach-Aue ins Leben gerufen. Um den Mitgliederschwund wieder aufzufangen, führte der TV Durlach im Gegenzug das von der Turnbewegung geförderte, für die Jugend attraktive Kampf- und Bewegungsspiel Handball ein.[19] Sportlich für Furore sorgten die Handballer des TV allerdings nicht.

Im Gegensatz zum Lokalrivalen TB Durlach, der wie der TV Beiertheim bis zur Umkehrung des sportlichen und gesellschaftlichen Lebens durch die Nationalsozialisten eine führende Rolle im „bürgerlichen" badischen Handball spielte. Bereits im Jahr 1924 holten sich die Turnerbündler zum ersten Mal den badischen Meistertitel der Deutschen Turnerschaft, als sie auf dem Platz des MTV Karlsruhe den TV Ziegelhausen mit 2:1 Toren bezwangen. „Möge der Eifer und die Begeisterung derer, die dies geschafft haben und die Zahl derer, die davon durchdrungen sind, sich stets mehren zum Wohle der Turnerei", kommentierte das Durlacher Tagblatt den Coup des TB über den haushohen Favoriten ganz im Sinne und Geiste der Turnbewegung.[20] Der TB Durlach holte auch 1926 und 1932 den badischen Titel, schlug dann in der Qualifikation zur Deutschen Meisterschaft vor 1.500 Zuschau-

ern auf dem eigenen Ziegeleiplatz an der Grötzinger Straße den württembergischen Meister Esslingen mit 6:5 und scheiterte erst in der Zwischenrunde knapp mit 4:5 beim pfälzischen Titelträger TV Zweibrücken.

Bei den Frauen war von Beginn an Phönix Karlsruhe unangefochten vor der KTV die Nummer eins im Karlsruher Handball, musste sich vor 1945 aber immer wieder im Kampf um die Badische Meisterschaft dem Abonnementsieger und zweifachen Deutschen Meister VfR Mannheim geschlagen geben.[21]

Das neue Spiel setzte sich auch schnell im Arbeitersport durch

Nach kurzen Geburtswehen verbreitete sich der Handball auch rasch im Arbeitersport. Der anfängliche Widerstand des als verlängerter Arm der Sozialdemokratie seit 1893 überregional organisierten Arbeiter-Turn- und Sportbunds (ATSB) gegen „das rohe Spiel" war vor dem Hintergrund der wachsenden Beliebtheit des Handballs auch in weiten Kreisen der Arbeiterschaft rasch gebrochen. In einem ideologischen Spagat gab der Arbeitersport dem von erzkonservativen Kreisen der bürgerlichen Turn- und Sportbewegung als „die deutschen Tugenden förderndes Spiel" instrumentalisierten Handball eine Kehrtwende in Richtung Sozialismus und Internationalismus. „Der Arbeitersportler braucht ein Spiel, aus dem er so viele Werte mitbringt, dass er zum Klassenkämpfer befähigt ist. Diesen Anforderungen scheint in erster Linie das Handballspiel zu genügen", erkannte etwa 1924 die Arbeiter-Turnzeitung.[22] So zählte Handball bereits bei der Arbeiter-Olympiade 1925 in Frankfurt und dann bei der 1931 in Wien zum Programm.

Die Freie Turnerschaft (FT) Karlsruhe, die vorher vornehmlich das Turnspiel Raffball pflegte, nahm das neue Spiel 1925 mit einem

Match gegen die Freie Turnerschaft Stuttgart-Bad Cannstatt in ihr Programm auf. Und Handball sollte in den folgenden Jahren zu einer recht bedeutenden Sportart innerhalb der Freien Turnerschaft Karlsruhe werden.[23] So schlossen etwa im Spieljahr 1931/32 die Abteilungsmannschaften Süd und Mühlburg ihre Gruppenspiele jeweils als Erstplatzierte ab und standen mit den Teams der Turngemeinde Durlach und der FT Daxlanden in der Endrunde um die Bezirksmeisterschaft, deren Gewinn sich dann die Abteilung Süd mit einem 7:2-Finalsieg über Mühlburg sicherte. Und noch wenige Monate, bevor am 28. Februar 1933 das Verbot des Arbeiter-Turn- und Sportbunds durch die Nationalsozialisten sämtliche Aktivitäten jäh beendete, nahm eine Damenmannschaft bei der FT Karlsruhe den Spielbetrieb auf. In ihrer ersten Begegnung beim 9. Bezirks-Turn-, Sport- und Spielfest am 5. Juni 1932 in Bruchsal trennte sie sich schiedlich und friedlich 2:2 von der FT Daxlanden.[24] Die Herrenmannschaft, die Anfang 1933 noch Bezirksmeister werden konnte, schloss sich nach dem Verbot des ATSB fast geschlossen dem Postsportverein an.[25]

Brauner Spielball für die Propaganda der Nationalsozialisten

Den Nationalsozialisten kam das „deutsche Spiel" gelegen, sahen sie in ihm doch von Anfang an eine Art Wehrersatz. Handball wurde bei Reichswehr und Polizei, in Schulen und Betrieben gepflegt. Ästhetische Momente traten in den Hintergrund. „Kraft, Wucht und Härte" sollten nach Ansicht von Reichstrainer Otto Kaundinya das Spiel bestimmen.[26] Und die Tatsache, dass Feldhandball 1936 in Berlin erstmals (und letztmals) olympische Disziplin werden sollte, war natürlich ein weiterer wichtiger Grund, das Spiel zu fördern. Handball

wurde zu einer sportlichen Trumpfkarte der nationalsozialistischen Machthaber, mit der sie aller Welt „die Überlegenheit des deutschen Wesens" demonstrieren wollten. Die umfassende Unterstützung durch die braunen Machthaber zeigte natürlich Folgen: Für den deutschen Feldhandball wurde Olympia fast zum Alleingang. In der Vorrunde fegte die deutsche Mannschaft Ungarn und die USA förmlich vom Feld, im Halbfinale die Schweiz. Und im Endspiel sicherte sich dann die Kaundinya-Elf vor der Rekordkulisse von 100.000 Zuschauern im Berliner Poststadion mit einem 10:6 über Österreich olympisches Gold.[27]

Den Konflikt zwischen Leichtathleten und Turnern um „das Kind Handball" hatten die Nazis bereits 1934 beendet, indem sie im neu eingerichteten, zentralistisch strukturierten Deutschen Reichsbund für Leibesübungen ein eigenes Fachamt Handball installierten, das auch noch für Basketball zuständig war. Der Spielbetrieb fand in 16 Gauen statt. Im Gau Baden hatten die Mannheimer Vereine die Nase vorne, die Turnerschaft Beiertheim war zwei Spielzeiten lang der einzige Karlsruher Vertreter in der zehn Mannschaften umfassenden Gauklasse.[28] Ein anderer Verein aus der Fächerstadt, der Jahrzehnte später in der Halle bis in die deutsche Eliteliga vorstoßen sollte, machte damals allerdings erstmals von sich reden. Der TV Rintheim wurde noch im Sommer 1939 kurz vor Ausbruch des Zweiten Weltkriegs mit seiner Jugendmannschaft Badischer Meister im Feldhandball, brach damit die Vorherrschaft der Mannheimer Vereine und legte den Grundstein für Rintheims Ruf als Handballhochburg.[29]

Im Zweiten Weltkrieg geriet der Wettkampfbetrieb mehr und mehr zum Lotteriespiel. Die Spieler der Herrenmannschaften waren als Soldaten verstreut in alle Welt. Spielrunden und so genannte Kriegsmeisterschaften gab es noch, doch die Stärke der aus

Jugendlichen und Senioren zusammen gewür-
felten Teams war davon abhängig, wie viele
„Fronturlauber" jeweils mitwirken konnten.
Eine führende Rolle in Karlsruhe spielte zu
dieser Zeit die Reichsbahnsportgemeinschaft
(heute ESG Frankonia), aber auch die weiter
am Spielbetrieb teilnehmenden vormals „bürgerlichen Vereine" wie Beiertheim, Grünwinkel oder der KTV.

Mit dem Wiederaufbau
kam die zweite Blütezeit des Feldhandballs

Mit dem demokratischen Neuanfang des Sports
nach dem Ende des Zweiten Weltkriegs und
der nationalsozialistischen Gewaltherrschaft
erlebte der Feldhandball in Karlsruhe eine
zweite Blüte. Den Damen des FC Phönix gelang im Juni 1947 erstmals das Kunststück, den
VfR Mannheim mit Siegen von 8:1 und 3:1
Toren vom Thron zu stoßen und den badischen Meistertitel zu erringen.[30] Damit begann
ein gutes Jahrzehnt der Dominanz der Karlsruher Frauen im badischen Handball, in dem
der FC Phönix noch 1950 (da auch Dritter der
Süddeutschen Meisterschaften) und 1951 sowie 1955 (dann schon als Karlsruher SC[31])
Badischer Meister wurde. Die Lokalrivalinnen
vom im Hardtwald benachbarten KTV gewannen diesen Titel 1958 und 1961.

Und auch die Männerteams aus der Fächerstadt spielten nach dem Zweiten Weltkrieg
eine führende Rolle im badischen Handball.
Die ehemalige „Hausmacht" Turnerschaft Beiertheim gelangte 1946/47 gleich wieder in die
Endspiele um die Badische Meisterschaft,
musste sich in diesen aber der mit Nationalspielern gespickten Meisterelf des SV Waldhof
Mannheim geschlagen geben. Nach dem ebenfalls zweiten Platz im badischen Pokalwettbe-
werb ging die große Zeit der von Spielerabgän-
gen geplagten Beiertheimer aber allmählich zu

Ende. Für Impulse und Erfolge sorgten jetzt
andere. So brachte der zweite Vorgänger des
KSC, der VfB Mühlburg, nicht nur sein Gewicht als süddeutscher Fußball-Oberligist mit
in die Ehe mit dem FC Phönix, sondern auch
eine spielstarke Herrenmannschaft im Handball. Erst 1948 hatten ehemalige Spieler aus
Beiertheim beim VfB Mühlburg eine Hand-
ballabteilung ins Leben gerufen. Und die erste
Herrenmannschaft des VfB, der sich gleich
nach der Gründung auch Aktive des KTV, aus
Grünwinkel und aus Knielingen sowie zahlreiche Studenten anschlossen, kletterte von Jahr
zu Jahr nach oben und spielte bereits 1950 in
der Badischen Verbandsliga, der höchsten
Klasse im Feldhandball.[32] Und in der Verbandsliga sorgten bis in die 60er Jahre hinein
auch der TSV Rintheim, der 1957 die Nordbadische Meisterschaft im Feld gewann, die
Turnerschaft Durlach sowie der TSV Grötzingen wechselweise für gute Leistungen und
Erfolge. Diese drei Mannschaften waren es
denn auch, die in dieser Zeit dem aufstreben-
den Karlsruher Hallenhandball ihren Stempel
aufdrückten.

Das „deutsche Spiel" hatte sich
am Ende regelrecht zu Tode gesiegt

Doch da hatte die Talfahrt des Feldhandballs
schon eingesetzt. Eine ganze Reihe von Vereinen und Landesverbänden pflegte bereits seit
Ende des Zweiten Weltkriegs das von Skandi-
navien und den Ostblockstaaten aus impor-
tierte Handballspiel auf kleinem Feld in der
Halle, das in Deutschland zunächst als Ergänzung des Wettkampfs im Freien galt. Doch das
Hallenspiel mit seinen schnellen und wendi-
gen Aktionen gewann gegenüber dem eher auf
Kondition, Kraft und Härte aufgebauten „grob-
motorischen" Treiben auf dem Großfeld immer
mehr Anhänger. Die Entwicklung hin zum

Ihre Heimspiele trugen die Handballer des VfB Mühlburg (weißes Trikot) – wie hier 1949 gegen die TSG Weinheim – im Stadion an der Honsellstraße aus.

Mit Technik und Durchsetzungsvermögen kommt in dieser Aktion Gerold Crocoll 1965 im Spiel seines TV Knielingen gegen den Karlsruher SC zum Torerfolg.

Handball „unter dem Dach" unterstützte natürlich auch der Bau immer neuer Sporthallen in den 50er und 60er Jahren. Zudem hatte sich das „deutsche Spiel" international durch die unumschränkte Dominanz der deutschen Nationalelf allmählich zu Tode gesiegt. Nach den letzten Länderspielen 1970 gegen Holland und Österreich hatte Deutschland von 120 internationalen Vergleichen ganze vier verloren, die anderen Nationen hatten sich, wie zuletzt Österreich, peu à peu vom Feldhandball zurück gezogen und sich ganz dem Hallenhandball verschrieben. Es gab auf dem Großfeld keine Gegner mehr.[33]

In unserer Region wurde Feldhandball den Sommer über noch einige Jahre gespielt und dann 1977 vom offiziellen Spielplan des Badischen Handballverbands gestrichen. Damals errang der TV Hochstetten mit einem 17:13-Endspielsieg über die Turnerschaft Durlach die letzte Meisterschaft des Handballkreises Karlsruhe. Bereits 1975 war auf nationaler Ebene mit dem Gewinn des letzten deutschen Titels durch den TuS Nettelstedt (15:14 gegen TSG Hassloch) Schluss gewesen. Das schnelle, attraktive Spiel in der Halle hatte damit seinen im Freien gespielten Vorfahren und jahrzehntelangen „Nebenspieler" endgültig auf die Bank gesetzt.

Als sich der Karlsruher Handball an die deutsche Spitze warf

Bereits 1936, als das Open-Air-Spiel Feldhandball in Deutschland mit dem Olympiasieg seinen Höhepunkt feierte, hatte sich eine ernst zu nehmende Konkurrenz im eigenen Lager entwickelt: Handball in der Halle.[34] Nach den ersten bescheidenen Anfängen mit der Variante auf kleinerem Feld und mit „weniger Personal", die vor allem in Schweden, Dänemark und Finnland weiter entwickelt wurde,

1925 in der Dortmunder Westfalenhalle, gab es Anfang der 30er Jahre in Berlin die ersten größeren Turniere. Die wurden vom Publikum begeistert aufgenommen. Und auch die Presse schrieb voller Enthusiasmus: „Handball als Hallenspiel erfreut sich ganz besonders des Zuspruchs und Beifalls der Zuschauer. Hier kommt seine wuchtende Schnelligkeit in hervorragender Weise zur Geltung. Tempo und aufpeitschender Wechsel der Spielhandlungen kommen denen des Eishockeys mindestens gleich, der Wechsel in der Ballführung und in den Wurfmöglichkeiten erhöht den Reiz."[35] Gespielt wurde im Winter ausschließlich in Turnierform, die Dauer einer Begegnung betrug zwei mal 7,5 bis zwei mal zehn Minuten, jede Mannschaft hatte dabei – wie heute noch – sechs Feldspieler und einen Torwart auf dem Parkett. Die erste Weltmeisterschaft im Hallenhandball 1938 in Berlin gewann zwar Deutschland mit einem 7:2-Finalsieg über Schweden, doch die eigentlichen Lehrmeister und „Innovateure" des Spiels waren und blieben bis in die 60er Jahre hinein die Schweden. Die Skandinavier holten sich in den Jahren 1954 und 1958 den WM-Titel und bereicherten den Hallenhandball mit immer neuen Varianten wie dem Rückhandwurf oder etwa 1950 mit der Erfindung des Kreisläufers.

Beiertheimer Turniere sorgten für Begeisterung

Auch in Karlsruhe gab es vor dem Zweiten Weltkrieg schon einige Turniere im Hallenhandball. Die fanden jedoch in Ermangelung geeigneter Hallen in durchaus bescheidenem Rahmen in der ehemaligen Markthalle, die auf dem Platz des heutigen Staatstheaters stand, und in der Durlacher Festhalle statt.[36] Auf dem Betonboden der längst abgerissenen Halle wie auf dem beengten Parkett der Durlacher Festhalle, auf dem mit nur je vier Feldspielern pro Mannschaft angetreten werden konnte, startete der Karlsruher Hallenhandball auch seine ersten Gehversuche nach dem Zweiten Weltkrieg. Und die beiden eigentlich eher ungeeigneten Spielstätten wurden zu Keimzellen für die späteren Erfolge des Karlsruher Handballs. In der Markthalle legte bald der TSV Rintheim einen vor. Dort gewann das Team um Torhüter Poth, Kunle und Göckel, das sich 1949 sogar den süddeutschen Titel geholt hatte, vor voll besetzten Rängen im Januar 1950 das Turnier um die Badische Hallenhandballmeisterschaft vor der SG Leutershausen und dem TSV Rot.[37]

Für den gewaltigen Schub, den der Hallenhandball nach dem Zweiten Weltkrieg in Karlsruhe erfuhr, zeichnete auch entscheidend die Turnerschaft Beiertheim verantwortlich. Der Verein, der sich in den Anfangsjahren des Handballs sportlich hervor getan hatte, trat nun als Ausrichter in Erscheinung. Er organisierte nach dem ersten Hallenhandball-Turnier im Februar 1947 in der Durlacher Festhalle an gleicher Stelle bis 1949 vier weitere Turniere, die allesamt bei den teilnehmenden Mannschaften wie beim Publikum hervorragend ankamen. Danach waren die Karlsruher Markthalle und 1951 und 1952 die Ausstellungshalle auf dem Festplatz [38] Schauplatz der schließlich international besetzten Veranstaltungen, die großen Anteil daran hatten, dass sich Hallenhandball in Karlsruhe allmählich zur „In-Sportart" entwickelte[39].

Bei der Welturaufführung wurde die Schwarzwaldhalle zum Hexenkessel

Mit der wachsenden Popularität des Hallenhandballs wurden die Rufe nach einem geeigneten Veranstaltungsort für sportliche Großereignisse immer lauter. Die Rufer rannten bei Gemeinderat und Verwaltung offene Türen ein, die Stadt Karlsruhe ließ nach den Plänen des Architekten Erich Schelling am Festplatz eine solche Arena der besonderen Art errichten. Am 24. März des Jahres 1954 bestand die neue Schwarzwaldhalle ihre Feuertaufe als Sporthalle, als sich Deutschland und Schweden dort in einem Handball-Länderspiel gegenüber standen. Dabei trotzte die Sieben um den Göppinger Bernhard Kempa, von 1950 bis 1955 dominierende Figur des deutschen Handballs, dem „Branchenführer" Schweden ein 10:10-Unentschieden ab. An die 5.000 Zuschauer verwandelten „die kühnste Halle Europas" in einen Hexenkessel.[40] Denn bei der Begegnung konnten die Besucher mehr als das ohnehin schon beachtliche Remis gegen den Weltmeister bejubeln. Darüber hinaus waren sie in der Schwarzwaldhalle Zeitzeugen der Welturaufführung des Kempa-Tricks, der bis zum heutigen Tage als Geniestreich des Handballs schlechthin gilt.

„Der Rückraumspieler nimmt kurzen Blickkontakt mit dem Außen auf. Der läuft an und springt ab. Und während er das tut, spielt der Rückraumspieler ihm den Ball über die Abwehr hinweg zu, der Außen fängt den Ball in der Luft schwebend und kann ihn am überraschten Torwart vorbei leicht ins Tor werfen", ließ der 83-jährige Kempa am Rande der Weltmeisterschaft 2004 vor Nationalspieler Stefan Kretzschmar die Idee des Tricks nochmals Revue passieren.[41] Bei der Premiere 1954 in der Schwarzwaldhalle schlossen Kempa und seine Göppinger Vereinskameraden im Nationaltrikot den Spielzug gleich mehrfach erfolgreich ab und verblüfften damit die ausgebufften Schweden wie die Zuschauer. Die Karlsruher hatten damit endgültig den Reiz des spannenden und oft dramatischen Spiels in der Halle entdeckt.

Im Dezember 1954 musste die Polizei die Schwarzwaldhalle sogar schließen. Die war

Der TSV Rintheim, der 1949 den süddeutschen und 1950 den badischen Meistertitel in der Halle errang, gewann auch 1952 in der Markthalle das achte Hallenhandball-Turnier der Turnerschaft Beiertheim mit internationaler Besetzung.

beim internationalen Turnier, das die Turnerschaft Beiertheim zu ihrem 70-jährigen Bestehen ausrichtete, restlos ausverkauft. Tausende Interessierte mussten draußen bleiben und verpassten den zweiten Platz der famos aufspielenden Karlsruher Stadtmannschaft, die sogar den deutschen Meister Frischauf Göppingen bezwang und sich nur dem schwedischen Spitzenteam IFK Malmö geschlagen geben musste. Göppingen wiederum verließ Karlsruhe im Februar 1955 als frisch gebackener deutscher Meister, nachdem sich die Sieben um Kempa, Vollmer und Singer im in der Schwarzwaldhalle ausgetragenen Turnier um den nationalen Titel in einem hochdramatischen Finale mit 7:6 gegen den Polizei-SV Hamburg durchgesetzt hatte. Bei der Siegerehrung dankte der Karlsruher Sportdezernent Dr. Emil Gutenkunst dem Badischen Handballverband für die Vergabe der Deutschen Meisterschaften nach Karlsruhe, „einer Stadt, die ihre Sportfreudigkeit nicht mit großen Worten, sondern durch großzügige Förderung und durch die Erstellung von Sportbauten erweist."[42]

Stadtauswahl schenkte sogar
der Weltelite gewaltig ein

Und die Handballer gaben in der Folgezeit Stadt und Publikum bei Länderspielen, Europacup-Begegnungen, Deutschen und Badischen Meisterschaften dafür so einige spielerische Delikatessen zurück. Ganz besonders „schmackhafte Delikatessen" bekamen die Zuschauer in der Schwarzwaldhalle vor allem bei den internationalen Turnieren der Turner-

231

schaft Beiertheim vorgesetzt. Motor der begeistert aufgenommenen Veranstaltungen war der Vorsitzende des Vereins, Robert Ehmann, dem es bis 1967 gelang, nacheinander die besten Teams aus Schweden, Dänemark, Jugoslawien, aus der Schweiz, der Tschechoslowakei und der Bundesrepublik in die Schwarzwaldhalle zu bringen. Diese Turniere leisteten in den ersten Jahren einen Beitrag zur Aufhebung der Isolation des deutschen Sports nach dem Zweiten Weltkrieg, setzten zum anderen mit der Teilnahme des mehrfachen DDR-Meisters SC Empor Rostock 1959 auch Zeichen im „innerdeutschen Sportverkehr".[43]

Regelmäßig dabei beim Stelldichein der großen Mannschaften des internationalen Handballs war eine aus den besten Spielern der Fächerstadt zusammengesetzte Karlsruher Stadtauswahl. Beim Turnier 1960 gelang der

Handball-Legende Bernhard Kempa erhält von Regierungsdirektor Bossert beim Internationalen Hallenturnier 1954 den Ehrenpreis des Regierungspräsidiums. In der Mitte Turnier-Organisator Robert Ehmann.

Auswahl um den Durlacher Spielmacher Winfried Gaus gar das Kunststück, den mehrfachen schwedischen Meister MIK Göteborg, den jugoslawischen Titelträger Borac Banja Luka, den Schweizer Meister Grashoppers Zürich und den deutschen Abonnementsmeister und Vorjahressieger Frisch Auf Göppingen hinter sich zu lassen. Die randvolle Schwarzwaldhalle stand Kopf, als sich die Karlsruher Auswahl mit den Torhütern Klein (Turnerschaft Beiertheim) und Fritz Schmidt (TSV Rintheim) sowie den Feldspielern Barth, Ritter und Heinz Schmitt (alle TSV Rintheim), Dorn, Gaus und Stegmaier (alle Turnerschaft Durlach), Günter und Karl Wackershauser (TSV Grötzingen), Crocoll (TSV Knielingen), Moll (MTV Karlsruhe), Maier (Turnerschaft Mühlburg) und Müller (Turnerschaft Beiertheim)[44] im Endspiel mit 7:5 Toren gegen die mit Nationalspielern gespickte Mannschaft aus Banja Luka durchsetzte.[45]

Dieser Turniersieg läutete auch sportlich die bis Mitte der 70er Jahre dauernde große Zeit des Karlsruher Hallenhandballs ein. Noch im Jahr 1960 lief mit Winfried Gaus von der Turnerschaft Durlach, der bereits 1958 in der deutschen Juniorenauswahl eingesetzt worden war, beim Länderspiel Schweiz gegen Deutschland in Aarau erstmals ein Karlsruher im Trikot der A-Nationalmannschaft des deutschen Handballbunds aufs Parkett.[46] Und die drei damals im Kreis führenden Mannschaften TSV Rintheim, Turnerschaft Durlach sowie TSV Grötzingen, welche das Grundgerüst der Stadtmannschaft stellten, warfen sich regelmäßig unter „Badens Beste". Rintheim holte sich gleich fünfmal den Titel des Badischen Meisters im Hallenhandball (1949, 1950, 1959, 1967 und 1969), die Turnerschaft Durlach war 1960/61 nach einem im Finale in der Ketscher Stadthalle hart erkämpften 5:4 über St. Leon Titelträger, der TSV Grötzingen in der darauf folgenden Saison. Im Jahre 1963 verfehlte die Grötzinger Sieben um die Brüder Wackershauser dann bei den Süddeutschen Meisterschaften nur knapp die Teilnahme an der Deutschen Meisterschaft.[47]

Konzentration der Kräfte
führte in die Bundesliga

Doch ausgerechnet 1966, als die zunächst zweigleisige Hallenhandball-Bundesliga ins Leben gerufen wurde, schwächelten die Karlsruher Vertreter kurzzeitig. Durlach, Grötzingen und Rintheim mussten in diesem Jahr ihren badischen Rivalen Birkenau und Leutershausen den Vortritt lassen: Karlsruhe blieb im Gründungsjahr der Bundesliga ohne Vertreter im Oberhaus. Doch bereits im folgenden Jahr standen die Zeichen auf Veränderung. Der TSV Rintheim unter Trainer Herbert Kunle war auf dem Vormarsch, wurde Badischer Meister und Süddeutscher Vizemeister. Und

Rintheim stellte mit Torhüter Fritz Schmidt, Wolf-Dieter Nagel, Siegfried Brabec, Wolfgang Neunzig und Rudi Reeb auch die meisten Spieler der von Hans Bräuer betreuten Karlsruher Kreisauswahl, die im November 1967 beim letzten internationalen Turnier der Turnerschaft Beiertheim in der Schwarzwaldhalle antrat. Dort entstand dann mit Rintheims Coach Kunle als Triebfeder[48] der Coup, der den Karlsruher Handball in die Erstklassigkeit führte. Beim sportlich die Voraussetzungen dazu bietenden TSV Rintheim sollte nach dem Willen von Verantwortlichen wie Spielern unter Hinzuziehung von Leistungsträgern der Stadtauswahl eine starke Karlsruher Vereinsmannschaft zusammenwachsen.[49] Wie sich Winfried Gaus erinnert, war die Idee, die Auswahl „nach entsprechendem Vorbild aus Göppingen in einem einzigen Verein zusammen zu fassen", bereits beim Turniergewinn 1960 entstanden, hatte jetzt aber „durch den

Die Turnerschaft Durlach um den ersten Karlsruher Handballnationalspieler Winfried Gaus (stehend links) wurde 1960/61 Badischer Hallenmeister.

Reiz Bundesliga neue Schubkraft erhalten."[50] Und so meldeten die Badischen Neuesten Nachrichten bereits im Sommer 1968: „Handballkonzentration beim TSV Rintheim."

Ab diesem Zeitpunkt war die Entwicklung des Karlsruher Handballs untrennbar mit der des Vereins aus dem Osten der Fächerstadt verbunden. Zum jetzt von Hans Bräuer trainierten TSV Rintheim wechselten die Auswahlspieler Volker Enderle, Günter und Karl Wackershauser (alle vom TSV Grötzingen), Winfried Gaus (Turnerschaft Durlach) und Josef Bechler (TV Malsch), dazu noch Roland Schubach (TSV Rot). Die Konzentration der Kräfte stieß auf ein zwiespältiges Echo. Öffentlichkeit und Sportwelt begrüßten die Maßnahme, die dem Handball neue Impulse geben sollte, während die betroffenen Vereine den Verlust ihrer besten Spieler beklagten. Besonders hart traf es den TSV Grötzingen, der gleich seine drei wichtigsten Leistungsträger abgab. Das einstige badische Spitzenteam aus dem Malerdorf konnte seine Position nicht mehr halten und wurde in den folgenden Jahren zwei Spielklassen nach unten durchgereicht.[51] Für Karlsruhe insgesamt führte indessen die Bildung einer starken Vereinsmannschaft zum angestrebten Ziel: Der „aufgepeppte" TSV Rintheim marschierte ungeschlagen durch die badische Hallenliga und setzte sich danach ebenso ohne Verlustpunkt bei den Süddeutschen Meisterschaften gegen Ossweil, München-Allach und Schutterwald durch. Der Aufstieg in die Bundesliga war geglückt.

Rintheim kletterte hinauf
bis zur bundesdeutschen Nummer drei

Das erste Bundesligajahr in der Saison 1969/70 wurde für Rintheim ein schweres. Der Aufsteiger zierte lange Zeit das Tabellenende und konnte erst im Saisonfinale den Klassenerhalt sichern. Danach zeigte die Kurve jedoch nach oben. In den folgenden Spielzeiten etablierte sich das Team um Torjäger und Studentennationalspieler Wolf-Dieter Nagel im bundesdeutschen Oberhaus und schielte, verstärkt durch namhafte Zugänge wie den 30-fachen Ex-Nationalspieler Rüdiger Schmacke, nach höheren Zielen. In der Saison 1973/74 gelang Rintheim dann mit der Verpflichtung des Rastatter Kriminalbeamten Max Müller, der für Göppingen 51 Mal in der Nationalmannschaft gestanden und dabei 110 Tore erzielt hatte, ein spektakulärer Coup. Mit B-Nationaltorhüter Manfred Schulz, Junioren-Nationalspieler Damm, Job, Erles und Meier schlossen sich weitere schlagkräftige Akteure der jetzt von Nagel trainierten Mannschaft an. Als weiterer Pluspunkt kam hinzu, dass es ab sofort wieder nur „echte" Heimspiele gab, sechs Mal in der Schwarzwaldhalle, zwei Mal in der Gartenhalle. In den Spielzeiten zuvor war die Schwarzwaldhalle, in der Tausende handballbegeisterte Karlsruher ihr Team nach vorne peitschten, wegen anderweitiger Belegungen kaum noch zur Verfügung gestanden. Rintheim musste seine Heimspiele in kleineren auswärtigen Hallen austragen. Ein Nachteil, der Zuschauer, Atmosphäre, Einnahmen und letztendlich Punkte kostete. Doch dieser Malus war jetzt aus dem Spiel und dazu eine starke Mannschaft vorhanden, Rintheim wollte in der Bundesliga oben mitmischen.

Dies gelang zunächst. Gleich zu Saisonbeginn schlug das Team um den elf Mal erfolgreichen Max Müller vor über 3.000 Zuschauern in der ausverkauften Schwarzwaldhalle Rekordmeister Göppingen mit 18:15 Toren.[52] Und am 6. Januar 1974 meldete das bundesweite Fachorgan Deutsche Handballwoche: „Nagel schoss den TSV an die Tabellenspitze". Am Ende der Runde reichte es dann doch nicht ganz zur Teilnahme an den Finalspielen

Der um die besten Spieler der Karlsruher Kreisauswahl „angereicherte" TSV Rintheim wurde 1969 Süddeutscher Meister und gab in der Saison 1969/70 seinen Einstand in der Bundesliga. Am Erfolg beteiligt waren (stehend von links) Ritter, Karl Wackershauser, Reinhardt, Brabec, Günther Wackershauser, Josef Bechler, Gaus, Schubach, Brodbeck, Seibel, Enderle sowie (unten von links) Fritz Schmidt, Nagel, Neunzig und Schmidtkunz.

um die Deutsche Meisterschaft, doch Rintheim hatte Morgenluft geschnuppert und fuhr im Jahr darauf die größten Erfolge seiner Vereinsgeschichte und des Karlsruher Handballs zugleich ein. Die Mannschaft von Spielertrainer Wolf Nagel, die mit Schulz, Müller, Barthel, Pohl und Gaiser gleich fünf Akteure mit internationaler Erfahrung, dazu den ehemaligen jugoslawischen Wasserball-Nationalspieler Olujic in ihren Reihen hatte, fegte in den Punktespielen sämtliche Gegner aus der Schwarzwaldhalle und hatte dazu ihre vorherige Auswärtsschwäche abgelegt. Und so gelang am Ende der Runde 1974/75 die Vizemeisterschaft der Bundesliga Süd mit nur einem Punkt Rückstand hinter Meister TuS Hofweier. Der zweite Platz bedeutete den Einzug in die Halbfinalspiele um die Deutsche Meister-

schaft, in denen auf Rintheim der Titelträger des Nordens wartete, die Ausnahmemannschaft VfL Gummersbach. In Karlsruhe grassierte das Handballfieber.

Und Rintheim gelang es, dem Europapokalsieger und mehrfachen Deutschen Meister im Hinspiel am 5. April 1975 in der schon lange zuvor ausverkauften Schwarzwaldhalle die erste Niederlage der Saison überhaupt beizubringen. Die begeisterten Karlsruher Zuschauer feierten einen 17:16-Erfolg für die Gastgeber. Max Müller hatte dabei ebenso wie der Gummersbacher „Hansi" Schmidt, der Torjäger der Nationalmannschaft, neun Treffer erzielt. Doch der knappe Vorsprung reichte nicht. Im Rückspiel korrigierte Gummersbach, das mit Schmidt, Westebbe, Deckarm, Kater, Feldhoff, Heiner und Jochen Brand das Gerüst der Nationalmannschaft bildete, mit einem deutlichen 18:11 die Niederlage, zog ins Endspiel ein und holte sich dort gegen Grün-Weiß Dankersen die Deutsche Meisterschaft.

Rintheim wiederum hatte dennoch eine zweite Chance, sich international ins Spiel zu bringen. Nach Siegen gegen Hofweier stand die Sieben aus der Fächerstadt im Endspiel um die Deutsche Pokalmeisterschaft 1975. Gegner war Grün-Weiß Dankersen, das die Finalbegegnung in eigener Halle austragen konnte. Diesen Umstand und krasse Fehlentscheidungen der Schiedsrichter machten Presse und Beobachter dafür verantwortlich, dass Rintheim trotz bewundernswerter kämpferischer und spielerischer Leistung hauchdünn mit 14: 15 den Kürzeren zog.[53] Dessen ungeachtet hatte sich die Mannschaft nach einer langen und strapaziösen Saison an die Spitze empor gearbeitet und nahm den dritten Platz im deutschen Handball ein.

Torhüter Manfred Schulz war in der Bundesliga großer Rückhalt des TSV Rintheim. Hier verhindert bei einem Spiel in der Schwarzwaldhalle der Kopf des Keepers einen gegnerischen Treffer.

Krisen und Hallenmisere läuteten die Talfahrt ein

Doch dieses hohe Niveau konnte die Mannschaft in der Folgezeit nicht halten und verpasste in der Saison 75/76 den Einzug in die Endrunde um die Deutsche Meisterschaft. Die Teilnahme an der ARD-Fernsehserie „Brot und Spiele" mit Senta Berger, die weite Anreise vieler Akteure zu Training und Spiel sowie vor allem fehlender Mannschaftsgeist wirkten leistungshemmend. Dem TSV stand eine handfeste Krise ins Haus, in deren Folge Trainer Nagel, das Rintheimer „Urgestein", den Verein verlassen musste.[54]

Bei der Olympiade 1976 im kanadischen Montreal stand dann auch kein Rintheimer Spieler in der bundesdeutschen Nationalmannschaft, die sich den vierten Platz erkämpfte. Mit Otto Falk war dennoch ein Karlsruher beim olympischen Handballturnier dabei. Der früher bei der FSSV aktive Handballer galt als Spitzenkraft der deutschen Schiedsrichter. Falk pfiff in seiner imponierenden Karriere gleich 110 internationale Begegnungen, die Teilnahme an Olympia 1976 gehörte dabei zu den Höhepunkten.

Die Leistungskurve in Rintheim ging indessen nach unten, die Mannschaft konnte sich 1977 nicht für die nunmehr einteilige Bundesliga qualifizieren und musste in die Regionalliga zurück. Eine Zweite Bundesliga gab es damals noch nicht. Nach dem Weggang der bisherigen Leistungsträger setzte Rintheim auf den Nachwuchs und baute um Torwart Uli Fucks, Roland Kröger, „Bomber" Rudi Molitor und den Ex-Durlacher Ulrich Wagner eine neue Mannschaft auf. Das junge Team ging unter der Ägide von Spielertrainer Rudi Stein gleich in seiner ersten Saison mit zwei Punkten Vorsprung als Meister der Regionalliga Süd ins Ziel und stieg damit in die Bundesliga auf. Doch das Abenteuer misslang. Der finanziell gebeutelte Aufsteiger, der sich nur über ein von der Stadt angeleiertes Hilfsprogramm „kurz vor Toreschluss" mit den jugoslawischen Nationalspielern Lavrnic und Skercevic verstärken konnte, stieg am Saisonende als Elfter mit 21:31 Punkten gleich wieder ab. Molitor, Lavrnic, Stein und Wagner verließen den Verein, trotz (oder wegen) mehrfacher Trainerwechsel setzte eine Talfahrt ein, die den TSV Rintheim bis hinunter in die Viertklassigkeit der Badischen Oberliga führte.

Eine wesentliche Ursache für diesen herben Rückschlag lag neben den internen Querelen in der immer deutlicher zu spürenden Hallenmisere. Außer der meist für andere Veranstaltungen reservierten Schwarzwaldhalle hatte die Sportstadt Karlsruhe immer noch keine geeignete Arena, Rintheim musste seine Heimbegegnungen in Eppelheim, Wörth oder Bruchhausen austragen. Der Verein nagte am Hungertuch, – vor allem auch, weil viel zu wenig Zuschauer kamen.[55]

Vorzeigeclub fiel bis in die Landesliga zurück

Anfang der 80er Jahre hatte die Stadt dann die Rahmenbedingungen geschaffen, die wieder bessere Handballkost ermöglichen konnten. Die Europahalle, die „gute Stube des badischen Sports", war in Betrieb gegangen, dazu hatte der TSV Rintheim mit städtischer Hilfe eine Halle auf seinem Vereinsgelände errichtet. Neben der Infrastruktur stimmte jetzt dank tatkräftiger Mithilfe ehemaliger Spieler auch wieder die Chemie beim Karlsruher Vorzeigeclub. Rintheim knüpfte ab 1984 an die Tradition großer Karlsruher Hallenturniere an und organisierte in der Europahalle internationale Neujahrsturniere. Doch neben der Ausrichtung der Turniere, die allerdings nie den von

Mit dem Einzug ins Halbfinale um die Deutsche Meisterschaft und der Vizemeisterschaft im Pokal stieg der TSV Rintheim im Jahre 1975 zur dritten Kraft im bundesdeutschen Handball auf.

den Beiertheimer Vorläufer-Turnieren in der Schwarzwaldhalle ausgelösten Handballboom erreichten, trat der Karlsruher Vorzeigeclub vor allem auch sportlich wieder in Erscheinung. Rintheim stieg 1985 in die Regionalliga auf und schaffte im April 1988 nach einem Kopf-an-Kopf-Rennen mit dem TSV Nürnberg den Aufstieg in die Zweite Bundesliga. Hier erwies sich das Team zunächst als Fahrstuhlmannschaft: Die Karlsruher Vorstädter stiegen gleich wieder ab und in der Saison darauf wieder auf. Dann stabilisierte sich der Verein und spielte bis 1996 in der Zweiten Liga, in der Saison 1994/95 sprang als beste Platzierung gar ein sechster Rang heraus. Doch eine plötzliche schwere Erkrankung des langjährigen Handballabteilungsleiters und Managers Werner Lessle, der sämtliche Fäden in der Hand gehalten hatte, sowie der Rückzug des Hauptsponsors[56] läuteten anschließend eine Talfahrt ein, die Rintheim zum zweiten Mal bis zurück in die Oberliga warf.

Der Vernachlässigung der zuvor hervorragenden Jugendarbeit in den letzten Jahren und finanzielle Engpässe führten anschließend sogar dazu, dass der Verein in der Runde 2004/2005 sein Team vom Spielbetrieb in der Badenliga zurückzog, nach Fusionspartnern Umschau hielt[57] und 2005/2006 in einer Spielgemeinschaft mit Weingarten/Grötzingen in der sechstklassigen Landesliga einen Neuanfang startete. Mit Erfolg: Die von Roland Münch trainierte Mannschaft schaffte am Ende der Saison gleich den Aufstieg in die Badenliga.

Aus dem Westen kamen neue Impulse

Die Konzentration der Kräfte beim TSV Rintheim sowie Aufstieg und Fall des Vorzeigeclubs hatten natürlich erheblichen Einfluss auf die Entwicklung des Handballs in Karlsruhe insgesamt. Andere Vereine vermochten seit den 70er Jahren kaum aus dem Schatten der

Rintheimer zu treten, besaßen keine Perspektiven in Richtung höherer Ligen. In den 80er und 90er Jahren schafften es dann der SSC Karlsruhe und die TG Neureut immerhin bis in die Oberliga, konnten sich dort aber nicht auf Dauer halten. Und zwei sonst eher „bescheidenere" Vereine sorgten kurzzeitig mit ihren C-Jugendmannschaften für Furore. Die zwölf- bis 14-jährigen Ballwerfer der Turnerschaft Beiertheim wurden 1980 Süddeutscher Meister, den Youngsters des TSV Daxlanden gelang 1988 das gleiche Kunststück.

Neue Impulse für den Karlsruher Handball kamen dann Anfang der 90er Jahre aus dem Westen der Stadt. Der TV Knielingen stieg, gestützt auf sein Konzept konsequenter und integrativer Jugendarbeit sowie mit Unterstützung eines Fördervereins[58], von der Karlsruher Kreisklasse bis in die Regionalliga auf und löste den TSV Rintheim als Karlsruher Vorzeigeverein ab. Dort konnte das Team um den russischen Ballkünstler Andrej Bourlakin allerdings nur eine Saison lang (1998/99) mithalten. Heute ist Knielingen als Spitzenverein der Badenliga weiter die Nummer eins im Karlsruher Handball und bringt dazu mit seinem jährlichen Horst-Ziegenhagen-Gedächtnisturnier, an dem Teams wie Dynamo Astrachan, Göppingen oder Leutershausen teilnehmen, den Flair großen Handballs nach Karlsruhe.[59]

Richtige Glanzlichter der Weltelite hatte die Fächerstadt zuletzt in den 90er Jahren gesehen. Die Europahalle war in diesem Jahrzehnt mehrfach der vielbesuchte Austragungsort von Begegnungen des Handball Supercups, zuletzt im Jahre 1995. Da unterlag die bundesdeutsche Auswahl im Endspiel des Turniers der sechs weltbesten Nationalteams in der voll besetzten „guten Stube des badischen Sports" Russland mit 16:18.

Am großen Handball schnupperten eine Saison lang auch die Frauen des Post SV, als sie Anfang der 70er Jahre in die Bundesliga

Seine größten Erfolge feierte der Karlsruher Handball in den 70er Jahren, als der TSV Rintheim sich zur Nummer drei des Bundesdeutschen Handballs warf. Hier erzielt Torjäger Max Müller in der vollbesetzten Schwarzwaldhalle im Halbfinale gegen den VfL Gummersbach im April 1975 einen Treffer gegen Nationaltorhüter Klaus Kater.

aufstiegen, die höchste deutsche Spielklasse allerdings nicht halten konnten.[60] Das Team des Post SV, das dazu 1976 erster Deutscher Postsportmeister im Frauenhandball wurde und diesen Titel mehrfach verteidigte, hatte Ende der 60er Jahre die zuvor in Karlsruhe und Baden im Frauenhandball führenden Mannschaften des KSC und KTV abgelöst. Beim KSC spielte der Fußball eindeutig die erste Geige. Und so hatte das dort seit 1953 „beheimatete" früher so starke Phönix-Frauenteam keine Chance, sich weiter zu entwickeln. Die KSC-Damen holten zwar nochmals 1955 mit einem 4:1 über den KTV die Badische Meisterschaft im Frauenhandball, fielen dann aber mehr und mehr zurück und meldeten sich wie der KTV letztlich in den 70er Jahren vom Spielbetrieb ab.[61] Das gleiche Schicksal hatte schon zuvor das aus der starken Männermann-

schaft des Fusionspartners VfB Mühlburg entstandene Herren-Handballteam des KSC erlitten. Die Verantwortlichen im Wildpark setzten entgegen den Gepflogenheiten in den Vorläufer-Vereinen mehr und mehr ganz auf „König Fußball".

Lebendige Jugendarbeit und Potenzial für die Zukunft des Handballs vorhanden

Der Mangel an professionellen Strukturen, vor allem das Fehlen notwendiger Sponsoren sind sicherlich Ursachen dafür, dass Karlsruhe nach der „Rintheimer Talfahrt" im bundesdeutschen Spitzenhandball zur Diaspora gehört. Auf der anderen Seite schlummert in der Fächerstadt genügend Potenzial, um den Karlsruher Handball wieder ein Stück nach oben zu werfen. Dies zeigt die inzwischen wieder lebendige

Jugendarbeit einer ganzen Reihe von Vereinen, die der Badische Handballverband mit allerlei Aktionen zielgerichtet fördert.[62] Und auch die Stadt wirft den Vereinen mit einem 2005 vom Gemeinderat verabschiedeten Programm, das die Kooperation mit Schulen fördert, einen Spielball zu. Die Resonanz auf und die Nachfrage nach Handball ist in vielen Teilen der Fächerstadt beim Publikum ohnehin deutlich spürbar.

So ist im Westen der Stadt die Knielinger Sporthalle bei Heimspielen der Badenliga-Handballer meist „rappelvoll", und im Osten ziehen die Handballer des Landesligisten Turnerschaft Durlach oft mehr Zuschauer in die Weiherhalle als die höherklassigen Fußballer des ASV ins Turmbergstadion. Auch ohne entsprechenden Niederschlag in den regionalen Medien, die den Karlsruher Handball derzeit vernachlässigen und damit ein etwas schiefes Bild vom sportlichen Geschehen zeichnen,[63] scheint der Abwärtstrend gestoppt. Und die Entwicklungen der jüngsten Zeit deuten darauf hin, dass das „schnelle Spiel" in der Fächerstadt nicht nur eine große Vergangenheit, sondern auch eine Zukunft hat.

Obwohl Karlsruhe derzeit keinen Spitzenhandball bietet, ist die Nachfrage nach dem schnellen Spiel ungebrochen. Allein über 350 Zuschauer verfolgten im April 2006 das Landesliga-Derby zwischen der Turnerschaft Durlach und der HSG Rintheim/Weingarten/Grötzingen.

VOLKER STECK

Kanusport

Das Kanufahren oder Paddeln hat seine Wurzeln in der praktischen Notwendigkeit, sich auf dem Wasser fortzubewegen, dort zu jagen oder Waren auf dem Wasserweg zu transportieren[1]. In Tausenden von Jahren entwickelten sich auf allen Kontinenten verschiedene Formen der Boote, die heute im Sportbereich unter dem Namen „Kanu" zusammengefasst werden, sei es das Birkenrindenkanu der Indianer Nordamerikas oder das Jagdboot der Grönlandeskimos. Von den Ruderbooten unterscheiden sich die Kanus dadurch, dass die Paddel nicht fest am Boot befestigt sind. Im Kanusport kennt man zwei Bootstypen: Kajaks und Canadier. Das zentrale Unterscheidungsmerkmal heute ist die Art des Paddels. Beim Kajak benutzt man ein Doppelpaddel, der Canadier wird einseitig mit einem Stechpaddel gefahren.

Im deutschsprachigen Raum dominiert der Kajak sowohl im Wettkampf- wie im Freizeitsport. Auch wenn 95 % der Kanusportler nicht an Wettkämpfen teilnehmen, so haben sich doch in diesem Bereich eine Vielzahl an Disziplinen ausgebildet. Neben den verschiedenen Strecken im Rennsport, die mit Einer-, Zweier-, Vierer-Kajaks oder Canadiern sowie Achter-Canadiern ausgetragen werden, gibt es Kanu-Polo (zwei Mannschaften mit je fünf Spielern in Kajaks), Kanu-Freestyle, bei dem im Wildwasser bestimmte Figuren (moves) ausgeführt werden müssen, oder Wildwasserrennen als Slalom und Rennen.

Seine Anfänge hat der Kanusport in England. Dorthin hatten englische Kapitäne bereits im 16. und 17. Jahrhundert verschiedene Kanutypen von ihren Seereisen mitgebracht. Vermutlich spätestens Ende des 18. Jahrhunderts wurden Kanus für Kanuwanderungen auf englischen Flüssen verwendet. Englische Studenten brachten Kanus nach Deutschland, wo sie auch deutsche Flüsse befuhren. Die dort in der zweiten Hälfte des 19. Jahrhunderts benutzten Routen beschrieb der Engländer Arthur Anthony Macdonell in seinem Reiseführer Camping voyages on German rivers (1890). Die geschilderten Fahrten gehen bis in die 50er Jahre zurück. Der Schotte John MacGregor, der 1866 in London den ersten Kanuverein Royal Canoe Club gegründet hatte, befuhr mit seinem Kanu Rob Roy u.a. die Mosel, den Rhein, den Main oder die Donau und berichtete in mehreren Büchern darüber. Dies brachte ihm den Titel „Vater des deutschen Wasserwanderns" ein.[2]

Ein deutscher Pionier war Gustav Hennigke aus Leipzig, der seit 1851 in einem Kajak auf den Flüssen um seine Heimatstadt paddelte. Die ersten Vereinsgründungen in Deutschland, noch im 19. Jahrhundert, entstanden häufig auf Initiative englischer Studenten und waren kurzlebig. Wenig förderlich war die

Behauptung des Deutschen Ruder-Verbands, Paddelboote seien unsportliche Fahrzeuge.[3] Der älteste heute noch bestehende deutsche Kanuclub ist der 1905 gegründete Alster Canoe-Club (ACC) in Hamburg. Zulauf fanden die Vereine besonders aus den Reihen der Altruderer, die nach dem Wettkampfsport über das Wanderrudern auf das Kanuwandern umstiegen, da sie die Vorteile der Kanus, ihre geringere Größe und damit das geringere Gewicht, erkannten. Sie ermöglichten auf kleineren Flussläufen ein individuelleres Erleben der Natur. Ende 1913 gab es rund ein Dutzend Kanuvereine oder -abteilungen im Deutschen Reich, im folgenden Jahr gründete sich der Deutsche Kanu-Verband. Nach den Einschränkungen durch den Ersten Weltkrieg konnte 1919 die 1. Deutsche Kanumeisterschaft in Leipzig ausgetragen werden. Dennoch blieb der Schwerpunkt des Sports beim Kanuwandern, nur eine Minderheit betrieb den Kanurennsport. Die Zwanziger Jahre bedeuteten für den Kanusport, der sich bis dahin eher langsam entwickelt hatte, den Durchbruch. 1922 gehörten dem Deutschen Kanuverband etwa 53 Vereine mit 3.000 Mitgliedern an. Diese Zahlen verdoppelten sich bis 1924, 1929 gab es 360 Vereine mit insgesamt 35.000 Mitgliedern. Den Rennsport förderten 1933 die Einführung von Europameisterschaften und schließlich die olympische Premiere der Kanuten 1936.

Die Anfänge des Kanusports in Karlsruhe und die Rheinbrüder

Die Entwicklung in Karlsruhe belegt, dass das Paddeln im Gegensatz zum Rudern lange Zeit ein individuell ausgeübter Sport blieb. Die Anfänge beider Sportarten sind eng mit dem Stadtgartensee verbunden, auf dem seit 1877 Ruderboote wie Kanus (die von den Karlsruhern ihrer ursprünglichen Herkunft wegen als

„Grönländerle" bezeichnet wurden)[4] für Fahrten auf dem See verliehen wurden. Auch hoch über der Stadt wurde gepaddelt, auf dem „Dachsee" der Brauerei Printz um die Jahrhundertwende. Ein 1.000 m² großes Wasserreservoir auf dem Dach der Bierlager-Keller diente im Winter zur Eisgewinnung, im Sommer konnte dort gepaddelt werden, wie das Bild um 1900 belegt.[5]

Während aber ein Ruderbootrennen 1879 auf dem Stadtgartensee bereits zur Gründung eines Rudervereins führte[6], dem rasch weitere folgten, schlossen sich die Karlsruher Kanuten erst in den zwanziger Jahren in Vereinen zusammen. Das Standesdenken der Ruderer, das diese in den ersten Jahrzehnten auszeichnete, war bei den Kanuten nicht vorhanden. Noch Ende der 1940er Jahre wird auf diesen Unterschied verwiesen: „Wir Rheinbrüder kennen keinen Unterschied zwischen arm und reich, hoch und niedrig, geistig oder körperlich arbeitenden Menschen, wie dies manch andere Wassersportvereine gemacht haben."[7] Bis heute organisieren sich die Ruderer und Kanuten in Karlsruhe in eigenen Vereinen.

Die Jahre nach 1900 waren von den Versuchen einzelner, meist jugendlicher, Kanufreunde geprägt, sich Kanus selbst zu bauen und damit den Rhein zu befahren. Das Zentrum ihrer Aktivitäten war der Rheinhafen Maxau, an dem auch die Karlsruher Rudervereine zuerst angesiedelt waren. Maxauer Jugendliche besaßen um 1919/20 etwa fünf ein- und zweisitzige Kajaks. Da eine Unterkunft für ihre Boote fehlte, schlossen sich zehn von ihnen im April 1922 zur Paddler-Vereinigung Maxau zusammen, deren einziges Vereinsziel der Bau eines Bootshauses war. Ein halbes Jahr später war das Gebäude errichtet und am 1. Oktober 1922 wurde von den Mitgliedern der Paddler-Vereinigung und weiteren Kanuten der Kanuklub Rheinbrüder gegründet. 1925 hatte der Verein bereits 95 Mitglieder, bis 1945 stieg ihre

Kind im „Schweden-Kajak" im Wasserreservoir auf dem Dach der Bierlager-Keller der Brauerei Printz um 1900.

Zahl kontinuierlich auf 240 an. Durch das sehr rasche Anwachsen des Vereins wurde das für 36 Boote konzipierte Bootshaus zu klein und konnte 1926 durch einen Neubau an gleicher Stelle für 112 Boote ersetzt werden.[8] Ein Umzug an den Karlsruher Rheinhafen kam damals nicht in Frage, da dem Verein dort kein geeigneter Platz angeboten wurde. Die ablehnende Haltung der Hafenleitung gipfelte in der Empfehlung „Paddeln Sie doch im Schwanenteich im Stadtgarten."[9] Der Bau der Rheinbrücke in Maxau erzwang 1935 die Verlegung des Bootshauses, und man entschloss sich zur Umsiedlung nach Rappenwört. Unterstützt wurde das Vorhaben durch die Stadt, die sich durch die Ansiedlung von Bootshäusern eine Belebung des dortigen Strandbades erhoffte. Erfreulicher Nebeneffekt des Umzugs war eine Vergrößerung des Bootshauses auf eine Kapazität von 200 Booten. Da sich bereits bis 1932 die Kanu-Abteilungen des Polizeisportvereins, des Skiklubs Schwarzwald, des KTV 1846 und der Naturfreunde dort angesiedelt hatten und sich 1937 auch der Kanuclub Maxau ansiedelte, wurde Rappenwört zum Kanuzentrum von Karlsruhe und blieb es bis heute.[10] Die Naturfreunde waren 1933 verboten und ihr Bootshaus zuerst vom NS-Sportverband, danach vom Verein Deutscher Volkssport genutzt und dann schließlich 1937 an den Postsportverein verpachtet worden; das Bootshaus wurde dem Verein 1949 zurückgegeben.

Nach der Wiedergründung der Rheinbrüder im Februar 1946 konnte das im Krieg beschädigte Bootshaus instandgesetzt und weiter genutzt werden. Zahlreiche Um- und Ausbauten bis in die heutige Zeit folgten. Einen zweiten Standort erhielt der Verein 1959 mit sei-

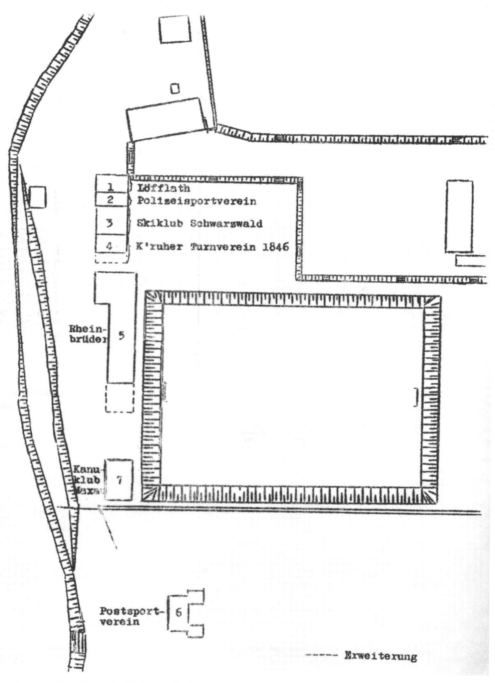

1	Löfflath
2	Polizeisportverein
3	Skiklub Schwarzwald
4	K'ruher Turnverein 1846

Rhein-brüder 5

Kanu-klub Maxau 7

Postsport-verein 6

----- Erweiterung

Plan der Kanu-Bootshäuser im Rheinstrandbad Rappenwört 1937.

nem Jugendheim und Trainingszentrum für die Kanurennsportler im Rheinhafen. Dort trainierte die Rennmannschaft schon seit mehreren Jahren, Unterkunft hatte sie im Bootshaus des Karlsruher Ruder-Vereins (KRV) Wiking gefunden.

Kanu-Regatten in Karlsruhe

Stand für die frühen Kanuten die Wanderfahrt im Zentrum des Interesses, so kam mit der Vereinsgründung der Kanurennsport als wichtiger Teil des Vereinslebens hinzu. Heute gehören die Rheinbrüder zu den erfolgreichsten Kanuten Deutschlands.[11] Seit 1923 nahmen Vereinsmitglieder an Regatten teil und organisierten diese auch selbst in Karlsruhe. 1929 richtete der Verein im Mittelbecken des Rheinhafens die 10. Meisterschaft des Oberrhein- und Main-Kreises im Deutschen Kanu-Verband aus, für etwa die Hälfte der Rennen konnten die Rheinbrüder Teilnehmer stellen. Als eine für die „modernen" Paddler neu entdeckte Technik stellte Walter Großmann von den Rheinbrüdern während der Regatta das Eskimo-Kentern vor, eine Technik, mit der die Eskimos ihre gekenterten Kajaks durch Paddelarbeit unter Wasser wieder aufrichten konnten.[12] Im folgenden Jahr veranstalteten die Rheinbrüder zusammen mit dem Wassersportverein Maxau sowie der städtischen Badeverwaltung erstmals die Faltbootlangstreckenregatta „rund um das neu errichtete Strandbad und die Rheininsel Rappenwört."[13]

Nach der Wiedergründung des Vereins 1946 nahmen die Rheinbrüder zügig das Rennsport-Training wieder auf und beteiligten sich noch in demselben Jahr an zwei Regatten in Esslingen. Anlässlich seines 25jährigen Jubiläums trug der Verein am 19./20. Juli 1947 die Süddeutsche Meisterschaftsregatta für Kajak und Canadier aus, die 53 Einzelrennen umfass-

te. Es folgten 1948 wiederum Meisterschaften auf Landesebene, und im Jahr darauf konnten die Rheinbrüder durch eine internationale Regatta, an der auch Schweizer Kanuten teilnahmen, die internationale Isolation der Nachkriegsjahre aufbrechen. Damit fand in Karlsruhe die erste internationale Kanuregatta in Deutschland nach dem Krieg statt. 1950 starteten auf einer weiteren internationalen Regatta zusätzlich auch österreichische Kanuten. Nachdem die Stadt Karlsruhe schon seit 1935 versucht hatte[14], mithilfe der Rheinbrüder die Deutschen Kanumeisterschaften nach Karlsruhe zu ziehen, gelang dies schließlich 1953.

Auch in den folgenden Jahren trugen die Rheinbrüder regelmäßig regionale Meisterschaften im Karlsruher Rheinhafen aus; so fanden dort etwa 1964 die ersten Baden-Württembergischen Kanu-Meisterschaften statt. Einen Höhepunkt im Karlsruher Regatta-Geschehen der Stadt stellte die Internationale Kanu-Regatta am 12./13. Juni 1965 anlässlich des 250-jährigen Stadtjubiläums dar. Kanuten aus zehn Nationen, darunter 20 Olympia-Teilnehmer, maßen im Rheinhafen in 43 Rennen ihre Kräfte.

1968 gerieten die Karlsruher Regatten in Gefahr, da die zunehmende Verschmutzung, steigender Schiffsverkehr und der Einbau weiterer Verladeeinrichtungen den Rennbetrieb im Rheinhafen einschränkten und internationale Bestimmungen über die Größe der Rennstrecken nicht erfüllt werden konnten. Versuche, eine neue Regattastrecke für die Ruderer und Kanuten außerhalb des Rheinhafens einzurichten, scheiterten 1981 endgültig.[15]

In dieser Zeit fanden Kanu-Regatten unregelmäßig weiterhin im Rheinhafen statt. Ab 1985 wichen die Rheinbrüder in den Hafen in Wörth aus, dort veranstalteten sie 1987 auch die Süddeutschen Kanumeisterschaften, an denen 600 Kanusportler/innen aus 50 Vereinen teilnahmen. Anfang der 90er Jahre kehrten

Internationale Kanu-Regatta im Karlsruher Rheinhafen am 12./13. Juni 1965.

die Karlsruher Regatten in den Rheinhafen zurück; in den letzten Jahren fanden dort auch Baden-Württembergische Meisterschaften sowie Schüler-Jugend-Regatten statt.[16]

Die Rennsportler der Rheinbrüder – eine Erfolgsgeschichte

Kurz nach ihrer Gründung nahmen die Rheinbrüder an den ersten Regatten teil und errangen regelmäßig Siege. Mit der Aufnahme der systematischen Trainingsarbeit 1929 gelangte der Verein in die Spitzengruppe des Oberrhein- und Mainkreises und konnte bis 1935 mehrere Meisterschaften erringen. Aus Geldmangel und wegen des Zweiten Weltkrieges wurde die Wettkampfbeteiligung danach stark eingeschränkt. Nach dem Krieg startete man

ab 1946 wieder, 1947 konnten sieben badische und sieben süddeutsche Meistertitel gewonnen werden.[17] Seit 1949 folgten Titel bei den Deutschen Meisterschaften, bei den Deutschen Meisterschaften 1953 in Karlsruhe waren es drei.

Eine nächste Hochzeit der Rheinbrüder, besser gesagt der Rheinschwestern, begann 1969 mit den Erfolgen von Silvia Schneider, Heiderose Wallbaum, Ulrike Morlock oder Gabi Bräutigam und erbrachte zahlreiche deutsche Meistertitel sowie vordere Platzierungen bei den Weltmeisterschaften 1970 und 1971. Gefördert wurde der Erfolg durch das Konzept der übergreifenden Mannschaftszusammenführung, das bei den Deutschen Meisterschaften 1976 zu mehreren Titeln führte. Für die nächsten zwei Jahrzehnte waren die Erfolge des Karlsruher Kanusports untrennbar

Die erfolgreichen Rennkanuten und Rennkanutinnen der Rheinbrüder im Jahr 2004.

mit dem Namen des Karlsruhers Detlef Hofmann verbunden, auch wenn er schon früh zum WSV Mannheim-Sandhofen wechselte. 19 Deutsche Meistertitel, sieben Teilnahmen an Weltmeisterschaften (dabei drei Weltmeistertitel, zwei Mal Vizeweltmeister sowie ein dritter Platz) sowie Olympiagold 1996 in Atlanta (Viererkajak über 1.000 m) waren das beeindruckende Ergebnis seiner Zeit als Aktiver. Karlsruhe blieb er als ehrenamtlicher Vereinstrainer und als Leiter des Bundesstützpunkts Mannheim-Karlsruhe verbunden. Ende der 80er Jahre zeigte der Neuaufbau der Mannschaft erste Erfolge. 1994 konnten die Rheinbrüder bei den Deutschen Meisterschaften 11x Gold, 1x Silber und 1x Bronze erringen, von der Junioren-Weltmeisterschaft im folgenden Jahr kehrten Antje Drescher und Claudia Driehorst mit einer Goldmedaille und Jens

Patzak wie bereits 1993 mit einer Silbermedaille zurück. 1997 konnten bei der Junioren-Weltmeisterschaft sogar zwei WM-Titel erlangt werden.

Stabilisiert wurde das hohe Niveau durch die Einführung von Renngemeinschaften auf Länderebene. Diese brachten den Vorteil, dass jetzt ohne Vereinswechsel die besten Kanuten eines Bundeslandes zusammen fahren konnten.

Bei den Deutschen Meisterschaften 2001 waren zwölf Mal Gold, 13 Mal Silber und drei Mal Bronze zu verzeichnen, eine Zahl die 2004 mit 14 Gold-, elf Silber- und 16 Bronzemedaillen und schließlich 2005 mit 15 Mal Gold, 18 Mal Silber und zwölf Mal Bronze für die Karlsruher Kanuten getoppt wurde. Auch international waren die Rheinbrüder 2005 sehr erfolgreich. Sie errangen bei der Weltmeisterschaft

Kanus und Bootshaus des Wassersport-Vereins Karlsruhe in Maxau zwischen 1926 und 1932.

sieben Medaillen, davon drei Titel, bei der Europameisterschaft acht Medaillen, auch hier drei Mal Gold, bei der U23-EM eine Gold- und zwei Silbermedaillen sowie bei der Junioren-WM/EM zwei Mal Silber und zwei Mal Bronze.

Die Beliebtheit der Karlsruher Kanuten in der Karlsruher Bevölkerung drückt sich in der regelmäßigen Auszeichnung mit der Goldenen Pyramide (Karlsruher Sportler / Sportlerin / Mannschaft des Jahres) aus, die mittlerweile 14 Mal an Einzelathleten (Antje Drescher, Chantal Simon, Judith Hörmann sowie Arnd und Björn Goldschmidt) oder Mannschaften der Rheinbrüder sowie an Detlef Hofmann (an ihn allein fünf Mal) verliehen wurde.

Die Rheinbrüder sind seit über 80 Jahren das Symbol für die Kontinuität im Karlsruher Kanusport, insbesondere im Kanurennsport. Daneben wird der Kanusport seit den zwanziger Jahren auch von anderen Kanuvereinen und -abteilungen betrieben, heute allerdings

nur noch in der Form des Kanuwanderns. Im Folgenden soll die Entwicklung der drei anderen (heute bestehen noch zwei) Kanuvereine skizziert werden.

Der Wassersportverein Maxau 1923

Kurz nach den Rheinbrüdern gründete sich der Wassersportverein Maxau 1923, in dem sich in der Mehrzahl Knielinger Kanuten zusammenfanden. Sein Schwerpunkt lag auf dem Kanu-Rennsport, in dem er auf Kreisebene sehr erfolgreich war. Er mietete das ehemalige Bootshaus der Alemannia, die 1920 in den Rheinhafen gezogen war, am Maxauer Hafen.[18]

1931 führte der Klub die 12. Meisterschaft des Oberrhein- und Main-Kreises im Deutschen Kanu-Verband im Rheinhafen durch.[19] Der Wassersportverein verblieb nach 1935 als letzter Kanuverein in Maxau. Im Zweiten

Weltkrieg wurde sein Bootshaus stark zerstört und der Verein gründete sich in der Nachkriegszeit nicht wieder.[20]

Der Wassersport-Verein Karlsruhe 1920 (Kanu-Abteilung) und der Kanuclub Maxau

Der Wassersport-Verein Karlsruhe betrieb alle Arten des Wassersports, darunter Schwimmen, Rettungswesen und den Kanusport. Er hatte bald über 500 Mitglieder und war Mitglied des Arbeiter-Turn- und Sportbundes.[21] Die Mitglieder der Kanu-Abteilung waren bis auf wenige Ausnahmen Arbeiter aus der Karlsruher Innenstadt.[22] 1926 erstellte die Kanu-Abteilung des Wassersport-Vereins an der Landstraße Maxau-Knielingen neben dem Gasthaus Zum Anker ein Bootshaus, das 1932 abgerissen wurde, nachdem der Grundstückseigentümer Julius Kropp den Pachtvertrag nicht mehr verlängert hatte.[23]

Mitglieder der Kanuabteilung des Wassersport-Vereins suchten nach diesem abrupten Ende nach neuen Möglichkeiten, ihren Sport auszuüben und gründeten deshalb 1932 den Kanuclub Maxau, ohne ihn als Verein eintragen zu lassen.[24] Die neue Bootsunterkunft lag wieder auf dem Grundstück des Julius Kropp, der auch Gründungsmitglied des Kanuclubs Maxau war. Die Eintragung als Verein erfolgte erst 1934, um einen gewissen Schutz zu erhalten, als die Paddler von Plänen der SA erfuhren, die Anlage und die Boote zu zerstören. Offensichtlich sah die SA in den ehemaligen Arbeitersportlern auch weiterhin zu bekämpfende Feinde.

1937 musste das Bootshaus bei Maxau dem Bau einer Straße weichen, und der Verein siedelte nach Rappenwört über, wo er sich ein neues Bootshaus errichtete. Außerdem pachtete der Verein einen Zeltplatz bei Neuburgweier. 1957 richtete er anlässlich seiner 25-Jahr-Feier die Oberrheinkreis- und Badischen Kanu-Meisterschaften aus, im gleichen Jahr kam ein Trainingszentrum für den Rennsport im Rheinhafen hinzu, das aber bereits 1964 an die Stadt verkauft wurde, da der Verein den Rennsport aufgab. 2002 hatte der Club 128 Mitglieder, die neben dem Kanuwandern noch zahlreiche andere Sportarten ausübten.

Die Kanugesellschaft Karlsruhe [25]

Im Gegensatz zu den erwähnten drei Karlsruher Kanuvereinen beteiligte sich die Kanugesellschaft Karlsruhe nicht am Rennsport. Ihre Aktivitäten konzentrierten sich von der Gründung bis heute auf das Kanuwandern.

1923 fanden sich einige Kanuten zusammen, um ihr Hobby gemeinsam auszuüben. Ihre ersten drei selbst gebauten Kajaks aus Holz waren im Rheinhafen untergebracht. Um noch näher am Rhein zu sein, siedelten sie nach Rappenwört um, wo sie ihre Kanus in der ehemaligen Ziegelei unterstellen konnten. 1926 gründeten die Kanuten den Paddelklub Rappenwört, der bald 52 Mitglieder mit etwa 35 Booten hatte. Dem entsprechend wurde ein neues, größeres Bootshaus benötigt. Verhandlungen mit der Stadt, die zu dieser Zeit das Rheinstrandbad Rappenwört baute, scheiterten an den hohen baulichen Auflagen und in dieser Situation löste sich der Verein auf. Ein Teil der Mitglieder trat in die Kanu-Abteilung der Naturfreunde ein,[26] die Gründungsmitglieder schlossen sich erneut zu einem Verein, der Kanugesellschaft Karlsruhe, zusammen, die 1929 auf der Gemarkung Au am Rhein bei Neuburgweier ein Bootshaus für zehn Boote erbaute. Auch dieser Standort war nicht von Dauer, da das Bootshaus 1936 dem Bau der Zollstation Neuburgweier weichen musste. Es folgte der Bau eines neuen Bootshauses mit doppelter Kapazität 500 m unterhalb des alten

Standorts. Das völlig ausgeplünderte Gebäude wurde in den Nachkriegsjahren wieder aufgebaut, der Verein gründete sich am 22. Dezember 1948 wieder. 1974 drohte eine erneute Verlegung durch die Pläne zum Bau der Staustufe Neuburgweier, die erst mit dem Verzicht auf die Staustufe 1982 gebannt war.

Außer in den genannten Vereinen wurde noch in verschiedenen Abteilungen anderer Vereine gepaddelt: u.a. im Eisenbahner Turn- und Sportverein (1927 mit Bootshalle im Rheinhafen), bei den Naturfreunden, 1937 mit eigenen Bootshäusern in Rappenwört im Polizeisportverein, im Skiclub Schwarzwald, im KTV 1846 und im Postsportverein. Heute haben der KTV 1846, die Naturfreunde, der Po-lizeisportverein, der Skiclub Karlsruhe und die Tauchergemeinschaft Karlsruhe den Kanusport in ihrem Angebot.[27]

Die Entwicklung der Vereinsmitgliederzahlen bei den Karlsruher Kanuten nach dem Zweiten Weltkrieg lässt zwei Phasen erkennen: eine des Zuwachses von 1946 (319 Mitglieder) bis Ende der fünfziger Jahre (1959: 933 Mitglieder), seitdem blieb dieses Niveau bis heute mit kleinen Ausschlägen (+100/-100) erhalten (2004: 947 Mitglieder). Gerade in den letzten Jahren ist das angesichts der rückläufigen Zahlen im Gesamtbereich Vereinssport eine durchaus erfreuliche Entwicklung, die sicher zu einem großen Teil den sportlichen Erfolgen der Rheinbrüder geschuldet ist.

MANFRED KOCH

Leichtathletik in Karlsruhe
Von den Nationalen Olympischen Spielen zum Internationalen Hallenmeeting

„Leichtathletik – der olympische Sport"

Mit diesem Titel für einen Buchbeitrag nahm 1925 einer der verdienstvollsten Pioniere des deutschen und badischen Sports, der Karlsruher Hermann Bachmann, eine Formel für verschiedene Ursprünge der modernen Formen der Körperertüchtigung auf.[1]

Ausgehend von laufsportlichen Veranstaltungen und Wettbewerben, bei denen auch gewettet wurde, hatte sich in England die athletische Bewegung vor allem an privaten höheren Schulen entwickelt.[2] Mit der Gründung erster „athletic clubs" ab 1863 begann sich der „athletic sports" zu institutionalisieren, was sich in Regelwerken und der regelmäßigen Ausrichtung von Wettkämpfen zeigte. Damit setzte dann der Siegeszug im Commonwealth und zunächst zögerlich auch auf dem Kontinent ein. Als die wesentlichen Inhalte der athletischen Wettbewerbe galten schon in den 1860er Jahren die „classical nine events": vier Lauf-, drei Sprung- und zwei Wurfkonkurrenzen. Später wurden sie um den antiken Diskus- und Speerwurf, den Marathonlauf sowie die kontinentalen Staffelläufe und Mehrkämpfe erweitert. Als in den 1890er Jahren auch in Deutschland diese sportlichen Betätigungen Anhänger fanden, lehnte man sich zunächst an den Begriff Athletik an. In den ersten Jahren des 20. Jahrhunderts entstand aber als

Abgrenzung zum Boxen, Ringen und Gewichtheben die Wortneuschöpfung Leichtathletik, die sich allmählich durchsetzte.

Laufen, Springen und Werfen gehörten bereits in der Antike zu den Wettkämpfen, die die Olympischen Spiele mitbestimmten. Und die neuzeitlichen Olympischen Spiele seit 1896 gaben der in England entstandenen Praxis des Sports starke Impulse. „Der olympische Gedanke ... machte den Sport aus einer englischen Erfindung zu einer internationalen Bewegung."[3] Es war kein geringerer als der schwedische König, der 1912 in Stockholm bei der olympischen Siegerehrung der Zehnkämpfer Jim Thorpe als den „König der Athleten" bezeichnete. Seit diesem Tag gilt die Leichtathletik als die „Königin der Olympischen Spiele".[4]

Fußball als Wegbereiter der Leichtathletik – 1899 bis 1914

Im deutschen Südwesten war sicher das Neuenheim-College der in Heidelberg ansässigen englischen Kolonie der Vorreiter für die Vermittlung und Etablierung der Leichtathletik. Seit 1874 verfügte das College über eine Laufbahn und seit den 1880er Jahren wurden jährliche „athletic meetings" abgehalten.[5] Allerdings war dies eine singuläre Erscheinung. Im

Laufwettbewerb auf abgesteckten Bahnen bei den Internationalen Olympischen Spielen des KFV 1906.

Südwesten dominierte insgesamt eindeutig der englische Fußballsport, dies gilt ebenso für die Fußballhochburg Karlsruhe. Und der Fußball gab auch die Initialzündung für die Ausübung leichtathletischer Disziplinen. Schon um 1900, so wurde festgestellt, pflegten viele Fußballvereine in der spielfreien Sommerzeit athletische Übungen. So bildete sich allmählich aus den Bedürfnissen des Fußballsports die Athletik heraus. Waren diese Übungen am Anfang noch als reine Überbrückung gedacht, so erkannte man zunehmend ihre Bedeutung als grundlegende leichtathletische Schulung für den Fußballsportler. Fußballweitstoßen und Criquetballwerfen gehörten deshalb zu den Konkurrenzen athletischer Veranstaltungen bis in das erste Jahrzehnt des 20. Jahrhunderts.[6]

Die Veranstalter solcher sportlicher Vergleiche waren nahezu überall Fußballvereine.

In Karlsruhe kommt das große Verdienst, „den Grundstein für leichtathletische Wettkämpfe gelegt zu haben", dem FC Frankonia zu.[7] Dieser 1895 gegründete Fußballverein lud 1899 zum ersten Leichtathletikwettkampf im deutschen Südwesten, dem der Großherzog und Prinz Max von Baden als Zuschauer ihre Aufmerksamkeit schenkten.[8] Dieses Wohlwollen gegenüber der neuen Form der Sportausübung bewahrte das großherzogliche Haus bis zum Ende der Monarchie 1918. Dokumentiert wird dies durch wiederholte Besuche der nachfolgenden Wettkämpfe und durch die Stiftung von Ehrenpreisen für die Sieger einzelner Wettbewerbe. Dies entsprach durchaus dem Bestreben vieler Fürstenhäuser, englischem Beispiel folgend, als Besucher und Protektoren sportlicher Veranstaltungen in Erscheinung zu treten.[9] In dem Streben der Sportführungen auch vor Ort, sich der Huld der Fürsten zu vergewissern, drückte sich ihr Interesse an „höchster" Anerkennung und ihr Prestigebedürfnis aus. Sie dokumentierten damit zugleich auch ihre gesellschaftliche Integrität und ihren staatserhaltenden Willen. Im Übrigen beobachtete auch das Militär mit großem Interesse die Entwicklung des sportlichen Treibens und förderte es mit Ehrenpreisen.

Der FC Frankonia nannte seine erste Veranstaltung „Nationale Olympische Spiele", spätestens 1904 hießen sie „Nationale Athletische Sportwettkämpfe". Der Karlsruher Fußballverein (KFV) nannte seine 1906 beginnenden Veranstaltungen bis 1913 „Internationale Olympische Spiele". Mit diesem klangvollen Namen, unter dem allerdings nur leichtathletische Wettkämpfe geboten wurden, hoffte man, mehr Zuschauer anzulocken und auch das eigene Ansehen zu erhöhen. Der Inflationierung solcher Ereignisse gebot die Deutsche Sportbehörde für Athletik (heute DLV) aber Einhalt, nachdem sie den Zuschlag für die Veranstaltung der Olympischen Spiele 1916 in Berlin erhalten hatte. Diese fielen dann jedoch wegen des Weltkrieges aus.[10] Insgesamt nahm Karlsruhe mit den Veranstaltungen der beiden genannten Vereine, die nationalen und gelegentlich auch internationalen Zuspruch fanden, und zahlreichen regionalen und lokalen leichtathletischen Sportfesten anderer Vereine, eine führende Rolle im deutschen Südwesten ein. 1911 und 1912 fanden 25 Sportfeste in der Residenz statt. 1912 waren es gut ein Viertel aller Veranstaltungen des Verbandes der Südwestdeutschen Athletikvereine (Baden, Pfalz, Saar, Elsass-Lothringen). Da Karlsruhe 1911 auch der Sitz des 1908 gegründeten Verbandes mit damals 101 Vereinen und etwa 15.000 Mitgliedern wurde und eine Anzahl sehr guter Athleten hervorbrachte, hatte die Stadt einen bedeutenden Anteil an der leichtathletischen Entwicklung im Südwesten.[11] Der Badische Leichtathletikverband

hat bis heute seinen Sitz in Karlsruhe und aus der Stadt kamen von 1914 bis 1988 die Verbandsvorsitzenden.[12]

Der Versuch, die bei Klaus Hannecke[13] für die Zeit bis 1914 als Sportfestveranstalter genannten Vereine und die in den Siegerlisten der großen Wettkämpfe auftauchenden Karlsruher Vereine zu addieren, ergibt die Zahl von 18 Vereinen aus Karlsruhe oder in eingemeindeten bzw. später eingemeindeten Orten. Zwei Drittel davon waren Fußballvereine. Nur zwei Turnvereine kommen mit je einem Sportler vor.[14] Alle diese Vereine hatten zu dieser Zeit keine speziellen Leichtathletik-Anlagen, etwa Aschenbahnen, wie es sie in England bereits lange gab. Das bedeutet, dass auch die großen Sportfeste auf den zumeist holprigen kurz geschorenen Rasen der Fußballfelder ausgetragen wurden. Die 300-m-Laufbahnen steckte man mit kurzen Holzpflöcken und Bändern ab und die Sprunggruben mussten ausgehoben und mit Sand gefüllt werden. Zumeist freundliche Unterstützung erhielten die Veranstalter bei Bedarf durch die Militärbehörden, die ihre Exerzierplätze zur Verfügung stellten. 1902 richtete der FC Frankonia seine Nationalen Sportwettkämpfe auf der neuen Radrennbahn an der Durlacher Allee aus. Exerzierplätze und Radrennbahnen waren Lokalitäten, an denen auch andernorts mangels geeigneter Plätze Sportfeste stattfanden.

An den Großveranstaltungen nahmen zwischen 100 und 150 Leichtathleten teil, die aus 30 bis 40 Vereinen kamen. Über Zuschauerzahlen unterrichtete die Presse damals kaum, aber Leichtathletikfeste waren in den Kinderjahren dieses Sports wohl noch keine Massenveranstaltungen. Gleichwohl bemühten sich der Verband und die Vereine, für ihren Sport zu werben, ihn populär zu machen. So wurden schon 1905 und 1911 spezielle Schüler- und Anfängerwettbewerbe veranstaltet. Mit der Einführung der Stadtstaffelläufe 1911 nutzte

Stabhochsprungwettbewerb etwa 1910, Sprunghöhe 2,90 m.

man auch in Karlsruhe deren in Berlin, Hamburg und Kassel bereits erprobte Propagandawirkung.[15] Schließlich nahmen die Karlsruher Leichtathleten 1911 auch den Waldlauf in ihr Programm auf. Er hatte sich aus der Nachahmung der englischen „cross-country"-Läufe in Berlin entwickelt.[16] Diese erste werbewirksame „Laufbewegung" des deutschen Sports erlebte vor 1914 ihren ersten Höhepunkt. Das Karlsruher Tagblatt fragte im Bericht zum Frühjahrswaldlauf im Mai 1912: „Wie lange wird es noch dauern, bis die verzärtelten Anschauungen über den Haufen geworfen werden, bis es sich alle jungen Menschen zum Vergnügen machen, in leichter Kleidung, mit nackten Armen und Beinen im Laufschritt durch den Wald zu sausen!"[17] In dieser Begeisterung für

den Waldlauf schwingen die Ideale der Jugend- und Wanderbewegung sowie die neuromantische Poetisierung der Natur jener Jahre mit. Auch das 1913 eingeführte Sportabzeichen (300-m-Schwimmen, 100-m-Lauf, Weitsprung, beidarmiges Steinstoßen und 10.000-m-Lauf) sollte der Popularisierung des Sports dienen. Erster Träger des goldenen Sportabzeichens in Deutschland wurde der Karlsruher Verbandsfunktionär Hermann Bachmann.

Ein Blick auf das Wettkampfprogramm der Internationalen Olympischen Spiele des KFV von 1906 zeigt in etwa den Kanon der damals ausgetragenen Wettbewerbe, die in verschiedenen Altersklassen ausgeschrieben wurden. Die Laufstrecken reichten von 50 m bis zu 1.500 m und 110-m-Hürden, Staffeln wurden über 4x100 m später auch über 3x1.000 m gelaufen. Die Sprungwettbewerbe umfassten Weitsprung aus dem Stand und mit Anlauf, Hochsprung, Dreisprung und später auch Stabhochsprung. In den Wurfdisziplinen ging es um Diskuswerfen, Kugel- und Steinstoßen, zu denen später der Speerwurf hinzukam. Die Mehrkampfwettbewerbe muten aus heutiger Sicht eher kurios an. Der Dreikampf bestand aus dem 100-m-Lauf, dem Diskuswurf und dem Dreisprung und zum Fünfkampf gehörten: 200-m-Lauf, Weitsprung mit Anlauf, Kugelstoßen, Diskuswerfen und griechisch-römischer Ringkampf. Hier waren die Dinge noch im Fluss – der Ringkampf wurde durch den 110-m-Hürdenlauf ersetzt. Das 1904 beim Fest des FC Frankonia noch ausgetragene Tauziehen und Dreibeinlaufen, Disziplinen, die eher als letzte Reste überlieferter Volksspiele mit Volksbelustigungscharakter galten, verschwanden schnell aus den Programmen. Dies traf auch das Fußballweitstoßen und das Criquetballwerfen. Der 20-km-Gepäckmarsch von 1906 wurde erst 1913 wiederholt und belegt die militärische Nutzbarkeit leichtathletischer Ausdauerleistungen. Es fällt auf, dass lange Laufstrecken bis zum Marathonlauf fehlen. Zumindest was das Gehen anbelangt kam es hier seit 1908, auf Landesebene vorangetrieben von dem SC Vegetarier aus Karlsruhe und dem FG Pfalz Ludwigshafen, zu einer Änderung. Bei einem 100-km-Gehen von Karlsruhe nach Bühl und zurück benötigte der Sieger aus Berlin 11:21 Stunden.

Um eine Vorstellung von der Leistungsfähigkeit der damaligen Athleten unter den äußerst schwierigen Bedingungen der Wettkampfanlagen zu geben, seien einige Höchstleistungen, die in Karlsruhe vor 1914 erzielt wurden, genannt: 100 m – 11,2 Sek.; 400 m – 54,0 Sek.; 800 m – 1:57,8 Min.; 1500 m – 4: 22 Min.; 110 m Hürden – 17,0 Sek.; 4x100 m – 48,0 Sek.; Weitsprung – 6,58 m; Dreisprung

– 13,11 m; Hochsprung 1,75 m; Stabhochsprung (mit Bambusstab) – 3,10 m; Diskuswerfen – 38,60 m; Speerwurf – 50,80 m; Kugelstoßen – 13,16 m (Deutscher Rekord 1913). Ein sensationelles Ergebnis hatte der 100-m-Lauf 1911: der Sieger Emil Ketterer (1860 München) wurde mit 10,5 Sek. gestoppt und die Nächstplatzierten mit 10,6 und 10,8. Allerdings hatte heftiger Rückenwind die Sprinter begünstigt.

Adolf Speck (KFV), der erste Deutsche Meister aus Karlsruhe, in seiner Spezialdisziplin 110-m-Hürden, die er 1909 in 17,0 Sek. gewann.

Zu den herausragenden Sportlern dieser Anfangszeit der Karlsruher Leichtathletik gehörte der erste Deutsche Meister der Stadt, der 110-m-Hürdenläufer Adolf Speck, dessen Karriere durch den Ausbruch des Ersten Weltkrieges kurz blieb. Gleichwohl gelang ihm 1919 noch ein badischer Meistertitel. Der universellste Athlet dieser Zeit war aber zweifellos Max Breunig vom KFV. In den Siegerlisten der Karlsruher Wettbewerbe und der Bestenliste des Verbandes bis 1913 tauchte er im Speer-, Diskus- und Schleuderballwerfen sowie im Kugelstoßen beständig unter den ersten Drei auf. Er war auch Olympiateilnehmer 1912 und Kapitän der deutschen Olympiaequipe, dies aber in seiner Eigenschaft als Fußballspieler. Als Mittelläufer gehörte er der Meistermannschaft des KFV und der deutschen Nationalmannschaft an. Ein anderes Mitglied der deutschen Fußballnationalmannschaft, der zeitweilig in Karlsruhe lebende und dem KFV angehörende spätere Vizepräsident und Generalsekretär der FIFA Ivo Schricker, gewann 1904 bei den nationalen Wettkämpfen des FC Frankonia den Weitsprung. Andere Olympiateilnehmer, die in Karlsruhe an den Start gingen, waren: 1910 der Amerikaner James Lightbody, der 1904 in St. Louis über 800 m, 1.500 m und 2.500-m-Hindernis Goldmedaillen gewonnen hatte, 1913 der Zehnkämpfer Karl (später Ritter v.) Halt und 1912 der Straßburger Georg Amberger, der in Stockholm dabei war. Er sollte nach dem Ersten Weltkrieg, der nur einen stark eingeschränkten Sportbetrieb zuließ, für die Karlsruher Leichtathletik noch eine ganz besondere Rolle spielen.

„Goldene Jahre" der Karlsruher Leichtathletik – 1919 bis 1933

„Mit Stolz blickt die Karlsruher Sportgemeinde auf ihre Leichtathleten, die Dank eines zähen Trainings ausgezeichnete Leistungen aufweisen können."[18] So resümierte 1926 der Vorsitzende des Stadtausschusses für Leibesübungen und Jugendpflege Professor Oskar Ballweg und verwies vor allem auf die Staffeln des KFV und FC Phönix. Wie Ballweg so sprechen auch Sporthistoriker von dem enormen Aufschwung und der Vielfalt des Sports in den 1920er Jahren, von den „goldenen Jahren" für den Sport.[19] Für die Leichtathleten bedeutete das, dass ihre Zahl von 1914 bis 1928 in Deutschland von 131.000 auf 623.000, gemessen an Sportvereinsmitgliedern von 6 % auf 9 %, zunahm.[20] Der Kreis Karlsruhe war in Baden 1924 nach Mannheim zweitstärkster Bezirk mit 23 Vereinen und 8.900 Mitgliedern.[21] Da das Verhältnis zwischen Mitgliedern und Aktiven, die sich an Wettkämpfen beteiligt haben, mit 3:1 angenommen wird,[22] wären dies im Kreis Karlsruhe demnach 1924 knapp 3.000 aktive Athleten und Athletinnen – ohne die ebenfalls Leichtathletik treibenden Mitglieder der Turn- und der Arbeitersportvereine – gewesen. Weit größere Aufmerksamkeit in der Presse fanden nun auch Sportfeste, zu denen in Karlsruhe bis zu 5.000 Zuschauer kamen. Begleitet wurde der Aufschwung von einer Intensivierung der Sportausübung mit daraus resultierender Leistungssteigerung, von der Internationalisierung sowie der Etablierung des Frauensports. Wirklich „golden" waren bei genauerer Betrachtung der Karlsruher Verhältnisse aber wohl nur die Jahre zwischen Währungsreform 1923 und Weltwirtschaftskrise 1929, die mittleren Jahre der Weimarer Republik.

Geprägt war die Sportgeschichte der Weimarer Republik jedoch auch von einer tiefen

Spaltung des Sports. 1928 gehörten von 5,08 Millionen Vereinsmitgliedern 32 % dem Turnerbund, 28 % dem Sportbund, 21 % dem Arbeitersport und 19 % den konfessionellen Verbänden an.[23] Der als Turnbewegung gegründete Arbeitersport glich sich in einer langen Assimilierungszeit dem bürgerlichen Sport und seinem internationalen Regelwerk an, um seine Ebenbürtigkeit zu beweisen und mit Erfolgen sein Klassenbewusstsein zu stärken. Die Karlsruher Freien Turner (heute FSSV) nahmen z. B. an Klubkämpfen gegen Vereine der Schweiz und Frankreichs teil oder an den „Arbeiterolympiaden" 1925 und 1931 sowie an Bundesturnfesten. Die 4x100-m-Staffel lief Bestzeit mit 44,0 Sek.[24] Dagegen gipfelte der lange anhaltende Streit zwischen Turnen und Sport 1924 in deren „reinlicher Scheidung".[25] 1922 entfiel die bisher gegebene Möglichkeit der Leichtathletikabteilungen von Turnvereinen, gleichzeitig im DSB Mitglied zu sein und damit die gegenseitige Teilnahme an Wettkämpfen. So wie es bei dem Gauturnfest 1919 in Karlsruhe noch möglich war, bei dem die Turner laut den getrennten Ergebnislisten insgesamt bessere Ergebnisse erzielten. Eine lokal sichtbare Konsequenz der „Scheidung" zeigte sich in der getrennten Wertung der in Karlsruhe regelmäßig veranstalteten Großstaffel- und Waldläufe für Turner und Sportler. Ursprung der Trennung waren seit 1921 ausgetragene eigene Leichtathletikmeisterschaften der Turner. Da sich lange zuvor schon die volkstümlichen Übungen der Lauf-, Sprung- und Wurfwettbewerbe der Turner der sportlichen Athletik angenähert hatten, da sie nach dem Ersten Weltkrieg auch ihre eigenen Regeln (z. B. gestandene beidbeinige Landung nach den Sprüngen, Würfe aus dem Stand, Hochsprung gehockt, Weit-Hochsprung vom Brett und kompliziertes Wertungssystem für Mehrkämpfe) liberalisierten, waren Volksturnen und Leichtathletik

einander sehr nahe gerückt.[26] Die „reinliche Scheidung" war aus dieser Sicht ein engstirniges Ringen der Verbände um die alleinige Kompetenz für die Leichtathletik. Infolge des Konkurrenzverhältnisses zu den Leichtathleten entwickelten sich die volkstümlichen Übungen gegen den Widerstand manches der Turnideologie verhafteten Funktionärs vollends zur sportlichen Wettkampf-Leichtathletik und steigerten so das Leistungsniveau der Turner. Betrachtet man die zahlreichen Bilder in den Fotoalben der Karlsruher Vereine Männerturnverein (MTV) und Karlsruher Turnverein 1846 (KTV) aus den 1920er Jahren, so erkennt man auch keine Unterschiede in der Ausübung des Sports. 1930 wurde die „reinliche Scheidung" folgerichtig wieder aufgegeben. 1931 gab es im Zeichen der Versöhnung zwischen Turnen und Sport in Karlsruhe einen Vergleichskampf zwischen KFV, MTV und den Sportlern der Technischen Hochschule, 1931 und 1932 fanden Vergleichskämpfe zwischen den Turnern und Sportlern Karlsruhes statt, die jede Seite einmal gewann.

Zur Leistungssteigerung in der Leichtathletik gehörte als Voraussetzung der Bau entsprechender Sportanlagen. Hatte der FC Phönix noch 1920 auf dem alten Hochschulplatz für die Badischen Meisterschaften die Laufbahnen mit Bändern abgesteckt, so legten die Vereine nach und nach Aschenbahnen an: so z. B. 1920 KFV 360 m, 1921 KTV 350 m und 1934 400 m, 1923 FC Phönix im neuen Stadion (siehe Abb. S. 104), 1927 Hochschulstadion[27] (siehe Abb. S. 87), 1931 Freie Turnerschaft Karlsruhe (FTK), 1932 FSC Frankonia, 1934 MTV jeweils 400 m, 1938 TSV Rintheim mit einer 300 m Aschenbahn.[28] Entscheidend waren selbstverständlich auch moderne Trainingsmethoden, für die bis 1914 Grundlagen geschaffen worden waren. Hier dürfte in Karlsruhe Georg Amberger Entscheidendes geleistet haben. Der Olympiateilnehmer von 1912 kam

1919 als Gymnasiallehrer nach Karlsruhe, wo er zunächst noch als Aktiver das Training der Läufer des KFV leitete, 1922 wechselte er zu der (nach der Auflösung 1921) wieder gegründeten Leichtathletik-Abteilung des FC Phönix und brachte 1924 ein Lehrbuch mit dem Titel „Der Lauf" heraus. Trainiert wurde damals im Winter wöchentlich zweimal in der Halle und zweimal beim Waldlauf. Dass zu den Meisterschaften spätestens ab Mitte der 1920er Jahre auch ein Masseur mitfuhr, ist ebenso Ausdruck der verbesserten Rahmenbedingungen des Sports wie die Einrichtung des Hochschulinstituts für Leibesübung an der TH Karlsruhe 1931.

Bei der Lektüre der Leichtathletik-Chronik von Hannecke fällt eine weitere Änderung gegenüber der Vorkriegszeit auf: Die Veranstaltung von Internationalen Meetings in Karlsruhe 1925 und 1926 beim FC Phönix sowie Sportfesten – in Stuttgart und Offenburg auch die ersten Hallensportfeste mit Karlsruher Beteiligung. Diese verursachten nicht geringe Kosten für die Verpflichtung von „Stars", wie es schon damals in der Presse hieß, aber auch für die Siegerpreise. Hier verzeichnet die Chronik auch erste Sponsoringmaßnahmen neben der Stiftung der Preise: Die Reisekosten der Phönix-Athleten zu den Deutschen Meisterschaften trug die Karlsruher Zigarettenfabrik Marellis, den Empfang nach dem Meeting von 1926 bezahlte die Badische Presse. Dieses Abendmeeting im Anschluss an den ersten Dreiländerkampf Schweiz-Frankreich-Deutschland in Basel litt darunter, dass die französischen Sportler keine Erlaubnis ihres Landes zur Teilnahme erhielten. So sei, laut Bericht der Badischen Presse, die Wirkung der „Basler Versöhnungsfeier erheblich" abgeschwächt worden.[29] Deutschland wurde nach dem Ersten Weltkrieg nur allmählich wieder in den internationalen Sportbetrieb aufgenommen und konnte erst 1928 an den Olympischen Spielen

teilnehmen.[30] 1928 und 1929 fanden in Straßburg und in Karlsruhe die ersten sportlichen Vergleiche zwischen dem seit Kriegsende wieder zu Frankreich gehörenden Elsass und Baden statt, den jeweils die Gastgeber gewannen.

Betrachtet man die Leistungsentwicklung der Karlsruher Leichtathletik zwischen 1919 und 1933, so wird man leicht feststellen, dass diese von 1924 bis 1929 ein lang anhaltendes Hoch erlebte, in dem zahlreiche regionale, aber auch nationale und selbst internationale Erfolge, Meisterschaften und Höchstleistungen erzielt wurden.[31] Noch bis 1924 beherrschten dabei die Leichtathleten des KFV nahezu uneingeschränkt die Karlsruher Szene und standen bei den Badischen Meisterschaften im Phönixstadion in Baden mit fünf Titeln nur hinter der Mannheimer Turn- und Sportgesellschaft 1899 (MTG) zurück. Allerdings deutete sich in diesem Jahr schon an, dass die Leichtathleten des FC Phönix dank ihrer „vorbildlichen Jugendarbeit"[32] dazu ansetzten, dem KFV den Rang streitig zu machen. Sie wurden Badischer Mannschaftsmeister, gewannen in Mannheim die 20x300-m-Staffel und feierten mit der 4x100-m-Staffel bei den Süddeutschen Meisterschaften den ersten Erfolg. 1925 wurde der FC Phönix Badens bester Leichtathletikverein (14 Titel) vor dem KFV (7 Titel) und der MTG Mannheim. Auch in Süddeutschland nahm der FC Phönix vor den Stuttgarter Kickers den ersten Platz ein. Karlsruhe war eine deutsche Leichtathletikhochburg, die Phönix-Sprintstaffel mit Alex Nathan, Otto Faist, Kurt v. Rappard und Robert Suhr erhielt nach dem Gewinn der Deutschen Meisterschaft 1926 (42,1 Sek. deutscher Rekord) den Beinamen „die fliegenden Karlsruher" und Einladungen zu internationalen Sportfesten. In Kassel stellte sie dabei mit 41,9 Sek. den Europarekord für Vereinsstaffeln auf. Bei der Rückkehr von den Deutschen Meis-

Die „fliegenden Karlsruher" Alex Nathan, Otto Faist, Kurt v. Rappard und Robert Suhr (v.l.n.r.),
die bei den Deutschen Meisterschaften 1926 in 42,1 Sek. siegreiche 4x100-m-Sprinterstaffel des FC Phönix.

terschaften wurden die Sieger in Karlsruhe mit einem Fackelzug und einer Feier im Colosseum geehrt. Mit dem Weggang von Alex Nathan nach Berlin 1927, dem Faist 1928 folgte, und Suhr 1930 nach Südafrika, endete die Vormacht der Phönix-Sprinter.[33] Gleichwohl schlug sich die Trainingsarbeit von Amberger,

der aktiv blieb und noch als 36jähriger 1926 mit der olympischen Staffel Badischer Meister geworden war, in zahlreichen Staffeltiteln nieder. In der 3x1.000-m-Konkurrenz löste der Verein dabei den KFV ab, der bis 1924 darin in Deutschland führend war. Auf der 110-m-Hürdenstrecke stellte Phönix ebenfalls einen

Hans Steinhardt (FC Phönix), der zweimalige Deutsche Meister über 110-m-Hürden (1927 in 15,4 Sek., 1928 in 15,0 Sek.) beim Überqueren der damals schweren hölzernen Hürden.

herausragenden Athleten. Hans Steinhardt gewann 1927 und 1928 (15,0 Sek.) die Deutsche Meisterschaft und nahm 1928 als erster Karlsruher Leichtathlet eines Karlsruher Vereins an den Olympischen Spielen teil.[34] Neben dem KFV und dem FC Phönix trat ein dritter Verein in jenen Jahren hervor. Der 1922 gegründete Polizeisportverein hatte in seinen Reihen den überragenden badischen Mittel- und Langstreckenläufer Dowet Klar. Die starke Stellung der Polizeisportler schlug sich 1927 im Gewinn der Karlsruher Bezirksvereinsmeisterschaft in der Klasse A nieder. In der Klasse C gewann in diesem Jahr der jüdische Sportverein SC Hakoah.

Ganz entscheidenden Anteil an der Stellung Karlsruhes als Leichtathletikhochburg hatten die Frauen. Argwöhnisch von manchen Funktionären beobachtet und mit mancherlei Wettkampfeinschränkungen begann nach tastenden Versuchen vor 1914 mit dem Jahr 1919 die Frauenleichtathletik.[35] Der KFV gehörte zu den Vereinen, die in diesem Jahr bereits eine Frauenabteilung einrichteten, die auch bei den Badischen Meisterschaften 1919 erste Erfolge erzielte.[36] Die deutschen Leichtathletinnen erreichten bis 1927 ein Leistungsniveau, das ihnen in sechs von insgesamt neun Disziplinen Weltrekorde einbrachte. Einen davon hielt die KFV-Athletin Lina Batschauer über die 800 m in 2:23,7 Min. 1928 startete die inzwischen verheiratete Lina Radke-Batschauer bei den Olympischen Spielen in Amsterdam für den VfB Breslau und sicherte Deutschland die erste olympische Goldmedaille in der Leichtathletik. Der anderen ebenso herausragenden Athletin war dies wegen einer hartnäckigen Verletzung versagt. Gertrud Gladitsch aus Ettlingen startete für den FC Phönix im Sprint, Weitsprung und Fünfkampf. Neben zahlreichen hervorragenden Platzierungen bei Meisterschaften erzielte sie mit 12,0 Sek. über 100 m und 5,62 m im Weitsprung 1927 Weltrekordleistungen, die allerdings nur als deutsche Rekorde geführt werden. Wie wenig selbstverständlich der Weg von Mädchen zum Sport damals war und welchen Unterschied Sport und Turnen ausmachte, schilderte Gertrud Gladitsch auf dem Höhepunkt ihrer Erfolge 1927 so: „Auch befriedigte die an die Stelle gebundene turnerische Arbeit meinen Bewe-

Lina Radke-Batschauer (KFV) (r.), die Deutsche Meisterin 1927 und Olympiasiegerin 1928 über 800 m in 2:16,8 Min. (WR), und Gertrud Gladitsch (FC Phönix), die Deutsche Meisterin 1927 über 100 m in 12,6 Sek. und Rekordhalterin im Weitsprung mit 5,62 m.

gungsdrang nicht, so dass ich meinen Eltern mit dem Vorschlag kam, mich in einen Sportverein gehen zu lassen. Nach meines Vaters ... Ansicht ... war Sport für junge Mädchen, ja für Frauen, überhaupt nichts. Man nahm Anstoß an dem häufigen Beieinandersein beider Geschlechter beim Training und an der rocklosen Kleiderordnung."[37]

Aber nicht nur mit den Leistungen ihrer herausragenden Athleten warben die Vereine für ihren Sport. Sie führten auch ihre Anfänger- und Schülerwettbewerbe aus der Vorkriegszeit fort. 1926 schreibt Oskar Ballweg: „Unermüdlich ist aber auch die Werbearbeit dieser Vereine, und mancher wurde schon für die Leibesübungen gewonnen, wenn er die durchgebildeten Gestalten der Läufer bei einem Waldlauf oder Staffellauf durch die Stadt bewundern konnte."[38] Im Übrigen trug dazu der Stadtausschuss für Leibesübungen und Jugendpflege mit seinen jährlichen Turn- und Sportfesten ebenso bei.

„Leichtathletik im Angriff"[39] – 1933 bis 1945

Würde man über die Machtergreifung des Nationalsozialismus hinweg einfach nur auf die Ereignis- und Ergebnislisten leichtathletischer Veranstaltungen schauen, so würden im Grunde keine großen Veränderungen auffallen. Viele Sportler, ob nun dem neuen System zustimmend, abwartend oder gleichgültig gegenüberstehend, haben das wohl bei der Ausübung ihres Sports auch so empfunden. Gleichwohl kamen auch sie nicht umhin, von der Gleichschaltung ihrer Verbandsorganisation und den Vereinsverboten für ihre Sportkameraden der Arbeitersportvereine und später der jüdischen Sportvereine Kenntnis zu nehmen.[40] Die patriotische Gesinnung der bürgerlich-konservativen Verbandsführungen, ihr oft propagierter Beitrag der Leichtathletik zu Siegeswillen, Volksgesundheit und Wehrtüchtigkeit und ihre Vorstellungen von der Unbesiegbarkeit der nordischen Rasse machten politische Eingriffe von oben unnötig. „Der neue Kurs war tendenziell längst vorgegeben, ... es brauchten keine Führer ausgewechselt zu werden. Der politische Anpassungsprozess ging reibungslos vonstatten."[41] Auch in Baden blieb die Führung des Leichtathletikverbandes unverändert.[42] Es fiel dem nationalen Dachverband nicht schwer, 1933 an die Stelle des „unfruchtbaren Parlamentarismus" das „Führerprinzip" zu stellen.[43] Das Bekenntnis zum Antisemitismus mit der Übernahme des Arierparagraphen aus dem Beamtengesetz von 1933 ist ein weiterer Beleg für die Bereitschaft der Verbandsführung, die Leichtathletik voll in den Dienst der NS-Weltanschauung zu stellen.[44] Den Beitrag der Leichtathletik zur Wehrkraft brachte Carl Diem 1943 auf die einprägsame Formel: „Der Mann wehrtüchtig, die Frau gebärtüchtig."[45] Die Veränderung der Verbandsstruktur, das heißt die Umstellung auf reine Sportfachämter, dauerte etwas länger. Aber 1937 waren sowohl die Probleme der Trennung des Handballs von der Leichtathletik als auch die Vereinigung des Volksturnens mit der Leichtathletik gelöst.[46]

Sportpolitisch hieß 1933 das Ziel Olympia in Berlin. Überall gab es Sichtungs- und Erstlingswettbewerbe, und schon im Oktober 1933 wurden 600 Olympiakandidaten und -kandidatinnen zur geistigen Ausrichtung auf das NS-Ideengut und zur sportlichen Schulung nach Berlin eingeladen.[47] Direkte Folge der Olympiavorbereitungen war die Übernahme des Hauses Wilhelmshöhe bei Ettlingen als Führerschule wie Reichstrainingslager der deutschen Leichtathletik vom Süddeutschen Fußball- und Leichtathletik-Verband.[48] Vor diesem Hintergrund ist auch die Freihaltung des Karlsruher Hochschulstadions von NS-Großveran-

staltungen und vom SA-Wehrsport zu verstehen.[49] So konnte das Hochschulstadion bis in den Zweiten Weltkrieg eine zentrale Veranstaltungsstätte für die badische Leichtathletik werden.

Auch in Karlsruhe beobachtete man das sportliche Geschehen im Hinblick auf die Frage: Wer schafft die Qualifikation zu den Olympischen Spielen? Hoffnungen konnten sich machen: der Speerwerfer Franz Kullmann (MTV), der Kugelstoßer Otto Merkle (KTV), der Sprinter Albert Steinmetz (KFV), der Hammerwerfer Karl Nägele (Germania), der Mittelstreckler Hans Schmidt (TS Durlach), der Hammerwerfer Karl Wolf (Germania) und die Sprinterin Martha Seitz (FC Phönix). Sie alle hatten bei Meisterschaften oder Sichtungslehrgängen entsprechende Höchstleistungen geboten. Schließlich reichte es nur für Albert Steinmetz, der über 200 m den Zwischenlauf erreichte.[50] Pech hatte vor allem Kullmann, der im nacholympischen Jahr mit 66,64 m eine deutsche Jahresbestleistung erzielte. Aber auch Schmidt und Wolf (12. der Jahresweltbestenliste) erzielten 1938 Leistungen, die zu Berufungen in die Nationalmannschaft führten. Andere Athleten/Athletinnen wie die Hochspringerin Hertha König (MTV) mit dem 7. Platz der Jahresweltbestenliste 1937 (1,59 m) oder der Dreispringer Hermann Koch mit dem 3. Platz bei den Deutschen Meisterschaften 1939 (14,26 m) oder die Kugelstoßerin Lilli Unbescheid (MTV) mit dem 3. Rang in der Jahresweltbestenliste 1940 (12,52 m) erlebten ihre Leistungshöhepunkte erst später.

Mit Blick auf die Leichtathletikszene in Karlsruhe notierte die Presse 1932/33 „Leichtathletik stark rückläufig" bzw. „Einschläferungszustand".[51] Das kann aber nur einer Momentaufnahme nach weniger siegreichen Badischen Meisterschaften oder einem falschen Blickwinkel auf die bisher vorherrschen-

Lilli Unbescheid, die dreifache Deutsche Meisterin im Kugelstoßen 1942 mit 13,21 m, 1943 mit 12,82 m und 1946 mit 12,56 m.

mehreren Vereinen. Anfangs lösten sich der KFV und der MTV noch als beste Karlsruher Vereine ab, dann allerdings mauserte sich der MTV zum besten badischen Verein, der sich darin mit der MTG Mannheim abwechselte. Insgesamt waren 1937 in Karlsruhe 13 Vereine mit 770 Mitgliedern verzeichnet, die Leichtathletik betrieben.[53] Dem MTV wird die solideste Basis bescheinigt, und nicht von ungefähr kann der Verein 1939 eine neue 400-m-Rundbahn mit fünf Laufbahnen aus rotem Sand einweihen. Beim Sportfest zu deren Einweihung war es nach Zeitungsberichten zu einem Verkehrschaos gekommen, da 5.000 Besucher die versammelte deutsche Elite auf der Mittelstrecke sehen wollten. Weiterhin spielten eine Rolle KTV, Polizei SV, TS Durlach, die 1928 gegründete Post SG, die vor allem ab 1941 auf sich aufmerksam machte, Germania Karlsruhe und der FC Phönix. Die Leichtathleten der Turn- und Sportvereine hatten die der Fußballvereine deutlich in den Schatten gestellt.

In Karlsruhe fanden während der NS-Zeit Landesmeisterschaften, Badische Waldlaufmeisterschaften, Vergleichskämpfe Baden-Elsass und die ersten Badischen Jugendmeisterschaften bis in den Zweiten Weltkrieg im Jahr 1944 statt. Neben dem MTV-Sportfest ragt das KTV-Fest zum 90-jährigen Vereinsjubiläum 1936 unter Teilnahme von zahlreichen Olympiateilnehmern und 3.000 Besuchern hervor. Der Höhepunkt war aber zweifellos der Vergleichskampf mit der Schweiz 1937, der 8.000 Zuschauer ins Hochschulstadion lockte und den die deutsche Mannschaft für sich entschied (siehe Beitrag Bräunche Abb. S. 105). Die Durchführung der Wettbewerbe rettete nach einem sehr heftigen Platzregen ein Großeinsatz der Karlsruher Feuerwehr.[54]

Die Tradition der Staffelläufe wurde bis 1941 fortgesetzt, wobei 1937 etwa 700 Läufer teilgenommen haben sollen. Auf den Sport-

den Vereine geschuldet gewesen sein. Denn bereits 1937 heißt es, die Leichtathletik in Karlsruhe stehe immer noch in hoher Blüte, was auch eine Auflistung von Badens besten Leichtathleten des Jahres 1937 bestätigt, in der zehn Karlsruher/Karlsruherinnen namentlich genannt sind.[52] Bei genauerem Hinsehen ist aber festzustellen, dass im Vergleich zu den 1920er Jahren nicht mehr ein Verein alleine die Szene dominierte. Die Bestplatzierten bei den Badischen Meisterschaften kamen nun aus

betrieb und das Leistungsniveau haben im Krieg dann aber zunehmend die Luftkriegszerstörungen mit den daraus resultierenden Trainingseinschränkungen, die schwieriger werdenden Lebensumstände und schließlich die Einberufung der Athleten zum Kriegsdienst eingewirkt. So hat der Zweite Weltkrieg auch unter den Spitzenathleten der Stadt seine Opfer gefordert: den Mittelstreckler Hans Schmidt (TSD)[55], den Dreispringer Hermann Koch (MTV), den Langstreckler Alois Wirth (KFV), und die Sprinthoffnung Günther Friedrich (MTV).

Extraklasse von 100 bis 400 Meter – 1945 bis 1968

Die NS-Herrschaft hat mit dem Zweiten Weltkrieg millionenfaches Leid und Elend gebracht und auch unter den Sportlern ihre Opfer gefordert. Zudem waren die gewachsenen Strukturen sowie die meisten Sportanlagen von Turnen und Sport am Ende dieser Diktatur zerstört, sportfernen NS-Funktionären war die Anleitung des Sports übertragen worden, die Zahl der Vereinsmitglieder war schon 1937 drastisch gesunken und schließlich hatte „die ‚Aufwertung' des Sports zur ‚politischen Leibeserziehung' die Glaubwürdigkeit von Bildung und Erziehung im und durch Turnen und Sport" untergraben.[56] Die Auslieferung des Sports an das NS-Regime durch seine Repräsentanten bildete eine schwere Hypothek für den Neubeginn. Mit dem Verbot aller NS-Organisationen war auch die deutsche Leichtathletik 1945 ohne Organisation. Erst im Dezember 1945 lockerte der Alliierte Kontrollrat das Verbot und erlaubte bis zur Kreisebene Verbandsstrukturen. Nach deren Aufbau folgten in den angelsächsischen Zonen bald regionale Zusammenschlüsse, so 1947 der Nordbadische Leichtathletikverband.[57] Der 1949

gebildete Deutsche Leichtathletik-Verband (mit dem trotz erheblicher Verstrickungen mit dem Nationalsozialismus zum Ehrenvorsitzenden ernannten Karl Ritter v. Halt) wurde 1950 in den Internationalen Verband aufgenommen, was die Teilnahme deutscher Athletinnen und Athleten an den Olympischen Spielen 1952 in Helsinki ermöglichte.

In Karlsruhe verzeichnete man bereits 1946 die ersten Wettkämpfe der Leichtathleten. An den Kreismeisterschaften auf dem weitgehend intakten KTV-Platz beteiligten sich folgende Vereine: KTV, MTV, FC Phönix, KFV, ASV Durlach, TUS Rüppurr und SV Ettlingen. Zu den genannten sechs Karlsruher Vereinen kamen laut Adressbuch der Stadt Karlsruhe 1947 vier weitere hinzu: FC Frankonia,[58] Reichsbahn Turn- und Sportverein (später ESG), TS Durlach und TuS Rintheim.[59] Eine 1967 von der Stadtverwaltung erstellte Sportvereinsliste nennt folgende Vereine mit Leichtathletikabteilungen: DJK, ESG Frankonia, FSSV, Gehörlosen-Sportverein Karlsruhe, MTV, Polizei SV, Post SV, KSC, KTV, Vereinigte Turnerschaft Hagsfeld, TSV Rintheim.[60] Nicht enthalten in der Liste sind allerdings: TS Durlach, TUS Rüppurr, SG Siemens, Turnerschaft FV Beiertheim, SSC Waldstadt. Die Veränderungen ergaben sich aus der Aufgabe bzw. Neugründung von Leichtathletik-Abteilungen oder auch Vereinsneugründungen. In der KFV-Festschrift heißt es zur Leichtathletikabteilung, diese sei nach 1945 wegen der fehlenden Mittel für die Wiederherstellung der Leichtathletik-Anlagen nicht mehr wiedererstanden.[61] Ein ASV Agon bestand nur bis 1953 und die TS Durlach gab offiziell 1970 ihre Leichtathletik-Abteilung auf. Neu entstanden sind dagegen die SG Siemens 1963 und der SSC Waldstadt 1967. 1959 fusionierten die Eisenbahner und Frankonia zum ESG Frankonia. Obwohl der FC Phönix an den Kreismeisterschaften 1946 beteiligt war, nennt die

Vereinschronik erst 1948 als Jahr der eigentlichen Wiedergründung der Leichtathletikabteilung durch Robert Suhr, den früheren Sprinter des FC Phönix.[62] Die Mitgliederzahlen der Leichtathleten in Karlsruhe entwickelten sich von 1.242 (1946) über 1.590 (1960) auf 2.710 (1970).[63] In Bezug zur Gesamteinwohnerzahl waren dies zwischen 0,7 und 1 %. Der FC Phönix hatte z. B. in seiner Abteilung nach Wiedergründung 30 Aktive, deren Zahl sich schnell auf über 200 vergrößerte.[64]

Auf den Ausbau der Sportstätten hat die Stadt Karlsruhe unter ihrem sportfreudigen Oberbürgermeister Günther Klotz viel Wert gelegt.[65] Auch bei den Sportplätzen mit leichtathletischen Anlagen (Laufbahn, Sprung- und Wurfeinrichtungen) ist eine positive Entwicklung festzuhalten. 1946 gab es acht städtische und zwei staatliche bzw. zwei vereinseigene Plätze. 1953 betrugen die Zahlen elf bzw. zwei. Bis 1968 verfügten die Leichtathleten in Karlsruhe über 24 Sportplätze mit Rundbahnen und anderen Leichtathletikanlagen.[66] So wurde z. B. bereits 1948 die 400-m-Bahn des ASV Durlach eröffnet, 1951 die Bahn im Phönixstadion erneuert, 1955 das neue Wildparkstadion eingeweiht, 1956 die Anlage des TUS Rüppurr mit einer Laufbahn für vier Starter eröffnet[67], 1957 der MTV-Platz wegen der Anlage von Parkplätzen für das Wildparkstadion nach Norden verlegt und der neue Post SV-Platz fertig gestellt, 1961 wurden die Anlagen im neuen Wildparkstadion erneuert. Besonders große Anstrengungen unternahm die Stadt 1964, als die Deutschen Meisterschaften im Mehrkampf, der Staffeln, der Geher und der Marathonläufer hier ausgetragen wurden. Es mussten 46 neue Anlagen für Sprünge und Würfe auf den Nebenplätzen angelegt werden.[68]

Die Tradition der leichtathletischen Großveranstaltungen lebte auch nach 1945 bald wieder auf.[69] Bis 1968 fanden in Karlsruhe vier Länderkämpfe, darunter ein Jugendvergleichskampf, je eine Deutsche Waldlauf-[70] und Mehrkampfmeisterschaft, eine Süddeutsche, zehn Badische (darunter drei Waldlauf-) und zwei Deutsche Hochschulmeisterschaften statt. Es gab drei innerdeutsche Vergleichswettbewerbe und zehn Sportfeste mit zumeist internationaler Beteiligung. Dabei geriet die Einweihung des Wildparkstadions mit einem internationalen Leichtathletiksportfest zum einmaligen Höhepunkt der Karlsruher Sportfeste (vgl. Abb. S. 150). 35.000 Zuschauer erlebten neben den einheimischen und deutschen Sprinterstars auch den dreimaligen Olympiasieger von Helsinki Emil Zatopek, die „tschechische Lokomotive", seine Frau, die Speerwurfolympiasiegerin, und andere Spitzenathleten und -athletinnen aus dem „Ostblock". Zatopek drehte zur Freude der Zuschauer mit seinem Ehrenpreis, einem Mofa, eine Ehrenrunde. Um Einfuhrverbote zu umgehen, musste es in Teile zerlegt in seine Heimat „geschmuggelt" werden. Großen Zuspruch fand auch der Frauen-Vergleichskampf gegen die USA 1962, der mit 66:38 Punkten gewonnen wurde. Für die USA startet mit der „schwarzen Gazelle" Wilma Rudolph die 100-m-Olympiasiegerin von Rom. Das Fernsehhonorar für diese Veranstaltung betrug 10.000 DM.[71] Mit 16.000 Besuchern registrierte man die höchste Zahl für einen Frauenländerwettkampf. Der Ländervergleich der Männer gegen Großbritannien (121:91), der zum Programm des 250. Stadtjubiläums gehörte, lockte an einem Montagabend 1965 bei Direktübertragung im Fernsehen dagegen nur 8.000 Zuschauer zu dem in drei Stunden abgewickelten Wettbewerb in den Wildpark. Dieses gedrängte Programm blieb ebenso einmalig wie die Deutschen Meisterschaften in den Mehrkämpfen, für Staffeln, Geher und Marathonläufer mit 1.500 Teilnehmern 1964. Hier meldeten die deutschen Mehrkämpfer ihre Medaillenchancen für die Olympischen

Spiele in Tokio an: Joachim Walde, Horst Beyer, Werner v. Moltke, Willi Holdorf, Helga Hoffmann, Ingrid Becker und der Jugendmeister Kurt Bendlin. Die Sportfeste des KTV und des FC Phönix/KSC stießen auf abnehmendes Interesse, obwohl beste Starterfelder geboten wurden. Kamen 1953 zum KTV-Fest im Hochschulstadion noch 10.000 Besucher, so waren es 1965 beim KSC nur noch 5.000.[72] Da das finanzielle Risiko für die Veranstalter zu groß wurde, war dies vorerst die letzte internationale Großveranstaltung in Karlsruhe. Die noch 1955 nach der Stadioneinweihung von einer Stuttgarter Zeitung geäußerte Befürchtung, Stuttgart könnte „seinen Ruf als Leichtathletik-Hochburg einbüßen", war hinfällig geworden.[73] Im gleichen Jahr 1965 fand in Stuttgart das 1. Europapokal-Finale der Leichtathleten statt. Damit und mit dem späteren Welt-Cup wurden die Länderkämpfe als Wettbewerbe allmählich abgelöst. Die in der Vorkriegszeit beliebten Großstaffelläufe durch die Stadt wurden ab 1946 mit deutlich abnehmender Beteiligung noch mehrfach, letztmals wohl 1960, veranstaltet. Neu im Karlsruher Veranstaltungskalender der Leichtathleten waren Hallensportfeste, die anfangs unter eher improvisierten Bedingungen ausgetragen wurden. Zuerst war 1951 die Holzhalle am Festplatz, dann 1955 die gleiche Halle nun am Messplatz und 1957, 1966 und 1967 die Gartenhalle Austragungsort der Wettbewerbe.

Die Erfolge der Karlsruher Leichtathleten zwischen 1946 und 1966 lassen sich in Kürze nicht mehr im Einzelnen und auch nicht nur im nationalen Rahmen nennen. Eine Frau und fünf Männer brachten es auf vier Olympiateilnahmen, drei Europameisterschaften, 17 Deutsche Meisterschaften, 102 Berufungen in die Nationalmannschaft, drei Welt- und neun Europarekorde bzw. deren Einstellung.[74] Lilli Unbescheid (seit 1946 FC Phönix) gewann 1946 noch einmal eine Deutsche Meisterschaft

Karl Wolf (KTV), der Olympiasechste 1952 mit 56,49 m im Hammerwerfen.

im Kugelstoßen mit 12,56 m. Der Bäcker- und Konditormeister Karl Wolf (KTV) errang im Hammerwerfen drei deutsche Meistertitel, hatte eine Bestweite von 58,91 m und erreichte

Der „weiße Blitz" Heinz Fütterer, 1954 mit 10,2 Sek. Weltrekordhalter und Europameister,
1956 Bronzemedaillengewinner mit der 4x100-m-Staffel bei den Olympischen Spielen in Melbourne.

in Helsinki im Endkampf der Olympischen Spiele den 6. Platz. Die Ära der Sprinterherrlichkeit begann in Karlsruhe mit der ersten Deutschen Meisterschaft für Heinz Fütterer 1951. Der Sohn eines Berufsfischers aus Illingen war in diesem Jahr von Robert Suhr zum FC Phönix geholt worden und schien mit seinen Zeiten ein sicherer Kandidat für die Olympischen Spiele. Eine langwierige Verletzung vereitelte diese Hoffnung. 1954 lief Fütterer dann im Oktober in Japan bei einer Wettkampfreise des DLV die 100 m in 10,2 Sek. und war damit der zweite Weiße, der diese Weltrekordleistung erzielte. Die 200 m lief er in 20,8 Sek. Europarekordzeit. 1956, wieder hatten ihn Verletzungen gehandicapt, schaffte Fütterer die Olympiaqualifikation und gewann in

Melbourne bei den Olympischen Spielen die Bronzemedaille über 4x100 m in 40,3 Sek. mit seinen Vereinskameraden Lothar Knörzer sowie Leo Pohl und Manfred Germar. 1958 egalisierte Fütterer im letzten aktiven Wettkampfjahr noch einmal seinen Weltrekord über 100 m. Verabschiedet wurde er im Wildparkstadion während des Oberligaspiels KSC-1860 München von 30.000 Zuschauern bei Staffelrennen in Anwesenheit der gesamten deutschen Sprinterelite. An dem Sprinter Fütterer wurde sein großes Wettkampfprogramm und seine Wettkampfhärte mit über 600 Siegen hervorgehoben. Ein Konkurrent war Fütterer aus dem eigenen Verein durch den vom KTV gewechselten Carl Kaufmann erwachsen, der ihn 1955 bei den Deutschen

Carl Kaufmann (KSC) im Zieleinlauf beim 400-m-Lauf bei den Olympischen Spielen 1960 in Rom, wo er mit 2/100 Sek. Rückstand auf den Sieger Otis Davis (USA) die Silbermedaille gewinnt.

Meisterschaften über 200 m schlagen konnte. Kaufmanns große Erfolge kamen aber erst mit dem Wechsel auf die 400 m, die im spannendsten olympischen 400-m-Rennen in Rom gipfelten. Dort unterlag er nur um 2/100 Sek. dem Amerikaner Otis Davis. In den Weltrekordlisten sind beide mit der Zeit von 44,9 Sek. eingetragen. Zum Europarekord und seiner zweiten Silbermedaille kam er in der 4x400-m-Staffel in 3:02,7 Sek. Nachdem Kaufmann den Sprung in die Olympiamannschaft von 1964 nicht mehr schaffte, beendete er seine große Karriere. Im Jahr darauf begannen die Erfolge für Siegfried König (KSC), der 1966 über 400 m in 46,0 Sek. Deutscher Meister wurde, bei den Europameisterschaften den Endlauf aber verletzungsbedingt nicht beenden konnte. Er startete ab 1968 für Bayer Leverkusen, kam als Teilnehmer der Olympischen Spiele in Mexiko jedoch nicht zum Einsatz und beendete 1969 seine erfolgreiche sportliche Laufbahn.

Der KSC verfügte aber nicht nur über herausragende Einzelkönner, sondern war aufgrund eines hohen Leistungsniveaus bei den Läufern in der Lage, die Vereinsstaffeln über 4x100 m und 4x400 m mit Siegesaussichten bei den Deutschen Meisterschaften an den Start zu schicken. Lothar Knörzer kam mit der Juniorenstaffel 1953 bis 1955 bei den Deutschen Juniorenmeisterschaften auf die Plätze 2, 1 und 4 (u.a. mit Hausmann, Koucky und Kussmaul). Bei Deutschen Meisterschaften erreichte er zudem von 1953 bis 1958 einen Staffel-Sieg (1955 in 40,8 Sek., Deutscher Rekord von 1929 egalisiert), drei 2. und einen 3. Platz in unterschiedlicher Besetzung mit Bastian[75], Kussmaul, Meyer, Burg, Kaufmann und Fütterer. Knörzer, der 1953 vom ASV Agon zum KSC kam, brachte es als reaktionsschneller Startläufer zudem auf 21 Einsätze in der Staffel der Nationalmannschaft. Über die 4x400 m belegte die KSC-Staffel 1963 bis 1965 bei den Deutschen Meisterschaften den 6., 2. und 4. Rang in unterschiedlicher Besetzung mit Heckenhauer, Hauger, Stegmann, Kaufmann, Weigand, Hennige, Oeder und König. Stellvertretend für viele andere seien eine Athletin und ein Athlet genannt, die mit großer Konstanz über einen langen Zeitraum erfolgreich ihren Sport betrieben. Die Speerwerferin Uta Reinacher, geb. Beutenmüller (FSSV/TV Bretten) sammelte zwischen 1959 und 1981 elf badische Titel und acht zweite Plätze. Als Seniorin wurde sie mehrfach Deutsche Meisterin, 1984 und 1985 Europa- bzw. Weltbeste. Dieter Moll (MTV) gewann von 1956 bis 1966 mehrfach Deutsche Hochschulmeisterschaften im Zehnkampf und über 110-m- und 200-m-Hürden. Die beste Platzierung bei Deutschen Meisterschaften war ein 4. Rang in 14,9 Sekunden. Außerdem errang er mehrere badische Meistertitel und nahm an Studentenweltmeisterschaften teil. Zudem engagierte er sich jahrzehntelang im Verein und auf Verbandsebene für die Karlsruher Leichtathletik.

Am Ende der 1960er Jahre wurde mehr und mehr deutlich, dass die Zeit der Leichtathletik- und Sprinterhochburg Karlsruhe zu Ende ging. Große Leichtathletikveranstaltungen hatte es seit 1968 nicht mehr gegeben. 1968 hörte der seit 1949 beim FC Phönix/KSC tätige Trainer Helmut Häfele auf und ging zum Südwestfunk. Er hat als ebenso harter wie erfolgreicher Trainer Karlsruher Leichtathletikgeschichte mit geschrieben, ähnlich wie Georg Amberger in den 1920er Jahren. Zudem wanderten Leistungsträger wie Siegfried König und Klaus Weigand ab, Talente wie der Mittelstreckler Raimund Kastner (FSSV) und der erfolgreiche Zehnkämpfer Eberhard Stroot (SG Siemens) konnten nicht gehalten werden und der viel versprechende Mittelstreckler Dietmar Oeder (KTV/seit 1963 KSC) beendete berufsbedingt vorzeitig den Leistungssport.

Internationaler Glanz und lokale Stagnation – 1970 bis 2004

Die 15 Jahre anhaltende Dominanz des KSC im leichtathletischen Geschehen der Stadt war in den 1960er Jahren zu Ende gegangen. Verstärkt traten andere Vereine mit ihren Athleten und Athletinnen in den Blickpunkt, wie der Polizei SV, MTV, KTV, aber auch die 1963 gebildete SG Siemens. Dieser Verein sollte in den folgenden Jahrzehnten die stärkste Position unter den Leichtathletikvereinen erringen. Allerdings erreichten die Leistungen der Karlsruher Athleten längst nicht mehr jene der 1920er, 1950er und 1960er Jahre. Ab 1970 sind eine Olympiateilnahme, sechs Deutsche Meisterschaften, neun erfolglose Welt- bzw. Europameisterschaftsteilnahmen und 40 Berufungen in die Nationalmannschaft zu verzeichnen. Da diese sich auf 16 Athleten und Athletinnen verteilen, ergibt sich, dass diese in der Regel keine länger anhaltend hohen Leistungen erzielen konnten.[76] Aber selbst diese Bilanz täuscht noch über den tatsächlichen Leistungsrückgang der Karlsruher Leichtathletik hinweg. Mit Blick auf die Badischen Meisterschaften spricht der Chronist Hannecke 1979 und 1994 von anhaltender „Talfahrt" und 1984 vom „absoluten Tiefpunkt".[77] In den 1970er Jahren konnten zwischen vier und zehn badische Titel nach Karlsruhe geholt werden. In der Folgezeit gelang dies jährlich im Schnitt nur noch knapp drei Mal.

Dennoch seien die besonderen Leistungen einiger Sportler auch für diesen Zeitabschnitt erwähnt. 1970 zeichnete sich ab, dass die Sprinter um Fütterer einen Nachfolger erhalten könnten. Karlheinz Klotz (TV Neureut) erreichte in den Endläufen der Deutschen Meisterschaft über 100 m und 200 m den Endlauf. Ein Jahr darauf wurde er mit besseren Zeiten als Fütterer Doppelsieger in 10,1 Sek. und 20,5 Sek. und 1972 errang er bei den Olympischen

Spielen wie die Vorgänger über 4x100 m die Bronzemedaille. 1973 folgte der Wechsel zu Salamander Kornwestheim und 1976 die Beendigung der Laufbahn. Es dauerte bis 1993 ehe wieder ein Karlsruher Sportler Deutscher Meister werden konnte. Der aus dem Murgtal stammende Georg Ackermann (SG Siemens) gewann mit 8,00 m den Weitsprung und verließ im Jahr darauf Karlsruhe. Die 21-jährige Speerwerferin Dörthe Barby-Friedrich war 1995 zur SG Siemens gekommen und schaffte nach langem Anlauf 2002 mit 64,46 m den Sieg bei den Deutschen Meisterschaften. Die Ausnahmeathletin Heike Drechsler wohnte schon länger in Karlsruhe bevor sie 2001 bis 2004 für den KSC und die LG Karlsruhe startete. Bevor ihre einzigartige Sportkarriere im Jahre 2004 zu Ende ging, holte sie noch zweimal – 2001 und 2002 – den deutschen Weitsprungtitel nach Karlsruhe. Für die Leistungen anderer Sportlerinnen und Sportler – etwa der Langläufer um Hans Gulyas (KSC) und Bernd Seith (TV Neureut/SG Siemens), der vielfachen Badischen Meisterin Gabi Andl (MTV), der WM-Mannschaftsdritten im 100-km-Lauf Anke Drescher (KSC), des Vizeweltmeisters im 24-Stunden-Lauf Jens Lukas (LSG), der Marathonläuferin Ulrike Hoeltz (LSG) oder einer Reihe guter Junioren und Juniorinnen – sei nachdrücklich auf die Arbeit von Klaus Hannecke verwiesen.[78]

Der benannten Stagnation im Bereich des Leistungssports entspricht auch die Mitgliederentwicklung bei den Vereinen. Deren Zahl mit Leichtathletik-Abteilungen bewegte sich von knapp über 20 zu Beginn der 1970er zum Höhepunkt von 27 im Jahre 1990, um dann wieder auf durchschnittlich 25 zu fallen.[79] Ihre Mitgliederzahlen blieben bis 1976 deutlich unter 3.000, pendelten dann bis heute zwischen 2.380 (1983) und 3.886 (2000) und betrugen 3.037 im Jahre 2005.[80] Bezogen auf die Gesamtzahl der Bevölkerung waren dies etwa 1%. Die Ausstattung mit Sportanlagen umfasste 2002 ausreichende Sprunggruben für alle Wettbewerbe und Anlagen für die Wurfdisziplinen. Es gab 29 100-m-Bahnen und 20 Rundbahnen (acht für sechs, fünf für fünf und sieben für vier Starter). Wie viele davon veraltete Aschenbahnen und wie viele mit Tartanbelag ausgestattet sind, ist nicht erfasst.[81] Karlsruhe hat hier offensichtlich den Anschluss verpasst. Das Wildparkstadion erhielt erst 1978 leichtathletische Kunststoffanlagen (und eine Laufbahn mit den vorschriftsmäßigen Rundbogen anstelle der Korbbogen), nachdem kleinere Städte in Baden diese schon installiert hatten. 1983 und 1984 kamen zwei weitere Kunststoffbahnen in Neureut und Beiertheim dazu. 1998 zählte der BLV über 100 Kunststoffanlagen, „die meisten im Rhein-Neckar-Kreis (24), Kreis Hegau (12) sowie Rastatt/Baden-Baden/Bühl (10)."[82] Als der DLV dann in diesem Jahr in Baden Olympiastützpunkte einrichtete, wurden Mannheim und Freiburg vorgezogen. Auch mit der Einrichtung von vereinsübergreifenden Leichtathletikgemeinschaften zur Förderung des Leistungssports, die seit 1969 vom DLV propagiert wurden, tat man sich in Karlsruhe schwer. Hannecke bemerkt dazu: „ Die Leichtathletik-Gemeinschaft Karlsruhe, die so manche 'Stürme' überstand, feierte am 14. November 2003 ihr 20-jähriges Bestehen." Mit sechs Vereinen gegründet gehörten ihr zu diesem Zeitpunkt an: FSSV, SSC Waldstadt, MTV, SVK Beiertheim, TSV Daxlanden, TUS Neureut, TS Mühlburg, SG Siemens, TSV Rüppurr, Postsportverein Karlsruhe, TV Malsch, TSV Weingarten.[83]

Im Gegensatz zu dieser stagnierenden Entwicklung im Bereich des Leistungssports zeigt der Breitensport eher positive Ansätze. Nach einer Umfrage aus dem Jahr 2000 betätigten sich 30% der Karlsruher und Karlsruherinnen als Jogger und 20 Vereine boten im gleichen Jahr 43 Lauf- bzw. Walkingtreffs an.[84] Nach dem Breitensportwart des DLV ist die Leichtathletik eine klassische Hochleistungssportart, die durch Zentimeter, Gramm und Sekunden definiert ist. Dies aber soll für den Breitensport nicht gelten, der sei überwiegend wettkampffreie, spielerisch-gesellige, nur bedingt zielgerichtete und nicht organisierte Bewegung mit Leichtathletikcharakter. In den seit 1964 angebotenen Volksläufen sei dies am unproblematischsten – im Vergleich zu den technischen Disziplinen – gelungen. Allerdings war bereits 1989 offensichtlich, dass sich sowohl in den Lauftreffs als auch in den Volks- und den Bergläufen Leistungsorientierung und Training mit breitensportlicher Orientierung mischten.[85] Veranstaltungen wie der Stadtmarathon seit 1983 unter verschiedenen Namen (vgl. Abb. S. 138) die Badische Meile oder der Turmberglauf in Karlsruhe sind daher mit ihren stetig steigenden gemischten Teilnehmerfeldern und differenzierten gruppenspezifischen Wettbewerben durchaus gelungene Beispiele einer Symbiose von Leistungs- und Breitensport.[86] Eine spürbare Auswirkung auf die Entwicklung der Mitgliederzahlen der Vereine resultierte daraus aber nicht.[87]

An die Traditionen der Sportfeste in der Stadt, die 1899 mit den Nationalen Olympischen Spielen des FC Frankonia begonnen hatten, konnte die Stadt nach einer längeren Pause seit 1968 mit der Fertigstellung der Europahalle 1983 wieder anknüpfen.[88] Diese Großsporthalle war seitdem Schauplatz mehrerer Deutscher Hallenmeisterschaften, Hochschulmeisterschaften und Landesmeisterschaften der Leichtathleten. In der Stadt fanden 1980 und 1990 Internationale Eisenbahnermeisterschaften im Crosscountry-Lauf bei der ESG Frankonia,[89] 1990 in Verbindung mit dem Stadtmarathon die Deutschen Marathonmeisterschaften und 2000 die Deutschen Meisterschaften der gehörlosen Leichtathleten mit

2. Internationales Hallenmeeting in der Europahalle 1986.

dem erfolgreichen Karlsruher Sportler Jochen Gamer statt.[90] Vor allem aber gelang es den Organisatoren um Siegfried König, das erstmals 1985 veranstaltete Internationale Hallenmeeting als Fixpunkt und Highlight im internationalen Leichtathletikkalender zu etablieren.[91] Dazu kommt noch das seit 2003 veranstaltete Meeting der Stabhochspringer einer Karlsruher Brauerei. Hier können die leichtathletikbegeisterten Karlsruher jeweils die internationalen Stars, die zugleich global agierende Kleinunternehmer der Leichtathletik sind, live und hautnah erleben. Deutlich wird dabei mit allen daraus zu bedenkenden Folgerungen zweierlei: die Nutzung des Sports als willkommenes Unterhaltungsprogramm zum nur passiven Konsum und – angesichts der gebotenen außerordentlichen Spitzenleistungen – die Kluft zwischen Breitensport und Spitzensport.

ANKE MÜHRENBERG

Radsport

**Freiherr Drais von Sauerbronn
und die Entwicklung des Fahrrades**

„Nach jahrzehntelanger Irrfahrt durch Frankreich kehrt das Fahrrad endlich in sein Geburtsland zurück." So lautete die gemeinsam mit der Landesregierung Baden-Württemberg geschaltete Anzeigenkampagne, die auf Karlsruhe als Etappenziel der Tour de France 2005 hinwies. Hierbei wurde auch die Geschichte des Fahrrades erwähnt, die eng mit Karlsruhe verbunden ist, stammte doch der Erfinder des Fahrrades aus dieser Stadt.

Karl Friedrich Freiherr Drais von Sauerbronn war zunächst im Forstdienst beschäftigt, bevor er den Bau eines „Wagens ohne Pferde"

Etappe der Tour de France durch Karlsruhe, 2005.

273

plante.[1] Seine Erfindung führte er in Karlsruhe sowohl der großherzoglichen Familie als auch Zar Alexander von Russland vor, der begeistert war. Ein Gutachten von Bauinspektor Friedrich Weinbrenner und Oberingenieur Johann Gottfried Tulla allerdings bescheinigte dem Gefährt zu dieser Zeit noch Zwecklosigkeit, sie konnten „der von Draisischen Fahrmaschine gar keinen wesentlichen Zweck beilegen, weil jedermann, der Füße hat, dieselben für seine Ortsveränderung weit besser auf eine natürliche Art gebrauchen kann".[2] 1814 zeigte Drais seine Erfindung auf dem Wiener Kongress, allerdings noch in Ausführungen, die nicht an das heutige Fahrrad denken lassen. 1817 bewegte er sich jedoch „mit der neuesten Gattung der von ihm erfundenen Fahrmaschinen ohne Pferd von Mannheim bis an das Schwetzinger Relaishaus und wieder zurück, also vier Poststunden Wegs in einer Stunde Zeit."[3] Das so beschriebene Vehikel war der Vorläufer des Fahrrades: das Laufrad.[4] Darauf konnte der Fahrer rittlings sitzen und sich mit den Füßen abstoßen, heute sieht man wieder viele Kinder, die so ein Laufrad benutzen.[5] Drais besuchte nun auf diversen Fahrten unterschiedliche Städte, das von ihm konzipierte Laufrad wurde mehrfach nachgebaut. In Frankreich unter dem Namen „vélocipède" oder „draisienne", in England unter „hobby-horse" bekannt, erreichte es bald einen hohen Bekanntheitsgrad. Drais wurde daraufhin 1818 zum Professor der Mechanik ernannt.

Für die Entwicklung vom Draisschen Laufrad über das Hochrad zum heutigen Niederrad war jedoch noch die Erfindung der Antriebsverlegung auf das Hinterrad sowie die des Luftreifens notwendig. So brachte der schottische Schmied Kirkpatrick Macmillan 1840 Trethebel an, Moritz Fischer entwickelte 1853 die Pedale und 1865 konstruierte der Franzose Louis Sergent die Gliederkette. Den Durchbruch allerdings schaffte 1888 der Schotte Dr.

John Boyd Dunlop mit der Entwicklung des luftgefüllten Reifens. Danach verbreitete sich das Fahrrad als Fortbewegungsmittel immens schnell, da es dem Pferd gegenüber viele Vorteile hatte: der Fahrer konnte sich aus eigener Kraft fortbewegen, hatte kaum Betriebskosten, konnte reisen und zur Arbeit fahren. Alles in allem gab es den Menschen das Gefühl der Freiheit und Unabhängigkeit, zunächst allerdings nur für die reicheren Bevölkerungsschichten, da die Anschaffung eines Fahrrades am Ende des 19. Jahrhunderts einiges kostete. Erst mit der industriellen Massenprodukion wurde das Fahrrad billiger und so Verkehrsmittel für Viele. Mit seiner weiteren Verbreitung kam nun auch ein Wettkampfdenken auf. Zwar fand vermutlich bereits 1829 ein erstes Radrennen, damals allerdings auf den Draisschen Laufrädern, über eine Strecke von 4,5 km in München statt, doch erst am 10. September 1869 gab es in Altona, wo als erster deutscher Radfahrerverein der Altonaer Bicycle-Club entstanden war, ein sogenanntes „Veloziped-Wettreiten".[6] Die Verwendung von Begriffen aus der Reitersprache war durchaus üblich und zieht sich im Grunde bis in die heutigen Tage fort (Pedalritter, Drahtesel, Stahlross).[7] Fortan entstanden Radfahrerschulen in den größeren Städten und am Rande der Städte Radfahr- und Radrennbahnen (sogenannte „velodrome"). Man unterschied zwischen Herren- und Berufsfahrern, erstere fuhren aus Liebhaberei, letztere verdienten durch Radrennen ihren Lebensunterhalt.[8] Bereits am Ende des 19. Jahrhunderts waren die sogenannten Berufsfahrer auf den Sportrennbahnen unterwegs, wie zum Beispiel in Berlin.[9] Der Radsport schaffte sich eine eigene Industrie, und auch das Kunstradfahren entstand, daneben setzten Militär und Feuerwehr das Fahrrad ein. 1884 gründete sich in Leipzig als überregionaler Zusammenschluss der Deutsche Radfahrerbund, zwei Jahre später die Allgemeine Radfahrerunion.[10] Nicht unumstritten war die gesundheitliche Bedeutung des Radfahrens. So gab es Befürworter, die den Radsport als gesunde Betätigung für Mädchen und Frauen sahen, da diese sich nun an frischer Luft bewegten. Vorgebeugt werden sollte so den damals gängigen Frauenkrankheiten wie Bleichsucht und Nervosität. Die Gegner des Radsports, die gesundheitsschädigende Folgen, insbesondere für Frauen, aber auch für Männer befürchteten, waren allerdings in der Minderzahl.[11]

Radfahren und Radsport in Karlsruhe

Auch in Karlsruhe entstanden in der zweiten Hälfte des 19. Jahrhunderts Radfahrervereine: 1882 gründete sich der 1. Karlsruher Bicycle-Club, auf dessen Betreiben der Kaufmann Wilhelm Printz eine Fahrradschule in der Schillerstraße 22 einrichtete.[12] 1889 beantragte Stadtrat Lauter den Bau einer Radfahrbahn im Stadtgarten, da seiner Meinung nach das Radfahren immer mehr an Bedeutung gewann und auch verschiedene Nachbarstädte bereits über eine Radfahrbahn verfügten.[13] Für die Kosten der Bahn mit einer Tribüne für die Preisrichter und Räumen zur Unterbringung der Fahrräder sowie Umkleidekabinen für die Fahrer veranschlagte er 16.000 Mark. Am 1. Juli 1890 wurde die beim Hochwasserbehälter und dem Schwarzwaldhaus gelegene und um den Schwanensee führende Bahn ihrer Bestimmung übergeben.[14] Für das Fahren, das zwischen sechs und acht Uhr morgens oder nach 18 Uhr 50 Pfennige sowie außerhalb dieser Zeit 30 Pfennige kostete, gab es ganz genaue Bestimmungen.[15] So duldete man das Fahren

Radfahrbahn im Stadtgarten, Ende 19. Jahrhundert.

275

nur „mit eigener oder im Stadtgarten (Schwarz-waldhaus) gemieteter Maschine". „Fahrende Radfahrer" durften lediglich die gekennzeich-neten Wege benutzen und morgens zwischen sechs und acht Uhr sowie abends nach 18 Uhr sollte die Bahn „von Anfängern oder unsiche-ren Fahrern nicht benützt werden." Die Fahrer mussten in „anständigem Anzuge, unter ande-rem in langen Strümpfen und farbigen Tricots" fahren, „fleischfarbige Tricots" waren nicht gestattet. Die Bahn durfte nur nach links im Innenraum befahren werden, zum Ab- und Aufsteigen sowie für langsamere Fahrer war die äußere Hälfte der Bahn zu benutzen. Zu dieser Zeit stand allerdings noch mehr die ru-hige Bewegung in frischer Luft als das sport-liche Messen in Wettkämpfen im Vorder-grund.

Neben zahlreichen heute nicht mehr exis-tierenden Radfahrervereinen entstand 1898 außerdem der Radfahrerverein Sturm in Mühl-burg, der dem Motto „In Sturmesbraus – zieh'n wir hinaus" folgte und sich dieses auch auf die Vereinsfahne schrieb. Sturm Mühlburg hatte bereits 1921/1922 über 100 Mitglieder und schloss sich 1924 dem Bund Deutscher Rad-fahrer an. Zu dieser Zeit gab es schon eine einheitliche Sportkleidung sowie Sportler im Kunst- und Reigenfahren. Der heute zur Rad-sportgemeinschaft Karlsruhe e.V. 1898 (RSG)

Geselliges Zusammensein des Karlsruher Radfahrervereins am Schwarzwaldhaus im Stadtgarten, 1895.
Deutlich zu erkennen sind die verschiedenen Fahrradtypen und im Hintergrund die Radfahrbahn.

gehörende Verein gründete gleichzeitig die Gruppe „Die Entstehung und Entwicklung des Fahrrades" (vom Draisrad bis zum vollendeten Kunstrad), die sich 1936 sogar am Olympia-Festzug in Hamburg beteiligte und heute noch besteht.[16] Auch in weiteren Karlsruher Vororten entstanden nun Radsportvereine, so im August 1897 der Radfahrerverein Viktoria in Grötzingen, der sich zum Ziel setzte, „das gesunde Radfahren in Gemeinschaft zu pflegen"[17], da durch „die schnelle Entwicklung der Fahrradindustrie in unserem Nachbarort Durlach ... das Fahrrad mehr und mehr Beförderungs- als Sportmittel" wurde. Rückblickend wird hier darauf Bezug genommen, dass Fahrräder nicht nur zum sportlichen Vergnügen angeschafft wurden, und durch die Massenproduktion als Transportmittel viele Bevölkerungsschichten erreichten. In Durlach produzierte die Firma Gritzner seit 1897 neben Nähmaschinen auch Fahrräder. Wie viele andere Nähmaschinenfabriken glich sie so den saisonellen Absatz aus: im Frühjahr und Sommer verkaufte Gritzner Fahrräder und produzierte Nähmaschinen, im Herbst und Winter verhielt es sich genau andersherum. Eine Fabrikverkaufsstelle für Adlerfahrräder und Fahrradsportzubehör dagegen besaß der ehemalige Badische, Deutsche und Europameister im Radrennen über verschiedene Disziplinen Alwin Vater am Zirkel 14.[18] Die Radfahrer nutzten in dieser Zeit die Säle der Gastwirtschaften als Übungsplätze für ihren Sport, daher stammte auch der Begriff des Saalfahrens. Aber auch die Straße diente nun als Sportplatz: der ebenfalls 1897 entstandene heutige Rad- und Motorsportverein Einigkeit in Rüppurr führte im Juni 1899 das erste Straßenrennen mit sechs Fahrern und 1928 ein erstes Damenrennen durch.[19] In Knielingen wurde 1903 der Arbeiterradfahrerverein Vorwärts und der Radfahrerverein Wanderlust gegründet, beide wollten neben ihren sportli-

chen Zielen auch besonders die Kameradschaft durch gemeinsame Ausfahrten und Ausflüge pflegen.[20] Der 1904 gegründete Arbeiterradfahrerverein Solidarität in Wolfartsweier erlaubte wie andere Fahrradvereine auch schnell den Frauen die Mitgliedschaft.[21]

Sowohl bei der Umbettung des Drais-Grabes 1891 vom alten auf den neuen Karlsruher Friedhof als auch bei der Enthüllung eines Denkmals für Drais 1893 nahmen alle damals bestehenden Fahrradvereine aus Karlsruhe und Umgebung teil und stellten so ihre Verbundenheit mit dem Erfinder des Fahrrades dar.[22] Anlass für das Treffen 1893 war der VIII. Congress der Allgemeinen Radfahrer-Union, der vom 12. bis 16. August in Karlsruhe abgehalten wurde. Im selben Jahr bestanden sechs Radfahrervereine im Karlsruher Stadtgebiet, bis zur Jahrhundertwende stieg die Zahl auf 17. 1911 werden noch 16 Radfahrervereine genannt,[23] erst in den 1920er Jahren sank die Anzahl, vermutlich aufgrund der Verbreitung von Auto und Motorrad, wieder.[24] Trotzdem wurde in dieser Zeit auf Privatinitiative eine weitere Radrennbahn gebaut, seit 1906 gab es außerdem eine private Radrennbahn in der Karl-Wilhelm-Straße, gegenüber dem Hauptfriedhof.[25] 1923 gründete die Radsportgemeinschaft Karlsruhe (RSG) den 1. Rennclub der Stadt,[26] der 1948 in Radsportverein Freiherr von Drais umbenannt wurde. Die Gründung des Rennklubs zeigte ebenfalls die mehr und mehr wettbewerbsmäßige und sportliche Nutzung des Fahrrades, die sich auch in Karlsruhe ausgebreitet hatte. Erkennbar ist dies auch an dem Bau einer weiteren Radrennbahn auf Höhe der Tullastraße 82 a, die von dem Kaufmann Ludwig Wackenhut geführt wurde. Dort kamen neben Fahrrädern auch Motorräder zum Einsatz. Die Radsportler nahmen nun vermehrt an auswärtigen Wettbewerben teil wie zum Beispiel der 1903 gegründete Bulacher Radfahrerverein Wanderlust, der 1925 mit

Gruppenbild des VIII. Congresses der Allgemeinen Radfahrer-Union, 1893.
Die Teilnehmer haben sich am Lauterberg im Stadtgarten zum Gruppenbild aufgestellt.

Rennen auf der Radrennbahn in der Tullastraße 82a, Anfang 20. Jahrhundert.

einigen Mitgliedern an der ersten internationalen Arbeiter-Sport-Olympiade teilnahm. Der Bulacher Verein errang, obwohl immer noch mit Tourenrädern ausgestattet, beachtliche Erfolge bei Bezirks-, Gau- und Gaubundmeisterschaften, seine Saalfahrer waren im ganzen Bezirk bekannt. In den 1920er Jahren hatte auch der beim Rad- und Motorsportverein Einigkeit 1897 Karlsruhe-Rüppurr beheimatete Radrennfahrer Fritz Schukraft Erfolge zu verbuchen.[27]

War das Rad zunächst Fortbewegungsmittel für Kaufleute, Beamte und Akademiker, bildeten sich am Ende des 19. Jahrhunderts auch die ersten schon erwähnten Arbeiter-Radsportvereine, die sich 1896 im Dachverband Arbeiterradfahrerbund Solidarität zusammenschlossen. Seinen 16. Bundestag führte der 1930 in Arbeiterrad- und Kraftfahrerbund Solidarität umbenannte Verband, welcher mit eigener Fahrradfabrik in Offenbach am Main und 350.000 Mitgliedern der größte Radsportverband der Welt war, im Jahre 1925 in Karlsruhe durch.[28] Grund für seine Umbenennung waren die aufgrund der vermehrten Ausbreitung von Motorrad und Auto vielfach angegliederten Motorradabteilungen,[29] was sich mit der Zeit auch in den einzelnen Radfahrervereinen niederschlug.

Auflösung der Arbeitersportvereine im Nationalsozialismus

Noch 1933 beschreibt der Große Brockhaus den Radsport als „planvolle Ausbildung des Fahrens auf dem Fahrrad zum sportlichen Wettbewerb." Weiter heißt es: „Die Rennfahrer scheiden sich in Berufsfahrer (Professionelle) und Herrenfahrer (Amateure); beide Gruppen gliedern sich wieder in Bahnfahrer und Straßenfahrer. Die Bahnfahrer umfassen Flieger oder Kurzstreckenfahrer ohne Motorführung und Steher oder Langstreckenfahrer hinter Schrittmachern. Die Straßenfahrer bestreiten Zuverlässigkeitsfahrten in einer oder mehreren Etappen bis zu 5.000 km. Außer dem Rennfahren gibt es Wettbewerbe im Wanderfahren (einzeln oder in Gruppen) und im Saalradsport (Reigenfahrer, Kunstfahrer und Radballspieler)."[30] Der Artikel schließt mit der Nennung der Interessenvertretung der Radfahrer, nämlich des Bundes Deutscher Radfahrer, der 1919 aus der Verschmelzung der Allgemeinen Radfahrer-Union (gegr. 1886) mit dem Deutschen Radfahrerbund (gegr. 1884) hervorgegangen war. Er umfasste zu dieser Zeit 2.500 Vereine mit insgesamt 75.000 Mitgliedern, hatte seinen Sitz in Berlin und gab seit 1884 die Deutsche Rad- und Kraftfahrerzeitung heraus. Der oben schon genannte Arbeiterrad- und Kraftfahrerbund Solidarität dagegen wurde 1934 im Zuge der Gleichschaltung aufgelöst und konnte erst 1947 wieder gegründet werden, ein Jahr später folgte die Wiedergründung des Bundes Deutscher Radfahrer (BDR).

Auch in Karlsruhe waren bei der Auflösung der Arbeitersportvereine Radfahrervereine betroffen, so zum Beispiel der Arbeiterradfahrerverein Solidarität Hagsfeld, dem 1933 neben Kassenbuch, Fahnen und anderen Gegenständen auch die Fahrräder weggenommen wurden. Ebenso erging es auch dem Rad- und Kraftfahrerbund Solidarität in Bulach[31] und der Ortsgruppe Wolfartsweier. Letzterer wurde neben Vermögen, Kassenbuch und Protokollbüchern auch eine Signalradtrompete entzogen, die das Bezirksamt Karlsruhe 1935 „der örtlichen HJ unentgeltlich gegen Quittung" übergeben musste.[32] Die Ausübung des Radsports war aufgrund des Einzugs auch der Sportgeräte nicht mehr überall möglich.[33] Während des Krieges existierten laut Karlsruher Adressbuch noch acht Radfahrervereine, nämlich der Radfahrerclub Germania 1892 Durlach, die

Sportrennfahrer auf einem Sportrad der Durlacher Firma Gritzner, Anfang 20. Jahrhundert.

Radfahrergesellschaft 1887, der Radfahrerverein Rennklub Freiherr von Drais, der Radfahrerverein Sturm 1898, die Radfahrervereine Wanderlust in Daxlanden und Knielingen sowie der Radfahrverein Einigkeit Karlsruhe-Rüppurr. Der Radfahrerverein Sturm 1898 in Mühlburg, der sich 1974/75 auf Betreiben der Vorsitzenden Heinz Vogel und Günter Schneider mit dem Rennklub Freiherr von Drais zur Radsportgemeinschaft Karlsruhe (RSG) zusammenschloss, konnte bis 1944 seinem Sport

weiter nachgehen. Im selben Jahr wurden allerdings bei einem Fliegerangriff die meisten der im Gasthaus Zum Lamm aufbewahrten Räder vernichtet.[34]

Radsport in der Nachkriegszeit

Nach Wiederzulassung der Sportvereine durch die Besatzungsmächte fanden sich auch die Radsportvereine in Karlsruhe wieder zusammen. 1948 begannen die Karlsruher Radfahrer mit einem Straßenrennen, gleichzeitig verlagerte sich in der Nachkriegszeit das Fahren von der Straße auf die Hallenradsportdisziplinen Reigen- und Kunstradfahren, Radball und Radpolo.[35] Grund dafür war das Fehlen einer Radrennbahn, obwohl zunächst noch die Aschenbahn des Wildparkstadions oder das Durlacher Turmbergstadion als Rennbahn diente. Die Ortsgruppe Bulach im Rad- und Kraftfahrerbund Solidarität, aus der 1972 der Rad- und Motorsportclub Karlsruhe entstand, richtete 1948 ein erstes Werbesportfest mit Radrennen über „Neue Anlage", Petersgrabenstraße, Grünwinkler Straße und Litzenhardtstraße aus.

Die Radsportgemeinschaft Karlsruhe (RSG) konnte erst 1951 das Kunst- und Reigenfahren sowie das Radballspiel wieder aufnehmen und 1952 erstmals die Gesamtbadische Meisterschaft im Vierer-Vereinsmannschaftsfahren über 100 km sowie 1956 die Badischen Meisterschaften im Hallenradsport austragen.[36] 1951 veranstaltete auch die Ortsgruppe Knielingen im Rad- und Kraftfahrerbund Solidarität ein „Grosses Radrennen" bei den Kasernen in Knielingen. Das Rundstrecken-Rennen ging über zehn Runden für die 14- bis 16-jährigen Teilnehmer, über 25 Runden für die 16- bis 18-Jährigen und über 60 Runden für die Erwachsenen. Die Ortsgruppe Bulach veranstaltete außerdem 1953 ein Radball-Städte-Turnier und im Jahre 1958 ein Radsportfest mit internationalem Radballturnier.[37]

Die Radsportgemeinschaft Karlsruhe (RSG) 1898 führte 1949 die Badischen Straßenmeisterschaften über 150 km und 1951 das Straßenrennen „Um den großen Straßenpreis von Mühlburg" durch. Im selben Jahr hielt anlässlich der Wiederkehr des Todestages von Drais 1951 der Bund Deutscher Radfahrer seine Bundesversammlung in Karlsruhe ab. Außerdem fand bei der RSG ab 1963 jährlich der Städtevergleichswettkampf Karlsruhe-Nancy statt.[38]

Disziplinen des Radsports in Karlsruhe

Heute werden im Radsport die sportlichen Wettkämpfe auf Fahrrädern unterschieden in Straßenrennsport, Bahnrennsport und Hallen- oder Saalsport. Zu letzteren gehört das Kunstfahren sowie Radball und Radpolo. Als Dachverbände existieren wie bereits erwähnt der Bund Deutscher Radfahrer (BDR) sowie der Rad- und Kraftfahrerbund Solidarität Deutschland 1896. 1979 kam in der Sparte Freizeitsport noch der Allgemeine Deutsche Fahrradclub (ADFC) hinzu, der sich selbst jedoch Verkehrsclub nennt.

Kunstradfahren

Das Kunstradfahren ging einher mit der Erfindung des Tretkurbelrades von Ernest Michaux 1861 in Frankreich. Schon Ende der 1860er Jahre zeigen Fotos Kunstradfahrer, um 1880 boomte das Kunstradfahren, das aus den sogenannten Reigenfahrten hervorging. 1895 gab es die ersten Europameisterschaften auf dem Hochrad und um die Jahrhundertwende entstand das moderne Kunstradfahren in Zusammenhang mit der Entwicklung des leichten Niederrades[39]. Die 1870 geborene Karlsruherin Wilhelmine (Minna) Printz war eine der ersten deutschen Kunstradfahrerinnen. Die Tochter des Fabrikanten Junker absolvierte Strecken von Karlsruhe nach Frankfurt, Köln, Düsseldorf und sogar nach Hamburg mit dem Fahrrad und erreichte im Kunstradfahren vielfache Auszeichnungen und Medaillen.[40] Beim heutigen Kunstradfahren unterscheidet man zwei Disziplinen, das 1er und 2er Kunstradfahren sowie das Kunstreigenfahren. Bei Ersterem trägt eine Person auf dem Kunstrad verschiedene Figuren und Übungen vor, bei

Wilhelmine (Minna) Printz, 1892.

Letzterem sind es zwei Personen, die einen Teil des Programms auf zwei Rädern, den anderen auf einem Rad absolvieren.[41] Der Rad- und Motorsportclub Karlsruhe (rmsc) errang in den 1960er Jahren Bundesmeistertitel für Zweier- und Vierer-Kunstfahrer.[42] Die Radsportgemeinschaft Karlsruhe (RSG) trug 1972 die Gesamtbadischen Hallensportmeisterschaften in der Carl-Benz-Halle aus und konnte auch auswärts Siege verbuchen: 1975 gewannen Annette Vogel und Daniela Orter erstmals die Badischen Meisterschaften im 2er Kunstradfahren der Frauen, 1978 nahmen sie an den Deutschen Meisterschaften teil. Ebenfalls für die Radsportgemeinschaft Karlsruhe (RSG) starteten Helmke Ortner und Marita Jäkel 1986 erstmals bei der Deutschen Meisterschaft im 2er Kunstradfahren in Berlin.[43]

Zum Kunstradfahren gehört auch der Mannschaftswettbewerb Kunstreigenfahren, bei dem vier bis sechs Fahrer 25 Figuren im Niederrad (beide Räder haben Kontakt mit dem Boden) oder im Steiger (Vorderrad 30 bis 50 cm über dem Boden) vorwärts oder rückwärts fahren. Dabei sitzt der Sportler immer im Sattel. Früher gab es auch Wettbewerbe im Steuerrohrfahren und Hochradfahren, beim Steuerrohrfahren saßen die Sportler auf dem Rahmenstück zwischen Vorderradgabel und Lenker (Steuerrohr) und fuhren auf dem Hinterrad. 1959 errangen Franz Kwiet und Klaus Wieser vom Rad- und Motorsportclub Karlsruhe (rmsc) erstmals eine Medaille bei den Deutschen Meisterschaften, trainiert wurde zu dieser Zeit im alten Bulacher Rathaussaal. 1964 gewannen Mitglieder des rmsc die Deutsche Jugendmeisterschaft im Mannschaftskunstradfahren in Ulm. In den 1970er Jahren vollzog sich ein Aufwärtstrend im 1er und 2er Kunstfahren, in den 1980er Jahren wurden Ina Stein und Sandra Ruf (1er) sowie Kerstin Grün und Sandra Ruf (2er) Mitglieder des Badischen Landeskaders und starteten für den rmsc bei Länder-

Kunstradfahrer beim Steuerrohrfahren, 1946.

kämpfen für die Badische Auswahl. 2001 errang Andreas Gräßlin vom rmsc die Badische Vizemeisterschaft im Kunstradfahren.[44]

Radball
Die Anfänge des Radballs liegen um 1880, entstanden ist das Spiel angeblich durch einen Zufall: dem damals schon als Kunstradfahrer bekannten Nicholas Edward Kaufmann lief ein kleiner Hund vors Rad. Kaufmann hob daraufhin das Vorderrad auf und beförderte den Hund, ohne ihn und sich zu verletzten, aus dem Weg. Nach diesem Vorfall begann er, sein Kunststück ab 1893 in den USA vorzuführen. Der Hund wurde durch einen kleinen Poloball

283

Radballspiel des Arbeiter-Rad- und Kraftfahrerbundes Solidarität (Ortsgruppe Bulach), 1960.

ersetzt, Spielpartner wurde der Kunstfahrer John Featherly. Die ersten offiziell Radball spielenden Europäer waren 1901 die Berliner Kunstradfahrer Paul und Otto Lüders.

Beim Radball spielen zwei Mannschaften mit je zwei Mann gegeneinander, die Spielzeit beträgt 2 x 7 Minuten. Das benutzte Spezial-fahrrad hat keinen Freilauf, kann also vorwärts und rückwärts fahren. Gespielt wird auf einem Feld von 11 x 14 m Größe mit 30 cm hoher Schrägbande. Die Tore sind 2 x 2 m groß, der Ball hat einen Durchmesser von 17 bis 18 cm und wiegt 500 bis 600 Gramm. Die Spieler führen den Ball mit dem Rad und versuchen ihn mit dem Vorderrad in das gegnerische Tor zu schießen. Dabei sind keine Fuß- und Hand-berührungen erlaubt, jedoch Kopfbälle. Be-rührt ein Spieler den Boden, so muss er die eigene Toruslinie überfahren und darf dann erst wieder mitspielen. Ecke und Ausball äh-

neln den Regeln des Fußballs. 1921 fand die erste Deutsche und zweite Schweizer Meister-schaft, 1929 die erste Radballweltmeisterschaft statt. 1930 wurde Zweier-Radball und Sechser-Rasenradball Weltmeisterschaftsdisziplin. In Karlsruhe hielt der Radball nach dem Krieg Einzug und hatte einige Erfolge aufzuweisen: 1964 wurde Sturm Mühlburg mit der 1. Mann-schaft Badischer und mit der 2. Mannschaft Vizemeister.[45] 1975 qualifizierten sich Gerhard Ruf und Ernst Wachter vom Rad- und Motor-sportclub Karlsruhe (rmsc) für die Erste Bun-desliga.[46] 1977/78 wurden Wagner und Schäfer von der Radsportgemeinschaft Karlsruhe (RSG) Badische Jugendmeister im Radball.[47]

Diverse Radballmannschaften des Rad-und Motorsportclubs (rmsc), bei dem nach dem Krieg der Radball die dominierende Sportart ist, spielten in der Bezirks- und Lan-desliga, 1975/77 wurde der Verein Nordbadischer Meister in der A-Jugend.[48] Heute sind die Spieler des rmsc von der Schülerliga bis zur Oberliga in Nordbaden vertreten, ihre Trainings- und Heimspielstätte ist seit 20 Jahren in Oberreut. 1996 nahmen die Vereinsmitglieder Daniel und David Cortes an der Weltmeisterschaft in Epinal teil, im Bundes-Pokal der Jungamateure standen ebenfalls Daniel Cortes und Michael Fabian im Finale.[49]

Radpolo

Radpolo ist ein parallel zum Radball entstandenes Kampfspiel für Mädchen und Frauen, das seit Kriegsende in Karlsruhe gespielt wird und Anfang der 1960er Jahre einen Aufschwung erlebte. Das Team besteht aus zwei Spielerinnen, die einen ca. 10 cm großen Ball nur mit dem Polostock spielen dürfen, Spielfeld und -regeln sind die gleichen wie beim Radball. 1964 startete für den Rad- und Motorsportclub (rmsc) erstmals ein Team bei den Deutschen Meisterschaften in Ulm, 1965 wurde der Verein Südwestdeutscher Jugendmeister und 1971 sowie 1974 Gewinner des Radpolo-Bundespokals, 1978 gar Landesmeister in Baden.[50] 1976 gründeten der Rad- und Kraftfahrerbund Solidarität und der Bund Deutscher Radfahrer eine gemeinsame Bundesliga, seit 1981 gibt es auch eine Regionalliga. 1985 gewann der Rad- und Motorsportclub (rmsc) die Süddeutsche Meisterschaft sowie die Deutsche Meisterschaft in der Schülerklasse mit Kerstin Grün und Tamara Westermann.[51]

Radrennen

Wie schon erwähnt führte der Rad- und Motorsportverein Einigkeit 1897 Karlsruhe Rüppurr am 23./24. Juni 1899 ein erstes Straßenrennen mit sechs Fahrern durch, Start und Ziel waren das Gasthaus Grüner Baum. 1928 initiierte der Verein ein erstes Damenrennen, die Straßenrennen wurden in der Regel rund um die Gänseweide ausgeführt.[52]

1979 erhielt der für die Radsportgemeinschaft Karlsruhe (RSG) startende Günter Kobek die Bronzemedaille bei den Jugendweltmeisterschaften im Radrennen in Buenos Aires/Argentinien, außerdem wurde er 1982/83 Militärweltmeister im 4.000-m-1er-Verfolgungsfahren sowie 1983 Deutscher Meister in 100-km-2er-Mannschaftsfahren und zweifacher Sechs-Tage-Sieger.[53]

Mit dem Bahnradsport verbindet man in Karlsruhe den Namen Verena Jooß, die allerdings für den FC Friesenheim startet.

BMX

Für BMX (=Bicycle Moto Cross) war zunächst das Abschrauben aller klappernden Teile eines Fahrrades (Schutzblech, Kettenschutz) Voraussetzung, um ungehindert durch unwegsames Gelände fahren zu können. Seinen Ursprung hat BMX in den 1970er Jahren in Kalifornien als Sportart für Jugendliche, die ab 1980/81 auch in Deutschland mit der Anlegung von Bahnen für Interessierte und in der Durchführung von Deutschen Meisterschaften ab 1982 sichtbar wird.[54] 1982 gründete die Radsportgemeinschaft Karlsruhe (RSG) eine BMX-Abteilung, da die Sportart durch die in Karlsruhe stationierten amerikanischen Soldaten hier sehr schnell heimisch geworden war. Rainer Schadowski von der RSG wurde 1986 Vizeweltmeister in der BMX-Größenklasse und holte 1984, 1986, 1991 und auch 1993 die Deutsche Meisterschaft.[55] Später trainierte er 12- bis 16-Jährige auf seinem eigenen Trainingsgelände am Maxauer Hafen.

Auch Albert Retey von der Radsportgemeinschaft Karlsruhe (RSG) nahm 1987 an einem Wettbewerb in Köln teil, ab 1989 war er der beste Flatland Freestyler in Deutschland, von 1989 bis 1995 gewann er ohne Unterbrechung die Deutsche Meisterschaft in dieser Disziplin, 1993 sogar die WM in Limoges (Frankreich).[56]

Die BMX-Anlage der Motorsport-Freunde in Grötzingen war 1984 die erste Wettbewerbsanlage in Baden.[57]

Mountainbiking (MTB)
Die jüngste der Radsportarten ist das Mountainbiking, das zwar seit den 1970er Jahren in den USA, aber erst seit Anfang der 1990er Jahre als Trendsportart in Europa betrieben wird. Zur selben Zeit wurde die Deutsche Initiative Mountainbiking (DIMB) als Dachverband gegründet. Das Fahren auf nicht befestigten Straßen möglichst in bergigem oder hügeligem Gelände wurde 1996 erstmals olympische Disziplin. Auch in Karlsruhe fasste das Mountainbiken Fuß,[58] wobei das Mountainbike heute nicht ausschließlich als Sportmittel, sondern individuell auch als Fortbewegungs- bzw. Freizeitmittel genutzt wird.

Radsportereignisse in Karlsruhe

Bereits vor der eingangs erwähnten Tour de France 2005 fanden nationale und internationale radsportliche Ereignisse in Karlsruhe statt. Den Beginn nach dem Zweiten Weltkrieg machte 1950 die Deutschland-Rundfahrt, deren 6. Etappe Zweibrücken-Stuttgart durch Karlsruhe führte.[59] Ein Jahr später war Karlsruhe sogar Zielpunkt der 6. Etappe Mannheim-Karlsruhe,[60] im selben Jahr tagte der Bund Deutscher Radfahrer in Karlsruhe und legte wie schon Jahrzehnte davor üblich einen Kranz am Denkmal des Freiherrn von Drais nieder.[61] 1955 und 1959 trug der Arbeiter-Rad- und Kraftfahrerbund Solidarität in Karlsruhe die Deutschen Meisterschaften im Saalsport in der Schwarzwaldhalle aus: 700 Teilnehmer aus dem gesamten Bundesgebiet kamen in die Stadt, die Karlsruher selber jedoch unterlagen bereits in den Vorentscheidungen.[62] 1961 fanden die Deutschen Radsportmeisterschaften in Karlsruhe statt, drei Jahre später veranstaltete Sturm Mühlburg die Badische Querfeldeinmeisterschaft in der Bannwaldallee, nahe dem Gasthaus Zum Kühlen Krug. 1967 gab es ein Internationales Amateurrennen anlässlich der Bundesgartenschau in Karlsruhe, die Karlsruher Radsportvereine schlossen sich für diesen Anlass zu einer Arbeitsgemeinschaft zusammen: Start und Ziel des Rennens war die Moltkestraße in der Nähe der Jugendherberge. Auch der 28. Bundestag des Rad- und Kraftfahrerbundes Solidarität tagte 1970 wieder in Karlsruhe.[63]

1972 fanden die Gesamtbadischen Hallenradsportmeisterschaften in der Carl-Benz-Halle statt, sie wurden erstmals nach dem Krieg in Karlsruhe ausgetragen, diesmal um den August-Vogel-Wanderpokal. Die Didi Thurau-Begeisterung sorgte 1977 und 1979 bei der Internationalen Deutschland-Rundfahrt der Berufsfahrer, deren 2. Etappe durch Karlsruhe führte, für volle Straßen.[64] Schon 1987 machte die Tour de France in Karlsruhe Station[65], die Strecke führte am 4./5. Juli von Karlsruhe über Stuttgart und Pforzheim nach Straßburg.[66] In Karlsruhe verlief sie über den Entenfang und Durmersheimer/Pulverhausstraße zum Autobahnzubringer Süd (L 605) und dann nach Ettlingen. Zurück ging es von Ettlingen nach Karlsruhe über Herrenalber Straße – Ettlinger Allee – Schwarzwaldbrücke – Albtalbahnhof – Ebertstraße – Brauerstraße – Reinhold-Frank-Straße zur Moltkestraße. Über die Stephanien- und Karlstraße erreichte die Kolonne das Karlstor, schwenkte nach Osten und fuhr über Kriegs- und Kapellenstraße bzw. Durlacher Allee nach Durlach. Dann verließen die Fahrer die Stadt über Pfinz- und Blumentorstraße in Richtung Weingarten.[67] Im selben Jahr nahm die Historische Gruppe der Radsportgemeinschaft (RSG) an den Weltmeisterschaften in Holland teil, dabei wurde

6. Etappe der Deutschlandtour durch Karlsruhe, 1950.

BMX-Cup anlässlich der World Games im Sportzentrum Grötzingen, 1989.

Rüdiger Ortner Weltmeister im 800-m-Draisinenfahren.[68]

Im Jubiläumsjahr der Radsportgemeinschaft Karlsruhe (RSG) wurden 1988 neben der Badischen Meisterschaft im Kunstfahren der Schüler und im Radball der Oberliga auch ein Volksradfahren, ein Radrennen um den Binding-Preis, die 6. Radtouristikfahrt sowie ein Radballsuperturnier ausgetragen.[69] 1989 fanden die Süddeutschen Meisterschaften im Kunstradsport im Zusammenhang mit den World Games in der Europahalle statt. Gleichzeitig wurde ein BMX-Cup in Grötzingen veranstaltet, bei dem „auf der 325 Meter langen Radcross-Bahn mit zwei Steilkurven und sieben Sprüngen dramatische Kämpfe mit einem hochklassigen Teilnehmerfeld" gezeigt wurden.[70] 700 BMX-Fahrer aus 15 Nationen waren vor Ort und sorgten laut Zeitungsberichten „für richtige Rennatmosphäre." Das bis vor zwei Jahren in Karlsruhe veranstaltete Paarzeitfahren lockte Radsportgrößen wie Jan Ulrich und Lance Armstrong in die Fächerstadt und sorgte so für einen großen Besucherstrom. In diesem Jahr findet außerdem zum zweiten Mal die „Internationale Städtepartnerschaftsradtouristikfahrt und Marathon" von Karlsruhe nach Nancy in drei Touren statt. Für Karlsruhe von der Stadt und der Radsportgemeinschaft (RSG) veranstaltet ist diese Veranstaltung kein Radrennen in eigentlichem Sinne, stellt jedoch an die Teilnehmer mit einer Länge von 237 km sportliche Herausforderungen. Karlsruhes Ruf als Fahrradstadt ist auch eng mit dem Vorsitzenden der Radsportgemeinschaft Karlsruhe verknüpft: Heinz Vogel hat großen Anteil an überregional bedeutenden Karlsruher Radsportveranstaltungen und war zeitweise Präsident des Badischen Radsportverbandes, der ihm im Jahre 2002 die Ehrenpräsidentschaft verlieh.

Zur Zeit gehen in Karlsruhe sieben Vereine mit insgesamt 268 Mitgliedern dem Radsport nach[71], wer näheres über Routen u. ä. um und in Karlsruhe wissen will, der kann dies dem kürzlich erschienenen Fahrradbuch Karlsruhe entnehmen.[72] Fahrradstadt ist Karlsruhe aber nicht nur wegen der zahlreichen Rad fahrenden Bürger, auch 2006 kehrt wieder ein radsportliches Großereignis in die Fächerstadt ein: Die Deutschlandtour endet am 9. August in Karlsruhe.

ANKE MÜHRENBERG

Reitsport

Reiten für den Krieg

Der Ursprung des Reit- bzw. Pferdesports liegt wie der einiger anderer Sportarten auch im Krieg. Bereits bei den Griechen sind zwischen 1600 und 1200 v. Chr. Wettkämpfe mit Pferden historisch belegt, bekannt sind auch spätestens seit dem Film „Ben Hur" die Wagenrennen im antiken Rom. Das Pferd gab von je her dem Menschen seine Arbeitskraft, Schnelligkeit und Ausdauer. Schon der Geschichtsschreiber und Schriftsteller Xenophon (430–335 v. Chr.) beschrieb in den Werken „Über die Reitkunst" und „Der Reitoberst" die Vorbereitung des Pferdes für den Kriegseinsatz, bei der es durch heute noch gebräuchliche Bahnfiguren gelockert wurde.[1] Besonderen Wert legte Xenophon auf die Wendigkeit des Pferdes, das so sich und seinen Reiter aus den Gefahrensituationen des Kampfes bringen konnte. Trotzdem war schon ihm im Umgang mit Pferden Feingefühl und Selbstdisziplin ebenso wichtig wie eine gewisse Freiheit des Pferdes.[2] Den Thesen Xenophons stimmte später neben anderen auch der Philosoph Vergil (70–19 v. Chr.) zu. Nach einer langen Pause trat erst unter Karl dem Großen und während der Kreuzzüge eine Rückbesinnung auf die antike Reitweise ein. So wundert es nicht, dass auch ein mittelalterlicher Ritter als wichtigste Fähigkeit die Kunst, ein Pferd zu meistern, vorweisen

musste. Schon damals legte man Unterrichtsregeln fest.[3] Im Spätmittelalter verhinderte allerdings die schwere Rüstung der Ritter die Leichtigkeit des Reitens. Erst in der Renaissance wurde Reiten wieder als Kunst angesehen, aber weiterhin entwickelte man heute aus der Hohen Schule der Reiterei bekannte Bewegungen wie Piaffe, Levade und Pirouette für den Kampf.[4] Der Stallmeister des Kurfürsten von Sachsen Engelhart von Löheysen veröffentlichte im Jahre 1588 „Die neu eröffnete Hof-, Kriegs-, und Reitschul", in der er sich mit dem Reiten bei Hofe, dem Turnierreiten und der Korrektur schwieriger Pferde beschäftigte.[5] Auch im 17. und im 18. Jahrhundert erschienen verschiedene Traktate über die Reitkunst.[6] Unter Friedrich dem Großen entstand die Lehre der Reiterei mit den Ausbildungszielen Schnelligkeit, Wendigkeit, Gehorsam und Geländesicherheit, was er mit dem Ausspruch: „Ein Reiter, der nicht lange galoppieren kann, taugt nichts!" untermauerte.[7] Schnelligkeit war nun wichtiger als Eleganz, die klassische Ausbildung trat in den Hinter-, militärische Bedürfnisse in den Vordergrund. 1817 entstand aus diesem Grund eine Reiterakademie in Berlin, die sich mit der „Ausbildung von Pferd und Reiter nach einheitlichen Richtlinien" beschäftigte.[8] Der sportliche Aspekt trat erst um die Wende vom 19. zum 20. Jahrhundert mit der Trennung des Reitsports in Renn- und Springsport in den Vordergrund, wobei letzterer zu dieser Zeit überwiegend ein reiner Offizierssport war. Dabei muss auch immer berücksichtigt werden, dass Reiten bis weit ins 20. Jahrhundert hinein nur für die höheren Gesellschaftsschichten in Frage kam, da die Anschaffung und Haltung eines oder mehrerer Pferde teuer war und ist.

Reiten als Sport

Ausgangspunkt für den Reitsport sind die Pferderennen, die in England bereits für das 12. Jahrhundert belegt sind, sich jedoch erst im 18. Jahrhundert überwiegend in Frankreich ausbreiteten. Meist traten im Gegensatz zu den heute allgemein bekannten Rennen lediglich zwei Pferde aus adligem Besitz gegeneinander an, um ihre Schnelligkeit zu messen.[9] Im 18./ 19. Jahrhundert entwickelte sich mehr und mehr eine Begeisterung für das Jagd- und Geländereiten.

Die Verbreitung des aus Vermischung einheimischer Rassen mit arabischen entstandenen Vollbluts auf europäischem Gebiet führte auch zur Veränderung der Reitweise vom Militärreiten zum sportlichen Herrenreiten.[10] Ein erstes Galopprennen mit Vollblütern englischer Zucht auf deutschem Boden fand 1822 in Bad Doberan statt, als erste moderne Reitsportveranstaltung jedoch gilt die Royal Dublin Horse Show, die am 15. April 1864 mittels zweier Springprüfungen Aufschluss über die Eignung der Pferde für die Fuchsjagd bringen sollte. Dreißig Jahre später gründete sich 1894 als einer der ersten deutschen reiterlichen Zusammenschlüsse die Bayerische Campagne-Reiter-Gesellschaft, die bereits 1895 ein Reitturnier durchführte. Dies fand Nachahmer in Frankfurt, Köln und Berlin. Zu Beginn des 20. Jahrhunderts folgten Militärprüfungen, bald darauf auch publikumswirksame Veranstaltun-

gen. Aus dem Geländereiten entstand das Springreiten, das sich bald hoher Popularität erfreute, da man es im Gegensatz zum Jagdreiten im Stadion anschauen konnte. Der von dem italienischen Rittmeister Frederico Caprilli erfundene „leichte Sitz", also der heutige Stil des Springreitens, nämlich das Mitgehen des Reiters beim Sprung, floss in Europa in das Spring- und Geländereiten ein. Die Durchsetzung dieses Springstils führte zu einer weiteren Verbreitung des Springreitens auch vor Publikum.[11] In den 1920er Jahren war es noch üblich, dass ein Reiter alle Disziplinen, also Rennreiten, Dressur, Springreiten und Military ausübte. So gewann Freiherr Carl Friedrich von Langen mit seinem Pferd Hanko dreimal das Springderby sowie 1928 die olympische Dressurprüfung, bevor er 1934 nach einem Sturz in einer Militaryprüfung starb.[12] Bereits 1912 war der Reitsport mit den Disziplinen Vielseitigkeit, Springen und Dressur olympisch geworden, 1920 gab es einen kurzen Auftritt des Voltigierens bei Olympia. Zusätzlich finden seit 1953 Weltmeisterschaften im Springen, seit 1966 in der Dressur, seit 1970 im Military und seit 1972 im Fahrsport statt.[13] Neben dem Dressur- und Rennreiten ist in Deutschland heute immer noch das Springreiten eine der populärsten Disziplinen, spätestens seit den Erfolgen in der Nachkriegszeit von Fritz Tiedemann mit Meteor sowie Hans-Günther Winkler mit Halla.

Neben den Disziplinen Dressur, Springreiten, Military, Galopp- und Trabrennen, Polo sowie Voltigieren gibt es heute noch das Distanzreiten und das Reining,[14] ebenso spielt das Pferd im Modernen Fünfkampf eine Rolle. Bei allem ist die Dressur die Grundlage der Reiterei, sie dient nicht wie allgemein immer behauptet dem Dressieren des Pferdes, sondern ist im Grunde eine Gehorsamsprüfung. Das Reiten einer Prüfung ist nur möglich, wenn das Pferd mitmacht. Die Ausbildung eines

Militärprüfung zu Beginn des 20. Jahrhunderts.

Dressurpferdes nimmt in etwa vier bis sechs Jahre in Anspruch, dann erst beherrscht es Lektionen bis zur Klasse S.[15]

Military, auch Vielseitigkeit genannt, geht auf die Entfernungsritte der berittenen Truppen zurück: deutsche, österreichische und ungarische Offiziere, die 1892 von Berlin nach Wien ritten, bewältigten mit ihren Pferden in sechs Tagen 580 km querfeldein. Die daraus entstandene Sportart Military umfasst alle bekannten Disziplinen der Reiterei: Dressur, Springen, Wegstrecken und Querfeldeinritte.[16] Polo dagegen ist eine der ältesten Ballspielarten der Welt und wurde vermutlich schon vor 2.600 Jahren in Persien gespielt. Die ersten schriftlichen Erwähnungen stammen aus dem 7. Jahrhundert v. Chr., französische Kreuzritter führten Polo im 13. Jahrhundert unter dem Namen Chicane im Westen Europas ein, erst 1867 kam das Spiel aus Manipur nach Eng-

land.[17] In Deutschland ist es im Gegensatz zu den anderen Reitsportdisziplinen eher von geringer Bedeutung. Als letzte Sparte des Reitsports ist noch das Voltigieren zu nennen: Voltigieren beinhaltet turnerische Übungen meist jugendlicher Reitsportler auf dem Pferd, das sich an der Longe (lange Leine) im Kreis meist im ruhigen Galopp bewegt. Auf dem Pferderücken werden verschiedene Figuren wie Stehen, Knien, Mühle, Fahne u. ä. dargeboten, die teilweise akrobatischen Charakter haben.

Dachverband der Reiter ist heute die Deutsche Reiterliche Vereinigung, abgekürzt FN (Fédération Equestre Nationale), mit Sitz in Warendorf. Angeschlossen an die FN ist auch das Deutsche Olympia-Komitee für Reiterei (DOKR) sowie das Bundesleistungszentrum Reiten (BLZ), die beide den Spitzensport fördern.[18]

Reitsport in Karlsruhe

In Karlsruhe gibt es im Jahre 2005 sieben Reithallen und zwölf Reitplätze sowie eine Trabrennbahn. Diese Einrichtungen werden von den 1.451 Mitgliedern der zehn Reitvereine genutzt.[19] Neben dem Institut von Neindorff und dem Zucht- und Rennverein Karlsruhe-Knielingen, denen sich am Schluss aufgrund ihrer Bedeutung eigene Kapitel widmen, zählen in Karlsruhe die Akademische Reitsportgruppe der Universität Karlsruhe, die Island Pferdefreunde Karlsruhe, der Reitsportclub Daxlanden, der Reiterverein Durlach, der Badische Schleppjagdverein, der Reiterverein Karlsruhe, der Reiterverein Rittnerhof sowie die Reitanlage Rosenhof Neureut als Reitvereine.

Auch in Karlsruhe geht der Reitsport auf militärische Traditionen zurück: bereits seit 1885, vermutlich sogar schon früher, gab es in Karlsruhe einen Reiterverein, der sich 1905 Karlsruher Reiterverein nannte und um 1910 seinen Sitz in der Belfortstraße hatte. Im Vorstand des Vereins waren überwiegend Militärangehörige,[20] die unter anderem 1910 und 1913 zweimal jährlich sogenannte Renntage auf dem Rennplatz bei Klein Rüppurr veranstalteten.[21] Veranstaltungsort waren die Rennwiesen am Gewann Großer und Kleiner Schellenberg an der damaligen Ettlinger Straße (die heutige Ettlinger Allee), wo der Reiterverein bereits 1909 den Bau einer Tribüne mit Gastwirtschaft beantragt hatte.[22] Der Karlsruher Reiterverein hatte das Gelände zwar bis 1934 vom Staat gepachtet, nach dem Abschluss des Versailler Vertrages sowie der damit verbundenen Entmilitarisierung und Verringerung des Pferdebestandes sah er 1920 jedoch „keine Möglichkeit der Betätigung für sich."[23] So pachtete die Stadt das Gelände für den Fußballclub Südstern und kaufte auch die Tribüne. Der Karlsruher Reiterverein wünschte jedoch diese noch so zu erhalten, dass jederzeit wieder Pferderennen durchgeführt werden konnten. Ab 1925 hielt der Verein, jetzt Rennverein genannt, auch wieder Rennen auf dem Gelände ab. Diese wurden auf jeden Fall bis 1938 veranstaltet, denn im selben Jahr überließ der Verein dem Bund Deutscher Mädel einen Teil

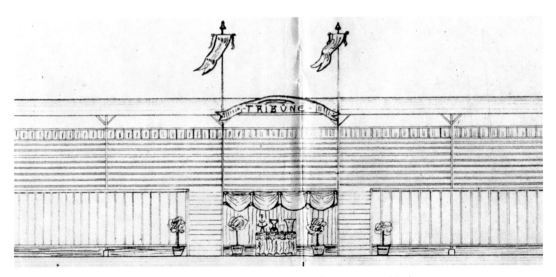

Ansicht der Tribüne des Karlsruher Reitervereins an der Ettlinger Straße (heute Ettlinger Allee), 1909.

Blick über den Turnierplatz beim Reit- und Fahrturnier auf den Rüppurrer Rennwiesen, 1939.

der Tribüne für ein Sportfest.[24] Gleichzeitig mit dem Karlsruher Reiterverein war der Campagne-Reiterverein des 14. Armeekorps aktiv, er richtete 1913 ein Preisreiten und -springen aus.[25] Die Campagnereiterei entstand am Ende des 18. Jahrhunderts, als deutsche Militärkommandeure die Reiterei verbessern wollten. Dabei legten sie den Schwerpunkt auf diese Form des Reitens, die sich durch Schnelligkeit, Gehorsam und Sicherheit der Pferde im Gelände auszeichnete.[26]

1925 entstand auch in Daxlanden ein Reiterverein,[27] auf den sich der heute noch bestehende Reitsportclub Daxlanden beruft. Gleichzeitig ist ab 1926 ein Reitsportverein Karlsruhe unter dem Vorstand des Generalmajors a. D. Ullmann in den Adressbüchern eingetragen, der den Tattersall[28] in der ehemaligen

Gottesauer Kaserne nutzte.[29] Ullmann war auch gleichzeitig zu dieser Zeit Präsident des Rennvereins Karlsruhe. Ab 1924 gab es dann noch einen Reitsportclub, sein Vereinslokal war die Winzerstube am Stadtgarten.[30]

Der älteste heute noch bestehende Reiterverein in Karlsruhe ist jedoch der Reiterverein Durlach, der 1908 als Verein ehemaliger Reiter Durlach zur Ausübung des Reitsports sowie der Organisation und Durchführung von Reitturnieren gegründet wurde. Der ebenfalls aus Militärreitern entstandene Verein schloss sich 1928 mit dem Ländlichen Reiterverein Durlach zum Reiterverein Durlach zusammen, 1935 nannten sie sich allerdings wieder aufgrund der Remilitarisierung Kavallerie-Kameradschaft Durlach und stellten so den militärischen Bezug wieder her.

Frau beim Sprung über Hindernis beim Reit- und Fahrturnier auf den Rüppurrer Rennwiesen, 1939.
Zu dieser Zeit galten noch keine Vorschriften für das Tragen von Reitkappen.

Als letztes großes Reitsportereignis in Karlsruhe vor dem Zweiten Weltkrieg fand vom 30. Juni bis zum 2. Juli 1939 ein Reit- und Fahrturnier auf den Rüppurrer Rennwiesen statt. Am Sonntag, dem letzten Tag und Höhepunkt des Turniers, besuchten 5.000 begeisterte Zuschauer den Wettkampf, zu dem es im Durlacher Tagblatt hieß: „Das Hauptereignis des Sonntags bildete ein schweres Jagdspringen, in dem beste süddeutsche Turnierklasse gesattelt wurde. Die Schwierigkeit des Parcours drückte sich schon darin aus, daß von 22 Pferden nur zwei fehlerlos über die 1,20 bis 1,40 Meter hohen Hindernisse kamen. Zuerst vermochte K. Röchling-Völtlinger auf Korsar fehlerlos mit 96 Sekunden die beste Zeit zu erzielen. Derselbe vorzügliche Reiter konnte dann aber diese Zeit noch selbst durch einen fehlerlosen Ritt auf Lunte XX übertreffen, eine

Leistung, die den ungeteilten Beifall fand."[31] Gäste des Reitsportereignisses, das ganz unter dem Zeichen des Nationalsozialismus und des nahenden Kriegsausbruches stand, waren unter anderem Innenminister Pflaumer, Divisionskommandeur Generalmajor Reinhard, SS-Oberführer Bock und Lohse sowie Oberbürgermeister Hüssy. Neben der genannten Prüfung fanden auch Gespannvorführungen und Patrouillespringen statt. Im „Führer" war zu lesen, dass bekannte Turnierreiter aus ganz Deutschland eingetroffen seien und 200 Pferde an den Start gingen. Betont wurde in diesem Beitrag, dass viele Pferde im Dienst der Wehrmacht stünden und nur „nebenbei" auf den Turniersport vorbereitet würden.[32]

Während des Zweiten Weltkrieges bestanden laut Adressbuch weiterhin der Reiterverein Daxlanden, der Reitsportclub 1924 am

Turnier beim Reitsportclub Daxlanden, 14. Mai 1966.

Stadtgarten und der Reitsportverein Karlsruhe, wobei die Aktiviäten des Reitsports durch den Kriegseinsatz von Pferd und Reiter sehr eingeschränkt waren.

Reitboom in der Nachkriegszeit

Nachdem das Pferd während des Zweiten Weltkrieges wieder als Nutztier eingesetzt worden war, führte nicht nur das Verbot der Gründung von Vereinen, sondern auch eine erneute Dezimierung des Pferdebestandes durch den Krieg zu einer verspäteten Wiedergründung der Reitsportvereine. Nun mutierte das Pferd mehr und mehr zum Luxusgegenstand, das in der Stadt ohnehin nur von Begüterten gehalten werden konnte. Der Reitsport allerdings erlebte einen Aufschwung, da die militärische Nutzung der

Pferde nun vorbei war und das Reiten voll und ganz Freizeitbeschäftigung und -sport wurde.

Nach Kriegsende entstanden in Karlsruhe neue Reitvereine, die sich teilweise auf die Vorkriegszeit beriefen: 1948 der heutige Karlsruher Reiterverein, der zur Zeit mit über 350 Mitgliedern einer der größten Pferdesportvereine Badens ist, dann der Reitsportclub Daxlanden und im Jahr 1954 erhielt der Durlacher Reiterverein seinen heutigen Namen Reit- und Fahrverein Durlach und Aue – gegründet 1908 – Karlsruhe-Durlach.

1950 konnte in Karlsruhe ein erstes Nationales Reitturnier auf dem Platz des Karlsruher Fußballvereins (KFV-Platz an der Telegraphenkaserne) mit Dressurprüfungen bis zur Klasse M sowie einem Geländeritt durch den Hardtwald und einem Jagdspringen der Klasse M mit Karlsruher und mit auswärtigen Teilnehmern durchgeführt werden. Bei diesem Turnier wurden extra Konkurrenzen für „ländliche Pferde und Reiter" veranstaltet, da diese Pferde meist noch im landwirtschaftlichen Dienst waren und so nicht mit den eigentlichen Turnierpferden konkurrieren sollten.[33]

Auch der auf der ehemaligen Fohlenweide des Bauernvereins Daxlanden im Gewann Gäll befindliche neu gegründete Reitsportclub Daxlanden veranstaltete 1954 ein erstes Springturnier auf seinem Gelände, das fortan jährlich wiederholt wurde. Herausragende Reiter dieses Vereins waren in den 1950er und 1960er Jahren Iris Kotting sowie die Brüder Robert und Alfons Ganz. Alfons Ganz war 1955 Mitglied der badischen Mannschaft und Robert Ganz reiste 1956 zum Bundeswettkampf nach München. In den Berichten über diese Erfolge wurde auch immer wieder betont, dass der Pferdesport ohne die ländliche Reiterei nicht existieren konnte. Der Reitsportclub Daxlanden versuchte in der Folgezeit mehrmals sein Gelände zu erweitern, um eine notwendige Reithalle bauen zu können, doch es gelang ihm nicht. Die Versuche scheiterten ebenso wie eine Verlegung des Reitsportclubs ins zukünftige Daxlander Sportzentrum Fritschlach.[34]

Dagegen konnte der Durlacher Reitverein 1963 seine Reitsportanlage Lenzenhub einweihen, der Karlsruher Reiterverein wartete am längsten: er erhielt erst 1990 sein Gelände am See. Zuvor war er Gast in der Dragonerkaserne in der Yorckstraße sowie in Rüppurr, im Reitinstitut von Neindorff und Pächter beim Rosenhof in Neureut.[35]

Sowohl der Karlsruher als auch der Durlacher Reiterverein führen jährlich Lehrgänge für Dressur- und Springreiter mit auswärtigen Lehrern durch, so war zum Beispiel 2004 der Mannschaftsolympiasieger von Seoul Dirk Hafemeister beim Karlsruher Reiterverein. Daneben gibt es auch Lehrgänge für Reiterpass und Reitabzeichen. Beim Durlacher Reiterver-

ein sind die Hauptveranstaltungen das Voltigierturnier im Frühjahr und das Freilandturnier im September. Dieses Jahr werden in Durlach sogar die Europameisterschaften im Veteran Jumping Riders sowie der Tierärzte im Springreiten veranstaltet.

Der Karlsruher Reiterverein führt Vereinsmeisterschaften im Februar sowie ein großes Spring- und ein Voltigierturnier im Sommer durch. Das Voltigieren nimmt in beiden Vereinen einen großen Platz ein, die Voltigiergruppe des Reitervereins Durlach wurde 2003 sogar Nordbadischer Meister.

Beim Karlsruher Reiterverein ist außerdem die Akademische Reitgruppe Karlsruhe zu Hause, deren Teilnehmer an Studententurnieren in ganz Deutschland teilnehmen. Anders als bei den üblichen Turnieren reisen die Teilnehmer ohne ihre Pferde an, die Wettbewerbe werden im k.o.-Verfahren mit zugelosten Pferden des veranstaltenden Vereins bestritten. Akademische Reitgruppen haben eine lange Tradition, bereits 1929 gab es einen von Studenten gegründeten Akademischen Reitverband (DAR), 1969 wurde das erste internationale Studentenreitturnier durchgeführt.[36]

Rennsport in Karlsruhe

Auf der Galopprennbahn in Iffezheim werden seit 1872 vom Internationalen Club Baden-Baden Rennen veranstaltet.[37] Ob dies direkte Auswirkungen auf Karlsruhe hatte, ist nicht erwiesen, doch seit den 1870er Jahren gab es ebenfalls Pferderennen in Karlsruhe. Zu Beginn wurden sie zur Attraktivitätssteigerung des traditionellen Knielinger Pferde- und Fohlenmarktes einmal jährlich an einem Montag veranstaltet.[38] Erst 1924 gründete sich ein Reit- und Rennverein, der von 1932 bis 1959 den Pferdemarkt und die dazu gehörigen Ren-

1. Großes Karlsruher Reit- und Springturnier, veranstaltet vom Reiterverein Durlach, 21. Juni 1963.
Vereinsmitglied Theo Müller beim Sprung über das Hindernis.

nen durchführte.[39] Laut Aufruf im Rheinboten hatte sich dieser Verein „auf Anregung des Bürgermeisters Dörr zur Hebung der Pferdezucht in der Hardt" gebildet. Weiter hieß es in dem Zeitungsbericht: „Der Verein hat sich zur Aufgabe gemacht, neue jüngere Mitglieder mit der Pflege, Wartung, Fütterung und Erprobung des edlen Warmblutpferdes, wie es bei uns mit gutem Erfolg gezüchtet wird, vertraut zu machen und sich an Rennen und Pferdeprüfungen zu beteiligen, damit das gute im Bezirke gezogene Pferd zu Ehren und zu Preisen kommen kann. Zum Vorsitzenden und Ausbilder wurde der Verwaltungsobersekretär Friedrich Braun und zum Vereinsrechner der Kaufmann Adolf Bauer gewählt. Mitglied kann jeder unbescholtene Mann werden. Beitrittserklärungen nehmen der Vereinsvorsitzende und Rechner jederzeit entgegen."[40] Bereits am 8. Juni 1924 wurde ein Rennen auf der damals 2.200 m langen Rennbahn durchgeführt. 1928 brachten die Knielinger Fritz Bierhalter und Wilhelm Ruf erstmals Traberpferde von Bayern nach Baden und legten so den sportlichen Grundstein für den Knielinger Trabrennsport.[41] Bereits 1937/38 musste der Rennverein allerdings Einbußen hinnehmen, da durch den Bahndammbau und die Albverlegung die Rennbahn um 1.000 m verkürzt wurde. Nach dem Zweiten Weltkrieg konnte am 3. Oktober 1948 ein erstes Nachkriegsrennen durchgeführt werden, das 7.000 Besucher anlockte. Allerdings musste die Rennbahn in den 1960er Jahren noch einmal um 400 m verkürzt werden.[42] 1973 trug der ein Jahr zuvor neugegründete Zucht- und Rennverein Karlsruhe erstmals wieder ein Rennen aus,[43] die sogenannten Knielinger Renntage wurden fortan zu einem der erfolgreichsten Reitsportereignisse Karlsruhes.

Knielinger Pferderennen, 14. August 1950.

Galopprennen des Zucht- und Rennvereins Knielingen 1924, 9. Mai 1993.

Nach dem Zusammenschluss des Reit- und Rennvereins mit dem Zucht- und Rennverein 1977[44] wurden pro Rennsaison auf der Karlsruher Rennbahn meist drei Veranstaltungen mit neun Trab- und Galopprennen durchgeführt. 1979/80 konnte, bezuschusst von der Stadt, die Rennbahn umgestaltet und eine Tribüne mit 800 Sitzplätzen gefertigt werden, in der Totalisator, Waage und Meldestelle untergebracht waren. Die Bahn wurde zum Trabzentrum des Landes Baden-Württemberg ausgebaut, das erste Rennen 1980 besuchten 3.000 Besucher.[45] Ein weiterer Umbau erfolgte 1993, in seinem 75. Jubiläumsjahr 1999 war der Zucht- und Rennverein Knielingen der drittgrößte Rennsportverein Badens.[46]

Reitinstitut Egon von Neindorff

Der 1923 im sächsischen Döbeln geborene Egon von Neindorff erhielt seine Ausbildung bei seinem Vater und bekannten deutschen Reitmeistern. 1946 zog er mit einigen Pferden nach Lörrach, gründete dort eine Reitschule und führte eines der ersten Turniere der Nachkriegszeit in Deutschland durch. Er selber war von 1947 bis 1954 auf Turnieren sehr erfolgreich und zudem als Dressurrichter tätig. 1949 zog von Neindorff von Lörrach nach Karlsruhe, wo er ab 1954 mit den Festabenden im Mai und Spätsommer öffentliche Veranstaltungen der Hohen Reitkunst durchführte. 1952 fasste er den Entschluss, Lehrgänge in seinem Turnierstall einzurichten, „um im Bundesgebiet wieder eine Möglichkeit zu schaffen, Reiter und Reiterinnen mit den Lektionen der Dressurprüfungen der Klassen M und S vertraut zu machen", denn nur „ernste Arbeit und reiterliche Begabung können in den auf Wochen zusammengedrängten Unterrichtsstunden zu Erfolgen führen."[47] Von Neindorffs zu dieser Zeit Landesfachschule Reiten und Fahren

Karlsruhe e. V. genannte Institution veranstaltete zudem ab 1953 Reit- und Springturniere, 1955 in Zusammenarbeit mit der im selben Jahr gegründeten Gesellschaft zur Förderung der Höheren Reitkunst. Im selben Jahr verabschiedete sich von Neindorff aus dem Wettkampfsport und stellte seinen Turnierstall zum Lehrbetrieb um: Schüler, Amateure und Berufsreiter kamen von nun an aus allen Teilen der Welt nach Karlsruhe. Ganz klar definiert war bei seiner Ausbildung der Unterschied zur Dressurreiterei und die Abkehr vom Turniersport, doch auch viele erfolgreiche Dressurreiter besuchten die Schule von Neindorffs.[48] Das von ihm gegründete Institut legt bis heute großen Wert auf die innere Einstellung des Reiters und die Verbundenheit mit seinem Pferd. Die Schüler stellen sich immer wieder dem Publikum, um ihren Ausbildungsstand zu zeigen. Obwohl das Institut das einzige seiner Art in Deutschland ist, gibt es keine Förderung durch Bund oder Land, die Ausbildungskosten werden nur zum Teil von der schon genannten Gesellschaft getragen.[49] 1960 verschlechterten sich die Arbeitsbedingungen des seit 1954 von der Deutschen Reiterlichen Vereinigung offiziell als Schule anerkannten Instituts durch die Abtrennung vom ehemals unmittelbar angrenzenden Freigelände durch den Bau von Pflasterstraßen sowie Neubauten an der heutigen Nancystraße und der weiteren Umgebung.

Die Ausbildung beinhaltet sowohl die Grundausbildung von Pferde- und Reiternachwuchs sowie zum Berufsreiter und -reitlehrer, dazu werden auch Amateure und Berufsreiter auf Grundlage der Klassischen Schule gefördert.[50] Wegen seiner Verdienste um die Reiterei warben zu dieser Zeit auch andere Städte um von Neindorff und sein Institut, das jedoch in Karlsruhe verblieb.

Von 1978 bis 1981 konnten die Gebäude des Reitinstituts mit Hilfe der Stadt renoviert

Egon von Neindorff (1923–2004) mit Pferd, 1977.

Festvorführung im Reitinstitut von Neindorff, Mai 2001.

werden, dabei wurde auch die Reithalle ausgeweitet und ihre Innenausstattung verbessert.[51] 1989 gründete sich der Verein zur Förderung der klassischen Reitkunst des Reitinstituts Egon von Neindorff, um das Institut auf diese Weise weiterhin in Karlsruhe zu halten.[52] Im folgenden Jahr begannen die Bemühungen um ein Zukunftskonzept, in dem Verein und Stadt die Sicherung des Reitinstituts anstrebten, da man Bedenken um eine eventuelle Nachfolge von Neindorffs hatte, der sich aus Altersgründen zurückziehen wollte. Bei den Diskussionen war die Bedeutung und der Wert der klassischen Reitkunst unumstritten, ein hauptamtlicher Lehrer allerdings nicht zu bezahlen.[53] Ein Jahr später entstand eine Stiftung, an der sich Land und Stadt beteiligten, auch von Neindorff brachte zehn Pferde mit ein. Zu den Aufgaben der Stiftung sollten fortan die Ausbildung begabter Reiter und Reiterinnen in der klassischen Reitkunst sowie die regelmä-

ßige Vorführung der Ergebnisse vor Publikum gehören.[54]

Bis 1992 sind insgesamt 356 Festveranstaltungen durchgeführt worden[55] und bis 1996 erhielt die Stiftung jährlich 100.000 DM von Land und Stadt. Sie beabsichtigte, aufgrund des auslaufenden Mietverhältnisses, das Gelände zu kaufen. Gleichzeitig kündigte das Land die finanzielle Unterstützung.[56]

1998 beschloss der Gemeinderat, das bisher dem Bund gehörende Areal zu kaufen und die dem Reitinstitut gehörenden denkmalgeschützten Gebäude als Denkmal zu erhalten. Die von Neindorff-Stiftung mietete das Areal an, gleichzeitig konnte die Halle für 850.000 DM saniert werden.[57] Nach dem Tod Egon von Neindorffs im Jahr 2004 wird das Reitinstitut vom Geschäftsführer und Stiftungsvorstand Dr. Stefan Wachfarz in Neindorffs Sinne fortgeführt, unterstützt wird er von Melissa Simms, Armin Dietrich und Kathrin Hengstenberg.

Ringtennisspieler Hettich bei einem Wettkampf in Saarbrücken vom 27. bis 29. September 1938.

CAROLA VON ROTH

Der Ursprung des Ringtennis liegt in Karlsruhe

Geschichtliche Entwicklung des Ringtennis

Ringtennis verbreitete sich in Deutschland von Karlsruhe aus durch den hiesigen technischen Baubürgermeister Hermann Schneider (17.1.1881 – 26.3.1965). Dieser lernte 1925 während einer Reise mit dem Dampfer Mauretania nach New York zu einem internationalen Städtebaukongress das damals auf Schiffsreisen sehr beliebte Deck-Tennis kennen. Die Wurzeln des Deck-Tennis-Spiels liegen einerseits in dem Wurfringspiel Quoits sowie im Tennisspiel. Gespielt wird mit dem traditionellen Quoits (Wurfring). Vom Tennis entlehnt wurden die Zählweise und das Spielfeld. Ziel des Spiels ist es, einen etwa 210 bis 230 g schweren Ring[1] soweit ins gegnerische Feld zu werfen, dass er den Boden berührt. Der Wurf erfolgt aus dem Stand, da mit dem Ring in der Hand nicht gelaufen werden darf. In der Mitte geteilt wird das Feld durch ein 1,55 m hohes Netz. Gespielt wird im Einzel, Doppel oder Mixed auf einem 12,20 m x 5,50 m großen Spielfeld (Einzel 12,20 m x 3,70 m). Die Spieldauer beträgt zweimal acht bzw. zweimal zehn Minuten.

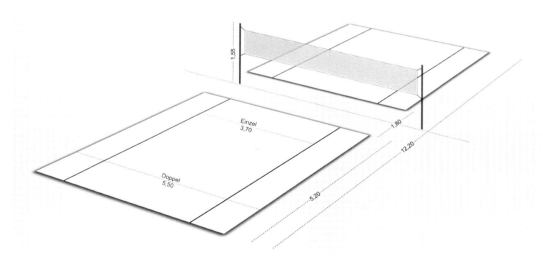

Skizze eines Ringtennisfeldes

Unklar ist, ob das Spiel ausschließlich auf Schiffsreisen gespielt wurde, oder schon vor Erscheinen des Deck-Tennis auch an Land, wie dies bereits frühe Quellen aus den 1930er Jahren belegen.[2] Dafür spricht, dass das sogenannte Quoittennis wenig Platz und Ausrüstung verlangt und auch in Hinterhöfen und auf Spiel- und Turnplätzen gespielt werden kann. Außerdem war das Ringtennis bereits seit 1927 in Amerika bekannt.[3] Einzug in England und der Schweiz hielt das Spiel vermutlich in den 1940er Jahren. In den 1950er Jahren gelangte es schließlich nach Neuseeland, Australien und nach Südafrika, später nach Frankreich, Österreich und auch nach Polen.

Schneider war von dem Spiel derart angetan, dass er sich die Spielfeldmaße und wichtigsten Spielanleitungen aufzeichnete und nach seiner Rückkehr im heimischen Garten in der Beiertheimer Allee 46 ein Spielfeld anlegen ließ und mit Freunden und Bekannten künftig das „Ringtennisspielen" – wie er es nannte – betrieb. Ein glücklicher Umstand für die Verbreitung dieses Spiels in Karlsruhe war, dass Schneider während der 1920er Jahre in seiner Eigenschaft als technischer Bürgermeister der Stadt an der Planung des Rheinstrandbades Rappenwört beteiligt war.

Planung des Rheinparks Rappenwört

Die Planungsphase für Rappenwört geht bis in das Jahr 1924 zurück. Bürgermeister Hermann Schneider erteilte damals dem Tiefbauamt den Auftrag, einen Entwurf für ein Rheinstrandbad auf dem Rappenwört zu erstellen. Die Grundkonzeption lag mit dem Generalbebauungsplan (Leitung: Emil Bronner) von 1926 vor. Schneider, ein Anhänger des Bauhaus um Walter Gropius in Dessau, bevorzugte für das neue Bad Einfachheit und Funktionalität, die

Hermann Schneider, ca. 1929.

aber nicht konstruiert wirken sollten.[4] Außerdem hatte „die Idee von Rappenwört einen klaren sozialen Hintergrund", wie Meyer nach der Korrespondenz mit Schneiders Sohn Hermann zitiert.[5] Es sollten für breite Schichten der Bevölkerung Erholungs- und Sportmöglichkeiten geschaffen werden, die für jedermann erschwinglich waren. Diese programmatische Intention geht aus der im Jahre 1927 unter seiner Ägide veröffentlichten Denkschrift „Die Grünpolitik im Karlsruher Generalbebauungsplan: Der Rheinpark Rappenwört" hervor: „Der Rappenwört soll nicht nur den vielen Tausenden, die heute an schönen Sommertagen von Neuburgweier bis Maxau das Rheinufer bevölkern, eine passende und bessere Gelegenheit bieten, im fliessenden Rheinwasser zu baden und in frischer sonniger Luft sich zu bewegen ... ganz sicher ebenso viele werden überhaupt erst durch den Rappenwört sich in die Möglichkeiten versetzt sehen, die Wohltat eines nervenstärkenden Rhein-Bades in Verbindung mit heiterem Spiel auf grünem Rasen in froher Geselligkeit und unter der Wirkung der herrlichsten, von reinster Luft und Sonne durchtränkten Land-schaft sich und ihren Kindern zukommen zu lassen. Tausende von Familien des verarmten Mittelstandes, der Arbeiter und kleinen Be-amten, die das Geld zu einer noch so beschei-denen Sommererholung in einem auswärtigen Kurort nicht aufzubringen vermögen, werden auf dem Rappenwört ohne besondere Kosten alles haben, was von einer Gelegenheit zur Erfrischung der Gesundheit billigerweise er-wartet werden kann."[6]

Interessanterweise sind in den Plänen des Rheinparks Rappenwört keine Ringtennisfel-der eingezeichnet, obwohl Schneider bei der Planung des Rheinstrandbades veranlasste, dass Ringtennisfelder angelegt wurden. Er-öffnet wurde das Bad am 20. Juli 1929 mit 20 Ringtennisplätzen.[7] Neben dem großzügig gestalteten Badegelände bot der Rheinpark Rappenwört dem Besucher eine Reihe weiterer Sport- und Freizeitangebote unter fachlicher Anleitung. Turngeräte in den Turnhöfen, eine Leichtathletikanlage und ein Rasenspielplatz sowie eine Schießhalle. Einkaufsmöglichkei-ten für jeden Bedarf, ein Friseurgeschäft und das Strandrestaurant mit Tanzdiele boten dem Gast viel Kurzweil. Von Beginn an erfreute sich Rappenwört ebenso wie das bis dato un-bekannte Ringtennisspiel einer großen Be-liebtheit. Das Sportgerät wurde dem Besucher zunächst unentgeltlich zur Verfügung gestellt, doch schon am 24. September 1929 klagte die Bäderverwaltung gegenüber der Stadt Karlsru-he über „das schonungslose Umgehen mit den Sportgeräten … im genannten Falle konnte bestimmt angenommen werden, dass der Te-nikoitring durch den normalen Gebrauch nicht vollkommen durchgerissen sein konnte.

1. Pfingstringtennisturnier in Rappenwört am 30. August 1929. Auf dem Schiedsrichterstuhl sitzt Baubürgermeister Hermann Schneider.

Wir haben wiederholt beobachtet, dass die Ringe gewaltsam auseinandergezogen werden ..."[8] Mit dem offiziellen Ringtennisturnier vom 30. August bis zum 1. September 1929 in Rappenwört wurde erstmals ein öffentlicher Ringtenniswettkampf in Deutschland ausgerichtet.[9] Mit diesem Turnier begann die Ausweitung des Ringtennissports in Deutschland. Zur Erinnerung an diesen Wettbewerb wird noch heute das inzwischen traditionell gewordene jährliche Pfingstturnier in Rappenwört ausgetragen.

Vereinsmäßige Organisation der Ringtennisspieler

Anfang der 1930er Jahre begannen die Ringtennisspieler eigene Vereine zu gründen, um den Spielbetrieb zu organisieren. Am 10. Oktober 1930 gründete sich als erster dieser Vereine der Karlsruher Ringtennis-Club (KRC), der natürlich im Strandbad Rappenwört sein Domizil fand. Es folgten Vereinsgründungen in Stuttgart, Pforzheim, Mannheim, Konstanz, Frankfurt, Offenbach, Leuna und Berlin. Am 18. Januar 1931 wurde die Dachorganisation – der Deutsche Ringtennis-Bund (DRB) – gegründet, der schon am 5. und 6. September 1931 in Rappenwört die ersten Ringtennismeisterschaften durchführte.[10] Erfolgreich waren vor allem die Karlsruher Sportler (KRC), die bis auf wenige Ausnahmen alle Titel gewannen.

Auch andere Karlsruher Vereine nahmen das Ringtennisspiel in ihr Sportangebot auf, so z. B. der Karlsruher Schwimmverein. Die Plätze der Ringtennisabteilung befanden sich im ehemaligen Freibad beim Kühlen Krug, der noch heute jedem Karlsruher ein Begriff ist. Als Umkleideraum wurde zunächst ein angemieteter Eisenbahnwagon benutzt. Großen Erfolg hatte der Karlsruher Schwimmverein in

den 1930er Jahren mit seiner außergewöhnlichen Spielerin Ilse Weiß, die nach 1945 für den KTV 1846 und in den 1950er Jahren für die Ringtennisgemeinschaft Siegen startete. Mit 20 Meistertiteln zwischen 1932 und 1955 gilt sie bis heute als Ringtennislegende.[11] Wegen Meinungsverschiedenheiten traten einige Mitglieder aus dem Karlsruher Ringtennis-Club aus und gründeten etwa um 1932 den zweiten Karlsruher Ringtennis-Verein, die Ringtennisvereinigung „Rot-Weiß" Karlsruhe. Dieser Verein fusionierte im August 1933 mit dem 1. Ringtennisclub Daxlanden, dessen Anlage sich bei der Appenmühle befand, zur Ringtennisvereinigung „Rot-Weiß" Daxlanden. Man bezog die Anlage an der Bannwaldallee in Höhe der ehemaligen Firma Junker und Ruh.

Ringtennis im Strudel der politischen Entwicklungen (1933 – 1945)

Das Ringtennisspiel erfreute sich zunehmender Beliebtheit. Dies zeigt sich vor allem daran, dass in Rappenwört die Ringtennisanlage im Frühjahr 1930 auf 34 Felder und im Juli 1933 auf 60 Felder aufgestockt wurde.[12] Unabhängig vom Deutschen Ringtennisbund nahm die Badische Turnerschaft 1931/1932 das Ringtennisspiel in ihr Programm auf und förderte dessen Verbreitung. Zwischen den beiden Verbänden (DRB und DTB) bestand nahezu kein Kontakt und Sondierungsgespräche von Vertretern beider Verbände im April 1933 führten zu keiner Annäherung.

Mit der Machtübernahme der Nationalsozialisten versuchte der DRB einen politisch „konformen" Sportverband (bevorzugt Leichtathletik, Tennis, Fußball) zu finden, um der Gleichschaltung zu entgehen. Am 26. Februar 1934 wandte man sich daher an den Reichssportführer von Tschammer und Osten. Dieser

Feierliche Flaggenhissung bei der Einweihung der neuen Platzanlage des Karlsruher Ringtennis-Club (KRC) am Ahaweg in Karlsruhe am 5. Mai 1935.

besuchte auch am 25. April 1934 persönlich ein Ringtennis-Vorführspiel in Rappenwört. Zahlreiche Besucher und Teilnehmer erschienen. Die Karlsruher Ritter AG, deren Angestellte einen eigenen Ringtennisverein betrieben (Rittersportklub Durlach), gab der Belegschaft Urlaub, um teilzunehmen.[13] Beeindruckt von den Spielen und der Gesamtanlage ordnete der Reichssportführer schließlich doch an, dass der Deutsche Ringtennis-Bund dem Fachamt I „Sommerspiele" zugeteilt werden sollte. Es handelt sich hierbei um die Eingliederung in die Deutsche Turnerschaft, die der DRB eigentlich vermeiden wollte. Der stellvertretende Bundesführer des DRB, der erfolgreiche Ringtennisspieler Fritz Brill (RTVgg) versuchte noch, durch Gespräche mit der

Sportführung in Berlin der Vereinigung zu entgehen. Auch er konnte jedoch nichts mehr bewirken, so dass sich der DRB am 24. Februar 1935 auflöste, um die Voraussetzung für den Zusammenschluss zu schaffen.[14] Ungeachtet der politischen Entwicklungen gab es auch weiterhin Turniere. Zwischen 1931 und 1934 fanden an wechselnden Orten jährlich Ringtennismeisterschaften statt. Diese wurden unter anderem auch aus Werbegründen für den Sport ausgetragen, wie folgendem Zitat zu entnehmen ist: „Ringtennis brauchte zur Propaganda Spiele mit auswärtigen Gegnern. Um das Badepublikum und die Sportplatzbesucher auf Ringtennis aufmerksam zu machen, verpflichtete man sich zu gegenseitigen Wettkämpfen und beschloss die Austragung von

Meisterschaften.“[15] Bei dem Deutschen Turnfest in Stuttgart im Jahre 1933 wurde erstmals Ringtennis gespielt. Vertreten waren dort aber nur die Turnvereine, die in ihrem Programm Ringtennis spielten. Dies ist auch Indiz dafür, wie zu dieser Zeit zwischen Turnen und Sport unterschieden wurde.[16]

In Karlsruhe wurden im Jahre 1934 die Jugendmeisterschaften ausgetragen. 1935 fanden dann im Karlsruher Hochschulstadion die Gaumeisterschaften statt. Wieder waren die Karlsruher Sportler sehr erfolgreich. Ins Frühjahr 1935 fällt auch die mit einem feierlichen Festakt begangene Einweihung der neuen Platzanlage des 1930 gegründeten Karlsruher Ringtennis-Clubs (1. Deutscher Fachverein) am Ahaweg (heutiger Hardtwald).[17] Mitglieder dieses Vereins waren unter anderem so renommierte Spitzen-Spieler wie Fritz Reble oder Otto Adam, der ursprünglich für den 1. Ringtennis-Club Daxlanden, nach der Fusion mit Rot-Weiß für die Karlsruher Ringtennisvereinigung startete.

Ab 1936 erfuhr der Ringtennissport zunächst weiterhin eine zunehmende Breitenwirkung unter der Ägide des Reichsbundes für Leibesübungen, der im Sinne des NS-Staates mit seinem Leitbild des „gesunden Volkskörpers“ vor allem die sogenannten Sommerspiele förderte (hauptsächlich noch Faustball, Korbball, „Flugball“ = Volleyball). In Baden blieb die Sportart weiterhin am stärksten vertreten, aber auch die meisten deutschen Gaue nahmen das Ringtennisspiel auf. So gründeten alleine in Leipzig zwischen 1937 und 1942 mindestens zwölf Vereine Ringtennisspielabteilungen. Dennoch siegte abermals die Erste Mannschaft aus Baden bei dem Turnier, das beim Deutschen Turn- und Sportfest in Breslau 1938 ausgetragen wurde, überlegen.

Während des Zweiten Weltkriegs wurden nur noch vereinzelt Turniere durchgeführt, u. a. deshalb, weil keine Gummiringe mehr zu

bekommen waren, wie die Deutsche Turnzeitung berichtete. Nach dem Zusammenbruch des Dritten Reichs waren sämtliche Sportvereine von den Siegermächten zunächst verboten, da sie als Mittel nationalsozialistischer Propaganda betrachtet wurden. Die Wiedergründung der Vereine und Verbände erfolgte ab 1946 nur mit Einwilligung der Alliierten Kontrollräte. In der sowjetischen Besatzungszone blieb Ringtennis als Wettkampfsport ohne Bedeutung, und auch in den Westzonen wurden die reinen Ringtennisvereine nicht wiedergegründet. Ebensowenig konstituierte sich ein eigener Ringtennisverband, vielmehr verblieb diese Sportart organisatorisch beim Turnen (anfangs beim Arbeitsausschuss Turnen, dann im Deutschen Turnerbund).[18]

Karlsruher Ringtennisvereine von 1945–1970

Auch in Karlsruhe gründeten sich die meisten der aufgelösten Ringtennisvereine nach der Erlaubnis durch die Alliierten nicht wieder neu. Nur einige wenige Karlsruher Vereine, die Ringtennis bereits seit den frühen 1930er Jahren betrieben hatten, nahmen das Spiel bei ihrer Wiedergründung in ihr Sportangebot auf. Hierzu zählt vor allem die Eisenbahner Sportgemeinschaft Karlsruhe Frankonia (ESG Frankonia), die bis heute eine der erfolgreichsten, über die Landesgrenzen hinaus bekannte, Ringtennisabteilung unterhält. Dem Engagement von Theo Zipse, einem ehemaligen Funktionär des Karlsruher Schwimmvereins, war es zu verdanken, dass das Ringtennisspiel bei der ESG vergleichsweise früh als Sportart in das Programm aufgenommen wurde. Man trainierte auf dem ehemaligen Gelände des Vereins in der Durlacher Allee 46 zunächst auf zwei Ringtennisfeldern. 1937 wurde der Sportplatz erweitert, so dass man künftig auf vier Feldern spielen konnte. Noch wurde die Sportart aber nur als Ausgleichssport betrieben, d. h. an Wettkämpfen nahmen die Sportler zu dieser Zeit noch nicht teil. Nach der Wiedergründung des Vereins am 31. Mai 1946 formierte abermals Theo Zipse die Ringtennisabteilung neu. Bis zur Fertigstellung der Ringtennisfelder im Jahre 1950 musste das Training noch auf einem Feld abgehalten werden.[19]

Ebenfalls 1932 eingeführt wurde das Ringtennisspiel auch bei dem im Jahre 1922 gegründeten Karlsruher Polizeisportverein. Im Gegensatz zu den anderen deutschen Polizeisportvereinen wurde in Karlsruhe das Ringtennisspiel aber nur als Freizeitsport betrieben. Zwar nahm der PSV Karlsruhe auf Wunsch der Gründungsmitglieder diese Sportart bei seiner vergleichsweise späten Wiedergründung am 25. August 1948 wieder in sein Programm auf. Doch angesichts des zunehmenden Desinteresses wurde die Abteilung schon 1952 komplett aufgelöst und nicht wieder neu gegründet.[20]

Umgekehrt verhielt es sich beim ältesten Turnverein Karlsruhes, dem 1846 gegründeten

Deutsche Jugendmeisterschaften im Ringtennis im Sommer 1934.

Karlsruher Turnverein. Bei seiner Wiedergründung im Januar 1946 formierte sich sofort eine leistungsstarke Ringtennisabteilung, da sich hier die erfolgreichen Spieler der ehemaligen Ringtennisvereine (KRC, Ringtennisvereinigung Rot-Weiß, Karlsruher Ringtennisclub) wie Otto Adam, Fritz Brill und zahlreiche andere zusammenfanden. Nach einer kurzen Trainingsphase konnte man sofort erfolgreich an Meisterschaften und Turnieren teilnehmen. Der Sommer 1952 sollte dann der erste Wendepunkt in der Karlsruher „Ringtennisvereinsgeschichte" werden. Aufgrund unüberbrückbarer Differenzen zwischen der Vereinsführung des KTV und den Mitgliedern der Ringtennisabteilung kam es zum Bruch. Zahlreiche erfolgreiche Spieler wechselten zum Rivalen ESG Frankonia. Unter der Führung des legendären Spitzenspielers Otto Adam wurde die Ringtennisabteilung zu einer leistungsstarken Mannschaft ausgebaut. Ab 1953 nahm man regelmäßig erfolgreich an Meisterschaften und sportlichen Wettkämpfen teil oder richtete diese auf dem eigenen Vereinsgelände aus (z. B. Gaumeisterschaften im September 1953). Die Abteilung erhielt in der Folge großen Zuspruch vor allem auch von jugendlichen Spielern, so dass die Anlage schon 1955 durch drei neue Ringtennisfelder (Hartplätze in Beton) erweitert werden konnte. Mit dem Bau einer Turnhalle im Jahre 1954 konnte fortan auch im Winter trainiert werden. Es formierte sich eine erfolgreiche, leistungsstarke Abteilung, die in unterschiedlichen Klassen etliche Bundessieger hervorbrachte. Erwähnt seien an dieser Stelle nur die Deutsche Meisterin Irmtraud Josche von 1966 und das Ehepaar Edith und Gerd Herzog, u. a. die deutschen Bundessieger von 1968.[21]

Der Weggang dieser Spitzenspieler hinterließ beim KTV natürlich zunächst eine große Lücke. Nur wenige Spieler, wie beispielsweise die Gründungsmitglieder von 1946 Albert

Dahlinger und Emil Mangler, hielten dem Verein weiterhin die Treue und damit den Spielbetrieb aufrecht. Neben diesen Männern der ersten Stunde war es auch der Initiative von Karl Heinz Stadler zu verdanken, dass in diesem Verein zwischen den Jahren 1952 und 1954 sukzessive eine neue, erfolgreiche Ringtennisabteilung aufgebaut werden konnte, die sich besonders aus talentierten Jugendlichen des Vereins rekrutierte. Zum Wettkampfsport wurde die Abteilung schließlich unter Richard Wagner geführt. Mit ihm sowie Walter Brylka, Elly Frank, Heiner Ketterer, Werner Moser u. a. wurden zwischen 1955/1957 und 1959 zahlreiche Ringtennismeisterschaften gewonnen. Noch erfolgreicher wurde die Ringtennisabteilung schließlich mit dem Eintritt Gernot Horns in den KTV im Jahre 1957. Binnen kürzester Zeit avancierte der Neuzugang zum erfolgreichen Spitzensportler, der schon 1960 im Mixed mit Werner Haungs und mit Ingeborg Stadler (geb. Brandt) die Deutschen Meisterschaften gewann. Zwischen den Jahren 1960 und 1968 folgten zahlreiche Erfolge auf regionaler und nationaler Ebene. Daneben engagierte sich Horn auch als Pressewart und Schriftführer des KTV und gilt noch heute als ausgewiesener Kenner der Ringtennisszene.

Weitere Karlsruher Vereine nahmen den Ringtennissport vergleichsweise spät, nämlich erst gegen Ende der 1950er Jahre, und zunächst nur als Freizeitangebot in ihr Programm auf. Hierzu zählt unter anderem die 1951 gegründete Siemens Betriebssportgruppe. Da man zunächst nur Feierabendsport betrieb und über kein eigenes Vereinsgelände verfügte, nutzte man die Sportanlagen des traditionsreichen Karlsruher Fußballvereins (KFV) in der Hertzstraße. 1958 wurde auf Wunsch einiger Mitglieder das Ringtennisspiel in das Sportangebot mit aufgenommen. Die noch kleine Mannschaft wurde von Kurt Walther bis 1967 zunächst auf den Sportanlagen des Fichtegym-

nasiums, ab 1960 auf den beiden Ringtennisplätzen des KFV-Platzes trainiert. 1961 erwarb die Sportgemeinschaft ein eigenes Sportgelände von der Stadt Karlsruhe in Erbpacht, das 1963 bezugsfertig war. Im November 1963 folgte die Vereinsgründung unter dem Namen Sportgemeinschaft Siemens. Gleichzeitig wurden sie Mitglied beim Badischen und Deutschen Sportbund. Damit war die Voraussetzung geschaffen, dass die Vereinsmitglieder bei allen ausgeschriebenen Wettkämpfen teilnehmen konnten. Mit dem eigenen Gelände verbesserten sich zwar die Trainingsmöglichkeiten, doch die Ringtennisabteilung sollte noch bis 1968 ihren Freizeitcharakter behalten. Hans Melchert, der im Jahre 1967 neuer Trainer der Abteilung wurde, formierte dann jedoch im Laufe der Jahre eine kleine, sehr leistungsstarke Mannschaft. Bei der ersten Teilnahme an einem Turnier am Bodensee am 17. August 1968 belegte man den beachtlichen 3. und 4. Platz. 1969 schließlich nahm man zum ersten Mal erfolgreich an den Deutschen Gaumeisterschaften teil, 1970 an den Badischen Meisterschaften. Mit dem Erfolg der Mannschaft wuchs die Resonanz an der Ringtennisabteilung. Interessenten waren hauptsächlich Jugendliche des Humboldt-Gymnasiums, so dass die Mitgliederzahl von 1963 von 46 Personen auf 83 Personen 1970 stieg.[22]

Auch bei dem am 15. Dezember 1927 gegründeten Postsportverein wurde 1968 eine Ringtennisabteilung von Günther Gfrörer gegründet. Zwar nahmen die Spielerinnen und Spieler der Abteilung an Turnieren im Gaubereich Süddeutschland teil, der Schwerpunkt der kleinen Abteilung liegt aber noch heute eindeutig im Breiten- und Freizeitsport. Die Abteilung wird inzwischen von Harald Gfrörer trainiert, der das Amt von Elisabeth Bauer übernommen hat.[23]

Darüberhinaus gab es in Karlsruhe auch einige Vereine, die nur für einen vergleichsweise kurzen Zeitraum das Ringtennisspiel als Freizeitsport anboten. Hierzu gehört unter anderem die Turnerschaft Durlach 1846, die aus dem am 5. November 1846 gegründeten Turnverein Durlach hervorgegangen ist. Im Jahre 1931 wurde auf dem vereinseigenen Gelände eine Ringtennisanlage errichtet und schon 1932 trat man dem Deutschen Ringtennisbund bei. Das Spiel erreichte jedoch nie die notwendige Resonanz, wenngleich noch im Jahre 1955 zwei neue Ringtennisfelder angelegt wurden, auf denen jedoch meistens Faustball gespielt wurde.[24] Ähnlich verhielt es sich bei der Freien Spiel- und Sportvereinigung Karlsruhe, die 1898 unter dem Namen Freie Turnerschaft Karlsruhe gegründet worden war. Hier legte man im Jahre 1954 vier Ringtennisfelder an und gründete eine eigene Spielabteilung, die jedoch ebenfalls keine nennenswerten Erfolge erzielte.[25] Beide Vereine lösten ihre Ringtennisabteilungen schließlich vermutlich Ende der 1960er Jahre wieder auf.[26]

Erfolgreicher gestaltete sich der Aufbau der Ringtennisabteilung des 1874 gegründeten TUS Rüppurr. 1959 bauten hier einige Gründungsmitglieder eine solide Ringtennisabteilung auf, die immer mehr jugendliche Spieler rekrutieren konnte. Schon seit 1959 nahm man erfolgreich an verschiedenen Meisterschaften teil. So holte etwa das Jugenddoppel bei dem Deutschen Turnfest 1963 in Essen in der Jugendklasse den Deutschen Meistertitel nach Rüppurr. Ein Einbruch der erfolgreichen Abteilung erfolgte 1966. Durch den Weggang einiger Spieler kam der Spielbetrieb fast völlig zum Erliegen. Da Spieler anderer Vereine zu der Ringtennisabteilung stießen, konnte der Trainingsbetrieb wieder aufgenommen werden. 1968 ließ die Vereinsleitung weitere Hartplätze anlegen und schuf damit bessere Trainingsbedingungen. Schon bald zahlte sich dieser Ausbau aus, denn bereits 1969 gingen bei den Deutschen Meisterschaften zwei

Mannschaften an den Start. Die Ringtennisabteilung ist zwar innerhalb des Vereins die kleinste, sie ist aber überaus aktiv und erfolgreich. So nahm man an zahlreichen Meisterschaften und sonstigen Wettkämpfen teil und in der Spielsaison 1970/1971 gelang gar der Aufstieg der Regionalmannschaft in die Bundesliga. Außerdem organisierte die Abteilung wiederholt Veranstaltungen wie die Badischen Meisterschaften oder das Pfingstturnier in Rappenwört und trug damit zum großen Bekanntheitsgrad der deutschen Ringtennisszene bei.[27]

Sonderrolle des Lichtbunds

Eine Sonderrolle in der Geschichte des Sports und somit auch in der Ringtennisgeschichte nimmt der Lichtbund ein. Schon vor 1933 hatte sich in Deutschland eine Nacktkörperkultur entwickelt, die sich als Gesundheitsbewegung verstanden wissen wollte und von den Nationalsozialisten verboten wurde. Nach dem Krieg organisierte sich der Naturismus in Deutschland neu und auch in Karlsruhe wurde im Jahre 1948 der Lichtbund gegründet. An erster Stelle der Vereinsziele standen noch vor dem Sport, der Naturverbundenheit, der Pflege des kulturellen und ökologischen Erbes u. a. weltanschaulichen Idealen, Fairneß und Solidarität der Vereinsmitglieder, worauf Gernot Horn ausdrücklich verweist. Das erste Vereinsgelände des Lichtbunds lag auf Ettlinger Gebiet in der Nähe des Seehofs. Es handelte sich um ein abgegrenztes Waldstück mit Wiese und einer größeren Freifläche auf der u. a. Fußball, Basketball, Tischtennis und Ringtennis gespielt wurde. Ein See lud zum Schwimmen ein und ab 1953 wurde ein alter abgestellter Eisenbahnwagen zu einer Sauna umgebaut. Als das Privatgelände 1960 verkauft wurde, nutzte man das schon im Jahre 1951 gepachtete

Grundstück Hagsfelder Gelände. Hier ist der Verein bis heute untergebracht. Insgesamt standen die Karlsruher dem neuen Verein in seinen Anfangsjahren zunächst sehr argwöhnisch gegenüber. Wie sich Horn erinnert, wurden des öfteren „Gaffer" auf dem Vereinsgelände ausgemacht.[28]

Ringtennis wurde beim Lichtbund wie erwähnt bereits in den Anfangsjahren gespielt. Schon auf dem alten Vereinsgelände waren zwei Ringtennisfelder angelegt. Da das Spiel reinen Freizeitcharakter hatte, schloss sich die Ringtennisabteilung der ESG Frankonia Karlsruhe an, um an Wettkämpfen teilnehmen zu können. 1953 meldete man sich auf Initiative von Hans Elsäßer zur Teilnahme bei den Badischen Ringtennismeisterschaften an, obwohl man noch kein Mitglied bei einer Sportorganisation war. Dies änderte sich mit der Aufnahme in den Badischen Sportbund und in den Badischen Turnerbund, womit man endlich die offizielle Startberechtigung für Wettkämpfe und Meisterschaften erhielt.[29]

Karlsruher Ringtennisvereine von 1970 bis heute

Das Jahr 1970 bedeutete erneut eine Zäsur für das Ringtennisspiel bei den aktiven Vereinen. Mit dem Weggang von Gernot Horn erlebte die Ringtennisabteilung beim KTV zunächst einen Einbruch, zumal auch andere Mitglieder der Abteilung den Rücken kehrten. Walter Brylka gelang es schließlich die Mannschaft neu zu formieren. 1977 war man dann Ausrichter sowohl der Gaumeisterschaften in Karlsruhe als auch des Pfingstturniers in Rappenwört. Im Jahr 2001 musste die über viele Jahrzehnte erfolgreiche Ringtennisabteilung dann jedoch aufgrund schwindender Mitgliederzahlen den Spielbetrieb komplett einstellen.[30]

Ebenfalls ein Wendepunkt bei der Ringtennisabteilung der ESG war die Verabschiedung von dem inzwischen zum Ehrenmitglied ernannten Otto Adam als Abteilungsleiter im Jahre 1972. Das Training übernahm Günter Reutner, der mit seinen Mannschaften große Erfolge erzielte. So holte man sich mit Ausnahme von 1973 und 1976 ab 1971 bis 1988 in Folge den deutschen Meisterschaftstitel und wurde unter anderem von der Stadt Karlsruhe mit der Ehrenplakette ausgezeichnet. Die ESG bringt noch heute zahlreiche erfolgreiche Ringtennisspieler hervor, erwähnt seien nur die Brüder Christian und Elmar Herzog, die zahlreiche Mannschafts- und Einzelmeisterschaften für sich entscheiden konnten.

Auch die anderen Vereine konnten in den 1970er Jahren ihre Erfolgsserie fortsetzen. So erzielte der TUS Rüppurr bei mehreren Mannschaftskämpfen seit 1969 bemerkenswerte Siege (1969/1970 den Aufstieg in die Regional- bzw. Bundesliga). Teilweise gingen sogar zwei Mannschaften an den Start. Außerdem förderte die Abteilung seit 1978 erfolgreich die Jugendarbeit, so dass schon bald auch die Jugendabteilung bei den Schüler- und Jugendspielen vordere Plätze erreichte. Seit 1987 schließlich nehmen die Ringtennisspieler des TUS Rüppurr an den Rundenspielen der Jugendliga teil, bei denen sie 1989 nur knapp die Qualifikation für die Endrunde der Deutschen Jugendmeisterschaften verpassten.

Die SG Siemens startete ebenso erfolgreich in die 1970er Jahre. 1974 belegte sie bei den Deutschen Meisterschaften Platz 2 und 3. Seit 1988 bis heute nimmt die Mannschaft regelmäßig an Meisterschaften etc. teil und gehört immer zu den 20 Besten der jeweiligen Rangliste.

Mit dem Übertritt von Gernot Horn 1970 vom KTV zum Lichtbund avancierte dieser zu einer der erfolgreichsten Mannschaften Karlsruhes, die zahlreiche Wettkämpfe für sich ent-

Die Meister-Spieler der ESG Frankonia, die Brüder Herzog beim Pfingstturnier in Rappenwört 1998.

scheiden konnte. Laut Aussage von Gernot Horn spielen heute 70 Aktive Ringtennis beim Lichtbund und der ESG. Außerdem entstanden im Laufe der Jahre Kooperationen mit verschiedenen Vereinen. So bietet zum Beispiel der SSC Karlsruhe seinen Vereinsmitgliedern die Möglichkeit, unentgeltlich beim Lichtbund Karlsruhe Ringtennis zu spielen.[31]

Daneben unterstützten all diese Vereine auch die sportlichen Aktivitäten der Stadt Karlsruhe. 1989 fanden in Karlsruhe die World Games statt. Auch hier fühlten sich die Ringtennisspieler ihrer Stadt verpflichtet und zeigten aus diesem Anlaß auf den Außenanlagen der Europahalle ihr Können. Ein jährliches Ereignis für die Ringtennisszene stellt außerdem noch heute das Pfingstringtennisturnier in Rappenwört dar, das immer wieder die gesamte internationale Ringtennisgemeinde anlockt. Mit dem anlässlich dieses Turniers von

der Stadt Karlsruhe gestifteten Wanderpreis wird an den Begründer des Ringtennisspiels – Hermann Schneider – ebenso erinnert wie mit der auf das Bad Rappenwört zuführenden Straße, die nach ihm Hermann-Schneider-Allee benannt wurde.

Internationale Sportkontakte

Nach der erfolgreichen Etablierung des Ringtennisspiels nach 1945 begann man in den 1970er Jahren, Sportkontakte auch auf internationaler Ebene zu knüpfen. Ziel war es, einen internationalen Ringtennisverband zu gründen, wie der damalige Bundesfachwart Otto Hirth in einem Bericht 1970 schrieb: „Unsere Freunde aus Japan und Südafrika sind daran interessiert, alsbald einen internationalen Ringtennisverband ins Leben zu rufen".[32]

313

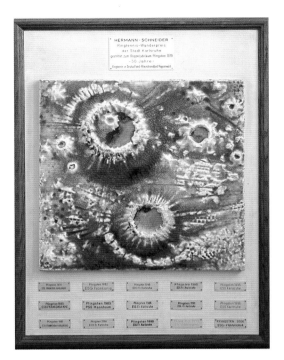

Hermann-Schneider-Ringtennis-Wanderpreis.
Der Preis wurde von der Majolika-Manufaktur Karlsruhe zum Doppeljubiläum 50 Jahre Ringtennis in Deutschland und 50 Jahre Rheinstrandbad Rappenwört hergestellt.

Schon 1967 waren erste Kontakte nach Japan entstanden, die aber 1971 abbrachen, obwohl dort am 1. August 1970 ein Ringtennisverband gegründet worden war. Anders entwickelte sich der 1970 entstandene Kontakt nach Südafrika. Mit dem bereits im Jahre 1959 gegründeten südafrikanischen Ringtennisverband wurden 1973 und 1974 erste Funktionärsbesuche organisiert. Am 17. April 1976 kam es dann zum ersten offiziellen Länderkampf in der Ringtennisgeschichte. Die bundesdeutsche Mannschaft, darunter zahlreiche Mitglieder der Karlsruher Vereine, reiste nach Südafrika und verlor überraschend deutlich mit 2:12. Es folgten drei weitere Länderkämpfe zwischen den beiden Mannschaften in den Jahren 1976 und 1977. Unter anderem nahm die südafri-

kanische Mannschaft auch am Karlsruher Pfingstturnier 1977 teil. Aufgrund der südafrikanischen Apartheid-Politik wurden diese Kontakte auf bundesdeutscher Seite jedoch immer umstrittener, so dass der Bundesfachausschuss Ringtennis 1978 beschloss, die Verbindung aus politischen Gründen einzufrieren. Nach dem Fall des Sportboykotts gegen Südafrika war Ringtennis am 28. Mai 1992 dann die erste Sportart, in der ein Länderspiel gegen Südafrika bestritten wurde.

Darüberhinaus bestanden seit 1984 marginale Kontakte zu Polen und zur Tschechoslowakei. Dort wird laut Meyer ein Spiel namens Ringo gespielt, das dem Ringtennis von der Spielidee her zwar ähnelt, sich aber hinsichtlich seines Ursprungs, der Technik und der Spielfeldmaße unterscheidet, so dass es zu keinen adäquaten Wettkämpfen kommen konnte und der Kontakt nicht aufrechterhalten wurde.[33]

Auf internationaler Ebene entstanden in jüngerer Zeit Kontakte zu Indien, Brasilien und Bangladesch. Anläßlich der 75-jährigen Jubiläumsfeier des Rheinstrandbads Rappenwört im Jahre 2004 nahmen erstmals Ringtennisspieler aus Indien am traditionellen Pfingstturnier teil. Inzwischen bestehen auch zu einem brasilianischen Verein Kontakte, bisher nur auf der Ebene von Freundschaftsspielen. Südafrika und Indien gründeten 2004 einen eigenen internationalen Ringtennisverband, die World Tennisquoits Federation, was eine Voraussetzung für die Austragung von internationalen Wettbewerben ist. Zwischenzeitlich sind diesem Weltverband noch Nepal, Bangladesch und Brasilien beigetreten. Damit sind die Grundlagen geschaffen, dass bei der geplanten ersten Weltmeisterschaft im Jahre 2006 in Indien alle genannten Länder werden teilnehmen können. Die Sportstadt Karlsruhe wird hier mit Sicherheit einige ihrer prominentesten Ringtennisspieler entsenden.

JÜRGEN SCHUHLADEN-KRÄMER

Rudern – eine lange Tradition in Karlsruhe

Dass Karlsruhe zu den ersten Städten in Südwestdeutschland mit organisiertem Rudersport zählte, wäre angesichts eines fehlenden direkten und geeigneten Gewässeranschlusses nicht unbedingt zu erwarten gewesen. Tatsächlich kann der Karlsruher Ruderklub Salamander sogar als erster Sportverein der Stadt angesehen werden – sieht man einmal vom kurzlebigen Schlittschuhklub um 1875 und dem Schachklub seit 1853 ab.

Das Rudern war einer der frühesten „sports" aus England, wo es sich seit dem 18. Jahrhundert als sportliches Ruderrennen entwickelt hatte. Mit dem Universitätsrennen Cambridge-Oxford 1829 und mit der Henley-Regatta 1839 auf der Themse als ältester Ruderregatta war eine ganz neue Tradition gestiftet worden. Dem Vorbild und direkten Anstoß englischer Kaufleute folgend, gründete sich in Hamburg mit dem Hamburger Ruder Club der erste Ruderverein in Deutschland. Hamburg blieb lange die einzige Stadt, dafür kamen dort zahlreiche weitere Rudervereine hinzu.[1]

Erste Wellen bis nach Karlsruhe

Seit den 1860er Jahren und nach 1871 verstärkt durch die kaiserliche Gunst Wilhelms I. und II. verbreitete sich diese Sportart über verschiedene größere Städte. Organisierte Re-

gatten, welche das Zusammenspiel mehrerer Clubs erforderten, trugen zu seiner Popularität bei. In den Flussstädten Heidelberg und Mannheim waren 1872 und 1875 die ersten Rudervereine in Baden gegründet worden. Als der Deutsche Ruderverband (DRV) als erster deutscher Sportverband überhaupt mit Jahresbeginn 1883 entstand, gab es zwar schon etwa 95 Rudervereine in Deutschland, von denen ihm allerdings nur 43 angehörten.

In Karlsruhe begann alles auf dem beliebten Freizeitgelände vor dem Ettlinger Tor, im Stadtgarten beim Sallenwäldchen. Mit Fertigstellung der neuen städtischen Festhalle 1877 (heute durch die Schwarzwaldhalle etwa an gleicher Stelle ersetzt), war zugleich der Stadtgarten gestaltet worden, in dem durch den Erdaushub für die Geländeaufschüttung der Stadtgartensee mit gerade einmal 1,5 ha entstanden war. Zum Rudervergnügen und für die Unterhaltung der Jugend konnten auf dem See 18 Boote, Kielboote, Kanus und Grönländer gemietet werden. Letztere Bootstypen bezeugen, dass die flachen „Eskimo-Boote", Kajaks, offensichtlich schon damals beliebt waren, ohne dass damit sportlicher Ehrgeiz verbunden gewesen wäre.[2]

Nach der Gründungsüberlieferung des ersten Karlsruher Rudervereins trugen im März 1879 bei einer Turnveranstaltung der Turngemeinde (KTV 1846) im Stadtgarten Turner

Die aktiven Ruderer vom Ruderverein Sturmvogel im Karlsruher Rheinhafen, Foto um 1910.

ein Rennen mit den Vergnügungsbooten aus. Das war nichts Außergewöhnliches, doch entschlossen sich unmittelbar danach zwölf Sportbegeisterte zur Gründung eines eigenen Rudervereins, der sich als Karlsruher Ruderklub Salamander konstituierte.[3] Die Herkunft des Namens bleibt im Ungewissen, doch dürfte die Beziehung zur Studentenschaft, die wohl die Mehrheit der Vereinsgründer stellte und zu dem unter den Studenten geübten Brauch des „Salamander reiben" (ein Ehrentrunk) nicht von der Hand zu weisen sein. Um das Rudern als Sport zu betreiben, suchte man nach einem geeigneten Standort und fand ihn im Rheinhafen Maxau, der über die seit 1862 bestehende städtische Maxaubahn zu erreichen war.[4] Dort begann der Verein mit einem einzigem

Boot, dem Salamander, einem „Dollen-Vierer" und einem ersten bescheidenen Bootshaus an der südwestlichen Ecke. Neuerwerbungen der schlanken Rennboote und der etwas breiteren Gig-Boote, die zum Training und fürs alltägliche Rudern eingesetzt wurden, boten künftig Anlass zu feierlichen Bootstaufen. Vom festen Rudersitz zum Gleitsitz mittels Schmierstoff im 19. Jahrhundert und modernen Rollsitzen war es noch ein weiter Weg. Kunststoffboote kamen erst in den 1950er Jahren auf. Rudern blieb von Beginn an ein Vereinssport, der im Gegensatz zum Paddeln nicht individuell zu betreiben war und dessen Ausrüstung den Hintergrund eines Vereines erforderte.

Besser als der doch recht kleine Maxauer Hafen eignete sich der dem Rhein gegenüberliegende Wörther Altrhein für das Training, auch die Altrheinarme bei Leopoldshafen und Daxlanden wurden aufgesucht. Da Sport eine gesellige Veranstaltung mit einem Kräftemessen im direkten Vergleich war, suchten die Ruderer von Anfang an den Kontakt mit Vereinen in der Nachbarschaft und nahmen an Wettfahrten und Regatten teil. Im Sommer 1881 siegte der Salamander auf der Mainzer Regatta erstmals in einem Vergleich, immens wichtig für das Selbstbewusstsein der jungen Sportler. Die Ruderer des Salamander machten landesweit auf sich aufmerksam, als sie in mutigem Einsatz bei der Rheinhochwasserkatastrophe am 29. Dezember 1882 vom Wasser bedrohte Einwohner von Neuburgweier auf das Hochgestade retteten. Der Verein nahm im folgenden Jahr das hundertste Mitglied auf.[5]

Standesdenken, Streitigkeiten und Neugründungen

Rudern blieb bis zum Ersten Weltkrieg ein Sport der höheren und mittleren Bürger und ihrer Sprösslinge in den höheren Bildungsanstalten, man pflegte das standesbewusste „Gentleman"-Image. „Unter Gentleman-Liebhabern versteht das Regattakomitee", so hieß es im „Grundgesetz" des Deutschen Ruderverbandes 1883, „anständige Leute, die das Rudern zu ihrem Vergnügen betreiben." Umstritten war dabei der Paragraph 8 der ebenfalls dort festgelegten Allgemeinen Wettkampfbestimmungen, der so genannte Amateur-Paragraph: „Amateur ist jeder, der das Rudern nur aus Liebhaberei mit eigenen Mitteln betreibt oder betrieben hat und dabei keinerlei Vermö-

Ruderstillleben des Ruderklubs Salamander mit Regattatrophäen. Vorstand und aktive Ruderer im Jahr 1893. Rechts außen Vorsitzender von 1893 Otto Freyheit, aktive Ruderer in weiß, rechts die Gebrüder Zinser.

gensvorteile in Aussicht hat oder hatte, weder als Arbeiter durch seiner Hände Arbeit seinen Lebensunterhalt verdient, noch in irgendeiner Weise beim Bootsbau beschäftigt ist."[6] Bezog sich die erste Hälfte noch nachvollziehbar auf den einleuchtenden Amateurgedanken, so blieben mit dem zweiten Teil Arbeiter im Grunde von der Teilnahme an Ruderwettfahrten nach der Bestimmung des Deutschen Ruderverbandes ausgeschlossen. Der Ruder-Sport war ohnehin wegen der kostspieligen Boote und Transporte zu Regatten und der Kosten für die jeweilige Bahnfahrt nach Maxau – 1882: 39 Pfennig – mit hohen Ausgaben verbunden. Schon dadurch war er exklusiv und schloss die „niederen Kreise" aus.

Der Salamander war hierarchisch organisiert, der Vorsitzende trug wie ein Kapitän vier Goldstreifen am Blazer, die anderen Amtsträ-ger abgestuft bis zu einem Streifen. Konflikte aus Ehrgeiz und Profilsucht blieben nicht aus und trugen dazu bei, dass sich binnen weniger Jahre konkurrierende Rudervereine in Karlsruhe gründeten. 1888 schlossen sich abtrünnige Salamander-Ruderer zur Karlsruher Rudergesellschaft 1888 zusammen und errichteten sich ein Bootshaus direkt am Rhein oberhalb der Maxauer Schiffbrücke. Zehn Jahre später fusionierte sie mit der erst ein Jahr zuvor, 1897, gebildeten Ruder-Gesellschaft Fidelitas zur Ruder-Gesellschaft Germania. Dieser neue Verein, dem zahlreiche ausgetretene oder ausgeschlossene ehemalige Mitglieder des Salamander angehörten, gründete sich 1898 nach einem stadt-öffentlich ausgetragenen Streit zwischen Professor Heinrich Leutz vom Humboldt-Realgymnasium, der 1897 in den Salamander eingetreten war und das Amt des

Einweihung des Bootshauses vom Ruderverein Sturmvogel mit Damen und „Ehrenjungfrauen" im Rheinhafen, 1902.

Ruderabteilung der akademischen Turnerschaft Zaringia bei ihrem Bootshaus am Rhein bei Maxau, um 1910.

Schriftführers bekleidete und dem Vorstand um Friedrich Kern. Leutz' offensichtlich falscher Vorwurf der angeblichen Unterschlagung von Geldern für Schüler-Ruderboote des Vereins wuchs sich zu einer Beleidigungsklage vor dem Landgericht aus, wobei er aber unterlag. Nichtsdestoweniger veröffentlichte er 1898 auf eigene Kosten eine umfangreiche Druckschrift, die den eigentlich ungerechtfertigten Streit auf ebenso peinliche wie absurde Weise in die Öffentlichkeit trug und den Salamander seinerseits zu einer öffentlichen Entgegnung brachte.[7] Leutz konnte sein Geltungsstreben schließlich im Vorstand der Rudergesellschaft Germania befriedigen. Der Streit hatte Konsequenzen, der Karlsruher Ruderklub Salamander war deswegen sogar aus dem Deutschen Ruderverband ausgeschlossen und erst auf dem Rudertag in Straßburg im Oktober 1900 wieder

aufgenommen worden, nachdem sich sogar die Stadtspitze unter Oberbürgermeister Karl Schnetzler maßgeblich dafür verwendet hatte. In einem persönlichen Schreiben an Schnetzler äußerte DRV-Vorstandsmitglied Wilhelm Schumacher abschließend, dass „diese Angelegenheit, welche so unendlich viel Staub aufgewirbelt hat, ... hoffentlich, wenn Herr Prof. Leutz nicht wieder von neuem daran rührt, endgültig aus der Welt" sei.[8] Leutz rührte nicht mehr, seine Rudergesellschaft Germania löste sich aber bis 1903 wieder auf.

Zwei andere Abspaltungen des Salamander hatten Bestand und begründeten zusammen mit ihm die Karlsruher Traditions-Rudervereine. Nach einem Streit wegen unerlaubter Benutzung eines neuen Rennruderbootes gründeten fünf Salamander-Abtrünnige im Juli 1894 den Ruderverein Sturmvogel Karlsruhe.

Der lagerte seine Boote beim Wassersportfreund und Gastwirt Gustav Melcher in dessen Gaststätte Zum Rheinhafen (später Rheinterrassen) im Maxauer Rheinhafen. 1902 übersiedelte der Verein in sein neu errichtetes großzügiges Bootshaus in der Hansastraße am neuen Rheinhafen.[9]

In der allerersten Morgenstunde des 14. Juni 1901 gründeten acht Mitglieder aus dem Salamander und Sturmvogel in der Gaststätte Moninger den Karlsruher Rheinklub Allemannia – anfangs noch mit „ll" geschrieben! – seit 1906 Mitglied im Deutschen Ruderverband. Zu ihm stießen zwei Gründer und Vorstände der Karlsruher Rudergesellschaft von 1888, Wilhelm Kiefer und der höhere Finanzbeamte Hermann Marbeiter, ein Beispiel für die verschlungenen Pfade bei den Vereinsgründungen. Der Karlsruher Rheinklub Alemannia wollte nachdrücklich nicht in den neuen Rheinhafen und etablierte sich im alten Hafen Maxau, wo er das ehemalige Bootshaus vom Salamander übernahm, ehe er an gleicher Stelle 1910 sein geräumiges Bootshaus einweihen konnte.[10]

Akademiker der Technischen Hochschule, die bis dahin den bestehenden Rudervereinen beigetreten waren, errichteten zwei separate Rudervereinigungen. Die akademische Turnerschaft Zaringia, Mitglied im Deutschen Turnerbund und originär eine Turnvereinigung, bildete ab 1908 bis zur Auflösung 1919 eine Ruderabteilung, die das Bootshaus der aufgelösten Germania in Maxau übernahm. Daneben etablierte sich 1910 der Akademische Ruderklub Karlsruhe, der bis 1935 Bestand hatte. Er lagerte seine Boote im ehemaligen Gasthof Zum Rheinbad bei der Schiffbrücke, später auf eigenem Grundstück im Rheinhafen. Der Hochschul-Rudersport ging nach 1945 weiter mit der Ruderriege der Universität Fridericiana von 1961 und mit dem 1967 gegründeten Institut für Sport und Sportwissenschaft; seither existiert eine Partnerschaft zum Karlsruher Ruder-Verein Wiking v. 1879.[11]

Lautersee und Rheinhafen

Für einige Jahre kamen die Ruderer von Maxau mitten in die Stadt zurück. Die Zugfahrten dorthin waren zeitraubend, und die Fahrpreise summierten sich auf die Dauer. Auch waren die Ruderer auf ihrem Weg über den Rhein zu ihrem beliebten Areal im Wörther Altrhein durch die oft Hunderte Meter langen Schleppzüge der damaligen Schifffahrt gehandicapt. Zwischen 1887 und 1892 war südlich vom Stadtgarten und Zoo durch Aushub für den Lauterberg zur Anlage eines Trinkwasserreservoirs für die rasch wachsende Stadt der stattliche Lautersee mit etwa 400 m Länge und 100 m Breite entstanden, im Osten begrenzt etwa durch die heutige Straße Am Stadtgarten, im Süden durch die Schwarzwaldstraße hinter dem jetzigen Hauptbahnhof. Als eine der ersten Sportförderungsmaßnahmen überhaupt errichtete die Stadt an der nordwestlichen Ecke des Sees, ungefähr an der Stelle der heutigen Karl-Hoffmann-Straße, ein städtisches Bootshaus, in dem sowohl der Karlsruher Ruderklub Salamander als auch die Kadettenanstalt in der Moltkestraße mietweise Boote unterbrachten. Der See wurde für die Anlage des neuen Hauptbahnhofes nach 1906 wieder zugeschüttet.[12] Zu diesem Zeitpunkt hatte sich aber schon eine ganz andere Perspektive ergeben – der neue Rheinhafen, in den Salamander und Sturmvogel umzogen. Beide errichteten 1902 zur offiziellen Einweihung des bereits ein Jahr zuvor in Betrieb gegangenen Hafens ihre neuen Häuser unter großer Teilnahme der städtischen Honoratioren. Zur Einweihung des prächtigen Salamander-Hauses erschien sogar die großherzogliche Familie. Es war vom Sala-

Ruderklub Salamander. Vierer mit Steuermann und Herren vom Vorstand zu Wasser.

mander-Vorstand und Architekt Gottfried Zinser sen. unter Beteiligung seines Sohnes Gottfried Zinser jun. nach Plänen August Stürzenackers errichtet worden, der auch für die städtischen Gebäude des Rheinhafens, Getreidespeicher, Hallen und Verwaltungsgebäude verantwortlich zeichnete.[13]

Dies war durchaus auch ein Zeichen für die gehobene soziale Stellung des Vereins sowie seiner führenden Mitglieder. Überhaupt hatte der Rudersport seit 1900 eine bedeutende Entwicklung erfahren. Im Reich gewann das Rudern, von Kaiser Wilhelm II. sehr gefördert und mit gestifteten Preisen bedacht, eine bedeutende, geradezu staatstragende Stellung. In

Karlsruhe bot der 1901 errichtete Rheinhafen mit seinem etwa zwei km langen Stichkanal optimale Voraussetzungen. Mit ihm stand in Karlsruhe erstmals eine moderne regattataugliche Strecke zur Verfügung, obgleich die schmale Passage mit knapp 40 m nur drei Boote nebeneinander zuließ. Erst mit der für den rasch angewachsenen Binnenschiffverkehr schon länger geplanten Verbreiterung auf 80 m 1934 fanden sechs Startboote Platz.[14]

Die eigentliche Ruder-Saison zwischen öffentlichem Anrudern im Mai und Abrudern im Oktober war kurz, in der Mitte lag das gleichfalls öffentliche Stiftungs- oder Sommerfest, beim Salamander mit Wettfahrten und

321

Bootshaus des
Ruderklubs Salamander mit
Grundrissen (Hansastraße 1),
1902 eingeweiht.

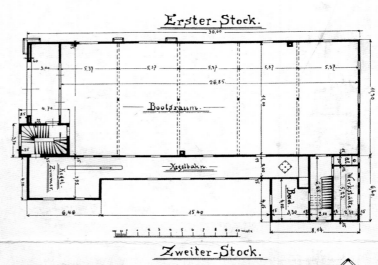

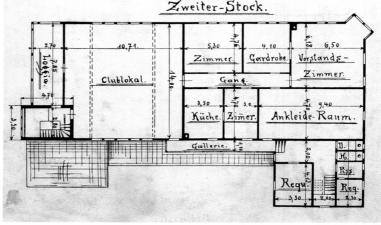

dem großen Wasserfest seit den 1890er Jahren aufwändig begangen. In den übrigen Monaten des Jahres wurde durchaus auch Sport aller Art getrieben, zum Ausgleich, zum Training und zum Spaß, wie es sich für Sportsmen gehörte. Die für jeden Verein wichtige Geselligkeit und beim Salamander noch besonders die repräsentative Darstellung, mit der er seine elitäre Stellung unterstrich, kamen nicht zu kurz. Legendär wurden die großen Winter- oder Faschingsfeste des Salamander unter vorangestelltem Motto wie beispielsweise „Ein Tag in Cairo" (1910) oder „Die Einweihung des Hauptbahnhofes" (1913).[15] Zu herausragenden städtischen Ereignissen wurden die vom Vorstandsmitglied Adolf Möser 1925 bis 1928 durchgeführten großen Veranstaltungen „Tanz und Mode" in der städtischen Festhalle. Möser selbst ruderte gar nicht, er spielte Tennis und organisierte sogar nach dem Ersten Weltkrieg bis 1939 eine eigene Tennisabteilung im Verein. Überhaupt, es war eine Minderheit, die dem Leistungssport Rennrudern auch selbst nachging, während im Vereinsalltag die Zahl der Passiven die der Aktiven immer überstieg und im praktischen Alltag mehr das Freizeit- und Wanderrudern, gerade bei den älteren Vereinsmitgliedern, gepflegt wurde. Sehr beliebt waren Wanderfahrten zur Wintersdorfer Rheinbrücke, Germersheim oder Speyer, Fahrten in Gemeinschaft auf verschiedenen Flüssen. Nicht nur im Regatta-Rennrudern wurde der direkte sportliche Vergleich in den frühen Jahren des Sports gesucht, sondern vor allem auch beim Dauerrudern gegen andere Vereine. Sportliche Leistungen wie die Fahrt der beiden Salamander-Ruderer Bünger und Peter von Trier nach Rotterdam unter dem Instruktor Fritz Merkel 1912 werden deshalb auch in den Vereins-Annalen berücksichtigt.[16] Der Sturmvogel zeigte sich sportlich ehrgeiziger als der sehr auf gesellschaftlichen Glanz Wert legende Salamander. Aus ihm wäre auch mit dem

herausragenden Rudolf Lucas ein Deutscher Meister im Einer hervorgegangen, wenn dieser 1908 und 1909 diesen Titel nicht für den Mainzer Ruderverein errungen hätte, wo er in diesen Jahren wegen seines Wehrdienstes trainierte und startete.

Frauen erobern sich ihren Platz in einem „Männersport"

Rudern blieb bis nach dem Ersten Weltkrieg Männersport, bei den nicht minder konservativen Turnern gab es schon längst Frauenabteilungen. Der Friedrichshagener-Damen-Ruder-Club von 1901 in Berlin hatte zwar ein Tabu gebrochen, aber die männliche Ruderwelt verwehrte dem anderen Geschlecht noch lange die Teilhabe an „ihrem Sport". Frauen waren allein zum Ausschmücken bei gegebenen Anlässen erwünscht, bei gesellschaftlichen Veranstaltungen, zur Fahnenherstellung und vor allem bei der feierlichen Fahnenweihe. Der Wunsch, nach dem Ersten Weltkrieg eine Frauenriege beim Ersten Karlsruher Ruderklub v. 1879 einzurichten, konnte sich nicht durchsetzen. Auch bei der Alemannia verhielt man sich der Tradition gemäß ablehnend. Deshalb gründete das Alemannia-Gründungsmitglied Anton Hanauer mit seiner Tochter Gisela 1926 den Karlsruher-Frauen-Ruder-Verein mit eigenem bescheidenen Bootshaus neben dem des Karlsruher Rudervereins v. 1879. Die Begeisterung von Frauen für den Sport war so groß, dass zwei Gig-Vierer und ein Gig-Zweier für den Betrieb nicht ausreichten. Nach Zerstörung des Bootshauses am 4. Dezember 1944 wurde der Verein nach dem Zweiten Weltkrieg nicht mehr restituiert.[17] Da hatte sich das Frauenrudern aber schon, hier muss eine andere Sportart bemüht werden, durchgeboxt. 1934 hatte der Karlsruher Ruderverein v. 1879 einen erneuten An-

„Salamander."

Erster Karlsruher Ruderclub.

Gegründet 1879.

Festprogramm

zum

XX. STIFTUNGSFEST

am

Samstag, den **2. September 1899,** Abends 8½ Uhr

Festbanket

im Saale des Café „Palmengarten"

und

Sonntag, den **3. September 1899,** Nachmittags 3 Uhr

Konzert und Wasserfest

Auffahrt ✣ Wettfahren ✣ Fischerstechen etc.

auf dem Rheinhafen in Maxau.

SALAMANDER

Eintrittspreis: { **Zum Festplatz 50 Pf.** im Vorverkauf **40 Pf.**
{ **Für Rhein- u. Hafendamm 20 Pf.**
(Kinder bezahlen die Hälfte).

Für **Mitglieder** beträgt der Eintrittspreis zum Festplatz gegen Vorzeigung der Mitgliedskarten **20 Pf.**

Kartenvorverkauf bei den Herren H. Müller, Kaiserstrasse 172, H. Freyheit, Kaiserstrasse 117 und J. Dahringer, Karlfriedrichstrasse 19.

Preis des Programms 10 Pfennig.

Einladung zum großen Wasserfest des Ruderclubs Salamander zum 20. Gründungstag 1899 im Rheinhafen Maxau.

lauf mit einer Frauenriege unternommen, diesmal mit Bestand. Der Rennrudersport blieb den Frauen dennoch weiterhin verwehrt, sie blieben auf Wettkämpfe allein im Stilrudern beschränkt. Während des Zweiten Weltkrieges, Männerregatten gab es nur noch unter der Jugend dieses Geschlechtes, konnten Karlsruherinnen auch diesen Platz für sich reklamieren. Die Ruderinnen vom Karlsruher Ruderverein v. 1879 Höll, Freimüller, Cremer und Fabry mit ihrer Steuerfrau Tröndle gewannen 1944 im Vierer mit Steuerfrau (damals natürlich Steuermann) bei der Badischen Jugendregatta in Heidelberg. Im Verein war eine Frau erstmals seit 1941 im Vorstand vertreten, Thekla Körner, sie übernahm später das Training der Rennruderer.[18] Olympische Disziplin wurde das Frauenrudern erst 1976 und bis zu jenem Jahr hatte der Deutsche Ruderverband auch keine Frauenvereine aufgenommen. Die Karlsruher Olympionikin Birgit Peter vom Ruderverein Wiking errang 1992 in Barcelona Gold im Doppelvierer der Frauen.

Geänderte Bedingungen
nach dem Ersten Weltkrieg

Das Rudern hatte sich in Karlsruhe vor dem Ersten Weltkrieg etabliert, die Rheinhafen-Regatten waren fester Bestandteil im Jahresablauf. Die Begeisterung über die Goldmedaille des deutschen Vierers bei den Olympischen Spielen in Stockholm 1912 dürfte auch ihren Anteil an der Beliebtheit des Sportes gehabt haben. Die drei Rudervereine der Stadt zählten vor 1914 zusammen an die 1.000 Mitglieder, nicht zuletzt durch die von ihnen gepflegte Jugendförderung und enge Zusammenarbeit mit den höheren Bildungsanstalten. Diese Schülerförderung fand auch nach den beiden Weltkriegen ihre Fortsetzung und besteht bis in die heutige Zeit. Der Erste Weltkrieg brachte Veränderungen. Während des Krieges war das Vereins- und Ruderleben nahezu erloschen. 1919 schlossen sich die Traditionsvereine Karlsruher Ruderklub Salamander von 1879 und der Karlsruher Ruderklub Sturmvogel von 1894 zum Ersten Karlsruher Ruderklub v. 1879 zusammen, nach der Wiedergründung nach 1945 wurde der Zusatz Wiking angefügt. Grund der Fusion war einerseits das vom Krieg her noch gelähmte Vereinsleben, vor allem aber der Verlust des Vereinsheimes des Sturmvogel, weil die Stadt, die das Gelände für Industriezwecke benötigte, die Pacht nicht mehr verlängert hatte. Streitigkeiten und womöglich Sehnsucht nach früheren glanzvollen Zeiten veranlassten einige ehemalige Salamander-Mitglieder 1922 zur Abspaltung und Vereinsneugründung unter dem alten Namen als Salamander Karlsruher Ruder-Club. Er hatte sein eigenes einfaches Bootshaus im Nordbecken (Becken I), das im Zweiten Weltkrieg zerstört wurde; der Verein wurde nach 1945 nicht wiederbegründet. 1941/42 hatte der Verein durch Tod und Wegzug den Vorsitzenden und Stellvertreter verloren, bereits vor dem Krieg war eine Krise eingetreten, die der Vorstand als nachlassende „traditionelle Zucht und Ordnung im Salamander" gewertet und zu überwinden wissen wollte.[19]

Das vor dem Ersten Weltkrieg ausschließlich individuell betriebene Kanufahren begann sich erst jetzt ebenfalls in Vereinen zu organisieren und fand großen Zuspruch als Breitensport. Mit dem aufkommenden Faltboot blieb es dabei auch für den Einzelnen immer noch ein zu finanzierender Sport oder Freizeitvergnügen. 1922 hatten zehn junge Begeisterte die Rheinbrüder gegründet, ein Jahr später war mit dem Wassersportverein Maxau (nach 1945 nicht mehr wiederbelebt) ein weiterer Kanutenverein gebildet worden. Bestehende Turn- und Sportvereine richteten darüber hinaus eigene Kanuabteilungen ein, so dass es schließ-

Karlsruher Ruderregatta, Foto aus den 1920er Jahren.

lich sieben davon in der Stadt gab. Die Stadt-verwaltung, längst planmäßig Sportförderung betreibend, war seit Beginn der 1930er Jahre bestrebt, die Kanusportler am westlichen Rand des städtischen Rheinstrandbades Rappenwört anzusiedeln und verpachtete dazu ebenso wie die Landesdomäne gegenüber Gelände zur Anlage von Bootshäusern. So wurden die Ka-nuabteilungen des KTV 1846, des Kanuclub Maxau, des Skiclub Karlsruhe, sowie die der Naturfreunde und des Polizeisportvereins hier untergebracht. Die Kanuabteilung des seiner-zeitigen Eisenbahner Turn- und Sportvereins befand sich dagegen im Rheinhafen.[20] Damit hatte der Kanusport beste Voraussetzungen, vor dem Zweiten Weltkrieg gab es neun Kanu-Vereine bzw. Abteilungen mit etwa 550 Mit-gliedern.[21] Überschneidung zum Rudern gab es nicht. Die strikte Trennung zwischen Pad-deln und Rudern blieb schon aus Tradition

aufrecht erhalten, in Karlsruhe im Gegensatz zu anderen Orten bis heute.

Der starke Mitgliederrückgang der Ruder-vereine infolge des Krieges war schon 1920/21 wettgemacht. Der Erste Karlsruher Ruderklub v. 1879 zählte 1921 an die 600 Mitglieder, der zweite Ruderverein, die Alemannia, fast 500. Die Alemannia hatte sich wegen der günsti-geren Verhältnisse nun ebenfalls ein Bootshaus im Rheinhafen, im Nordbecken (Becken I), errichtet. Statt neuer Höhenflüge kam es aber zu einem Einschnitt. Wegen der Ruhrkrise besetzten französische Truppen am 3. März 1923 den Rheinhafen. Die Vereinshäuser wur-den vom Militär requiriert und das Rudern im Hafen und auf dem Rhein war verboten. Wäh-rend man zum Training wieder nach Maxau und sogar an die Alb beim Kühlen Krug aus-wich, entfielen für zwei Jahre die Regatten, erst im November 1924 war der Hafen wieder besatzungsfrei, und langsam begann das Ruderleben von neuem.[22]

Höhepunkt der Rudersaison – die Regatta

Karlsruhes Ruderer hatten sich von Anfang an regelmäßig an auswärtigen Regatten beteiligt, schließlich wurde ehrgeizig jeder einzelne Sieg verzeichnet. Mit dem neuen Rheinhafen stand seit 1901/02 ein geeigneter Ort zur Verfügung. Die erste Karlsruher Regatta wurde 1904 vom Salamander ausgerichtet, genauso wie die von 1906 und 1907. Die Strecke begann an der Fähre – heute Einmündung Becken V – und endete beim Mittelbecken (Becken II), die heute international standardisierten 2.000 m wurden nicht erreicht; später wurde die Strecke zwischen Hafeneingang und Beginn Mittelbecken festgelegt, sie maß 1.900 m. 1920 wurde auch erstmals eine Herbstregatta mit der kürzeren Distanz von 600 m im Südwestbecken (Becken IV) für die Jugend ausgetragen. Nach 1907 organisierte der Salamander keine überregionale Regatta mehr, erst nach 1912 fand eine Fortsetzung statt. Initiativ waren nun der Sturmvogel und die Alemannia, die dazu gemeinsam den Karlsruher Regatta-Verein ins Leben riefen, der im Folgejahr die erste Regatta abhielt, gezählt wurde sie im Nachhinein aber als 4. Karlsruher Regatta. Die anderen Karlsruher Rudervereine schlossen sich an. Nach eigenem Empfinden des Regatta-Vereins war der Rheinhafen, und dies bezog sich sogar noch auf den schmalen Stichkanal vor 1934, „eine der schönsten deutschen Regattastrecken".[23] Kein Wunder, dass sie vom Gaufachwart für Rudern nach Verbreiterung des Beckens als „vorbildlich im ganzen Reich" gelobt wurde. Oder wollte der dem Karlsruher-Regatta-Verein anlässlich seines 25-jährigen Jubiläums und zur 19. Karlsruher Regatta 1937 nur eine Nettigkeit sagen?[24] Schon die Abhaltung des 27. Deutschen Rudertages 1930 in Karlsruhe war auch eine Referenz dieses Sportverbandes an die Leistungen des Rudersports in Karlsruhe gewesen.

Nach dem Krieg dauerte es bis 1950, ehe wieder eine Regatta ausgetragen wurde, eine kleinere Herbst-Regatta zur Übung für die erste große Nachkriegsregatta im Juli 1952, die 22. Karlsruher Regatta. Mit etwa 130 Booten und 815 Ruderern war sie fast doppelt so groß wie ihre Vorgänger. Der Regatta-Verein in dieser Form bestand nicht mehr, die Regatten wurden unter der Ägide des Deutschen Ruderverbandes und des Rhein-Neckar-Bodensee-Regattaverbandes ausgerichtet, die beiden verbliebenen Rudervereine wiederum hatten einen Regatta-Ausschuss zur Organisation konstituiert. Trotz der Bezeichnung „internationale Regatta" ging die Beteiligung seit 1904 kaum über Südwest- und Süddeutschland hinaus, vereinzelt traten Rudervereine aus Bregenz und Wien an. Trotz zunehmend perfekter Organisation waren die Regatten kein Magnet für das Publikum, das in dieser Zeit Leichtathletik- und Fußballwettkämpfe bevorzugte. Die 37. Karlsruher Ruder-Regatta 1968 war die letzte ihrer Art.[25]

Eine moderne internationale Regattastrecke fiel ins Wasser

Die Bedingungen im Rheinhafen entsprachen nicht mehr den gestiegenen Anforderungen des Reglements. Die international erforderlichen 2.000 m ließen sich wegen vorhandener Verladeeinrichtungen ebenso wenig realisieren wie die notwendigen 90 m Breite. Die Wasserverschmutzung und der Kohlestaub stellten eine Gefährdung der Sportler dar. Karlsruhe verlor plötzlich seine wichtige Ruderveranstaltung.

Der Karlsruher Landtagsabgeordnete und zugleich Stadtrat Dr. Traugott Bender (CDU)

33. Karlsruher Ruder-Regatta, 1964.

eröffnete neue Perspektiven, als er am 11. Februar 1968 im baden-württembergischen Landtag den Antrag zur Errichtung eines Wassersport- und Erholungszentrums mit internationaler Regattastrecke für Karlsruhe einbrachte, damit die Stadt weiterhin Hochburg im Ruder- und Kanusport bleibe. Was folgte, war ein Tauziehen zur Umsetzung dieses bisher ehrgeizigsten Wassersport-Projektes über mehr als ein Jahrzehnt. Die Ruder- und Kanuvereine favorisierten einen neu anzulegenden See im Rhein-Auewald bei Kastenwört und Rappenwört, teils auf städtischer Gemarkung, teils im Landesbesitz. Den Kontrapunkt setzte die Forstdirektion Nordbaden, die das Projekt von Beginn an „mit allem Nachdruck und mit aller Entschiedenheit" ablehnte, da sie darin die „völlige Zerstörung eines unter Landschaftsschutz stehenden besonders wertvollen stadtnahen Auewaldes" erblickte. „Jedenfalls rechtfertigen es die Belange des Rudersports nicht",

so deren Standpunkt, „den letzten noch verbliebenen geschlossenen Rheinauewald auf Karlsruher Gemarkung zu zerstören, nachdem große Teile der Auewaldungen der Stadt Karlsruhe bereits für den Bau der Ölraffinerien geopfert wurden."[26] Dies sah die Bezirksstelle Naturschutz ebenso wie die Arbeitsgemeinschaft der Waldfreunde von Stadtratsmitglied Dr. Otto Figlestahler (CDU), die auch „wertvolle Natur" nicht für einen „Minderheitensport" opfern wollten. Kritisch angeführt wurde auch die Häufung geplanter Regattastrecken am Oberrhein im selben Zeitraum: neben Karlsruhe in Rheinland-Pfalz eine Strecke bei Altrip, vor Mannheim im Altrhein bei Ketsch sowie eine Strecke im Hessischen bei Lampertheim.

Was folgte, war eine erbitterte Auseinandersetzung um unvereinbare Ziele. Der Knielinger See, obwohl schon zu Beginn wegen seiner zu geringen Breite durch die vorhandene

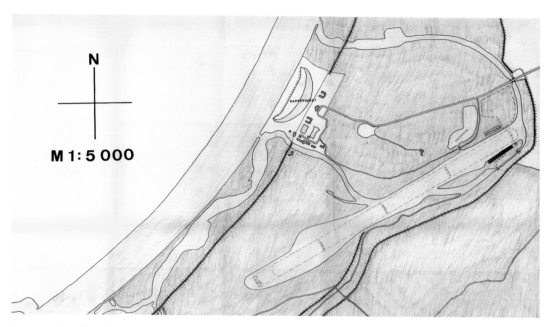

Unverwirklichte Wunschvorstellung für eine Wassersport- und Regatta-Strecke bei Rappenwört, nach der publizierten Vorstellung der Wassersportvereine 1968.

Insel sowie das Schilfgebiet als ungeeignet betrachtet, wurde über zwei Jahr lang diskutiert; andere Pläne des Eigentümers, des Markgrafen von Baden, machten diese Gedankenspiele dann allerdings obsolet. Die Ruder- und Kanuverbände legten sich auf eine Strecke bei Kastenwört und Rappenwört fest und erstellten eigene umfangreiche Pläne,[27] obwohl bereits Überlegungen bekannt waren, das Gebiet unter Naturschutz zu stellen. Dennoch stimmte der Sportausschuss des Gemeinderates in seiner Sitzung am 15. April 1969 genau für diese Variante, um den Gemeinderat zu einer grundsätzlichen Position zu bringen. Das Ergebnis war mit dem Antrag von Oberbürgermeister Günther Klotz absehbar, grundsätzlich ein Wassersportzentrum mit Regattastrecke zu beschließen, jedoch nicht bei Rappenwört.[28] Alle Beteiligten wälzten nun Alternativen außerhalb Karlsruhes. Eine Neuanlage bei Grötzingen entlang der Bahnlinie war im Gespräch, und wurde wieder verworfen wegen Beeinträchtigungen des Weingartener Moors; der Goldkanal bei Illingen musste, da nicht an den Verkehr angebunden, auch verworfen werden. Favorisiert wurde seit Herbst 1969 von der Stadtverwaltung und schließlich allen Befürwortern der Baggersee bei Neuburgweier, der Fermasee. Er sollte nach Norden bis Kastenwört verlängert werden.

Der Konflikt wurde in der Öffentlichkeit weiterhin um die Alternativen „Landschaftsschutz oder Sportbelange" geführt. Dass hier jedoch keine Entscheidung für die eine oder andere Option getroffen wurde, ein Kompromiss schien sowieso aussichtslos, lag woanders begründet. An der Frage einer eventuell erforderlichen Staustufe Neuburgweier, von der alle Planungen und Anlagen im Tiefgestade des Rheines abhingen.[29]

Während diese Entscheidung über Jahre in der Luft hing, versuchten Ruder- und Kanu-

Sportler, Stadt Karlsruhe und Landkreise eine gemeinsame Trägerorganisation für das künftige große Wassersportzentrum zu bilden. Als 1974 die Staustufe vor der Umsetzung schien, und damit die Auewälder sowieso beeinträchtigt worden wären, drängte Dr. Traugott Bender, mittlerweile Justizminister des Landes, zur Eile, um das Zentrum noch durchzusetzen, bevor ein in Aussicht stehendes Naturschutzgesetz endgültig den Riegel vorgesetzt hätte. Er plädierte dafür, „endlich ein Startzeichen zu setzen. Ich fürchte, dass uns sonst die Felle davon schwimmen", spornte er zur Bildung der Trägergemeinschaft und Durchsetzung des Projektes 1975 an.[30] Nun erwies sich die Trägergemeinschaft als nicht stabil. Die Landkreise wollten ein Wassersportzentrum, aber kein Geld dazu geben, Rheinstetten befürchtete einen großen Baggersee, aber am Ende kein Sportzentrum zu bekommen. Und die Staustufenfrage wurde nun auch wieder mit einem Fragezeichen versehen. Die Wassersportler ihrerseits hatten spätestens 1978 resigniert mit dem Projekt abgeschlossen. Als 1981 endlich klar war, dass es zu keiner Staustufe bei Neuburgweier kommen würde, war die Regattastrecke bereits in aller Stille beerdigt. Die 2002 aufgekommenen Pläne, anlässlich der dann doch nicht erfolgreichen Olympiabewerbung Stuttgarts für 2012, die Wassersportwettbewerbe bei Karlsruhe – die Kanu-Disziplinen im Rheinstrandbad Rappenwört und am Epple-See bei Forchheim, die Ruderwettläufe im Hafen Wörth – auszurichten, kamen nie über das Stadium von Gedankenspielen hinaus.[31]

Seit den 1960er Jahren hatte der Rudersport in Karlsruhe an Attraktivität verloren. Die Ruderer von Wiking und Alemannia setzten ihr Engagement im Leistungs- wie Freizeitsport trotzdem unvermindert fort. Mit einem Wassersportzentrum hätte trotz geändertem Sport- und Freizeitverhalten die Vereinsentwicklung vermutlich eine andere Richtung genommen. Organisierten sich in den 1950er Jahren in beiden Rudervereinen teilweise noch fast 600 Mitglieder, so fiel diese Zahl nach einem kurzen Zwischenhoch Anfang der 1980er Jahre mit leicht sinkender Tendenz auf knapp unter 400.[32]

Unvergessliches Glanzlicht auch im öffentlichen Gedächtnis stellte die Bronzemedaille der Alemannia-Ruderer Michael Schwan und Wolfgang Hottenrott bei den Olympischen Spielen in Tokio 1964 dar, letzterer war danach Mitglied des in dieser Zeit mit Ehrfucht genannten „Deutschland-Achter" des „Ruder-Professors" Karl Adam, der 1966 in Bled (Jugoslawien) Weltmeister wurde. Michael Schwan ist mit diesem Erfolg der erste aus Karlsruhe stammende Weltmeister. Zahlreiche deutsche Meisterschafts- und internationale Titel mit Besatzungsmitgliedern aus einem der beiden Karlsruher Rudervereine werden eher von einer Minderheit der Rudersportfreunde gewürdigt und erinnert, da diese Leistung öffentlich allein mit „Deutschland" verbunden wird. Dabei unterstreichen solche Spitzenleistungen die unermüdliche Aufbauarbeit in den lokalen Vereinen. Rudersport war notwendigerweise von Beginn an ein Vereinssport und ist es geblieben. Nach einem dann doch nicht erfolgreichen Fusionsversuch zwischen 1982 und 1985 bleiben die beiden Traditionsvereine Wiking und Alemannia die Garanten einer langen Ruder-Tradition in Karlsruhe.

PETER PRETSCH

Schießsport

Die Entwicklung seit der Reichsgründung[1]

Noch 1867 hielten die Schützengesellschaften an dem Ziel „der Verbrüderung aller deutschen Stämme" fest, also der Verwirklichung der großdeutschen Einheit unter Einschluss Österreichs. Bald sollte sogar das dritte Deutsche Bundesschießen in Wien durchgeführt werden, das aber durch den Ausbruch des Deutsch-Französischen Krieges von 1870/71 vereitelt wurde. Abermals übernahmen die Karlsruher Schützen nun Sicherheits- und Wachdienste in der großherzoglichen Residenz für die ins Feld ausgerückten badischen Truppen. Sie mussten sich damit abfinden, dass ihr Landesherr, der 1856 die Tochter Luise des Königs von Preußen geheiratet hatte, mittlerweile auf die Realisierung der kleindeutschen Einheit unter Führung Preußens setzte. Die anfängliche Skepsis über diese Lösung der deutschen Frage sollte aber bald der allgemeinen Begeisterung über die Gründung des Deutschen Reiches 1871 weichen. Auch die Verbundenheit zum badischen Herrscherhaus blieb stark. So beteiligte sich die Karlsruher Schützengesellschaft 1881 an dem Festzug, der zur Silberhochzeit des Großherzogspaars und zur Vermählung der badischen Prinzessin Viktoria mit dem Kronprinz Gustav von Schweden in Karlsruhe veranstaltet wurde, mit zwei Gruppen, die das Jagd- und Schützenwesen im 16.

Jahrhundert darstellten. Schließlich zog die Gesellschaft 1891 in den Hardtwald um, da der ehemalige Schützenplatz an der nunmehrigen Kaiserallee der Bebauung der Weststadt im Wege war, wie sie dann um den Gutenbergplatz in Angriff genommen werden konnte. Für das neue Schützenhaus im Hardtwald hatte sich insbesondere der seit 1873 amtierende Oberschützenmeister und Stadtrat Adolf Römhildt eingesetzt, der aber noch im Jahr des

Denkmal für Adolf Römhildt von 1902.
1957 wurde das Denkmal an die Linkenheimer Allee versetzt und mit einer neuen Inschrift versehen.

Umzugs verstarb. Es entstand auf ehemals zum großherzoglichen Hof gehörigem Gelände, das der Großherzog zum Preis von 10.287,25 Mark an die Gesellschaft verkauft hatte. Anlässlich seines 50-jährigen Regierungsjubiläums wurde hier 1902 ein Festschießen veranstaltet und ein Gedenkstein an den elf Jahre zuvor verstorbenen Römhildt eingeweiht.

In der Zeit nach dem Zweiten Weltkrieg fiel das Schützenhaus Plünderungen und Zerstörungen zum Opfer, das gesamte Gelände musste an die amerikanischen Besatzungstruppen abgegeben werden, die hier Kasernenbauten im Bereich Kanalweg und Linkenheimer Landstraße errichteten. Zum Ausgleich erhielt die Schützengesellschaft einen Platz auf der anderen Seite der Linkenheimer Landstraße am damaligen Park- (heute Adenauer-)ring. Hier dauerte es bis zum Sommer 1957, bis alle Neubauten fertiggestellt und das neue Schützenhaus eröffnet werden konnte. Bei dieser Gelegenheit wurde der Gedenkstein für Römhildt von seiner alten Stelle hierher versetzt, aber die an den alten Oberschützenmeister erinnernde Gedenktafel entfernt und durch eine andere Inschrift ersetzt, die das Denkmal nun allen verstorbenen Mitgliedern der Schützengesellschaft widmet.[2]

Nur so große und traditionsreiche Vereinigungen wie die Schützengesellschaft Karlsruhe konnten sich aber derart aufwendige Schieß- und Platzanlagen leisten. Die Erfindung des sogenannten Zimmerstutzens im letzten Viertel des 19. Jahrhunderts machte den Schießsport aber zu einer weniger kostspieligen Angelegenheit. „Die Wunschvorstellung ... war eine Schießbahn, die nicht länger sein sollte wie eine Kegelbahn oder der Tanzsaal in einer Gastwirtschaft. Das Kaliber der Waffe sollte klein und die Treibladung gering sein, die Munition billig.

Mit der Bereitstellung einer kleinen Patrone, die kaum größer war als das Zündhütchen

einer Perkussionswaffe, bestückt mit einer Rundkugel von weniger als fünf Millimeter Durchmesser, war die Voraussetzung geschaffen. Tüftelige Büchsenmacher und renommierte Waffenfabriken konstruierten zu dieser Minipatrone Präzisionswaffen von höchster Güte und Treffsicherheit, die man Zimmerstutzen nannte."[3] So bildete beispielsweise die 1903 gegründete Schützengesellschaft Grötzingen eine reine Zimmerstutzengesellschaft, da man den Schießsport zunächst ausschließlich in einer Gastwirtschaft betrieb.

Neue Schützengesellschaften entstanden damals auch in der Südstadt, der Oststadt und in Grünwinkel. Diese bestehen jedoch schon lange nicht mehr.

Von der Weimarer Republik zum Dritten Reich – Arbeiterschützen und Wehrsportübungen

Das Schützenwesen erfuhr in der Weimarer Republik durch die Erfindung des Kleinkalibergewehrs einen gewissen Aufschwung. Hatten den Schießsport bis dahin eher bürgerliche Traditionsvereine betrieben, so interessierten sich nun auch Angehörige des Kleinbürgertums und der Arbeiterschaft dafür, zumal die Sportart nun auch finanziell für diese Kreise machbar erschien. 1923 entstand auf dem Gelände der Munitionsfabrik Genschow in Wolfartsweier durch die dort beschäftigten Arbeiter der Schützenclub, in Knielingen gründeten 1925 Arbeiter der Papierfabrik Maxau und von Betrieben im Rheinhafen die Gesellschaft Freischütz und bürgerliche Honoratioren riefen die Schützenvereinigung ins Leben.

Auch auf den Schützenplätzen in Karlsruhe und Durlach wurden später Stände für Kleinkalibergewehre eingerichtet.[4]

Den Schützengesellschaften maß man im Dritten Reich besondere Bedeutung zu, da „sie die Wehrfähigkeit unseres Volkes" fördern sollten. Der Deutsche Schützenbund und das Deutsche Kartell für Jagd- und Sportschießen gingen im 1937 gegründeten neuen Schützenverband auf, der dem Reichsbund für Leibesübungen angegliedert war. Wehrsportübungen auf den Schützenplätzen gehörten nun auch in Durlach, Knielingen, Wolfartsweier und Grötzingen zum Alltag. Dank der gut ausgebauten Stände wurden die Anlagen der Schützengesellschaft Karlsruhe zur zentralen Kampfstätte. Eine große Zahl von Kreis-, Bezirks- und Gaumeisterschaften wurden in Karlsruhe ausgetragen.

Die gezielte Förderung führte auch zu Spitzenleistungen im internationalen Vergleich. So wurde Walter Gehmann im Juni 1936 Europameister in Budapest und 1939 Weltmeister in Luzern, außerdem errang er bis 1955 24 deutsche Meistertitel.[5]

Walter Gehmann in der Zeit seiner internationalen Erfolge um 1939.

Die Schützen in der Nachkriegszeit

Durch Kontrollratsbeschluss waren nach dem Zweiten Weltkrieg alle Sportorganisationen militärischen Charakters und somit alle Schützenvereine verboten worden. Ihre Schießstätten und der Vereinsbesitz wurden beschlagnahmt. Auch die Herstellung von Waffen und Munition war nicht mehr gestattet. Um ihre Vermögenswerte wiederzuerlangen, gründeten sich die Schützenvereine in Karlsruhe und Durlach 1948/49 neu, aber wegen des Feuerwaffenverbots zunächst als Bogenschützengesellschaften. Da das Schießen mit dem Luftgewehr durch den Kontrollratsbeschluss ebenfalls nicht verboten war, wurden schon im Spätjahr 1949 entsprechende Schießübungen durchgeführt. Noch vor Aufhebung des Verbots der Waffen- und Munitionsherstellung und des Sportschießens mit Feuerwaffen hatte sich 1951 der Deutsche Schützenbund in

Wiesbaden wiedergegründet und die Schützengesellschaft Durlach und Karlsruhe feierten auf dem Turmberg ihr 350-jähriges bzw. 230-jähriges Bestehen mit einem Wettschießen mit dem Luftgewehr „Entfernung 8 m, stehend freihändig, ohne jede Anlehnung."[6]

Das Schützenhaus auf dem Turmberg und die dortigen Schießanlagen waren dem Durlacher Verein mittlerweile wieder übereignet worden, während der Karlsruher Verein noch um ein geeignetes Gelände Verhandlungen führen musste, da der alte Schützenplatz für die Kasernenanlagen der Amerikaner verwendet worden war.

1953 erhielt man als Ersatz das Gelände im Hardtwald, auf dem 1957 die neuen Anlagen eingeweiht werden konnten. Ein Jahr später entstanden auch in Mühlburg neue Schießanlagen am Kurzheckweg für den Schützenclub, der sich dort gegründet hatte. Ebenso erhielten die Knielinger Schützen ein neues Gelände im

333

Urkunde der Karlsruher Schützengesellschaft über die erfolgreiche Teilnahme an einem Zimmerstutzenschießen 1957.

Neuer Pistolenschießstand des Sportschützenvereins Daxlanden 1962 im Mai 1971.

Gewann Burgau mit vier vollautomatischen Kleinkaliberständen sowie vier Ständen für Luftdruckwaffen, nachdem der alte Schützenplatz des schon von den Nationalsozialisten verbotenen Arbeitervereins Freischütz 1938 für den Bau der damaligen Rheinbrücke eingeebnet worden und der Schießstand der bürgerlichen Schützenvereinigung im Zweiten Weltkrieg zerstört worden war.

In Daxlanden ging im Jahre 1962 die dortige Schützengesellschaft aus einer ursprünglich soldatischen Vereinigung hervor. Auch in Wolfartsweier gründete sich der dortige Schützenclub 1963 neu, der zunächst in einer Werkshalle der dortigen Munitionsfabrik üben durfte. Die Schützen in Grötzingen nahmen 1956 ihren Schießbetrieb wieder auf, nachdem

sie sich vorher lediglich zum Kegeln getroffen hatten.[7]

So hatte Karlsruhe nach der Eingemeindung von Wolfartsweier und Grötzingen in den 1970er Jahren sieben Schützenvereine aufzubieten, die dafür sorgten, dass der Schießsport hier schwerpunktmäßig betrieben wurde. Außerdem gibt es noch Schützenabteilungen beim Polizeisportverein, dem Postverein, der ESG Frankonia und an der Universität sowie seit 1980 einen Bogenschützenclub. Im sportlichen Bereich und im gesellschaftlichen Leben der Stadt Karlsruhe nehmen die Schützenvereine mit zahlreichen Veranstaltungen wie Königsbällen, Schützentagen, Turnieren und Meisterschaftswettbewerben bis heute eine bedeutende Stellung ein.[8]

Die Faß-Jonglier-Riege des Athletenclubs Durlach um 1903.

Übungen des Kraftsportvereins Durlach auf dem Vereinsgelände.

336

PETER PRETSCH

Schwerathletik

Athletenclubs –
Kraftsportvereine in der Kaiserzeit

Eine besondere Form der Leibesübungen bildete sich in der Kaiserzeit heraus, vornehmlich
im Arbeitermilieu, das in der fortschreitenden
Industrialisierung durch schwere körperliche
Arbeit geprägt war. Vorbild für derartige Kraft-
übungen gaben zumeist Varieté- und Zirkus-
vorführungen, so auch in Karlsruhe, wie dies
ein Zeitzeuge eindrucksvoll beschreibt: „Es
sind jetzt gerade vierzig Jahre her, da sprach
ganz Karlsruhe nur vom 'Abs', dem stärksten
Mann in Deutschland, der draußen vor dem
Ettlinger Tor in einem Zirkus seine Künste
zeigte, mit Eisenstangen, Kugeln und Hanteln
nur so spielte, als ob das Zeug von Gummi wäre
und der die stärksten Männer der Stadt zum
Ringkampf herausforderte."

Der damalige Schüler schildert den Verlauf
eines Ringkampfes mit 'Abs' und seinen Karlsruher Herausforderern Kühnle und Stoll im
Jahr 1886: „Kühnle war ein Eisenbahnbedien-
steter, groß und breit wie ein Kleider-Schrank,
verschiedene aus der Südstadt stammenden
Klassengenossen kannten ihn. Und der Stoll?
Der wollte mit Abs ringen? Der wohnte bei
uns im Dörfle, war Dienstmann und den meisten von uns bekannt. ... Nun geht's los: Abs
und Stoll geben sich die Hand; Stoll stürzt sich
wutentbrannt auf Abs und dieser schleudert

in 'Null Komma fünf' den Stoll glatt in den
Sand, dass er zunächst eine kleine Weile wie
betäubt daliegt. Der Revanchegang hatte das
gleiche klägliche Ergebnis und Stoll zog ab.
Jetzt kam der Kühnle an die Reihe; der machte schon eine bessere Figur und die Sache ging
nicht ganz so schnell wie bei Stoll. Aber was
wollte die rohe Kraft gegen die Technik eines
geschulten Professionsathleten ausrichten?
Kühnle wurde ebenfalls regelrecht geworfen
und wir hatten am anderen Morgen in der
Schule genügend Stoff zur Unterhaltung.
Diese letztere nahm so intensive Formen an,
dass sie ein überraschendes Ergebnis zeitigte:
wir Achtklässler gründeten einen Athletenclub."[1]

Als 1896 und 1897 die bis vor kurzem
bestehende Karlsruher Athletengesellschaft
und der Kraftsportverein Durlach gegründet
wurden, waren bereits acht derartige Vereine
im Raum Karlsruhe vorhanden. Da die Mitglieder zumeist nicht über die Finanzmittel zum
Ankauf von Trainingsgerät verfügten, wurde
anfangs zu Provisorien gegriffen. So wurden
Hanteln aus Pflastersteinen gebastelt oder
Bierfässer dienten zum Gewichtheben. Da die
Trainingsstunden zumeist in Gastwirtschaften
absolviert wurden, wurde auf Hopfensäcken
statt auf teuren Ringermatten gerungen (in
Durlach im Gasthaus Zum Waldhorn, in
Karlsruhe in der Brauerei Schrempp).[2]

Eine gewisse Affinität zu den Turnvereinen entstand dadurch, dass später oftmals die gleichen Turnhallen für den Übungsbetrieb genutzt wurden und in den Athletenvereinen auch geturnt wurde. So gehörte beispielsweise der Pyramidenbau aus übereinander stehenden sich gegenseitig abstützenden Männern zu einer beliebten Sportübung sowohl in den Turnvereinen als auch im Kraftsport.

Der 1904 gegründete Athletiksportverein Grötzingen richtete 1908 sogar eine Fußball- und eine Leichtathletikabteilung ein. Seit 1924 gab es im Kraftsportverein Durlach eine Boxsportabteilung. Auch der Athletenclub „Germania" nahm damals neue Sportarten auf. Seitdem fungiert er als Karlsruher Sportvereinigung Germania. Der 1921 gegründete Athletiksportverein Daxlanden hatte Tauziehen in sein Übungsprogramm aufgenommen und nahm damit auch erfolgreich an Meisterschaften teil. Dieser Verein sowie die Karlsruher Athletengesellschaft wurden 1933 verboten und ihr Vereinsvermögen beschlagnahmt, da sie Mitglied im Arbeiter-Athletenbund waren. Die Gewichtheber Albert Kühner und Fritz Buri vom Kraftsport-Verein Durlach errangen 1924 die Europameistertitel im Fliegengewicht und im Federgewicht. Olympische Disziplin wurde Gewichtheben erst 1928, Ringen war dagegen schon bei den ersten Olympischen Spielen der Neuzeit 1896 vertreten.[3]

Die Schwerathleten seit 1945

Der Wiederbeginn war für die Athletikvereine nach dem Zweiten Weltkrieg recht mühsam. Bei zwei Vereinen (der Karlsruher Athletengesellschaft und dem Athletiksportverein Daxlanden) war das Vereinsvermögen und das Sportgerät von den Nationalsozialisten beschlagnahmt worden. Der Kraftsportverein Durlach hatte sein Sportgerät in der Turnhal-

le des Durlacher Gymnasiums gelagert, die 1941 bei einem Fliegerangriff ein Raub der Flammen wurde. Im Zweiten Weltkrieg konnte allein der Athletiksportverein Grötzingen den Sportbetrieb mit einer Jugendgewichtsriege aufrechterhalten, die noch am 13. Februar 1944 in Hornberg Badischer Meister wurde. Im Sommer desselben Jahres wurde aber auf dem Vereinsgelände ein Kriegsgefangenenlager eingerichtet und wenig später die Übungshalle durch Bomben- und Granateinschläge schwer beschädigt und auch in Grötzingen das Übungsgerät zerstört.[4]

Zuerst konnte die Karlsruher Athletengesellschaft an alte Erfolge anknüpfen. In Zusammenarbeit mit der Brauerei Schrempp wurde das alte Vereinslokal wieder aufgebaut, das im Krieg zerstört worden war. Schon 1947 errangen die Jugend-Gewichtheber der Gesellschaft die Deutsche Meisterschaft, 1954 stieg die Ringer-Mannschaft in die Landesliga auf. Ein neues Vereinsheim wurde 1956 an der Bannwaldallee eröffnet, das aber 1975 der Südtangente weichen musste. Danach hatte die Athletengesellschaftihr Domizil im Schwanen in Knielingen. Seit kurzem ist der Vereinsbetrieb dort aber leider zum Erliegen gekommen.

Die Daxlander Athleten trainierten in der unmittelbaren Nachkriegszeit zunächst im Gasthaus Zum Hirsch und bauten sich 1951 ein neues Clubhaus an der Appenmühle auch aus Mitteln der Wiedergutmachungshilfe. Als mehrfacher Badischer Meister hatte der Verein in den fünfziger und sechziger Jahren eine sehr erfolgreiche Entwicklung, der ihn 1967 in die Bundesliga führte und ihn damit zu einem der 16 Spitzenvereine in Deutschland machte. Vor allem aus finanziellen Gründen konnte dieses Niveau leider nicht gehalten werden und die Daxlander wurden wieder zu einer regionalen Größe.

Der Grötzinger Verein wurde 1946 in der Pfinzgauperle wiedergegründet. Schon 1950 errang seine Ringermannschaft die Badische Meisterschaft. Bei dem Sportprogramm zum 50-jährigen Jubiläum des Vereins 1953 wurde neben Ringen, Gewichtheben und einer Rundgewichtsriege auch der Kampfsport Jiu-Jitsu vorgeführt. 1979 konnten die Grötzinger Athleten zum 75-jährigen Bestehen eine neue Trainingshalle einweihen. Seitdem wird hier auch Frauen- und Mädchengymnastik betrieben.

Der Kraftsportverein Durlach nahm 1946 seinen Trainingsbetrieb in der Turnhalle der Friedrichsschule wieder auf. Später zog man in die Pestalozzischule um. Schon damals erkannten die Athleten, dass die Turnhallen mit ihren empfindlichen Holzböden nicht der ideale Übungsplatz für Gewichtheber sind. So wurde der Ruf nach einer eigenen Kraftsporthalle laut. Nachdem die Durlacher Gewichtheber 1956 und 1958 die Badische Meister-

schaft errungen hatten, konzentrierte man sich auf die Realisierung des Projekts. Die nach dem langjährigen Mitglied und Vorstand benannte Fritz-Meier-Halle konnte schließlich 1971 eingeweiht werden.

Die neuen Trainingsmöglichkeiten wurden 1982 noch um einen Anbau verbessert, so dass der Kraftsportverein Durlach einen ungeahnten Aufschwung nahm, der ihn über die Landesliga zunächst in die Zweite und 1997 in die Erste Bundesliga führte. Ähnlich verlief die Entwicklung bei der KSV Germania, die von 1949 bis 1961 mehrfach die Deutsche Meisterschaft im Rasenkraftsport und 1985 die Deutsche Vizemeisterschaft im Ringen gewinnen konnte. Die Aktivitäten der genannten Vereine haben dafür gesorgt, dass Karlsruhe heute zu den Zentren des Kraftsports und der Schwerathletik gezählt wird.

Schwimmunterricht im Vierordtbad 1957. Ein 4-jähriges Mädchen trägt eine Schwimmbüchse am Rücken und wird von Schwimmlehrer Willi Edelmann mit einer Schwimmleine gehalten.

Karlsruher Jungs am Ufer des Stephanienbads 1910.

REBEKKA MENGES

Schwimmen

Entwicklung des Schwimmens zum Sport

Obwohl das Schwimmen von Anfang an Teil des menschlichen Lebens war, begann die Ausübung als Sport erst mit der Aufklärung. Einen großen Anteil daran hatte der Philanthrop Johann Christoph Friedrich GutsMuths (1759–1839), der die Frage in den Raum stellte: „Bisher ist das Ertrinken Mode gewesen, weil das Schwimmen nicht Mode ist. Soll denn nicht auch das Schwimmen Mode werden?"[1] und 1797 ein Lehrbuch mit dem Titel „Kleines Lehrbuch der Schwimmkunst zum Selbstunterricht" veröffentlichte. Er nahm als einer der Ersten das Schwimmen in den Lehrplan seiner Schnepfenthaler Erziehungsanstalt auf und war somit Vorreiter des organisierten Schulschwimmsports. GutsMuths selbst hatte das Schwimmen von den Halloren, Salzsiedern aus Halle/Saale, gelernt, die das Schwimmen als Zunftbrauch betrieben. Im ausgehenden 18. und frühen 19. Jahrhundert wurden sie verstärkt als Schwimmlehrer eingesetzt.[2]

Entwicklung von Lehrmethoden

Bei der Entwicklung der Lehrmethoden stellte sich immer wieder die zentrale Frage nach der Verwendung oder Ablehnung von Hilfsmitteln. Bereits im Jahre 1538 brachte der Humanist Nicolaus Wynmann das erste bekannte Schwimmlehrbuch „Colymbetes" heraus. Darin befürwortete er das „Alleinüben" mit Hilfe verschiedener Auftriebshilfen wie Schilfbündel, Korkgürtel oder Rindsblasen. Da ihm jedoch bewusst war, dass diese „Tragemittel" den Lernenden in seiner freien Bewegung behinderte und einengte, sollte er durch fleißiges Üben und die aktive Unterstützung eines im Wasser befindlichen Schwimmlehrers bald darauf verzichten können. Der Italiener de Bernardi sprach sich 1797 in seinem in deutscher Sprache erschienenen Lehrbuch gegen die Benutzung künstlicher Schwimmhilfen aus. Er begründete diese Haltung mit seinen physikalischen Erkenntnissen von der Auftriebskraft des Wassers. GutsMuths empfahl den Nichtschwimmern bzw. ihren Lehrern die langsame Gewöhnung an das Wasser, Trockenübungen an Land und Übungen mit Schwimmgürteln im Wasser. Er entwickelte die „Angel", die den Schwimmlehrer zum einen von einem längeren Aufenthalt im Wasser befreite und somit vor gesundheitlichen Schäden schützte und es ihm zum anderen erlaubte, eine günstigere Position zum Übenden einzunehmen, da er ihn auf diese Weise besser beobachten und gründlicher korrigieren konnte. Sie konnte sich lange Zeit als Grundgerät für das Üben der Bewegungsabläufe im Wasser behaupten und wurde beispielsweise noch 1957 beim

Schwimmunterricht im Vierordtbad verwendet. Auch seine Trockenschwimmgeräte zur besseren Schulung der Bewegungen des Brust- und Rückenschwimmens waren anerkannt und wurden weiterentwickelt. Der Frankfurter Turninspektor Weidenbusch präsentierte im Jahre 1908 den Schwimmapparat. Es gab zwar verschiedene Lehransätze, aber die Sicherheit der Schüler und Schwimmer war allen Autoren wichtig, und so wurden auch Verhaltensmaßregeln für den Aufenthalt im Wasser festgelegt. Heute werden meistens sogenannte methodische Hilfsmittel im Anfängerschwimmunterricht verwendet. Dazu gehören u. a. Flossen, Handpaddel und Schwimmbretter, welche das Schwimmen erleichtern, aber den Auftrieb nicht passiv erhöhen.[3]

Schwimmen im Militärwesen – Die Militärschwimmanstalt beim Kühlen Krug

Um die Entwicklung und die Ausbreitung des Schwimmens im Militärwesen machte sich der General der preußischen Armee Ernst von Pfuehl (1772–1866) verdient. 1811 gründete er in Prag eine erste Schwimmschule, ein Jahr später in Wien und 1817 in Berlin, die bis ins 20. Jahrhundert hinein existierte.[4] Er empfahl in einem Ministerialerlass das Schwimmen „als vorzügliche Leibesübung zur Erhaltung und Stärkung der Körperkraft und der Gesundheit"[5] und legte es deshalb als Teil der Grundausbildung fest. In Karlsruhe beauftragte Großherzog Ludwig im Jahr 1826 den Architekten Friedrich Arnold mit dem Bau einer Militärschwimmanstalt an der Alb beim Kühlen Krug. Sie war mit einem gestauten Bassin sowie Kabinetten mit kräftigen Sturzbädern ausgestattet und stand in den Abendstunden der männlichen Bevölkerung gegen Eintrittsbillet zur Verfügung. Die männliche Schuljugend erhielt Schwimmunterricht bei Unteroffizie-

ren.[6] 1905 wurde die Militärschwimmanstalt wegen der schlechten Qualität des Albwassers geschlossen und von der Stadt erworben.

Badegelegenheiten an der Alb und im Rhein

Bis das Schwimmen in Deutschland flächendeckend als Sport betrieben wurde, dauerte es jedoch noch bis weit in die zweite Hälfte des 19. Jahrhunderts, obwohl die Schaffung von Schwimmgelegenheiten stetig zunahm. Die fortschreitende Industrialisierung hatte einen entscheidenden Anteil daran, denn sie hatte zur Folge, dass es in den Städten zu einem enormen Bevölkerungszuwachs kam und in den dicht bewohnten Arbeitervierteln katastrophale hygienische Zustände herrschten. Zunächst gab es im Freien Flussbäder – Flöße mit aufgeschlagenen Baracken.

In Karlsruhe gab es mehrere Badeplätze an der Alb – die schon erwähnte Militärschwimmanstalt sowie das Stephanienbad – und am Rhein bei Maxau.

Das Stephanienbad wurde von 1809 bis 1811 in Beiertheim nach Plänen von Friedrich Weinbrenner erbaut. Neben dem Badegebäude gab es noch ein Tanzhaus. Die höheren Gesellschaftsschichten konnten sich in den Fluss- und Wannenbädern sowohl sportlich betätigen als auch gesellschaftliche Kontakte pflegen. Gegen Ende des 19. Jahrhunderts wurde das Stephanienbad nach Plänen des Architekten Josef Durm, der auch das Vierordtbad in Karlsruhe entwarf, erweitert und breiten Bevölkerungskreisen zugänglich gemacht. 1906 wurde der Badebetrieb im Zuge des Baus des neuen Bahnhofs aufgegeben. Heute dient das Bad der evangelischen Kirchengemeinde als Predigtraum.[7]

Ab 1862 fuhren Badezüge von Karlsruhe nach Maxau, wo es mehrere Flussbäder gab, jedoch ausschließlich für die männliche Bevölkerung. Ein separates Damenschwimmbad wurde erst 1877 im alten Rheinhafen errichtet[8]. Zur 200-Jahrfeier der Stadt 1915 folgte das bis heute existierende Rheinhafenbad – 2005 in Sonnenbad umbenannt.

Bau von Schwimmhallen: Friedrichsbad und Vierordtbad

Die erste richtige Schwimmhalle wurde 1842 in Wien als Erweiterung des bereits 1804 entstandenen Dianabades gebaut. Die erste deutsche Schwimmhalle entstand 1855 an der Schillingsbrücke in Berlin, es folgten weitere Hallen u. a. in Magdeburg und Hannover.[9]

Am 7. Juli 1888 öffnete in Karlsruhe das von dem Dekormaler und Unternehmer Karl August Lepper errichtete Friedrichsbad in der Kaiserstraße 136 als erstes Hallenschwimmbad seine Tore. Lepper betrieb das Bad zunächst privat, bevor es 1920 in den Besitz der Stadt überging. Bereits am 3. Juli 1873 war das Vierordtbad als Volksbad mit zusätzlicher Kurabteilung eröffnet worden. Zunächst gab es nur Dampf- und Wannenbäder, eine Schwimmhalle wurde erst am 2. Juli 1900 eingeweiht. Den Bau möglich gemacht hatte der Bankier Heinrich Vierordt, der der Stadt Karlsruhe 60.000 Gulden für wohltätige Zwecke zur Verfügung gestellt hatte. Der Architekt Josef Durm entwarf die Gebäude und begleitete die Bauausführung. Bereits im Jahre 1897 waren bauliche Mängel zu erkennen und die technischen Einrichtungen veraltet. Der in Betracht gezogene Abriss des Bades konnte nur durch die Notwendigkeit einer öffentlichen Badeanstalt für die Bevölkerung verhindert werden. Darüber hinaus wäre die Stadt dann verpflich-

Badebetrieb im Friedrichsbad, 1902.

tet gewesen, die Stiftung von umgerechnet 124.089 Reichsmark zurückzuzahlen; ein nicht unerheblicher Betrag. Im Jahre 1900 machte sich Stadtbaurat Wilhelm Strieder daran, die Anlage um ein ganzjährig nutzbares Schwimm- und Badebecken zu erweitern. In den folgenden Jahren wurde die Kurabteilung erneuert sowie Räume für eine Wäscherei und ein Kesselhaus geschaffen. Mit dem Bau des Friedrichsbads und des Vierordtbads waren die notwendigen Vorraussetzungen für die Gründung eines Schwimmvereins in Karlsruhe geschaffen.[10]

Die ersten Karlsruher Schwimmvereine

Vereinsgründungen gingen mit dem Bäderbau einher, da nun optimale Trainingsbedingungen herrschten. Der erste deutsche Schwimmverein war der SV Neptun (heute BSV 1878), der 1878 in Berlin gegründet wurde. Bereits acht Jahre später, am 8. August 1886, riefen neun Vereine den neuen Deutschen Schwimmverein (DSV) als Dachorganisation ins Leben.[11] Unter ihnen befand sich noch kein Verein aus Karlsruhe, denn die erste Vereinsgründung gab es hier erst 1899.

Am 29. August dieses Jahres hatte es in den Karlsruher Zeitungen einen Aufruf gegeben, mit dem man zur Gründung eines Vereins zur Förderung der Schwimmsache aufforderte. Bereits am 2. September trafen sich 15 Herren im Goldenen Adler. Die Initiatoren Rudolf Winkler, Ferdinand Bausback und Theodor Kraut betonten die Notwendigkeit „auch in unserer Stadt einen Verein für die Anhänger des Schwimmens zu gründen".[12] Die Zahl der Ertrinkungstoten war noch immer erschreckend hoch, und es sollte in erster Linie die Schwimmkunde möglichst weit verbreitet werden. Der Sport stand also an diesem Abend nicht an erster Stelle. Der Verein bekam den

Namen Erster Karlsruher Schwimmclub Neptun. Am 31. Januar 1900 konnte das erste öffentliche Vereinsschwimmen im Friedrichsbad abgehalten werden. Die neue Schwimmhalle im Vierordtbad war am 7. Oktober 1900 Austragungsort eines nationalen Schwimmfestes, das mit 100 Meldungen für die damalige Zeit hervorragend besetzt war. Noch im selben Jahr führten Meinungsverschiedenheiten zur Gründung eines zweiten Vereins, des SV Poseidon, 1902 folgte nach einer gescheiterten Wiedervereinigung sogar noch ein dritter, der Amateur-Schwimmclub-Karlsruhe. Es herrschte jedoch eine gesunde Rivalität zwischen den Vereinen, von der der Karlsruher Schwimmsport eher profitierte. 1901 wurden im Poseidon und Neptun Damenriegen gegründet. Ersterer präsentierte sich am 11. Mai 1902 mit einem 1. Nationalen Wettschwimmen, bei dem er fünf 1. und fünf 2. Plätze erringen konnte. Das Jahr 1904 brachte die Vereinigung von Amateur und Neptun zum 1. Karlsruher Amateur-Schwimmclub Neptun.[13] In der Folgezeit entwickelten sich Poseidon und Neptun zu stattlichen Vereinen, die unter den deutschen Schwimmvereinen einen guten Namen hatten. Während sich Poseidon mit der erfolgreichen Teilnahme an Wettkämpfen im In- und Ausland ausschließlich auf die sportlichen Aktivitäten konzentrierte, betrieb Neptun auch Werbearbeit für den Schwimmsport, was 1906 in Durlach und 1913 in Ettlingen zu Gründungen von Schwimmvereinen führte. Bis zum Ausbruch des Ersten Weltkrieges veranstalteten die beiden Karlsruher Vereine zahlreiche Schau- und Wettschwimmen im Vierordtbad, wie beispielsweise am 9. September 1906 ein Jubiläumswettschwimmen zu Ehren der badischen Fürstenfamilie (80. Geburtstag des Großherzogs Friedrich I. und Goldene Hochzeit mit Großherzogin Luise).

Die Mitgliederzahlen der beiden Vereine stiegen stetig an, beim Neptun von 178 Mit-

Der SV Poseidon um 1910 am Rhein.

gliedern 1908 auf 341 im Jahr 1919 und beim Poseidon von 358 auf 736. Der Erste Weltkrieg bedeutete auch für die Schwimmvereine eine Zäsur; viele Mitglieder wurden eingezogen und viele kehrten nicht zurück.

Am 31. Mai 1919 schlossen sich Neptun und Poseidon zum Karlsruher Schwimmverein 1899 (KSV) zusammen.[14] Von 1921 bis 1945 existierte wieder ein zweiter Schwimmverein, der SV Neptun, von ehemaligen Neptun-Mitgliedern gegründet. Obwohl der KSV sowohl im Friedrichs- als auch im Vierordtbad Trainingseinheiten und Schwimmunterricht abhalten konnte, fehlten ein Vereinsbad sowie Übungsmöglichkeiten im Freien. Im Jahr 1921 konnte von der Stadt die ehemalige Militärschwimmanstalt am Kühlen Krug gepachtet werden. Damit stand den Schwimmern eine 100-m-Bahn zur Verfügung und sie konnten so oft und so lange trainieren wie sie wollten.

Von der Gründung bis zum Ausbruch des Zweiten Weltkriegs, der für den Verein einen tiefen Einschnitt darstellte, konnten zahlreiche Karlsruher Schwimmer beachtliche Erfolge erzielen. Ferdinand Bausback, einer der Gründungsväter des Karlsruher Schwimmsports, war lange Zeit im Brust- und Seitenschwimmen in Süddeutschland unbesiegt. Weiterhin konnten Julius Avenmarg, Julius Henn und Ludwig Boerhalter auf erfolgreiche Karrieren zurückblicken. Henn gewann die Rennen „Quer durch Straßburg" sowie „Quer durch Heilbronn" und Boerhalter wurde 1922 in die deutsche Ländermannschaft berufen. Bei den Damen zählten Klara Kasper, Helene Ziegler, Helene Binzel und Lisel Schillinger zu den besten süddeutschen Schwimmerinnen.

Zwei Karlsruher Schwimmer müssen besonders hervorgehoben werden, Ernst Bahnmayer und Otto Groß, denn sie nahmen als

Mitglieder des SV Poseidon 1906 bzw. 1912 an Olympischen Spielen teil. Otto Groß holte zudem noch in den Jahren 1909 (in Breslau) und 1910 (in Dresden) den deutschen Meistertitel über 100 m Rücken.[15]

Im KSV wurde auch Wasserball gespielt. 1907 ging ein Antrag auf die Einführung einer Deutschen Wasserballmannschaft von Karlsruhe aus. In den 1920er und 1930er Jahren stellte der KSV jahrelang die badische Wasserball-Ländermannschaft und spielte mit dem SV Nikar Heidelberg laufend um die Badische Meisterschaft.[16]

Anfänge des 1. Durlacher Schwimmvereins

In Durlach fand am 24. Juni 1906 ein Schau- und Wettschwimmen in der Pfinz statt, bei dem man sich für den zu gründenden Durlacher Schwimmverein anmelden konnte: „Wir laden das verehrl. Publikum und titl. Vereine zu recht zahlreichem Besuche freundlichst ein. Anmeldungen für den zu gründen-

den Durlacher Schwimmverein werden an der Kasse sowie beim Badverwalter entgegen genommen"[17]. An dieser Veranstaltung nahm auch Neptun als eine Art Pate aus Karlsruhe teil. Höchstwahrscheinlich wurde der 1. Durlacher Schwimmverein (1. DSV) noch am selben Abend gegründet, denn am 4. Juli 1906 fand bereits die erste Hauptversammlung im Schweizerhaus statt. Heinrich Vogt, der Wirt des Lokals, wurde zum 1. Vorsitzenden gewählt, und es konnten 21 Mitglieder gezählt werden. Die Durlacher hatten allerdings schon vor der Vereinsgründung Schwimmsport betrieben, in nach Geschlechtern getrennten Badeanstalten an der Pfinz. Die Damen nutzten ein Privatbad an der Obermühle (Alte Weingartener Straße) und die Herren die Städtische Bade- und Schwimmanstalt im Bereich des heutigen Sportgeländes der DJK Durlach. Noch vor der Gründung des 1. DSV erhielt die Stadt Durlach die Genehmigung, an der Pfinz eine Schwimmbadeanstalt zu erbauen. Ein Jahr später, am 20. Mai 1907, konnte das Schwimm-, Luft- und Sonnenbad als Trainings-

Der 1. Durlacher Schwimmverein im Jahr 1911.

Badebetrieb im Frauenschwimmbad des Durlacher Schwimm-, Luft- und Sonnenbads um 1912.

und Wettkampfstätte eingeweiht werden. Männer und Frauen badeten getrennt in gefiltertem Wasser aus der Pfinz. Bemerkenswert war zur damaligen Zeit die Vorwärmanlage, wo das Wasser in 300 m langen Kanälen um mehr als 2°C erwärmt wurde, bevor es ins Becken floss.

So wie die Karlsruher Schwimmvereine, machte sich auch der 1. DSV bis zum Ersten Weltkrieg sportlich und gesellschaftlich einen Namen. Die Durlacher Schwimmer traten sowohl bei Meisterschaften als auch bei auswärtigen Schwimmfesten an. Der Vereinsführung war darüber hinaus gesellige Unterhaltung sehr wichtig, wodurch ein starker Zusammenhalt erzeugt wurde. Der Erste Weltkrieg bedeutete für den 1. DSV eine harte Zäsur, da der Sport völlig zum Erliegen kam und die meisten männlichen Mitglieder ein-

gezogen wurden. Für die Gefallenen wurde ein Gedenkstein errichtet, der noch heute seinen festen Platz im Turmbergbad hat. Die Krise konnte jedoch schnell überwunden werden; bereits Ende des Jahres 1919 hatte der Verein 92 Mitglieder – und damit die Mitgliederzahl vor Kriegsbeginn um 30 übertroffen. Großen Anteil daran hatte die wachsende Popularität des Schwimmsports. Neben der Teilnahme an nationalen und internationalen Wettkämpfen standen vor allem der unentgeltliche Schwimmunterricht sowie die Ausbildung von Rettungsschwimmern im Vordergrund. Trotzdem kam der gesellige Teil des Vereinslebens nicht zu kurz. Es fanden, vor allem in den Wintermonaten, in denen nicht im Freien trainiert werden konnte, Unterhaltungsabende statt und Ausflüge wurden unternommen. Der größte sportliche Erfolg in diesen Jahren war 1921 der Gewinn der Gaumeisterschaft im 100 m Damenbrustschwimmen. Die Wasserballmannschaft konnte 1925 die Gaumeisterschaft in der Klasse B für sich entscheiden. 1931 feierte der Verein noch unbeschwert sein 25-jähriges Bestehen mit einem Festbankett sowie einem Jubiläums-Schau- und Werbeschwimmen, bei dem „alle Arten der schwimmlichen Betätigung ... zur Vorführung kamen."[18] Diese erfolgreiche Periode wurde jedoch durch den Ausbruch des Zweiten Weltkriegs jäh gestoppt. Während des Krieges fanden weder sportliche noch gesellschaftliche Veranstaltungen statt und fast alle männlichen Mitglieder wurden zur Wehrmacht eingezogen.[19]

Karlsruher Schwimmer
bei den Olympischen Spielen

Schwimmen als Wettkampfsport hat seinen Ursprung in England, das ohnehin als Mutterland des Sports gilt. Bereits 1876 wurde von den Londoner Schwimmvereinen die Dachorganisation London Swimming Association gegründet und regelmäßig Wettkämpfe im Schwimmen und Wasserball veranstaltet.[20]

1896 fanden in Athen die ersten Olympischen Spiele der Neuzeit statt. In der Antike hatte man noch auf das Schwimmen als Wettkampfdisziplin verzichtet, aber in der Neuzeit war es von Anfang an fester Bestandteil. Die Bedingungen, unter denen damals geschwommen wurde, sind zugleich hart und kurios. 1896 gab es vier Wettkämpfe (ausschließlich für Männer und ausschließlich Freistil), die alle an einem Tag, dem 11. April, im offenen Meer bei 11°C Wassertemperatur durchgeführt wurden. Die Startlinie wurde durch hohe Kürbisse markiert und der Startschuss per Kanone gegeben. Im offenen Meer verloren mehrere Schwimmer die Orientierung, obwohl

Ernst Bahnmayer vom SV Poseidon, Silbermedaillengewinner mit der 4x250-m-Freistilstaffel bei den Olympischen Spielen 1906 in Athen.

Rauchzeichen das Ziel markierten. Alfred Hajos aus Ungarn fand als erster das Ziel. Als 1906 „Zwischenspiele" in Athen mit dem Karlsruher Schwimmer Ernst Bahnmayer stattfanden, hatte sich noch nicht viel verändert. Dieses Mal wurden die Wettbewerbe zwar an mehreren Tagen durchgeführt, aber noch immer im offenen eiskalten Meer. Die Schwimmer mussten gegen Wind und Wellen sowie Privatboote ankämpfen, die die unzureichend markierte Schwimmbahn kreuzten.[21] Im Einzelrennen über 200 m Freistil konnte Ernst Bahnmayer vom SV Poseidon einen beachtlichen 5. Platz erringen. Mit der 4x250-m-Freistilstaffel errang er sogar die Silbermedaille und ist damit bis heute der einzige Karlsruher Schwimmer mit einer Olympiamedaille.

Bereits sechs Jahre später nahm wieder ein Schwimmer des SV Poseidon an Olympischen Spielen teil – Otto Groß. Die Wettkämpfe fanden in Stockholm im Schwimmstadion Djurgårdsbrunnviken in einem 100-m-Becken statt. Hier feierten auch die Damen ihre olympische Premiere. Schwimmen war die erste olympische Hauptsportart, die Wettkämpfe für Frauen erlaubte. Otto Groß trat über 100 m Rücken an und belegte den undankbaren vierten Platz. Er war durch eine Armverletzung beeinträchtigt und konnte deshalb nicht sein ganzes Können unter Beweis stellen.[22]

Organisation des Schwimmsports

Wie erwähnt wurde der DSV 1886 in Berlin gegründet. Am Rande der Olympischen Spiele 1908 in London hoben Vertreter aus Belgien, Dänemark, Deutschland, Finnland, Frankreich, Großbritannien, Schweden und Ungarn im Manchester Hotel die FINA (Fédération Internationale de Natation) als internationalen Dachverband aus der Taufe mit dem Ziel die Vereinheitlichung der teilweise skurrilen Schwimmwettbewerbe – wie beispielsweise das Hindernisschwimmen bei den Olympischen Spielen 1900 in Paris – zu beschleunigen.[23]

Im Jahr 1926 fanden unter der Schirmherrschaft des europäischen Schwimmverbands LEN (Ligue Européenne de Natation) erstmals Schwimmeuropameisterschaften der Männer statt, die der Frauen folgten zwei Jahre später. Weltmeisterschaften werden seit 1973 ausgetragen, seit 2001 im zweijährigen Rhythmus.[24]

Die DLRG-Stadtgruppe Karlsruhe

Obwohl immer mehr Schwimmhallen gebaut und Vereine gegründet wurden, gab es zu Beginn des 20. Jahrhunderts immer noch eine hohe Zahl an Nichtschwimmern in der Bevölkerung (2-3 %), und jährlich ertranken ca. 5.000 Menschen. Ein tragisches Ereignis führte schließlich zur Gründung der Deutschen Lebensrettungsgesellschaft (DLRG). Am 28. Juli 1912 brach die Anlegestelle am Brückenkopf der Seebrücke in Binz auf Rügen. Über 100 Personen fielen ins Wasser, 17 – darunter 7 Kinder – ertranken. Die daraufhin am 19. Oktober 1913 gegründete DLRG hat bis heute drei Kernaufgaben, nämlich die Aufklärung der Bevölkerung über Gefahren am und im Wasser, die Ausbildung im Schwimmen und Rettungsschwimmen und den Wasserrettungsdienst einschließlich der Mitwirkung im Rahmen der Rettungsdienstgesetze und im Katastrophenschutz. Heute können etwa 80 % der Bevölkerung schwimmen, und die Zahl der Ertrunkenen konnte um fast 90 % gesenkt werden.[25]

In Karlsruhe gründete sich am 20. Mai 1930 eine DLRG-Stadtgruppe, deren Hauptaufgabe es war, „die Gefahr des Ertrinkens für die Badegäste des ein Jahr zuvor eröffneten Rheinstrandbades zu reduzieren und das Baden in Karlsruhe sicherer zu machen." Die Stadtgruppe zählte im Jahr 2003 783 Mitglieder und hat ihre Hauptwache im Otto-Hutt-Haus im Rheinstrandbad Rappenwört.[26]

Schwimmsport während der nationalsozialistischen Diktatur

Die Nationalsozialisten verboten nach der Machtübernahme und der Einsetzung eines Reichssportkommissars zahlreiche der Arbeiterbewegung nahestehenden Vereine und schalteten die anderen Vereine gleich. Der DSV wurde als Fachamt Schwimmen in den Deutschen Reichsbund für Leibesübungen eingegliedert.[27] Auch vor dem KSV machte die Gleichschaltung nicht halt, so geht aus den

Protokollbüchern hervor, dass der 1. Vorsitzende ab 1933 als Vereinsführer bezeichnet wurde. [28] Der 1. DSV konnte einem Verbot entgehen, da der Verein politisch und konfessionell neutral war, eine Prämisse, die fest in der Satzung verankert war und ist: „§2 Vereinszweck 1. Zweck des Vereins ist die Förderung aller Bereiche des Schwimmsports. Er ist politisch, weltanschaulich und religiös neutral". [29]

Schwimmhallen in Karlsruhe nach dem Zweiten Weltkrieg

Nach dem Ende des Zweiten Weltkriegs musste der Schwimmsport in Deutschland praktisch von vorne anfangen. Die meisten Schwimmstätten waren zerstört, so dass es keine adäquaten Trainingsmöglichkeiten gab. Die ersten Deutschen Meisterschaften konnten jedoch bereits am 23./24. August 1947 unter Duldung der Alliierten in Frankfurt/Main stattfinden. Zwei Jahre später wurde auch der DSV wieder gegründet und in die LEN und FINA aufgenommen. Einen Aufschwung erlebte der Schwimmsport durch das sogenannte Wirtschaftswunder, da sich die materielle Situation deutlich verbesserte und die Kommunen wieder mehr Geld für Schwimmhallen hatten. [30]

In Karlsruhe war die Situation in der unmittelbaren Nachkriegszeit ähnlich. Das Friedrichsbad war komplett zerstört, das Vierordtbad von den Amerikanern beschlagnahmt und die Freibäder leer und ausgeplündert. Schon bald stiegen die Besucherzahlen im Vierordtbad wieder. Es stand sowohl Freizeitschwimmern zur Verfügung als auch den Schwimmvereinen für Übungsabende und Wettkämpfe wie beispielsweise die Badischen Hallenmeisterschaften. Darüber hinaus wurde Schülerinnen und Schülern kostenlos Schwimmunterricht erteilt. 1960 erhielt das Vierordtbad von der Ettlinger Straße aus einen neuen Eingang im nüchternen Baustil der Zeit. Auch wurde das Kurbad, das sich wegen Feuchtigkeitsproblemen in schlechtem Zustand befand, abgerissen und neu gebaut. Ab 1996 wurde aus dem Kurbad schrittweise ein Gesundheitszentrum. Die Schwimmhalle blieb zwischen 2002 und 2005 aufgrund einer umfangreichen Sanierung geschlossen, wobei Belange des Denkmalschutzes im Gegensatz zu früheren Renovierungsarbeiten der Nachkriegszeit berücksichtigt wurden. Am 29. Januar 2005 wurde die moderne Badeanlage mit zwei Becken und zeitgemäßer energiesparender Technik feierlich eröffnet. [31]

Die stetig steigenden Besucherzahlen machten den Bau einer weiteren Schwimmhalle notwendig. Zunächst sollte das Vierordtbad um eine zweite Halle erweitert werden, aber dann entschloss man sich doch für einen Neubau. Am 16. Juli 1955 wurde das Tullabad eröffnet. Die Schwimmhalle zählte damals zu den modernsten des Bundesgebietes, zudem hatte sie in unmittelbarer Nachbarschaft zur Innenstadt und unweit des Hauptbahnhofs eine hervorragende Lage. Bald fanden regelmäßig nationale und internationale Schwimmwettkämpfe im Tullabad statt, es stand aber auch Freizeitschwimmern zur Verfügung. Zusätzlich zum 25-m-Becken mit Sprungturm und einem separaten Nichtschwimmerbecken verfügt es heute über eine Solarienlandschaft, einen Gymnastik- sowie einen Erfrischungsraum und hat bereits ab sechs Uhr geöffnet. [32]

Bäderbau in den 1970er Jahren

In den 1970er Jahren kam es zu einem Hallenbadboom in Karlsruhe: In Grötzingen (1974), Wettersbach (1975) und Durlach (1975) wurden Bäder gebaut, durch die Eingemeindung Neureuts im Jahr 1975 kam schließlich noch das dortige Adolf-Ehrmann-Bad hinzu (1964

Luftaufnahme des Turmbergbades mit Schwimmer- und Nichtschwimmerbecken und Badegästen im Wasser und auf den Wiesen im August 1962.

erbaut). 1982 bekam Karlsruhe mit dem nichtstädtischen Fächerbad seine erste und einzige Schwimmhalle mit einer 50-m-Bahn. Das Fächerbad wird von einer gemeinnützigen GmbH getragen, deren Gesellschafter mehrere Karlsruher Sportvereine (SSC Sport- und Schwimmclub Karlsruhe, KSV Rintheim-Waldstadt, Polizeisportverein Karlsruhe) sowie der Bürgerverein Waldstadt sind. Die Stadt Karlsruhe beteiligte sich an der Finanzierung und trägt zum Unterhalt bei.

Mit der Freibadsituation verhielt es sich ähnlich. Das bereits 1929 erbaute Rheinstrandbad Rappenwört wurde 1964 um ein Wellenbad erweitert, das Rheinhafenbad 1970 gene-

ralsaniert. In Wolfahrtsweier und Rüppurr gibt es zwei weitere Freibäder. Im Jahre 1954 wurde das Durlacher Luft-, Schwimm- und Sonnenbad komplett umgebaut und 1955 als Turmbergbad wieder eröffnet. Dort finden seitdem immer wieder nationale und internationale Schwimmwettkämpfe statt.[33]

Der Karlsruher Schwimmverein Neptun 1899

Nach dem Ende des Zweiten Weltkriegs war in Karlsruhe ein kompletter Neuanfang nötig. Es gab zunächst keine Trainingsmöglichkeiten,

Vereine waren ohnehin verboten und viele Mitglieder waren gefallen. Die Pokale hatten den Krieg jedoch unbeschadet im Depot der Badischen Bank überstanden. Ende 1945 erlaubten die Amerikaner dann die Gründung eines Schwimmvereins und so wurde am 8. Dezember 1945 der Karlsruher Schwimmverein Neptun 1899 (KSN) ins Leben gerufen. Bereits am 19. Februar 1946 fand ein erster Übungsabend im Vierordtbad und am 30. Juni ein Schwimmvergleich gegen den SV Nikar Heidelberg statt. Langsam kehrte die Normalität in den Schwimmsport zurück. Am 2. Oktober 1949 konnte das 50-jährige Jubiläum im oberen Saal des Konzerthauses feierlich begangen werden. Außerdem war das Vierordtbad Austragungsort der Badischen Hallenmeisterschaften.

In den 1950er Jahren konnte der KSN die größten sportlichen Erfolge feiern, die unten separat aufgelistet werden. Großen Anteil hatte der damalige Trainer Wladimir Mersic, der am 30. Juni 1955 bei einem tragischen Autounfall ums Leben kam. Seitdem kämpfen die 100-m-Lagen-Staffeln der Herren bei den Badischen Meisterschaften (seit 1974 Baden-Württembergische Meisterschaften) jedes Jahr um den Wladimir-Mersic-Gedächtnis-Wanderpreis. Mit dem Bau des Tullabads, dem der KSN am 17./18. September 1955 seine sportliche Weihe gab, hatte der Verein wesentlich bessere Trainingsbedingungen, der zu einem deutlichen Anstieg der Mitgliederzahlen führte. Der Bäderdirektor Julius Döring führte ein „Sondertraining für Spitzenkönner" ein, was die Talentförderung erheblich erleichterte. Ebenso wurde dem KSN die „stets als finanzielle Last empfundene Hallenmiete für die Übungsstunden mit Jugendlichen und Kindern" erlassen. Trotz dieser Fördermaßnahmen

Die Vereinsmannschaft des Karlsruher Schwimmvereins Neptun 1899 zum Neubeginn 1949 im Vierordtbad.

Schwimmtraining im Fächerbad am 20. Juli 1987.

endete nach dem Ausscheiden der Schwimmer Klaus Bodinger, Peter Katzorke, Gerhard Giera und anderen die erfolgreiche Zeit des KSN und der Abstand zur deutschen Spitze wurde immer größer. Grund hierfür waren ständig steigende Trainingsanforderungen, die längere Trainingszeiten notwendig machten.[34] Da der KSN aber kein Vereinsbad hatte und finanzielle Probleme bekam, waren diese Voraussetzungen für Erfolge nicht zu leisten. Am 8. Januar 1979 fusionierte der Verein mit dem 1967 gegründeten SSC Waldstadt.

Die Wasserballmannschaft des KSN wurde 1948 und 1949 Badischer Meister. Auch die Springer waren in den 1950er Jahren mit Daniel Hurta, Klaus Kuiper, Bärbel Wolf und Karin Strähle erfolgreich. 1969, 1971 und 72 wurde Maximiliane Michael Deutsche Meisterin im Turmspringen und nahm 1972 an den Olympischen Spielen in München teil.[35]

Der Sport- und Schwimmclub Waldstadt

Der am 30. Juni 1967 in der Waldstadt gegründete Sport- und Schwimmclub Waldstadt konnte am Jahresende bereits 1.000 Mitglieder zählen. Zwei Jahre später bildete er mit dem KSN eine Arbeitsgruppe, um das Bundesleistungszentrum Schwimmen in die Stadt zu holen, was aber aus kommunalpolitischen Gründen nicht gelang. Auch der SSC besaß kein Vereinsbad und befand sich bis 1973 auf einer „Odyssee durch Schwimmsportstätten". In jenem Jahr wurde das Hallenbad Blankenloch eröffnet. Aus der Nutzung entwickelte sich eine Startgemeinschaft mit dem SV Blankenloch, die bis zur Fusion mit dem KSN Bestand hatte.

Die Eröffnung des Fächerbads am 27. April 1982 mit einer 50-m-Bahn brachte neue Impulse für den Schwimmsport. Es fanden und finden immer wieder nationale und internationale Wettkämpfe statt. Die Ausrichtung der 100. Deutschen Meisterschaften 1988 im Fächerbad, bei denen es für die Schwimmer auch um die Qualifikation für die Olympischen Spiele in Seoul ging, war dabei sicherlich einer der Höhepunkte.

Im Jahr 1990 wurde dem SSC der DSV-Jugend-Preis für die beste Nachwuchsarbeit verliehen, der die Trainingsarbeit von Johannes Thome und Wolfgang Weber würdigte. Martin Felix wurde 1988 Vizemeister bei den Deutschen Jahrgangsmeisterschaften und 1989 Deutscher Jahrgangsmeister im Brustschwimmen, Christoph Hubig siegte im Rückenschwimmen, und beide nahmen an den Jugend-Europameisterschaften teil. Die weiteren sportlichen Erfolge der SSC-Schwimmer werden unten aufgelistet. Der SSC veranstaltet regelmäßig die Internationalen Schwimmsporttage (ISTKA), wodurch Kontakte mit Vereinen in ganz Europa entstanden sind.

Im Jahre 1992 wurden der Förderverein Schwimmregion Karlsruhe sowie die Startgemeinschaft Schwimmregion Karlsruhe (seit 2006 Schwimmgemeinschaft Region Karlsruhe) gegründet, der neben dem KSN/SSC noch der 1. DSV, der SV Ettlingen, der FC Neureut und der SV Delphin Rheinstetten angehören. Dies diente der Bündelung aller Ressourcen, um für die Athleten bestmögliche Bedingungen zu schaffen.[36]

Weitere Wassersportarten im Angebot des SSC sind Springen, Synchronschwimmen und Triathlon. Die gemischte Unterwasser-Rugby-Mannschaft des SSC spielt derzeit in der Zweiten Bundesliga.[37]

Neben den erwähnten Schwimmvereinen betreiben noch folgende Karlsruher Vereine eine Schwimmabteilung: Freie Spiel- u. Sportvereinigung Karlsruhe, Karlsruher Turnverein, Lichtbund Karlsruhe, Post Südstadt Karlsruhe, Turnerschaft Durlach.[38]

Der 1. Durlacher Schwimmverein

Der Durlacher Schwimmverein stand nach dem Ende des Zweiten Weltkrieges vor dem Nichts. Auch hier galt zunächst das Verbot des Sportbetriebs. Als Vereinsgründungen wieder zugelassen wurden, schlossen sich zahlreiche Durlacher Vereine zum Allgemeinen Sportverein (ASV) zusammen. In diesem Großverein kam es jedoch bald zu Streitigkeiten, so dass sich die ursprünglichen Vereine nach und nach neu bzw. wieder gründeten, so auch der 1. Durlacher Schwimmverein am 11. Mai 1953. Im Durlacher Tagblatt war am 2. August 1956 aus Anlass des 50-jährigen Bestehens des Vereins Folgendes darüber zu lesen:

„Den Bestrebungen zur Zusammenfassung aller hiesigen Sportvereine als Unterabteilung eines Großvereins – dem ASV Durlach – wurde durch die Eingliederung des Schwimmvereins als „Schwimmabteilung des ASV" entsprochen, die nach einer gewissen Anlaufzeit auf 120 Mitglieder anwuchs und wieder zu einer kameradschaftlichen Familie wurde, die ihr Eigenleben zu wahren wusste. Jedoch war diese Zeit ungetrübter Mitarbeit innerhalb des ASV nur kurz, da immer ersichtlicher wurde, dass der „König Fußball" über alles dominierte, was zur Folge hatte, dass auch die Schwimmabteilung zum Anhängsel des ASV degradiert und als eine Zuschußabteilung angesehen wurde. Neben einer immer mehr sich abzeichnenden Interessenlosigkeit trat ein anhaltender Mitgliederschwund ein, der dem übriggebliebenen Häuflein treuer Schwimmer Anlass zu einer Neu- bzw. Wiedergründung des 1. Durlacher Schwimmvereins 1906 gab. Sieben Idealisten des Schwimmsports fassten am 27. Februar 1953 in einer Besprechung im „Markgräfler Hof" diesen Entschluss, der auch in einer kurz hernach folgenden Mitgliederversammlung am 11. Mai 1953 in der „Traube" nach reger Aussprache einmütig gebilligt und

Vorstandschaft des. 1. Durlacher Schwimmvereins am 4. Oktober 1953 nach der Wiedergründung.

durch die Berufung einer Vorstandschaft bekundet wurde".

Heinz Seiter wurde zum 1. Vorsitzenden gewählt und durch eine planmäßige Werbeaktion konnte die Mitgliederzahl innerhalb von drei Jahren von sieben (1953) auf 194 (1956) erhöht werden. Das 50-jährige Jubiläum feierte der Verein am 5. August 1956 im neuen Turmbergbad. Es fand ein Wettschwimmen in Form eines Klubkampfes statt, an dem neben dem 1. DSV der Bruchsaler Schwimmverein, die FSSV Karlsruhe, der SSC „Sparta"-Pforzheim sowie der TV 1834 Pforzheim teilnahmen. Letzterer Verein gewann, der 1. DSV wurde Dritter. Anschließend trat das Wasserballett Flamingo auf. Den Abschluss der sportlichen Aktivitäten bildete ein Wasserballspiel zwischen dem KSN und dem KTV, das der KSN mit 7:2 gewann.

In den kommenden Jahren ging es mit dem 1. DSV sportlich kontinuierlich nach oben. Ende der 1950er Jahre belegte der Verein Platz 2 in Baden hinter Sparta Konstanz und rangierte in der Bundesrepublik auf Platz 26. Die Bruststaffel der Männer war in jenen Jahren

das Aushängeschild, und zahlreiche Schwimmer wie Manfred Becker, Günter Cramer, Klaus Drose, Dieter Schnörr, Roland Spinner und Joachim Weible gehörten zur badischen Spitze. Günter Cramer gewann 1962 und 1963 bei den Badischen Jugendbestenkämpfen die Badische Meisterschaft, Conny und Dagmar Bolz sowie Petra Marten 1973 bei den Badischen Jahrgangsmeisterschaften. 1975 bekam Durlach mit dem Weiherhofbad auch endlich ein eigenes Hallenbad, was die Trainingsbedingungen und Mitgliederzahlen positiv beeinflusste. 1986 erweiterte man das sportliche Angebot auf Triathlon. Im Jahr 1991 wurde der 1. Vorsitzende Manfred Becker für seine Verdienste mit der Ehrenplakette in Gold des Deutschen Schwimmverbandes ausgezeichnet. Ein Jahr später bekam Becker gemeinsam mit Günter Cramer, Gerd Rögner und Dieter Vestner die Ehrennadel und Urkunde des Landes Baden-Württemberg für besondere und langjährige Verdienste im Schwimmsport überreicht. Seit 1992 ist der 1. DSV Mitglied des Fördervereins Schwimmregion Karlsruhe sowie der Startgemeinschaft Schwimmregion Karlsruhe. Am 9./10. September 2006 findet zum 100-jährigen Bestehen eine Jubiläumsfeier im Turmbergbad statt.

Der Wasserballmannschaft gelang 1976 der Gewinn der Bezirksmeisterschaft und damit der Aufstieg in die Verbandsliga Baden. Seit der Saison 2005/06 spielt sie mit Ettlingen als SG Wasserball Durlach/Ettlingen in der Oberliga Baden-Württemberg.[39]

Nationale und internationale Erfolge Karlsruher Schwimmer

Die 1950er Jahre waren bis heute die erfolgreichsten des Schwimmsports in Karlsruhe. Von 1954 und 1958 stellten KSN-Schwimmer elf deutsche Einzelrekorde und dreizehn deutsche Staffelrekorde (davon zwei bei den Damen) auf. Außerdem waren Klaus Bodinger, Peter Katzorke, Günter Sutter und Herbert Pfeiffer bei zahlreichen Länderkämpfen erfolgreich.

Zwischen 1946 und 1973 wurden 54 Mal Badische Schwimm- und Springmeisterschaften in der Halle und im Freien ausgetragen, bei denen der KSN 146 Einzel- und 89 Staffeltitel holte und damit den 2. Platz hinter dem SV Nikar Heidelberg belegte. Margarete Bornhäuser und Daniel Hurta waren mit 17 bzw. 13 Einzeltiteln die erfolgreichsten Sportler.

Bei den Mannschaftsmeisterschaften des DSV belegten die KSN-Männer 1955 den 2. Platz unter 106 Vereinen, 1956 sowie 1957 den 3. unter 122 bzw. 35 Vereinen. Die KSN-Damen wurden 1955 und 1956 vierte unter 77 bzw. 83 Vereinen.

Die Deutschen Meisterschaften verliefen in diesen Jahren mit vier deutschen Einzel- und fünf deutschen Mannschaftstiteln auch äußerst erfolgreich:

Peter Katzorke wurde 1957 in Paris Studenten-Weltmeister über 200 m Schmetterling, und Klaus Bodinger gewann 1958 bei den Europameisterschaften in Budapest die Bronzemedaille über 200 m Brust.[40]

An diese nationalen und internationalen Erfolge konnte erst die SSC-Schwimmerin Gabi Reha in den 1980er Jahren anknüpfen. 1988 errang sie in Karlsruhe den Deutschen Meistertitel über 200 m Schmetterling und nahm an den Olympischen Spielen in Seoul teil. Ein Jahr später konnte Gabi Reha ihren Titel verteidigen und wurde drei Jahre in Folge (1988–1990) zur Karlsruher Sportlerin des Jahres gewählt. Seit 2006 leitet sie gemeinsam mit Ralf Storch die Schwimmgemeinschaft Region Karlsruhe.

Nachdem Christian Pieper 1991 bei den Jugend-Europameisterschaften den 7. Platz über 1500 m Freistil belegt hatte, gelang ihm 1995 im japanischen Furioka der Gewinn der Studenten-Weltmeisterschaft über 800 m Freistil.[41]

1954 in Bad Kissingen	Horst Drobig, Günter Sutter, Gerhard Giera, Peter Katzorke	4x100 m Lagen
1955 in Pirmasens	Horst Drobig, Gerhard Giera, Peter Katzorke, Herbert Pfeiffer	4x100 m Lagen (Halle)
1955 in Pirmasens	Peter Katzorke, Manfred Vogel, Gerhard Giera, Günter Olle	4x100 m Schmetterling (Halle)
1955 in Lemgo	Klaus Bodinger	200 m Brust
1956 in Hamburg	Günter Sutter, Winfried Peukert, Gerhard Giera, Klaus Bodinger	4x200 m Brust
1957 in Landshut	Günter Sutter, Dieter Sauer, Winfried Peukert, Klaus Bodinger	4x200 m Brust
1957 in Landshut	Klaus Bodinger	200 m Brust
1958 in Karlsruhe	Klaus Bodinger	200 m Brust (Halle)
1958 in Gelsenkirchen	Klaus Bodinger	200 m Brust

Gabi Rehas Tochter Rebecca Ottke belegte im Jahr 2005 bei den Süddeutschen Jahrgangsmeisterschaften über 200 m Schmetterling den 3. Platz. Gerhard Giera, der in den 1950er Jahren große Erfolge hatte, wurde ebenfalls 2005 in der Altersklasse 75 Deutscher Meister über 100 m Brust und 50 m Schmetterling sowie Vizemeister über 50 m Brust.[42]

Tendenzen im Schwimmsport

Ein Großteil der Schwimmvereine leidet zunehmend darunter, dass die traditionellen schwimmsportlichen Angebote nicht mehr so attraktiv sind und dementsprechend schlecht frequentiert werden. Deshalb werden zusätzlich moderne Wassergymnastikkurse angeboten. Das sogenannte „Aquafitness" wurde in den 1990er Jahren in Deutschland populär. Man bekommt einen Auftriebsgürtel umgelegt und führt dann im tiefen Wasser gymnastische Übungen zur allgemeinen Verbesserung der Ausdauer, zur Kräftigung der Muskeln und zur Straffung des Bindegewebes durch.[43] Diese Tendenzen sind auch in Karlsruhe festzustellen. Fast alle Bäder bieten Kurse für alle Altersgruppen an.[44]

Seit den 1960er Jahren gab es Bestrebungen, aus dem Schwimmen wieder einen organisierten Volkssport zu machen. Zu diesem Zweck wurden im Rahmen der Trimm-Bewegung des Deutschen Sportbundes sogenannte Volksschwimmen durchgeführt. Die Vereine nutzten diese Gelegenheit, um auf sich aufmerksam zu machen und Nachwuchsschwimmer anzuwerben. Seit den 1980er Jahren wurden die Volksschwimmen durch sogenannte 24-Stunden-Schwimmen ersetzt.[45] Im Fächerbad fand diese Veranstaltung erstmals am 13. und 14. September 1986 zum 100-jährigen Bestehen des DSV statt.[46] In den letzten Jahren werden vermehrt Freizeit- und Spaßbäder mit

Gabi Reha, zweifache Deutsche Meisterin, Olympiateilnehmerin und Karlsruher Sportlerin des Jahres 1988–1990.

Rutschen, Wellenbad und auch Saunalandschaft gebaut. Spaß, Gesundheit und Erholung spielen dabei eine genauso wichtige Rolle wie das Schwimmen selbst. Das erste Freizeitbad entstand 1970 in Bad Tölz.[47] Bereits seit 1987 gibt es in Karlsruhe Überlegungen, ein großes Sport- und Freizeitbad in der Günther-Klotz-Anlage zu errichten, was allerdings die Schließung mehrerer Schwimmhallen zur Folge hätte.

Jeu de paume – Hallentennis im Mittelalter (Rekonstruktionszeichnung, 20. Jahrhundert).

KATJA FÖRSTER

Tennis

Einleitung

1874 wurde das so genannte Lawn Tennis erstmals im Deutschen Kaiserreich gespielt. Wenige Jahre später entstanden die ersten Tennisclubs. Nobelkurorte wie Bad Homburg vor der Höhe oder Baden-Baden führten die Spitze der Gründungen an, bevor dann vor allem Eisbahnvereine den vornehmen Bürgern den aus England importierten Sport schmackhaft zu machen suchten, um die im Winter für den Eislauf gefluteten Rasenflächen auch im Sommer kommerziell zu nutzen. Der Karlsruher Eislaufverein folgte 1913 diesem Vorbild und schuf die erste öffentliche Tennisabteilung der Residenzstadt. Die Gründungen weiterer Tennisclubs folgten: 1920 in Durlach, 1929 in Rüppurr und 1956 in Neureut. Seit 1928 verfügte auch der Postsportverein Karlsruhe über eine eigene Tennisabteilung.

Zu Beginn der 1970er Jahre streifte der Tennissport die letzten elitären Bande ab, die ihm aus seiner frühen Entwicklung bis dahin noch anhafteten. Tennis wurde zu einem beliebten Freizeitvergnügen. Zahlreiche Sportvereine erweiterten in den folgenden zwei Jahrzehnten ihr Angebot um eine solche Abteilung, um zum einen die Tennis begeisterte Klientel nicht an fremde Einrichtungen zu verlieren und zum anderen neue Mitglieder zu

Boris Becker in der Europahalle, Davis-Cup 1989.

werben und damit die finanzielle Basis des Vereins zu stärken.

1982 überstieg die Mitgliederzahl des 1902 gegründeten Deutschen Tennis Bundes erstmals die Millionengrenze. Die Mitte der 80er Jahre einsetzenden triumphalen Erfolge von Boris Becker und Steffi Graf gaben dem Trend weitere Impulse. In nur zehn Jahren verdoppelte sich die Mitgliederzahl des Deutschen Tennis Bundes auf über zwei Millionen.

Karlsruhe besitzt heute rund 50 Tennisabteilungen. Der Schwerpunkt der Aufzeichnung liegt auf der Entwicklungsgeschichte der ersten Vereinsgründungen, die durchaus exemplarisch auch für die erst in jüngerer Zeit entstandenen Abteilungen angesehen werden kann.

Historischer Rückblick

Im letzten Viertel des 19. Jahrhunderts begann das Tennisspiel von England aus den Siegeszug über den gesamten Erdball anzutreten. Seine Anfänge reichen allerdings wesentlich weiter zurück und liegen nicht im angelsächsischen, sondern im romanischen Sprachraum.[1]

Nachdem die geistliche Obrigkeit den Klosterbrüdern ein generelles Verbot der Beteiligung an öffentlichen Ballspielen ausgesprochen hatte, praktizierten erstmals Mönche im Norden Frankreichs im 12. Jahrhundert in den Innenhöfen ihrer Klosteranlagen eine Vorform des heutigen Rückschlagspiels. Der mit Stroh oder Haaren ausgestopfte lederne Ball wurde anfangs noch mit der bloßen Hand geschlagen, weshalb das Spiel als „jeu de paume"[2] bezeichnet wurde. Schnüre oder Netze, die man quer über das Spielfeld, den so genannten „court" spannte, gab es in dieser frühen Zeit noch nicht. Der Aufschläger servierte den ersten Ball mit dem Ausruf „tenez!"[3] auf eines der Schrägdächer des herumführenden Kreuzganges, von wo dieser in das Feld des

Gegenspielers, des Rückschlägers, herabsprang, der ihn einmal aufspringen lassen durfte oder direkt aus dem Flug – „à la volée"[4] – annehmen musste, eine Regel, die noch heute ihre Gültigkeit besitzt.

In der weiteren Entwicklung des „jeu de paume" linderten die Spieler die Schmerzen beim Schlagen des Balles durch das Tragen von ledernen Fäustlingen, bevor sie im Spätmittelalter zu einem mit Schafsdarm bespannten Schläger, dem so genannten „Racket", griffen. Literarische Erwähnung findet dieser erstmals zu Beginn des 16. Jahrhunderts.[5]

Geistliche Erzieher und Klosterschüler, die das spielerische Treiben der Mönche ungestört hinter den Klostermauern beobachten konnten, machten es in höfischen und in adligen Kreisen bekannt. Begünstigt durch die zunehmende Urbanisierung verbreitete sich diese Form der Körperertüchtigung relativ rasch über Europa. 1325 ist sie für die Toskana dokumentiert, 1338 für Flandern, 1397 für die englische Grafschaft Kent und 1401 für die Niederlande.

Die Abhängigkeit der Spieler sowohl von der Witterung als auch von einem harten „court", damit die Stopfbälle Sprungkraft entwickeln konnten, führte zur Entstehung von so genannten Ballhäusern. Eines der ersten im deutschsprachigen Raum war das unter Kaiser Ferdinand 1525 in Wien errichtete Ballhaus. Im Zuge der Umgestaltung des Burgkomplexes zwischen 1536 und 1552 kam noch ein weiteres, äußerst schmuckvolles hinzu, das unter der Regentschaft von Kaiser Joseph 1776 in ein Nationaltheater umgewandelt wurde.

Um seinen spanischen Höflingen und Diplomaten einen Ort der Entspannung und des geselligen Zusammenseins bieten zu können, ließ Karl V. während des Augsburger Reichstages 1548 ein Ballhaus errichten. Um 1592 ist auch für Tübingen eine solche Einrichtung überliefert. 1593/94 entstand in Ingolstadt ein

Ballhaus, 1601/02 wurden in Straßburg gleich zwei solcher Häuser eingerichtet und das spätestens seit 1606 in Heidelberg vorhandene wurde 1618 durch einen pompösen Neubau ersetzt.

Unter den genannten Ballhäusern gelangte vor allem das Tübinger zu großem Ansehen. Es gehörte zur dortigen auch als Collegium Illustre bezeichneten Ritterakademie, in der adlige Sprösslinge nach dem Vorbild des französischen „galant homme" zu Hofbeamten erzogen wurden. Das Tennisspiel, das den Studierenden von einem eigens hierfür angestellten und gut bezahlten Ballenmeister beigebracht wurde, galt im Ausbildungsplan der Akademie als eine unverzichtbare Übung.

Seit dem ausgehenden 18. Jahrhundert begann das politisch und wirtschaftlich erstarkende Bürgertum Hof und Aristokratie aus ihrer gesellschaftlichen Vorrangstellung zu verdrängen. Diese Entwicklung hinterließ auch im Tennis Spuren. Vielerorts wurden die Ballhäuser abgerissen oder, wie in Wien, zweckentfremdet.

Lediglich in England fristete das Tennisspiel im 19. Jahrhundert noch ein bescheidenes Dasein. In dieser Situation trat ein gewisser Major Walter Clopton Wingfield auf den Plan. Er gab dem Rückschlagspiel feste Regeln, ließ es im Februar 1874 unter der Bezeichnung Sphairistikè or Lawn Tennis patentieren und als Serienprodukt über die Londoner Firma French & Company vertreiben. Tennisbegeisterte konnten fortan ein Set erwerben, das aus zwei Pfosten, einem Netz sowie Schlägern und Bällen – praktisch in einer Holzkiste verpackt – bestand.

Bei der englischen High Society stieß die so genannte Wingfieldsche Kiste auf große Resonanz. Bot das Lawn Tennis doch nicht nur eine angenehme Abwechslung zum Krocketspiel, sondern auch eine willkommene Unterhaltung beim Five o'clock tea.[6]

Zum Erfolg des Sets trugen vor allem auch die luftgefüllten Gummibälle bei, deren Herstellung erst durch die Entwicklung des Verfahrens der Vulkanisierung möglich geworden war. Der neue Tennisball benötigte für seine Sprungkraft nicht mehr ein hartes Feld, sondern die Rasenflächen in den Parkanlagen der vornehmen Villen waren durchaus ausreichend. Die Earls und Lords brauchten nur die Pfosten in ihren Parks aufzustellen und das Netz daran zu befestigen, um dem neumodischen Freizeitvergnügen nachzugehen.

So war es denn auch ein englischer Aristokrat, der das Lawn Tennis bereits 1874 in Deutschland bekannt machte. Viscount Petersham, der spätere 8th Earl of Harrington, verweilte im Sommer dieses Jahres in Bad Homburg vor der Höhe zur Kur. In seinem Gepäck führte er eine Wingfieldsche Kiste mit. Gemeinsam mit dem britischen Kolonialbeamten Herbert Hankey brachte er die Vorrichtung im Garten des Royal Victoria Hotels an und spielte mit diesem von nun an vor den Augen zahlreicher Schaulustiger täglich Tennis. Die älteste Fotografie, die Lawn Tennis in Deutschland zeigt – noch in der Wingfieldschen Besonderheit eines stundenglasförmigen Courts –, entstand im Kurgarten von Bad Homburg vor der Höhe im Jahr 1876.

Bad Homburg vor der Höhe war auch der Ort, an dem 1879 der erste Tennisclub in Deutschland gegründet wurde. Die zwei Baden-Badener Vereine, die Lawn-Tennis-Gesellschaft Im Spechten Garten und der Baden-Baden LTC, folgten 1881. Weitere zwei Jahre später, 1883, konstituierte sich sowohl in Freiburg im Breisgau als auch in Kassel ein English Lawn Tennis Club. 1884 erweiterte der Essener Turn- und Fechtclub sein Programm um eine Tennisabteilung wie auch der Hamburger Eisbahnverein vor dem Dammthor im Jahr 1886, Vorläufer der heutigen Rothenbaum-Anlage.[7]

Was beim Essener Turn- und Fechtclub und beim Eisbahnverein vor dem Dammthor erstmals zu beobachten war, nämlich dass ein bereits bestehender Verein sein Angebot um eine Tennisabteilung erweiterte, wurde in Zukunft mehr zur Norm als die Gründung eines eigenständigen Tennisclubs. Kommerzielle Gründe gaben hierfür den Ausschlag. Indem ein Verein eine neue Abteilung eröffnete, wurde er nicht nur für die eigenen Mitglieder attraktiver, sondern gewann zugleich auch neue hinzu.

In den Gründerjahren des deutschen Tennis wurde eine Kombination besonders beliebt, die von Tennis mit Eislaufen. Im Deutschen Kaiserreich waren in der zweiten Hälfte des 19. Jahrhunderts viele Eisbahnvereine entstanden, die von den Stadtverwaltungen große Wiesenflächen pachteten, diese bei Winterausbruch fluteten und sie dem Eislauf begeisterten Bürgertum gegen Eintritt zur Verfügung stellten. Im Sommer aber lagen die Rasenflächen brach. Daher begannen die Vorstände der Eisbahngesellschaften sich nach Sportarten umzuschauen, die sich in den Sommermonaten Gewinn bringend auf den Pachtflächen anbieten ließen. Das gerade en vogue werdende Lawn Tennis bot sich hierzu in idealer Weise an.

Der Hamburger Eisbahnverein vor dem Dammthor erprobte im Sommer 1887 erstmals die Kombination, gefolgt von dem ebenfalls in der Hansestadt ansässigen Eisbahnverein auf der Uhlenhorst im Sommer 1889. In einer Vorstandssitzung im Oktober 1886 hatten die Verantwortlichen des Eisbahnvereins vor dem Dammthor die Aufnahme des Tennisspiels in der Vereinssatzung beschlossen. Genau zwei Jahre später, am 26. Oktober 1888, folgten die Verantwortlichen des Eisbahnvereins auf der Uhlenhorst dem Beispiel. Beide Vereine wurden zum Vorbild vieler Eisbahngesellschaften in Deutschland, auch in Karlsruhe.

Hamburg, Auf der Uhlenhorst, 1896; v. l.: Carl August von der Meden, Victor Graf Voß und Graf Grote.

Der Uhlenhorster Eisbahnverein ging das Vorhaben sehr überlegt an. Im Frühjahr 1889 betraute er zwei Vorstandsmitglieder – den Briten Fawcus und den anglophilen Kaufmann von der Meden – mit dem Aufgabenbereich der neu gegründeten Tennisabteilung. Vor allem der Letztgenannte sollte für die Geschichte des deutschen Tennis von entscheidender Bedeutung werden.

Carl August von der Meden hatte bis zu seiner Rückkehr nach Hamburg im Jahr 1880 in dem englischen Städtchen Bradford sowie auf einem Landsitz in der Nähe von London gelebt. Er kannte den All England Croquet Club in dem Londoner Vorort Wimbledon, der 1877 seine Tore auch für das Lawn Tennis geöffnet und noch im selben Jahr das erste Tennis-Championat ausgetragen hatte. Als von der Meden im April 1889 vor die Aufgabe gestellt wurde, das Lawn Tennis unter den Hamburger Bürgern populär zu machen, glaubte er dies am besten mit der Austragung von Turnieren erreichen zu können.

1892 veranstaltete der Eisbahnverein auf der Uhlenhorst die erste Internationale Deutsche Meisterschaft, an der sich Tennisspieler aller Nationen beteiligen konnten, sowie die erste Deutsche Meisterschaft, die nur für deutsche und österreichische Sportler offen war. Mit Anzeigen in englischen Zeitungen versuchte der Vorstand vor allem auch britische Spieler in die Elbstadt zu locken. Die im Norden Deutschlands gerade grassierende Asiatische Cholera zerschlug seine Hoffnungen auf ein international besetztes Turnier. Walter Bonne, Mitglied des inzwischen dritten in Hamburg gegründeten Tennisvereins, des Pöseldorfer Lawn-Tennis-Clubs, holte sich den internationalen Meisterschaftstitel. Christian Winzer (1893) und Victor Graf Voß-Schönau (1894–96) folgten in den kommenden Jahren. Von 1897 bis 1906 errangen ausschließlich Briten und Franzosen den so genannten Laeisz-Pokal, der erst mit dem Sieg von Otto Froitzheim im Jahr 1907 wieder an einen deutschen Spieler ging.

1896 fand in Hamburg auch die erste offene Meisterschaft der Damen statt. Da sich in diesem Jahr noch keine Britinnen am Turnier beteiligten, gewann die erst 17-jährige Hamburgerin Maren Thomsen den von Walter Howard gestifteten Silberpokal. Von 1897 bis 1906 dominierten aber dann auch hier die Britinnen das Feld.

Die Überlegenheit der englischen Spieler und Spielerinnen im deutschen Turnierbetrieb begann die Tennissympathisanten zunehmend mehr in ein anglophiles und ein antiangelsächsisches Lager zu spalten. Von der Meden war die auch in der Hansestadt zu spürende England feindliche Stimmung ein Dorn im Auge. Daher verlegte er 1897 kurz entschlossen die Deutschen Meisterschaften in den Nobelkurort Bad Homburg vor der Höhe, der mit einem eigenen international besetzen Turnier seit 1894 anglophilen Hochadel und Hochfinanz anzog. Schon um 1900 überlegten die Hamburger Tennisspieler Friedrich Adolf Traun,

Hans Oskar Behrens und Otto Nirrnheim, wie sie die Meisterschaften aus dem Homburger Exil wieder an die Elbe zurückholen könnten. Sie gründeten im Dezember 1901 die so genannte Hamburger Lawn-Tennis-Gilde, die in Zukunft als Veranstalter der Internationalen Deutschen Meisterschaft auftrat. Die Mitglieder der Gilde, deren erster Präsident von der Meden wurde, rekrutierten sich vorrangig aus den beiden Eisbahnvereinen, die im jährlichen Wechsel das Turnier ausspielten.

Laut Reglement waren die Turniere ausschließlich Amateurspielern vorbehalten. Jedoch gab es bereits um die Jahrhundertwende Spieler, die aufgrund ihres werbewirksamen Auftretens von Veranstaltern eingeladen und für ihr Kommen großzügig entlohnt wurden. Die zunächst noch kleine Gruppe, der beispielsweise George W. und Blanche Hillyard angehörten,[8] stellte bereits eine frühe Form der heutigen Profispieler dar. Angesichts solcher „Berufsspieler", die in der Regel als Sieger das Spielfeld verließen, wurde die Diskussion um Amateur- oder Profistatus in der Öffentlichkeit zunehmend lauter.

Hochstehende Repräsentanten des Weißen Sports wie von der Meden, Karl von Jecklin, Emil Bartels, Fritz Schlepps oder Robert Freiherr von Fichard glaubten, solche Fragen nur mit der Gründung eines gesamtdeutschen Tennisverbandes lösen zu können, der als oberste maßgebende Instanz alle Vereine und Spieler gleichermaßen repräsentierte. Zeitgleich zum Berliner Pfingstturnier riefen sie am 19. Mai 1902 in der Reichshauptstadt den Deutschen Lawn-Tennis-Bund ins Leben, dessen erster Präsident ebenfalls Carl August von der Meden wurde.

In diesem Zusammenhang muss kurz auf den in Metz ansässigen Robert Freiherrn von Fichard eingegangen werden. 1881 hatte der damals 17-jährige zu den Gründungsmitgliedern des Baden-Baden Lawn Tennis Clubs gehört. Sechs Jahre später veröffentlichte er das Handbuch des Lawn-Tennis-Spieles, das ihn als Theoretiker des deutschen Tennis etablierte. Von 1894 bis 1909 edierte er die Jahrbücher des Lawn-Tennis-Spieles, die über die Gründerjahre dieser Sportart sehr viel Aufschlussreiches enthalten. Freiherr von Fichard sind vor allem die Übertragungen englischer Tennisbegriffe in die deutsche Sprache zu verdanken, wie server = Aufschläger, striker-out = Rückschläger, deuce = Einstand und footfault = Fussfehler, oder auch die Einteilung des Deutschen Tennis Bundes in Bezirke.

Der Karlsruher Eislauf- und Tennisverein (KETV)

Mit dem Tod von Carl August von der Meden am 11. Mai 1911 ging ein wichtiges Kapitel deutscher Tennisgeschichte zu Ende. Zu seinem Gedenken werden bis heute die so genannten Meden-Spiele, eine deutsche Bezirks- oder Vereinsmeisterschaft, durchgeführt.

Das Todesjahr des Gründungspräsidenten des Deutschen Tennis Bundes wurde für die Entwicklung der Sportart in Karlsruhe von großer Bedeutung. Am 23. Mai 1911 konstituierte sich auf die Initiative des Kärntners Gilbert Fuchs der Karlsruher Eislaufverein, aus dem bereits im April 1913 der Karlsruher Eislauf- und Tennisverein hervorging, der erste und älteste Tennisverein der ehemaligen Residenzstadt.[9] Gilbert Fuchs war neben seinem Beruf als Zoologe ein begnadeter Eiskunstläufer. 1896 hatte er bei der ersten Weltmeisterschaft im Eiskunstlaufen in St. Petersburg den Weltmeistertitel errungen. Um 1910 war er nach Karlsruhe gezogen, wo er als Privatdozent an der Großherzoglichen Technischen Hochschule tätig wurde.

Im Juli 1911 wurde Fuchs zum ersten Vorsitzenden des Karlsruher Eislaufvereins er-

nannt, dessen erster Geschäftsbericht von 1912/13 bereits die Absicht der Vorstandsmitglieder dokumentiert, das Angebot des Eislaufens um eine Tennisabteilung zu erweitern. Am

Gilbert Fuchs. Erster Weltmeister im Eiskunstlauf 1896 in St. Petersburg, Mitbegründer des KETV und 1. Vorsitzender 1911–1919.

29. April 1913 wurde von den Mitgliedern die Satzungsänderung beschlossen und der Verein in Karlsruher Eislauf- und Tennisverein umbenannt.

Für die Satzungsänderung waren zu dieser Zeit nicht mehr nur die vielen Eisbahngesellschaften, die Lawn Tennis inzwischen erfolgreich in ihr Programm integriert hatten, vorbildhaft, sondern auch die Tenniseuphorie ausschlaggebend gewesen, die die Deutschen seit den großen Triumphen von Otto Froitzheim, Oscar Kreutzer und Magdalen „Mieken" Rieck-Galvao beim Championnats du Monde des Lawn-Tennis sur terre battue in Paris 1912 ergriffen hatte.[10]

Nach harter Überzeugungsarbeit durch den Vorstand erklärte sich die Stadt im Sommer 1913 bereit, dem Verein ein 17.000 m² großes Gelände an der Alb für eine Eislauf- und Tennisanlage pachtweise – auf zunächst 20 Jahre – zu überlassen. Gerade noch rechtzeitig zur Eröffnung der Wintersaison war die 4.500 m² große Eisbahn fertig gestellt. Mit Begeisterung nahmen die Karlsruher die neue Anlage an. Bis zum Saisonende hatte der Verein 5.500 Mark an Eintrittsgeldern eingenommen.[11] Bei einem Eintritt von 15 Pfennig für Kinder und Jugendliche und 30 Pfennig für Erwachsene dürften rund 20.000 Schlittschuhläufer die Eisbahn in den 33 Tagen, an denen sie geöffnet war, besucht haben.

Im Frühjahr 1914 konnte die Tennisanlage zum ersten Mal in Betrieb genommen werden, auf der bereits am 9. Mai die erste Vereinsmeisterschaft ausgespielt wurde. Dem heutigen Leser stellt sich unweigerlich die Frage, auf welcher Sportstätte denn die Mitglieder des Karlsruher Eislauf- und Tennisvereins bis dahin Tennis gespielt hatten, dass sie den Einstand der Anlage sogleich mit einem Turnier feiern konnten.

Der einzige Tennisplatz in mittelbarer Nachbarschaft war der im Schlossgarten zu

Durlach. Für diesen besaßen jedoch nur die Offiziere des dortigen Train-Bataillons sowie Verkehrsgäste eine Spielberechtigung. Den ortsansässigen Bürgern blieb der Zugang bis 1920, dem amtlichen Gründungsjahr des Tennisclubs Durlach, verwehrt (siehe unten).

Der Kriegsausbruch Anfang August 1914 brach das Vereinsleben abrupt für die nächsten viereinhalb Jahre ab. Erst als sich nach dem Kriegsende das städtische Leben langsam wieder zu normalisieren begann, nahm auch der Karlsruher Eislauf- und Tennisverein seine Aktivitäten wieder auf. Veränderung und Fortschritt prägten das erste Nachkriegsjahr des Vereins. Gilbert Fuchs kehrte 1919 in seine Heimat zurück und legte daher das Amt des Vorsitzenden nieder. Sein bisheriger Stellvertreter, Medizinalrat Ferdinand Krumm, übernahm bis 1927 die Leitung.

Flugblatt des Karlsruher Eislauf- und Tennis-Vereins aus dem Jahr 1914.

Tennisplätze des KETV im Jahr 1956.

Eine unerwartete Hilfe in finanzieller, sportlicher und organisatorischer Hinsicht erhielt der Verein in dieser ersten schwierigen Zeit von den Brüdern Willy und Oskar Huber, die ihr Straßburger Unternehmen Raab Karcher in die ehemalige Residenzstadt verlegten. Beide waren leidenschaftliche Tennisspieler und fühlten sich schon allein aus diesem Grund dem einzigen Tennisclub der Stadt verbunden. Sie errangen nicht nur zahlreiche Meisterschaftstitel im Einzel und Doppel, sondern finanzierten auch 1919/20 den Bau des Clubhauses mit einer Platzwartwohnung. Von 1927 bis 1945 hatte der spätere schwedische Generalkonsul Oskar Huber den ersten Vorsitz inne. Unter seiner Ägide und wiederum zu einem Großteil auf seine Kosten wurde ein so ge-

nannter „en-tout-cas-Platz" errichtet – ein Hartplatz, auf dem wetterunabhängig gespielt werden konnte. Hubers Initiative war auch die Gründung einer Junioren-Abteilung im Jahr 1931 zu verdanken.

Einige besonders starke Spielerpersönlichkeiten prägten in den 1920er und 30er Jahren den Turnierbetrieb des Karlsruher Eislauf- und Tennisvereins. Freiin Meta von Uckermann, Margarete Stienen und Frau Hillmer wurden mehrfache Clubmeisterinnen und Badische Meisterinnen. Bei den Herren errangen vor allem Willy und Oskar Huber sowie Bill Fuchs, Walter Stienen, Karl Wegele und Fritz Frey zahlreiche Meisterschaftstitel. In den Jahren zwischen den beiden Weltkriegen diente die Anlage als Austragungsort der Süddeutschen

Meisterschaft im Herreneinzel und der Badischen Meisterschaft im Dameneinzel.

Den wohl gravierendsten Einschnitt in der Vereinsgeschichte brachte der Zweite Weltkrieg. Der Verein stellte 1940 seinen Spielbetrieb ein, das Club- und Platzwarthaus, die Werkstätten und das 1934 nach Plänen des Kunstmalers und Professors Hermann Göhler[12] errichtete Teehaus wurden zerstört und die Spielfelder von tiefen Bombenkratern beschädigt. Unter der amerikanischen Militärbesatzung wurde der Verein für kurze Zeit sogar aufgelöst.

Im Mai 1946 fanden sich einige ehemalige Mitglieder im Büro von Albert Esswein zur Wiedergründung des Karlsruher Eislauf- und Tennisvereins zusammen. Das langjährige Vorstandsmitglied Fritz Frey machte den Anwesenden den beachtenswerten Vorschlag, die in den letzten drei Jahren nicht erhobenen Mitgliederbeiträge einzusammeln, um einerseits dem Verein eine finanzielle Basis zu verschaffen und andererseits zu sehen, wer sich ihm noch zugehörig fühlte. Etliche Beitragsgelder und eine beachtliche Summe an Spenden gingen beim Vorstand ein. Im Frühjahr 1948 war die Tennisanlage in mühsamer Eigenarbeit wieder hergestellt. Albert Esswein, der 1946 den Vorsitz übernommen hatte, trat ihn im Herbst des Jahres an Fritz Frey ab. Unter dessen Führung wurden sämtliche Spielfelder, wie das bereits 1927 angelegte, in „en-tout-cas-Plätze" umgewandelt, um den modernen Anforderungen des Tennissports gerecht zu werden. Da für die Umgestaltungsmaßnahmen keine Mittel vorhanden waren, übernahm Fritz Frey die Kosten und spendierte obendrein noch den Bau eines neuen Vereinshauses, das 1954 eingeweiht wurde.

Trotz politischer und wirtschaftlicher Krisen war die Mitgliederzahl seit 1913 kontinuierlich angewachsen. Hatte der Karlsruher Eislauf- und Tennisverein im Jahr der Satzungsänderung 73 Mitglieder verzeichnet, so waren es 1927 bereits 160 und 1960 rund 600 Mitglieder gewesen. Zu Beginn der 60er Jahre galt er als einer der größten Tennisclubs in Südwestdeutschland.

Um den Spielbetrieb das ganze Jahr über aufrecht erhalten zu können, ließ der Verein 1965 eine Zweifeld-Tennishalle errichten, eine der ersten des Nordbadischen Tennisverbandes überhaupt.[13] 1980 folgt der Bau einer zweiten Halle sowie eine umfassende Renovierung der ersten. Heute stehen den rund 550 Mitgliedern, die auf eine ganze Reihe lokaler und regionaler Meisterschaftstitel in Einzel, Doppel und der Mannschaft zurückblicken können, zehn Frei- und zwei Hallenplätze zur Verfügung.

Der Tennisclub Durlach (TCD)

Laut Eintrag im Vereinsregister des Amtsgerichts Durlach konstituierte sich 1920 der zweite Karlsruher Tennisverein, der TC Durlach. In seinen zahlreichen Jubiläumsschriften verweist der Club aber stets mit Stolz darauf, dass bereits etliche Jahre vor dem besagten Datum in der ehemaligen Residenzstadt Tennis gespielt wurde.[14] Bereits im Jahr 1907 ließ der damalige Bürgermeister Philipp Reichardt im Schlossgarten einen Tennisplatz anlegen, der jedoch nur dem Offiziersclub des Train-Bataillons und den Verkehrsgästen offen stand. Als Oberstleutnant Schmitt 1919 die Verantwortlichkeit über den Platz an Amtsgerichtsrat Compter abgab, wurde die Anlage auch für die Durlacher Bürger freigegeben.

Die krassen Licht- und Schatten-Verhältnisse im Schlossgarten durch den großen alten Baumbestand sowie die unzähligen Stechmücken machten den Spielern von jeher zu schaffen. Daher begann sich der TC Durlach schon in den 20er Jahren nach einem neuen

Standort umzuschauen. Durch ein verlockendes Angebot von Karl Schaumburg, dem Besitzer des Parkschlössle, nämlich die Erstellung eines Spielfeldes auf seinem Terrain an der Bergwaldstraße nicht nur vorzufinanzieren, sondern dem Verein auch akzeptable Abzahlungsraten einzuräumen, kam der Club Ende der 20er Jahre zu einer neuen Sportstätte.

Trotz der Machtergreifung durch die Nationalsozialisten und ihrer zunehmenden Repressalien gegen die elitäre Sportart war die Nachfrage nach einer Mitgliedschaft im TC Durlach steigend. Der Vorstand musste sich in den 30er Jahren einige Male ernsthaft mit der Frage einer möglichen Erweiterung auseinandersetzen.

Der Steinbruch an der Grötzinger Straße schien als neuer Standort wie geschaffen. Noch 1940 wurde mit der Begradigung des Geländes angefangen. Im weiteren Kriegsverlauf kam das Projekt jedoch zum Erliegen. Eine Fortführung nach 1945 war nicht möglich, da die Stadt eben an dieser Stelle Holzbaracken als Notunterkunft für Flüchtlinge und Kriegsgeschädigte aufgestellt hatte.

Otto Steponath, der seit 1938 den Vorsitz innehatte, trat 1946 wegen der Standortfrage mit der Stadtverwaltung in Verhandlungen. Diese verwies ihn auf das ungenutzt liegende Gelände im Turmbergstadion, das dem Allgemeinen Sportverein gehörte. Da der ASV gerade einen neuen Fußballplatz mit Aschenbahn und Vereinshaus konzipiert hatte, erklärte er sich nur bereit, ein Gelände hinter dem geplanten Vereinshaus für die Anlage zweier Spielfelder abzutreten.

Im Frühjahr 1948 konnte dann endlich der Spielbetrieb auf den in Eigenarbeit errichteten Plätzen aufgenommen werden. Aufgrund steigender Mitgliederzahlen und des Umstandes, dass das Spielfeld an der Bergwaldstraße dem Ausbau eines Wohngebietes am Geigersberg zum Opfer fallen würde, erfolgte im Frühjahr 1952 eine Vergrößerung der Anlage um zwei weitere Plätze.

Finanzielle Gründe bewogen die Vereinsmitglieder, sich gegen den Bau eines eigenen Clubhauses und für die Übereinkunft mit dem Allgemeinen Sportverein auszusprechen, zukünftig ein Zimmer in dessen Vereinshaus als Umkleideraum zu nutzen. Auch die Wasserversorgung zur Besprengung der Anlage erfolgte über das Pumpsystem des ASV. Als Gegenleistung wurde der TC Durlach dessen korporatives Mitglied und musste jährlich einen aus den Mitgliederzahlen berechneten Beitrag abführen.

Im Frühjahr 1962 erhielt der inzwischen auf 200 Tennisspieler angewachsene Club nochmals zwei Freiplätze. Um die Umkleidemöglichkeiten und sanitären Einrichtungen zu verbessern, bezog er zwei Räume in einer nahe gelegenen, vom Markgrafengymnasium benutzten Baracke. Ein 20 m² großer Aufenthaltsraum wurde noch in Eigenarbeit an die Baracke angebaut. 1964 installierte der Verein eine eigene Wasserpumpstation. Im Jahr darauf entstand der heutige M- bzw. Meden-Platz.

Unter der Leitung des neuen Vorsitzenden, des Architekten Klaus Harloff, wurde 1966 dann doch der Bau eines eigenen Clubhauses in Angriff genommen. Bei dessen Einweihung im September 1969 zählte der TC Durlach 300 Mitglieder. 1970 trug er erstmals anlässlich des 50-jährigen Bestehens die Badischen Tennismeisterschaften aus, ein Ereignis, für das die Zahl der Freiplätze nochmals um zwei auf insgesamt neun aufgestockt wurde.

Im Gegensatz zu den Mitgliedern des KETV konnten die des TC Durlach bereits im Winter 1953 den Spielbetrieb in einer Halle aufnehmen. Der damalige Vorsitzende Otto Steponath war auf die ungenutzte Weierhalle, eine ehemalige Reit- und Markthalle, aufmerksam geworden. Mit wenig Aufwand konnte sie in eine Tennishalle umfunktioniert werden.

Für die Spielmöglichkeit in den Wintermonaten akzeptierten die Sportler eine schlechte Beleuchtung, einen sehr harten Boden sowie miserable sanitäre Anlagen. Nach einem von der Stadt finanzierten Teilausbau der Halle forderten auch andere Tennisabteilungen das Recht auf eine Mitbenutzung ein. Nach Berichten ehemaliger Mitglieder wurde jedes Jahr im Durlacher Rathaus hart gefeilscht, welche Tennisabteilung an welchen Tagen und zu welchen Stunden die Halle benutzen durfte.

Der Wunsch nach einem eigenen Hallenangebot wurde Ende der 60er Jahre zunehmend lauter. Der Clubhausbau hatte die Vereinskasse stark belastet, so dass der beabsichtigte Bau vorrangig aus Spenden finanziert werden musste. Die Mehrheit sprach sich daher in einer außerordentlichen Mitgliederversammlung 1970 für die Errichtung einer einfachen Holzhalle mit Zeltüberdachung aus. Diese Einfeld-Halle wurde zunächst provisorisch auf das heutige Spielfeld Nr. 1 gestellt, bevor sie dann 1972 ihren vorläufig endgültigen Standort auf

Die erste Damenmannschaft des Tennisclubs Durlach vor dem Rohbau des neuen Clubhauses im Jahr 1969. Von links: Frl. Ostermeier, Hannelore Brunck, Eva Dick, Renate Grossmann, Ursula Koch, Isolde Hardy.

dem neu angelegten Platz Nr. 10 fand. Von Anfang an konnte die Einfeld-Halle den Spielbedarf nicht decken. Eine zweite Holzhalle wurde konzipiert, deren Ausführung jedoch am Einspruch der Feuerwehr scheiterte, die zwischen den beiden Holzkonstruktionen einen Abstand von 16 m verlangte, den das Gelände nicht hergab. Daraufhin beschloss der Vorstand, auf dem für die Halle vorgesehenen Platz ein weiteres Spielfeld anzulegen und dieses im Winter mit einer Traglufthalle zu überdecken.

Mit der Wahl des neuen Vereinsvorsitzenden Dieter Brunk im Frühjahr 1977 ging die Hoffnung auf die Errichtung einer modernen Zweifeld-Tennishalle einher. Nachdem sich der neue Vorstand ausführlich informiert und mehrere Angebote eingeholt hatte, stellte er die Mitglieder bereits im November des Jahres in einer außerordentlichen Versammlung vor die Wahl zwischen einer einfachen Holz- oder einer kostspieligen Stahlkonstruktion. Nach den Jahren der Provisorien sprach sich eine deutliche Mehrheit für eine Stahlkonstruktion aus. Vollkommen unerwartet verband das Städtische Hochbauamt mit der Baugenehmigung die Auflage, die Holzhalle sofort abzureißen und die Traglufthalle zukünftig nicht mehr aufzustellen. Der Finanzierungsplan des rund 800.000 DM teuren Hallenprojekts basierte aber im Wesentlichen auf der Aufrechterhaltung des bisherigen Hallenbetriebes. Mit der Hilfe des Sportdezernenten und Ersten Bürgermeisters Walther Wäldele erhielt der Tennisclub Durlach einen fünfjährigen Aufschub für den Abriss der Halle.

Die im November 1978 offiziell eingeweihte Zweifeld-Tennishalle ließ mit ihrer hochwertigen Ausstattung die anderen Hallen des Badischen Tennisverbandes weit hinter sich zurück. Sie war mit einem textilen Bodenbelag ausgestattet, der auch im Leistungszentrum des italienischen Tennisverbandes verwendet wurde, in der Bundesrepublik Deutschland bis dahin aber einmalig war, sowie mit Einzelstrahlern, die nahezu blendfrei für eine optimale Beleuchtung von 500 Lux sorgten.

1980 zählte der TC Durlach rund 600 Mitglieder, denen elf Frei- und drei Hallenplätze zur Verfügung standen. Er galt als der zwölftgrößte Club im Verbandsbereich, der im Karlsruher Raum nur noch von der Tennisabteilung des Postsportvereins Karlsruhe übertroffen wurde (siehe unten).

Die ständigen Investitionen in die Erweiterung und den Ausbau der Anlage waren der Förderung der eigenen Nachwuchs- und Turnierspieler nicht unbedingt dienlich gewesen. Einzelspieler und Mannschaften behaupteten sich in der Regel im breiten Mittelfeld. Dafür aber wurde der Club zu einem beliebten Austragungsort der Badischen Tennismeisterschaften. Nachdem 1970 erstmals die Verbandsmeisterschaften auf der Durlacher Anlage ausgespielt worden waren, fanden sie in den Jahren 1975, 1980 und 1990 anlässlich des 55-, 60- und 70-jährigen Bestehens wiederum dort statt. 1988 beschäftigte der Verein zum ersten Mal einen staatlich geprüften, hauptamtlichen Trainer, dessen Hauptaugenmerk auf dem spielerischen Nachwuchs lag. Bereits im Jahr darauf holte sich die erste Juniorenmannschaft AK III, in der die bis zu Vierzehnjährigen spielen, den Titel des Badischen Jugendmeisters und sorgte für den bis dahin größten sportlichen Erfolg in der Vereinsgeschichte. Heute stehen den Spielern des TC Durlach 12 Freiplätze, eine Zweifeld-Tennishalle sowie ein Kindertennisplatz (1/2 Maß) zur Verfügung.

Der Postsportverein Karlsruhe (PostSV)

Es muss noch einmal der Bogen in die 20er Jahre zurückgeschlagen werden. 1928 konstituierte sich die Tennisabteilung des bereits erwähnten Postsportvereins Karlsruhe und im Jahre 1929 der wohl bekannteste Tennisverein in Karlsruhe, der Tennisclub Rüppurr.[15]

Die Tennisabteilung des Postsportvereins Karlsruhe stellte seit der Vereinsgründung im Jahr 1927 nach Fußball, Damengymnastik, Gewichtheben und der Altherrenriege die fünfte Abteilung dar. Die Sportstätten des Vereins, die seit 1928 eben auch zwei Tennisplätze umfassten, befanden sich auf der heutigen Südtangente. Von den anfangs rund 500 Mitgliedern gehörten etwa 30 Sportler zur Tennisabteilung. In den nächsten zehn Jahren stieg die Zahl der Abteilungen und der Mitglieder um mehr als das Dreifache an. Im Jahr 1937 verteilten sich die etwa 1.800 Mitglieder auf 15 Abteilungen. Damit war der Postsportverein Karlsruhe zum größten und vielseitigsten Sportverein der ehemaligen Residenz- und Landeshauptstadt geworden. Die Frage nach möglichen Erweiterungen der Sportanlagen wurde vom Vorstand bereits am Vorabend des Zweiten Weltkrieges ernsthaft erörtert. Für September 1941 ist noch die Austragung der Vereinsmeisterschaft dokumentiert. Dann wurde auch beim Postsportverein Karlsruhe der Tennisbetrieb eingestellt.

Konnten die Spieler des KETV als auch die des TC Durlach ihre Anlagen zur Sommersaison 1948 wieder in Betrieb nehmen, stand den Tennisspielern des PostSV erst 1962 wieder eine eigene Anlage mit drei Spielfeldern zur Verfügung. Bis dahin mussten sie entweder die Anlage des KETV, des TC Durlach oder des TC Rüppurr in Anspruch nehmen. Umso großzügiger wurden aber dann die Mitglieder der wieder gegründeten Tennisabteilung entschädigt. Binnen weniger Jahre umfasste ihre Anlage 13 Frei- und zwei Hallenplätze. Den 80 Spielern aus dem Jahr 1962 standen 1980 rund 600 Spieler gegenüber.

1964 beteiligten sich erstmals eine Damen- und eine Herrenmannschaft an den Verbandsspielen. Die Einzelspieler und Mannschaften errangen seitdem zahlreiche vordere Platzierungen und Meisterschaftstitel. Die Herrenmannschaft stieg 1967 in die B- und 1968 in die A-Klasse, was der heutigen Oberliga entspricht, 1969 in die Verbandsliga und 1972 in die Oberliga auf. Die Jungsenioren holten sich 1980 den Titel des Badischen Mannschaftsmeisters. Vier Jahre später wiederholten die Senioren diesen Erfolg, die in den Jahren 1992 und 1993 auch jeweils den 5. Platz bei den Deutschen Meisterschaften errangen. Die Damenmannschaft stieg erst in jüngster Zeit, im Jahr 2002, in die Verbandsliga auf.

Die seit Mitte der 90er Jahre kontinuierlich sinkende Mitgliederzahl in den deutschen Tennisvereinen und -abteilungen führte bei dem 1896 gegründeten VfB Südstadt, der seit 1982 über eine eigene Tennisabteilung mit sechs Freiplätzen verfügte, zu einer wirtschaft-

lichen Misere, die den Fortbestand des traditionsreichen Fußballvereins ernsthaft in Frage stellte. Um die Gefahr der Auflösung abzuwenden, ging der Verein im Februar 2001 eine Fusion mit dem Postsportverein Karlsruhe ein. Durch den Zusammenschluss der beiden Vereine unter dem Namen Post Südstadt Karlsruhe verfügt die heutige Tennisabteilung des PSK über 19 Frei- und zwei Hallenplätze sowie einen Kleinfeldplatz für die Sechs- bis Achtjährigen. Die Tennisabteilung zählt zu den größten Abteilungen der über 20 Abteilungen des Post Südstadt Karlsruhe. Rund 500 der insgesamt 4.000 Mitglieder gehören ihr an. Im 75. Jubiläumsjahr der Tennisabteilung des PSK 2003 beteiligten sich 30 Mannschaften an den Bezirks- und Verbandsspielen. Drei Trainer stehen den Einzel- und Mannschaftsspielern zur Verfügung, deren besonderes Augenmerk ebenfalls auf der Jugendarbeit liegt.

Die Tennismannschaft des Postsportvereins Karlsruhe im Jahr 1937.

371

Der Tennisclub Rüppurr (TCR)

Nach der Gründung des Karlsruher Eislauf- und Tennisvereins, des TC Durlach und der Tennisabteilung des Postsportvereins Karlsruhe kam es 1929 auch in der Gemeinde Rüppurr zu der Konstituierung eines eigenen Tennisvereins, des Tennisclubs Rüppurr.[16] Zur Errichtung einer Anlage mit zwei Spielfeldern pachteten die Initiatoren von der Stadt ein rund 1.000 m² großes Gelände. Bei der Einweihung der Plätze Anfang Mai 1930 umfasste der Club bereits 67 Mitglieder. Die Zahl blieb bis zum Kriegsausbruch weitgehend konstant. Wie die anderen Tennisabteilungen in Karlsruhe musste auch der TC Rüppurr 1941 den Spielbetrieb für die nächsten Jahre einstellen.

Nach Kriegsende wurden die Plätze mit Hilfe eines Darlehens, für das vier Mitglieder die Bürgschaft übernommen hatten, wieder hergerichtet und im Frühjahr 1948 der Spielbetrieb, wie beim KETV und TC Durlach, aufgenommen. Bis 1952 gehörte der TC Rüppurr „vereinstechnisch" dem Turn- und Sportverein 1874 Rüppurr an, da er erst in diesem Jahr erneut die Vereinslizenz erwarb. Intern trug er jedoch bereits seit 1948 seine eigenen Clubmeisterschaften aus.

Anlässlich des 25-jährigen Bestehens 1954 erhielt der Verein ein drittes Spielfeld und ein neues Clubhaus. Das von der Stadt gepachtete Gelände umfasste mittlerweile 3.155 m² und nach der Erstellung eines vierten Platzes 1957 5.052 m² Der jährliche Mietzins betrug nach der letzten Vergrößerung 81 DM.

Nachdem Gottfried von Cramm, Hans Nüsslein, Henner Henkel und Hilde Krahwinkel in den 30er Jahren zahlreiche Titel bei den Internationalen Deutschen und Deutschen Meisterschaften gewonnen hatten und zum Teil bis ins Endspiel von Wimbledon vorgedrungen waren, kam mit Wilhelm Bungert nach über zwei Jahrzehnten endlich wieder ein

deutscher Spieler unter die Top Ten der Weltrangliste. 1962 wurde Bungert Deutscher Meister im Einzel und mit seinem Partner Christian Kuhnke im Doppel, 1964 Internationaler Deutscher Meister und 1967 drang er sogar bis in das Wimbledon-Finale vor, in dem er dann glatt in drei Sätzen dem Australier John Newcombe unterlag.

Noch ein anderer, sehr junger Tennisspieler begann in diesen Jahren von sich reden zu machen: der 1948 in Köln geborene Jürgen Faßbender, der 1975 zum TC Rüppurr überwechseln sollte.

Mit 17 Jahren gewann Faßbender 1965 erstmals die Deutsche Juniorenmeisterschaft. 1966 verteidigte er erfolgreich den Titel und holte mit seinem Partner Karl Meiler auch den Meisterschaftstitel im Doppel. Drei Jahre später errang Faßbender den deutschen Meisterschaftstitel im Einzel und den deutschen Hallenmeisterschaftstitel mit Meiler im Doppel. Das Jahr 1970 wurde für den inzwischen 22-jährigen Nachwuchsspieler besonders erfolgreich. Die deutsche Mannschaft, bestehend aus Wilhelm Bungert, Christian Kuhnke, Ingo

Jürgen Faßbender beim TC Rüppurr.

Buding und Jürgen Faßbender, qualifizierte sich beim Davis-Cup durch Erfolge über Dänemark (4:1), Ägypten (5:0) und die UdSSR (3:2) für das Interzonenhalbfinale gegen Indien. Nach einem 5:0 Sieg über Indien und einem grandiosen 4:1 Sieg über Spanien, dem Sieger der Gruppe A, stand erstmals eine deutsche Mannschaft im Finale des bedeutenden Nationenturniers, in dem sie dann allerdings 5:0 gegen die USA verlor.

Im Jahr 1971 errang Faßbender wiederum den deutschen Meisterschaftstitel und ebenso den der Deutschen Hallenmeisterschaft im Doppel, diesmal mit Hans-Jürgen Pohmann an der Seite. Im Jahr darauf wurde er Deutscher Hallenmeister und 1973 mit Pohmann wiederum Deutscher Meister im Doppel. Die zwei Spieler galten als ein Weltklassedoppel. 1973 rangierte Jürgen Faßbender auf Platz drei und 1977 auf Platz zwei der deutschen Rangliste.

Parallel zu Faßbenders Erfolgsserie hatte der Tennisclub Rüppurr die Anlage 1968 und 1973 um je zwei Freiplätze auf insgesamt acht erweitern und 1974 eine Zweifeld-Tennishalle, etwa 500 Schritte von der Anlage entfernt, im Eichelgarten errichten lassen. Erst bei der offiziellen Einweihung der Halle im Januar 1975 gab der Vorstand bekannt, dass Jürgen Faßbender von nun an Einzel- und Mannschaftsspieler des TC Rüppurr sei – eine Nachricht, die laut den Badischen Neuesten Nachrichten „wie eine Bombe" einschlug. Faßbenders Verdienst, der im selben Jahr wieder Internationaler Deutscher Hallenmeister wurde, war es insbesondere, der Herrenmannschaft des TC Rüppurr zum Aufstieg in die 1972 gegründete Bundesliga zu verhelfen. Seit 1977 spielt die Mannschaft regelmäßig in dieser höchsten deutschen Spielklasse mit. Um diese Position zu sichern, verstärkte der TC Rüppurr 1980 erstmals die Bundesliga-Mannschaft auch mit einem ausländischen Spieler, mit Englands damaliger Nummer eins, Buster Mottram.

Mit der Erweiterung der Anlage auf acht Spielfelder war das Vereinsgelände ausgeschöpft. Rund 500 Mitglieder, die 14 Damen-, Herren- und Jugendmannschaften stellten, verzeichnete der Verein Mitte der 70er Jahre. Eine Erweiterung der Anlage war unumgänglich. 1976 bot die Stadt dem TC Rüppurr ein riesiges Sportgelände am Oberwald, 1.000 Meter Luftlinie vom Clubhaus entfernt, als neuen Standort an. Die öffentliche Meinung über das projektierte Sportzentrum war geteilt. 1984 hob der Verfassungsgerichtshof Mannheim den so genannten Rissnert-Bebauungsplan auf. Heute verfügen die rund 550 Spieler über acht Sand- und zwei Hallenplätze.

Der Tennisclub Neureut (TCN)

Nach der Gründung des TC Rüppurr verstrich über ein Vierteljahrhundert, bis sich in Karlsruhe ein neuer Tennisverein bildete, der TC Neureut.[17] Im September 1956 erhielt der im Juli des Jahres gegründete Verein von der Gemeinde ein Gelände für den Bau zweier Sandplätze zur Verfügung gestellt. Mitte Oktober weihten die rund 25 Clubmitglieder die Spielfelder ein, auf denen im Sommer 1957 die ersten Freundschaftsturniere und im Sommer 1958 die erste Clubmeisterschaft ausgetragen wurden. 1959 verzeichnete der TC Neureut 60 Mitglieder. 1963 meldete er erstmals eine Herrenmannschaft zu den Medenspielen.

Dem geringen Interesse der Clubmitglieder an sportlichen und geselligen Veranstaltungen glaubte der Vorstand durch die Errichtung eines Clubhauses entgegenwirken zu können. 1.500 DM gingen an Spenden für den Bau des Vereinshauses ein, das im April 1962 bezugsfertig war.

Mit der Stiftung eines Wanderpokals für den besten Nachwuchsspieler im Jahre 1964 signalisierte die Gemeinde zwar ein wohlwol-

Tennisclub Neureut, Aufnahme aus dem Jahr 1996.

lendes Interesse dem Verein gegenüber. Auf dessen eindringliche Bitte aber, angesichts der inzwischen rund 100 Mitglieder die Anlage um zwei Plätze vergrößern zu dürfen, reagierte sie zunächst nur mit Stillschweigen. Die Vorstandsmitglieder wussten sich nicht anders zu helfen, als mit der Errichtung einer Flutlichtanlage die Spielmöglichkeiten zu verlängern, eine bis dahin einmalige Vorrichtung im Karlsruher Raum. Auch diese wurde in erster Linie durch Spendengelder in Höhe von 2.000 DM und einer Umlage von 10 DM auf jedes Mitglied finanziert.

Im Jahr 1967 überließ die Gemeinde dem Tennisclub endlich ein 16 Meter breites Gelände südwestlich der Anlage, auf dem innerhalb weniger Wochen ein drittes Spielfeld entstand. Auch das Vereinshaus konnte jetzt die längst fälligen Umkleide-, Dusch- und Küchenräume erhalten. Das wachsende Missverhältnis von Platzangebot und Nachfrage führte 1970 zu der eigentlich untragbaren Regelung, dass die Spielzeit für ein Einzel nur 20 Minuten und für ein Doppel nur 40 Minuten betragen durfte.

Die zahlreichen Vorsprachen des Clubvorstandes bei der Gemeinde und zuletzt beim Sportdezernenten Walther Wäldele führten 1977 endlich zum Erfolg. Der Ortschaftsrat erklärte sich mit der Verlegung der Anlage an die Lange Richtstatt südlich des Baugeländes Oberfeldstraße einverstanden. Im Sommer 1981 wurde mit der Ausführung des groß angelegten, in vier Bauabschnitte unterteilten Projekts begonnen. Um sein Gelingen zu garantieren, hatte die Generalversammlung des TC Neureut beschlossen, dass jedes Mitglied einen Arbeitseinsatz von 20 Stunden – oder ersatzweise acht DM pro nicht geleistete Stunde – erbringen musste. Im Frühjahr 1983 waren die sechs konzipierten Sandplätze und im Frühjahr 1984 das Clubhaus fertig gestellt. Mehr als 10.000 Arbeitsstunden hatten die Mitglieder bis dahin freiwillig geleistet.

Die stetig steigenden Mitgliederzahlen ließen bereits 1984 die Errichtung eines weiteren Spielfeldes notwendig werden und führten 1991 eine Planänderung herbei: auf dem Gelände für die vorgesehene Zweifeld-Tennishalle wurden zwei weitere Sandplätze angelegt, so dass der TC Neureut heute zwar über keine Hallen-, dafür aber über insgesamt neun Freiplätze verfügt.

An Idealismus und Geduld fehlte es auch den Initiatoren und Mitgliedern der Tennisabteilungen nicht, die in den 70er und 80er Jahren in großer Zahl gegründet wurden.

Am Anfang dieses Booms standen in Karlsruhe die Freie Spiel- und Sportvereinigung Karlsruhe und der FC Waldstadt, die beide 1971 ihr Angebot um eine Tennisabteilung erweiterten. Abnehmende Mitgliederzahlen veranlassten den FC Waldstadt bereits 1991 zu einer Fusion mit dem FC Nordstern Rintheim. Unter dem neuen Vereinsnamen Karlsruher Sportverein Rintheim-Waldstadt können seitdem auch Mitglieder des ehemaligen FC Nordstern auf fünf Frei- und zwei Hallenplätzen Tennis spielen.

Die Reihe der Neugründungen von Tennisabteilungen in den folgenden zwei Jahrzehnten ist zu lang, als dass sie im Rahmen dieses Aufsatzes aufgelistet werden könnte. Eine für die Karlsruher Bevölkerung sicherlich angenehme Begleiterscheinung des Trends ist, dass heute an allen Ecken und Enden der Stadt Tennis gespielt wird. Zahlreiche Stadtteile verfügen nicht nur über eine, sondern über zwei oder gar drei Tennisabteilungen. Der Tennisspieler muss keine langen Wege mehr in Kauf nehmen, um dem einst elitären Freizeitvergnügen nachgehen zu können.

Plakat zur „Jubelfeier der Karlsruher Turngemeinde" von 1911.

PETER PRETSCH

Turnen

Die Entwicklung seit der Reichsgründung

1865 waren im Oberrheinischen Turnerbund bereits 40 badische Vereine organisiert (zur Geschichte des Turnens bis zur Reichsgründung vgl. S. 35-46). Zwei Jahre zuvor hatten am Deutschen Turnfest in Leipzig 20.000 Turner teilgenommen. 1868 gelang schließlich mit der Deutschen Turnerschaft die Gründung eines gesamtdeutschen Dachverbandes. Dieser verstand sich ebenfalls „als Sammelbecken deutscher Gesinnung" und sah in „der Wehrhaftmachung der männlichen Jugend eine der zentralen Aufgaben der Turnvereine". Aus dieser Gesinnung heraus erklärt sich die Ablehnung sozialistischer Organisationen, die die Arbeiterinteressen vertraten. Es kam dadurch zu einer Spaltung der Turnbewegung. Die Arbeiterturnvereine entstanden, die sich 1893 zum deutschen Arbeiter-Turnerbund zusammenschlossen und sich auch als „freie Turnerschaften" bezeichneten.[1]

Recht drastisch beschrieb die Freie Turnerschaft Karlsruhe damals die Intentionen ihrer 1898 erfolgten Gründung: „Die Turnkunst von heute ist nichts weiter als ein Marionettentheater für den national-patriotischen Rummel. Wie die Herren von der Leitung den Draht ziehen, so tanzen die Puppen und machen vollständig ohne Geist ihre Kapriolen, ohne Gedanken die ihnen zugeteilten Verrichtun-

gen. Man erzieht nicht mehr frei denkende Männer, sondern willfährige, blindgehorchende Statisten. Hier muss unbedingt eine Änderung eintreten, die Turnkunst muss wieder in gesunde Bahnen gelenkt werden. Diese Aufgabe haben sich bereits Tausende von freiheitlichen Turnern in der Gründung des 'Arbeiterturnbundes' gestellt und ernten seit Jahren herrliche Früchte. Im 'Arbeiterturnbund' herrscht Freiheit und Brüderlichkeit. Hier sind der Wissenschaft, der Bildung und dem Fortschritt Tür und Tor geöffnet. Die Pflege des Körpers und Geistes, die Grundlage der Turnerei, kann sich frei entfalten."[2]

Die gegenteilige Position nahm beispielsweise der Karlsruher Männerturnverein (MTV) ein: „Kann sich aber ein Staat bessere Bürger wünschen, als solche, die an Leib und Seele gesund sind, die ihre physischen Kräfte voll und ganz in den Dienst der Allgemeinheit stellen können, die fortwährend bestrebt sind, Geist und Körper immer vollkommener zu gestalten? Gewiß nicht. Und somit erfüllt der Turner in selbstlosem Tun die schönste Pflicht, die Pflicht alles einzusetzen für das Vaterland. Wie die Turnvereine vor 1870 die Errichtung des deutschen Reiches angestrebt haben, wie sie hinausgezogen sind und gekämpft und geblutet haben auf den Schlachtfeldern Frankreichs für Deutschlands Einheit, so sind sie nun, wo sie erreicht ist, jederzeit bereit, mit

Schauturnen der Karlsruher Turngesellschaft im Beiertheimer Wäldchen um 1900.

Gut und Blut die köstliche Errungenschaft zu verteidigen und zu schützen."[3] In dieses Bild passt gut hinein, dass es im Karlsruher Turnverein seit 1874 eine Fechtabteilung gab, in der mit schweren Säbeln gekämpft wurde.

Die in Karlsruhe um die Reichsgründung verstärkt einsetzende Industrialisierung führte ebenso zu einer Ausdifferenzierung der Turnvereine, wie sich die Sozialstruktur der Stadt durch die Ansiedlung neuer Industriebetriebe und die Entstehung neuer Wohngebiete für die dort beschäftigten Arbeiter und Angestellten insgesamt veränderte. So wurde 1884 in der Brauereigaststätte Maisack am Werderplatz (heute Wolf) die Karlsruher Turngesellschaft gegründet. Die 16 Gründungsmitglieder waren fast ausschließlich in der Südstadt tätige Handwerksmeister und Geschäftsinhaber. Da die Zentralturnhalle an der Bismarckstraße zu weit entfernt war, wurde die Turnhalle in der 1878 errichteten Volksschule an der Schützenstraße

für die Turnübungen genutzt und ein Turnplatz auf einem Wiesengelände im Beiertheimer Wäldchen eingerichtet. Unter dem Schreinermeister Karl Rudi, 1. Turnwart des Vereins und ehemals Mitglied des Turnvereins Durlach, hatten sich schon im Gründungsjahr 111 Mitglieder versammelt. Das erste Anturnen der Gesellschaft im Jahr 1885 wurde folgendermaßen beschrieben: „Es machte einen imponierenden Eindruck auf die Südstädtler, als die stattliche Turnerschar mit ihrem Altmeister Rudi an der Spitze, der mit seiner Hünengestalt und seinem langen Bart ein getreues Abbild des Turnvaters Jahn verkörperte, mit Musik (Städtische Knabenkapelle) durch die Schützenstraße nach dem Turnplatz zog, wo ein sehr zahlreiches Publikum den Vorführungen mit Interesse folgte."[4]

Da die kleine Turnhalle in der Volksschule an der Schützenstraße für die wachsende Zahl der Turnbegeisterten nicht mehr ausreichte, zog man wenige Jahre später in das Realgymnasium in der Schulstraße um, das seit 1877 eine großzügige Turnhalle besaß (heute Ludwig-Erhard-Schule in der Englerstraße). Dies bewirkte wiederum einen Anstieg der Mitgliederzahlen aus der Oststadt und der Altstadt.

Der Bau der Vereinigten Schulen (heute Friedrich-Schule) in Durlach 1878 hatte ebenso eine Belebung des dortigen Turnvereins bewirkt, da von nun an auch dort eine geräumige Turnhalle zur Verfügung stand. Als Sommerplatz stand dem Durlacher Turnverein noch immer – wie schon 1846 bei seiner Gründung – die städtische Wiese vor dem Amalienbad zur Verfügung. Es kam jedoch auch hier zu Abspaltungstendenzen mit der Gründung des Turnerbundes 1888 und der Turngemeinde 1895, die sich später dem Arbeiter-Turn-und-Sportbund anschloss.[5]

Aus einer Abspaltung vom Karlsruher Turnverein entstand 1881 der bereits erwähnte Männerturnverein. 70 ältere Mitglieder waren ausgetreten, da sie ihre Interessen gegen die Jüngeren nicht durchsetzen konnten. Der MTV sollte sich später zu einem der erfolgreichsten Turnvereine entwickeln, da er zahlreiche neue Sportarten integrierte. Bereits 1897 führte er auf Initiative Alfred Mauls das Damenturnen ein, nach der Jahrhundertwende wurden Knaben- und Mädchenabteilungen eingerichtet. 1908 war er mit 790 Mitgliedern, davon 96 Frauen, der mitgliederstärkste Karlsruher Turnverein.[6] „Von der Gesundheit des Frauenturnens waren alle Gesellschaftskreise überzeugt, auch die Arbeiterbewegung und ihre Vereine waren für den Frauensport. So veranstaltete z. B. die 'Freie Turnerschaft' im September 1912 einen Lichtbildervortrag über die Bedeutung der körperlichen Erziehung für die Arbeiter, bei dem u. a. das unsinnige Korsett-Tragen und Schnüren seitens der Damen verurteilt wurde. Auch der 1901 gegründete Verein für Verbesserung der Frauenkleidung richtete bald Turnkurse für Erwachsene ein.

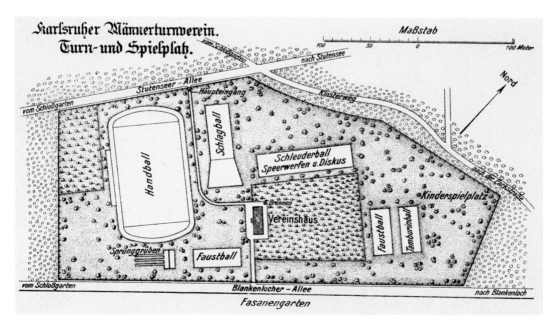

Sportplatz des MTV im Hardtwald, Planskizze von 1922.

1911 turnten 156 Frauen in drei Kursen. Die 'Freie Turnerschaft' bot ebenso wie die bürgerlichen Vereine mittlerweile Frauen- und Mädchenturnen an."[7]

In Karlsruhe mit seinen bis 1910 eingemeindeten Vororten Mühlburg, Beiertheim, Daxlanden, Grünwinkel, Rintheim und Rüppurr bestanden am Ende der Kaiserzeit 18 Turnvereine. Darunter waren acht Stadtteilvereine, zwei Turnvereine von studentischen Verbindungen sowie immerhin bereits acht Turnvereine der Kernstadt. Als mächtige Konkurrenten um die Gunst der Jugend traten diesen nach einer Aufstellung von 1913 schon zehn Fußballvereine und zwei Vereine für Bewegungsspiele gegenüber. So nimmt es nicht wunder, dass auch die Turnvereine sich der Spielebewegung mehr und mehr öffneten. Die sogenannten Turnspiele wurden eingeführt. Es handelte sich dabei um Bewegungs- und Ballspiele (Faustball, Trommelball, Schlagball). Zusätzlich erweiterte man die Geräteübungen durch neue Übungen wie Kugelstoßen, Weit- und Hochsprung und Lauf, die man ebenfalls im Freien und auf Rasenflächen ausüben konnte. Am Ende der Kaiserzeit standen den Turn- und Sportvereinen immerhin 22 Sport- und Spielplätze in Karlsruhe zur Verfügung.[8]

Turnen und Turnstätten in der Weimarer Republik

Der erste Weltkrieg hatte natürlich auch für die Turnvereine eine Zäsur bedeutet. „Der Turnbetrieb musste schon 1914 in vielen Vereinen ausfallen, da viele Mitglieder, Turnwarte und Vorturner zum Heeresdienst eingezogen waren. Die Turnhallen wurden vielfach zu militärischen Zwecken, vor allem für Lazarette in Anspruch genommen."[9]

Etwa zehn Jahre nach dem Ende der Monarchie hatte sich durch Konzentrationsprozesse die Anzahl der Turnvereine in Karlsruhe auf zwölf reduziert. Diesen standen nun schon 25 Sportvereine gegenüber. Als Gegengewicht zum Fußball wurde bei den Turnvereinen nun das Handballspiel gefördert. So stand dem MTV auf seinem neuen Turn- und Spielplatz im Hardtwald seit 1922 auch ein Handballplatz zur Verfügung. Auch andere Vereine hatten sich nördlich des Schlosses ihre Vereinsheime und Spielplätze geschaffen. Viele Sportstätten waren aber noch über das gesamte Stadtgebiet verteilt. Insgesamt waren es 65, die nicht nur den Turn- und Sportvereinen, sondern auch den Schulen und der Hochschule dienten. Im Rahmen des Karlsruher Generalbebauungsplanes, mit dem auch der Rheinpark Rappenwört mit Schwimmbad und Sportanlagen realisiert wurde, dachte die Stadtverwaltung mit ihrem Baubürgermeister Hermann Schneider daran, diese verstreuten Anlagen in einem neuen Sportpark im Hardtwald zu konzentrieren. Das ehrgeizige Projekt konnte nicht vollendet, zumindest Teile davon aber realisiert werden.[10] So ist der heutige Adenauerring damals zur Erschließung der geplanten Sportanlagen gebaut worden und auch der Bau des Wildparkstadions, der zwar erst in der Nachkriegszeit erfolgte, geht im Grunde auf diese Planungen zurück.

Mitte der zwanziger Jahre konstatierte der damalige Vorsitzende des Stadtausschusses für Leibesübungen und Jugendpflege Oskar Ballweg ein Wiedererstarken des Turnbetriebs nach dem Ersten Weltkrieg: „Das Turnen, das schon im letzten Jahrhundert in der breiten Masse des Volkes fest verankert lag, hat auch hier in Karlsruhe eine vortreffliche Pflegestätte gefunden, die ihm eine glänzende Aufwärtsentwicklung sichert. In einer stattlichen Reihe von Turnvereinen der Deutschen Turnerschaft, die im Karlsruher Turngau zusammengeschlossen sind, sowie in der zum Arbeitersportkartell zählenden Freien Turnerschaft wird gute, fleißige und zielbewusste Arbeit geleistet. Sie beschränkt sich nicht nur auf das Turnen im engeren Sinne, sondern erstreckt sich auch auf nahezu alle Zweige der Leibesübungen mit Einschluß der edlen Fechtkunst und der modernen Systeme der Gymnastik. In dem auf eine achtzigjährige Geschichte zurückblickenden Karlsruher Turnverein 1846, dem ältesten der hiesigen Turnvereine, und dem im Jahre 1881 gegründeten Karlsruher Männerturnverein, der sich im Wildpark eine herrliche Übungsstätte geschaffen hat, werden viele Turner und Turnerinnen unter sachkundiger Leitung nicht nur körperlich gefördert, sondern auch in eine zielsichere Charakter- und Willensschule genommen. Wenn auch die Turnvereine ihr Hauptgewicht nicht auf das Erringen von Höchstleistungen, sondern auf die Erfassung der breiten Masse des Volkes legen, so können sich trotzdem unsere hiesigen Turner auch mit hervorragenden Einzelleistungen sehen lassen. Großangelegte Schauturnen, die stets Höhepunkte des turnerischen Lebens der Stadt darstellen, Vortrags- und Bildungsabende, Spielfeste und Turnfahrten zeugen in diesen Vereinen von einer über den rein technischen Betrieb weit hinausgehende Arbeit, insbesondere an der Jugend, die sicherlich reiche Früchte trägt."[11]

Herausragende Ereignisse in diesen Jahren waren beispielsweise die Deutsche Meisterschaft im Trommelball, die von der Damenmannschaft des MTV 1923 beim Deutschen Turnfest in München gewonnen wurde, oder das Badische Landesturnfest 1930 in Mannheim, bei dem drei Spielmannschaften des MTV und der Turnverein Rüppurr im Geräteturnen den Titel eines Badischen Meisters gewannen. 1920 fand ein Schauturnen Karlsruher Vereine in der Karlsruher Festhalle vor ausverkauftem Haus statt, 1931 feierte der MTV sein 50-jähriges Jubiläum ebenfalls mit einem Schauturnen. Die Aufnahme neuer

Sportarten in das Programm der Turnvereine sollte ihre Popularität ebenfalls steigern. So wurden schon kurz nach dem Ersten Weltkrieg Schwimm- und Skikurse beim Karlsruher Turnverein 1846 und beim Männerturnverein eingeführt. 1929 nahm der MTV Wasserball in seine Schwimmabende auf. In die Sportanlage des MTV im Hardtwald wurden 1930 eine Ringtennisanlage und ein Tennisplatz integriert.[12] Damit folgte der Verein dem Aufruf der Deutschen Turnerschaft von 1928 zur Einrichtung von Tennisplätzen. Die Sportart Ringtennis war von dem Karlsruher Baubürgermeister Hermann Schneider propagiert worden.[13]

Schließlich etablierte sich 1933 auch der Karlsruher Turnverein 1846 mit einem neuen Vereinsheim und Spiel- und Turnplätzen am heutigen Adenauerring und gab das alte Gelände, das er seit 1921 am Karlsruher Weg genutzt hatte, auf. Schon Mitte der 1920er Jahre hatte der KTV einen starken Mitgliederzuwachs auf 1.600 Personen zu verzeichnen, der ihn schon damals dazu bewog, nach einem größeren Turn- und Spielplatz Ausschau zu halten. Das Projekt eines Sportparks im Hardtwald, den die Stadtverwaltung propagiert hatte, kam ihm daher sehr entgegen. Die Realisierung der neuen Sportstätte fiel dann allerdings in die Zeit der sogenannten Machtergreifung des NS-Regimes.[14]

Das Dritte Reich – Turnen als Wehrsport

Nicht zuletzt aufgrund der wirtschaftlichen Misere konnten die Nationalsozialisten im Januar 1933 an die Macht kommen. Die guten Ergebnisse der NSDAP bei den Reichstagswahlen von 1932 hatten die Ernennung von Adolf Hitler zum Reichskanzler zur Folge, der im März 1933 mit dem so genannten Ermächtigungsgesetz die anderen Parteien faktisch

Urkunde zum Gauturnfest des Reichsbundes für Leibesübungen von 1935 in Karlsruhe.

von der politischen Willensbildung ausschloss. Die totalitäre Einparteiendiktatur suchte auf allen Verwaltungsebenen sowie in der Wirtschaft dort arbeitende Menschen im Sinne der Parteilinie gleichzuschalten, indem sie durch entsprechende Gesetzgebung missliebige Personen entfernte. Dies galt aber ebenso für die Kultur- und Gesellschaftspolitik.

Nachdem schon 1933 zahlreiche Turn- und Sportvereine aus dem Spektrum der Arbeiterbewegung verboten worden waren, wurden die übrigen Vereine in einer zweiten Phase seit 1934 in Dachverbänden nach dem Führerprinzip zusammengeschlossen. Die Deutsche Turnerschaft spielte dabei eine durchaus unrühmliche Rolle, forderte sie doch von allen Vereinen, „sich mit aller Kraft der nationalen Erhebung des deutschen Volkes und ihrer Führer zur Verfügung zu stellen". In die Satzung der Deutschen Turnerschaft wurde der Arierparagraph aufgenommen. Er bestimmte, dass alle Mitglieder, die jüdischer Abstammung waren, bis zu den Großeltern gerechnet, aus der Deutschen Turnerschaft und damit auch aus ihrem jeweiligen Turnverein ausscheiden mussten. Dies wurde vor dem Hintergrund vorangetrieben, dass man vor dem Deutschen Turnfest in Stuttgart, das vom 21. bis zum 30. Juli 1933 stattfand, keine jüdischen Turner mehr in seinen Reihen haben wollte. Diese Vorgänge haben in den Vereinschroniken allerdings keinen Niederschlag gefunden und können daher hier nicht im Einzelnen dargestellt werden.[15]

Die Isolierung und Diskriminierung der Juden hatte „die beinahe zwangsläufige Folge, dass diese sich mehr und mehr den eigenen jüdischen Organisationen zuwandten." Für die Turner gewann dadurch der jüdische Turnclub Karlsruhe an Anziehungskraft. Es war ein „deutsch" orientierter Verein, in dem vor allem die Mitglieder des Centralvereins der Deutschen jüdischen Glaubens sowie des Reichs-

bunds jüdischer Frontsoldaten ihre sportliche und gesellschaftliche Heimat hatten. Um 1938 stellte allerdings auch dieser Verein aufgrund der Repression durch das NS-Regime seine Aktivitäten ein.[16]

Die Machtergreifung der Nationalsozialisten feierten die bürgerlichen Turnvereine als Aufschwung. Das Stuttgarter Turnfest von 1933 wurde „als Höhepunkt des deutschen Turnens" wahrgenommen. „4.860 badische Turner und Turnerinnen nahmen daran teil. Die Gauriege der Turner turnte an 36 Barren, 1.600 Turnerinnen traten zur Keulenübung an. Wem es vergönnt war, dort teilzunehmen, hat unauslöschliche Eindrücke mit nach Hause genommen."[17] Im Jahr 1934 wurde der Deutsche Reichsbund für Leibesübungen (DRL) als neue Dachorganisation für alle Sportvereine gegründet. Die Jugendabteilungen wurden ausnahmslos in die Hitlerjugend eingegliedert. Die badische Turnerschaft bildete nun nicht mehr den X. Kreis der aufgelösten Deutschen Turnerschaft, sondern den XIV. Gau des DRL. Der Gau wurde in drei Bezirke unterteilt. Die bisherigen Gaue wurden zu Kreisen. Das erste Gauturnfest des DRL fand 1935 in Karlsruhe statt. Die Beteiligung daran war ungewöhnlich groß. „Am stärksten vertreten waren die Turner und Turnerinnen. 4.000 beteiligten sich am Wettkampf. 339 Vereinsriegen Turner und

Hochsprungwettbewerb auf dem Platz des MTV in den dreißiger Jahren.

258 Turnerinnenriegen traten an. Noch nie war eine solche Zahl bei einem Turnfest erreicht worden." Der Grund dafür war jedoch nicht nur die gewachsene Begeisterung für Turnen und Wettkampf, sondern sicher auch die Drohung der NSDAP: „Vereine, welche hier nicht antreten, gelten ab 1. August 1935 als aufgelöst."

Offensichtlich wurde aber auch gefördert, in das Programm der Turnvereine die unterschiedlichsten Sportarten aufzunehmen. Beispielhaft seien hier die Aktivitäten beim MTV Karlsruhe genannt: „Die Jahre 1937–39 zeigen den MTV in großartiger Entfaltung. In 14 verschiedenen Sportarten werden Übungsstunden angeboten: Altersturnen, Geräteturnen, Gymnastik, Leichtathletik, Fechten, Schwimmen, Handball, Faustball, Hockey, Tennis, Ringtennis, Tischtennis, Skilauf, Wandern. Die Namen aller damaligen Abteilungsleiter, Vorstandsmitglieder und Helfer aufzuzählen, wäre seitenfüllend. Stellvertretend hier nur drei Namen, die auf sportlicher Ebene über die Stadtgrenzen bekannt wurden: Franz Kullmann, Herta König und Lilli Unbescheid. Sie standen in diesen Jahren mit an der Spitze in Deutschland. F. Kullmann zeichnete sich als Speerwerfer aus, H. König erreichte im Hochsprung 1938 den 7. Platz in der Weltrangliste und Lilli Unbescheid wurde 1943 deutsche Meisterin im Kugelstoßen."[18]

Schließlich wurde im Zuge der Gleichschaltung auch das sogenannte Wehrturnen angeordnet, das zwar schon vor der Machtergreifung in manchen Vereinen freiwillig betrieben worden war, aber nun obligatorisch wurde. Dies galt für jeden Turner im Alter von 17 bis 25 Jahren. Wer nicht am Wehrturnen teilnahm, erhielt keine Startgenehmigung bei Wettkämpfen. Auf dem Vereinsgelände des Karlsruher Turnvereins am damals in Horst-Wessel-Ring umbenannten heutigen Adenauerring wurde sogar eine Wehrsportanlage ein-

gerichtet. Direkt neben diesem Gelände befanden sich die Schießstände des Badischen Kriegerbundes. Der Beginn des Zweiten Weltkriegs im September 1939 griff dann sehr nachhaltig in den Turnbetrieb ein. Alle männlichen Mitglieder der Vereine zwischen 18 und 40 Jahren wurden zum Kriegsdienst eingezogen. So rückten die Jugendabteilungen und das Frauenturnen ins Blickfeld der Öffentlichkeit. Mitten im Krieg fanden daher noch Sportveranstaltungen statt. So holte sich etwa die männliche Jugend des Turnvereins Rüppurr 1942 die Badische Meisterschaft im Handball und wiederholte dies 1944, als die weibliche Jugend des Vereins den gleichen Titel errang.[19]

Die Kriegszerstörungen durch Bombenangriffe der Alliierten brachten dann freilich den Turnbetrieb endgültig zum Erliegen. Zahlreiche Vereinsheime wurden zerstört und damit auch wertvolle Inventar- und Archivbestände mit unersetzbaren Schätzen. Dabei wurde beispielsweise auch die Traditionsfahne des Karlsruher Turnvereins aus dem Jahre 1848 vernichtet. Die heute älteste Fahne eines Karlsruher Turnvereins ist die der Turnerschaft Durlach, die schon 1880 gestickt wurde. Neben dem Inventar der Vereine, die Fahne der Turngemeinde Aue konnte 1944 aus dem brennenden Vereinshaus nur mit knapper Not gerettet werden, waren bei Kriegsende außerdem fast alle Turnhallen zerstört worden, viele männliche Vereinsmitglieder im Krieg gefallen, vermisst oder in Kriegsgefangenschaft.[20]

Wandel in der Nachkriegszeit – Neue Sportarten in den Turnvereinen

Nach der Unterzeichnung der Kapitulationsurkunde durch die militärische Führung des nationalsozialistischen Deutschland am 8. Mai

1945 besetzten Truppen der vier Hauptsieger-mächte auch die letzten Teile des Reichsge-biets. Dementsprechend wurde das Deutsche Reich in vier Besatzungszonen aufgeteilt. Baden und Württemberg waren im Sommer 1945 in eine amerikanisch und eine französische besetzte Zone aufgeteilt worden, was die alten Ländergrenzen zerschnitt. Die amerikanische Militärregierung bildete aus der von ihr besetzten Zone das Land Württemberg-Baden mit der Landeshauptstadt Stuttgart und beseitigte damit den Status der ehemaligen badischen Residenz als Landeshauptstadt. Auf Anweisung des alliierten Kontrollrates waren zunächst alle Turn- und Sportvereine sowie dessen Dachorganisation, der Nationalsozialistische Reichsbund für Leibesübungen, verboten worden. „Die Auflösung der Sportvereine richtete sich nicht gegen den Sport an sich, sondern gegen seine nazistischen und militanten Strukturen. Wieder- und Neugründungen waren deshalb auf Antrag möglich. Auf diese Weise kontrollierten die Besatzungsmächte den gesamten Neuaufbau des deutschen Sports. Er konnte in die allgemeinen Entnazifizierungs- und Entmilitarisierungsmaßnahmen mit einbezogen werden."[21]

Daher war es möglich, dass sich die Karlsruher Turnvereine teilweise noch Ende 1945, die meisten im Frühjahr 1946 wiedergründeten. So entstand der Karlsruher Turnverein schon Anfang Dezember 1945 auf einer Versammlung in der Gaststätte Weißer Berg unter dem Vorsitz von Franz Müller neu. Müller gehörte dann auch zu den Kreissportbeauftragten von Nordbaden, die am 13. März 1946 im Hause der Militärregierung den Badischen Sportverband gründeten, „der allen Sportarten den Spielraum zur freien Entfaltung" gewähren sollte. Mit Genehmigung der Besatzungsbehörden wurde so beispielsweise beim MTV der Sportbetrieb im Turnen, Handball, Faustball und in der Leichtathletik wieder aufgenom-

men. Zusammen mit dem TUS Rüppurr war der MTV damals einer der ersten Vereine, die das Turnen wieder in ihrem Programm anboten. Mit der Wiederherstellung der Vereinsheime und der Turnsäle im Stadtgebiet besserte sich die Lage allmählich aber auch in den anderen Vereinen. So konnte im Sommer 1949 das erste Landesturnfest nach dem Krieg in Karlsruhe durchgeführt werden, an dem 110 Vereine mit 3.000 Teilnehmern zu verzeichnen waren.[22] Schließlich trug die wirtschaftliche Erholung nach der Währungsreform 1948 dazu bei, dass sich auch die ökonomischen Verhältnisse bei den Vereinen besserten. Ihnen strömten außerdem viele neue Mitglieder zu. Das Phänomen des Breitensports gewann immer mehr an Bedeutung, dem auch in den Turnvereinen Rechnung getragen werden musste. Viele neue Sportstätten und Vereinsheime wurden gebaut. So entstand im Hardtwald am Adenauerring 1955 nicht nur das Wildparkstadion, das den Ruf Karlsruhes als Fußballstadt festigte, sondern auch die benachbarten Anlagen des KTV und des MTV wurden weiter ausgebaut. Sie dienten als Wettkampfstätten für das Badische Landesturnfest, das vom 7. bis 9. August 1964 in Karlsruhe ausgetragen wurde und zu dem nun schon 390 Vereine mit insgesamt 8.000 Teilnehmern kamen. Karlsruhe wurde nun mehr und mehr zur Sportstadt und unterstützte die Vereine und deren Aktivitäten auch finanziell. Dies macht auch ein Sportstättenplan deutlich, der 1969 angefertigt wurde.[23] Hier sind neben den zahlreichen Fußballfeldern, Tennisplätzen, Schwimmbädern etc. auch Sportanlagen und Hallen für die bis dahin 13 Turnvereine der Stadt eingezeichnet, die sich über das gesamte Stadtgebiet verteilen. Durch die in den 1970er Jahren vollzogenen Eingemeindungen ehemals selbstständiger Dörfer kamen weitere hinzu. Als Großsporthalle wurde die Europahalle gebaut, in der seit 1983 nicht nur zahlreiche Leicht-

Das Fest der badischen Turner in Karlsruhe

Die Turnvereine vom See bis zum Main demonstrierten Breitenarbeit und Leistungsturnen / Ein Bildbericht von Rudi Stephan

Das „Heer in Weiß", das sich über drei Tage beim 33. Badischen Landesturnfest ein Stelldichein gab, ist wieder in die Städte und Dörfer zurückgekehrt. Es waren unvergeßliche Tage für die Turner und Turnerinnen in der alten badischen Residenz, die dem Turnen und dem Sport im allgemeinen so aufgeschlossen ist. Auf vorbildlichen Anlagen im Wildpark-Stadion und dem benachbarten MTV-Platz, im Tulla-Bad für die Schwimmer und im Hochschul-Institut für die Fechter wickelte sich die Vielfalt der Wettkämpfe ab, die den Sinn turnerischer Breitenarbeit eindrucksvoll beleuchteten. Daneben deutete das Landesturnfest auch spürbar an, daß dem Leistungsturnen stärkere Beachtung geschenkt wird. Vor allem die Jugend stellte sich dem Kampfrichtern in einem niemals erwarteten Ausmaß am Gerät. Die „Zeichen der Zeit" wurden nicht zuletzt auch beim Vereinsturnen verstanden, das mit überraschenden neuen Formen und Elementen in den Übungen und Vorführungen aufwartete. Vielleicht kann dieses Landesturnfest, das trotz der organisatorischen Trennung in zwei Verbände die gesamte badische Turnerschaft zusammenführte, zu einem Markstein werden auf dem Wege zu neuen Vorstellungen, in denen sich die traditionsverhaftete turnerische Idee mit den Zielen unserer Zeit verbindet.

MIT EINEM LÄCHELN DURCHS ZIEL geht die Heidelbergerin Waltraud Ebert (rechts). Erst dieser 75-m-Lauf bringt ihr den Turnfestsieg im Deutschen Neunkampf, nachdem sie zuvor zur 0,05 Punkte Vorsprung vor ihrer schärfsten Konkurrentin, der Weinheimer Sportlehrerin Wiltrud Walther (ganz links) hatte.

Die FESTGYMNASTIK DER TURNER im Wildpark-Stadion wurde zu einer Demonstration der Gemeinschaft zum Abschluß des Badischen Landesturnfestes in Karlsruhe. Rund 1000 Turner beteiligten sich an dieser Festgymnastik, die sehr exakt und rhythmisch schwungvoll ausgeführt wurde.

BESTER GERÄTETURNER des Landesturnfestes war Erich Schlenker aus Freiburg-Herdern, der den Kür-Geräte-Sechskampf gewann. Auf unserem Bild Schlenker bei seiner Kür am Seitpferd, für die er 9,55 Punkte erhielt.

CLAUDIA MANDLER AUS KARLSRUHE bei der Reifengymnastik im Gymnastik-Vierkampf

ENDLICH HAT SIE IHR ZIEL ERREICHT, die graziöse und elegant turnende Mannheimer Sekretärin Christa Hafner. Sie wurde im Geräte-Achtkampf der Bundesklasse Siegerin. Unser Bild zeigt sie bei ihrer Kür am Schwebebalken.

GANZ NACH VORNE GETURNT hat sich der Pforzheimer Klaus Steinmetz. Sein Sieg im Deutschen Zehnkampf mit sieben Geräteübungen und fünf leichtathletischen Disziplinen brachte ihm den Turnfestsieg ein.

BEIM FESTZUG DER 10 000 TURNER UND TURNERINNEN bot auch die Formation des Schwarzwald-Turngaus beim Einmarsch auf dem Karlsruher Marktplatz ein imposantes Bild.

EIN KLEINES FACHGESPRÄCH ÜBER DAS KUNSTTURNEN (v. l. n. r.): Kunstturnwart Franz Beckert, Neustadt, vom Turnerbund Süd, H. Schmitt, Rastatt, der südbadische Verbandsturnlehrer Volker Hildenbrand und Erich Schlenker.

AN DEN KARLSRUHER OBERBÜRGERMEISTER Günther Klotz (rechts) übergab Dr. Fritz Fischer (links) das Banner der Badischen Turnerschaft zur Eröffnung des Landesturnfestes.

JUGENDTURNER FORMIERTEN SICH im Wildpark-Stadion zum Karlsruher Wappen, während im Vordergrund die Turnerinnen schwungvolle Übungen mit Tamburin und Ball zeigten. Die Vorführungen in der Gemeinschaft bildeten den Abschluß des Badischen Landesturnfestes.

Badisches Landesturnfest in Karlsruhe, Bildbericht im Südkurier vom 11. August 1964.

athletikveranstaltungen stattfanden, sondern beispielsweise auch Länderkämpfe und Europameisterschaften im Kunstturnen. Bis 1991 waren schon weitere 64 Sporthallen im Stadtgebiet vorhanden, jeder der mittlerweile 46 Turnvereine hatte nun außerdem sein eigenes Sportgelände.[24]

Programm und Angebot der Karlsruher Turnvereine haben sich seit dem 19. Jahrhundert aber gewaltig verändert. In der Festschrift zum 150-jährigen Bestehen der Turnerschaft Durlach ist dieser Wandel 1996 folgendermaßen thematisiert worden: „Die Turnerschaft Durlach ist nun mehr und mehr ein Großverein geworden mit insgesamt zehn Abteilungen allerdings unterschiedlicher Ansichten: Während sich die ballspielenden Abteilungen mehr am Wettkampfsport orientieren und versuchen, in möglichst vielen Altersklassen Mannschaften zu stellen, tendiert die Turnabteilung, die ja früher ‚die' Leistungsabteilung des Vereins darstellte, mehr und mehr zum Breiten- und Gesundheitssport hin, ... Auch muss sich der Verein mit seinen Verantwortlichen nun ständig dem gesellschaftlichen Wertewandel und damit den Forderungen der Mitglieder stellen. Der Sportverein, und damit auch die Turnerschaft Durlach, ist nicht mehr eine zentrale gesellschaftliche Schalt- und Nahtstelle, sondern wird zunehmend als Dienstleistungsunternehmen angesehen, das sich mit den nicht vereinsstrukturierten Konkurrenzunternehmen messen muss, was sich natürlich strukturell, personell und finanziell niederschlägt."[25]

Tatsächlich haben die Karlsruher Turnvereine heute fast alle Sportarten in ihrem Programm, zwei von ihnen sogar den früher verpönten Fußball. Viele haben sich daher schon in der frühen Nachkriegszeit in Turn- und Sportverein umbenannt. Wie all die übrigen Karlsruher Sportvereine müssen sie sich der Konkurrenz von mittlerweile über 50 kommer-

ziellen Sportanbietern im Fitnessbereich stellen. Daher musste auch den Wünschen der Bevölkerung mit der Aufnahme neuer Angebote wie Fitnesstraining, rhythmische Sportgymnastik, Badminton, Kegeln, Tanzen, Behinderten-Sport und anderem mehr bei den Turnvereinen Rechnung getragen werden.[26]

Turnen im Sportunterricht und in der Sportlehrerausbildung

Die altehrwürdige Turnlehrerbildungsanstalt in Karlsruhe, seit 1922 Landesturnanstalt genannt, hatte schon vor Ausbruch des Zweiten Weltkriegs durch die Gleichschaltung des NS-Regimes ihr Ende gefunden und war 1936 zunächst als Landesaufsichtsstelle für Leibesübungen dem Kultusministerium angegliedert worden, bevor man 1938 auch diese Stelle auflöste und die Turnlehrerausbildung endgültig zur Sache des Ministeriums machte.[27]

Forderungen des akademischen Ausschusses für Leibesübungen und des damaligen Hochschulsportlehrers August Twele, einen Turnkurs für Studierende der Mathematik und Naturwissenschaften an der TH Karlsruhe einzuführen, wie er an den Universitäten Freiburg und Heidelberg für die Ausbildung der Lehrkräfte des Höheren Lehramts schon angeboten wurde, wurden 1929 vom Kultusministerium mit der Begründung abgelehnt, dass „an der TH Karlsruhe bei der geringen Zahl der Studierenden mit dem Berufsziel Höheres Lehramt der Aufwand in keinem Verhältnis zu der erwarteten Teilnehmerzahl stehen würde".[28]

Erst in der Nachkriegszeit erfolgte eine Neuordnung der Sportlehrerausbildung in Karlsruhe. 1949 wurde die Sportlehrerausbildung für das Höhere Lehramt an Gymnasien an der TH Karlsruhe zunächst mit einem viersemestrigen Grundstudium im Nebenfach eingeführt, seit Mitte der fünfziger Jahre ist

Sportlehrerausbildung am Institut für Sport und Sportwissenschaft der Universität Karlsruhe.

auch ein achtsemestriges Studium im Hauptfach möglich. Das Institut für Leibeserziehungen der TH Karlsruhe wurde 1975 in Institut für Sport und Sportwissenschaft umbenannt. Das Studium bekam mehr und mehr wissenschaftliche Akzente in Bereichen wie etwa der Sportmedizin, der Biologie, der Kulturanthropologie und der Biomechanik, die es über die reine Sportlehrerausbildung hinaushob.[29]

Nicht so eindeutig vollzog sich die Entwicklung der Sportlehrerausbildung für die Grund-, Haupt-, und Realschulen. Die ehemalige Lehrerbildungsanstalt in der Bismarckstraße wurde 1952 in ein Pädagogisches Institut umgewandelt, das noch keinen Hochschulstatus besaß. Die Ausbildung für den Sportunterricht lief neben dem viersemestrigen Studium, das die in allen Fächern einsetzbare Lehrkraft zum Ziel hatte, nebenher. Erst mit der Erhebung zur Hochschule Ende der fünfziger Jahre

und neuen Prüfungsordnungen für Grund-, Haupt- und Realschullehrer Ende der sechziger und Anfang der siebziger Jahre änderte sich dies. Nun konnte „Leibeserziehung" in einer Fächerkombination als Haupt- oder Nebenfach in nun sechs Semestern studiert werden.[30]

Parallel dazu bot das Mitte der sechziger Jahre aus einer Hauswirtschaftsschule hervorgegangene Pädagogische Fachseminar eine zweijährige Ausbildung zum Sportlehrer an Grund-, Haupt- und Sonderschulen in der Kombination mit den Fächern Hauswirtschaft, Bildende Kunst, Textiles Werken und Wirtschaftslehre an. Schließlich gibt es noch die Sport- und Gymnastikschule Karlsruhe, die seit über zwanzig Jahren „staatlich geprüfte" Sport- und Gymnastiklehrer ausbildet, die in Reha-Zentren, Kurheimen und Kliniken, Einrichtungen des Behindertensports, Volkshochschulen, Touristikunternehmen und in der Fitness- und Wellnessbranche arbeiten können. Sporteignungsprüfungen sind an allen genannten Einrichtungen Pflicht, so auch am Pädagogischen Fachseminar. Unter anderem enthält diese Elemente im Sprung-, Boden-, Pferd-, Reck- und Barrenturnen, aber auch „Gymnastik mit einem Handgerät nach vorgegebener Musik".[31]

Überhaupt wird der Gymnastik als einer besonderen Form des Turnens sowohl in der Ausbildung zum Sportlehrer als auch im Unterricht heute mehr Bedeutung zugemessen als früher. Entstanden ist die Gymnastikbewegung aber schon zur Zeit der vorletzten Jahrhundertwende, als die rhythmische und tänzerische Körperertüchtigung als Alternative zum „formalen und starren Turnen" zunächst in Schweden vor allem für Frauen und Mädchen propagiert wurde. In Deutschland übernahm die 1911 von Emil Dalcroze und Mary Wigman in Dresden gegründete Schule für Tanz und Gymnastik eine Vorreiterrolle in dieser Bewegung.

Bis die Gymnastik eine Rolle im Schulsport spielen sollte, war allerdings noch ein weiter Weg zurückzulegen. Zwar haben durch den sich in der Nachkriegszeit entwickelnden Breiten- und Gesundheitssport viele Turn- und Sportvereine die Gymnastik in ihr Programm aufgenommen und Fitness- und Gymnastikstudios sind mittlerweile wie Pilze aus dem Boden geschossen, doch das Für und Wider der Gymnastik im Sportunterricht wird immer noch diskutiert. Immerhin ist sie neben Schwimmen, Spielen, Leichtathletik und Turnen nun eine feste Ausbildungseinheit an der Pädagogischen Hochschule und verstärkt noch am Pädagogischen Fachseminar. Dafür kann auch die Fächerverbindung Sport und Musik genutzt werden. An der Sport- und Gymnastikschule nimmt diese Sportart naturgemäß noch breiteren Raum in den Ausbildungsinhalten ein.[32]

Nach jüngsten Erfahrungsberichten haben die Schüler früher das Geräteturnen der Gymnastik eindeutig vorgezogen, hier ist jedoch durch die Beeinflussung der Medien ein Wandel eingetreten. So hat die Gymnastik vor allem in der Verbindung mit modernen Tanzformen wie Jazzdance, Aerobic, Breakdance oder Hip-Hop heute an Beliebtheit gewonnen.[33]

Anreize zur Ausübung des Schulsports sind auch dringend erforderlich, wird doch seit Jahren über Bewegungsmangel, Fettsucht und Haltungsschäden bei Kindern und Jugendlichen geklagt. Gelegenheit, derartige Defizite auszugleichen, bildet selbstverständlich aber auch das vielfältige und umfangreiche Angebot der über 200 Sportvereine in Karlsruhe. Dem Ziel, im Sportunterricht neue Akzente zu setzen und beratend einzugreifen, hat sich auch das 2005 gegründete Forschungszentrum für den Schulsport und den Sport von Kindern und Jugendlichen (FOSS) verschrieben, das von der Universität und der Pädagogischen Hochschule gemeinsam getragen wird. Auch die Themen Integration und Gewaltprävention durch Sportaktivitäten sind neuerdings in Sportprojekte der Stadt Karlsruhe in Zusammenarbeit mit den Schulen und der Polizeibehörde umgesetzt worden.[34]

Abkürzungen

Abb	Abbildung
ACC	Alster Canoe-Club
ADAC	Allgemeiner Deutscher Automobil-Club
ADFC	Allgemeine Deutsche Fahrradclub
AIBA	Association Internationale de Boxe Amateure
Anm	Anmerkung
ASV	Allgemeinen Sportverein
ATSB	Arbeiter-Turn- und Sportbund
AZ	Allgemeine Zeitung
BDM	Bund deutscher Mädel
BDR	Bund Deutscher Radfahrer
BLZ	Bundesleistungszentrum
BMX	Bicycle Motocross
BNN	Badische Neueste Nachrichten
BSV	Badischer Sportverband
BVZ	Badische Volkszeitung
CDA	Club der Alten
CDU	Christlich Demokratische Union
DAF	Deutsche Arbeitsfront
DAR	Deutscher Akademischer Reitverband
DDR	Deutsche Demokratische Republik
DFB	Deutscher Fußballbund
DFC	Deutscher Fußballclub
DGB	Deutscher Gewerkschaftsbund

DIMB	Deutsche Initiative Mountainbiking
DJK	Deutsche Jugendkraft
DLRG	Deutsche Lebensrettungsgesellschaft
DLV	Deutscher Leichtathletikverband
DOG	Deutsche Olympischen Gesellschaft
DOKR	Deutsches Olympia-Komitee für Reiterei
DRB	Deutscher Ringtennis-Bund
DRL	Deutscher Reichsbund für Leibeübungen
DRV	Deutscher Ruderverband
DSB	Deutsche Sport-Behörde
DSJ	Deutsche Sportjugend
DSV	Deutscher Schwimmverband
DT	Deutsche Turnerschaft
DTB	Deutscher Turnerbund, Deutscher Tennisbund
e.V.	eingetragener Verein
ESG	Eisenbahner-Sportgemeinschaft
FC	Fußballclub
FIFA	Fédération Internationale de Football Association
FILA	Fédération Internationale de Lutte Amateur
FINA	Fédération Internationale de Natation

FN	Fédération Equestre Nationale
FV	Fußballverein
FOSS	Forschungszentrum für den Schulsport und den Sport von Kindern und Jugendlichen
FSSV	Freie Spiel- und Sportvereinigung
FT	Freie Turnerschaft
GLA	Generallandesarchiv Karlsruhe
H-Reg	Hauptregistratur
HfG	Hochschule für Gestaltung
HJ	Hitlerjugend
Hrsg, hrsg	Herausgeber, herausgegeben
HSV	Hamburger SV
IOC	Internationales Olympisches Komitee
ISTKA	Internationale Schwimmsporttage
KDF	NS-Gemeinschaft Kraft durch Freude
KETV	Karlsruher Eislauf- und Tennisverein e.V.
KFV	Karlsruher Fußballverein
KRC	Karlsruher Ringtennis-Club
KRV	Karlsruher Ruderverein Wiking
KSC	Karlsruher Sportclub
KSN	Karlsruher Schwimmverein Neptun 1898

KTV	Karlsruhe Turnverein		SG	Sportgemeinschaft oder Spielgemeinschaft
LEN	Ligue Européenne de Natation		SPD	Sozialdemokratische Partei Deutschlands
LTC	Lawn Tennis Club		SS	Schutzstaffel
LSG	Laufsportgemeinschaft Karlsruhe		SSC	Sport- und Schwimmclub
MTB	Mountainbiking		SV	Sportverein oder Schwimmverein
MTG	Mannheimer Turn- und Sportgesellschaft		StadtAK	Stadtarchiv Karlsruhe
MTV	Männerturnverein		TCD	TC Durlach
NOK	Nationales Olympisches Komitee		TCK	Turnclub Karlsruhe
			TG	Turngemeinde
NSDAP	Nationalsozialistische Deutsche Arbeiterpartei		TSC	Turn- und Sportclub
			TS	Turnerschaft
NSRL	Nationalsozialistischer Reichsbund für Leibes- übungen		TSV	Turn- und Sportverein
			TuS	Turn- und Sportverein
			TV	Turnverein
NSV	Nationalsozialistische Volkswohlfahrt		UEFA	Union of European Football Association
PostSV	Postsportverein		USA	Vereinigte Staaten von Amerika
PSK	Post Südstadt Karlsruhe			
PSV	Polizeisportverein		Vgl	Vergleiche
RFB	Rotfrontkämpferbund		VfB	Verein für Bewegungs- spiele
rmsc	Rad- und Motorsportclub Karlsruhe		VfL	Verein für Leibesübungen
RSG	Radsportgemeinschaft Karlsruhe		VT	Vereinigte Turnerschaft
			WM	Weltmeisterschaft
SA	Sturmabteilung			
SAZ	Süddeutsche Allgemeine Zeitung			
SC	Sportclub			
SFV	Süddeutscher Fußball- verband			

Anmerkungen

ERNST OTTO BRÄUNCHE

Einleitung

S. 13-18

[1] Vgl. die homepage des DSB http://www.dsb.de/

[2] So Claus Tiedemann, Universität Hamburg, Fachbereich Sportwissenschaft, http://www.sport.uni-hamburg.de/info-doc/digitalepublikationen/tiedemann/sportdefinition.html

[3] Auf die Beiträge des vorliegenden Buches, auf denen die Einleitung basiert, wird im Folgenden nicht im Einzelnen verwiesen

[4] Vgl. Michael Krüger: Einführung in die Geschichte der Leibeserziehung und des Sports Teil 3: Leibesübungen im 20. Jahrhundert. Sport für alle, Schorndorf 2005[2], S. 18.

[5] Vgl. ebenda, S. 23f.

[6] Vgl. z.B. Friedrich Rösch: Über die Pflege der Leibesübungen, in: Karlsruhe. Festschrift zur 83. Versammlung Deutscher Naturforscher und Ärzte gewidmet von dem Stadtrat der Haupt- und Residenzstadt Karlsruhe, Karlsruhe 1911, S. 557-562.

PETER PRETSCH

Zur Vorgeschichte und zu den Anfängen des Karlsruher Sports bis zum Kaiserreich

S. 19-46

[1] Gertraud Zull: Die höfischen Feste, in: Die Renaissance im deutschen Südwesten, Ausstellungskatalog des Badischen Landesmuseums, Bd. 2, Karlsruhe 1986, S. 914f., und Michael Krüger: Einführung in die Geschichte der Leibeserziehung und des Sports. Teil 1: Von den Anfängen bis ins 18. Jahrhundert (Sport und Sportunterricht Bd. 8), Schorndorf 2004, S. 202f.

[2] Zull (wie Anm. 1), S. 918, die Begebenheiten sind ferner von einem Zeitgenossen überliefert: Johann Öttinger. Warhaffte Historische Beschreibung Der Fürstlichen Hochzeit, und deß Hochansehnlichen Beylagers, So ... Johann Friedrich Hertzog zu Württemberg und Teck ... Mit Barbara Sophia Marggräfin zu Brandenburg, Stuttgart 1610. Das Kupferstichwerk von Balthasar Küchler: Repräsentatio Der Fürstlichen Auffzüg und Ritterspil ..., Schwäbisch Gmünd 1611, liegt in der Badischen Landesbibliothek als Mikrofiche vor.

[3] Zull (wie Anm. 1), S. 915.

[4] Vgl. Olivia Hochstrasser: Von der Staufergründung zur Residenz, in: Susanne Asche/Olivia Hochstrasser: Durlach. Staufergründung, Fürstenresidenz, Bürgerstadt, Karlsruhe 1996, S. 15-146, S. 99 (= Veröffentlichungen des Karlsruher Stadtarchivs Bd. 17).

[5] Vgl. Martin Bachmann: Die Karlsburg. Spuren der Residenzanlage im Durlacher Stadtgefüge, Karlsruhe 2000, S. 21f. (= Institut für Baugeschichte der Universität Karlsruhe, Materialien zu Bauforschung und Baugeschichte 11).

6 Vgl. Karin Stober: Historische Sportstätten in Baden-Württemberg, Schorndorf 2004, S. 75-83 (= Schriftenreihe des Instituts für Sportgeschichte Baden-Württemberg Bd. 9).

7 Albert Krieger: Die Vermählung des Markgrafen Friedrich Magnus von Baden-Durlach und der Prinzessin Auguste Marie von Schleswig-Holstein, in: Festschrift zum fünfzigjährigen Regierungsjubiläum Seiner Königlichen Hoheit des Großherzogs Friedrich von Baden, Heidelberg 1902, S. 133.

8 Vgl. Michael Hörmann: Ringrennen am Stuttgarter Hof. Die Entwicklung des Ritterspiels im 16. und 17. Jahrhundert, in: Sozial- und Zeitgeschichte des Sports, 3. Jg. (1989), Heft 1, S. 50-67, hier auf S. 58 der Verweis auf die Archivalie A 20 B 39 mit dem Bericht des Baden-Durlacher Markgrafen im Hauptstaatsarchiv Stuttgart.

9 Vgl. Ludwig Schiedermair: Die Oper an den badischen Höfen des 17. und 18. Jahrhunderts, Leipzig 1913, S. 14f., und Krüger (wie Anm. 1), S. 204.

10 Vgl. Schiedermair (wie Anm. 9), S. 23, und Peter Pretsch: Geöffnetes Narren-Turney. Geschichte der Karlsruher Fastnacht im Spiegel gesellschaftlicher und politischer Entwicklungen, Karlsruhe 1995, S. 19 (= Veröffentlichungen des Karlsruher Stadtarchivs Bd. 16) u. ders.: Die Durlacher Fastnacht, in: Neues Altes, Karlsruhe 1998, S. 85-109 (= Beiträge zur Geschichte Durlachs und des Pfinzgaus, hrsg. v. Freundeskreis Pfinzgaumuseum e.V. Band 2).

11 Emil Benezé: Lebenserinnerungen der Karoline Schulze-Kummerfeld, Bd. 1, Berlin 1915, S. 138f.

12 Vgl. Gottfried Leiber: Friedrich Weinbrenners städtebauliches Schaffen für Karlsruhe. Teil I: Die barocke Stadtplanung und die ersten klassizistischen Entwürfe Weinbrenners, Karlsruhe 1996, S. 13-33.

13 Zit. nach Dietrich Rentsch: Zum Jagdwesen an südwestdeutschen Fürstenhöfen im Barockzeitalter, in: Barock in Baden-Württemberg, Ausstellungkatalog des Badischen Landesmuseums, Bd. 2, Karlsruhe 1981, S. 299.

14 Vgl. Julius Bohus: Sportgeschichte. Gesellschaft und Sport von Mykene bis heute, München 1986, S. 77.

15 Zitate nach Ernst Schneider: Durlacher Volksleben 1500–1800, Karlsruhe 1980, S. 177 (= Veröffentlichungen des Karlsruher Stadtarchivs Bd. 5).

16 Vgl. Schneider (wie Anm. 15), S. 127f.

17 Vgl. Heinz Schmitt: Volkstracht in Baden. Ihre Rolle in Kunst, Staat, Wirtschaft und Gesellschaft seit zwei Jahrhunderten, Karlsruhe 1988, S. 28f.

18 Vgl. Isolde Brunner: 1865: „Wie man leben muß, um leben zu können". Die kleinen Beamten in der großherzoglich badischen Haupt- und Residenzstadt, in: Alltag in Karlsruhe. Vom Lebenswandel einer Stadt durch drei Jahrhunderte, Karlsruhe 1990, S. 128-161, S. 154f. (= Veröffentlichungen des Karlsruher Stadtarchivs Bd. 10) und dies.: 1890: „… aus verschiedensten Ständen und Berufsarten vereint.". Die kleinen Beamten, in: ebenda, S. 162-179, S. 162f.

19 Alexander Mohr: 1815: Im Schatten der neuen Prachtstraßen, in: Alltag (wie Anm. 18), S. 64-97, S. 92.

20 Zit. nach Hans Erhard Lessing: Automobilität. Karl Drais und die unglaublichen Anfänge, Leipzig 2003, S. 145.

21 Vgl. dazu den Beitrag von Jürgen Schuhladen-Krämer in diesem Band, S. 61.

22 Vgl. Unter dem Greifen. Altbadisches Militär von der Vereinigung der Markgrafschaften bis zur Reichsgründung 1771–1871, hrsg. v. der Vereinigung der Freunde des Wehrgeschichtlichen Museums Schloss Rastatt e.V., bearb. v. Sabina Hermes und Joachim Niemeyer, Karlsruhe 1984, S. 11.

23 Alfons Waibel: Biberacher Schützen in sechs Jahrhunderten. Die Entwicklung des Schützenwesens in Biberach und im süddeutschen Raum, Biberach 1990, S. 36.

24 Vgl. 1200 Jahre Knielingen 786–1986, hrsg. v. Bürgerverein Knielingen e. V., bearb. v. Herbert Peter Henn u.a., Karlsruhe 1985, S. 428f., und Peter Pretsch: Karlsruher Stadtteile: Knielingen, Ausstellung der Stadtgeschichte im Prinz-Max-Palais, Karlsruhe 1986. S. 64f.

25 Vgl. auch zum Folgenden Festschrift anlässlich des 350jährigen Bestehens der Schützengesellschaft Durlach e.V. gegr. 1601 und des 230jährigen Bestehens der Schützengesellschaft Karlsruhe e. V., gegr. 1721, Karlsruhe 1951, S. 23-40. (Kurzer Abriss der Geschichte der Durlacher Schützengesellschaft von Engelbert Strobel)

26 Waibel (wie Anm. 23), S. 53.

27 Vgl. auch zum Folgenden Ferdinand Haag: Die Schützengesellschaft Karlsruhe in Wort und Bild. Festschrift zum 200jährigen Jubiläum, Karlsruhe 1921, abgedruckt in: Festbuch anlässlich des 275jährigen Jubiläums der Schützengesellschaft Karlsruhe 1721 e.V., Karlsruhe 1996, S. 41-67.

[28] Zit. nach Haag (wie Anm. 27), S. 46., vgl. diese Quelle auch zum Folgenden.

[29] Vgl. Susanne Asche: Die Bürgerstadt, in: Asche/Hochstrasser (wie Anm. 4), S. 147-443, S. 266f.

[30] Vgl. 400 Jahre Schützengesellschaft Durlach e.V. 1601 – 2001, Festschrift, Karlsruhe 2001, S. 37-41.

[31] Haag (wie Anm. 27), vgl. dort, S. 49, auch zum Folgenden.

[32] Stober (wie Anm. 6), S. 90f.

[33] Ebenda, S. 84f.

[34] Vgl. Michael Krüger: Einführung in die Geschichte der Leibeserziehung und des Sports. Teil 2: Leibeserziehung im 19. Jahrhundert. Turnen fürs Vaterland, Schorndorf 1993, S. 49f. (= Sport und Sportunterricht Bd. 9).

[35] Vgl. Jürgen Götz: Die Geschichte des Karlsruher Turnvereins 1846 e.V., Wissenschaftliche Arbeit für die Zulassung zum 1. Staatsexamen für das Lehramt an Gymnasien am Institut für Sport und Sportwissenschaft der Universität Karlsruhe, Karlsruhe 1996, (Exemplar im Stadtarchiv Karlsruhe 8/StS 20/1019) S. 14f. und Gertrud Pfister: Zur Geschichte des Mädchenturnens und des koedukativen Sportunterrichts, in: Michael Krüger (Hrsg.): „Eine ausreichende Zahl turnkundiger Lehrer ist das wichtigste Erfordernis ...“ Zur Geschichte des Schulsports in Baden und Württemberg, Schorndorf 1999, S. 102f. (= Wissenschaftliche Schriftenreihe des Instituts für Sportgeschichte Baden-Württemberg Bd. 6).

[36] Vgl. Götz (wie Anm. 35), S. 14, und Susanne Asche: Residenzstadt – Bürgerstadt – Großstadt. Auf dem Weg von der Residenz zum Industrie- und Verwaltungszentrum 1806 – 1914, in: Susanne Asche, Ernst Otto Bräunche, Manfred Koch, Heinz Schmitt, Christina Wagner: Karlsruhe. Die Stadtgeschichte, Karlsruhe 1998, S. 191-353, S. 263f.

[37] Vgl. Götz (wie Anm. 35), S. 16 und Asche (wie Anm. 36), S. 264f.

[38] Vgl. Götz (wie Anm. 35), S. 16 f. und Asche (wie Anm. 36), S. 288f.

[39] Vgl. Asche (wie Anm. 36), S. 277f.

[40] Götz (wie Anm. 35), S. 24.

[41] Vgl. Stober (wie Anm. 6), S. 118f.

[42] Vgl. Erich Beyer: Alfred Maul und die Großherzogliche Badische Turnlehrerbildungsanstalt in Karlsruhe, in: Krüger (wie Anm. 35), S. 68-78 auch zum Folgenden.

[43] Vgl. Michael Ruhland: Schulhausbauten im Großherzogtum Baden 1806 – 1918, Augsburg 1999, S. 81f.

[44] Beyer (wie Anm. 42), S. 73f.

[45] Vgl. Jürgen Spanger: Aus der Schulstube ins Leben. Die Karlsruher Volksschulen 1716 – 1952, Karlsruhe 2002, S. 203f. (= Veröffentlichungen des Karlsruher Stadtarchivs Bd. 25).

[46] Vgl. Beyer (wie Anm. 42), S. 76f. und Gerlinde Brandenburger: Alfred-Maul-Denkmal, in: Dies. u.a.: Denkmäler, Brunnen und Freiplastiken in Karlsruhe, Karlsruhe 1987, S. 487-490 (= Veröffentlichungen des Karlsruher Stadtarchivs Bd. 7).

[47] Zit. nach Krüger (wie Anm. 34), S. 149.

[48] Zit. nach Erich Beyer: Die Anfänge des Fußballsports in Karlsruhe, in: Blick in die Geschichte. Karlsruher stadthistorische Beiträge Bd. 2 1993 – 1998, Karlsruhe 1998, S. 60-65, S. 64f.

[49] Krüger (wie Anm. 34), S. 152.

[50] Ebenda, S. 150f.

[51] Zit. nach ebenda, S. 152f.

[52] Vgl. Wolfgang Claassen/Lothar Wieser: Mehr Licht und Wärme den Sorgenkindern unserer Volksschule-Josef Anton Sickinger und das Mannheimer Schulsystem, in: Krüger (wie Anm. 35), S. 84f.

JÜRGEN SCHUHLADEN-KRÄMER

Gründerjahre des Sports – Die Kaiserzeit (1871 – 1918)

S. 47-72

[1] Vgl. zu städtischer Infrastruktur und Vereinswesen: Susanne Asche: Residenzstadt – Bürgerstadt – Großstadt. Auf dem Weg von der Residenz zum Industrie- und Verwaltungszentrum 1806 – 1914, in: Susanne Asche/Ernst Otto Bräunche/Manfred Koch/Heinz Schmitt/Christina Wagner: Karlsruhe. Die Stadtgeschichte, Karlsruhe 1998, S. 191-353, S. 219f, S. 309-322 und S. 353.

[2] Siehe die Adressbücher für die Haupt- und Residenz-Stadt Karlsruhe. Ausgaben 1871, 1873 und 1913.

[3] Nachrichtenblatt des Karlsruher Männer-Turnvereins, Festausgabe zum 50jährigen Bestehen, Karlsruhe März 1931, S. 8, Stadtarchiv Karlsruhe (StadtAK) 8/StS 20/1928.

[4] Vgl. Druckschrift: Programm zum Fussball-Wettspiel Holstein Kiel, Norddeutscher Meister gegen den Karlsruher F.-V., Ostermontag, 17. April 1911 (StadtAK 8/SpoA 1.0110). o. O. [Karlsruhe], o. J. [1911], o. S.

[5] Vgl. zum Unterschied von Turnen und Sport sowie der gesellschaftlichen Träger Christiane Eisenberg: „English sports" und deutsche Bürger. Eine Gesellschaftsgeschichte 1800–1939, Paderborn u. a. 1999.

[6] Zit. nach Edmund Neuendorff: Die Deutsche Turnerschaft 1860–1936, Berlin 1936, S. 114.

[7] Zit. nach 150 Jahre Karlsruher Turnverein von 1846 e. V., hrsg. vom Karlsruher Turnverein 1846 e. V., Karlsruhe 1996, S. 39.

[8] Vgl. Nachrichtenblatt (wie Anm. 3), S. 7.

[9] Vgl. Karlsruher Männer-Turnverein. 1881–1906. Vorgeschichte, Gründung und Wirken, Karlsruhe 1906, Stadt AK 8/StS 20/1757.

[10] StadtAK 1/H-Reg 5495, Briefköpfe beider Vereine von „Germania", Bericht in „Der Führer", 1.7.1937.

[11] Statuten des Karlsruher Fußballklubs „Frankonia", gegründet 16. Dezember 1895, Karlsruhe 1898, StadtAK 8/SpoA 10067.

[12] Vgl. vereinseigene Darstellung in: Programm zum Fussball-Wettspiel (wie Anm. 4).

[13] Zit. nach Dietrich Schulze-Marmeling: Der Siegeszug eines „undeutschen" Spiels. 100 Jahre Fußball in Deutschland, in: analyse + kritik, Nr. 435, 17. Februar 2000.

[14] Zit. nach 150 Jahre Karlsruher Turnverein (wie Anm. 7), S. 36.

[15] Vgl. Festschrift zum zehnjährigen Bestehen der Freien Turnerschaft Karlsruhe. Nebst einem kurzen Rückblick auf die Entwickelung der deutschen Turnerei und die Entstehung und Ziele des Arbeiter-Turnerbundes. Herausgegeben vom Turnrat, Karlsruhe 1908, StadtAK 8/StS 20/1350.

[16] „Arierparagraph" zitiert nach Hans Langenfeld/Klaus Prange: Münster – die Stadt und ihr Sport. Menschen, Vereine, Ereignisse aus den vergangenen beiden Jahrhunderten, Münster 2002, S. 147, vgl. S. 147-149.

[17] Zum Antisemitismus, u.a. auch zu Karl Lueger, vgl.: Deutsch-Jüdische Geschichte in der Neuzeit. Band III, Umstrittene Integration 1871–1918. Von Steven M. Lowenstein et al., München 1997. Zur jüdischen Turn- und Sportbewegung seit 1898 vgl.: Deutsch-Jüdische Geschichte in der Neuzeit. Band IV, Aufbruch und Zerstörung 1918–1945. Von Avraham Barkai et al., München 1997. Vgl. auch Josef Werner: Hakenkreuz und Judenstern. Das Schicksal der Karlsruher Juden im Dritten Reich, Karlsruhe 1988, S. 114f. (= Veröffentlichungen des Karlsruher Stadtarchivs Band 9).

[18] Chronik der Haupt- und Residenzstadt Karlsruhe für das Jahr 1895. Im Auftrag der städtischen Archivkommission bearbeitet, Karlsruhe 1897.

[19] Chronik der Haupt- und Residenzstadt Karlsruhe für das Jahr 1885. Zusammengestellt im Auftrage der städtischen Archivkommission, Karlsruhe 1886.

[20] Vgl. Hans Doderer: Die vormilitärische Erziehung der deutschen Jugend in der Kaiserzeit, in: Geschichte in Wissenschaft und Unterricht 49, 1998, S. 746-753.

[21] Vgl. Programm zum Fussball-Wettspiel (wie Anm. 4).

[22] Vgl. Chronik und Vereinsgeschichte des Karlsruher Fußballclub Frankonia e. V. 1895. Von Wilhelm Volk sen., (Karlsruhe 1955) maschinenschriftlich, S. 18, StadtAK 8/SpoA (unverzeichnet).

[23] StadtAK 1/BOA 809.

[24] StadtAK 1/Rh. 101, Grundriss Bootshaus, 1902.

[25] Vgl. Klaus Hannecke: Karlsruher Leichtathletik-Geschichte 1898–2004, Karlsruhe 2005, S. 6.

[26] StadtAK 1/H-Reg 5495, Schreiben vom 9. Mai 1911.

[27] Vgl. Festschrift 50 Jahre KETV, Karlsruhe 1962.

[28] Chronik der Haupt- und Residenzstadt Karlsruhe für das Jahr 1910. Im Auftrag der städtischen Archivkommission bearbeitet, Karlsruhe 1911, S. 118.

[29] Vgl. Karlsruhe 1911. Festschrift. Der 83. Versammlung Deutscher Naturforscher und Ärzte gewidmet von dem Stadtrat der Haupt- und Residenzstadt Karlsruhe, Karlsruhe 1911, S. 560.

[30] Vgl. Hannecke (wie Anm. 25), S. 8.

[31] Vgl. Chronik der Haupt- und Residenzstadt Karlsruhe für das Jahr 1912. Im Auftrag der städtischen Archivkommission bearbeitet, Karlsruhe 1913, S. 112. Vgl. auch Chronik der Haupt- und Residenzstadt Karlsruhe für das Jahr 1909. Im Auftrag der städtischen Archivkommission bearbeitet, Karlsruhe 1910.

[32] Vgl. Flugsportverein 1910 Karlsruhe e.V. Dokumentation. Der Flugsport von 1909 bis heute. Der Flugplatz Karlsruhe-Forchheim. Die Luftsportgemeinschaft Rheinstetten e.V. Hrsg. vom Flugsportverein 1910 Karlsruhe e.V., Rheinstetten 2000.

[33] http://www.alpenverein.de/template_loader.php?tplpage_id=4

[34] Nachrichtenblatt (wie Anm. 3), S. 11f.

[35] Zit. nach 150 Jahre Karlsruher Turnverein (wie Anm. 7), S. 36.

[36] StadtAK 1/H-Reg 2127.

[37] Vgl. Karin Stober: Historische Sportstätten in Baden-Württemberg, Schorndorf 2004, S. 118-122.

[38] Vgl. Karl Stiefel: Baden 1648–1952, Band II, Karlsruhe 1977, S. 1946.

[39] Zit. nach und vgl.: Hygienischer Führer durch die Haupt- und Residenzstadt Karlsruhe. Festschrift zur XXII. Versammlung des deutschen Vereins für öffentliche Gesundheitspflege, Karlsruhe 1897, S. 224-226.

[40] Zit. nach und vgl.: Die Grossherzogliche Badische Haupt- & Residenz-Stadt Karlsruhe in ihren Massregeln für die Gesundheitspflege & Rettungswesen. Bei Veranlassung der Internationalen Ausstellung für Rettungswesen und Gesundheitspflege zu Brüssel 1876 im Auftrag des Stadtrathes bearbeitet, Karlsruhe 1876, S. 57-61. Vgl. auch: Die Grossherzogliche Badische Haupt- & Residenz-Stadt Karlsruhe in ihren Massregeln für die Gesundheitspflege & Rettungswesen. Bei Veranlassung der Allgemeinen deutschen Ausstellung auf dem Gebiete der Hygiene und des Rettungswesens zu Berlin 1882 im Auftrage des Stadtrathes bearbeitet, Karlsruhe 1882, Kap. XXVII.

[41] Vgl. Hygienischer Führer (wie Anm. 39), S. 270.

[42] StadtAK 1/TBA 18.

[43] Vgl. Das städtische Vierordtbad, Karlsruhe 1897, S. 21f., in StadtAK 1/TBA 21.

[44] StadtAK 1/BOA 1353.

[45] Vgl. Stober (wie Anm. 37), S. 171, 173-177.

[46] StadtAK 1/H-Reg 2377, Bürgerausschussvorlage 1. Juli 1913.

[47] StadtAK 1/TBA 20, Bürgerausschussvorlage 17. März 1914.

[48] 50 Jahre Karlsruher Eislauf- und Tennisverein, Karlsruhe 1962.

[49] StadtAK 1/H-Reg 2148, Pachtvertrag vom 13. September 1904.

[50] Vgl. Chronik und Vereinsgeschichte (wie Anm. 22), S. 18, StadtAK 8/SpoA (unverzeichnet), S. 39.

[51] StadtAK 1/H-Reg 2148.

[52] StadtAK 1/BOA 459.

[53] StadtAK 1/BOA 1195.

[54] Zusammengestellt nach den Chroniken der Haupt- und Residenzstadt Karlsruhe der Jahre 1906–1914.

ERNST OTTO BRÄUNCHE

Sport in Karlsruhe 1914–1945

S. 73-111

[1] Vgl. Stadtarchiv Karlsruhe (StadtAK) 1/H-Reg 2157.

[2] Vgl. Chronik der Haupt- und Residenzstadt Karlsruhe für das Jahr 1914, 30. Jg. Im Auftrag des städtischen Archivkommission bearbeitet, Karlsruhe 1916, S. 157, die Chroniken werden im Folgenden zitiert als Chronik.

[3] StadtAK 1/H-Reg 2148.

[4] Vgl. Chronik 1915, S. 174, und Chronik 1916, S. 232.

[5] Vgl. Chronik 1915, S. 174f., vgl. dort auch zum Folgenden.

[6] Vgl. Chronik 1916, S. 255.

[7] Vgl. Chronik 1915, S. 174.

[8] Vgl. Chronik 1917, S. 256.

[9] Bürgerausschussvorlage vom 19. März 1920, StadtAK 3/B 40, S. 183-186, S. 184. Vgl. auch StadtAK 1/H-Reg 2157.

[10] Vgl. StadtAK 1/H-Reg 1486, 2145 und 2153.

[11] Chronik 1917, S. 258.

[12] Oskar Ballweg: Karlsruhe als Pflegestätte von Turnen und Sport, in: Otto Berendt: Karlsruhe. Das Buch der Stadt, Stuttgart 1926, S. 205-209, S. 205, dort auch die folgenden Zitate.

[13] Ebenda, S. 206.

[14] Ebenda.

[15] Vgl. Der Führer vom 17. August 1937 und Badische Presse vom 15. August 1927.

[16] Vgl. Festschrift zum XVI. Kreisfest IV Baden-Pfalz im Deutschen Athletiksportverband, Lahr 1925.

[17] Ebenda, S. 208.

[18] Vgl.: Spiel und Sport im Karlsruher Generalbebauungsplan. Der Sportpark Hardtwald, Karlsruhe 1927, S. 5f.

[19] Vgl. Michael Krüger: Einführung in die Geschichte der Leibeserziehung und des Sports Teil 3: Leibesübungen im 20. Jahrhundert. Sport für alle, Schorndorf 2005², S. 101.

[20] Vgl. ebenda, S. 115ff.

[21] Vgl. ebenda.

[22] Zur Spaltung der Arbeitersportbewegung vgl. ebenda, S. 121, und Heinrich August Winkler: Der Schein der Normalität. Arbeiter und Arbeiterbewegung in der Weimarer Republik 1924-1930, Berlin/Bonn 1985, S. 123ff.

[23] Vgl. Ein Markstein des Karlsruher Sports. Zehn Jahre Stadtausschuss für Leibesübungen und Jugendpflege, in: Karlsruher Tagblatt vom 5. Oktober 1929, und StadtAK 1/H-Reg 2147.

[24] Vgl. Badischer Beobachter vom 7. Oktober 1929.

[25] Vgl. Jahresbericht über das Geschäftsjahr 1928 des Stadtausschusses für Leibesübungen und Jugendpflege, S. 9, in: StadtAK 1/H-Reg 2147

[26] Vgl. Jahresbericht über das Geschäftsjahr 1929/30 des Stadtausschusses für Leibesübungen und Jugendpflege, S. 6, in StadtAK 8/StS 20/427

[27] Vgl. StadtAK 1/H-Reg 803.

[28] Vgl. Manfred Koch: Die Weimarer Republik: Juden zwischen Integration und Ausgrenzung, in: Juden in Karlsruhe. Beiträge zu ihrer Geschichte bis zur nationalsozialistischen Machtergreifung, hrsg. von Heinz Schmitt unter Mitwirkung von Ernst Otto Bräunche und Manfred Koch, Karlsruhe 1988, S. 121-220, S. 173 (= Veröffentlichungen des Karlsruher Stadtarchivs Band 8).

[29] Vgl. Josef Werner: Hakenkreuz und Judenstern. Das Schicksal der Karlsruher Juden im Dritten Reich, Karlsruhe 1988, S. 114 (= Veröffentlichungen des Karlsruher Stadtarchivs Bd. 9).

[30] Vgl. StadtAK 1/GBA 4.

[31] Vgl. StadtAK 3/B 40, S. 184, vgl. dort, S. 184f., auch zum Folgenden.

[32] Vgl. ebenda, S. 185f.

[33] Ebenda, S. 185.

[34] Vgl. StadtAK 1/H-Reg 2153.

[35] Vgl. StadtAK 3B/40, S. 11f.

[36] Vgl. StadtAK 1/H-Reg 2145, vgl. dort auch zum Folgenden.

[37] Vgl. StadtAK1/H Reg 2145.

[38] Ohne städtische finanzielle Beteiligung blieb der Platz im Fasanengarten für die Hochschule, die ihren Anteil selbst getragen hatte, für den FC Phoenix und für die Schulen habe die Stadt 4.000 Mark zur Verfügung gestellt, für den Schmiederplatz, den die benachbarten Schulen benutzten, 8.200 Mark, für den Engländerplatz (Sprunggrube und Umkleideraum im Feuerwehrhaus) 650 Mark, für Frankonia 11.000 Mark, für den Verein für Bewegungsspiele 7.000 Mark und für die drei Rintheimer Vereine 11.500 Mark, vgl. StadtAK 1/H-Reg 2147.

[39] Ebenda.

[40] Vgl. Adreßbuch für die Landeshauptstadt Karlsruhe 1930, Karlsruhe 1930, S. I, 43, und StadtAK 1/H-Reg 2147, wo eine Aufstellung der Sportflächen, Stand Dezember 1925, enthalten ist.

[41] Vgl. ebenda.

[42] Vgl. StadtAK 1/H-Reg 5479, vgl. dort auch zum Folgenden.

[43] Ebenda

[44] Vgl. ebenda.

[45] 1. Hertha: 80 2.V.F.B. Südstadt 1896: 75, 3. Athletik – Sportclub Germania und Fußballklub Frankonia je 63, 5. Turnklub Karlsruhe: 53, 6. CVJM: 48 7. Olympia: 41, 8. Bezirksverband Kath. Jugend-, Jungmänner und Gesellenvereine: 38, 9. Humboldtschule: 36, 10. Kant-Oberrealschule: 36, 11. Beiertheimer Fußballverein: 26, 12. Arbeiterbildungsverein: 12, 13. Kath. Jungmännerverein Karlsruhe-Beiertheim und Arbeiter-Turn-Sportverein Beiertheim je 11, 15. F.C. Südstern: 10. Vgl. StadtAK 1/H-Reg 2147.

[46] Vgl. Karlsruher Tagblatt vom 5. Oktober 1929.

[47] Vgl. Erik Eggers: Fußball in der Weimarer Republik, Kassel 2001, S. 132.

[48] StadtAK 1/H-Reg 2147.

[49] Ebenda.

[50] Vgl. Ebenda.

[51] Vgl. Verwaltungsbericht der Landeshauptstadt Karlsruhe für das Wirtschaftsjahr 1928 (1. April 1928 – 31. März 1929), Karlsruhe 1929, S. 238.

[52] Vgl. StadtAK 1/H-Reg 2147.

[53] StadtAK 1/TBA 411.

[54] Ebenda.

[55] Wilhelm Paulcke (* 8. April 1873 in Leipzig; † 5. Oktober 1949 in Karlsruhe), Geologe und Lawinenforscher. Paulcke promovierte 1899 in Freiburg im Breisgau, habilitierte 1901 an der TH Karlsruhe und war dort von 1906 bis 1935 Professor für Geologie und Mineralogie. Er gilt als einer der Väter der Lawinenforschung und war der Initiator des Hochschulsports und der Hochschulsportanlage in Karlsruhe, vgl. Badische Neueste Nachrichten (BNN) vom 6. Oktober 1949 und Karl Brossmer: Wilhelm Paulcke (1773–1949). Alpiner Skipionier und erfolgreicher Geologe des Alpenraums, in: Soweit der Turmberg grüßt, Nr. 8 vom 1. Oktober 1950.

[56] Wilhelm Paulcke: Hochschule, Gesundheitspflege und Leibesübungen, in: Otto Berendt: Karlsruhe. (wie Anm. 12), S. 121-123, S. 122f.

[57] Vgl. Oliver Pottiez/Leonhard Müller: Vom Sport an der Fridericiana, in: Blick in die Geschichte Bd. 3 1998–2003, Karlsruhe 2003, S. 73-77, S. 74f, Uwe Hinkfoth: Im Schatten von Dammerstock. Architektur der 20er Jahre in Karlsruhe, in: Die 20er Jahre in Karlsruhe, Karlsruhe 2005, S. 30-37, S. 34 (Katalog zur Ausstellung der Städtischen Galerie) und Karin Stober: Historische Sportstätten in Baden-Württemberg, Schorndorf 2004, S. 238-242. Zur Einweihung des Stadions vgl. Karlsruher Tagblatt vom 13. Juli 1927.

[58] Ebenda.

[59] Vgl. Karlsruher Tagblatt vom 14. Juli 1927.

[60] StadtAK 1/H-Reg 2147.

[61] Vgl. ebenda.

[62] Der in Emmendingen am 17. Januar 1881 geborene Diplomingenieur Hermann Schneider übernahm 1919 in Karlsruhe als Technischer Bürgermeister die Bereiche Stadtplanung und Bauwesen. Am 19. Juli 1928 wurde Schneider mit großer Stimmenmehrheit in seinem Amt bestätigt.1933 musste er sein Amt niederlegen. Schneider verstarb am 26. März 1965 in Emmendingen. Vgl. Stadt AK 1/POA1/4778 und StadtAK 8/ZGS – Persönlichkeiten. Harald Ringler: Rappenwört – ein Projekt der Karlsruher Planungs- und Baupolitik der 1920er Jahre, in: Blick in die Geschichte Bd. 3 1998–2003, Karlsruhe 2003, S. 139-146, S. 145, weist zu Recht darauf hin, dass Schneider zu den herausragenden Kommunalpolitikern der Weimarer Republik gehört.

[63] Vgl. Hermann Schneider: Generalbebauungsplan der Landeshauptstadt Karlsruhe, Karlsruhe 1926, Abb. 7.

[64] Ebenda, S. 28.

[65] Zum Generalbebauungsplan vgl. Harald Ringler: Der Karlsruher Generalbebauungsplan. Ein Entwurf einer langfristigen Stadtentwicklung, in: Blick in die Geschichte Bd. 1, Karlsruhe 1994, S. 181-185, und StadtAK 1/H-Reg 1027.

[66] Vermutlich Prof. Heinrich Dörr, der im Adreßbuch als Ingenieur und Professor an der TH verzeichnet ist, vgl. Adreßbuch 1928, S. III. 53.

[67] Karlsruher Zeitung vom 9. März 1927.

[68] Vgl. Badische Presse vom 26. Februar 1927.

[69] Ludwig Klein, 1857–1927, 1891–1924 Professor für Botanik an der Technischen Hochschule, für die Daten danke ich Gerhard Kabierske.

[70] Hans Detlev Rösiger 25. Mai 1887 (Konstanz) – 10. September 1963 (Karlsruhe), vgl. BNN vom 29. Mai 1962 und vom 12. September 1963. Studium an der Technischen Hochschule Karlsruhe bei C. Schäfer, J. Durm, F. Ostendorf; Assistent bei W. Sackur; selbständig seit 1923; zeitweilig assoziiert mit G. Seemann 1950–59 und C. Grimm 1960–63, er baute in Karlsruhe u. a. den Neubau der Aachener-Münchener Lebensversicherung am Bahnhofsplatz, in Stuttgart erhielt er den Auftrag, das Schloss wiederaufzubauen.

[71] StadtAK 1/H-Reg 1027.

[72] Spiel und Sport im Karlsruher Generalbebauungsplan. Der Sportpark Hardtwald, Karlsruhe 1927, S. 8.

[73] Ebenda, S. 12.

[74] Vgl. dazu Heino Grunert: Ein Volkspark in Hamburg. Der Hamburger Stadtpark als Objekt der Gartendenkmalpflege, in: kunsttexte.de, Nr. 2, 2002, S. 1

[75] Ebenda, S. 17.

[76] Generalbebauungsplan, (wie Anm. 63), Anlage 3. Vgl. auch StadtAK 1/H-Reg 1027.

[77] Vgl. ebenda

[78] Ebenda, S. 20.

[79] StadtAK 3/B 43, S. 12.

[80] Karlsruher Tagblatt vom 20. Februar 1928.

[81] Ebenda.

[82] StadtAK 1/TBA 410.

[83] Vgl. ebenda.

[84] Andreas Schwarting: Karlsruhe und der Dammerstock. Architektonische Wechselwirkungen, in: Neues Bauen der 20er Jahre. Gropius, Haesler, Schwitters und die Dammerstocksiedlung in Karlsruhe 1929 (Ausstellungskatalog Badisches Landesmuseum), Karlsruhe 1997, S.

69-90, S. 74. Vgl. auch: StadtAK 1/H-Reg 2384-2386, Birgit Oesterle: Strandbad und Vogelwarte im Rheinpark Rappenwört. Anlagen des Neuen Bauens in Karlsruhe, Magisterarbeit Universität Karlsruhe, Karlsruhe 1994, und Ringler (wie Anm. 62).

85 Die Grünpolitik im Karlsruher Generalbebauungsplan. Der Rheinpark Rappenwört, Karlsruhe 1927, S. 20.

86 Hermann Schneider: Der Karlsruher Rheinwald und die Rheininsel Rappenwört, in: Karlsruher Wochenschau. Amtliche Zeitschrift des Verkehrsvereins Karlsruhe, Heft 3, 10. Mai 1930, S. 5-8, S. 7. Vgl. auch Verwaltungsbericht der Landeshauptstadt Karlsruhe für das Wirtschaftsjahr 1929 (1. April 1929 bis 31. März 1930), Karlsruhe 1929, S. 120, und StadtAK 1/H-Reg 2848-2851.

87 Vgl. Adreßbuch 1932/33, S. II 31- 51.

88 Der Artikel gibt nur die absolute Zahl von 2.708 gegenüber 15.166 Männern an, vgl.: Der Führer vom 27. Dezember 1937.

89 Vgl. StadtAK 1/AEST 444.

90 Der Führer vom 27. Dezember 1937.

91 Vgl. StadtAK 1/H-Reg 2147.

92 Vgl. Verwaltungsbericht der Landeshauptstadt Karlsruhe für das Wirtschaftsjahr 1933 (1. April 1933 bis 31. März 1934), Karlsruhe 1934, S. 161.

93 Vgl. StadtAK 1/H-Reg 2153. Roth wurde Mitte April Badischer Sportkommissar und löste den Landesausschuss für Leibesübungen auf, vgl. Karlsruher Tagblatt vom 18. April 1933.

94 Vgl. Der Führer vom 11. Juli 1933.

95 Ebenda.

96 Vgl. Josef Werner: Hakenkreuz und Judenstern (wie Anm. 29), S. 115.

97 Vgl. Michael Krüger, Einführung (wie Anm. 19), S. 152.

98 Vgl. Der Führer vom 19. Juli 1935.

99 Der Führer vom 21. Juli 1935.

100 Vgl. Michael Krüger: Einführung (wie Anm. 19), S. 138.

101 Der Führer vom 24. Juli 1935.

102 Der Führer vom 29. Juli 1929.

103 Der Führer vom 25. Juli 1935.

104 Vgl. StadtAK 1/TBA 411.

105 Vgl. Pottiez/Müller (wie Anm. 57), S. 75 und StadtAK1/H-Reg 5475.

106 Vgl. StadtAK 1/SVA 16.

107 Vgl. StadtAK 1/H-Reg. 2133.

108 StadtAK 1/SVA 16

109 Vgl. Der Führer vom 10. Juli 1935.

110 Vgl. Verwaltungsbericht 1933, (wie Anm. 92), S. 161.

111 StadtAK 1/H-Reg 2133. Vgl. auch Der Führer vom 1. Februar 1935.

112 Der Führer vom 1. Februar 1936, dort auch das folgende Zitat.

113 Vgl. StadtAK 1/H-Reg 2133. Zu Fribolin vgl.: Ernst Otto Bräunche: Residenzstadt, Landeshauptstadt, Gauhauptstadt, in: Susanne Asche, Ernst Otto Bräunche, Manfred Koch, Heinz Schmitt, Christina Wagner: Karlsruhe. Die Stadtgeschichte, Karlsruhe 1998, S. 357-502, S. 462.

114 Vgl. Verwaltungsberichte 1933 – 1938.

115 Vgl. StadtAK 1/H-Reg 2147.

116 Vgl. Wolfgang Benz: Geschichte des Dritten Reichs, München 2000, S. 93, und Gernot Friese: Anspruch und Wirklichkeit des Sports im Nationalsozialismus, Ahrensburg 1974, S. 87ff.

117 StadtAK 1/H-Reg 1903.

118 Vgl. BNN vom 7. Juli 1963, vom 7. Juli 1965 und vom 2. August 1968.

119 Vgl. StadtAK 1/H-Reg 1903.

120 Vgl. StadtAK 1/H-Reg 2151.

121 Ebenda.

122 Vgl. StadtAK 1/H-Reg 2147.

123 Vgl. StadtAK 1/H-Reg 2133. Zur Verlegung der Gauhauptstadt vgl. Ernst Otto Bräunche: Karlsruhe und die badische Geschichte, in: Badische Heimat 1990, Heft 2, S. 239-247.

124 Vgl. Ministerialblatt des Reich- und Preußischen Ministeriums des Innern Nr. 15 vom 15. April 1941.

125 StadtAK 1/H Reg 1903.

126 Karlsruher Monatsschau XVII. Jg., Heft 6/7, Juni/Juli 1942, S. 4.

127 Vgl. StadtAK 1/H-Reg 2147.

128 Vgl. Generallandesarchiv Karlsruhe (GLA) 465d/1609.

129 Vgl. Erich Lacker: Zielort Karlsruhe. Die Luftangriffe im Zweiten Weltkrieg, 2. Auflage Karlsruhe 2005, S. 64 (= Veröffentlichungen des Karlsruher Stadtarchivs Band 18) und 75 Jahre 1894-1969. Karlsruher Sport-Club Mühlburg-Phönix E. V., Karlsruhe 1969, S. 29.

VOLKER STECK

Sport in Karlsruhe 1945 bis heute

S. 112–157

[1] Sport in Baden 1(1947), Nr. 3 (14. April).

[2] Vgl. zum Folgenden: 50 Jahre Badischer Sportbund. Hrsg. v. Badischen Sportbund e. V., Karlsruhe 1996.

[3] Stadtarchiv Karlsruhe (StadtAK) 8/StS 20, 1007: Protokoll der Hauptversammlung des KTV 1846 vom 30.11. 1945.

[4] Franz Müller in „Der Start" vom 29. Dezember 1945, zit. nach: 50 Jahre Badischer Sportbund (wie Anm. 2), S. 42.

[5] Badische Neueste Nachrichten (BNN) vom 15. März 1946.

[6] Sport in Baden 1(1947), Nr. 8, S. 1.

[7] Vgl. 75 Jahre Allgemeiner Sportverein Durlach 1902 e.V. Festwoche vom 16. bis 22. Juni 1977, Karlsruhe 1977.

[8] StadtAK 8/StS 20, 1652, Protokollbuch des 1. Kraftsportverein Durlach 1896.

[9] Vgl. Festschrift 90 Jahre 1. Durlacher Schwimmverein 1906 e.V., Karlsruhe 1996, S. 39.

[10] Vgl. 75 Jahre (wie Anm. 7), S. 23.

[11] StadtAK 1/H-Reg 5414, 22. März 1967, Liste der Karlsruher Sportvereine.

[12] Zu den Zahlen vgl. Karlsruhe in Zahlen 1946ff. und Statistisches Jahrbuch der Stadt Karlsruhe 1954ff.

[13] Vgl. Sport, Bewegung und Freizeit in Karlsruhe. Analysen und Entwicklungstendenzen im Rahmen der Sport-/ Sportstättenentwicklung, Karlsruhe 2003, S. 13, sowie Otto Mansdörfer: Nachfrage nach Freizeit- und Sportangeboten in Karlsruhe: Ergebnisse einer Umfrage zum Sport- und Freizeitverhalten, Karlsruhe 2003, S. 79.

[14] Vgl. Uta Engels: Gender Mainstreaming. Geschlechtergerechtigkeit im organisierten Sport, in: Sport in Baden 59 (2005), Nr. 12, S. 8f. und 60 (2006), Nr. 1, S. 6f.

[15] StadtAK 1/H-Reg 5467.

[16] StadtAK 1/H-Reg 5415.

[17] StadtAK 1/H-Reg 5423 und BNN vom 20. Dezember 1950.

[18] StadtAK 1/H-Reg 5423, Sportförderrichtlinien der Stadt Karlsruhe vom 15. Juli 1970.

[19] Sport in Baden 9 (1955), Nr. 35 vom 29. August 1955, S. 6.

[20] Sport, Bewegung (wie Anm. 13), S. 33f.

[21] http://mcm.ohg-ka.de/index.php?option=content&task=category&sectionid=9&id=44&Itemid=64 (6. März 2006).

[22] Vgl. 50 Jahre Badischer Sportbund (wie Anm. 2).

[23] Vgl. Bernhard Holzhofer: Die Einführung des Sporttotos am Beispiel Württemberg und Baden, in: Deutscher Sportbund (Hrsg.): Die Gründerjahre des Deutschen Sportbundes. Wege aus der Not zur Einheit, Band 1, Schorndorf 1990, S. 223-226, sowie: 50 Jahre Badischer Sportbund (wie Anm. 2), S. 32ff.

[24] StadtAK 1/H-Reg 5414, 15. Oktober 1949, Antwort auf Umfrage des Städtetags.

[25] StadtAK 1/H-Reg 966, Brief vom 15. Juni 1946.

[26] StadtAK 1/H-Reg 5135, Offenlage vom 11. Juli 1950.

[27] Ebenda, Niederschrift über die Sitzung des städt. Sportausschusses am 25. Februar 1955.

[28] Vgl. Sport, Bewegung (wie Anm. 13), S. 24 ff.

[29] Vgl. Organigramm des Schul- und Sportamtes, Stand 15. November 2005. Vgl. auch die Projektbeschreibungen im Abschnitt „Entwicklungen im Sport seit den siebziger Jahren".

[30] BNN vom 8. Juni 1948.

[31] BNN vom 27. September 1948.

[32] BNN vom 13. September 1948.

[33] Sport in Baden 2 (1948), Nr. 36 vom 13. September 1948.

[34] BNN vom 18. Oktober 1948.

[35] BNN vom 27. Dezember 1948.

[36] BNN vom 21. Juni 1949.

[37] StadtAK 1/H-Reg 5437 sowie Walther Bensemann und Dr. Ivo Schricker Junioren-Gedächtnisspiele, in: Josef

Frey (Bearb.): 90 Jahre Karlsruher Fußballverein. Eine illustrierte Chronik, Karlsruhe 1981, S. 262-292.

[38] Ilse Hartmann-Tews: Sport für alle? Strukturwandel europäischer Sportsysteme im Vergleich: Bundesrepublik Deutschland, Frankreich, Großbritannien, Schorndorf 1996, S. 126 f.

[39] BNN vom 7. Januar, 22. März, 31. Mai, 8. Juli und 9. September 1947.

[40] Sport in Baden 3 (1949), Nr. 32 vom 8. August, S. 4.

[41] BNN vom 31. Juli und 1. August 1949.

[42] Willi Daume: Das Kernproblem, in: Das Parlament. Die Woche im Bundeshaus, 27. April 1955, S. 1.

[43] StadtAK,1/H-Reg 5414.

[44] Badische Allgemeine Zeitung (AZ) vom 24. Juni 1953.

[45] Jürgen Gieckert/Christian Wopp: Handbuch Freizeitsport, Schorndorf 2002, S. 27.

[46] Sport und Freizeit. Arbeitstagung des Deutschen Sportbundes. Duisburg 7. und 8. November 1959. Berichtsheft herausgegeben vom Beirat des Deutschen Sportbundes. Bearbeitet von Dr. Franz Lotz, Dr. Ommo Grube und Jürgen Palm, Frankfurt a. M. 1960.

[47] Vgl. ebenda, S. 51.

[48] StadtAK 1/H-Reg 5414.

[49] Sport in Baden 18 (1964), Nr. 12, S. 1.

[50] Christian Wopp: Entwicklungen und Perspektiven des Freizeitsports, Aachen 1995, S. 55ff.

[51] Grundlegend zum Folgenden: Sport, Bewegung (wie Anm. 13).

[52] Ohne Senioren- und Gesundheitssport.

[53] Schul- und Sportamt Karlsruhe (Hrsg.): Freizeitspaß 2005/2006 in Karlsruhe, Karlsruhe 2005.

[54] Vereinsinitiative Gesundheitssport (Hrsg.): Gesundheitssport 2006, Karlsruhe 2005.

[55] Sport – Spiel – Spass – Gesundheit in den städtischen Bädern. Baden in Karlsruhe, Programm 1986.

[56] Stadt Karlsruhe – Bäderbetriebe (Hrsg.): Schwimm- & Badespaß. Kurse die fit machen!, Karlsruhe 2005.

[57] http://www3.karlsruhe.de/servlet/is/72503/ (27. März 2006)

[58] Infos zum Sport. Sportdezernat/Schul- und Sportamt. Nr. 38. November 2004, S. 16-18.

[59] http://www.kindersportschulen.de (10. Januar 2005).

[60] http://www.karlsruher-netzwerk.de/index.shtml (11. Januar 2006).

[61] Martin Lenz: Mobiles Sportbüro Karlsruhe, in: Norbert Fessler u.a. (Hrsg.): Gemeinsam etwas bewegen! Sportverein und Schule – Schule und Sportverein in Kooperation. Dokumentation der Fachtagung vom 1. bis 2. Oktober 1998 in Freiburg/Breisgau, Schorndorf 1999, S. 234f.

[62] http://www4.karlsruhe.de/sport/sportprojekte/boxen sowie BNN vom 17. Januar 2006 .

[63] BNN vom 30. März 2002 und vom 12. September 2005.

[64] http://www.gorodki.de/gorodki/termine/de/2005/winterturnier/berichtwinter2005.pdf (11. Januar 2006).

[65] BNN vom 14. Juni 1996.

[66] Sport, Bewegung (wie Anm. 13), S. 57.

[67] Mansdörfer (wie Anm. 13), S. 48ff. und 51ff.

[68] StadtAK 1/H-Reg 9787, 2. Januar 1981.

[69] Ebenda, 2. Dezember 1987.

[70] Mansdörfer (wie Anm. 13).

[71] http://www.skatenite-karlsruhe.de/ (7. März 2006)

[72] http://www.sports-night.info (7. März 2006).

[73] Günter Wohlfart: Sportveranstaltungen als Standort- und Wirtschaftsfaktor, in: Alexander Woll u.a.: Bewegte Kommune – Gesunde Kommune, Schorndorf 2002, S. 151-155, S. 153.

[74] StadtAK 1/H-Reg 5414, Brief der Stadtverwaltung Karlsruhe an den Deutschen Städtetag, 14. Oktober 1949.

[75] StadtAK 1/H-Reg 5414, Brief vom 28. Dezember 1951.

[76] Ebenda, Umfragebogen der Arbeitsgemeinschaft deutscher Sportämter vom 5. Januar 1953.

[77] BNN vom 18. Januar 1952.

[78] StadtAK, 1/H-Reg 5472, Schreiben der DOG an Oberbürgermeister Klotz vom 1. August 1954.

[79] Ebenda, DOG-Mitteilungen Nr. 5/1955 vom 26. Oktober 1955.

80 Deutsche Olympische Gesellschaft (Hrsg.): Der Goldene Plan in den Gemeinden. Ein Handbuch, Frankfurt a. M. 1961.

81 Amtsblatt für den Stadtkreis Karlsruhe vom 3. November 1961; Badische Volkszeitung (BVZ) vom 3. November 1961.

82 Sport, Bewegung (wie Anm. 13), S. 15.

83 Sportdezernat der Stadt Karlsruhe (Hrsg.): 5 Jahre Europahalle Karlsruhe, Karlsruhe 1988.

84 http://www.lbbw-meeting.de/download/05/PM_LBBW_R%FCckblick_05_Farbe.doc Pressemitteilung vom 24. März 2005 (2. Januar 2006).

85 World Games Karlsruhe 1989. Handbuch der 3. Weltspiele, Karlsruhe 1989.

86 Amtsblatt der Stadt Karlsruhe vom 4. August 1989.

87 StadtAK 1/TBA 411, Brief des Hochschulinstituts für Leibesübungen an das Städtische Sportamt ca. März 1960.

88 AZ vom 23. September 1952.

89 Festschrift zum 60jährigen Jubiläum des Karlsruher Sport-Club 1894–1954, Karlsruhe 1954, S. 112.

90 Amtsblatt für den Stadtkreis Karlsruhe vom 5. August 1955, S. 3.

91 BNN vom 15. November 1955.

92 http://www.ksc.de/ Unterseite Stadion/Geschichte (4. Januar 2006).

93 BNN vom 16. Februar 1995, S. 17 und StadtZeitung vom 3. Januar 1997.

94 BNN vom 27. Februar 1998.

95 Josef Durm: Das staedtische Vierordtbad in Carlsruhe, Berlin 1875, Textseite 1.

96 StadtAK 1/H-Reg 866, Rechenschaftsbericht der Städt. Bad-Verwaltung Karlsruhe vom 14. Juni 1946.

97 BNN vom 8. Oktober 1946.

98 StadtAK, 1/H-Reg 865, Verwaltungsbericht der Städtischen Bad-Verwaltung Karlsruhe vom 28. Oktober 1947.

99 Vgl. die Statistischen Jahrbücher der Stadt Karlsruhe.

100 Karlsruher Neue Zeitung/Süddeutsche Allgemeine (SAZ) vom 27. Juli 1949.

101 Vierordt-Kurbad Karlsruhe. Sicher – Sauber – Modern, Karlsruhe 1984.

102 http://www.vierordtbad.info/1angeb1.htm (29. Dezember 2005).

103 Stephan: Die Neue Schwimmhalle, in: Das Tullabad der Stadt Karlsruhe, Karlsruhe 1955, S. 5-11, S. 5f.

104 Clemens Kieser: Hygiene, Sport oder einfach nur „Spaß"? Glanz und Elend des einst stolzen Karlsruher Tullabades, in: Badische Heimat 85, 2005, S. 601-604.

105 BNN vom 19. September 1955.

106 Amtsblatt vom 20. November 1987.

107 Protokoll der Hauptversammlung des KTV (wie Anm. 3.)

108 SAZ vom 6. Juli 1949.

109 StadtAK, ZGS 68b, Gernot Horn: Rede beim Festabend „60 Jahre Ringtennis" am 13. Mai 1989 in Karlsruhe. Masch. Manuskript.

110 BNN vom 4. Juni 2005.

111 BNN vom 6. August 1955.

112 Festschrift aus Anlass der Eröffnung der Sportschule Schöneck auf dem Turmberg am 11. und 12. Juli 1953, Karlsruhe 1953.

113 Horst E. Rechenberger: Vom Turmberg in die Welt. Die Sportschule Schöneck, in: Klaus E. R. Lindemann: 100 Jahre Turmbergbahn 1888–1988, Karlsruhe 1988, S. 127-133, S. 129.

114 http://www.badfv.de/wDeutsch/sportschule/zahlen.php?navid=96 (27. Dezember 2005) und http://www.badfv.de/wDeutsch/sportschule/belegungsplan/index.php?navid=101 (27. Dezember 2005).

SVENJA SCHMIDT

Boxsport in Karlsruhe

S. 158 –167

1 Zu den Regeln vgl. Horst Fiedler: Boxen für Einsteiger. Training – Technik – Taktik, Berlin 1994. Vgl. auch Siegfried Ellwanger/Ulf Ellwanger: Boxen basics. Training, Technik, Taktik, Stuttgart 2005.

2 Acht Unzen entsprechen 228g.

3 Vgl. Einteilung in: Knud Kohr/Martin Krauß: Kampftage. Die Geschichte des deutschen Berufsboxens, Zwickau 2000, S. 18f.

4 Max Schmeling, 1930 –1932 Profiweltmeister im Schwergewicht.

5 Kohr/Krauß (wie Anm. 3), S. 90.

6 Henry Maske, Boxweltmeister im Halbschwergewicht 1993 –1996, Boxer des Jahres 1995 und 1996.

7 Kohr/Krauß (wie Anm. 3), S. 18.

8 Chronik des Boxring Knielingen in: Festschrift: 25 Jahre Boxsport in Karlsruhe-Knielingen 1946 –1971, S. 18f.

9 Quelle: Schriftliche Zusammenstellung von Wolfgang Stiller, Abteilungsleiter Boxen beim PSV.

10 Quelle: Gespräche mit dem ehemaligen Karlsruher Boxer, Abteilungsleiter Boxen beim KSC und Mitglied der Technik- und Regelkommission des Amateurboxweltverbandes AIBA, Heinz Birkle am 27. Oktober und 15. Dezember 2005.

11 Karlsruhe in Zahlen. Jahresbericht 1950, S. 144.

12 Statistisches Jahrbuch der Stadt Karlsruhe. Berichtsjahr 1960, S. 139.

13 Statistisches Jahrbuch der Stadt Karlsruhe. Berichtsjahr 1970, S. 153.

14 Statistisches Jahrbuch der Stadt Karlsruhe 1991, S. 125.

15 Zur Biographie siehe: Regina Halmich: … noch Fragen? Die Autobiographie der Boxweltmeisterin, Freiburg 2003.

16 Zur Biographie siehe: Sven Ottke: Ich lebe meinen Traum, Freiburg 2003.

ERNST OTTO BRÄUNCHE

Fußball

S. 168 –218

1 Artikel in der Münchener Illustrierten Sportzeitung, zitiert nach: Festschrift zum 60jährigen Jubiläum des Karlsruher Sportclub 1894 –1954, hrsg. vom Karlsruher Sport-Club Mühlburg-Phönix e. V., Karlsruhe 1954, S. 36.

2 Hardy Grüne: 100 Jahre Deutsche Meisterschaft. Die Geschichte des Fußballs in Deutschland, Göttingen 2003, S. 40.

3 Vgl. dazu: Ebenda, S. 12ff.

4 Der Verein wirbt auf seiner homepage (http://www.bfcgermania88.de/) damit, der älteste deutsche Fußballclub zu sein.

5 Karl Geppert: Entstehung und Entwicklung des Fußballsportes in Baden, in: Sportschule Schöneck des Badischen Fußballverbandes. Festschrift aus Anlass der Eröffnung der Sportschule Schöneck auf dem Turmberg am 11. und 12. Juli 1953, Karlsruhe 1953, S. 33-69, S. 35.

6 So der Titel des biographischen Romans von Bernd M. Beyer: Der Mann, der den Fußball nach Deutschland brachte. Das Leben des Walther Bensemann. Ein biographischer Roman, Göttingen 2003. Zu den folgenden Ausführungen vgl. ders.: Walther Bensemann – ein internationaler Pionier, in: Dietrich Schulze-Marmeling (Hrsg.): Davidstern und Lederball. Die Geschichte der Juden im deutschen und internationalen Fußball, Göttingen 2003, S. 82-100.

7 Vgl. Grüne (wie Anm. 2), S. 27.

8 Roland Binz: Räumliche Sozialisation und Fußball in Europa . Eine Einführung in die Bedeutung der Reisen im Fußballsport, S. 11. Binz zitiert August Marx: Turnen und Bewegungsspiel am Karlsruher Gymnasium. Beilage zu dem Programm des Großherzogl. Gymnasiums zu Karlsruhe für das Schuljahr 1893/94 (Progr. 1894 No 608), Karlsruhe 1894.

9 Marx (wie Anm. 8), S. 24f. Der Artikel ist auch im Zusammenhang des Streits zwischen Turnen und Sport zu sehen, vgl. dazu Beitrag Pretsch, S. 44-46 in diesem Band.

10 Vgl. hierzu und zum Folgenden Beyer: Walther Bensemann (wie Anm. 6), S. 85ff. Zum Süddeutschen Fußballverband vgl. Wilhelm Raßbach: Der süddeutsche Fußball-Verband, in: Deutsches Fußball-Jahrbuch 1921 –1922,

hrsg. vom Deutschen Fußball-Bund, Leipzig und Zürich o. J. [1921], S. 58-61. Für die Überlassung dieses Buches zur Auswertung danke ich Herrn Dr. Hans-Jürgen Vogt.

[11] Vgl. Badische Abendzeitung vom 16. Februar 1951 und Geppert (wie Anm. 5), S. 38.

[12] Vgl. Beyer: Der Mann, der den Fußball nach Deutschland brachte (wie Anm. 6), S. 118.

[13] Vgl. Geppert (wie Anm. 5), S. 38.

[14] Zitiert nach Beyer: Walther Bensemann (wie Anm. 6), S. 86.

[15] Grüne (wie Anm. 2), S. 33.

[16] Vgl. Geppert (wie Anm. 5), S. 38.

[17] Zitiert nach ebenda, S. 88.

[18] Vgl. Erik Eggers: Fußball in der Weimarer Republik, Kassel 2001, S. 58.

[19] Vgl. Geppert (wie Anm. 5), S. 41.

[20] Zitiert nach Josef Frey: 90 Jahre Karlsruher Fußballverein. Eine illustrierte Chronik, Karlsruhe 1981, S. 7.

[21] Vgl. ebenda, S. 269-292.

[22] Freundliche Auskunft von Ludolf Hyll.

[23] Stadtarchiv Karlsruhe (StadtAK) 6/BZA 677.

[24] Ebenda.

[25] Vgl. Friedrich Rösch: Über die Pflege der Leibesübungen, in: Karlsruhe 1911. Festschrift. Der 83. Versammlung Deutscher Naturforscher und Ärzte gewidmet von dem Stadtrat der Haupt- und Residenzstadt Karlsruhe, Karlsruhe 1911, S. 557-562, S. 561.

[26] Vgl. Grüne (wie Anm. 2), S. 26. Zum KFV vgl. auch Werner Skrentny: Karlsruher FV: Als der Fußball-Adel den „Palast" verließ, in: Werner Skrentny (Hrsg.): Als Morlock noch den Mondschein traf. Die Geschichte der Oberliga Süd 1945-1963, Kassel 2001, S. 103-105.

[27] Vgl. Druckschrift: Programm zum Fussball-Wettspiel Holstein Kiel, Norddeutscher Meister gegen den Karlsruher F.-V., Ostermontag, 17. April 1911, o. O [Karlsruhe], o. J. [1911], o. S.

[28] Vgl. Christiane Eisenberg: Fußball in Deutschland, in: Geschichte und Gesellschaft 20, 1994, Heft 2, S. 181-210, S. 203.

[29] Vgl. Grüne (wie Anm. 2), S. 28.

[30] Raßbach (wie Anm. 10), S. 58.

[31] Vgl. Frey (wie Anm. 20), S. 22.

[32] Vgl. ebenda, S. 65.

[33] Vgl. Grüne (wie Anm. 2), S. 54f.

[34] Ebenda, S. 53.

[35] Vgl. Programm (wie Anm. 27).

[36] Vgl. StadtAK 1/H-Reg 2141

[37] StadtAK 1/H-Reg 2148

[38] Vgl. Eisenberg (wie Anm. 28), S. 190.

[39] Vgl. ebenda.

[40] Vgl. 100 Jahre Karlsruher Fußballverein. Fortsetzungs- und Ergänzungsband zur Chronik „90 Jahre Karlsruher Fußballverein" ein Kapitel Karlsruher + Deutscher Fußballgeschichte, bearbeitet von Josef Frey mit Beiträgen von Ludolf Hyll, Karlsruhe 1991, S. 5.

[41] So der Sportjournalist Richard Volderauer, zitiert nach Frey, 90 Jahre (wie Anm. 20), S. 337.

[42] Vgl. StadtAK 1/H-Reg 2141.

[43] Chronik der Haupt- und Residenzstadt Karlsruhe für das Jahr 1905, Karlsruhe 1906, S. 131. In Preußen engagierte sich Kronprinz Wilhelm ebenfalls für den Fußball, er stiftete den 1909 erstmals ausgespielten Kronprinzenpokal, vgl. Eggers (wie Anm. 18), S. 10.

[44] Vgl. ebenda.

[45] Dies widerspricht dem Befund von Christiane Eisenberg (wie Anm. 28), S. 187, die feststellt, dass dies erst nach dem Ersten Weltkrieg einsetzte.

[46] Vgl. hierzu und zum Folgenden Frey (wie Anm. 20), S. 61ff.

[47] Grüne (wie Anm. 2), S. 68. Ruzek und Tscherter waren allerdings keine Nationalspieler.

[48] Vgl. Badische Presse vom 25. März 1912 und Deutsches Fußball-Handbuch 1927, Leipzig o. J. [1927], S. 28. Für die Überlassung dieses Buches zur Auswertung danke ich Herrn Dr. Hans-Jürgen Vogt.

[49] Vgl. Eggers (wie Anm. 18), S. 14f.

[50] StadtAK 1/H-Reg 2148.

[51] Vgl. StadtAK 1/H-Reg 2141.

[52] Badische Presse vom 9. Mai 1921. Zum Fußball in der deutschen Außenpolitik nach 1918 vgl. Eggers (wie Anm. 18), S. 102ff.

[53] Ebenda. Vgl. zum Folgenden auch Frey (wie Anm. 20), S. 92ff.

[54] Vgl. 100 Jahre Karlsruher Fußballverein (wie Anm. 40), S. 41.

[55] Badische Neueste Nachrichten (BNN) vom 6. Juli 1961.

[56] Kicker Nr. 15, 1933, zitiert nach Beyer: Walther Bensemann (wie Anm. 6), S. 97.

[57] Dokument im Besitz von Herrn Andreas Hirsch.

[58] Über Julius Hirsch sind inzwischen mehrere Artikel erschienen, vgl.: Uwe Wick: Julius Hirsch, in: Der Ball ist rund. Katalog zur Fußballausstellung im Gasometer Oberhausen im Centro anläßlich des 100jährigen Bestehens des DFB vom 12.5.–15.10.2000, Essen 2000, S. 190-197, Werner Skrentny: Julius Hirsch – der Nationalspieler, der in Auschwitz starb, in: Dietrich Schulze-Marmeling (wie Anm. 6), S. 115-122, und neuerdings Ludger Syré: Julius Hirsch, in: Badische Biographien Neue Folge Bd. V, Stuttgart 2005, S. 124-126. In dem Gedenkbuch des Stadtarchivs Karlsruhe für die ermordeten Karlsruher Juden hat die Schülerin Alexandra Syré einen Beitrag über Julius Hirsch verfasst.

[59] Vgl. zu dieser Kurzbiographie Werner Skrentny: Gottfried Fuchs – Nationalspieler mit Torrekord, in: Dietrich Schulze-Marmeling (wie Anm. 5), S. 123-130, dort, S. 128, auch das Zitat der Tochter von Gottfried Fuchs Anita über die Besuche in Deutschland nach dem Krieg.

[60] Vgl. Frey (wie Anm. 20), S. 184.

[61] Vgl. ebenda, S. 188, und 1914–1918. Ehrenbuch der Stadt Karlsruhe, Karlsruhe 1930, S. 31.

[62] Vgl. 100 Jahre Karlsruher Fußballverein (wie Anm. 40), S. 69.

[63] Vgl. Frey (wie Anm. 20), S. 192.

[64] Vgl. ebenda, S. 188, und 1914–1918 (wie Anm. 61), S. 97.

[65] Zitiert nach: Festschrift zum 60jährigen Jubiläum (wie Anm. 1), S. 23.

[66] Zitiert nach ebenda, S. 24.

[67] StadtAK 6/BZA 677.

[68] Vgl. Eisenberg (wie Anm. 28), S. 190f.

[69] Vgl. ebenda, S. 152f.

[70] Zitiert nach ebenda, S. 34.

[71] StadtAK 1/H-Reg 2142.

[72] Vgl. Karlsruher Tagblatt vom 3. Mai 1910.

[73] Sowohl in der Festschrift zum 60jährigen Jubiläum (wie Anm. 1), S. 36, als auch bei Frey (wie Anm. 20), S. 68, wird von diesem Verdacht berichtet.

[74] Badische Presse vom 2. Mai 1910.

[75] Ebenda.

[76] Illustrierte Sportzeitung, zitiert nach Frey (wie Anm. 20), S. 36.

[77] Vgl. Eggers (wie Anm. 18), S. 9, der vermutet, dass die großstädtische Bevölkerung schon damals das Aufgehen in der anonymen Masse suchte, um den Zwängen bürgerlicher Konventionen zu entgehen.

[78] Karlsruher Tagblatt vom 6. Mai 1910.

[79] Vgl. Karlsruher Tagblatt vom 9. Mai 1910.

[80] Festschrift zum 60jährigen Jubiläum (wie Anm. 1), S. 37.

[81] Vgl. Geppert (wie Anm. 5), S. 44.

[82] Vgl. StadtAK 1/H-Reg 2142.

[83] Vgl. Festschrift zum 60jährigen Jubiläum (wie Anm. 1), S. 41.

[84] Zitiert nach ebenda, S. 41f.

[85] Vgl. Karlsruher Tagblatt vom 24. September 1934.

[86] Festschrift zum 60jährigen Jubiläum (wie Anm. 1), S. 50.

[87] Vgl. BNN vom 12. November 1960 und den ausführlichen Artikel in Wikipedia http://de.wikipedia.org/wiki/Karl_Wegele (Stand 20. April 2006).

[88] Vgl. BNN vom 27. Dezember 1955 und http://de.wikipedia.org/wiki/Emil_Oberle.

[89] Festschrift Fußball-Club Frankonia e. V. 1895–1930, o. O. [Karlsruhe], o. J. [1930], S. 15.

[90] Vgl. Festschrift 100 Jahre ESG – Frankonia e. V. 1895-1995, o. O. [Karlsruhe], o. J. [1995], S. 54f.

[91] Frankonia-Archiv, StadtAK 8/SPOA 10060.

92 Vgl. Festschrift 60 Jahre Karlsruher Fußball-Club Frankonia e. V. 1895, o.O. [Karlsruhe], o.J. [1955], S. 15.

93 Vgl. Geppert (wie Anm. 5), S. 44.

94 Vgl. Eisenberg (wie Anm. 28), S. 192.

95 Vgl. Festschrift zum 60jährigen Jubiläum (wie Anm. 1), S. 15.

96 Vgl. StadtAK 1/H-Reg 2145.

97 Vgl. ebenda und Festschrift 100 Jahre Karlsruher Fußballverein (wie Anm. 40), S. 53ff.

98 Geppert (wie Anm. 5), S. 44.

99 Vgl. Festschrift zum 60jährigen Jubiläum (wie Anm. 1), S. 15 und S. 149.

100 Vgl. StadtAK 1/GA 3.

101 Vgl. StadtAK 1/H-Reg 2150.

102 Vgl. Festschrift zum 60jährigen Jubiläum (wie Anm. 1), S. 57.

103 StadtAK 1/H-Reg 2150.

104 Ebenda.

105 Vgl. Festschrift zum 60jährigen Jubiläum (wie Anm. 1), S. 58f.

106 Ebenda, S. 70.

107 Vgl. ebenda, S. 150f.

108 Vgl. ebenda, S. 73ff.

109 Vgl. Grüne (wie Anm. 2), S. 202.

110 Zitiert nach ebenda, S. 70.

111 Ebenda, S. 71.

112 StadtAK 1/H-Reg 2150.

113 Vgl. ebenda, S. 86.

114 Vgl. Erich Lacker, Zielort Karlsruhe. Die Luftangriffe im Zweiten Weltkrieg, 2. Auflage Karlsruhe 2005, S. 64 (= Veröffentlichungen des Karlsruher Stadtarchivs Band 18).

115 Vgl. StadtAK 1/H-Reg 2150.

116 Festschrift zum 60jährigen Jubiläum (wie Anm. 1), S. 88 und http://www.all2know.com/de/wikipedia/e/er/ernst_willimowski.html

117 StadtAK 1/H-Reg 2150.

118 StadtAK 1/H-Reg 2143. Zur Oberliga Süd vgl. Werner Skrentny (Hrsg.): Als Morlock noch den Mondschein traf (wie Anm. 26).

119 Ebenda.

120 Vgl. ebenda, S. 98, Frey, Festschrift 90 Jahre Karlsruher Fußballverein (wie Anm. 20), S. 197, und BNN vom 9. Januar 1969.

121 Vgl. Grüne (wie Anm. 2), S. 288f.

122 Vgl. StadtAK 1/H-Reg 2150.

123 Ebenda.

124 Vgl. BNN vom 27. Juni 1956.

125 Zitiert nach Festschrift zum 60jährigen Jubiläum (wie Anm. 1), S. 109.

126 Vgl. StadtAK 1/H-Reg 2144.

127 Vgl. Festschrift 75 Jahre 1904-1969 Karlsruher Sport-Club Mühburg Phönix e.V., Karlsruhe 1969, S. 47. Zum KSC vgl. auch Werner Skrentny: Karlsruher SC: Ein Stadion zum Geschenk, in: Werner Skrentny (Hrsg.): Als Morlock noch den Mondschein traf (wie Anm. 26), S. 96-102.

128 Fußball-Sport Köln, zitiert nach Festschrift zum 60jährigen Jubiläum (wie Anm. 1), S. 124.

129 Vgl. Grüne (wie Anm. 2), S. 330.

130 Vgl. ebenda, S. 340ff.

131 Die Anzahl der Länderspiel von Gunther Schepens für Belgien konnte nicht ermittelt werden.

132 Vgl. dazu und zum Folgenden StadtAK 8/ZGS 65c.

133 Vgl. dazu und zum Folgenden ebenda.

134 Eggers (wie Anm. 18), S. 27.

135 Vgl. http://start.vfb-knielingen.de/.

136 Vgl. Eggers (wie Anm. 18), S. 95ff., und Dietmar Preisler: Fußball im katholischen Milieu – DJK-Fußball in der Weimarer Republik, in: Wolfram Pyta (Hrsg.): Der lange Weg zur Bundesliga. Zum Siegeszug des Fußballs in Deutschland, Münster 2004, S. 59-90.

137 Vgl. BNN vom 29. Dezember 1992 und http://de.wikipedia.org/wiki/August_Klingler.

138 Vgl. Sport Mix vom 13. April 2006.

139 Deutsches Fußball-Handbuch 1927 (wie Anm. 43), S. 69, 74f. und 92.

MATHIAS TRÖNDLE

Der Geniestreich hatte in der Fächerstadt Premiere.
Entstehung und Entwicklung des Handballs in Karlsruhe

S. 219 – 240

[1] Vgl. Turnerschaft Karlsruhe-Beiertheim: Festschrift zum 100-jährigen Bestehen, Karlsruhe 1984.

[2] Vgl. Jürgen Ross: Porträt Bernhard Kempa, in: Erik Eggers (Hrsg.): Handball – Eine deutsche Domäne, Göttingen 2004, S. 131-134, hier S. 132.

[3] Diese und weitere wertvolle Informationen für den Beitrag kamen von einem Runden Tisch des Karlsruher Handballs. Zu dem kamen am 7. Oktober 2005 in der Geschäftsstelle des Badischen Handballverbands (BHV) auf Initiative von BHV-Geschäftsführer Uwe Ziegenhagen ehemalige Handballer, die in der Vergangenheit an der Entwicklung dieses Sports in Karlsruhe maßgeblich mitwirkten, mit dem Autor zum Erinnerungsaustausch zusammen. Teilnehmer der Runde waren Franz Schneider, der Vorsitzende des Handballkreises Karlsruhe, der frühere BHV-Vorsitzende Günter Häuser, Reinhold Knab, über mehrere Jahrzehnte für verschiedene Karlsruher Vereine als Spieler, Trainer und Schiedsrichter, dazu in vielfältigen Verbandsfunktionen aktiv, sowie der frühere Handball-Abteilungsleiter und Trainer des TSV Rintheim Hans Bräuer, der einstige Karlsruher Nationalspieler Winfried Gaus (Turnerschaft Durlach), Manfred Dürr und Günter Weick (TG Neureut) sowie Klaus Krziwana (TV Knielingen). Dabei stellten die Teilnehmer für die Publikation auch zahlreiche schriftliche Zeugnisse und Fotos zur Verfügung, Hans Bräuer etwa seine unveröffentlichten Aufzeichnungen zur Geschichte des Karlsruher Handballs. Weitere Informationen und Dokumente erhielt der Autor vom früheren Oberbürgermeister Professor Dr. Gerhard Seiler, von Elmar Roth (Turnerschaft Beiertheim), Stefan Schwarzwälder (TSV Rintheim), Erich Siegel (TV Knielingen), Professor Edmund Tröndle (KTV, VfB Mühlburg und KSC), Hartmut Wackershauser (Turnerschaft Durlach) und Hubert Berger (Schiedsrichter und Kreisspielwart, Turnerschaft Beiertheim). Unterstützung kam auch vom Badischen Sportbund, der sein Archiv zur Verfügung stellte, und vor allem von Bettina Lessle, die aus dem Familienarchiv Aufnahmen aus verschiedenen Epochen des Rintheimer Handballs beisteuerte.

[4] Vgl. Statistisches Jahrbuch der Stadt Karlsruhe 2005, S. 227.

[5] Quelle: Amt für Stadtentwicklung, Statistik der Vereine und deren Mitglieder nach ausgewählten Sportarten 2005

[6] Quelle: Gespräch mit Professor Dr. Gerhard Seiler am 3. Oktober 2005

[7] Vgl. Mathias Tröndle: Als sich Durlach unter Badens Beste warf, in: Intelligenz- und Provinzblatt für Durlach (IPD) Nr. 34, Karlsruhe-Durlach, Juli 2000, S. 37.

[8] Quelle: Gespräch mit Edmund Tröndle, damals Torwart des VfB Mühlburg, siehe Anm. 3, am 14. Februar 2006.

[9] Quelle: Aufzeichnungen von Hans Bräuer, siehe Anm. 3.

[10] Carl Schelenz: Handball, in: Deutscher Sport, Berlin 1926, S. 199-204, S. 199.

[11] Vgl. Erik Eggers (Hrsg.): Handball (wie Anm. 2), S. 23-32.

[12] Vgl. ebenda, S. 38.

[13] Vgl. Schelenz (wie Anm. 10), S. 199.

[14] Vgl. Turnerschaft Karlsruhe-Beiertheim (wie Anm. 1), S. 51.

[15] Vgl. Schelenz (wie Anm. 10), S. 202.

[16] Die TG Neureut hatte ebenfalls bereits 1920 Handball im Programm, der KTV ein Jahr später, der Turnerbund Durlach 1922 und der TV Rintheim 1923. Vgl. dazu Turngemeinde Neureut: 100 Jahre TG Neureut, Karlsruhe 1993, S. 59; Karlsruher Turnverein von 1846: 150 Jahre KTV, Karlsruhe 1996, S. 43; Turnerschaft Durlach: Festschrift zum 110-jährigen Bestehen, Karlsruhe 1956, S. 26; TSV Karlsruhe-Rintheim: 100 Jahre TSV Rintheim, Karlsruhe 1996, S. 32.

[17] Vgl. Heinz Sämann: Handball, in: Festschrift zum 60-jährigen Bestehen des KSC, Karlsruhe 1956, S. 176.

[18] Vgl. Eggers (wie Anm. 2), S. 44.

[19] Vgl. Tröndle (wie Anm. 7), S. 39.

[20] Aus: Ebenda, S. 39.

[21] Vgl. Sämann (wie Anm. 17), S. 176.

[22] Aus: Eggers (wie Anm. 2), S. 49.

[23] Aufzeichnungen aus dem Archiv der FSSV Karlsruhe.

[24] Ebenda.

[25] Vgl. Freie Spiel- und Sportvereinigung Karlsruhe: Festschrift zum 100-jährigen Bestehen, Karlsruhe 1998, S. 66.

[26] Aus: Eggers (wie Anm. 2), S. 66.

[27] Die Olympischen Spiele 1936, Frankfurt a. M. 1972, S. 124-127.

[28] Vgl. Turnerschaft Karlsruhe-Beiertheim (wie Anm. 1).

[29] Vgl. TSV Karlsruhe-Rintheim (wie Anm. 16), S. 33.

[30] Vgl. Sämann (wie Anm. 17), S. 176.

[31] Die Fusion von Phönix Karlsruhe und dem VfB Mühlburg 1953 zum Karlsruher SC versprach zunächst auch Synergien für den Handball.

[32] Quelle: Gespräche mit Reinhold Knab und Edmund Tröndle (wie Anm. 3).

[33] Vgl. Eggers (wie Anm. 2), S. 123.

[34] Vgl. ebenda S. 79.

[35] Vgl. Propaganda-Heft der Olympischen Spiele 1936, Berlin 1936; zitiert nach Eggers (wie Anm. 2), S. 81.

[36] Quelle: Gespräch mit Reinhold Knab (wie Anm. 3).

[37] Vgl. Sport in Baden, Nr. 8, Karlsruhe 1950, S. 1.

[38] Die aus Holz gefertigte Ausstellungshalle stand auf dem Platz des heutigen Dorinth-Hotels, wurde später auf den Messplatz „umgesetzt" und diente dort bis vor einigen Jahren als Catcher- und Veranstaltungshalle.

[39] Vgl. Turnerschaft Karlsruhe-Beiertheim (wie Anm. 1), S. 22.

[40] Quelle: Aufzeichnungen von Hans Bräuer (wie Anm. 3).

[41] Zitiert nach Eggers (wie Anm. 2), S. 132.

[42] Zitiert nach den Aufzeichnungen von Hans Bräuer (wie Anm. 3).

[43] Vgl. Turnerschaft Karlsruhe-Beiertheim (wie Anm. 1), S. 25.

[44] Vgl. Programmheft zum Internationalen Hallen-Handball-Turnier 1960, Karlsruhe 1960, S. 15.

[45] Quelle: Aufzeichnungen von Hans Bräuer (wie Anm. 3).

[46] Vgl. Amtliches Handbuch des Deutschen Handballbunds, Herne 1989, S. 162. Weitere Quelle: Gespräch mit Winfried Gaus (wie Anm. 3).

[47] Vgl. TSV Grötzingen: Festschrift zum 80jährigen Bestehen, Grötzingen 1970, S. 41.

[48] Quelle: Gespräch mit Hans Bräuer am Runden Tisch des BHV (wie Anm. 3).

[49] Vgl. TSV Karlsruhe-Rintheim (wie Anm. 16), S. 50.

[50] Quelle: Gespräch mit Winfried Gaus (wie Anm. 3).

[51] Vgl. TSV Grötzingen: Festschrift (wie Anm. 47), S. 42f.

[52] Vgl. Deutsche Handballwoche, Berlin, Ausgabe vom 19. September 1973, S. 1292.

[53] Quelle: Aufzeichnungen von Hans Bräuer (wie Anm. 3).

[54] Ebenda.

[55] Vgl. TSV Karlsruhe-Rintheim (wie Anm. 16), S. 50.

[56] Ebenda, S. 51.

[57] Vor der handballerischen Liaison mit der HSG Weingarten/Grötzingen hatte Rintheims Vorsitzender Wolf-Dieter Nagel bereits bei der Turnerschaft Durlach um eine Spielgemeinschaft geworben, war aber bei den dortigen Verantwortlichen um Abteilungsleiter Hartmut Wackershauser auf Ablehnung gestoßen.

[58] Vgl. TV Knielingen: 50 Jahre Handball bei TV Knielingen, Karlsruhe 1996, S. 14.

[59] Der 1924 in Stettin geborene Horst Ziegenhagen war nach dem Zweiten Weltkrieg als Spieler, Trainer und Funktionär einer der führenden Köpfe des Karlsruher Handballs. Neben der Turnerschaft Beiertheim, dem KSC und dem SSC Karlsruhe gab er auch dem TV Knielingen (1960 bis 1964 und 1979 bis 1982) als Trainer wesentliche Impulse. Dazu erwarb sich der 1990 gestorbene Ziegenhagen im Zusammenspiel mit Robert Ehmann als Organisator der Internationalen Hallenturniere in der Schwarzwaldhalle Verdienste um den Karlsruher Handball.

[60] Vgl. Post SV Karlsruhe: 60 Jahre Postsportverein Karlsruhe, Elchesheim-Illingen 1987, S. 36.

[61] Quelle: Aufzeichnungen von Hans Bräuer (wie Anm. 3).

[62] Das BHV-Team um Geschäftsführer Uwe Ziegenhagen, früher Spieler in verschiedenen Karlsruher Vereinen und Ende der 80er Jahre Trainer des damaligen Regionalligisten TSV Rintheim, und Landestrainer Dr. Pavol Streicher zieht Talente zum Stützpunkttraining zusammen und fördert die Breitenarbeit in Kooperation mit Schulen und Vereinen.

[63] Beim Lokalderby in der Handball-Landesliga zwischen der Turnerschaft Durlach und Spitzenreiter HSG Rintheim/Weingarten/Grötzingen am 2. April 2006 verwandelten etwa 350 Zuschauer beim 23:22-Erfolg der Hausherren die Durlacher Weiherhalle in einen „Hexenkessel", während die Begegnung in der zwei Klassen höheren Fußball-Oberliga zwischen dem ASV Durlach und dem TSV Crailsheim einen Tag zuvor nur 250 Interessierte ins Turmbergstadion lockte.

VOLKER STECK

Kanusport

S. 241 – 250

[1] Vgl. zum Folgenden Axel Bauer/Sigrun Schulte: Handbuch für Kanusport. Training und Freizeit, Aachen 1997, S. 11-16 und Horst Obstoj: 75 Jahre Deutscher Kanu-Verband e. V. 1914 – 1989, Duisburg 1989, S. 15-24.

[2] Obstoj (wie Anm. 1), S. 17.

[3] Vgl. 25 Jahre Kanuclub Rheinbrüder Karlsruhe, Karlsruhe 1947, S. 3.

[4] Vgl. Jubiläums-Festschrift 50 Jahre Rheinbrüder Karlsruhe e. V. Kanu-, Segel- und Skiclub 1922 – 1972.

[5] Vgl. 1850 – 1900. Zum 50jährigen Geschäfts-Jubiläum der Brauerei A. Printz in Karlsruhe, Karlsruhe 1901, S. 8.

[6] Vgl. hierzu den Beitrag Schuhladen-Krämer, S. 315f.

[7] Vgl. 25 Jahre (wie Anm. 3), S. 6.

[8] Vgl. zur Geschichte der Bootshäuser Ortrud Bürk/Klaus Bürk: Rheinbrüder sind Baubrüder – eine Geschichte ohne Ende, in: 75 Jahre Rheinbrüder Karlsruhe. Rheinbrüder Karlsruhe e. V. Kanu-, Segel- und Skiclub 1922 – 1997, S. 11-15.

[9] Stadtarchiv Karlsruhe (StadtAK) 1/Rheinhäfen 127 (22. Januar 1925)

[10] StadtAK 1/H-Reg 5461, Plan und Liste „Bootshäuser im Rheinstrandbad Rappenwört" vom 8. November 1937.

[11] Zum Folgenden vgl. Detlef Hofmann: Kanurennsport bei den Rheinbrüdern 1922 bis 1997, in: 75 Jahre (wie Anm. 8), S.17-23.

[12] Vgl. das Programmheft Kanuregatta X. Meisterschaft des Oberrhein- und Main-Kreises im Deutschen Kanu-Verband Sonntag, 9. Juni 1929 (eingebunden in StadtAK 1/H-Reg 5441).

[13] StadtAK 1/H-Reg 5441.

[14] Ebenda, 6. Dezember 1935

[15] Vgl. hierzu den Beitrag Schuhladen-Krämer, S. 327-330.

[16] Vgl. http://rheinbrueder.com/termine/regattatermine.htm (10.5.06).

[17] Vgl. 25 Jahre (wie Anm. 3), S. 18-21.

[18] Vgl. Erich Hellenbroich: Der Wassersport – die Bootshäuser in Karlsruhe seit 1879. Karlsruhe 1997, S. 51f.

[19] StadtAK 1/H-Reg 5441.

[20] Vgl. 50 Jahre (wie Anm. 4).

[21] Vgl. Freie Spiel- und Sportvereinigung Karlsruhe e. V. 70 Jahre. Festschrift 1968, S. 28f.

[22] Vgl. Supper, Adolf: 70 Jahre Kanuclub Maxau e. V. Karlsruhe. Festschrift zum 70-jährigen Jubiläum, Karlsruhe 2002, S. 3.

[23] Vgl. StadtAK 1/BOA 1462.

[24] Vgl. Supper (wie Anm. 22).

[25] Das Folgende basiert auf den Reden und Vorträgen anlässlich der 30-, 40-, 50- und 60-Jahrfeiern der Kanugesellschaft Karlsruhe, deren Manuskripte mir freundlicherweise vom Vereinsvorsitzenden Herrn Martin Spiegelhalter zur Verfügung gestellt wurden.

[26] StadtAK 1/H-Reg 5497 (Brief vom 8. August 1929)

[27] http://www3.karlsruhe.de/servlet/is/4328/ (12. Mai 2006, Liste der Karlsruher Sportvereine auf der Homepage der Stadt Karlsruhe).

MANFRED KOCH

Leichtathletik in Karlsruhe

S. 251–272

[1] Hermann Bachmann: Leichtathletik – der olympische Sport, in: E. Merk (Red.): Deutscher Sport, Berlin o. J. (1925), S. 229-258. Zu Bachmann vgl. Kurt Wagner: 100 Jahre Leichtathletik in Baden 1899–1998. Leichtathletik im Wandel der Zeiten, o. O., o. J., S. 94f. Bachmann war in seiner Jugend mit der Leichtathletik über das Neuenheim College in Heidelberg in Berührung gekommen

[2] Vgl. auch zum Folgenden: Hajo Bernett: Leichtathletik im geschichtlichen Wandel, Schorndorf 1987, S. 21-28.

[3] Michael Krüger: Einführung in die Geschichte der Leibesübung und des Sports, Teil 3: Leibesübungen im 20. Jahrhundert. Sport für alle, Schorndorf, 2. neu bearbeitete Aufl. 2005, S. 14.

[4] Vgl. Winfrid Joch: Vom Amateur zum Kleinunternehmer. Leichtathletik, in: Hans Sarkowicz (Hrsg.): Schneller, Höher, Weiter. Eine Geschichte des Sports, Frankfurt a. M./Leipzig 1996, S. 232-246.

[5] Vgl. Bernett (wie Anm. 2), S. 33.

[6] Vgl. ebenda, S. 36-39.

[7] Klaus Hannecke: Karlsruher Leichtathletikgeschichte 1898–2004, o. O. o. J., S. 6. Ohne diese umfassende, reich bebilderte Daten- und Materialsammlung, einer Pionierarbeit zur Karlsruher Leichtathletikgeschichte, wäre dieser kurze Abriss nicht denkbar. Für die kritische Durchsicht des Manuskripts danke ich Klaus Hannecke herzlich. Klaus Hannecke, selbst aktiver Leichtathlet (Süddeutscher Meister im Hochsprung 1964), Sportlehrer und Lehrwart im BLV hat zudem an der Festschrift 100 Jahre Leichtathletik in Baden (wie Anm. 1) maßgeblich mitgearbeitet. Zu den folgenden Ausführungen bis zum Ersten Weltkrieg vgl. Hannecke, S. 5-13, und Wagner (wie Anm. 1), S. 25 f.

[8] Vgl. neben Hannecke (wie Anm. 7), S. 6, auch Stadtarchiv Karlsruhe (StadtAK) 1/H-Reg 2145.

[9] Vgl. Bernett (wie Anm. 2), S. 106.

[10] Vgl. Hans Langenfeld/Klaus Prange: Münster – die Stadt und ihr Sport. Menschen, Vereine, Ereignisse aus den vergangenen beiden Jahrhunderten, Münster 2002, S. 167.

[11] Vgl. das konträre Ergebnis von Bernett (wie Anm. 2), S. 91, der von einem nur „geringen Anteil" spricht.

[12] Dies waren Daniel Huber 1914–1925, Karl Brenner 1926–1932, Willi Klein 1932–1943, Julius Döring 1947–1961, Helmut Rang 1962–1988, vgl. Wagner (wie Anm. 1), S. 94-97. Auf der Kreisebene Karlsruhe haben sich nach 1945 insbesondere Josef Kamuf, Heinz Hoffmann, Horst Liebs und Bernd Axnick Verdienste um die Organisation der Karlsruher Leichtathletik erworben.

[13] Wie Anm. 7.

[14] Zahlen zu den jeweils Leichtathletik treibenden Mitgliedern waren nicht zu ermitteln.

[15] Vgl. Bernett (wie Anm. 2), S. 222-228.

[16] Vgl. ebenda, S. 230-232.

[17] Zitiert nach Hannecke (wie Anm. 7), S. 12.

[18] Oskar Ballweg: Karlsruhe als Pflegestätte von Turnen und Sport, in: Otto Berendt: Karlsruhe. Das Buch der Stadt, Stuttgart 1926, S. 205-209, S. 206.

[19] Vgl. Krüger (wie Anm. 3), S. 101ff.

[20] Ebenda, S. 104.

[21] Vgl. Wagner (wie Anm. 1), S. 27. Im Zeichen der Erfolge Karlsruher Leichtathleten in den folgenden Jahren dürften die Zahlen weiter gestiegen sein, auch wenn nicht jeder der 28 Fußball- und Athletikvereine von 1933 eine Leichtathletik-Abteilung gehabt haben dürfte, vgl. Beitrag Bräunche, S. 99.

[22] Vgl. Bernett (wie Anm. 2), S. 140 f.

[23] Vgl. die Tabelle bei Krüger (wie Anm. 3), S. 104.

[24] Vgl. Freie Spiel- und Sportvereinigung Karlsruhe e. V. 70 Jahre, o. O., o. J. [1968], S. 31.

[25] Vgl. zu den Auseinandersetzungen von Turnen und Sport auch Beitrag Pretsch, S. 44-46 und Beitrag Schuhladen-Krämer, S. 49-53. Zu den Auseinandersetzungen von Turnen und Sport in der Weimarer Republik vgl. Bernett (wie Anm. 2), S. 143ff., und Krüger (wie Anm. 3), S. 107ff.

[26] Vgl. dazu Bernett (wie Anm. 2), S. 161-166.

[27] Vgl. zu den beiden Stadien des FC Phönix und der TH Beitrag Bräunche, S. 82, 85f.

[28] Vgl. StadtAK 1/H-Reg 2151.

[29] Vgl. den Presseausschnitt bei Hannecke (wie Anm. 7), S. 27.

[30] Vgl. Joch (wie Anm. 4), S. 237f.

[31] Vgl. im Einzelnen Hannecke (wie Anm. 7), S. 14-40.

[32] So der Jahresbericht des Bezirks Karlsruhe, zitiert nach ebenda, S. 20.

[33] Alex Nathan emigrierte nach 1933 wegen seines jüdischen Glaubens nach England. Er wurde Historiker und Buchautor. In den 1950er Jahren berichtete er als Journalist auch für die BNN über große Leichtathletikveranstaltungen. Vgl. Hannecke (wie Anm. 7), S. 28.

[34] Otto Faist, der bereits mehrfach in die Nationalmannschaft berufen worden war, konnte verletzungsbedingt nicht teilnehmen.

[35] Vgl. Bernett (wie Anm. 2), S. 202-218.

[36] Diese frühe badische Entwicklung findet bei Bernett keine Erwähnung, vgl. ebenda, S. 209f.

[37] Zitiert nach Hannecke (wie Anm. 7), S. 39.

[38] Vgl. Bernett (wie Anm. 2), S. 206f.

[39] So die Schlagzeile eines Artikels aus dem Verbandsorgan „Der Leichtathlet" 1934, Nr.1, 2, zitiert nach Bernett (wie Anm. 2), S. 261.

[40] Vgl. Beitrag Bräunche, S. 101f.

[41] Bernett (wie Anm. 2), S. 259, zum Vorigen vgl. ebenda S. 112-125.

[42] Vgl. Wagner (wie Anm. 1), S. 29, 94-97.

[43] Vgl. Bernett (wie Anm. 2), S. 149.

[44] Vgl. ebenda, S. 122.

[45] Vgl. ebenda, S. 123.

[46] Vgl. ebenda, S. 150f.

[47] Vgl. ebenda, S. 262f.

[48] Vgl. ebenda, S. 135, 263.

[49] Vgl. Beitrag Bräunche, S. 104.

[50] Der aus Durlach stammende Erwin Huber, der nie für einen Karlsruher Verein startete, war bereits 1928 in Amsterdam dabei und erreichte 1936 als Zehnkämpfer Rang vier.

[51] Zitiert nach Hannecke (wie Anm. 7), S. 38, 40.

[52] Vgl. Der Führer vom 27. Dezember 1937.

[53] Vgl. die Tabelle im Beitrag Bräunche, S. 101. Vergleichbar mit den Mitgliederzahlen des Sportkreises Karlsruhe für 1924 (s.o.) sind diese Zahlen für die Stadt Karlsruhe nicht. Auf einen Rückgang seit 1924 zu schließen, ist dennoch naheliegend.

[54] Vgl. die Zeitungsberichte in StadAK 1/H-Reg 2134.

[55] Zur Erinnerung an ihn veranstaltete die TS Durlach das „Hans-Schmidt-Gedächtnissportfest", vgl. Hannecke (wie Anm. 7), S. 46.

[56] Krüger (wie Anm. 3), S. 160f. Die Mitgliederzahlen hatten sich von 6 Millionen auf 3,5 Millionen verringert. Zitat S. 161.

[57] In der französischen Zone bildete sich erst 1948 der Südbadische Leichtathletiklandesverband, der 1970 mit dem nordbadischen fusioniert wurde, vgl. Wagner (wie Anm. 1), S. 30, 32. Als zentraler Fachverband konstituierte sich nach mehreren Konferenzen 1947 im nordbadischen Unteröwisheim der Deutsche Leichtathletik-

Ausschuss. Vgl. Bernett (wie Anm. 2), S. 152f. Beteiligt war daran der Karlsruher Julius Döring. Er war 1933 von den Nazis als Kreisfachwart für Handball im Badischen Leichtathletikverband entlassen worden. Als Vorsitzender des nordbadischen Leichtathletikverbandes 1947–1961 und als Leiter des städtischen Bäderamtes 1950–1965 hatte er nach 1945 maßgeblichen Anteil an der Entwicklung des Sports in Karlsruhe. Vgl. Hannecke (wie Anm. 7), S. 119.

[58] Laut Vereinsfestschrift „90 Jahre ESG Frankonia Karlsruhe" von 1985 erfolgte die Bildung der Leichtathletik-Abteilung 1952.

[59] Vgl. Beitrag Steck, S. 114f. Vgl. dort auch zum Wiedergründungsprozess des Vereinswesens insgesamt, S. 112ff.

[60] Vgl. StadtAK 1/H-Reg 5414.

[61] Vgl. Josef Frey: 90 Jahre Karlsruher Fußballverein 1891 – 1981. Eine illustrierte Chronik, Karlsruhe 1981, S. 382.

[62] Vgl. 75 Jahre 1894 – 1969. Karlsruher Sport-Club, Mühlburg-Phönix e. V., S. 105.

[63] Vgl. die Mitgliederstatistik der Karlsruher Sportvereine in: Karlsruhe in Zahlen 1946ff. und Statistisches Jahrbuch der Stadt Karlsruhe 1954ff. Die Zahlen sind nicht vergleichbar mit denen des Sportkreises Karlsruhe von 1924, da Sportkreis Karlsruhe und Stadtkreis nicht deckungsgleich sind.

[64] Wie Anm. 62. Zur Rangfolge der Sportarten in Karlsruhe – Leichtathletik auf Rang sieben 1946 und auf Rang fünf 2004 – vgl. Beitrag Steck, S. 117.

[65] Vgl. Beitrag Steck, S. 139ff.

[66] Vgl. die Zahlen in StadtAK 1/H-Reg 5414.

[67] Vgl. Kirstin Klee, Die historische Enzwicklung des Turn- und Sportvereins 1874 Rüppurr e. V. von den Anfängen bis heute (Staatsexamensarbeit Universität Karlsruhe 1998 StadtAK 8/StS 20, 1337), S. 54ff.

[68] Vgl. Hannecke (wie Anm. 7), S. 89.

[69] Vgl. zum Folgenden, wenn nicht anders angegeben, ebenda, S. 43-101.

[70] Bei dieser Veranstaltung 1968, die bei 30° im Schatten stattfand, kam ein KSC-Athlet nur torkelnd ins Ziel und verstarb wenige Tage später an den Folgen der Überanstrengung.

[71] Vgl. StadtAK 1/H-Reg 2134.

[72] Natürlich fanden neben den hier erwähnten großen Veranstaltungen auch weitere statt. So werden für 1959 21 Wettbewerbe mit 14.000 Zuschauern registriert. Zieht man die 10.000 des internationalen Sportfestes ab, so wird verständlich, dass nach dem geringen Besuch des Juniorenländerkampfes von 1958 die Fachpresse notierte:

„Trotz seiner Sprintasse ist Karlsruhe kein Pflaster für Leichtathletik." Zitiert nach Hannecke (wie Anm. 7), S. 76.

[73] Zitiert nach Hannecke (wie Anm. 7), S. 68.

[74] Zusammengerechnet nach Hannecke (wie Anm. 7), S. 51, 61, 78, 87, 91, 98.

[75] Bastian, der 1955 mit dem Leistungssport aufhörte, da er zum Priester geweiht wurde, galt als schnellster Pfarrer Deutschlands. Er nahm 1957 die Trauung seines Staffelkollegen Heinz Fütterer vor.

[76] Im Einzelnen handelt es sich um den Sprinter Karlheinz Klotz (TV Neureut, 1971 – 72 – 4), den Stabhochspringer Hans Gedrat (KSC, 1974 – 1975 – 3), die Speerwerferin Dörthe Barby-Friedrich (LGK/SG Siemens 1995 – 2004 – 9), den Speerwerfer Matthias Hold (LGK/SG Siemens, 1993 – 1995 – 6), die Weitspringerin Heike Drechsler (KSC/LGK, 2001 – 2004 – 4), den Weitspringer Georg Ackermann (LGK, 1992 – 1993 – 3), den Marathonläufer Clemens Schneider-Strittmatter (ESG Frankonia, 1973 – 1), den Marathonläufer Hans Gulyas (KSC, 1974 – 1), den Marathonläufer Gernot Bastian (KSC, 1974 – 1), die Hochspringerin Susanna Rössler (SG Siemens, 1987 – 1), die Hürdenläuferin Gabi Lippe (SG Siemens, 1987 – 1), den Speerwerfer Markus Galanski (LGK/SG Siemens, 1991 – 1), den Weitspringer Holger Ulrich (LGK/SG Siemens, 1993 – 1), den Sprinter Christian Schacht (LGK, 1993 – 1) und den 24-Stunden-Läufer Jens Lukas (LSG, 2001 – 1).

[77] Vgl. Hannecke (wie Anm. 7), S. 108, 113, 127.

[78] Vgl. ebenda S. 101-145, und die tabellarischen Auflistungen am Ende des Buches.

[79] Zu vermerken ist an dieser Stelle der Verlust von vier traditions- und auch erfolgreichen Leichtathletik-Abteilungen: 1974 KTV, 1987 FSSV, 1989 TS Mühlburg und als der Polizei SV 1988 eine neue 400-m-Bahn einweihte, war kurz zuvor auch dessen Leichtathletik-Abteilung aufgelöst worden.

[80] Vgl. Karlsruhe in Zahlen und Statistische Jahrbücher der Stadt Karlsruhe (wie Anm. 63) sowie Sport, Bewegung und Freizeit in Karlsruhe. Analysen und Entwicklungstendenzen im Rahmen der Sport-/Sportstättenentwicklung, Karlsruhe 2003, S. 47.

[81] Vgl. Statistische Jahrbücher der Stadt Karlsruhe (wie Anm. 63) sowie Sport, Bewegung und Freizeit (wie Anm. 80), S. 17f.

[82] Vgl. Wagner (wie Anm. 1), S. 32-34, Zitat S. 34.

[83] Vgl. Hannecke (wie Anm. 7), S. 141. Die ESG Frankonia hatte bereits 1968 mit den Bruchsaler Eisenbahnsportlern eine Wettkampfgemeinschaft mit einer starken Langstreckergruppe gebildet.

[84] Vgl. Sport, Bewegung und Freizeit in Karlsruhe (wie Anm. 80), S. 27, und Beitrag Steck, S. 137. Zur Arbeit eines Vereins vgl. Klee (wie Anm. 67), S. 76 ff.

[85] Vgl. Franz-Josef Kemper: Die traditionellen Leichtathletik-Angebote im Breitensport, in: Leichtathletik und Freizeitsport. Bericht des Symposiums des Leichtathletik-Verbandes Nordrhein 1989 in Köln, Aachen 1990, S. 23-36, S. 24, 31.

[86] Vgl. auch Beitrag Steck, S. 137. Nach Hannecke (wie Anm. 7), S. 126, fanden in Karlsruhe 1992 zehn Volksläufe statt.

[87] So auch das Beispiel Münster, vgl. Langenfeld/Prange (wie Anm. 10), S. 427.

[88] Vgl. zur Europahalle Beitrag Steck, S. 146-148.

[89] Vgl. 90 Jahre ESG Frankonia (wie Anm. 58), S. 140, und 100 Jahre ESG – Frankonia Karlsruhe. Festschrift 1895 – 1995, S. 260.

[90] Zu den erfolgreichen Leichtathleten des Karlsruher Gehörlosen SV zählen auch Birgit Fritsch (1982 und 1983 Deutsche Meisterin im Weit- bzw. Weit- und Hochsprung) sowie Jürgen Schuster (mehrfacher Deutscher Meister über 400 m, 800 m und 4 x 400 m). Weitere erfolgreiche Gehörlosen-Leichtathleten vgl. Beitrag Steck, Liste Sportler/Sportlerinnen des Jahres, S. 121.

[91] Zu den wichtigsten Ereignissen und Ergebnissen der einzelnen Meetings vgl. Hannecke (wie Anm. 7), S. 146-155.

ANKE MÜHRENBERG

Radsport

S. 273–288

1 Vgl. Hermann Ebeling: Das traurige Leben eines deutschen Erfinders im Biedermeier, in: Karl Friedrich Drais von Sauerbronn 1785–1851. Ein badischer Erfinder (Ausstellungskatalog), Karlsruhe 1985, Seite 11. Vgl. dazu auch Hans-Erhard Lessing: Automobilität. Karl Drais und die unglaublichen Anfänge, Leipzig 2003.

2 Zitiert nach Ebeling (wie Anm. 1), S. 11.

3 Ebenda, S. 12.

4 Vgl. Peter Pretsch: Das Laufrad, in: Karl Friedrich Drais von Sauerbronn 1785–1851 (wie Anm. 1), S. 45.

5 Ein derartiges Fahrrad kann im Karlsruher Stadtmuseum im Prinz-Max-Palais im Original besichtigt werden.

6 Vgl. Jürgen Emig: Das Fortbewegungsmittel als Wettkampfgerät – Radsport, in: Hans Sarkowicz (Hrsg.): Schneller, höher, weiter. Eine Geschichte des Sports, Leipzig 1996, S. 247-261.

7 Vgl. dazu auch Hans Langenfeld/Klaus Prange: Münster, die Stadt und ihr Sport. Menschen, Vereine, Ereignisse aus den vergangenen beiden Jahrhunderten, Münster 2002, S. 135.

8 Vgl. Brockhaus. Kleines Konversations-Lexikon. Elektronische Volltextedition der fünften Auflage von 1906, Berlin 2001.

9 Vgl. Langenfeld/Prange (wie Anm. 7), S. 138.

10 Vgl. Carl Diem: Weltgeschichte des Sports, Stuttgart 1960, S. 948.

11 Vgl. Jens Wiegand: Radfahren und Gesundheit um 1900: Das Beispiel der deutschsprachigen Diskussion, Frankfurt a. M. 1997, S. 21 (= Marburger Schriften zur Medizingeschichte 36).

12 Vgl. Elga Roellecke: Vereine und Vereinigungen, Gasthäuser: 27 Vereine und Vereinigungen in Wolfartsweier; die Gasthäuser Zum Schwanen, Zum Rößle, Zur Friedenslinde, das Café Rapp und einige andere, Karlsruhe 1998, S. 78 (= Chronik Wolfartsweier, Heft 3).

13 Siehe auch den Beitrag Schuhladen-Krämer, S. 48f., Karte des Stadtgartens, auf der die Radrennbahn zu sehen ist.

14 Vgl. Stadtarchiv Karlsruhe (StadtAK) 1/H-Reg 4514.

15 Hier und im Folgenden StadtAK 8/StS 17, 19 (Bestimmungen über die Benützung der Radfahrbahn im Stadtgarten).

16 Vgl. Barbara Huber/Emil Reitz/August Vogel: Radsportgemeinschaft Karlsruhe e. V. 1899, 100jähriges Vereinsjubiläum, in: Mühlburg. Streifzüge durch die Ortsgeschichte, hrsg. vom Stadtarchiv Karlsruhe durch Ernst Otto Bräunche, Karlsruhe 1998, S. 251-267.

17 Hier und im Folgenden: Heinrich Dietrich: Grötzingen. Ein Beitrag zur Heimatgeschichte, Grötzingen 1923, S. 198ff.

18 Vgl. Konstanze Ertel: Die Nähmaschinenfabrik Gritzner, in: Susanne Asche/Konstanze Ertel/Anke Mührenberg: Fabrik im Museum. Industrie und Gewerbe in Durlach, Karlsruhe 2003, S. 77-113 (= Veröffentlichungen des Karlsruher Stadtarchivs Band 27), S. 84, sowie Karlsruher Adressbuch von 1906 und 1907.

19 Vgl. Bürgergemeinschaft Rüppurr (Hrsg.): 900 Jahre Rüppurr. Geschichte eines Karlsruher Stadtteils, Karlsruhe 2003, S. 326.

20 Vgl. Willibald Reichwein: Knielingen – Ein Beitrag zur Heimatgeschichte, Knielingen 1924, S. 106.

21 Vgl. Roellecke (wie Anm. 12), S. 79.

22 Vgl. ebenda, S. 78. Auch heute noch findet jährlich eine Drais-Gedächtnisfahrt in Karlsruhe statt.

23 Vgl. Friedrich Rösch: Über die Pflege der Leibesübungen, in: Karlsruhe 1911. Festschrift. Der 83. Versammlung Deutscher Naturforscher und Ärzte gewidmet von dem Stadtrat der Haupt- und Residenzstadt Karlsruhe, Karlsruhe 1911, S. 557-562, S. 562.

24 Vgl. Karlsruher Adressbücher 1870 bis 1933.

25 Vgl. Festschrift 60 Jahre Karlsruher Fußball-Club Frankonia e. V. 1895, o. O. [Karlsruhe], o. J. [1955]; StadtAK 8/SpoA unverzeichnet.

26 Vgl. StadtAK 8/StS 20/1060.

27 Vgl. 100 Jahre Rad- und Motorsportverein Einigkeit 1897 Karlsruhe-Rüppurr, Karlsruhe 1997, S. 37.

28 Vgl. Herbert Maisch: Bulacher Ortschronik. Vom Kirchdorf am Wald zum Stadtteil an der Autobahn, Karlsruhe 1993, S. 188.

29 Vgl. Rad- und Motorsportclub Karlsruhe (Hrsg.): 75 Jahre Rad- und Motorsportclub Karlsruhe (rmsc), Karlsruhe 1978, S. 17 und 23.

30 Hier und im Folgenden: Der Große Brockhaus 1933, S. 319.

31 Vgl. Peter Pretsch: Karlsruher Stadtteile: Bulach. Ausstellung der Stadtgeschichte im Prinz-Max-Palais zur 800-Jahr-Feier, Karlsruhe 1993, S. 47.

[32] StadtAK 5/Wolfartsweier 43

[33] Vgl. Gerhard Friedrich Linder: Eintausend Jahre Hagsfeld. Geschichte eines Dorfes, Karlsruhe 1991, S. 244 (= Veröffentlichungen des Karlsruher Stadtarchivs Band 12).

[34] Vgl. Huber/Reitz/Vogel (wie Anm. 16), S. 253.

[35] Vgl. Maisch (wie Anm. 28), S. 188ff.

[36] Vgl. Huber/Reitz/Vogel (wie Anm. 16), S. 255.

[37] Vgl. StadtAK 1/H-Reg 983.

[38] Vgl. StadtAK 8/StS 20/1060.

[39] Vgl. World Games in Karlsruhe. Vom Spiel zum Wettkampf. Ausstellung zur Geschichte nichtolympischer Sportarten, hrsg. von der Stadt Karlsruhe, Karlsruhe 1989, S. 38f.

[40] Vgl. Badische Neueste Nachrichten (BNN) vom 12. April 1965.

[41] Vgl. Rad- und Motorsportclub Karlsruhe (wie Anm. 29), S. 578.

[42] Vgl. ebenda, S. 61.

[43] Vgl. StadtAK 8/StS 20/1060.

[44] Vgl. Rad- und Motorsportclub Karlsruhe: 100 Jahre Rad- und Motorsportclub Karlsruhe e. V., Karlsruhe 2003, S. 47f.

[45] StadtAK 1/H-Reg 9920.

[46] Vgl. Rad- und Motorsportclub Karlsruhe (wie Anm. 44), S. 42.

[47] Vgl. StadtAK 8/StS 20/1060

[48] Vgl. Rad- und Motorsportclub Karlsruhe (wie Anm. 29), S. 63 f.

[49] Vgl. Rad- und Motorsportclub Karlsruhe (wie Anm. 44), S. 40-42.

[50] Vgl. Rad- und Motorsportclub Karlsruhe (wie Anm. 29), S. 69-73.

[51] Vgl. Rad- und Motorsportclub Karlsruhe (wie Anm. 44), S. 52-54.

[52] Vgl. 100 Jahre Rad- und Motorsportverein Einigkeit 1897 (wie Anm. 27), S. 37.

[53] Vgl. StadtAK 8/StS 20/1060.

[54] Vgl. StadtAK 1/H-Reg 9920.

[55] Vgl. StadtAK 8/StS 20/1060.

[56] Vgl. ebenda.

[57] Vgl. StadtAK 1/H-Reg 9920.

[58] Vgl. www.mtb-karlsruhe.de

[59] Vgl. Das Wochenende (AZ) vom 19. August 1950.

[60] Vgl. BNN vom 25. Juli 1951.

[61] Vgl. BNN vom 22. November 1951.

[62] Vgl. BNN vom 28. September 1955. Siehe dazu auch Abbildung im Beitrag Steck, S. 144 (zu 1959).

[63] Vgl. StadtAK 1/H-Reg 983.

[64] Vgl. StadtAK 1/H-Reg 9920.

[65] Vgl. BNN vom 25. Februar 1987.

[66] Vgl. BNN vom 3. Juli 1987.

[67] Vgl. BNN vom 16. April 1987.

[68] Vgl. StadtAK 8/StS 20/1060.

[69] Vgl. ebenda.

[70] Vgl. hierzu und zum Folgenden Amtsblatt der Stadt Karlsruhe vom 1. Juli 1989

[71] Vgl. Statistisches Jahrbuch der Stadt Karlsruhe 2005, S. 227.

[72] Norbert Daubner/Gaby Hufler: Fahrradbuch Karlsruhe, Karlsruhe 2006.

ANKE MÜHRENBERG

Reitsport

S. 289 – 301

[1] Vgl. Rolf Dittmer Heinze: Das Buch vom Reitsport, Berlin 1972.

[2] Vgl. Sylvia Loch: Reitkunst im Wandel, Stuttgart 1995, S. 34

[3] Vgl. Dominic Klein: Freude mit Pferden, Genf 1971, S. 74.

[4] Vgl. Loch (wie Anm. 2), S. 36.

[5] Vgl. ebenda, S. 51.

[6] Vgl. ebenda, S. 77.

[7] Vgl. ebenda, S. 97.

[8] Vgl. ebenda, S. 57.

[9] Vgl. ebenda, S. 110.

[10] Vgl. ebenda, S. 90.

[11] Vgl. Heinze (wie Anm. 1), S. 146. Caprilli stürzte allerdings 1910 tödlich vom Pferd.

[12] Vgl. Klein (wie Anm. 3), S. 262ff.

[13] Adolf Furler: Partnerschaft von Mensch und Tier – Pferdesport, in: Hans Sarkowicz (Hrsg.): Schneller, höher, weiter. Eine Geschichte des Sports, Leipzig 1996.

[14] Vgl. www.fn-dokr.de.

[15] Vgl. Armin Basche/Hans Dossenbach/Wernher Gorbracht/Ulrik Schramm: Die schöne Welt der Pferde, München, New York 1981, S. 281. Turnierprüfungen sind in der Regel in die Klassen E (Einführung), A (Anfänger), L (Leicht), M (Mittel), S (Schwer) eingeteilt.

[16] Vgl. Klein (wie Anm. 3), S. 287.

[17] Vgl. ebenda, S. 228

[18] Vgl. www.fn-dokr.de

[19] Vgl. Statistisches Jahrbuch der Stadt Karlsruhe 2005, S. 227.

[20] Vgl. Adreßbuch für die Haupt- und Residenzstadt Karlsruhe 1910 und Adreßbuch für die Haupt- und Residenzstadt Karlsruhe 1913.

[21] Vgl. Chronik der Haupt- und Residenzstadt Karlsruhe für das Jahr 1913, Karlsruhe 1914, S. 130, und Chronik der Haupt- und Residenzstadt Karlsruhe für das Jahr 1910, Karlsruhe 1911, S. 119, sowie Friedrich Rösch: Über die Pflege der Leibesübungen, in: Karlsruhe 1911. Festschrift. Der 83. Versammlung Deutscher Naturforscher und Ärzte gewidmet von dem Stadtrat der Haupt- und Residenzstadt Karlsruhe, Karlsruhe 1911, S.557-562, S. 562.

[22] Vgl. Stadtarchiv Karlsruhe (StadtAK) 1/BOA 459.

[23] Hier und im Folgenden vgl. StadtAK 3/B 40.

[24] Vgl. StadtAK 1/BOA 459.

[25] Vgl. Chronik 1913 (wie Anm. 21), S. 130.

[26] Vgl. Loch (wie Anm. 2), S. 55.

[27] Vgl. Peter Pretsch: Karlsruher Stadtteile: Daxlanden. Ausstellung des Stadtmuseums im Prinz-Max-Palais, Karlsruhe 1999, ohne Seite.

[28] Tattersall wurde ein gewerbliches Unternehmen genannt, das Reitpferde vermietet oder mit Pferden handelt. Gleichzeitig kann es aber auch nur Reitbahn oder -halle bedeuten. Richard Tattersall war ein britischer Stallmeister.

[29] Vgl. Adreßbuch der Landeshauptstadt Karlsruhe von 1926.

[30] Vgl. Adreßbuch der Landeshauptstadt Karlsruhe von 1929.

[31] Durlacher Tagblatt vom 3. Juli 1939.

[32] Vgl. Der Führer vom 31. Juni 1939.

[33] Vgl. Badische Neueste Nachrichten (BNN) vom 9. Oktober 1959.

[34] Vgl. StadtAK 1/H-Reg 9926 und 9925.

[35] Vgl. BNN vom 19./20. September 1998.

[36] Vgl. www.rz.uni-karlsruhe.de/ark/studentenreiterei.htm.

[37] Vgl. www.iffezheim.de/.

[38] Peter Pretsch: Karlsruher Stadtteile: Knielingen. Ausstellung der Stadtgeschichte im Prinz-Max-Palais zur 1200-Jahr-Feier, Karlsruhe 1986, S. 58

[39] Vgl. Chronik 1913 (wie Anm. 21), S. 58.

[40] Rheinbote vom 19. Dezember 1924 (StadtAK7/NL Reichwein 105)

[41] Vgl. www.zrv-knielingen.de.

[42] Vgl. 1200 Jahre Knielingen 786–1986, hrsg. vom Bürgerverein Knielingen e. V., Karlsruhe 1985, S. 573ff.

[43] Vgl. BNN vom 13. Juni 1973.

[44] Vgl. Pretsch, Knielingen (wie Anm. 38), S. 58.

[45] Vgl. 1200 Jahre Knielingen (wie Anm. 42), S. 573, sowie BNN vom 20. Mai 1980 und vom 4. August 1980.

[46] Vgl. BNN vom 26. April 1999.

[47] StadtAK 1/H-Reg 9926.

[48] Vgl. BNN vom 3. Mai 1974 und vom 3. Mai 1995.

[49] Vgl. BNN vom 10. Oktober 1957 sowie Ostern 1969.

[50] Vgl. StadtAK 1/H-Reg 9926.

[51] Vgl. BNN vom 31. Januar 1981.

[52] Vgl. BNN vom 28. Januar 1989.

[53] Vgl. BNN vom 17. Mai 1990.

[54] Vgl. BNN vom 10. Mai 1992.

[55] Vgl. BNN vom 7. September 1992.

[56] Vgl. BNN vom 26. Juli 1996 sowie vom 16. Januar 1997.

[57] Vgl. Stadtzeitung vom 30. April 1998.

CAROLA VON ROTH

Der Ursprung des Ringtennis liegt in Karlsruhe

S. 302 – 314

[1] Als Spielgerät wurde in den Anfängen ein Tauseil benutzt, später Moosgummi- bzw. Plastik- oder Kunststoffringe.

[2] Vgl. Elmar D. Mitchell (Hrsg): Sports for Recreation and how to play them, New York 1936, S. 422.

[3] Vgl. Peter Meyer: Die Geschichte des Ringtennissports, in: Sozial- und Zeitgeschichte des Sports 1/1991, S. 52-60, S. 53. Er beruft sich dabei auf mehrere Veröffentlichungen aus den Jahren 1927ff.

[4] Zur Entwicklung von Rappenwört vgl. besonders: Meyer 1991 (wie Anm. 3), S. 53ff. sowie Harald Ringler: Rappenwört – ein Projekt der Karlsruher Planungs- und Baupolitik der 1920er Jahre, in: Blick in die Geschichte. Karlsruher stadthistorische Beiträge. Bd. 3. 1998 – 2003, Karlsruhe 2004, S. 139-146, S. 139.

[5] Vgl. Meyer 1991 (wie Anm. 3), S. 53.

[6] Zitiert nach: Rappenwört (wie Anm. 4), S. 141.

[7] Vgl. Das Karlsruher Rheinstrandbad Rappenwört. Sonderbeilage der Badischen Presse. Zur Eröffnung am 20. Juli 1929, S. 1ff.

[8] Stadtarchiv Karlsruhe (StadtAK) 1/H-Reg 2385, Schreiben der Bäderverwaltung an den OB der Stadt Karlsruhe vom 24. September 1929.

[9] Vgl. Karlsruher Tagblatt vom 3. September 1929, S. 5.

[10] Der deutsche Ringtennis-Bund veröffentlichte von 1932 bis 1935 eine eigene Publikation namens „Ringtennis". In der letzten Ausgabe im August 1935 erschien ein Rückblick auf die Geschichte des DRB. Alle Ausgaben wurden mir freundlicherweise von Herrn Gernot Horn, Karlsruhe zur Verfügung gestellt, dem ich an dieser Stelle für seine Kooperationsbereitschaft danken möchte.

[11] Vgl. Meyer 1991 (wie Anm. 3), S. 54, sowie Peter Meyer: Ringtennis – eine sporthistorische Untersuchung zu einem Turnspiel (Schriftliche Hausarbeit zur Prüfung für das Lehramt an Gymnasien), Oldenburg 1989, S. 34f. Die Informationen über Ilse Weiss stammen von Gernot Horn nach einem Gespräch im Januar 2006. Über Ilse Weiss selbst ist so gut wie nichts bekannt. In den 1930er Jahren

wechselte sie zum Ringtennisclub Siegen, kehrte dann aber wieder nach Karlsruhe zurück und starb dort Ende der 1960er Jahre verarmt.

[12] Vgl. Gernot Horn: In Karlsruhe war die Geburtsstätte: 75 Jahre Rheinstrandbad Rappenwört – 75 Jahre Ringtennis, in: Ringtennis-Information 2004, S. 4 (Zitiert nach dem Manuskript).

[13] Vgl. Meyer 1991 (wie Anm. 3), S. 56.

[14] Vgl. ebenda, S. 57 zu den ausführlichen Verhandlungen um eine Eingliederung in einen Verband, sowie zu den Diskrepanzen mit dem Turnerbund.

[15] Zitat nach: Schlussausgabe der amtlichen Zeitschrift des Deutschen Ringtennisbundes 1935, Heft 3. Schon Meyer verweist auf diesen Aspekt. Vgl. Meyer 1989 (wie Anm. 11), S. 27ff. Er erwähnt unter anderem den Turnverein Durlach und den TV Karlsruhe Rintheim. An anderer Stelle den MTV Karlsruhe und den TV 46 Karlsruhe.

[16] Vgl. Meyer 1989 (wie Anm. 11), S. 58.

[17] Das Areal am Ahaweg wurde bis zum Verbot im Jahre 1933 von der Ortsgruppe Karlsruhe der Sozialistischen Arbeiterjugend genutzt. Die sozialistische Arbeiterjugend hatte auf dem Gelände diverse Bauten erstellt, die vom Karlsruher Ringtennis-Club in seine Sportanlage integriert wurden.

[18] Vgl. Meyer 1989 (wie Anm. 11), S. 65ff.

[19] Vgl. ESG Frankonia Karlsruhe e. V. Festschrift zum 30-jährigen Vereinsjubiläum und Einweihung des Sportheims Brandmatt: 1927 – 1957, Karlsruhe 1957, S. 20, und ESG Frankonia Karlsruhe e. V. Festschrift zum 100-jährigen Jubiläum: 1895 – 1995, Karlsruhe 1995, S. 80f.

[20] Vgl. Festschrift des Polizeisportvereins Karlsruhe anläßlich des 50-jährigen Jubiläums: 1922 – 1972, Karlsruhe 1972, S. 35.

[21] Vgl. Karlsruher Turnverein 1846 e. V. Festschrift zum 110jährigen Bestehen des Karlsruher Turnverein 1846. Karlsruhe 1956, S. 26, sowie Karlsruher Turnverein 1846 e. V. Festschrift zum 150jährigen Jubiläum des KTV 1846. Festakt am 3. März 1996 in der Europahalle Süd: 1846 – 1996, Karlsruhe 1996, S.104f. Vgl. auch: http://www.hfk-hh.de/Ringtennis/DM seit 1931.html, auf der alle Deutschen Meister von 1931 bis 2001 aufgeführt sind.

[22] 25 Jahre Sportgemeinschaft Siemens Karlsruhe e. V.: 1963 – 1988, Karlsruhe 1988, S. 11f.

[23] Vgl. PSK Kurier: Mitteilung des Post Südstadt Karlsruhe e. V. Jubiläumsausgabe 75 Jahre Postsportverein Karlsruhe. Karlsruhe 2002, S. 21.

24 Vgl. Turnerschaft Durlach 1846 e. V. 125 Jahre Vereinschronik Turnerschaft Durlach 1846 e. V., Karlsruhe 1961,
S. 15ff. sowie Turnerschaft Durlach 1846 e. V. 140 Jahre.
Vereinschronik Turnerschaft Durlach 1846 e. V., Karlsruhe 1986, S. 15ff.

25 Vgl. Freie Spiel- und Sportvereinigung Karlsruhe e. V.
Festschrift zum 100-jährigen Bestehen: 1898–1998,
Karlsruhe 1998, S. 31f.

26 Diese Auskunft erhielt ich in zwei Gesprächen im Janu-
ar 2006 mit den Vereinsvorsitzenden Herrn Tröndle
(Turnerschaft Durlach) und Herrn Schempershauve
(FSSV Karlsruhe).

27 Die Angaben der Vereinschronik des TUS Rüppurr sind
aus der Internetseite: http://www.tus-rueppurr.de/home/
tus_abtl.html entnommen. Zur Geschichte des Ringtennis in diesem Verein vgl. ebenda: http://www.tus-ruep-
purr.de/ring/g_ring.html.

28 Vgl. Gernot Horn: Kindheitserinnerungen an das alte
Gelände, in: Lichtbund Karlsruhe. Festschrift zum 50-
jährigen Jubiläum, Karlsruhe 1998, S. 15ff.

29 Vgl. zur Chronik des Lichtbunds ebenda, S. 18ff.

30 Diese Information erhielt ich von dem letzten Abteilungsleiter Herrn Dr.-Ing. Gottfried Leiber.

31 Vgl. hierzu die oben aufgeführten Vereinschroniken.

32 Zitiert nach Meyer, http://www.ringtennis.de/extern-
deutsch/index.php.

33 Vgl. Meyer 1991 (wie Anm. 3), S. 59.

JÜRGEN SCHUHLADEN-KRÄMER

Rudern – eine lange Tradition in Karlsruhe

S. 315 – 330

1 Vgl. Horst Ueberhorst: Hundert Jahre Deutscher Ruderverband: eine historisch-kritische Würdigung, Minden
1983, S. 24.

2 Vgl. Die Grossherzogliche Badische Haupt- & Residenz-
Stadt Karlsruhe in ihren Massregeln für die Gesundheitspflege & Rettungswesen. Bei Veranlassung der Allgemeinen deutschen Ausstellung auf dem Gebiete der Hygiene
und des Rettungswesens zu Berlin 1882 im Auftrage des
Stadtrathes bearbeitet, Karlsruhe 1882, S. XVIII.

3 Festschrift zum 75-jährigen Bestehen des Karlsruher
Ruder-Vereins „Wiking v. 1879", Karlsruhe 1954, S. 14
Stadtarchiv Karlsruhe (StadtAK) 8/StS 20/1933.

4 Vgl. Georg Hertweck: Die Geschichte des Rheinhafens
von den Anfängen bis zum Beginn des Zweiten Weltkriegs, in: Rheinhafen Karlsruhe. 1901 – 2001. Hrsg. vom
Stadtarchiv Karlsruhe und Rheinhäfen Karlsruhe, Karlsruhe 2001, S. 27-162, S. 64f. (= Veröffentlichungen des
Karlsruher Stadtarchivs, Band 22).

5 Festschrift „Wiking v. 1879" (wie Anm. 3), S. 7.

6 Zitiert nach Ueberhorst (wie Anm. 1), S. 33.

7 StadtAK 1/H-Reg 2127, „Vorgänge im Ersten Karlsruher
Ruderklub 'Salamander' beurteilt vom Schöffengericht
der Strafkammer und dem Ausschuss des Deutschen
Ruderverbandes. In Entgegnung auf den Bericht Nr. 107,
I des ‚Badischen Landesboten' (7.5.98) als Manuskript
veröffentlicht von Heinrich Leutz. Karlsruhe 1898".

8 StadtAK 1/H-Reg 2127, Schreiben Schumacher an
Schnetzler, Oktober 1900.

9 StadtAK 1/Rh. 101.

10 Vgl. Erich Hellenbroich: Der Wassersport – die Bootshäuser in Karlsruhe seit 1879, Karlsruhe 1997, S. 12 und
15.

11 Vgl. Adressbücher für die Großherzoglich badische Residenzstadt Karlsruhe, 1888-1903. Vgl. auch: Hellenbroich
(wie Anm. 10), S. 6 und 10f.

12 Vgl. Hellenbroich (wie Anm. 10), S. 18-22. Vgl. auch
Manfred Koch (Hrsg.): Auf dem Weg zur Großstadt.
Karlsruhe in Plänen, Karten und Bildern 1834–1915.
Katalog zur Ausstellung anlässlich des 81. Geodätentages/
INTERGEO in Karlsruhe im Neuen Ständehaus vom 16.
September – 16. Oktober 1997, Karlsruhe 1997, S. 40-42
und S. 46-49.

13 Vgl. Hellenbroich (wie Anm. 10), S. 25-31.

14 Vgl. Hertweck (wie Anm. 4), S. 153.

15 Dazu verschiedene Einladungen in StadtAK 1/H-Reg
2127.

16 Festschrift „Wiking v. 1879" (wie Anm. 3), S. 51.

17 Vgl. Hellenbroich (wie Anm. 10), S. 46f.

18 Vgl. Festschrift „Wiking v. 1879" (wie Anm. 3), S. 40 und
Chronik, in: 125 Jahre Karlsruher Ruder-Verein Wiking
v. 1879 e.V., Karlsruhe 2004 (StadtAK 8/StS 20/1956).

19 StadtAK 1/H-Reg 1903, Tätigkeitsbericht auf Jahres-
sammlung, 21. März 1942. Vgl. auch Hellenbroich (wie
Anm. 10), S. 13, S. 34f. und S. 45ff., StadtAK 1/H-Reg
2127, verschiedene Vorgänge um den „'Salamander'
Karlsruher Ruder-Club" zwischen 1923 und 1942.

[20] StadtAK 1/H-Reg 5460-5462. Vgl. auch Hellenbroich (wie Anm. 10), S. 36.

[21] StadtAK 1/H-Reg 2133, Bericht Fachamt Kanusport, 21. Juni 1939.

[22] Karlsruher Rheinklub „Alemannia" e. V., 1901–1951. Festausgabe zur Feier des 50-jährigen Jubiläums. Karlsruhe 7. Oktober 1951.

[23] StadtAK 1/H-Reg 5501, Karlsruher Regatta-Verband an Oberbürgermeister Julius Finter, 9. Mai 1932.

[24] Rede Gaufachwart Dr. Aletter, laut Der Führer vom 29. November 1937.

[25] StadtAK 1/H-Reg 5501 und 5473. Die Presse berichtete jeweils über den Regattaverlauf, nicht aber über Zuschauerzahlen, Ausnahme Badische Neueste Nachrichten (BNN) vom 24. Juni 1963, die 500 Zuschauer zählten.

[26] StadtAK 1/H-Reg 5463, Forstdirektion an Regierungspräsidium, 7. August 1968.

[27] StadtAK 1/H-Reg 5463, Denkschrift: Erholung und Wassersport. Ein Beitrag der Karlsruher Wassersportvereine zum Naherholungsgebiet Rappenwört – Kastenwört. 1968.

[28] Gemeinderatssitzung 20. Mai 1969.

[29] StadtAK 1/H-Reg 5466.

[30] StadtAK 1/H-Reg 10070, Justizminister Dr. Bender an Oberbürgermeister Dullenkopf, 18. Juni 1975.

[31] Vgl. Sport in Baden, Amtliches Organ des Badischen Sportbundes Karlsruhe (BSB), 23. Januar 2001, S. 6f.

[32] Statistiken 1946 – 2005: Karlsruhe in Zahlen 1946. Hrsg. von der Stadt Karlsruhe, Karlsruhe 1946ff. Fortgesetzt als Statistisches Jahrbuch der Stadt Karlsruhe. Hrsg. von der Stadt Karlsruhe, Karlsruhe 1954ff.

PETER PRETSCH

Schießsport

S. 331–335

[1] Zur Geschichte des Schießsports bis zur Reichsgründung vgl. Beitrag Pretsch, S. 26-35.

[2] Vgl. Gerlinde Brandenburger: Adolf-Römhildt-Denkmal, in: Gerlinde Brandenburger/Manfred Großkinsky/Gerhard Kabierske/Ursula Merkel/Beatrice Vierneisel: Denkmäler, Brunnen und Freiplastiken in Karlsruhe 1715 – 1945, Karlsruhe 1987, S. 431-433 (= Veröffentlichungen des Karlsruher Stadtarchivs Bd. 7).

[3] Alfons Waibel: Biberacher Schützen in sechs Jahrhunderten. Die Entwicklung des Schützenwesens in Biberach und im süddeutschen Raum, Biberach 1990, S. 112.

[4] Vgl. ebenda, S. 116f., Elga Roellecke: Vereine und Vereinigungen, Gasthäuser: 27 Vereine und Vereinigungen in Wolfartsweier; die Gasthäuser Zum Schwanen, Zum Rößle, Zur Friedenslinde, das Café Rapp und einige andere, Karlsruhe 1998, S. 98 (= Chronik Wolfartsweier, Heft 3) und Schützenvereinigung Knielingen e. V., in: 1200 Jahre Knielingen 786–1986, hrsg. vom Bürgerverein Knielingen e. V., bearb. v. Herbert Peter Henn u. a., Karlsruhe 1985, S. 550f.

[5] Vgl. Festbuch anlässlich des 275jährigen Jubiläums der Schützengesellschaft Karlsruhe 1721 e. V., Karlsruhe 1996, S. 78f.

[6] Vgl. Festbuch (wie Anm. 5), S. 85f., und Festschrift anlässlich des 350jährigen Bestehens der Schützengesellschaft Durlach e. V. gegr. 1601 und des 230jährigen Bestehens der Schützengesellschaft Karlsruhe e. V., gegr. 1721, Karlsruhe 1951, S. 109.

[7] Vgl. Festbuch (wie Anm. 5), S. 91f. Schützenvereinigung Knielingen e. V. (wie Anm. 4), S. 552f., Roellecke (wie Anm. 4), S. 99f., Selbstdarstellungen der Sportschützenvereinigung Daxlanden, im Internet www.ssv-daxlanden.de, des Schützenclubs Mühlburg, im Internet http://sc-muehlburg.de, und der Schützengesellschaft Grötzingen, Stadtarchiv Karlsruhe 8/ZGS 89.

[8] Vgl. Sport und Freizeit in Karlsruhe. Sportstätten, Bäder, Turn- und Sportvereine, Anschriften, Wander- und Übersichtskarte, Broschüre, hrsg. v. der Stadt Karlsruhe, Karlsruhe 1991.

PETER PRETSCH

Schwerathletik

S. 336–339

1 F. Brüstle: Wie ich zum Turnen kam, in: Badische Turn-zeitung Nr. 21, 25. Mai 1926, S. 363f. (= Sondernummer für den Karlsruher Turnverein 1846 zum 80jährigen Stiftungsfest).

2 Vgl. Athletengesellschaft 1897 e. V. in: 1200 Jahre Knielingen 786–1986, hrsg. v. Bürgerverein Knielingen e. V., bearb. v. Herbert Peter Henn u.a., Karlsruhe 1985, S. 591f. und Kraftsportverein Durlach, Selbstdarstellung im Internet www.ksvdurlach.de/chronik, S. 1.

3 Vgl. Festschrift zum 50jährigen Jubiläum des Athletiksportverein Karlsruhe-Daxlanden, o. O. [Karlsruhe] 1971, o. S., 75 Jahre Athletik-Sport-Verein 04 Grötzingen e. V., Karlsruhe 1979, o. S., Athletengesellschaft 1897 (wie Anm. 2), S. 592, und Kraftsportverein Durlach (wie Anm. 2), S. 1.

4 Vgl. Athletengesellschaft (wie Anm. 2), S. 592f., Kraftsportverein Durlach (wie Anm. 2), S. 1f., 50 Jahre Athletiksportverein Karlsruhe-Daxlanden (wie Anm. 3), o. S., 75 Jahre Athletik-Sport-Verein Grötzingen (wie Anm. 3), o. S. vgl. dort auch zum Folgenden.

REBEKKA MENGES

Schwimmen

S. 340–357

1 Vgl. Rainer Großbröhmer: Turnen im Wasser? Schwimmen als Ausbildungsgegenstand in der preußischen Turnlehrerausbildung, in: Helmut Breuer (Hrsg.): Schwimmsport und Sportgeschichte: Zwischen Politik und Wissenschaft. Festschrift für Hans-Georg Jahn zum 65. Geburtstag, Sankt Augustin 1994, S. 35-44, S. 35.

2 Vgl. Horst Ueberhorst: Breslau, Zentrum des Sports in Schlesien und Hochburg des Schwimmens, in: Breuer (wie Anm. 1), S. 45-52, S. 48.

3 Vgl. Wolf Pflesser: Die Entwicklung des Sportschwimmens, Celle 1980, S. 36-41.

4 Vgl. Martin Krauß: Schwimmen: Geschichte-Kultur-Praxis, Göttingen 2002, S. 25.

5 Vgl. Ueberhorst (wie Anm. 2), S. 48.

6 Vgl. Die Großherzoglich Badische Haupt- & Residenz-Stadt Karlsruhe in ihren Massregeln für die Gesundheitspflege & Rettungswesen. Bei Veranlassung der Internationalen Ausstellung für Rettungswesen und Gesundheitspflege zu Brüssel 1876 im Auftrage des Stadtrathes bearbeitet, Karlsruhe 1876, S. 57.

7 Vgl. Karin Stober: Historische Sportstätten in Baden-Württemberg, Schorndorf 2004, S.164f.

8 Vgl. Die Großherzoglich Badische Haupt- & Residenz-Stadt Karlsruhe in ihren Massregeln für die Gesundheitspflege & Rettungswesen. Bei Veranlassung der Allgemeinen Deutschen Ausstellung auf dem Gebiete der Hygiene und des Rettungswesens zu Berlin 1882, vom Ortsgesundheitsrath bearbeitet, Karlsruhe 1882, Kapitel XXVII.

9 Vgl. Krauß (wie Anm. 4), S. 27.

10 Vgl. Stober (wie Anm. 7), S. 173-177. Vgl. auch http://www.vierordtbad.info/6gesch1.htm (14.12.2005).

11 Vgl. Krauß (wie Anm. 4), S. 28.

12 Festschrift 70 Jahre Karlsruher Schwimmverein Neptun 1899 e. V., Karlsruhe 1969, S. 23.

13 Stadtarchiv Karlsruhe (StadtAK) 8/StS 20/1473.

14 StadtAK 8/StS 20/1474.

15 Vgl. Festschrift 70 Jahre Neptun (wie Anm. 12), S. 23-25. Vgl. auch Festschrift 75 Jahre Karlsruher Schwimmverein Neptun e. V., Karlsruhe 1974, S. 22-34.

[16] Vgl. Festschrift 75 Jahre Neptun (wie Anm. 15), S. 49.

[17] Durlacher Wochenblatt vom 22. Juni 1906.

[18] Durlacher Tagblatt vom 3. August 1931.

[19] Festschrift 90 Jahre 1. Durlacher Schwimmverein 1906 e. V., Karlsruhe 1996, S. 21-38.

[20] Vgl. Pflesser (wie Anm. 3), S. 20.

[21] Vgl. Rupert Kaiser: Olympia Almanach, Kassel 1996, S. 19.

[22] Vgl. Festschrift 75 Jahre Neptun (wie Anm. 15), S. 28, 31.

[23] http://de.wikipedia.org/FINA (3.2.2006).

[24] Vgl. Pflesser (wie Anm. 3), S. 67, 75.

[25] Vgl. http://www.dlrg.de/Ueber_uns/Geschichte/ (4.1.2006).

[26] Vgl. http://www.karlsruhe.dlrg.de/wir.html (4.1.2006).

[27] Vgl. Krauß (wie Anm. 4), S. 55.

[28] StadtAK 8/StS 20/1475.

[29] http://durlachersv.de/2/index.php?id=95 (1.2.2006).

[30] Vgl. Krauß (wie Anm. 4), S. 58/59.

[31] Vgl. http://www.vierordtbad.info/6gesch1.htm (14.12.2005).

[32] Vgl. Das Tullabad der Stadt Karlsruhe. Hrsg. zur Eröffnung im Juli 1955 von der Stadtverwaltung Karlsruhe, Karlsruhe 1955, S. 11. Vgl. auch Sport und Freizeit in Karlsruhe. Sportstätten, Bäder, Turn- und Sportvereine, Anschriften, Wander- und Übersichtskarte, hrsg. v. der Stadt Karlsruhe, Karlsruhe 1991, S. 21.

[33] Sport und Freizeit (wie Anm. 32), S. 23-28.

[34] Vgl. Festschrift 70 Jahre Neptun (wie Anm. 12), S. 27-31. Vgl. auch Festschrift 75 Jahre Neptun (wie Anm. 15), S. 34-38.

[35] Vgl. Festschrift 75 Jahre Neptun (wie Anm. 15), S. 46 und 49.

[36] Vgl. Sport- und Schwimmclub Karlsruhe e. V. (Hrsg.): 100 Jahre Schwimmen in Karlsruhe 1899 – 1999, Karlsruhe 1999, S. 19, 39-45.

[37] http://www.ssc-karlsruhe/sportangebot/cms/iwebs/default.aspx (1.2.2006).

[38] http://www3.karlsruhe.de/servlet/is/4328/ (1.2.2006).

[39] Vgl. Festschrift 90 Jahre (wie Anm. 19), S. 39-51.

[40] Vgl. Festschrift 70 Jahre Neptun (wie Anm. 12), S. 33, 43-45. Vgl. auch Festschrift 75 Jahre Neptun (wie Anm. 15), S. 40.

[41] Vgl. 100 Jahre Schwimmen (wie Anm. 36), S. 19, 42f.

[42] http://www.ssc-karlsruhe/derssc/cms/iwebs/default.aspx? mmid=1411&smid=5815 (1.2.2006).

[43] Vgl. Krauß (wie Anm. 4), S. 77.

[44] Schwimm- & Badespaß: Kurse die fit machen. Hrsg. Stadt Karlsruhe Bäderbetriebe, Karlsruhe 2005.

[45] Vgl. Krauß (wie Anm. 4), S. 74.

[46] StadtAK 1/H-Reg 9974.

[47] Vgl. 100 Jahre Schwimmen (wie Anm. 36), S. 87.

KATJA FÖRSTER

Tennis

S. 358 – 375

[1] Der folgende historische Überblick basiert auf: Tennis in Deutschland. Von den Anfängen bis zur Gegenwart. Hundert Jahre Deutscher Tennis Bund, Berlin 2002, S. 14-35.

[2] Franz.: „Ballspiel mit der flachen Hand".

[3] Franz.: „haltet, verteidigt!"

[4] Daher die Bezeichnung „Volley".

[5] Der Racket hatte im Vergleich zum heutigen Tennisschläger einen verkürzten Griff.

[6] Das Lawn Tennis bot auch Gelegenheit, die Tochter aus gutem Haus mit den vermögenden Herren aus der Nachbarschaft bekannt zu machen. Im deutschen Kaiserreich sprach man vom „Verlobungstennis".

[7] Zwischen dem Essener Turn- und Fechtclub und dem Eisbahnverein vor dem Dammthor war nur noch die Gründung des Strasbourg LTC 1885 erfolgt.

[8] Georg W. Hillyard und Blanche Hillyard gewannen 1897 und 1900 die Internationale Deutsche Meisterschaft.

[9] Die folgenden Angaben beruhen vor allem auf den zwei Festschriften des KETV: 50 Jahre KETV, Karlsruhe 1962 sowie 75 Jahre Karlsruher Eislauf- und Tennisverein e. V. 1911 – 1986.

[10] Die Austragung einer Tennisweltmeisterschaft auf Hartplätzen in Paris ging auf den in Genf lebenden Amerikaner Duane William zurück. Otto Froitzheim wurde im ersten Jahr ihrer Austragung 1912 Weltmeister im Einzel

als auch im Doppel an der Seite seines Partners Oscar Kreutzer. Die junge Hamburgerin Magdalena „Mieken" Rieck-Galvao wurde Vize-Weltmeisterin bei den Damen. Aus der Vorbereitungskommission für die Pariser Weltmeisterschaften ging die Fédération Internationale de Lawn Tennis (FILT) hervor, heute mit angelsächsischer Wortfolge die IFT mit Sitz in London.

11 Die Herrichtung der Sportstätte kostete den KETV insgesamt 44.000 Goldmark. Da von öffentlicher Seite keine Gelder zur Verfügung gestellt wurden, wurde der Betrag ausschließlich aus Spenden und langfristigen zinsfreien Darlehen aus Freundeshand aufgebracht.

12 Hermann Göhler (1874–1959); Kunstmaler und Professor an der Staatlichen Akademie der Bildenden Künste, Karlsruhe. Göhler war seit 1938 Mitglied des KTV.

13 Laut Verbandsjahrbuch besaßen 1966 nur Grün-Weiß-Mannheim und der KETV eine eigene Tennishalle.

14 Die folgenden Angaben beruhen vor allem auf den Festschriften, die der Tennisclub Durlach e.V. 1920 zum 40-, 50-, 55- und 60-jährigen Bestehen in den Jahren 1960, 1970, 1975 und 1980 herausgegeben hat: Dieter Brunk (Hrsg.): Tennis-Klub Durlach. Aus dem Vereinsleben. [1960]; Badische Tennismeisterschaften 1970. 50 Jahre Tennisclub Durlach 1920; Badische Tennismeisterschaften 1975. 55 Jahre Tennisclub Durlach e.V. 1920; Badische Tennis-Meisterschaften 31. Mai bis 5. Juni 1980. Tennisclub Durlach, sowie auf dem Club-Magazin. Jubiläumsausgabe 1999–2000.

15 Die folgenden Angaben beruhen vor allem auf der im Juli 2003 erschienenen Festschrift zum 75-jährigen Jubiläum der Tennisabteilung im Post Südstadt Karlsruhe, die sowohl die Entwicklung des Postsportvereins Karlsruhe als auch die des Vereins für Bewegungsspiele Südstadt 1896 nachzeichnet.

16 Die folgenden Angaben beruhen vor allem auf der 1989 erschienenen Festschrift TCR – 60 Jahre.

17 Vgl. die Festschrift: 1956–1996. 40 Jahre Tennisclub Neureut.

PETER PRETSCH

Turnen

S. 376–389

1 Vgl. Julius Bohus: Sportgeschichte. Gesellschaft und Sport von Mykene bis heute, München 1986, S. 120f., und Karl Herterich: 130 Jahre Turnen in Baden. Ein geschichtlicher Abriß, Freiburg 1977, S. 27.

2 Festschrift zum zehnjährigen Bestehen der Freien Turnerschaft Karlsruhe. Nebst einem kurzen Rückblick auf die Entwickelung der deutschen Turnerei und die Entstehung und Ziele des Arbeiter-Turnerbundes. Herausgegeben vom Turnrat, Karlsruhe 1908, S. 12f.

3 Jahresbericht des Karlsruher Männerturnvereins für das Jahr 1905–1906 nebst einer kurzen Geschichte des Männerturnvereins und des Turnens in Karlsruhe seit 1848, vom derzeitigen I. Vorsitzenden Professor L. Ebert zusammengestellt und herausgegeben zum 25. Stiftungsfest des Karlsruher Männerturnvereins unter dem Protektorat Seiner Kgl. Hoheit des Erbgroßherzogs Friedrich von Baden am 5., 6. und 13. Mai 1906, Karlsruhe 1906, S. 32.

4 Jürgen Götz: Die Geschichte des Karlsruher Turnvereins 1846 e.V., wissenschaftliche Arbeit für die Zulassung zum 1. Staatsexamen für das Lehramt an Gymnasien am Institut für Sport und Sportwissenschaft der Universität Karlsruhe, Karlsruhe 1996, S. 36f. (Exemplar im Stadtarchiv Karlsruhe (StadtAK) 8/StS 20/1019). Vgl. dort auch zum Folgenden.

5 Vgl. Turnerschaft Durlach. Festschrift zum 125-jährigen Jubiläum, Karlsruhe 1971, S. 17f., und 150 Jahre Turnerschaft Durlach. Festschrift von 1996, S. 26f.

6 100 Jahre Männerturnverein 1881–1981, Festschrift, Karlsruhe 1981, S. 19f.

7 Susanne Asche/Barbara Guttmann/Olivia Hochstrasser/Sigrid Schambach/Lisa Sterr: Karlsruher Frauen 1715–1945. Eine Stadtgeschichte, Karlsruhe 1992, S. 237 (= Veröffentlichungen des Karlsruher Stadtarchivs Bd. 15). Vgl. auch Friedrich Rösch: Über die Pflege der Leibesübungen, in: Karlsruhe. Festschrift der 83. Versammlung Deutscher Naturforscher und Ärzte gewidmet von dem Stadtrat der Haupt- und Residenzstadt Karlsruhe, Karlsruhe 1911, S. 557-562, S. 560.

8 Vgl. Stadtarchiv Karlsruhe (StadtAK) 1/H-Reg 2147 und 100 Jahre Männerturnverein (wie Anm. 6), S. 23f.

9 Herterich (wie Anm. 1), S. 42f.

10 Vgl. StadtAK 1/H-Reg. 2147, 100 Jahre Männerturnverein (wie Anm. 6), S. 25, und Karin Stober: Historische Sportstätten in Baden-Württemberg, Schondorf 2004, S. 224f. (= Schriftenreihe des Instituts für Sportgeschichte Baden-Württemberg Bd. 9).

11 Oskar Ballweg: Karlsruhe als Pflegestätte von Turnen und Sport, in: Karlsruhe. Das Buch der Stadt, Stuttgart 1926, S. 205f.

12 Vgl. 100 Jahre Männerturnverein (wie Anm. 6), S. 24f., Kirsten Klee: Die historische Entwicklung des Turn- und Sportvereins Rüppurr e. V. von den Anfängen bis heute, wissenschaftliche Arbeit für die Zulassung zum 1. Staatsexamen für das Lehramt an Gymnasien am Institut für Sport und Sportwissenschaft der Universität Karlsruhe, Forst 1998, S. 35 (Exemplar im StadtAK 8/StS 20/1337), und Götz (wie Anm. 4), S. 54.

13 Vgl. 100 Jahre Männerturnverein (wie Anm. 6), S. 26f. und den Beitrag zum Ringtennis in diesem Band.

14 Vgl. Götz (wie Anm. 4), S. 53f.

15 Vgl. Herterich (wie Anm. 1), S. 59f., und Michael Krüger: Einführung in die Geschichte der Leibeserziehung und des Sports. Teil 3: Leibesübungen im 20. Jahrhundert. Sport für alle, Schorndorf 1993, S. 121f. (= Sport und Sportunterricht Bd. 10).

16 Vgl. Josef Werner: Hakenkreuz und Judenstern. Das Schicksal der Karlsruher Juden im Dritten Reich, Karlsruhe 1988, S. 114f. (= Veröffentlichungen des Karlsruher Stadtarchivs Bd. 9).

17 Herterich (wie Anm. 1), S. 61f. Vgl. dort auch zum Folgenden.

18 100 Jahre Männerturnverein (wie Anm. 6), S. 27f.

19 Vgl. Klee (wie Anm. 12), S. 39f.

20 Vgl. Götz (wie Anm. 4), S. 62, und 100 Jahre Turngemeinde Durlach-Aue e. V., Festschrift, Karlsruhe 1995, S. 37.

21 Bohus (wie Anm. 1), S. 156.

22 Vgl. Herterich (wie Anm. 1), S. 71f., Götz (wie Anm. 4), S. 63f., und Klee (wie Anm. 12), S. 40f.

23 Vgl. StadtAK 1/H-Reg 2158 u. 5453 sowie Herterich (wie Anm. 1), S. 95.

24 Vgl. Sport und Freizeit in Karlsruhe. Sportstätten, Bäder, Turn- und Sportvereine, Anschriften, Wander- und Übersichtskarte, Broschüre, hrsg. v. der Stadt Karlsruhe, Karlsruhe 1991.

25 150 Jahre Turnerschaft Durlach (wie Anm. 5), S. 63.

26 Vgl. Sport und Freizeit (wie Anm. 24), mit dem dort aufgeführten Angebot der Turn- und Sportvereine und kommerzieller Sportanbieter.

27 Vgl. Erich Beyer: Alfred Maul und die Großherzogliche Badische Turnlehrerbildungsanstalt in Karlsruhe, in: Michael Krüger (Hrsg.): „Eine ausreichende Zahl turnkundiger Lehrer ist das wichtigste Erfordernis …". Zur Geschichte des Schulsports in Baden und Württemberg, Schorndorf 1999, S. 68-78, S. 71f. (= Wissenschaftliche Schriftenreihe des Instituts für Sportgeschichte Baden-Württemberg, Bd. 6).

28 Erich Beyer: Turn- und Sportlehrerausbildung an Hochschulen in Baden: Universität Karlsruhe, in: Krüger (wie Anm. 27), S. 167.

29 Vgl. ebenda., S. 167-169.

30 Vgl. Klaus Kramer: Turn- und Sportlehrerausbildung an Hochschulen in Baden: Pädagogische Hochschule Freiburg, in: Krüger (wie Anm. 27), S. 170-174, und Pädagogische Hochschule Karlsruhe, Selbstdarstellung im Internet www.ph-karlsruhe.de.

31 Vgl. Pädagogisches Fachseminar Karlsruhe, Sport-Info 2 des Oberschulamts Karlsruhe, 7.12.2003, S. 1-3, und Sport- und Gymnastikschule Karlsruhe, Selbstdarstellung im Internet www.sgka.de.

32 Vgl. Michael Krüger: Einführung in die Geschichte der Leibeserziehung und des Sports. Teil 2: Leibeserziehung im 19. Jahrhundert. Turnen fürs Vaterland, Schorndorf 1993, S. 162f. (= Sport und Sportunterricht, Bd. 9), und die Angaben unter Anm. 31.

33 Vgl. Natalie Nagel: Tänzerische Gestaltung einer Unterrichtseinheit mit Grundelementen aus Aerobic, Jazztanz und Hip-Hop (geeignet für Klasse 7-11), Sept. 2001, 55 S. (Arbeitsmaterialien des Oberschulamts Karlsruhe, im Internet abrufbar unter www.lehrer.uni-karlsruhe.de)

34 Vgl. Forschungszentrum für den Schulsport und den Sport von Kindern und Jugendlichen, Selbstdarstellung im Internet unter www.sport-uni.karlsruhe.de/foss und die Sportprojekte der Stadt Karlsruhe unter www4.karlsruhe.de/sport/sportprojekte.de.

Quellen und Literatur (Auswahl)

GEDRUCKTE QUELLEN

Adreßbuch der Landeshauptstadt Karlsruhe.

Adreßbuch für die Haupt- und Residenzstadt Karlsruhe.

Chronik der Haupt- und Residenzstadt Karlsruhe für das Jahr 1885–1917. Jg. [1]-33. Im Auftrag der städtischen Archivkommission bearbeitet, Karlsruhe 1886–1919.

Die Grünpolitik im Karlsruher Generalbebauungsplan. Der Rheinpark Rappenwört, Karlsruhe 1927.

Festschrift aus Anlass der Eröffnung der Sportschule Schöneck auf dem Turmberg am 11. und 12. Juli 1953, Karlsruhe 1953.

Festschrift zum XVI. Kreisfest IV Baden-Pfalz im Deutschen Athletiksportverband, Lahr 1925.

Infos zum Sport. Sportdezernat / Schul- und Sportamt. Nr. 38. November 2004.

Karlsruhe in Zahlen 1946ff.

Küchler, Balthasar: Repräsentatio Der Fürstlichen Auffzüg und Ritterspil ..., Schwäbisch Gmünd 1611.

Mansdörfer, Otto: Nachfrage nach Freizeit- und Sportangeboten in Karlsruhe: Ergebnisse einer Umfrage zum Sport- und Freizeitverhalten, Karlsruhe 2003.

Ministerialblatt des Reichs- und Preußischen Ministeriums des Innern Nr. 15 vom 15. April 1941.

Öttinger, Johann: Warhaffte Historische Bescheibung Der Fürstlichen Hochzeit, und deß Hochansehnlichen Beylagers, So ... Johann Friedrich Hertzog zu Württemberg und Teck ... Mit Barbara Sophia Marggräfin zu Brandenburg, Stuttgart 1610.

Programm zum Fussball-Wettspiel Holstein Kiel, Norddeutscher Meister gegen den Karlsruher F.-V., Ostermontag, 17. April 1911, o. O [Karlsruhe], o. J. [1911]

Programmheft zum Internationalen Hallen-Handball-Turnier 1960, Karlsruhe 1960.

Schneider, Hermann: Generalbebauungsplan der Landeshauptstadt Karlsruhe, Karlsruhe 1926.

Schul- und Sportamt Karlsruhe (Hrsg.): Freizeitspaß 2005/2006 in Karlsruhe, Karlsruhe 2005.

Schwimm- & Badespaß: Kurse die fit machen. Hrsg. von der Stadt Karlsruhe – Bäderbetriebe, Karlsruhe 2005.

Spiel und Sport im Karlsruher Generalbebauungsplan. Der Sportpark Hardtwald, Karlsruhe 1927.

Sport, Bewegung und Freizeit in Karlsruhe. Analysen und Entwicklungstendenzen im Rahmen der Sport-/Sportstättenentwicklung, Karlsruhe 2003.

Sport – Spiel – Spass – Gesundheit in den städtischen Bädern. Baden in Karlsruhe, Programm 1986.

Sport und Freizeit. Arbeitstagung des Deutschen Sportbundes. Duisburg 7. und 8. November 1959. Berichtsheft hrsg. vom Beirat des Deutschen Sportbundes. Bearb. von Dr. Franz Lotz, Dr. Ommo Grube und Jürgen Palm, Frankfurt a. M. 1960.

Sport und Freizeit in Karlsruhe. Sportstätten, Bäder, Turn- und Sportvereine, Anschriften, Wander- und Übersichtskarte, Broschüre, hrsg. von der Stadt Karlsruhe, Karlsruhe 1991.

Sportdezernat der Stadt Karlsruhe (Hrsg.): 5 Jahre Europahalle Karlsruhe, Karlsruhe 1988.

Stadt Karlsruhe – Bäderbetriebe (Hrsg.): Schwimm- & Badespaß. Kurse die fit machen!, Karlsruhe 2005.

Statistisches Jahrbuch der Stadt Karlsruhe. 1954ff.

Vereinsinitiative Gesundheitssport (Hrsg.): Gesundheitssport 2006, Karlsruhe 2005.

Verwaltungsberichte der Landeshauptstadt Karlsruhe 1928–1938, Karlsruhe 1929ff.

Vierordt-Kurbad Karlsruhe. Sicher – Sauber – Modern, Karlsruhe 1984.

World Games Karlsruhe 1989. Handbuch der 3. Weltspiele, Karlsruhe 1989.

Vereins-Festschriften
(Vorgänger-Vereine sind unter dem aktuellen Namen zusammengefasst)

1. Durlacher Schwimmverein 1906
Festschrift 90 Jahre 1. Durlacher Schwimmverein 1906 e. V., Karlsruhe 1996.
ASV Durlach 02
75 Jahre Allgemeiner Sportverein Durlach 1902 e. V. Festwoche vom 16. bis 22. Juni 1977, Karlsruhe 1977.
Athletik-Sport-Verein 04 Grötzingen
75 Jahre Athletik-Sport-Verein 04 Grötzingen e. V., Karlsruhe 1979.
Athletiksportverein Daxlanden
Festschrift zum 50jährigen Jubiläum des Athletiksportverein Karlsruhe-Daxlanden, Karlsruhe 1971.
Boxring Knielingen
Festschrift: 25 Jahre Boxsport in Karlsruhe-Knielingen 1946–1971.

ESG Frankonia

Festschrift 35 Jahre Fußball-Club Frankonia e. V. 1895-1930, Karlsruhe 1930.

Festschrift 60 Jahre Karlsruher Fußball-Club Frankonia e. V. 1895, Karlsruhe 1955.

Eisenbahner-Sportgemeinschaft Frankonia Karlsruhe e. V. Festschrift zum 30-jährigen Vereinsjubiläum und Einweihung des Sportheims Brandmatt 1927–1957, Karlsruhe 1957.

90 Jahre ESG Frankonia Karlsruhe. Festschrift 1895–1985, Karlsruhe 1985.

100 Jahre ESG Frankonia Karlsruhe. 1895–1995. Vereinschronik in Wort und Bild, Karlsruhe 1995.

Flugsportverein 1910 Karlsruhe

Flugsportverein 1910 Karlsruhe e.V. Dokumentation. Der Flugsport von 1909 bis heute. Der Flugplatz Karlsruhe-Forchheim. Die Luftsportgemeinschaft Rheinstetten e. V. Hrsg. vom Flugsportverein 1910 Karlsruhe e. V., Rheinstetten 2000.

Freie Spiel- und Sportvereinigung Karlsruhe

Festschrift zum zehnjährigen Bestehen der Freien Turnerschaft Karlsruhe. Nebst einem kurzen Rückblick auf die Entwickelung der deutschen Turnerei und die Entstehung und Ziele des Arbeiter-Turnerbundes. Herausgegeben vom Turnrat, Karlsruhe 1908.

Freie Spiel- und Sportvereinigung Karlsruhe e. V. Festschrift zum 100-jährigen Bestehen 1898–1998, Karlsruhe 1998.

Karlsruher Rheinclub Alemannia

Karlsruher Rheinklub „Alemannia" e. V. gegr. 1901. Klub-Nachrichten. Festausgabe zur Feier des 50-jährigen Jubiläums, Karlsruhe 1951.

Karlsruher Sportclub Mühlburg-Phönix

Festschrift zum 60-jährigen Jubiläum des Karlsruher Sport-Club 1894–1954, Karlsruhe 1954.

75 Jahre Karlsruher Sport-Club Mühlburg Phönix e. V., Karlsruhe 1969.

KETV Karlsruher Eislauf und Tennisverein

50 Jahre KETV, Karlsruhe 1962.

75 Jahre Karlsruher Eislauf- und Tennisverein e. V. 1911–1986.

KFV

Frey, Josef: 90 Jahre Karlsruher Fußballverein. Eine illustrierte Chronik, Karlsruhe 1981.

100 Jahre Karlsruher Fußballverein. Fortsetzungs- und Ergänzungsband zur Chronik „90 Jahre Karlsruher Fußballverein" ein Kapitel Karlsruher + Deutscher Fußballgeschichte, bearbeitet von Josef Frey mit Beiträgen von Ludolf Hyll, Karlsruhe 1991.

Karlsruher Turnverein 1846

Badische Turnzeitung Nr. 21, 25.5.1926 (= Sondernummer für den Karlsruher Turnverein 1846 zum 80-jährigen Stiftungsfest).

Festschrift 110 Jahre Karlsruher Turnverein 1846, Karlsruhe 1956.

Festschrift zum 150jährigen Jubiläum des KTV 1846. Festakt am 3. März 1996 in der Europahalle Süd. 1846–1996, Karlsruhe 1996.

Lichtbund Karlsruhe

Horn, Gernot: Kindheitserinnerungen an das alte Gelände, in: 50 Jahre Lichtbund Karlsruhe e. V. 1948–1998. Festschrift, Karlsruhe 1998, S. 15–21.

Männerturnverein Karlsruhe

Jahresbericht des Karlsruher Männerturnvereins für das Jahr 1905–1906 nebst einer kurzen Geschichte des Männerturnvereins und des Turnens in Karlsruhe seit 1848, vom derzeitigen I. Vorsitzenden Professor L. Ebert zusammengestellt und herausgegeben zum 25. Stiftungsfest des Karlsruher Männerturnvereins unter dem Protektorat Seiner Kgl. Hoheit des Erbgroßherzogs Friedrich von Baden am 5., 6. und 13. Mai 1906, Karlsruhe 1906.

Festschrift zum fünfzigjährigen Bestehen des Karlsruher Männer-Turnvereins. Hrsg. von Karl Broßmer und Max Schwarzmann, Karlsruhe 1931 (= Nachrichtenblatt des Karlsruher Männer-Turnvereins 9, 1931, Heft 3).

100 Jahre Männerturnverein 1881–1981, Festschrift, Karlsruhe 1981.

Polizeisportverein Karlsruhe

Festschrift des Polizeisportvereins Karlsruhe e. V. anläßlich seines 50-jährigen Jubiläums, verbunden mit einer Fest- und Sportwoche in der Zeit vom 12. bis 16. Juli 1972, Karlsruhe 1972.

Post Südstadt Karlsruhe PSK

60 Jahre Postsportverein Karlsruhe, Elchesheim-Illingen 1987.

PSK Kurier Juni 2002. Jubiläumsausgabe 75 Jahre Postsportverein Karlsruhe, Karlsruhe 2002.

Rad- und Motorsportclub Karlsruhe

75 Jahre Rad- und Motorsportclub Karlsruhe (rmsc) im R.K.B. Solidarität e. V., Karlsruhe 1978.

1903–2003. Festschrift zum 100jährigen Jubiläum des Rad- und Motorsportclubs Karlsruhe e.V. rsmc, Karlsruhe 2003.

Rad- und Motorsportverein Einigkeit 1897 Karlsruhe-Rüppurr

100 Jahre Rad- und Motorsport-Verein „Einigkeit" 1897 Karlsruhe-Rüppurr e. V. Festschrift zur großen Jubiläumsveranstaltung, Karlsruhe 1997.

Ruder-Verein Wiking v. 1879

Festschrift zum 75-jährigen Bestehen des Karlsruher Ruder-Vereins „Wiking v. 1879", Karlsruhe 1954.

125 Jahre Karlsruher Ruder-Verein Wiking v. 1879 e. V., Karlsruhe 2004.

Schützengesellschaft Durlach 1601

Festschrift mit Programm und Schießordnung zum 350jährigen Jubiläumsfest der Schützengesellschaft Durlach e. V. gegr. 1601 und 230jährigen Bestehen der Schützengesellschaft Karlsruhe e. V. gegr. 1721 am 30. Juni, 1. und 2. Juli 1951 in Karlsruhe-Durlach, Karlsruhe 1951.

400 Jahre Schützengesellschaft Durlach e. V. 1601–2001, Festschrift, Karlsruhe 2001.

Schützengesellschaft Karlsruhe 1721

Festbuch anläßlich des 275jährigen Jubiläums der Schützengesellschaft Karlsruhe 1721 e. V., Karlsruhe 1996.

SSC Karlsruhe
Festschrift 70 Jahre Karlsruher Schwimmverein Neptun 1899 e. V., Karlsruhe 1969.
Festschrift 75 Jahre KSN 99, Karlsruhe 1974.
SSC. KSN 99. 100 Jahre. Schwimmen Karlsruhe 1899–1999, Karlsruhe 1999.
Sportgemeinschaft Siemens Karlsruhe
25 Jahre Sportgemeinschaft Siemens Karlsruhe e. V., Karlsruhe 1988.
SVK Beiertheim
Festschrift anläßlich des 100jährigen Jubiläums der Turnerschaft 1884 Karlsruhe-Beiertheim, Karlsruhe 1984.
Tennisclub Durlach
Brunk, Dieter (Hrsg.): Tennis-Klub Durlach. Aus dem Vereinsleben, Karlsruhe 1960.
Badische Tennismeisterschaften 1970. 50 Jahre Tennisclub Durlach 1920, Karlsruhe 1970.
Badische Tennismeisterschaften 1975. 55 Jahre Tennisclub Durlach e. V. 1920, Karlsruhe 1975.
Badische Tennis-Meisterschaften 31. Mai bis 5. Juni 1980. Tennisclub Durlach, Karlsruhe 1980.
Tennisclub Neureut
1956–1996. 40 Jahre Tennisclub Neureut, Karlsruhe 1996.
TSV Grötzingen
Festschrift 80 Jahre TSV Grötzingen, Grötzingen 1970.
TSV Rintheim
100 Jahre TSV Karlsruhe-Rintheim 1896 e. V., Karlsruhe 1996.
Turnerschaft Durlach
Turnerschaft Durlach: Festschrift zum 110-jährigen Bestehen, Karlsruhe 1956.
Turnerschaft Durlach 1846 e. V. Festschrift zum 125-jährigen Jubiläum, Karlsruhe 1971.
140 Jahre Turnerschaft Durlach 1846 e. V. Vereinschronik, Karlsruhe 1986.
150 Jahre Turnerschaft Durlach. Festschrift 1846–1996, Karlsruhe 1996.
Turngemeinde Neureut 1893
100 Jahre Turngemeinde Neureut 1893–1993, Karlsruhe 1993.
TV Knielingen
TV Knielingen: 50 Jahre Handball bei TV Knielingen, Karlsruhe 1996.

Zeitungen und Zeitschriften

Allgemeine Zeitung (AZ)
Amtsblatt der Stadt Karlsruhe
Amtsblatt für den Stadtkreis Karlsruhe
Badische Abendzeitung
Badische Neueste Nachrichten (BNN)
Badische Presse
Badische Volkszeitung
Badischer Beobachter
Der Führer
Deutsche Handballwoche
Durlacher Tagblatt
Durlacher Wochenblatt
Karlsruher Tagblatt
Rheinbote
Sport in Baden
StadtZeitung

LITERATUR

1200 Jahre Knielingen 786–1986, hrsg. vom Bürgerverein Knielingen e. V., bearb. von Herbert Peter Henn u. a., Karlsruhe 1985.
1914–1918. Ehrenbuch der Stadt Karlsruhe, Karlsruhe 1930.
50 Jahre Badischer Sportbund. Hrsg. v. Badischen Sportbund e. V., Karlsruhe 1996.
Alltag in Karlsruhe. Vom Lebenswandel einer Stadt durch drei Jahrhunderte, hrsg. von Heinz Schmitt unter Mitwirkung von Ernst Otto Bräunche, Karlsruhe 1990 (= Veröffentlichungen des Karlsruher Stadtarchivs Band 10).
Amtliches Handbuch des Deutschen Handballbunds, Herne 1989.
Asche, Susanne/Guttmann, Barbara/Hochstrasser, Olivia/Schambach, Sigrid/Sterr, Lisa: Karlsruher Frauen 1715–1945. Eine Stadtgeschichte, Karlsruhe 1992 (= Veröffentlichungen des Karlsruher Stadtarchivs Band 15).
Asche, Susanne/Hochstrasser, Olivia: Durlach. Staufergründung, Fürstenresidenz, Bürgerstadt, Karlsruhe 1996 (= Veröffentlichungen des Karlsruher Stadtarchivs Band 17).
Asche, Susanne / Bräunche, Ernst Otto / Koch, Manfred / Schmitt, Heinz/Wagner, Christina: Karlsruhe. Die Stadtgeschichte, Karlsruhe 1998.
Bachmann, Hermann: Leichtathletik – der olympische Sport, in: E. Merk (Red.): Deutscher Sport, Berlin o. J. [1925], S. 229-258.
Bachmann, Martin: Die Karlsburg. Spuren der Residenzanlage im Durlacher Stadtgefüge, Karlsruhe 2000 (= Institut für Baugeschichte der Universität Karlsruhe, Materialien zu Bauforschung und Baugeschichte 11).
Basche, Armin/Dossenbach, Hans/Gorbracht, Wernher/Schramm, Ulrik: Die schöne Welt der Pferde, München, New York 1981.
Benezé, Emil: Lebenserinnerungen der Karoline Schulze-Kummerfeld, Band 1, Berlin 1915.
Benz, Wolfgang: Geschichte des Dritten Reichs, München 2000.
Berendt, Otto: Karlsruhe. Das Buch der Stadt, Stuttgart 1926.
Bernett, Hajo: Leichtathletik im geschichtlichen Wandel, Schorndorf 1987.
Beyer, Bernd-M.: Walther Bensemann – ein internationaler Pionier, in: Dietrich Schulze-Marmeling (Hrsg.): Davidstern und Lederball. Die Geschichte der Juden im deutschen und internationalen Fußball, Göttingen 2003, S. 82–100.

Beyer, Bernd-M.: Der Mann, der den Fußball nach Deutschland brachte. Das Leben des Walther Bensemann. Ein biographischer Roman, Göttingen 2003.

Binz, Roland: Räumliche Sozialisation und Fußball in Europa. Eine Einführung in die Bedeutung der Reisen im Fußballsport. (http://www.ruhr-uni-bochum.de/fussball/Sozialisation.pdf)

Blick in die Geschichte. Karlsruher stadthistorische Beiträge 1988–2003, 3 Bde. Karlsruhe 1994, 1998 und 2004.

Bohus, Julius: Sportgeschichte. Gesellschaft und Sport von Mykene bis heute, München 1986.

Brandenburger, Gerlinde/Großkinsky, Manfred/Kabierske, Gerhard/Merkel, Ursula/Vierneisl, Beatrice: Denkmäler, Brunnen und Freiplastiken in Karlsruhe 1715–1945, Karlsruhe 1987 (= Veröffentlichungen des Karlsruher Stadtarchivs Band 7).

Bräunche, Ernst Otto: Karlsruhe und die badische Geschichte, in: Badische Heimat 70, 1990, S. 239-247.

Breuer, Helmut (Hrsg.): Schwimmsport und Sportgeschichte: Zwischen Politik und Wissenschaft. Festschrift für Hans-Georg Jahn zum 65. Geburtstag, Sankt Augustin 1994.

Brossmer, Karl: Wilhelm Paulcke (1773–1949). Alpiner Skipionier und erfolgreicher Geologe des Alpenraums, in: Soweit der Turmberg grüßt, Nr. 8 vom 1. Oktober 1950.

Bürgergemeinschaft Rüppurr (Hrsg.): 900 Jahre Rüppurr. Geschichte eines Karlsruher Stadtteils, Karlsruhe 2003.

Claassen, Wolfgang/Wieser, Lothar: Mehr Licht und Wärme den Sorgenkindern unserer Volksschule – Josef Anton Sickinger und das Mannheimer Schulsystem, in: Michael Krüger (Hrsg.): „Eine ausreichende Zahl turnkundiger Lehrer ist das wichtigste Erfordernis ...“ Zur Geschichte des Schulsports in Baden und Württemberg, Schorndorf 1999, S. 79-92 (= Wissenschaftliche Schriftenreihe des Instituts für Sportgeschichte Baden-Württemberg Band 6).

Das städtische Vierordtsbad, Karlsruhe 1897.

Das Tullabad der Stadt Karlsruhe. Hrsg. zur Eröffnung im Juli 1955 von der Stadtverwaltung Karlsruhe, Karlsruhe 1955.

Daubner, Norbert/Hufler, Gaby: Fahrradbuch Karlsruhe, Karlsruhe 2006.

Daume, Willi: Das Kernproblem, in: Das Parlament. Die Woche im Bundeshaus, 27. April 1955, S. 1.

Deutsche Olympische Gesellschaft (Hrsg.): Der Goldene Plan in den Gemeinden. Ein Handbuch, Frankfurt a. M. 1961.

Deutsches Fußball-Handbuch 1927, Leipzig o. J. [1927].

Deutsch-Jüdische Geschichte in der Neuzeit. Band III, Umstrittene Integration 1871–1918. Von Steven M. Lowenstein et al., München 1997.

Deutsch-Jüdische Geschichte in der Neuzeit. Band IV, Aufbruch und Zerstörung 1918–1945. Von Avraham Barkai et al., München 1997.

Die Großherzoglich Badische Haupt- & Residenz-Stadt Karlsruhe in ihren Massregeln für die Gesundheitspflege & Rettungswesen. Bei Veranlassung der Internationalen Ausstellung für Rettungswesen und Gesundheitspflege zu Brüssel 1876 im Auftrage des Stadtrathes bearbeitet, Karlsruhe 1876

Die Grossherzogliche Badische Haupt- & Residenz-Stadt Karlsruhe in ihren Massregeln für die Gesundheitspflege & Rettungswesen. Bei Veranlassung der Allgemeinen deutschen Ausstellung auf dem Gebiete der Hygiene und des Rettungswesens zu Berlin 1882 im Auftrage des Stadtrathes bearbeitet, Karlsruhe 1882.

Die Olympischen Spiele 1936, Frankfurt a. M. 1972.

Diem, Carl: Weltgeschichte des Sports, Stuttgart 1960.

Dietrich, Heinrich: Grötzingen. Ein Beitrag zur Heimatgeschichte, Grötzingen 1923.

Doderer, Hans: Die vormilitärische Erziehung der deutschen Jugend in der Kaiserzeit, in: Geschichte in Wissenschaft und Unterricht 49, 1998, S. 746-753.

Durm, Josef: Das staedtische Vierordtbad in Carlsruhe, Berlin 1875.

Eggers, Erik: Fußball in der Weimarer Republik, Kassel 2001.

Eggers, Erik (Hrsg.): Handball – Eine deutsche Domäne, Göttingen 2004.

Eisenberg, Christiane: Fußball in Deutschland, in: Geschichte und Gesellschaft 20, 1994, Heft 2, S.181-210.

Eisenberg, Christiane: „English sports“ und deutsche Bürger. Eine Gesellschaftsgeschichte 1800–1939, Paderborn u. a. 1999.

Ellwanger, Siegfried und Ulf: Boxen basics. Training, Technik, Taktik, Stuttgart 2005.

Engels, Uta: Gender Mainstreaming. Geschlechtergerechtigkeit im organisierten Sport, in: Sport in Baden 59 (2005), Nr. 12, S. 8f., und 60 (2006), Nr. 1, S. 6f.

Ertel, Konstanze: Die Nähmaschinenfabrik Gritzner, in: Susanne Asche/Konstanze Ertel/Anke Mührenberg: Fabrik im Museum. Industrie und Gewerbe in Durlach, Karlsruhe 2003, S. 77-113 (= Veröffentlichungen des Karlsruher Stadtarchivs Band 27).

Fiedler, Horst: Boxen für Einsteiger. Training – Technik – Taktik, Berlin 1994.

Friese, Gernot: Anspruch und Wirklichkeit des Sports im Nationalsozialismus, Ahrensburg 1974.

Geppert, Karl: Entstehung und Entwicklung des Fußballsportes in Baden, in: Sportschule Schöneck des Badischen Fußballverbandes. Festschrift aus Anlass der Eröffnung der Sportschule Schöneck auf dem Turmberg am 11. und 12. Juli 1953, Karlsruhe 1953, S. 33-69.

Gieckert, Jürgen/Wopp, Christian: Handbuch Freizeitsport, Schorndorf 2002.

Götz, Jürgen: Die Geschichte des Karlsruher Turnvereins 1846 e. V., wissenschaftliche Arbeit für die Zulassung zum 1. Staatsexamen für das Lehramt an Gymnasien am Institut für Sport und Sportwissenschaft der Universität Karlsruhe, Karlsruhe 1996.

Grüne, Hardy: 100 Jahre Deutsche Meisterschaft. Die Geschichte des Fußballs in Deutschland, Göttingen 2003.

Grunert, Heino: Ein Volkspark in Hamburg. Der Hamburger Stadtpark als Objekt der Gartendenkmalpflege, in: kunsttexte.de, Nr. 2, 2002, S. 1.

Halmich, Regina: ... noch Fragen? Die Autobiographie der Boxweltmeisterin, Freiburg 2003.

Hannecke, Klaus: Karlsruher Leichtathletikgeschichte 1898–2004, o. O. [Karlsruhe] o. J. [2005]

Hartmann-Tews, Ilse: Sport für alle? Strukturwandel europäischer Sportsysteme im Vergleich: Bundesrepublik Deutschland, Frankreich, Großbritannien, Schorndorf 1996.

Heinze, Rolf Dittmer: Das Buch vom Reitsport, Berlin 1972.

Hellenbroich, Erich: Der Wassersport – die Bootshäuser in Karlsruhe seit 1879, Karlsruhe 1997.

Herterich, Karl: 130 Jahre Turnen in Baden. Ein geschichtlicher Abriß, Freiburg 1977.

Hertweck, Georg: Die Geschichte des Rheinhafens von den Anfängen bis zum Beginn des Zweiten Weltkriegs, in: Rheinhafen Karlsruhe. 1901–2001. Hrsg. vom Stadtarchiv Karlsruhe und Rheinhäfen Karlsruhe, Karlsruhe 2001, S. 27-162 (= Veröffentlichungen des Karlsruher Stadtarchivs Band 22).

Hinkfoth, Uwe: Im Schatten von Dammerstock. Architektur der 20er Jahre in Karlsruhe, in: Die 20er Jahre in Karlsruhe, Katalog zur Ausstellung der Städtischen Galerie, Karlsruhe 2005, S. 30-37.

Hörmann, Michael: Ringrennen am Stuttgarter Hof. Die Entwicklung des Ritterspiels im 16. und 17. Jahrhundert, in: Sozial- und Zeitgeschichte des Sports 3, 1989, Heft 1, S. 50–67.

Holzhofer, Bernhard: Die Einführung des Sporttotos am Beispiel Württemberg und Baden, in: Deutscher Sportbund (Hrsg.): Die Gründerjahre des Deutschen Sportbundes. Wege aus der Not zur Einheit, Band 1, Schorndorf 1990, S. 223-226.

Horn, Gernot: In Karlsruhe war die Geburtsstätte: 75 Jahre Rheinstrandbad Rappenwört – 75 Jahre Ringtennis, in: Ringtennis-Information 2004.

Huber, Barbara/Reiz, Emil/Vogel, August: Radsportgemeinschaft Karlsruhe e. V. 1899, 100jähriges Vereinsjubiläum, in: Mühlburg. Streifzüge durch die Ortsgeschichte, hrsg. vom Stadtarchiv Karlsruhe durch Ernst Otto Bräunche, Karlsruhe 1998, S. 251-267.

Hygienischer Führer durch die Haupt- und Residenzstadt Karlsruhe. Festschrift zur XXII. Versammlung des deutschen Vereins für öffentliche Gesundheitspflege, Karlsruhe 1897.

Kaiser, Rupert: Olympia Almanach, Kassel 1996.

Karl Friedrich Drais von Sauerbronn 1785–1851. Ein badischer Erfinder. Ausstellung zu seinem 200. Geburtstag. Ausstellungskatalog der Stadtgeschichte im Prinz-Max-Palais, Karlsruhe 1985.

Kemper, Franz-Josef: Die traditionellen Leichtathletik-Angebote im Breitensport, in: Leichtathletik und Freizeitsport. Bericht des Symposiums des Leichtathletik-Verbandes Nordrhein 1989 in Köln, Aachen 1990, S. 23-36.

Kieser, Clemens: Hygiene, Sport oder einfach nur „Spaß"? Glanz und Elend des einst stolzen Karlsruher Tullabades, in: Badische Heimat 85, 2005, S. 601-604.

Klee, Kirsten: Die historische Entwicklung des Turn- und Sportvereins Rüppurr e. V. von den Anfängen bis heute, wissenschaftliche Arbeit für die Zulassung zum 1. Staatsexamen für das Lehramt an Gymnasien am Institut für Sport und Sportwissenschaft der Universität Karlsruhe, Forst 1998.

Klein, Dominic: Freude mit Pferden, Genf 1971.

Koch, Manfred: Die Weimarer Republik: Juden zwischen Integration und Ausgrenzung, in: Juden in Karlsruhe. Beiträge zu ihrer Geschichte bis zur nationalsozialistischen Machtergreifung, hrsg. von Heinz Schmitt unter Mitwirkung von Ernst Otto Bräunche und Manfred Koch, Karlsruhe 1988, S. 121-220 (= Veröffentlichungen des Karlsruher Stadtarchivs Band 9).

Koch, Manfred (Hrsg.): Auf dem Weg zur Großstadt. Karlsruhe in Plänen, Karten und Bildern 1834–1915. Katalog zur Ausstellung anlässlich des 81. Geodätentages/INTERGEO in Karlsruhe im Neuen Ständehaus vom 16. September–16. Oktober 1997, Karlsruhe 1997.

Kohr, Knud/Krauß, Martin: Kampftage. Die Geschichte des deutschen Berufsboxens, Zwickau 2000.

Krauß, Martin: Schwimmen: Geschichte-Kultur-Praxis, Göttingen 2002.

Krieger, Albert: Die Vermählung des Markgrafen Friedrich Magnus von Baden-Durlach und der Prinzessin Auguste Marie von Schleswig-Holstein, in: Festschrift zum fünfzigjährigen Regierungsjubiläum Seiner Königlichen Hoheit des Großherzogs Friedrich von Baden, Heidelberg 1902, S. 106–136.

Krüger, Michael: Einführung in die Geschichte der Leibeserziehung und des Sports. Teil 1: Von den Anfängen bis ins 18. Jahrhundert (Sport und Sportunterricht Band 8), Schorndorf 2004.

Krüger, Michael: Einführung in die Geschichte der Leibeserziehung und des Sports. Teil 2: Leibeserziehung im 19. Jahrhundert. Turnen fürs Vaterland, Schorndorf 1993.

Krüger, Michael: Einführung in die Geschichte der Leibesübung und des Sports, Teil 3: Leibesübungen im 20. Jahrhundert. Sport für alle, Schorndorf 2005[2].

Krüger, Michael (Hrsg.): „Eine ausreichende Zahl turnkundiger Lehrer ist das wichtigste Erfordernis ..." Zur Geschichte des Schulsports in Baden und Württemberg, Schorndorf 1999 (= Wissenschaftliche Schriftenreihe des Instituts für Sportgeschichte Baden-Württemberg Band 6).

Lacker, Erich: Zielort Karlsruhe. Die Luftangriffe im Zweiten Weltkrieg, Karlsruhe 2005[2] (= Veröffentlichungen des Karlsruher Stadtarchivs Band 18).

Langenfeld, Hans/Prange, Klaus: Münster – die Stadt und ihr Sport. Menschen, Vereine, Ereignisse aus den vergangenen beiden Jahrhunderten, Münster 2002.

Leiber, Gottfried: Friedrich Weinbrenners städtebauliches Schaffen für Karlsruhe. Teil I: Die barocke Stadtplanung und die ersten klassizistischen Entwürfe Weinbrenners, Karlsruhe 1996.

Lenz, Martin: Mobiles Sportbüro Karlsruhe, in: Norbert Fessler u. a. (Hrsg.): Gemeinsam etwas bewegen! Sportverein und Schule – Schule und Sportverein in Kooperation. Dokumentation der Fachtagung vom 1. bis 2. Oktober 1998 in Freiburg/Breisgau, Schorndorf 1999, S. 234f.

Lessing, Erhard: Automobilität. Karl Drais und die unglaublichen Anfänge, Leipzig 2003.

Linder, Gerhard Friedrich: Eintausend Jahre Hagsfeld. Geschichte eines Dorfes, Karlsruhe 1991 (= Veröffentlichungen des Karlsruher Stadtarchivs Band 12).

Loch, Sylvia: Reitkunst im Wandel, Stuttgart 1995.

Maisch, Herbert: Bulacher Ortschronik. Vom Kirchdorf am Wald zum Stadtteil an der Autobahn, Karlsruhe 1993.

Meyer, Peter: Ringtennis – eine sporthistorische Untersuchung zu einem Turnspiel, schriftliche Hausarbeit zur Prüfung für das Lehramt an Gymnasien, Oldenburg 1989.

Meyer, Peter: Die Geschichte des Ringtennissports, in: Sozial- und Zeitgeschichte des Sports 1/1991, S. 52-60.

Mitchell, Elmar D. (Hrsg): Sports for Recreation and how to play them, New York 1936.

Neuendorff, Edmund: Die Deutsche Turnerschaft 1860–1936, Berlin 1936.

Oesterle, Birgit: Strandbad und Vogelwarte im Rheinpark Rappenwört. Anlagen des Neuen Bauens in Karlsruhe, Magisterarbeit Universität Karlsruhe, Karlsruhe 1994.

Ottke, Sven: Ich lebe meinen Traum, Freiburg 2003.

Pflesser, Wolf: Die Entwicklung des Sportschwimmens, Celle 1980.

Preisler, Dietmar: Fußball im katholischen Milieu – DJK-Fußball in der Weimarer Republik, in: Wolfram Pyta (Hrsg.): Der lange Weg zur Bundesliga. Zum Siegeszug des Fußballs in Deutschland, Münster 2004, S. 59-90.

Pretsch, Peter: Karlsruher Stadtteile: Knielingen. Ausstellung der Stadtgeschichte im Prinz-Max-Palais zur 1200-Jahr-Feier, Karlsruhe 1986.

Pretsch, Peter: Karlsruher Stadtteile: Bulach. Ausstellung der Stadtgeschichte im Prinz-Max-Palais zur 800-Jahr-Feier, Karlsruhe 1993.

Pretsch, Peter: Geöffnetes Narren-Turney. Geschichte der Karlsruher Fastnacht im Spiegel gesellschaftlicher und politischer Entwicklungen, Karlsruhe 1995 (= Veröffentlichungen des Karlsruher Stadtarchivs Band 16).

Pretsch, Peter: Die Durlacher Fastnacht, in: Neues Altes, Karlsruhe 1998 (= Beiträge zur Geschichte Durlachs und des Pfinzgaus, hrsg. v. Freundeskreis Pfinzgaumuseum e. V. Band 2), S. 85-109.

Pretsch, Peter: Karlsruher Stadtteile: Daxlanden. Ausstellung des Stadtmuseums im Prinz-Max-Palais, Karlsruhe 1999.

Raßbach, Wilhelm: Der süddeutsche Fußball-Verband, in: Deutsches Fußball-Jahrbuch 1921–1922, hrsg. vom Deutschen Fußball-Bund, Leipzig und Zürich o. J. [1921], S. 58-61.

Rechenberger, Horst E.: Vom Turmberg in die Welt. Die Sportschule Schöneck, in: Klaus E. R. Lindemann: 100 Jahre Turmbergbahn 1888–1988, Karlsruhe 1988, S. 127-133.

Reichwein, Willibald: Knielingen – Ein Beitrag zur Heimatgeschichte, Knielingen 1924.

Rentsch, Dietrich: Zum Jagdwesen an südwestdeutschen Fürstenhöfen im Barockzeitalter, in: Barock in Baden-Württemberg, Ausstellungkatalog des Badischen Landesmuseums, Band 2, Karlsruhe 1981, S. 293-310.

Roellecke, Elga: Vereine und Vereinigungen, Gasthäuser: 27 Vereine und Vereinigungen in Wolfartsweier ; die Gasthäuser Zum Schwanen, Zum Rößle, zur Friedenslinde, das Café Rapp und einige andere, Karlsruhe 1998 (= Chronik Wolfartsweier Heft 3).

Rösch, Friedrich: Über die Pflege der Leibesübungen, in: Karlsruhe 1911. Festschrift. Der 83. Versammlung Deutscher Naturforscher und Ärzte gewidmet von dem Stadtrat der Haupt- und Residenzstadt Karlsruhe, Karlsruhe 1911, S. 557-562.

Ross, Jürgen: Porträt Bernhard Kempa, in: Erik Eggers (Hrsg.): Handball – Eine deutsche Domäne, Göttingen 2004, S. 131-134.

Ruhland, Michael: Schulhausbauten im Großherzogtum Baden 1806-1918, Augsburg 1999.

Sarkowicz, Hans (Hrsg.): Schneller, höher, weiter. Eine Geschichte des Sports, Frankfurt a. M., Leipzig 1996.

Schelenz, Carl: Handball, in: Deutscher Sport, Berlin 1926, S. 199-204.

Schiedermair, Ludwig: Die Oper an den badischen Höfen des 17. und 18. Jahrhunderts, Leipzig 1913.

Schmitt, Heinz: Volkstracht in Baden. Ihre Rolle in Kunst, Staat, Wirtschaft und Gesellschaft seit zwei Jahrhunderten, Karlsruhe 1988.

Schneider, Ernst: Durlacher Volksleben 1500–1800, Karlsruhe 1980 (= Veröffentlichungen des Karlsruher Stadtarchivs Band 5).

Schneider, Hermann: Der Karlsruher Rheinwald und die Rheininsel Rappenwört, in: Karlsruher Wochenschau. Amtliche Zeitschrift des Verkehrsvereins Karlsruhe, Heft 3, 10. Mai 1930, S. 5-8.

Schulze-Marmeling, Dietrich: Der Siegeszug eines „undeutschen" Spiels. 100 Jahre Fußball in Deutschland, in: analyse + kritik, Nr. 435, 17. Februar 2000.

Schulze-Marmeling, Dietrich (Hrsg.): Davidstern und Lederball. Die Geschichte der Juden im deutschen und internationalen Fußball, Göttingen 2003.

Schwarting, Andreas: Karlsruhe und der Dammerstock. Architektonische Wechselwirkungen, in: Neues Bauen der 20er Jahre. Gropius, Haesler, Schwitters und die Dammerstocksiedlung in Karlsruhe 1929, Ausstellungskatalog des Badischen Landesmuseums, Karlsruhe 1997, S. 69-90.

Skrentny, Werner (Hrsg.): Als Morlock noch den Mondschein traf. Die Geschichte der Oberliga Süd 1945–1963, Kassel 2001.

Spanger, Jürgen: Aus der Schulstube ins Leben. Die Karlsruher Volksschulen 1716–1952, Karlsruhe 2002 (= Veröffentlichungen des Karlsruher Stadtarchivs Band 25).

Stiefel, Karl: Baden 1648–1952. Band II, Karlsruhe 1977.

Stober, Karin: Historische Sportstätten in Baden-Württemberg, Schorndorf 2004 (= Schriftenreihe des Instituts für Sportgeschichte Baden-Württemberg Band 9).

Syré, Ludger: Julius Hirsch, in: Badische Biographien Neue Folge Band V, Stuttgart 2005, S. 124-126.

Tennis in Deutschland. Von den Anfängen bis zur Gegenwart. Hundert Jahre Deutscher Tennis Bund, Berlin 2002.

Tröndle, Mathias: Als sich Durlach unter Badens Beste warf, in: Intelligenz- und Provinzblatt für Durlach (IPD) Nr. 34, Karlsruhe-Durlach, Juli 2000.

Ueberhorst, Horst: Hundert Jahre Deutscher Ruderverband: eine historisch-kritische Würdigung, Minden 1983.

Unter dem Greifen. Altbadisches Militär von der Vereinigung der Markgrafschaften bis zur Reichsgründung 1771–1871, hrsg. v. der Vereinigung der Freunde des Wehrgeschichtlichen Museums Schloss Rastatt e. V., bearb. v. Sabina Hermes und Joachim Niemeyer, Karlsruhe 1984.

Volk, Wilhelm sen.: Chronik und Vereinsgeschichte des Karlsruher Fußballclub Frankonia e. V. 1895, masch. Karlsruhe 1955 (StadtAK 8/SpoA).

Wagner, Kurt: 100 Jahre Leichtathletik in Baden 1899–1998. Leichtathletik im Wandel der Zeiten, o. O, o. J.

Waibel, Alfons: Biberacher Schützen in sechs Jahrhunderten. Die Entwicklung des Schützenwesens in Biberach und im süddeutschen Raum, Biberach 1990.

Werner, Josef: Hakenkreuz und Judenstern. Das Schicksal der Karlsruher Juden im Dritten Reich, Karlsruhe 1988 (= Veröffentlichungen des Karlsruher Stadtarchivs Band 9).

Wick, Uwe: Julius Hirsch, in: Der Ball ist rund. Katalog zur Fußballausstellung im Gasometer Oberhausen im Centro anläßlich des 100jährigen Bestehens des DFB vom 12.5. bis 15.10.2000, Essen 2000, S. 190-197.

Wiegand, Jens: Radfahren und Gesundheit um 1900: Das Beispiel der deutschsprachigen Diskussion, Frankfurt a. M. 1997 (= Marburger Schriften zur Medizingeschichte 36).

Winkler, Heinrich August: Der Schein der Normalität. Arbeiter und Arbeiterbewegung in der Weimarer Republik 1924–1930, Berlin, Bonn 1985.

Wohlfart, Günter: Sportveranstaltungen als Standort- und Wirtschaftsfaktor, in: Alexander Woll u. a.: Bewegte Kommune – Gesunde Kommune, Schorndorf 2002, S. 151-155.

Wopp, Christian: Entwicklungen und Perspektiven des Freizeitsports, Aachen 1995.

World Games in Karlsruhe. Vom Spiel zum Wettkampf. Ausstellung zur Geschichte nichtolympischer Sportarten, Hrsg. von der Stadt Karlsruhe, Karlsruhe 1989.

Zull, Gertraud: Die höfischen Feste, in: Die Renaissance im deutschen Südwesten, Ausstellungskatalog des Badischen Landesmuseums, Band 2, Karlsruhe 1986, S. 914f.

Bildnachweis

150	oben: StadtAK 8/BA Schlesiger A6 107/3/26
150	unten: StadtAK 8/SpoA 2.0026
151	StadtAK 8/Bildstelle I 2819, Neg. 28
153	StadtAK 8/BA Schlesiger A3 114/2/23
155	oben: StadtAK 8/Bildstelle II 0418, Neg. K1963
155	unten: StadtAK 8/BA Schlesiger A2 76/5/34
157	StadtAK 8/Bildstelle II 0408, Neg. K786
160	StadtAK 11/DigA 0011_129.tif
161	StadtAK 8/SpoA 2.0140, Privat Heinz Birkle
162	Boxring 46 e.V. Knielingen, Festschrift 25 Jahre Boxsport in Karlsruhe-Knielingen 1946–1971, S. 21
163	StadtAK 8/SpoA 2.0141, Privat Heinz Birkle
165	StadtAK 8/SpoA 2.0142, Privat Heinz Birkle
166	StadtAK 8/Bildstelle II 1681
169	StadtAK 8/SpoA 2.0143, Privat Andreas Hirsch
170	StadtAK 8/SpoA 2.0183
173	Bernd-M. Beyer: Der Mann, der den Fußball nach Deutschland brachte. Das Leben des Walther Bensemam. Ein biographischer Roman, Göttingen 2003, nach S. 464 unten
175	Bernd-M. Beyer: Der Mann, der den Fußball nach Deutschland brachte. Das Leben des Walther Bensemam. Ein biographischer Roman, Göttingen 2003, nach S. 464 oben
176	Hardy Grüne: 100 Jahre Deutsche Meisterschaft. Die Geschichte des Fußballs in Deutschland, Göttingen 2003, S. 25.
177	oben: StadtAK 8/SpoA 2.0182
177	unten: Generallandesarchiv (GLA) N Roller 163a
178	Aus: StadtAK 1/H-Reg A 2141
183	Josef Frey: 90 Jahre Karlsruher Fußballverein. Eine illustrierte Chronik, Karlsruhe 1981, S. 13
185	StadtAK 8/SpoA 2.0144
186	TuS Makkabi Berlin
187	StadtAK 8/SpoA 2.0145, Privat Andreas Hirsch
191	StadtAK 8/SpoA 2.0146, Privat Ingeborg Mertenbacher
193	StadtAK 8/SpoA 2.0147, Privat Ingeborg Mertenbacher
194	StadtAK 8/SpoA 2.0148, Privat Ingeborg Mertenbacher
195	Aus: StadtAK 1/H-Reg. A 2142
197	StadtAK 8/StS 20/711, Festschrift zum 60jährigen Jubiläum des Karlsruher Sportclub 1894-1954, hrsg. vom Karlsruher Sport-Club Mühlburg-Phönix, Karlsruhe 1954, S. 37
200	60 Jahre Karlsruher Fußball-Club Frankonia e. V. 1895, S. 13
202	StadtAK 8/SpoA 2.0149
204	StadtAK 8/StS 20/711, Festschrift zum 60jährigen Jubiläum des Karlsruher Sportclub 1894–1954, hrsg. vom Karlsruher Sport-Club Mühlburg-Phönix, Karlsruhe 1954, S. 74
205	StadtAK 8/StS 20/711, Festschrift zum 60jährigen Jubiläum des Karlsruher Sportclub 1894–1954, hrsg. vom Karlsruher Sport-Club Mühlburg-Phönix,
207	Karlsruhe 1954, S. 75
207	StadtAK 8/Alben 3, Bd. 4, XV / 10
210	Aus: StadtAK 9/Karlsruher Monatsspiegel Folge 5
211	StadtAK 8/BA Schlesiger A3 107/2/26
212	StadtAK 8/BA Schlesiger, Repro vom 19. Mai 1976
214	GES-Sportfoto, Dettenheim
216	oben: StadtAK 8/StS 20/790, 60 Jahre FC Südstern 06 Karlsruhe, Karlsruhe 1966, S. 7
216	unten: StadtAK 8/SpoA 2.0150, Archiv VfB Knielingen
217	StadtAK 8/SpoA 2.0151, Archiv SVK Beiertheim
219	Privat Mathias Tröndle
2 21	Privat Reinhold Knab
223	Archiv Turnerschaft Beiertheim
224	Privat Reinhold Knab
228	oben: Privat Reinhold Knab
228	unten: Privat Erich Siegel
231	Archiv TSV Rintheim
232	Turnerschaft Beiertheim, Archiv Robert Ehmann
233	Privat Hartmut Wackershauser
235	Privat Lessle
236	Privat Lessle
237	Privat Lessle
239	Privat Lessle
240	GES-Sportfoto, Dettenheim
243	1850-1900. Zum 50jährigen Geschäfts-Jubiläum der Brauerei A. Printz in Karlsruhe, Karlsruhe 1901, S. 8
244	Aus: StadtAK 1/H-Reg 5461
246	StadtAK 8/BA Schlesiger A12 107/2/29a
247	Bildstelle der Stadt Karlsruhe, Foto: Fränkle, FIL16491
248	Freie Spiel- und Sportvereinigung Karlsruhe e.V. Festschrift zum 100-jährigen Bestehen 1898–1998, Karlsruhe 1998, S. 78
252	StadtAK 8/SpoA 2.0171. Privat Klaus Hannecke
254	StadtAK 8/SpoA 2.0172. Privat Klaus Hannecke
255	StadtAK 8/SpoA 2.0173. Privat Klaus Hannecke
259	StadtAK 8/SpoA 2.0174. Privat Klaus Hannecke
260	StadtAK 8/SpoA 2.0175. Privat Klaus Hannecke
261	StadtAK 8/SpoA 2.0176. Privat Klaus Hannecke
263	StadtAK 8/SpoA 2.0177. Privat Klaus Hannecke
266	StadtAK 8/SpoA 2.0178. Privat Klaus Hannecke
267	StadtAK 8/SpoA 2.0179. Privat Heinz Fütterer
268	StadtAK 8/SpoA 2.0180. Privat Carl Kaufmann
272	StadtAK 8/SpoA 2.0181. Privat Klaus Hannecke
273	Bildstelle der Stadt Karlsruhe, TDSCF2718, Foto: Müller-Gmelin
275	StadtAK 8/PBS oXIIIc 226
276	StadtAK 8/PBS IV 260
278	oben: StadtAK 8/PBS IV 50
278	unten: StadtAK 8/PBS oXIVa 1315
280	Pfinzgaumuseum UI 105,4
282	Privat
283	StadtAK 8/BA Schmeiser 2152
284	StadtAK 8/BA Schlesiger A7 73/5/35
287	oben: StadtAK 8/BA Schlesiger A1 7/5/20A

287 unten: StadtAK 8/Bildstelle I 5544, Neg. 20
291 Pfinzgaumuseum U II 253
292 Aus: StadtAK 1/BOA A 459
293 StadtAK 8/Alben 231 b
294 StadtAK 8/Alben 232 a
295 StadtAK 8/BA Schlesiger A13 72/3/20
297 StadtAK 8/BA Schlesiger A10 66/3/10A
298 oben: StadtAK 8/BA Schlesiger A1 7/4/23
298 unten: Foto: Volker Weßbecher, Ettlingen
300 StadtAK 8/BA Schlesiger, Repro 1605773
301 jodo-press, Jörg Donecker
302 StadtAK 8/SpoA 2.0155, Privat Gernot Horn
303 Zeichnung: Uta Bolch
304 StadtAK 8/SpoA 2.0152, Privat Gernot Horn
305 StadtAK 8/SpoA 2.0153, Privat Gernot Horn
307 StadtAK 8/SpoA 2.0154, Privat Gernot Horn
309 StadtAK 8/SpoA 2.0156, Privat Gernot Horn
313 StadtAK 8/SpoA 2.0157, Archiv
    ESG Frankonia Karlsruhe
314 StadtAK 8/SpoA 3.0015
316 StadtAK 8/SpoA 2.0158,
    Archiv Ruderverein Wiking
317 StadtAK 8/BA Schmeiser 1074
318 StadtAK 8/SpoA 2.0159,
    Archiv Ruderverein Wiking
319 StadtAK 8/PBS oIV 102
321 StadtAK 8/BA Schmeiser 1072
322 Aus: StadtAK 1/Rheinhäfen A 101
324 Aus: StadtAK 1/H-Reg 2127
326 StadtAK 8/SpoA 2.0160,
    Archiv Ruderverein Wiking
328 StadtAK 8/BA Schlesiger A11 98/6/13A
329 Aus: StadtAK 1/H-Reg 5463, Anlage 3
331 StadtAK 8/PBS oXIVb 366
333 Jon Speed: Smallbores, Sporting, Target & Training
    Rifles, Cobourg, Ontario, Canada 1998, S. 154
334 StadtAK 8/SpoA 2.0161, Archiv Schützengesell-
    schaft Karlsruhe
335 StadtAK 8/BA Schlesiger, Repro vom 10. Mai 1971
336 oben: Pfinzgaumuseum U II 344
336 unten: Vereinsbesitz Kraftsportverein Durlach
340 oben: StadtAK 8/Alben 91, S. 15
340 unten: StadtAK 8/BA Schlesiger A 4 128/4/7
343 StadtAK 8/PBS oXIVa 193
345 StadtAK 8/SpoA 2.0163
346 StadtAK 8/StS 20/2308, S. 16, Vereinsarchiv
    1. Durlacher Schwimmverein 1906
347 StadtAK 8/StS 20/2308, S. 6, Vereinsarchiv
    1. Durlacher Schwimmverein 1906
348 StadtAK 8/SpoA 2.0162
351 StadtAK 8/BA Schlesiger A9a 182/4/1
352 StadtAK 8/SpoA 2.0164
353 StadtAK 8/Bildstelle 5107, Neg. 19
355 StadtAK 8/StS 20/2308, S. 12, Vereinsarchiv
    1. Durlacher Schwimmverein 1906
357 Donecker-Foto

358 StadtAK 8/StS20/1961, S. 19
359 StadtAK 8/Bildstelle I 5449, Neg. 27A
362 Archiv Deutscher Tennis Bund
364 StadtAK 8/StS 20/1961, S. 15
365 StadtAK 8/StS 20/1961, S. 31
366 StadtAK 8/Bildstelle II 0427, Neg. K2175
369 StadtAK 8/SpoA 2.0165, Archiv TC Durlach
371 Archiv Postsportverein Karlsruhe
372 StadtAK 8/SpoA 2.0166, Privat Jürgen Faßbender
374 Archiv Tennisclub Neureut
376 StadtAK 8/PBS X 792
378 StadtAK 8/SpoA 2.0170
379 StadtAK 8/SpoA 2.0167, Archiv MTV
382 StadtAK 8/SpoA 2.0168, Archiv MTV
383 StadtAK 8/SpoA 2.0169, Archiv MTV
386 Aus: StadtAK 1/H-Reg 2158
388 Universität Karlsruhe, Presse und Kommunikation

Ortsregister

bearbeitet von Ulrike Deistung

Personenregister

bearbeitet von Katja Schmalholz

Sachregister

bearbeitet von Ernst Otto Bräunche

Veröffentlichungen
des Karlsruher Stadtarchivs

Susanne Asche, Ernst Otto Bräunche, Manfred Koch, Heinz Schmitt, Christina Wagner: Karlsruhe. Die Stadtgeschichte, 1998, 792 Seiten.

Band 1 · Ernst Schneider: Die Stadtgemarkung Karlsruhe im Spiegel der Flurnamen, 1965, 210 Seiten.

Band 2 · vergriffen

Band 3 · Das Pfinzgaumuseum in Karlsruhe-Durlach, Akzente seiner Neugestaltung, 1976, 80 Seiten.

Band 4 · vergriffen

Band 5 · Ernst Schneider: Durlacher Volksleben 1500 – 1800, Volkskundliches aus archivalischen Quellen, zugleich ein Beitrag zur Geschichte der ehemaligen Stadt Durlach, 1980, 239 Seiten.

Band 6 · Industriearchitektur in Karlsruhe, Beiträge zur Industrie- und Baugeschichte der ehemaligen badischen Haupt- und Residenzstadt bis zum Ausbruch des Ersten Weltkrieges, 1987, 2. überarbeitete Auflage 1993, 200 Seiten.

Band 7 · Denkmäler, Brunnen und Freiplastiken in Karlsruhe 1715 – 1945, 1987, Neuauflage 1990, 720 Seiten.

Band 8 · Juden in Karlsruhe – Beiträge zu ihrer Geschichte bis zur nationalsozialistischen Machtergreifung, 1988, 2. Auflage 1990, 640 Seiten.

Band 9 · Josef Werner: Hakenkreuz und Judenstern. Das Schicksal der Karlsruher Juden im Dritten Reich, 1988, 2. über arbeitete Auflage 1990, 560 Seiten. vergriffen

Band 10 · Alltag in Karlsruhe – Vom Lebenswandel einer Stadt in drei Jahrhunderten, 1990, 304 Seiten.

Band 11 · Ernst Otto Bräunche, Angelika Herkert und Angelika Sauer: Geschichte und Bestände des Stadtarchivs Karlsruhe, 1990, 224 Seiten.

Band 12 · Gerhard Linder: Eintausend Jahre Hagsfeld. Die Geschichte eines Dorfes, 1991, 440 Seiten.

Band 13 · Susanne Asche: Eintausend Jahre Grötzingen. Die Geschichte eines Dorfes, 1991, 400 Seiten.

Band 14 · Manfred Koch: Karlsruher Chronik. Stadtgeschichte in Daten, Bildern, Analysen, 1992, 356 Seiten. vergriffen

Band 15 · Susanne Asche, Barbara Guttmann, Olivia Hochstrasser, Sigrid Schambach, Lisa Sterr: Karlsruher Frauen 1715–1945, 1992, 456 Seiten.

Band 16 · Peter Pretsch:
"Geöffnetes Narren-Turney",
Geschichte der Karlsruher
Fastnacht im Spiegel gesell-
schaftlicher und politischer
Entwicklungen, 1995,
208 Seiten

Band 17 · Susanne Asche,
Olivia Hochstrasser: Durlach
– Staufergründung, Fürstenresidenz, Bürgerstadt, 1996,
560 Seiten.

Band 18 · Erich Lacker:
Zielort Karlsruhe – Die
Luftangriffe im Zweiten
Weltkrieg, 1996,
232 Seiten.

Band 19 · Barbara Gutmann:
Hopfen & Malz. Die Geschichte des Brauwesens in Karlsruhe, 1998, 184 Seiten.

Band 20 · Unter Strom.
Geschichte des öffentlichen
Nahverkehrs in Karlsruhe,
Hrsg. durch Manfred Koch
2000, 336 Seiten.
vergriffen

Band 21 · Barbara Guttmann:
Den weiblichen Einfluss
geltend machen ... Karlsruher
Frauen in der Nachkriegszeit
1945 bis 1955, 2000,
248 Seiten

Band 22 · Karlsruher
Rheinhafen 1901–2001,
Hrsg. durch Ernst Otto
Bräunche 2001, 408 Seiten.

Band 23 · Ute Grau, Barbara
Guttmann: Gegen Feuer und
Flamme. Das Löschwesen
in Karlsruhe und die Berufs-
feuerwehr, 2001, 256 Seiten.

Band 24 · Karl Zahn: Gräber,
Grüfte, Trauerstätten. Die Geschichte des Karlsruher Haupt-
friedhofs, 2001, 224 Seiten

Band 25 · Jürgen Spanger:
Aus der Schulstube ins Leben.
Die Karlsruher Volksschulen
1716– 1952, 2002, 304 Seiten.

Band 26 · Stadtplätze in Karlsruhe, Hrsg. durch Manfred
Koch, 2003, 424 Seiten.

Band 27 · Susanne Asche,
Konstanze Ertel, Anke Mührenberg: Industrie und Gewerbe in Durlach. Fabrik im
Museum, 2003, 159 Seiten

Band 28 · Sport in Karlsruhe –
Von den Anfängen bis Heute,
hrsg. durch Ernst Otto
Bräunche und Volker Steck:
2006, 456 Seiten

Forschungen und Quellen zur Stadtgeschichte

Band 1 · Christina Müller:
Karlsruhe im 18. Jahrhundert.
Zur Genese und zur sozialen
Schichtung einer residenz-
städtischen Bevölkerung,
1992, 464 Seiten.

Band 2 · Ernst Otto Bräunche:
Die Karlsruher Ratsprotokolle
des 18. Jahrhunderts,
Teil 1: 1725–1763, 1995,
340 Seiten.

Band 3 · Jürgen Schuhladen-
Krämer: Zwangsarbeit in

Karlsruhe 1939–1945. Ein unbekanntes Kapitel Stadtgeschichte, 1997, 170 Seiten.

Band 4 · Wolfgang Erb: Hagsfelder Familienbuch, 1998, 198 Seiten

Band 5 · Rainer Gutjahr (Hrsg.): Eduard Koelle. Drei Tage der Karlsruher Bürgerwehr 1849, 1999, 170 Seiten.

Band 6 · Wolfgang Erb: Rintheimer Familienbuch, 1999, 178 Seiten.

Band 7 · Birgit Bublies-Godau: "Dass die Frauen bessere Democraten, geborene Democraten seyen ...". Henriette Obermüller-Venedey. Die Tagebücher und Lebenserinnerungen 1817–1871, 1999, 278 Seiten.

Band 8 · Monika Pohl: Ludwig Marum. Ein Sozialdemokrat jüdischer Herkunft und sein

Aufstieg in der badischen Arbeiterbewegung 1882–1919, 2003, 520 Seiten

Band 9 · Wolfgang Seidenspinner: Durlach, (=Archäologischer Stadtkataster Bd. 24), 2003, 214 Seiten (Gemeinsame Herausgabe mit dem Landesdenkmalamt Baden-Württemberg mit Unterstützung von Vermessen, Liegenschaften, Wohnen der Stadt Karlsruhe).

Häuser- und Baugeschichte

Band 1 · Ute Grau: Schloss Augustenburg, 2000, 64 Seiten.

Band 2 · Ernst Otto Bräunche/ Holger Reimers (Hrsg.): Das Seilerhäuschen – Ein Karlsruher Modellhaus von 1723, 2001, 144 Seiten.

Band 3 · Peter Pretsch (Hrsg.): Vom Gulden zum Euro. 175 Jahre Münzstätte in Karlsruhe, 2002, 80 Seiten.

Band 4 · Katja Förster: Heimerziehung in Karlsruhe. Von der Waisenanstalt zum Kinder- und Jugendhilfezentrum, 2004, 128 Seiten.

Sonstiges

Mühlburg. Streifzüge durch die Ortsgeschichte, 2. Auflage 1999, 300 Seiten.

Palmbach. Streifzüge durch die Ortsgeschichte, 2001, 132 Seiten.

Jürgen Schuhladen-Krämer: Akkreditiert in Paris, Wien, Berlin, Darmstadt ... Badische Gesandte zwischen 1771 und 1945, 2000, 80 Seiten.

Revolution im Südwesten. Stätten der Demokratiebewegung 1848/49 in Baden-Württemberg. Hrsg. von der Arbeitsgemeinschaft hauptamtlicher Archivare im Städtetag Baden-Württemberg, 2. Auflage 1997, 784 Seiten.